本書出版得到全國古籍整理出版規劃領導小組資助

明代版刻圖典

趙前 編著

文物出版社

封面設計：張希廣
責任印製：陳　杰
責任編輯：李克能　于炳文

圖書在版編目（CIP）數據

明代版刻圖典／趙前編著．—北京：文物出版社，2008.10

ISBN 978-7-5010-2187-1

Ⅰ．明…　Ⅱ．趙…　Ⅲ．古籍—版本—中國—明代—圖録　Ⅳ．G256.22-64

中國版本圖書館CIP數據核字（2007）第132672號

明代版刻圖典

趙前　編著

*

文物出版社出版發行

北京東直門内北小街2號樓

http://www.wenwu.com

E-mail:web@wenwu.com

北京文博利奥印刷有限公司製版

北京美通印刷有限公司印刷

新　華　書　店　經　銷

787×1092　1/16　印張：37.25

2008年10月第1版　2008年10月第1次印刷

ISBN 978-7-5010-2187-1　定價：175.00圓

目次

圖版……五八

序

丁瑜

從事古籍工作借助於古籍目録以求所需之資料，使用目録重在辨章學術，考鏡源流，分別版本，擇優而用。西漢劉向、劉歆父子編撰「叙録」「七略」爲目録學之濫觴。經隋、唐、宋、明以迄於今二千年間，歷代學人爲管理和利用圖書，制定不同性質、用途各異之目録不下千百，如南宋尤延之編撰「遂初堂書目」，開目録注記版本之先河；清錢遵王撰「讀書敏求記」，多論書寫刊刻之工拙；江建霞輯「宋元本行格表」，以記珍本之版式；楊惺吾模印「留真譜」，以存書本之影象。此等均爲鑒別版本而作之古籍目録也。中華古籍浩如煙海，一書數刻。若僅聞傳本眾多，而不目睹其面，猶如盲人摸象，實難知其全貌。且前人論述版本之書目无圖可參。即若「留真譜」書影之類，雖模印書籍之象，而著録文字又多省略，缺失考據，实感參考无資之苦。况此流略典籍傳世亦日见其少。

建國初期，知名版本目録學前輩趙斐雲、冀淑英两先生編撰出版「中國版刻圖録」，爲古籍版本研究者奉爲圭臬。忽忽五十年，尚無可以爲繼者。趙前同志與圖書館有不解緣，自幼及長受圖書館之熏陶，深得縹緗之三昧。大學畢業後，於國家圖書館從事古籍工作垂二十年，對明代書籍版印之研究尤加重視，工作所需，志趣所向，日積月纍，資料盈然成帙，此「明代版刻圖典」之萌蘖也。

朱明一代爲中國書籍編纂刊印鼎盛時期，數量之多，工藝之巧，形制之多樣，莫過於明代。其編纂刊印書籍有官私之分，藩府坊肆之别；其刻書區域之廣泛遍及大江南北，又多形成地域性之刻書中心；其印製工藝之變化多樣，亦非前代任何一朝所能媲擬。第自明迄今六百餘載，古籍遭受天災人禍之厄聯綿不斷，歷經政治動蕩之焚燒查禁，水火兵燹之破壞，能幸免於難者百不存一。况此幸存者又多藏於大型圖書館或私人藏書家手中。欲一睹古籍之真面亦非易事，而「圖典」集明代古籍書影於一帙，一書各自著録其版刻時代、地点及類别，前有綜論概說，條分縷析、梳理有序。讀文知版本源流得失，觀圖識書籍形狀風貌。「圖典」之刊行爲書籍領域添一異彩。其沾溉之廣可信爲有裨實用之作，不失爲研究和收藏古籍者之津逮寶筏，亦將爲保護古籍起到推波助瀾之功效。以預卜，余耄耋暮年欣遇「圖典」付刊行世，謹獻蕪辭。是爲序。

二〇〇七年三月二十八日丁瑜於陶然西軒

序

李致忠

朱元璋建立明王朝以後，首先遇到的就是如何迅速恢復社會秩序，安定人民生活，發展社會生產，特別是發展農業生產的大問題。由於元朝統治者和蒙、漢地主階級的壓榨、剝削與摧殘，元末農民的生活是極其痛苦的；元末各地的連年戰亂，更使得社會秩序極度混亂；而沉重的租稅與徭役，又造成農民大量逃亡，人口銳減，土地荒蕪，民生凋敝。如何儘快扭轉這種社會局面，實現田野闢、五谷豐、人口增的社會理想，是擺在明王朝執政者面前最迫切的任務。因此，朱元璋登上皇帝寶座以後，首先與民休息。他說：「天下初定，百姓財力俱困，譬猶初飛之鳥，不可拔其羽，新植之木，不可搖其根，要在安養生息之。」（見《明實錄·洪武實錄》）根據朱元璋的這個指導思想，明王朝先後採取了蠲免稅糧、興修水利、獎勵墾荒等一系列措施。據記載，到洪武二十六年（公元一三九三年），全國墾田總數已達八億五千多萬畝，修治塘堰四萬多處，河道四千多處，坡渠堤岸五千多處，整個農業生產基本改觀。與此同時，又從整頓民政入手，首先整頓戶口。洪武元年（公元一三六八年），朱元璋在部分地區首先試行均工伕圖冊，用以平均徭役負擔。洪武三年（公元一三七〇年），又推行戶帖制度，用以核實戶口，作為徵調賦役的依據。洪武十四年（公元一三八一年），朱元璋又採納戶部尚書范敏的建議，實行黃冊制度。同時，還從地政入手，派人到各府州縣主持監督丈量土地，實行魚鱗圖冊制度。這種民政黃冊制度與地政魚鱗圖冊制度的實施，對於打擊豪強地主，平均賦稅徭役，減輕農民負擔，安定社會秩序，解放社會生產力，發展社會生產，都起了積極的作用。因而，在明初六七十年間，農業生產得到了較快的恢復，並逐漸繁榮起來。

明朝初年，對手工業者也實行了新的政策。洪武十九年（公元一三八六年），明朝政府下令改變工匠的服役制度。規定居住在都城的工匠，稱為住坐匠，每月為官府服役十天。不上工的每月只須納頂工銀六錢即可。居住在外地的工匠，分班輪流到都城服役，成為輪班匠。一般每三年輪流到都城服役一次，每次三個月。後來還規定輪班匠也可以納銀代役。工匠在服役以外的時間，可以自己從事生產，產品可以在市場上自由出售。明代對工匠實行的這些政策，較之元朝是不小的調整與進步，因而激發了工匠的生產積極性，手工業也逐漸發展了起來。

農業和手工業的恢復與發展，不但構成了明朝政權鞏固的社會經濟基礎，同時也是其他一切事業，如文化、教育、科學以及刻書出版等事業發展的前提。其中特別是工匠政策的調整，則直接關係到包括刻書工匠在內的切身利益。之所以有一批元末的刻書鋪子，到明代仍然舊店新張，繼續經營刻書業，與明朝的這些政策是有非常密切關係的。

伴隨手工業的恢復與發展，造紙業與造紙術也有了長足的進步。僅據《天工開物》記載，明代對於造製竹紙、皮紙等各種紙張的選料、配料、工藝等，都有了較為細密的方法，並對印書用紙更有了較細的考究。「印書紙有太史、老連之目，薄而不蛀，然皆竹料也。若印好板書，須用綿料白紙無灰者，閩浙皆有之。而楚、蜀、滇中，綿紙瑩薄，尤宜於收藏。」（見謝國楨《明代社會經濟史料選編》一〇二頁）縱觀有明一代遺留下來的圖籍，多用竹紙、綿紙印造。竹紙雖薄且易老化，然為蟲蛀者絕少。綿紙瑩潔，有如玉版，韌性極強，的確宜於收藏。明代造紙技術的如此提高，為刻書事業的發展提供了必要的物質條件。

中國封建社會發展到明朝，已有一千幾百年的歷史。其間歷代的更迭都提供了成敗得失的豐富經驗。明王朝要想使自己的政權不斷得到鞏固並長治久安，就不能不認真地從正反兩方面總結這些歷史經驗。特別是元朝來去匆匆的歷史教訓，對於明王朝來說，更是殷鑒不遠，它不能不做深刻的總結。明朝大批御製、欽定、敕纂之書的出現並由內府刊行，絕大多數都是總結這些歷史經驗，用以鞏固現行政權的產物。內府刻書之盛，影響全國刻書事業的發展。

明王朝繼承的是元末社會的亂攤子，加之北方少數民族始終為患，使得明王朝對於編修刊刻輿地志書也顯得十分積極。這類書的編刻，對於明王朝來講，無論在政治、經濟、軍事和國防等方面，都有非常現實的意義。

封建社會的藩王問題，歷來是封建君主十分棘手的問題，西漢的吳、楚七國之亂，西晉的八王之亂，都是有名的藩王作亂。朱元璋是個子嗣較多的封建皇帝，藩王問題就更顯得突出。分封而不之國，雖有西漢武帝時的經驗，但也有弊病。分封之國，又容易釀成勢力，犯上作亂。為此，朱元璋採取了一系列措施，對藩王進行教育和防範。如藩王之國前除了賜給封地和厚贈之外，還要送給很多書。這些書除了主要是訓戒的內容之外，在明代特有的現象是還要送給一些詩詞歌賦、戲曲小說等一系列文學著作，用以陶冶他們的性情，消弭他們的政治野心。「洪武初年，親王之國必以詞曲一千七百本賜之。」其意蓋為「教導不及，欲以聲音感人，且里俗之言入耳乎！」（見明李開先《張小山小令後序》、清梁清遠《雕丘雜錄》卷十五）正反映明朝初年的上述事實。對待藩王之國，朱元璋還有一項特殊的「封贈」，這就是為每個親王都選派一名高僧，隨其左右，開講經論，宣傳教義，使其慈悲為懷，免除爭權奪利的惡念。朱元璋的這些措施，儘管不可能從根本上解決问题，但畢竟有一些藩王是對學問文章產生了興趣，對釋教崇信不疑，对鐫書刻經亦傾心樂為。故明代藩府刻書，非但數量大，而且質量高，在整个明代社會影響極深。

到明朝中葉，土地兼併愈演愈烈，大批農民傾家蕩產，流亡城鎮，給手工業造成廉價勞動力，資本主義開始萌芽，城鎮和城鎮居民大大發展。當這些城鎮居民物質生活得到一定的滿足之後，立即就會對文化精神生活提出相應的或更高的要求，於是戲曲、小說等平民文化作品便大量產生並刊行於世。「今書坊相傳射利之徒，偽為小說雜著。南人喜談如漢小王光武、蔡伯喈邕、楊六使文廣；北人喜談如繼大賢等事甚多。農工商販抄寫繪畫，家蓄而有之。癡呆女婦，尤所酷好。好事者因目為《女通鑒》有以也。甚則晉王休徵、宋呂文穆、王龜齡諸名賢，至百態誣飾，作為戲劇，以為佐酒樂客之具。有官者不以禁杜，士大夫不以為非，或者以警世之為而忍為推波助瀾者，亦有之矣。意者其亦出於輕薄子一時好惡之為，如《西厢記》、《碧雲騢》之類，流傳之久，遂以泛濫而莫之捄歟！」（見謝國楨《明代社會經濟史料選編》三三三頁）此段描述，正是明代社會小說戲曲普遍流行的真實寫照。

朱元璋只是粗通文墨，又出身行伍，但他卻很懂得「武定禍亂，文致太平」（見明余繼登《典故紀聞》卷一）的道理。因此，早在他戡定四方，爭打天下的時候，「即開學校，延師儒，俾勛賢之子弟，凡民之俊秀，莫不從學。」（見明黄佐《南雍志》卷二十二）待他登上皇帝寶座以後，更加重視文治的作用。洪武二年（公元一三六九年），朱元璋嘗諭國子生，稱「古之學者，文足以經邦，武足以勘亂，故能出將入相，安定社稷。」透露出他的教育方針是要培養文武雙全的人才。同年十月他詔諭中書省，稱「朕恒謂治國之要，教化為先。教化之道，學校為本。今京師雖有太學，而天下學校未興，宜令郡縣皆立學。」（見明黄佐《南雍志》卷一）自此，全國各府州縣先後設立儒學。他規定各地學校「一以孔子所定經書誨諸生。若蘇秦、張儀，由戰國尚詐，故得行其術，宜戒勿讀。」並稱「政治在於善俗，善俗本於教化。教化行，雖閭閻可使為君子；教化廢，雖中材或墜於小人。」他還特别關心北方的教育，稱「近北方喪亂之餘，人鮮知學，欲求多聞之士甚不易。得今太學諸生中年長學優者，卿宜選取，俾往北方各郡分教，庶使人之務學，賢才可興。」到洪武八年（公元一三七五年），又「命丞相往國子學考校老成端正、學博經通者，分校天下。令郡縣廣其生徒而立學焉。」（見明黄佐《南雍志》卷一）

與重教興學相關聯，朱元璋還特别重視舉賢招隱，稱「自古聖帝明君，建邦設都，必得賢士大夫相與周旋，以成至治。今土宇日廣，文武併用。卓犖奇偉之士，世豈無之。或隱於山林，或藏於士伍，非在上者開導引拔之，則在下者無以自見。自今有能上書陳言，敷宣治道，武略出眾者，參軍及都督府俱以名聞。若其人雖不能文章而識見可取，許詣闕面陳其事，吾將試之。」（見明余繼登《典故紀聞》卷一）同時還營造禮賢館於應天，給招聘來的賢能之士以優厚的待遇。一時「陶安、夏翊、劉其、章溢、宋濂、蘇伯衡等，皆在館中。」（見清鄂爾泰、張廷玉《明綱目前紀》卷上）

朱元璋這一系列重教育，拔人才，聘賢士的政策，對於促進整個明代社會的文化發展，起了不可忽視的推動作用，也為刻書事業發展開闢了廣闊的天地。

當然，明代刻書事業之所以蓬勃發展，還因為它對刻書實行了特殊政策。「洪武元年八月，詔除書籍稅。」並於同年「命有司博求古今書籍。」（見清龍文彬《明會要》卷二十六）明代這一政策的推行，對刻書出版事業無疑是個極大的刺激和解放。故明代上自朝廷內府、六部、諸王藩府，及至各布政使司、按察使司和各府、州、縣及其儒學，都以刻書為風尚。下至南北兩京、福建、江蘇、浙江、安徽等大中城市，則書鋪如林，書溢市肆。直到今天我們還能看到數以百萬計明代官刻私雕的書籍存世流傳，其與明代推行這條政策有直接的關係。清代康熙時曾免除人頭稅，使中國人口很快繁衍起來。明代洪武時免除書籍稅，則書籍的雕印出版也很快發展起來。足見政策的作用之大。

技術的生命力在於不斷創新。明代在傳統雕版印刷技術繼續發展的同時，套色印刷技術、餖版拱花套印技術也被創造了出來，從而將雕版印刷技術推向了極致。非但如此，還使活字印刷技術，特別是銅活字、木活字印刷技術普及開來。中國印刷技術的三變，兩變都發生在明朝。如何反映明代刻書業的興旺發達和技術上的創新，過去有人寫過書，也有人搞過圖錄，但都不够全面不够系統。趙前同志供職國家圖書館善本部已有二十年。二十年來於全面掌握版本學知識技能外，長期潛心明代刻書研究。今天他調動多年知識積澱，從內府、官刻、藩府刻、私刻、坊刻、活字印本、版畫套印等七個方面，全面遴選明刻明印精品，而後按七個板塊分開，每個板塊中的每幅圖版依時間先後部居。遴選有見識，文字說明見功底，體例思維見嚴密。在該《圖典》付梓之前，見到了原稿。展觀之餘，深感這是有心人做了一件有意義的事。趙前同志請序於我，我雖無資格，卻願弁言，因為這是我們共同的事業。

二〇〇七年三月二日於二十一世紀飯店

明代刻書概述

趙　前

明代是中國古代印刷史上的輝煌時期，刻書的數量之多、地域之廣、技術之高、影響之大，是此前各代無法相比的。據有關資料統計，明代刻書數量多達三萬五千種；從中央到地方、從官府到書坊幾乎都在刻書，刻書地域遍佈全國，江蘇、浙江、福建等地刻書尤多。有明一代，活字印刷、套版印刷日漸風行，「餖版」、「拱花」的發明和應用把雕版印刷的技術水平推向巔峰。文學、藝術、醫學、科技諸方面的名篇巨著，不僅影響着當時，也影響着未來，不僅影響著中國也影響着世界。本文僅對明代刻書情況進行簡要概述。

壹　明刻本發展的社會背景及主要原因

一、安定社會秩序，恢復生產，使經濟迅速發展

一三六八年，朱元璋經過多年的征戰，終於力挫群雄，登上了皇帝寶座，定都金陵（今南京），建立大明帝國，年號洪武。由於元朝統治者和蒙、漢地主階級的壓迫剝削與摧殘，一般百姓的生活極其痛苦。而沉重的租稅與徭役，又造成農民大量逃亡，人口銳減，土地荒蕪，民不聊生。朱元璋建立明王朝以後，面臨着安定社會秩序，恢復生產，重建家園等諸多問題。如何解決這些重大問題，對新興的明王朝執政者是嚴峻的考驗。朱元璋首先採取了與民休息的辦法。他認為：「天下初定，百姓財力俱困，譬猶初飛之鳥，不可拔其羽，新植之木，不可搖其根，要在安養生息之。」（《洪武實錄》）根據朱元璋的這個指導思想，明王朝先後採取了蠲免稅糧、興修水利、獎勵墾荒等一系列措施。到洪武末年，整個農業生產有了較大的改觀。另外，朱元璋還加強了民政、地政的整頓和管理。民政方面，先後推行戶帖制度、黃冊制度。地政方面，派人到各地主持監督丈量土地，實行魚鱗

圖冊制度。這些制度的實施，不僅打擊了豪強地主，而且對平均賦稅徭役，減輕農民負擔，安定社會秩序，解放社會生產力，發展社會生產，都起到了積極的作用。明朝政府對手工業者實行了新的政策，下令改變工匠的服役制度。規定不為官府服役的工匠，繳納頂工銀即可。工匠在服役以外的時間，可以自己從事生產，產品可以在市場上自由出售。這些政策，激發了工匠的生產積極性，手工業也逐漸發展起來。

農業和手工業的恢復與發展，不但構成了明朝政權鞏固的社會經濟基礎，同時也是其他一切事業，如文化、教育、科學以及刻書出版等事業發展的前提。其中特别是工匠政策的調整，則直接關係到包括刻書工匠在内的切身利益。

二、重教興學，培養選拔人才，舉賢招隱，重用賢能之士

朱元璋雖然家境貧寒，又出身行伍，僅粗通文墨，但他對文化卻有較深刻的認識，他認為「武定禍亂，文致太平。」（余繼登《典故紀聞》卷一）因此，還在他爭打天下的時候，「即開學校，延師儒，俾勳賢之子弟，凡民之俊秀，莫不從學。」（黄佐《南雍志》卷二十二）待他登上皇帝寶座以後，更加重視文治的作用。洪武二年（一三六九年），朱元璋嘗諭國子生，稱「古之學者，文足以經邦，武足以戡亂。故能出將入相，安定社稷。」（黄佐《南雍志》卷一）透露出他的教育方針是要培養文武雙全的人才。同年，朱元璋還詔諭中書省，稱「朕恒謂治國之要，教化為先。教化之道，學校為本。今京師雖有太學，而天下學校未興，宜令郡縣皆立學。」（黄佐《南雍志》卷一）自此，全國各府州縣皆先後設立儒學。朱元璋還特别關心北方的教育，稱「近北方喪亂之餘，人鮮知學，欲求多聞之士甚不易得。今太學諸生中年長學優者，卿宜選取，俾往北方各郡分教，庶使人之務學，賢才可興。」（黄佐《南雍志》卷一）到洪武八年（一三七五年），又「命丞相往國子學，考校老成端正、學博經通者，分校天下。令郡縣廣其生徒而立學焉。」（黄佐《南雍志》卷一）朱元璋這樣的認識，極大地影響了以後的皇帝，使明代的教育事業有很大發展。永樂十八年，南京的國子監有學生九千餘人，這在以前歷代是少有的。（柳詒徵《五百年前南京之國立太學》）各地的郡學、縣學也普遍建立，「明代學校之盛，唐宋以來所不

及也。」（《明史》卷六九）明朝沿襲了唐宋的科舉制度，通過考試選拔人才，社會上形成了濃厚的讀書風氣。朱元璋還特別重視舉賢招隱，稱「自古聖帝明王，建邦設都，必得賢士大夫相與周旋，以成至治。今土宇日廣，文武並用。卓犖奇偉之士，世豈無之？或隱於山林，或藏於士伍，非在上者開導引拔之，則在下者無以自見。自今有能上書陳言，敷宣治道，武略出眾者，參軍及都督府俱以名聞。若其人雖不能文章，而識見可取，許諷闕面陳其事，吾將試之」。（余繼登《典故紀聞》卷一）同時還營造禮賢館於應天，給招聘來的賢能之士以優厚的待遇。一時「陶安、夏翊、劉其、章溢、宋濂、蘇伯衡等，皆在館中。」（鄂爾泰、張廷玉《明綱目前紀》卷上）朱元璋這一系列重教育、選人才、聘賢士的政策，對於促進明代的文化發展，起了不可忽視的推動作用，也為刻書事業的發展開闢了廣闊的天地。

三、注意採集圖書，重視教化作用；詔除書籍稅收，刺激刻書事業

對圖書及其教化作用的重視，是朱元璋一貫的思想，是其大政方針中的重要組成部分。早在明立國之前，朱元璋就對圖書事業表現出了極大興趣。據明朱國楨《皇明大政記》卷一載，元至正二十四年（一三六四年），朱元璋發兵攻滅陳有諒，即下令訪求遺書。明王世貞《命將征討考》則云：「徐達入北京，封其庫府圖書寶物」。明朝初立，又「命有司博求古今書籍。」（龍文彬《明會要》卷二六）由此可見，朱元璋對圖書典籍很重視。這無疑對明代書業的發展和繁榮，起到了重要的促進作用。

明代刻書事業之所以蓬勃發展，是與朱元璋對刻書實行了特殊政策分不開的。明王朝立國之初，採取了一些重要的、有利於書業發展的舉措。據《明史·本紀第二·太祖二》載：「洪武元年八月，除書籍、田器稅」。可見在朱元璋心目中，作為文化事業重要組成部分的書業，與恢復農業生產，解決民生問題是處於同等地位的。明代這一政策的推行，對刻書事業無疑是個極大的刺激和解放。這與元朝統治時期有天壤之別。蒙古統治者在未過江之前，施行「三十稅一」的政策，也就是說，如果出售三十冊書籍，其中一冊書籍的書款，作為稅收上繳。渡江以後，稅收變本加厲，由原有的「三十稅一」改成「二十稅一」，不僅使出版者怨聲載道，也影響了書籍的印

刷與傳播。明代上自朝廷內府、諸王藩府、各布政使司、按察使司及府、州、縣學，都以刻書為風尚；下至南北兩京、福建、江蘇、浙江、安徽等地區，則書鋪如林，書溢市肆。明代刻書事業能够出現如此局面，可見政策的重要性。如今大量流傳於世的明代官刻私雕書籍，是其有力見證。

四、寬鬆的出版政策，為書籍出版提供了良好的環境

眾所周知，元朝對著述和刻書的管理非常嚴格。關於著述，元代刑法中明文規定「大惡，諸妄撰詞曲……凡以邪說左道，誣民惑眾者，禁之，違者重罪之。」（《元史・刑法志》）而刻書要由本路進呈著作，經過逐級批准，纔能出版。明代陸容《菽園雜記》云：「嘗愛元人刻書，必經中書省看過，下所司，乃許刻印。」清代蔡澄《雞窗叢話》云：「先輩云，元時人刻書極難，如某地某人有著作，則其地之紳士呈詞於學使，學使以為不可刻，則已。如可，學使備文咨部，部議以為可，則刊版行世，不可則止。」這種管理方式主要是出於對知識分子的防範之心。結果使得很多非常有價值的書，因為不符合政府的口味，失去了出版的機會，也在很大程度上失去了流傳的機會。元代人的著作本來就不多，加上這種限制，印本就更少了。明代雖然也有書禁，但是明代的圖書出版政策，與元代相比還是相當寬鬆的。明政府對於民間一般的學術和創作活動，干涉也不多。所以，明代著述急劇增加，叢書、類書的編輯亦十分活躍。清黃虞稷《千頃堂書目》著錄明人著作達一萬五千七百二十五種，其原因除明代立國時間較長外，與明代寬鬆的出版政策有直接的關係。在明代無論官府、私宅、坊肆，或達官顯宦、讀書士子、太監傭役，只要財力所及，皆可刻書。以至於「數十年讀書人能中一榜，必有一部刻稿。屠沽小兒沒時，必有一篇墓志。此等版籍幸不久即滅，假使盡存，則雖以大地為架子，亦貯不下矣！」多則易濫，不能不說是一個弊病，但也從一個側面反映出明代刻書之盛。明人刻書，據統計不下三萬五千種，其中明人著述超過半數。

五、發達的經濟，刺激圖書的消費

明王朝建立後，採取了一系列恢復生產、發展經濟、輕徭薄賦的政策，社會相對穩定。至洪武十八年

（一三八五年），糧食產量已是元時的兩倍。永樂時經濟發展更快，「是時宇內富庶，賦入盈羨，米粟自輸京師數百萬擔外，府縣倉廩蓄積甚豐，至紅腐不可食。」（《明史》卷七十八）尤其是江浙地區，比其他地區更為繁榮。張瀚《松窗夢語》卷四有這樣的描述：「沿大江而下為金陵……五方輻輳，萬國灌輸。三服之官，內給尚方，衣履天下，南北商賈爭赴。自金陵而下，控故吳之墟，東引松、常，中為姑蘇，其民利魚稻之饒，極人工之巧，服飾器具，足以炫人心目。而志於富侈者，爭趨效之……嘉禾邊海，東有魚鹽之饒；吳興邊湖，西有五湖之利。杭州其都會也……米資於北，薪資於南，其地實嗇而文侈，然而桑蔴遍野，繭絲綿苧之所出，四方咸取給焉。」

明中葉以後，出現了資本主義萌芽。商品貨幣經濟的發展，手工業者和市民階層的擴大，都對刻書出版業有很大的影響。首先，城鎮居民迅速發展，他們生活相對穩定。當他們物質生活得到一定的滿足之後，便對文化精神生活提出相應的或更高的要求。於是戲曲、小說等平民文化作品便大量產生並刊行於世。「今書坊相傳射利之徒，偽為小說雜著。南人喜談如漢小王光武、蔡伯喈邕、楊六使文廣；北人喜談如繼大賢等事甚多。農工商販抄寫繪畫，家蓄而有之。癡呆女婦，尤所酷好。好事者因目為《女通鑒》有以也。甚則晉王休徵、宋呂文穆、王龜齡諸名賢，至百態誣飾，作為戲劇，以為佐灑樂客之具。有官者不以禁杜，士大夫不以為非，或者以警世之為而忍為推波助瀾者，亦有之矣。意者其亦出於輕薄子一時好惡之為，如《西厢記》、《碧雲騢》之類，流傳之久，遂以泛濫而莫之捄歟。」（謝國楨《明代社會經濟史料選編》）此段描述，正是明代社會戲曲、小說普遍流行的真實寫照。這也說明，明代的小說、戲曲在宋元兩代的基礎上又有發展，因為它們通俗易懂，寫的是人民大眾的生活，又帶有一定程度的民主性，深受人民大眾尤其是城市中的市民階層喜愛。一些封建文人不僅不以為非，而且還參與創作。因此，明代的戲曲、小說，一而再、再而三地出版印行，也是可以理解的。

其次，明代的官府和私人藏書規模大大超過前代，有力地刺激刻書業的發展。明代中央政府藏書十分豐富，楊士奇編的《文淵閣書目》著錄七千二百九十四種。編纂《永樂大典》時所抄錄的圖書，估計有八千種之多。據范鳳書先生著《中國私家藏書史》統計，明代有八百九十七位藏書家，其中藏書數量在一萬卷以上的有二百多人，如范欽天一閣，藏書最多時達七萬多卷。又如祁承㸁澹生堂，藏書達九千多種。還有黃居中、黃虞稷父子的千頃堂，藏書達八萬餘卷。最多的是宜春的張自烈，藏書達三十萬卷。而且很多是明代人著述。不少明代的私人藏書家致力於刻書事業，如毛晉就不是為藏書而收書，而是獲得善本便刊刻，以廣流傳。毛晉所刻之書，底本好，校讎精，具有較高的質量。當時有「君獲奇書好示人，雞林（朝鮮古國名）巨賈爭摹印」之說。（吳偉業《汲古閣歌》）清代學者朱彝尊也說，毛晉「力搜秘冊，經史而外，百家九流，下至傳奇小說，廣為鏤版，由是毛氏鋟本走天下。」（《嚴孺人墓志銘》）此外，范欽、袁褧、趙用賢和趙琦美父子等藏書家同樣有刻書的善舉。

六、製書材料的進步，為刻書業提供了良好的物質基礎

紙、墨、筆、硯與刻書業的發展興衰有直接的關係。紙、墨、筆、硯等行業的發展，可以滿足刻書、抄書的需要，書業的興盛又帶動各行業的發展。明代筆、墨、紙、硯的製作，數量之大、製作之精、品種之豐富，皆超過前代，進入一個前所未有的繁榮期。

以筆而言，生產規模之大、分佈地域之廣、新品名筆之多，是明代筆業的特點。湖筆、湘筆、京筆是主要的支柱產品，時人有「南有湖筆，北有京筆」之謂。品種的增多，為書家謄稿、學子習字，提供了更大的選擇餘地；為明代精美的寫刻本流傳，創造了有利的條件。

墨是印刷的主要材料之一。在明代，製墨業有大規模的發展。徽州是明代最著名的產墨地，墨不但產量大，而且質量好。據有關文字記載，徽州有製墨作坊近百家，所產的墨行銷全國，甚至出口到國外。製墨名家輩出，流派眾多，質量精良，式樣新奇。徽州製墨最有名的是程君房與方於魯。他們所製的墨有幾百種不同的規格和形制。他們還撰寫並刻印了製墨的代表性專著，如程氏刻印有《墨苑》，方氏刻印有《墨譜》。徽州製墨多以黃山松為主要原料，宋應星在《天工開物》中介紹了用松煙製墨的方法。松煙墨有不同的等級，書坊印刷，考慮到成本，往往選用價廉的下等墨。私刻本或官刻本，為保證印刷質量，往往選用上等墨。因此不少傳世之本，雖然經歷數百年，墨色依然瑩潤亮澤，宛若新印，可見墨質之佳。除徽州的製墨業外，在其他印刷業較集中的地區，也都有一定數量的製墨作坊。明代還出現用藍靛印刷書籍的現象，這是一種印刷的新材料。成化年間，在建陽的坊

刻本中出現了這種印本。

明代的製硯業，亦頗發達。入明之後，傳統的名硯如端硯、澄泥硯等枯木逢春，再入佳境。一些新開發的硯材亦負盛譽，如北京的潭柘紫石硯、東北長白山的松花石硯、四川的嘉陵峽硯等。名色繁多，間接地為明代文化的繁榮，作出了應有的貢獻。

紙是書籍的載體。明代造紙業又有新的發展，紙張的產量和質量都超過宋、元時期。江西、福建、浙江、安徽是明代紙張的四大產地。江西廣信府的永豐、鉛山等地，是產紙的集中地，其原料有樹皮、竹絲、百結皮等。這裏造的紙漂工精細，紙質潔白，工藝精良，是印刷的上等紙張。福建盛產毛竹，生產的紙張多以毛竹為原料。浙江造紙以衢溪為中心，多以桑皮為原料。安徽的寧國、涇縣、徽州以產棉紙聞名。明代紙張的品種有一百多種，用於印刷者只有一部分。其中衢州各縣的書籍紙，建陽的書籍紙，永豐的棉紙，常山的柬紙、寶鈔紙等都是印書的上等紙。胡應麟說：「凡印書，永豐棉紙為上，常山柬紙次之，順昌書紙又次之，福建竹紙為下。」（《少室山房筆叢・經籍會通》）謝肇淛說：「印書紙有太史老連之目，薄而不蛀，然皆竹料也。若印好版書，須用棉料白紙無灰者。福建、浙江都有，楚、蜀、滇中棉紙瑩薄，尤宜於收藏。」（《五雜俎》卷十二）總之，明代造紙業的發達，為印刷業提供了足够的原材料。使明代產生的一些鴻篇巨製，得以廣泛流傳。

七、廉價勞動力，降低了刻書成本

明朝中葉，土地兼併愈演愈烈，大批農民傾家蕩產，流亡城鎮。資本主義的萌芽，使城鎮得到迅速發展。這給手工業提供了大量廉價勞動力。葉德輝《書林清話》卷七稱：「明嘉靖甲寅，閩沙謝鸞識嶺南張泰刻《豫章羅先生文集》，目錄後有刻板捌拾叁片，上下兩帙，壹佰陸拾壹葉。繡梓工貲貳拾肆兩。木記以一版兩葉平均計算，每葉合工貲壹分伍錢有奇，其價廉甚。至崇禎末年，江南刻工尚如此。徐康《前塵夢影錄》云：『毛氏廣招刻工，以《十三經》、《十七史》為主，其時銀串每兩不及七百文，三分銀刻一百字，則每百字僅二十文矣。』」低廉的工價，不僅降低了刻書的成本，也大大提高了刻書業內部的競爭力，從而有力地刺激了刻書業的發展。

上述政治、經濟、文化、教育等諸多因素，正是明代刻書發展的主要原因。

貳　明朝政府刻書

一、內府刻書

公元一三六八年，朱元璋奪取天下後，非常注意文化教育事業。洪武元年，首先在南京宮中建起「大本堂」，將其子孫送入學習。他渴望自己的子孫成為文武全才，國家棟樑。洪武二年，又下令在全國府、州、縣建立儒學，培養人才。此外，朱元璋還非常重視書籍的收集，詔求四方遺書。他的一系列重視文化教育事業的舉措，以及書籍田器不得徵稅等相關詔令的實施，使明代的刻書事業得到長足的發展。其實，朱元璋未取得天下之前，便開始令其屬下編纂刻印書籍。《明實錄》記載了己亥正月庚申（元至正十九年）「讓儒士許瑗、王晃嘗仿《周禮》著書一編」。又如，「丙午十一月壬辰（一三六六年），修《公子書》及《務農技藝商家書》成。」明朝建立後，內府早期的刻本，是由皇宮內的一些機構負責。司禮監成立後，內府的刻書，逐漸由司禮監所管轄的經廠接替。司禮監是明朝內廷特有的建制，為內廷十二監之首，二十四衙門之一。經廠的刻書規模隨着司禮監權力的不斷擴大而發展，監中專司鐫刻刷印的工匠數目也隨之變化。洪武時有五百多名，其中刊字匠一百五十名，每二年一班。裱褙匠三百一十二名，印刷匠五十八名，一年一班。嘉靖十年（一五三一年）時，司禮監內工匠達一千五百八十三名，其中專事刻書者近一千三百名，紙匠六十二名，裁曆匠八十名，刊字匠三百一十五名，刷印匠一百三十四名，折配匠一百八十九名，裝裱匠（裝訂匠）二百九十三名。還有筆匠四十八名，畫匠七十六名，黑墨匠七十七名等。其分工精細，規模可觀。經廠本的主要特徵為版式寬闊，行格疏朗，多用趙體，以白綿紙印製。開本舒展大方，多包背裝，首冊或鈐「廣運之寶」朱印。

明代內府刻書多數是司禮監負責。明劉若愚《酌中志・內板經書紀略》、周弘祖《古今書刻》、呂毖《明宮史・內板書數》對內府刻書都有記載，在一定程度上反映了明內府刻書的部分狀況。《易傳》、《御製洪範篇序》、《周易大全》、《書傳》、《書傳直解》、《書傳大全》、《詩傳》、《詩傳大全》、《春秋傳》、《禮記》、《春秋大全》、《禮記大全》、《孝經》、《達達字孝經》、《孝經直解》、《孝經大義》、《大學》、《中庸》、《四書集注》、《尚書孝經大學中庸》、《玉篇》、《廣韻》、《歷代紀年》、《資治通鑑綱目》、《洪武禮制》、《通鑑直解》、《貞觀政要》、《大明官制》、《諸司執掌》、《文獻通考》、《明倫大典》、《大明集禮》、《皇明典禮》、《勤政要典》、《御製大誥》、《大明律》、《憲綱》、《皇明祖訓》、《祖訓條章》、《稽古定制》、《歷代臣鑒》、《外戚事鑒》、《昭鑒錄》、《省躬錄》、《古今列女傳》、《高皇后傳》、《通鑑博論》、《少微通鑑節要》、《資治通鑑綱目》、《續資治通鑑綱目》、《資治通鑑節要續編》、《歷代通鑑纂要》、《大明一統志》、《孔子家語》、《劉向新序》、《劉向說苑》、《大學衍義》、《大學衍義補》、《女訓》、《內訓》、《內令》、《內則詩》、《女誡直解》、《曹大家女訓》、《鄭氏女孝經》、《千家姓》、《小學書解》、《百家姓》、《三字經》、《醫案書》、《重刻證類本草》、《醫要輯覽》、《飲膳正要》、《周易占法》、《太上感應篇》、《小道經》、《啟蒙書法》、《事文類聚》、《釋文三注》、《釋氏源流應化事迹》、《佛經一藏》、《番經一藏》、《道經一藏》、《大五大部經》、《小五大部經》、《五般經》、《李白詩》、《呂真人文集》、《御製文集》、《草堂詩餘》、《恩紀含春堂詩》、《雍熙樂府》、《千家詩》、《選詩補注》、《唐詩鼓吹》、《唐賢三體詩》、《神童詩》、《祥異賦》、《古文真寶》、《古文精粹》、《擊壤集》、《步天歌》、《四時歌曲》、《山歌》。

在明內府刻書中，以下幾類書籍起到不可忽視的作用。

（一）法律書籍

為了鞏固統治，朱元璋創立並先後頒行各種法律制度，如《大明令》、《大明律》、《大明官制》、《禮儀定式》、《諸司職掌》等。這些典章制度的創立，不但在洪武一朝起過很大作用，也多為後世諸帝所遵行。御製《大誥》，洪武十八年頒示天下，賜國子監及天下府州縣學生。十九年又有《大誥續編》、《三編》。「凡臣民務要家藏人誦，以為鑒戒。倘有不遵，遷於化外。其有《大誥》者，偶有所犯，減等治罪。」罪犯只要有《大誥》，就可以減輕罪名。

（二）大藏經的刊刻及其他

明代內府最大的刻書工程就是雕印佛教的大藏經。大藏經共雕印過三部：《洪武南藏》、《永樂南藏》和《永樂北藏》。朱元璋早年曾出家為僧，登基不久，即於洪武五年（一三七二年）敕令雕造大藏經。在江南等地廣召名僧，整理校勘大藏經。並在金陵（今江蘇南京）的蔣山寺開雕。一四〇一年，全藏雕造完畢。該藏用千字文排序，從「天」字至「魚」字，共六百七十八函，一千六百部，七千餘卷。因在南京雕版完成，故稱《洪武南藏》，又稱《初刻南藏》。經板原藏金陵的天禧寺，可惜被永樂六年（一四〇八年）的一場大火焚毀。「靖難之役」後，朱棣登基。由於永樂六年的大火把《洪武南藏》的版片焚盡，無法刷印新的大藏經，因此很多寺院無經可誦。而朱棣本人也信仰佛教。朱棣為燕王時，朱元璋請高僧姚廣孝輔政。正是這位高僧幫助朱棣趕走自己的侄子建文帝朱允炆，登上皇帝的寶座。由於上述原因，永樂帝朱棣下詔重雕一部大藏經。大約在永樂七年或八年，在南京開雕，約於永樂十六年前後竣工。這部大藏經是以《洪武南藏》為底本重刊而成，但在編次及內容上有所改動。人們為了區別於《洪武南藏》，稱這部大藏經為《永樂南藏》。全藏六百三十六函，千字文編號從「天」字至「石」字，一千六百一十部，六千三百三十一卷。共刻經版五萬七千一百六十塊，藏於南京報恩寺。由南京禮部祠祭清吏司主管批准，平均每年准許刷印二十部供各地寺院唸誦。據史料記載，該藏共分三等九級，《永樂南藏》中的精品，其正文用白綿紙印製，封皮用紅、藍、黃、綠四色綾子裝裱，每函首冊有釋迦摩尼講法的扉畫，末冊有韋陀護法像。華貴莊重，傳世稀少。而下等用紙很差，一般使用的是粗糙的竹紙，封面使用的是染色藍紙，可見差別之大。由於《永樂南藏》是以《洪武南藏》為底本翻雕的，因此部分老一輩版本學家只知《洪武南藏》而不知《永樂南藏》。永樂十九年（一四二一年），朱棣遷都北京。同年，再次下詔雕印大藏經。這部在北京雕造的大藏經，於明正統五年完成，名為《大明三藏聖教北藏》。全藏六百三十六函，千字文編號從「天」字至「石」字，一千六百二十一部，六千三百六十一卷。分賜各大寺院。明萬曆十二年又續刻六十七函，五百六十三卷。內容包括各宗著作三十六種以及《永樂南藏》的四種經卷和目錄。

內府除刊印上述三部大藏經外，還為帝后們的佛事刻印了一些單本經書。這些經書不僅開本較大，用料也非常講究。例如：明天順元年（一四五七年）曾刻《妙法蓮華經》。嘉靖四年（一五二五年）章聖皇太后刻《佛說阿彌陀經》。萬曆十八年慈聖宣文明肅皇太后刻有《佛說高王觀世音經》等。

（三）《正統道藏》、《萬曆續道藏》和《賜號太和先生相贊》

朱棣不僅下令刻印了兩部佛教大藏經，而且還敕令編修道藏。永樂初年，朱棣敕令第四十三代天師張宇初主持編修《道藏》。永樂八年，張宇初去世，又令第四十四代天師張宇清繼續負責編修道藏事宜。正統九年雕版，朱祁鎮詔令道士邵以正督校並增所未備。翌年竣工。全藏四百八十函，千字文編號從「天」字至「英」字，共五千三百零五卷。這部大藏被命名為《正統道藏》。萬曆三十五年，第五十代天師張國祥奉旨將一些缺漏的經籍校刊，共三十二函，也以千字文編號為序，始于「杜」字止於「纓」字，共一百八十卷。名曰《萬曆續道藏》。此嘉靖十八年，內府刻印了一部《賜號太和先生相贊》。這是目前所知，明代雕版印刷書籍中開本最大的一部。此書高七十六釐米，框高五十三釐米；書寬五十五點四釐米，半框寬四十五點八釐米。這位太和先生就是嘉靖年間著名的道士邵元節。此人為何得到朱厚熜如此推崇？就是因為他多次為嘉靖帝占醮靈驗。而這部《賜號太和先生相贊》，正是宣揚、贊美邵元節在宮中所取得的那些「業績」。不難看出，當時的道教在皇帝的心中乃至全國所處的位置。

（四）《番藏》的刻印

藏文大藏經在明代被稱為《番藏》、明成祖朱棣在永樂九年敕命刊刻於南京。朱棣在《藏經贊序》中稱：「朕念皇考妣生育之恩，够勞莫報，乃遣使往西土取藏經之文，刊紙印施，以資薦揚之典，下界一切之黎，均霑無涯之澤……賜壽梓於番經廠。」但是永樂年間僅完成了《番藏》的《甘珠爾》部分，一千多卷。而《番藏》的另一部分《丹珠爾》三千餘卷，是萬曆二十二年在北京的番經廠完成的。關於《甘珠爾》的底本問題，有兩種不同的說法：張秀民先生認為，是採用了柰塘古板大藏經為底本刊刻完成的；潘吉星先生則認為，永樂年間在南京刊刻完成的《甘珠爾》，是以藏經寫本為底本刊刻完成的。

（五）《元史》與制書的編撰

明代內府還刻印過大量其他書籍。《元史》可以說是朱元璋登基後，由南京內府刻印的比較早的一部史書。《元史》的編纂完成，不僅說明了朱元璋對總結歷史的重視，同時也不難看出，由於當時元朝的殘餘勢力還沒有完全肅清，而《元史》的完成，正式向世人宣佈了元朝的完結，一個新興的大明王朝已經建立。朱棣即位後，撰寫了不少著作，其內容主要是教導子孫及大臣的。如《聖學心法》、《務本之訓》、《為善陰騭》、《孝順事實》等。另外，朱棣還命大臣編輯或纂修了很多書籍，如：《歷代名臣奏議》，刊印賜皇太子、皇太孫及諸大臣。洪武、永樂父子自撰及命儒臣纂修的書籍，當時通稱為「制書」，約有一百餘種。這些書籍是由皇宮內的一些機構負責刻印或司禮監所管轄的經廠雕印的。

二、中央政府刻書

（一）國子監

一三六八年，朱元璋稱帝，定都應天府（南京），稱國子學為「大明國子學」。後因考慮到國學規模較小，僅似郡學一般，難以容納全國生徒。他在洪武十四年，親臨雞鳴山麓巡視後，朱元璋詔建國子學於此。翌年三月，國學建成，並改稱「國子監」。

朱棣登基後，即宣佈改北平為北京，以北平府學為北京國子監。十九年，遷都北京，南京成了陪都，規制照舊。其國子監則稱「南京國子監」，北京的國子監成了大明國子監。後人分別稱它們為南監、北監或南雍、北雍。南、北國子監都刻印了很多書籍。

南京國子監

據明周弘祖《古今書刻》著錄，南雍先後刻印圖書二百七十餘種，有新編輯刻印的，也有利用前代版片修補重印的。南監自己刻書有二百餘種，如：《二十一史》、《通鑑紀事本末》、《通鑑前編》、《通鑑》、《通鑑綱目》、《通志略》、《古史》、《南唐書》、《文獻通考》、杜氏《通典》等，為保存我國重要史籍作出了貢獻。還出版過虞世南、歐陽詢等人書寫的《百家姓》、《千字文》等多種法帖，供學習者臨摹之用。南監還刻印一些科技及農醫方面的書籍，如《天文志》、《營造法式》、《農桑撮要》、《農桑衣食》、《栽桑圖》、《演算法》、《河防通議》、《大觀本草》、《脉訣勘誤》、《壽親養老新書》。萬曆初，出版了《子彙》二十四種。其中最著名的是《二十一史》。嘉靖以前，南雍有宋版七史、元版十史及洪武時期的《元史》。成化、弘治、正德年間雖有修補，但未刊佈全部史籍，嘉靖七年，錦衣衛千戶沈麟奏請命官校勘歷代史書刊佈天下。於是皇帝命祭酒張邦奇、司業江汝璧兩位博學者將史書逐一考對修補，以備傳佈。除所藏原版外，成化間，廣東布政司原刻《宋史》也被送入監内一起校補。遼、金二史原無書版，從吴下購得二史善本翻刻，《二十一史》遂全。嘉靖七年至十年，南雍重新刻印了《史記》、《前漢書》、《後漢書》、《遼史》、《金史》五史，其餘十六史書版則略加修補重印。萬曆二年至二十四年，南雍又一次大規模刊印史書，所刊者為《史記》、《三國志》、《晉書》、《宋書》、《南齊書》、《梁書》、《陳書》、《魏書》、《北齊書》、《北周書》、《隋書》、《南史》、《北史》、《新五代史》共十四史，其餘七史則隨時補刻。

北京國子監

永樂元年，朱棣在北京安定門内設立國子監。永樂十九年遷都北京後，又將北京國子監改為京師國子監。朱棣出於對南北方統治集團利益等多方面的考慮，完整地保留了包括國子監在内的所有南京中央機構，形成了明代「南監」、「北監」並存的局面。北監刻書不如南監多，但據統計也有八十五種之多。目前所知，北監最早的刻本是成化四年刻印的《山海經傳》。此外還有《務本直言》、《敕諭授職到任須知》、《本草方》、《幼小方》、《腳氣方》、《楚辭》、《唐詩》、《臨川集》、《淮海集》、《東萊集》、《青雲賦》、《玉浮圖》、《孟四元賦》、《珍珠囊》、《古史》、《千字文體》、《大學衍義》等。萬曆年間北監還刊印過《十三經注疏》和《二十一史》，然校勘極粗，訛謬極多，甚至整段地脱落，被後來學者稱之為「災木」。

（二）秘書監

洪武三年，秘書監刻過《大明志書》。明初御製敕纂之書，當有不少是秘書監鐫刻的。

（三）欽天監

明代欽天監設監正一人，監副二人，另有下屬多人。監正、監副主要負責掌察天文、定曆數、占候、推步等事。呈奏大統曆，並刊印每歲曆書樣本，移送禮部頒行。現知欽天監除印有《天文刻》外，主要是負責印造每年奏準的《大統曆日》。欽天監有印刷匠二十八名，裁曆匠二名，裱背匠一名。

（四）御馬監

御馬監刻有《馬經》一書。

（五）都察院

都察院在明代是監察性質的機構，它也刻過不少書籍，並有《都察院書目》一書。據周弘祖《古今書刻》所載，明代都察院刻書有三十三種之多，且很有特點。如《演算法大全》、《七政曆》、《千金寶要》、《武經直解》、《史記》、《文選》、《杜詩集注》、《千家注蘇詩》、《盛世新聲》、《太平樂府》、《玉音海篇》、《披圖測海》、《唐音》、《適情錄》、《三國志演義》、《水滸傳》等，都曾先後由都察院鐫版行世。

（六）禮部

六部是封建王朝中央六部之一，一切禮儀制度皆由該部負責。洪武二十四年，朱元璋嘗命禮部刷印《通鑒》、《史記》、《元史》等書，頒賜諸王。洪武年間還曾刻過《皇明祖訓》《書傳會選》等書。永樂十三年九月，刻印《五經四書大全》及《性理大全》等書。正統四年十月，刊佈《憲綱》於中外諸司。成化二十三年十一月，刊印《大學衍義補》。嘉靖四十年十二月，重刊《衛生簡易方》。此外，禮部還刻過《大狩龍飛集》、《大禮集議》、《素問鈔》、《醫方選要》等書。作為本職工作，每三年還要刻印《登科錄》和《會試錄》。

（七）兵部

兵部曾刻印過《大閱錄》、《九邊圖說》、《九邊圖》等。嘉靖二十六年頒行《軍令》、嘉靖四十年頒行《營規》。當然還要刊刻歷科《武舉錄》。

（八）工部

「嘉靖十三年五月，……上欽定為《御製詩》，詔工部刻梓，頒佈兩京文武群臣。」（明徐學聚《國朝典匯》卷二十）可知工部刻印過《御製詩》。

（九）太醫院

明代太醫院負責皇帝及宮中醫療之事，凡醫術十三科。專科已有大方脉、小方脉、婦人、瘡瘍、針灸、眼、口齒、接骨、傷寒、咽喉、金鏃、按摩、祝由等科。現知明代太醫院刊有《銅人針灸圖》、《醫林集要》等，多屬醫學專業書。還刊印過《大明律直引》，蓋與法醫有關。

（十）史局

明代史局即國史實錄館。「（嘉靖）七年六月，《明倫大典》成，上親製序文，命宣付史局刊行天下。」（明徐學聚《國朝典彙》卷二十二）可見史局曾刊刻《明倫大典》。

三、地方政府刻書

明代地方政府刻印最多的書籍是地方志、鄉試錄、地方文獻等。但也刻印過不少其他方面的書籍。如：洪武二十年太原府刊《御製大誥續編》，嘉靖十一年還刻印《嘉祐集》，景泰六年山西布政使刊《河汾諸老詩集》，嘉靖十五年還刻有《太平經國之書》，正德四年歸德州刻《唐忠臣錄》，正德十年平陽府刊《銅人針灸經》、《新編西方子明堂龜經》、《華陀玄門脉決內照圖》、《養生導引法》、《錦身機要》、《修身秘要》，嘉靖九年山東布政使司刻印《農書》，隆慶四年刻印《薛文清公要語內篇》、《外篇》，嘉靖十三年江西布政使司刻印《蘇文忠公全集》及《年譜》，萬曆七年刻印《山谷老人刀筆》，嘉靖十四年浙江布政使司刻印《大樂律呂元聲》，嘉靖二十三年還刊印《大唐六典》，嘉靖十七年西安府刻《新編漢唐通鑒品藻》，嘉靖二十九年福州府刻《玉髓真經》，嘉靖三十一年無錫縣刻印《唐雅》，嘉靖三十四年淮安府刻印《前漢書鈔》、《後漢書鈔》，嘉靖四十二年衢州府刻《絕妙古今》，嘉靖四十四年青州府刻《皇極經世觀物外篇釋義》，嘉靖四十五年至隆慶四年，陝西布政司刻過《十七史詳節》、《秘傳眼科龍木總論》，萬曆三十年刻過《秦漢圖記》、《三輔黃圖》，萬曆三十六年刻過《詩宿》、《詩人考世》，萬曆四十年刻過《重刊救荒活民補遺書》，萬曆十年保定府刻印《李衛公望江南》，萬曆二十六年邵武府學刻《詩家全體》，崇禎十七年蘇州府刻印《禱雨文》。明應天府（南京）刊刻《文公家禮儀節》，廣西府江兵巡道刻本《校增救急易方》。當然，明代地方政府所刻印的各類書籍絕不止上述。

明朝中央政府及地方政府刻書的內容，一定程度上反映了明代社會風氣。究其最主要的原因有兩點：一是洪武元年八月下令免除了書籍稅。一般來說，免徵行業稅款，經營者便有利可圖，因此會蜂擁而上；二是明代的基本國策是重文輕武，因此文化發達，對書籍的需求量大。特別是明代中葉以後，隨着資本主義萌芽的出現，商品經濟也跟着發展。刻書有銷路，有利可賺，故不少機構爭相刻書。

在明代的官場中，將作為禮品的書籍稱之為「書帕本」。據明袁棟《書隱叢說》所記：「官刻之風至明極盛，內而南北二京，外而道學兩署，無不盛行雕造。官司至任，數卷新書與土儀，並充饋品，稱為『書帕本』。」書帕本的出現，不僅反映地方政府刻印書籍之盛，亦反映明代中早期的官場還是比較廉潔的。顧炎武《日知錄》云：「昔時入覲之官，其饋遺，一書一帕而已，謂之書帕。自萬曆以後，改用白金。」晚明吏治之腐敗，亦略見一斑。書帕本作為饋贈禮品，裝幀講究，但刻印不精，因此遭到顧炎武的批評：「其不工反出坊本下，工者不數見也。」清人葉德輝在《書林清話》中也尖銳地指出：「按明時官出俸錢刻書，本緣宋漕司郡齋好事之習，然校勘不善，訛謬滋多。至今藏書家，均視當時書帕本比之經廠坊肆，名低價賤，殆有過之。然則昔人所謂刻一書而亡者，明人固不得辭其咎矣。」

叁　明代藩府刻書

明代藩府刻書，即指明代藩王及同藩宗室所刻書籍，研究者或稱「明藩刻書」、「藩王刻書」、「明宗室刻書」等。

明代封藩的特點在於「之藩」，即親王被封藩後，必須前往藩地建府。終明一朝，被封藩王者六十二人，其中五十人在各地建立了藩府。藩府刻書就是在封藩和「之藩」背景下產生的。

明藩府刻書僅佔明代刻書總量的極小部分。例如：秦藩於嘉靖十三年重刊過《史記集解索隱正義》一百三十卷；隆慶六年刻印《千金寶要》六卷等。晉藩藏書、刻書處有寶賢堂、志道堂、虛益堂、養德書院，曾於嘉靖四年重刻《文選注》六十卷；嘉靖五年刻《宋文鑒》一百五十卷，《目錄》三卷等。周藩於永樂至宣德間刻過《誠齋雜劇》二十二卷、《誠齋樂府》二卷。嘉靖十六年刻過《西湖百詠》一卷等。楚藩、蜀藩、趙藩、崇藩等都曾刻過多種書籍。

明代藩府刻書，雖然數量不多，但質量頗高。作為一個特殊現象，早被藏書家、研究者所重視。明周弘祖《古今書刻》、清黄虞稷《千頃堂書目》及《四庫全書總目提要》均有記載。今人研究者中，有張秀民先生、錢存訓先生撰文論及。又有臺灣的昌彼得先生撰《明藩刻書考》，對諸藩刻書進行概述、考訂。評曰：「明代藩邸王孫，以天潢貴冑，襲祖宗之餘蔭，賈其餘財，盛行雕造，邁軼前代，宜世所豔稱也。」又曰：「明人刻書，多率喜竄亂舊章，為世所詬病。書帕坊本，校勘不謹，人多輕之。唯諸藩刻書，尚多精本。蓋以其被賜之書，多有宋元善本，可以翻雕，故時有佳刻也。」李致忠先生著《明代刻書考述》亦以中國國家圖書館所藏藩府刻書為基礎，結合所見資料進行研究、統計。稱藩府刻書「翻刊有據，校勘有憑，歷來多為版本學家所稱善。」瞿冕良先生的《中國版刻辭典》也對藩府刻書進行了著録。他們的開創性工作，為後人進行研究鋪平了道路。

明代封藩、「之藩」情况複雜，傳世版刻年代久遠，序跋多有脱落。加之商賈作偽等因素，給研究藩府刻書造成一定的困難。因此，在研究藩府刻書時必須重視著録、考訂等基礎工作。對於藩府刻書的内涵、外延，及其地域、時代等特性亦應加以足够重視。這裏擬對這些問題進行初步探討。

一、研究明代藩府刻書，首先應界定其内涵和外延

筆者認為，明代藩府刻書必須把明代藩王及同藩宗室所刻書籍作為一個整體加以研究，但在著録時兩者能够

區分的必須加以區分，不能混為一談。以往在研究藩府刻書時，或多或少地存在着重藩王刻書、輕宗室刻書的現象，致使有些宗室刻書未被列入藩府刻書之中，造成了研究的混亂。還有不少書著録過於籠統，造成了理解上的混亂。比如東晉葛洪撰《抱朴子内篇》二十卷，《外篇》五十卷，《别旨》一卷，著録為嘉靖四十四年魯藩承訓書院刻本，則過於籠統，很容易使人產生誤會，認為這部書是魯藩王承訓書院刊刻的。實際情况是，這部著名的《抱朴子》，為魯藩同宗奉國將軍朱健根和鎮國中尉朱觀熰刊刻而成的。《明史·列傳第四》記載：「奉國將軍健根，巨野王陽鎣諸孫，博通經書，年七十，猶縱談名理，亹亹不倦。嘉靖中，詔褒其賢孝。子鎮國中衛觀熰，字中立，居母喪，蔬食逾年，哀毀骨立。嘗繪《太平圖》上獻。世宗嘉獎之，賜承訓書院名額並《五經》諸書。」可知承訓書院是奉國將軍朱健根和鎮國中尉朱觀熰的刻書處，這部《抱朴子》實際上為宗室刻書無疑。類似這樣的情况還有很多，不一一列舉。在界定了明代藩府刻書的内涵和外延後，筆者認為「藩府刻書」的提法較「藩王刻書」、「明藩刻書」、「明宗室刻書」等更為妥帖。

二、研究明代藩府刻書，必須重視其地域性的特點

明代疆域廣闊，刻書藩府遍及全國，如山東有德、魯、衡藩；山西有晉、代、沈藩；河南有周、鄭、唐、趙、崇、潞藩；陝西有秦、慶、韓、肅藩；湖廣有楚、岷、襄、榮藩；江西有淮、益藩；四川有蜀藩。此外還有屢次遷藩的寧、遼藩等。這些藩府所刻書籍，反映了各地區刻書的不同特點。例如：中國國家圖書館善本藏品中有部《文章類選》，是目前流傳不多的幾種明初藩府刻本之一。該書由明太祖朱元璋十六子慶靖王朱㮵自輯，於洪武三十一年刊刻成書，多達四十卷，且開本較大（匡高25.1釐米，廣19.5釐米），這在明王朝初定天下不久，經濟尚未恢復時期，於慶府所在地韋州雕造完成，實屬不易。該書是當時韋州刻書的代表作品。另外，從經常遷藩的藩府在不同地點所刻的書籍中，也能反映出藩府刻書的地域性特點。所謂「遷藩」，就是明代藩王由於改封或其他原因，由原有的藩地遷徙到新的藩地。在五十位「之藩」的親王中，就有十幾位親王的封地有過變遷，如遼、慶、肅、岷等。有些藩地變更過多次，如朱元璋的第十七子朱權的寧藩。寧藩所刻書特别能反映其地域性的

特點。朱權於洪武二十四年授封，洪武二十六年至洪武三十一年就封大寧。在此期間，他刻的自撰《太和正音譜》、自編《瓊林雅韻》等都是大寧刊本。建文元年至四年，朱權被其兄燕王朱棣軟禁在北平，時時為燕王起草檄文。此時「大寧城為空」。朱權於建文四年刻印過自撰《漢唐秘史》一書，這個刻本當是北平刻本。永樂元年朱權被改封南昌並建藩邸，仍襲用原封號。中國國家圖書館收藏的宋葛長庚《重編海瓊白玉蟾文集》，由朱權刊刻於正統七年，此書應是南昌刻本。直至正德十五年，寧藩上高王朱宸濠因造反被鎮壓撤藩，此前的寧藩刻書，都是南昌刻本。寧藩刻書據史書記載，僅朱權一人「注纂數十種」，不難看出寧藩刻書之夥。以上所舉各書大都時間、地點清楚，對於研究明代藩府刻書的地域性特點具有重要價值。但需要注意的是，前人著錄為寧藩刻本的書籍未必都是寧藩所刻。如《寧藩目錄》一書，不著編者，只著「嘉靖二十年寧藩刻本」。須知，寧藩上高王朱宸濠正德十五年因造反未遂被處死並奪藩。至此，南昌的寧府已不復存在。嘉靖二十年時，寧藩已被除藩二十餘載。因此，「嘉靖二十年寧藩刻本」當誤。或許是其支裔弋陽王沿用其先人舊號所致。

研究藩府刻書的地域性，還要對刻書地點細加甄別、考證，以免出現失誤。如《新刊袖珍方大全》四卷，著者是誰，眾說紛紜，或說是周定王朱橚，或認為周獻王朱有燉，但對刻地是雲南則無疑問。因為明弘治年間翻刻洪武二十四年刊本《新刊袖珍方大全》一書中有周王序，稱：「邇來雲南一載有餘，詢及醫書，十無七八。察其人病，或祭神祀鬼。間有病者求藥，而無良醫。或恣其偏僻之見，求為殊異之方，造次用行，死者多矣。乃於暇日集錄經驗諸方，始成一書，名之曰《袖珍》。命工刊梓，以廣其傳。」但查《明史·列傳第四》，卻載有「周定王橚，太祖第五子。洪武三年封吳王。七年，有司請置護衛於杭州。帝曰：「江南財賦地，不可。」十一年改封周王，命與燕、楚、齊三王駐鳳陽。十四年就藩開封，即宋故宮地為府。二十二年，橚棄其國來鳳陽。帝怒，將徙之雲南，尋止，使居京師，世子有燉理藩事。二十四年十二月，敕歸藩。」這段文字說明，定王朱橚可能去過雲南，而獻王朱有燉當則從未去過。周王之序或許是定王朱橚所作？而實際上，《新刊袖珍方大全》的編纂人是周藩的名醫李恒，而刻印地當是在開封的周藩。

藩府刻書反映出當時的印刷技術水平和社會風尚，具有鮮明的時代特點，並且隨著政治、經濟、文化的發展不斷地變化。

三、研究明代藩府刻書，必須注意其時代性

藩府刻書的風格，明代早期受元代刻書遺風的影響，仍保留着粗黑口、趙體字等元刻本風貌，如明洪武三十一年慶藩朱栴刻本《文章類選》即使用趙體字。翻元本更是神形畢肖，如成化間唐藩重刻元池州路刻本《文選》六十卷，每為書賈撤去唐藩序，以充元本，藏家每受其欺。雖精鑒如孫星衍、莫伯驥輩亦為所惑。到嘉靖、萬歷時期，受復古思潮的影響，出現了翻宋、仿宋的刻書傾向。這時期翻刻了大量的宋、元刻本，新刊書籍也使用方方正正的仿宋體，而且大都紙墨精良，行格疏朗，頗具宋版風韻，湧現出許多著名的版本。明代後期，大興避諱之風，此時藩府刻書風格是白口、長字，有避諱。

明代藩府許多刻書都與明王朝相始終，如蜀藩共相傳九世，從洪武二十三年就藩於成都的蜀獻王朱椿，到崇禎十七年張獻忠攻陷成都府後投井自盡的朱至澍，共歷二百五十四年。史傳蜀獻王朱椿「博綜典籍，容止都雅」，被朱元璋稱為「蜀秀才」。他自就藩成都後，先後刻印過大量書籍，如《蜀鑒》十卷、《蜀漢本末》三卷、《說苑》二十卷、《新序》十卷、《壽親養老新書》四卷、《仕學軌範》四十卷、《自警編》九卷等。其他刻過書的蜀王還有蜀和王朱悅㷿，天順元年刻《增修埤雅廣要》四十二卷。蜀惠王朱申鑿，成化十五年刻印《劉文靖公文集》二十八卷，同年又刻《草書集韻》五卷。蜀成王朱讓栩，嘉靖七年刻印過《自警編》九卷，嘉靖十四年刻印《史通》二十卷，嘉靖二十年刻印《遜志齋集》二十四卷、《附錄》一卷，同年還刻《欒城集》五十卷、《後集》二十四卷、《三集》十卷。蜀康王朱承爚，嘉靖二十八年刻印《長春競辰稿》十三卷、《餘稿》三卷。蜀端王朱宣圻萬曆二十一年刻印《資治通鑒全書》一百零八卷等。通過對蜀藩刻書的介紹，我們對其刻書的延續性有了大概的了解。實際上，很多藩府刻書的情況，與蜀藩相似，都有內部的連續性。這種由一藩主持，刻於一地，貫穿有明一代的刻書史，如果對其加以研究，就能使我們對明代各個時期的刻書特點和其整體面貌，有更加清楚的認識。當然在研究中，應避免把人名搞混或將順序弄亂，出現張冠李戴、令人啼笑皆非的錯誤，影響研究工

作的深入進行。

四、明藩府刻書的地位和價值

明代藩府刻書大約有幾百種，之所以受到歷代版本學家和藏書家的珍重，一個很重要的原因，是藩府刻書以宋、元版為底本，翻刻了很多珍稀的古籍。如：嘉靖五年晉端王朱知烊以晉藩養德書院為名，刻印了宋呂祖謙編《宋文鑒》一百五十卷，目錄三卷。這部書就是據宋慶元間太平府學本翻刻而成的。嘉靖十六年晉簡王朱新以晉府名義刻印了元蘇天爵編《元文類》七十卷，目錄三卷。此書也是仿元西湖書院本雕刻而成的。被翻刻的宋、元版書籍中有些在明代已屬鳳毛麟角，由於多種原因，很多書如今已不復存在。這樣，明代藩府刻書就成為我們研究失傳的宋、元版書的重要資料，在版本研究上具有重要地位。另一方面，明代不少藩王或同宗潛心於文學或藝術之中，成為某些領域中頗有造詣的人士。如寧獻王朱權自號大明奇士，是明代著名的戲曲理論家、劇作家、古琴家。朱權著作很多，關於音樂、戲曲的有《琴阮啟蒙》、《太和正音譜》等。另外還創作有雜劇十二種（現存《大羅天》、《私奔相如》兩種）。朱權在明初曾刻印自撰和他人著作多種，如：《臞仙肘後經》、《太和正音譜》、《病機氣宜保命集》、《海瓊玉蟾先生文集》和《續集》。周定王朱有燉，號誠齋，是明代著名戲曲作家。朱有燉精通雜劇、散曲，自著《誠齋雜劇》，於永樂至宣德間自刻自印。他的《誠齋樂府》，於宣德七年自己刻印成書。明鄭藩世子朱載堉，字伯勤，號句曲山人，是著名的數學家和音樂家。萬曆年間將自己的數學著作《嘉量算經》、《圓方勾股圖解》、《嘉量算經問答》、《圖解古周髀算經》等刻印出版。同時還刻印了自撰的《樂律全書》。其中對十二音律的研究，在當時處於音樂理論研究的前列。這些藩王、宗室將自己的成果刻印成書，不僅具有很高的研究價值，也是後來的版本不可代替的。

藩府刻書作為明代貴族正統文化的體現，數量雖少，卻頗具代表性，很有加以深入研究的必要。在此僅就藩府刻書的內涵及其地域性、時代性等特點進行了初步探討，希望對今後的明代藩府刻書的研究有所裨益。

肆　明代私人刻書

明代私人刻書現象是非常普遍的。據繆詠禾先生《明代出版史稿》統計，明代私人刻書者約有四千二百餘家，筆者認為當遠遠超出此數。刻書的人群主要是文人雅士和一些官吏，當然還有少數平民百姓。他們刻書的目的不同，刻書數量的多少也不相同。一般來說，他們所刻的書籍不是商品。也就是說，他們刻書，並不是為了賺錢。這是與書坊刻書最大的不同點。例如，徐兆稷在出版其父徐學謨的著作《世廟識餘錄》的牌記中稱：「是書成凡十餘年，以貧不任梓。僅假活板印得百部聊備家藏，不敢以行世也。活版亦頗費手，不可為繼，觀者諒之。」當然，私人刻書也不排除有一定數量的出售。另外，私人刻書大多數都比較講究，不惜工本。如：家譜、宗譜、家集等，開本較大，紙墨精良，也是一般書坊刻本不能比的。私人刻本中有不少被歷代文人雅士視為精品的書籍。葉德輝在《書林清話》卷五中說，明人家刻之書，其中為收藏家向來珍賞者，如豐城游明大昇翻雕元中統本《史記集解索隱》，吳郡沈辨之野竹齋刻《韓詩外傳》，崑山葉氏菉竹堂隆慶六年刻陶谷《清異錄》，江陰涂禎弘治十四年仿宋刻《鹽鐵論》，震澤王延喆恩褒四世之堂嘉靖六年刻《史記集解索隱正義》，吳郡金李澤遠堂嘉靖七年刻《國語韋昭解》，吳門龔雷嘉靖七年刻鮑彪校注《戰國策》，吳郡袁褧嘉趣堂嘉靖十二年仿宋刻《大戴禮記》、嘉靖十四年仿宋刻《世說新語》、嘉靖二十八年仿宋張之綱本《文選注》，顧春世德堂嘉靖十二年刻《六子全書》、嘉靖十三年刻王子年《拾遺記》，澶淵晁瑮寶文堂嘉靖十三年刻《昭德新編》、《具茨集》、嘉靖二十五年刻《晁氏客語》、《晁氏儒語》、《道院集要》、《法藏碎金》，南平游居敬嘉靖十五年刻《韓文》、《外集》、《集傳遺文》，《柳文》、《別集》、《外集》、《附錄》，餘姚聞人詮嘉靖十八年刻《舊唐書》，蘇獻可通津草堂嘉靖三十八年刻《論衡》、《韓詩外傳》，東吳郭雲鵬濟美堂嘉靖二十二年刻《分類補注李太白詩集》、嘉靖三十八年刻《曹子建集》，東吳徐時泰東雅堂刻《韓昌黎集》、《外集》，嘉禾項篤壽萬卷堂隆慶四年刻《鄭端簡奏議》、萬曆十二年刻《東觀餘論》，嘉禾項氏宛委堂刻《研北雜識》、天啓四年刻《奇姓通》，馬元調寶儉堂萬曆三十二年刻《元氏長慶集》、《白氏長慶集》，吳郡杜詩刻《戰國策校注》，元和吳元恭刻《爾雅注》。

葉德輝認為，「此皆刻書有根據，不啻為宋槧作千萬化身者也。」可見葉氏所說的精品，是明人翻刻或影刻宋元版本的書籍。葉氏提到的刻本，固然可稱精品。實際上，由於年代久遠而流傳稀少的明代私人刻書，早就被視為善本中的精品。如，明洪武二年羅宣明刻《羅鄂州小集》、《羅郢州遺文》，洪武九年盧祥等刻本《書史會要》、《書史會要補遺》，洪武十年鄭濟刻本《宋學士文粹》、《宋學士文粹補遺》，洪武十一年黃鈞刻本《秋聲集》，洪武十九年許中麓自刻《光岳英華》，洪武二十年王仲本刻本《聽雪篷先生詩集》，建文四年錢古訓刻本《劉向說苑》，永樂元年鄭和刻本《佛說摩利支天菩薩經》，以及永樂三年李光刻本《番陽仲公李先生文集》等。另外，正統四年袁旭刻本《宛陵先生文集》、《宛陵先生文集拾遺》，正統七年黎諒刻本《蘇平仲文集》，景泰六年韓雍、陳价刻本《文山先生文集》、《文山先生文集別集》、《文山先生文集附錄》，天順元年黃諫刻本《解學士先生集》，天順元年朱熊梅月軒刻本《讀杜詩愚得》，天順四年邵以正自刻本《玄宗內典諸經注》，成化五年黃溥自刻本《詩學權輿》，成化五年倪岳刻本《遼海編》，成化七年閻鐸刻本《趙清獻公文集》、《趙清獻公文集附錄》，正德十三年黃省曾、高第刻本《楚辭章句》，正德十五年皇甫錄世業堂刻本《皇甫持正文集》，嘉靖四十三年毛汝麟刻本《陽明先生年譜》，嘉靖四十五年毛鋼刻本《諸史將略》，嘉靖四十五年項篤壽刻本《今言》，隆慶五年葉氏菉竹堂刻本《雲仙雜記》，隆慶五年王世貞自刻本《尺牘清裁》，萬曆五年張之象刻本《史通》，萬曆七年蘇萬民刻本《九華山志》，萬曆十年趙用賢刻本《合刻管子韓非子》，萬曆十年王可大自刻本《國憲家猷》，萬曆十二年王圻刻本《古今考》，萬曆十二年黃中色刻本《名義考》，萬曆十四年顧祖美刻本《編注王司馬百首宮詞》、《唐諸家宮詞注》，萬曆十六年陳禹謨刻本《七雄策纂》，萬曆十九年高濂自刻本《雅尚齋遵生八箋》，萬曆二十四年陳大科刻本《靈隱子》，萬曆三十年張萱黛玉軒刻本《北雅》等等。上述書籍中，多數是明代私人刻書中比較著名的版本，有些甚至是非常罕見的。

伍　明代坊肆刻書

朱元璋在洪武元年即下令書籍田器不得徵稅。在這一政策鼓勵下，明代的刻書得到長足發展。全國各地很多坊肆都在大量刻書。繆詠禾先生在《明代出版史稿》中稱：「總括起來說……《明代版刻綜錄》一書中的坊刻單位是四百餘家。」筆者以為這個數字可能有些保守，全國各地刻書的坊肆應該在一千家左右，或許還要更多一些。

一、明代金陵坊肆刻書

朱元璋奪取政權後，定都金陵（今南京），朱棣於一四二一年遷都北京。南京雖為陪都，但仍然是南方的政治、經濟、文化中心。明王朝對刻書業的鼓勵，不僅官刻風行，民間坊肆刻書也十分發達。明胡應麟云：「吳會、金陵擅名文獻，刻本至多，巨帙類書咸薈萃焉！海內商賈所資二方十七，閩中十三，燕、越勺也。」在胡氏眼中，若論刻書業之盛，僅閩建書林可與比肩。南京刻書坊很多，約有九十餘家。大多集中在三山街和太學前。所以不少傳本都有「三山街書林」、「金陵三山街某某堂」刊識。著名版本學家張秀民先生對南京刻書坊做過統計，共九十三家。如：王氏勤有書堂，金陵王舉直，金陵積德堂，金陵聚寶門姜家來賓樓，金陵唐對溪富春堂，金陵唐繡谷世德堂，金陵唐氏文林閣唐錦池（唐錦池又稱集賢堂）、唐惠疇，金陵書林唐振吾廣慶堂，金陵唐晟（或稱世德堂），金陵唐翀宇，金陵書肆唐廷仁，金陵唐龍泉，金陵書林周希旦大業堂，又作繡谷周氏大業堂，金陵書林周曰校（又作周曰校萬卷樓）金陵書林周近泉大有堂（又作金陵書坊周近泉，又作秣陵周氏大有堂）等。在金陵刊本中，現存最早者為明洪武三年王氏勤有堂刻《貞觀政要》。此外，現藏日本的《新刊對相四言雜字》，也是王氏勤有堂於洪武四年刊刻的。宣德十年積德堂刊《金童玉女嬌紅記》，則為目前所知南京刊刻最早的戲曲書籍。從內容上看，金陵書肆所刊以戲曲、小說等通俗文學作品為最多，尤以戲曲最盛。其他如日用讀物、醫藥、史傳、文集等，也有刻印。金陵刻書坊肆中，以唐姓最多，據張秀民先生考證共有十五家，其中又以富春堂、文林閣、廣慶堂、世德堂最有名。若論及歷史之久遠，刻書數量之宏富，則應首推富春堂。富春堂主人為唐富春。所見牌記多刊署「金陵唐對溪富春堂」、「三山街書林唐富春」、「金陵三山街唐氏富春堂」等，萬曆元年即刊有《新刊出像增補搜神記》。富春堂刻印最多的是戲曲作品，今天所能見到的尚有《觀世音修行香山記》、《商輅三元記》、《王昭君出塞和戎記》、《韓湘子九度文公升仙記》、《關漢卿白蛇記》、《劉智遠白兔記》、《徐孝義祝髮記》、《薛仁貴平遼金貂記》、《周羽教子尋親記》、《齊世子灌園記》、《劉玄德三顧草廬記》，約五十種。據考證，富春堂所刻戲曲作品，當不下百種。除戲曲外，另刻有傳記作品《新鐫增補全相評林古今列女傳》、志怪小說《新刻全像三寶太監西洋記》，以及《大六壬大全》、《對類大全》等雜著。世德堂、文林閣、廣慶堂所刊，也是以戲曲文學為主，兼及其他。據鄭振鐸先生考證，世德堂大致是在萬曆二十八年前後自富春堂分離出來的，常見刊署「金陵唐繡谷世德堂」、「繡谷唐氏世德堂」，刊有《拜月亭記題評》、《趙氏孤兒記》、《雙鳳齊鳴記》、《裴度香山還帶記》等十一種。所刻傳世的小說有：《出像官板大字西游記》、《唐書志傳通俗演義題評》、《南北宋志傳通俗演義題評》。另刊有文天祥的《指南錄》等書。文林閣主人為唐錦池，其較早的刻本有刊於萬曆十六年的《新刊漢諸葛武侯秘演禽書》，較晚的有萬曆二十四年用徽州舊版刻印的《劉向古列女傳》，及萬曆三十五年刊刻的杭州人楊爾曾所輯畫譜《圖繪宗彝》。所刻戲曲有：《易鞋記》、《胭脂記》、《觀音魚籃記》、《四美記》、《包龍圖公案袁文正還魂記》等二十餘部。另刊有明王錫爵所撰的《王文肅公文集》。廣慶堂主人唐振吾則刊有《新編全像點板竇禹鈞全德記》、《新編全像點板西湖記》、《新刻出像音釋點板東方朔偷桃記》、《新編出像點板八義雙杯記》等戲曲八種。四家所刻戲曲不會少於二百種。金陵的周姓書肆可考者十四家。周曰校萬卷樓以刻印小說為主。於萬曆十九年刊《新刻校正古本大字音釋三國志通俗演義》、三十四年刊《新鐫全像海剛峰先生居官公案》、三十七年刊《新刊大宋中興通俗演義》，以及刊刻年代不詳的《新鐫全像包孝肅公百家公案演義》等。周如山大業堂也喜刻印小說，刊有《三國志演義》、《新鐫出像補訂參採史鑒唐書志傳通俗演義題評》等。金陵書林周近泉大有堂萬曆十二年重梓《御製大明律例招擬折獄指南》、三十年刻梓《皇明寶訓》。金陵陳氏繼志齋，萬曆中晚期著名書坊，以刻印戲曲作品為主。目前傳世的有萬曆二十六年刊行的《重校北西廂記》，二十七年刊《重校玉簪記》、《重校旗亭記》，三十六年刊《新刊河間長君校本琵琶記》、《重校錦箋記》、《重鐫量江記》，四十年刊《重校義俠記》。另有《重校吕真人黃粱夢境記》、《埋劍記》、《重校韓夫人題紅記》、《元明雜劇》、《新鐫古今大雅南宮詞記》、《新編古今大雅北宮詞記》等。明萬曆時金陵的其他書坊，也刊刻了大量的小說、戲曲以及畫譜、醫書、字書、類書等。如：歙縣人鄭思鳴主持的奎壁齋刊行《養正圖解》、《急覽類編》，蕭騰鴻師儉堂刊有《萬事不求人博考全編》，種文堂刊朱墨套印本《蘇長公密語》，博古堂刊《詩經主意冠玉》等。天啓、崇禎時，一些萬歷時的名肆仍在刻書，如萬卷樓周如泉於崇禎時刊行《圖像本草蒙筌》。崇禎元年金陵周氏刊《皇明開運輯略武功名世英烈傳》等。此外，萬曆初年，西方傳教士來華，傳教之外，也帶來了西方的科技知識，在書業中也有反映。

二、明代建陽坊肆刻書

從宋代開始，建陽一直是全國重要的刻書地之一。其刻書數量之多，堪稱全國之首。正如胡應麟所說「其多，閩為最」。入明以後，建陽坊刻業持續發展，進入了一個空前繁榮的時期，遠遠超過了它以前的各個時代。明代建陽的書肆幾乎都集中在崇化里書坊街。嘉靖《建陽縣志》載：「書籍出麻沙、崇化兩坊。麻沙書坊毁於元季，惟崇化存焉。」崇化里還有專門進行書籍交易的墟市，「書市在崇化里，比屋皆鬻書籍，天下客商販者如織，每月以一、六日集。」這種每月有六天售書的集市在全國是獨一無二的。它吸引全國各地的書商前來交易，由此可見刻書業的繁榮。弘治十二年崇化書坊遭遇大火。郭柏蒼在《竹間十日話》中稱：「古今書板皆成灰燼，自此麻沙板之書遂絕。」數年後，崇化書坊刻書業又重新恢復，甚至比以往的刻書有增無減。我們今天還能見到不少明代嘉、萬年間的福建刻本，就說明了這一點。麻沙書坊雖「毁於元季」，但在明中期，「麻沙鄉進士張浚，偕劉、蔡二氏所刻書板浸盛，與崇化並傳於世。」（見嘉靖《建陽縣志》）可見麻沙書坊的刻書業也得到一定復興。明代，建陽有很多著名的刻書坊肆，其中最大的家族，當數建陽余氏。有：余彰德、余泗泉萃慶堂，余象斗雙峰堂，余成章永慶堂以及余張豹、余應虬、余應詔、余應興、余應孔、余昌祚、余元熹、余碧泉、余近泉等。另外，建陽著名的刻書世家還有劉氏家族：劉氏日新堂，劉氏安正堂，劉洪慎獨齋，劉龍田喬山堂。熊氏家族：熊氏種德堂，熊體忠宏遠堂，熊龍峰忠正堂等。葉氏家族：葉景逵等人的廣勤堂以及葉貴在南京三山街開設的近山堂書坊。此外還有鄭氏家族、楊氏家族、詹氏家族、蕭氏家族等。建陽書坊所刻圖書，經、史、子、集無所不包，尤以小說、戲曲等通俗文學作品為最多，現存《三國》的版本就多達十三種。其他如《唐三藏西游釋厄傳》、《牛郎織女傳》、《水滸傳》、《南宋志傳》、《北宋志傳》、《大宋中興通俗演義》等小說，不少是由建陽書坊刻印的。醫書、科舉用書、生活用書也多由書坊刊行，這與社會上擁有廣大的讀者群有直接的關係。至於經史文集，建本傳世者亦不少。景泰《建陽縣志》稱：「天下書籍備於建陽之書坊。」並非虛語。此時建本營銷天下，無論品種還是數量，堪稱第一。

在建陽書坊中，有一些書坊坊主不僅刻書、售書，本人也編書。因此他們的書坊成為編、印、售合一的出版機構。這些書肆的主人，本身就是有一定學問造詣的讀書人。如余象斗就自稱：「辛卯之秋，不佞斗始輟儒家業，家世書坊，錖籍為事，遂廣聘縉紳諸先生，凡講說、文籍之裨業舉者，悉付之梓。」辛卯為萬曆十九年。可見余象斗是在這一年專心從事刻書業的。他的雙峰堂不僅刻印了各種圖書，他自己也編印了《萬錦情林》、《北游記》、《南游記》、《新刊皇明諸司廉明奇判公案》等書。種德堂主人熊宗立，字道軒，著有《醫方大全》、《通書大全》等書。還有一些受顧於書肆的讀書人，也將自己的作品交書肆刻印。如鄧志謨，曾是余氏塾師，他著有《咒棗記》、《飛劍記》、《鐵樹記》等三部小說，並輯錄《藝林聚錦故事白眉》、《精選故事白眉》等，由余氏萃慶堂刻印。此類作品雖粗製濫造，文筆拙劣，但因有一定的情節和可讀性，在下層民眾中擁有相當廣泛的讀者。

建陽刻書雖多，但因校勘粗略，紙墨俱劣，受到當時讀書人的強烈批評。明郎瑛《七修類稿》稱：「我朝太平日久，舊本多出，此大幸也。惜為建陽書坊所壞。蓋閩專以貨利為計，凡遇各省所刻好書，聞價高，即便翻刻，卷數目錄相同，而於篇中多所減去，使人不知，故一部止貨半部之價，人爭購之。」明人謝肇淛在《五雜俎》中也有這樣的評價：「建陽書坊出書最多，而紙、板俱濫惡……板苦薄脆，久而裂縮，字漸失真，此閩書受圖書，因此在競爭激烈的圖書市場中，佔有一席之地。

病之源也。」儘管如此，由於建陽書坊出書迅速，價格低廉，所刻書籍又多是百姓喜聞樂見的小說、戲曲及實用

三、明代杭州坊肆刻書

杭州是南宋王朝的首都，是當時的政治、經濟、文化中心。因此，杭州地區的刻書業非常發達。不僅各級政府機構大量刻書，杭州地區的書坊刻書也是很可觀的。例如，陳起父子刻印的書籍有一百多種，聞名遐邇。明代的杭州地區的書坊刻書遠不如南宋時期發達，但仍然是全國重要的書籍交易中心。明人胡應麟就說：「今海內書凡聚之地有四：燕市也、金陵也、閶闔也、臨安也。」臨安即杭州。目前所見明代杭州最早刻本，為古杭勤德書堂於洪武十一年刊《筭學五種》、《皇元風雅集》及《新編翰林珠玉》等。其他還有楊家經坊於洪武十八年刊《天竺靈籤》，曲氏嘉靖年間刊《皇明經濟文錄》，蔣德盛武林書堂萬歷時刊《敬齋古今注》，繼錦堂刊《陽明先生道學鈔》等。此外，文會堂、雙桂堂、白雪齋、容與堂、夷白堂、藏珠館、臥龍山房等名肆，也刊刻了大量的小說、戲曲、畫譜等各類書籍。

四、明代其他地區的坊肆刻書

永樂十九年，北京成為明朝的首都，是全國的政治、經濟、文化中心。明代的北京也有一些書坊，但並不發達。胡應麟《少室山房筆叢·經籍會通》就說：「燕中刻本自稀。」遠不能與南京的三山街、建陽的崇化里書坊街相比。一九六七年，在上海市嘉定縣城東公社平整土地時，無意中發現明代宣姓墓，出土了明成化年間北京永順書堂刊刻的南戲戲文《新編劉知遠還鄉白兔記》，同時還有《新刊全相唐薛仁貴跨海征遼故事》、《新編說唱包龍圖斷白虎精傳》、《新編全相說唱足本花關索出身傳》等說唱詞話十六種。這是明代北京坊肆刻書的一次重大發現。明嘉靖年間，設在正陽門內西第一巡警更鋪對門的汪諒金台書鋪，所刻《司馬遷正義解注史記》、《梁昭明解注文選》、《唐音》、《武經直解》諸書，所據宋、元善本翻刻，在北京坊刻本中享有盛譽。正陽門內大

街東下小石橋第一巷内金臺岳家，於弘治十一年重刊印行的上圖下文《奇妙全像西厢記》。此外，還有金臺魯氏、國子監前趙鋪、刑部街陳氏、北京宣武門裏鐵匠胡同葉鋪等。

徽州地處皖南，古稱新安、歙州。徽州刻書歷史悠久，明萬曆時，徽州成為當時重要的刻書中心。正如胡應麟所稱：「近湖刻、歙刻驟精，遂與蘇、常爭價。」謝肇淛《五雜俎》也説：「今杭刻不足稱矣！金陵、新安、吴興三地剞劂之精者，不下宋版，楚、蜀之刻皆尋常耳。」胡、謝二氏對徽州刻書非常贊賞。當時吴勉學的師古齋、汪光華的玩虎軒等名肆刻印了大量的小説、戲曲及其他類書籍。數量雖然不如建陽、金陵，但因刊刻精良，被歷代收藏家、版本學家所重視。此外，萬曆以後的徽派版畫以其精美，在中國版刻史上爭得了特殊地位。

蘇州刻書有悠久的歷史。入明之後，刻書業又有新的發展。其刻書質量得到當時文人的贊賞。胡應麟説：「余所見當今刻本，蘇常為上，金陵次之，杭又次之。」又云：「凡刻之地有三，吴也，越也，閩也……其精吴為最，其多閩為最，越皆次之。」明代蘇州書坊刻本，常冠有「金閶」二字，這是因為蘇州有金門和閶門，蘇州刻書的坊肆多集中在閶門内外。正如胡應麟所説：「凡姑蘇書肆多在閶門内外，及吴縣前。書多精整，然率其地梓也。」蘇州書坊中以葉姓最多，見於著錄的有葉顯吾、葉敬溪、葉瑤池、葉聚甫、葉昆池、葉龍溪、葉碧山、葉啟元等。其中以葉敬池書種堂和葉昆池最有名，葉敬池刊刻過《醒世恒言》、《石點頭》，葉昆池刻印了《南北宋志傳》等。葉敬池在萬曆間另刊有《李卓吾批評三大家文集》等書。其他各家也刊行了大量小説、戲曲、尺牘、占卜、棋譜等書籍。金閶舒載陽刊《封神演義》，是該書最早的刊本。五雅堂刊《列國志》，嘉會堂刊《墨憨齋批點北宋三遂平妖傳》，龔紹山刊《陳眉公先生批評春秋列國志傳》等。葉龍溪刊醫書《萬病回春》，葉顯吾重刊《張閣老經筵四書直解》，葉瑤池刊《五車韻瑞》，映雪堂刊《潛確居類書》、《水滸全傳》，酉酉堂刊《明文奇賞》，書業堂刊傳奇《南柯記》以及棋譜《橘中秘》，五雲居刊《杜工部七言律詩分類集注》等。

陸　活字印本述略

人們對中國古代活字印刷技術並不陌生。宋人沈括在《夢溪筆談》中是這樣記述的：「版印書籍，唐人尚未盛為之，自馮瀛王始印五經，已後典籍皆為版本。慶曆中，有布衣畢昇，又為活版。其法用膠泥刻字，薄如錢唇。每字為一印，火燒令堅。先設一鐵板，其上以松脂蠟和紙灰之類冒之。欲印，則以一鐵範置鐵板上，乃密佈字印，滿鐵範為一版，持就火煬之。藥稍熔，則以一平板按其面，則字平如砥。若止印三二本，未為簡易。若印數十百千本，則極為神速。常作二鐵版，一版印刷，一版已自布字。此印者纔畢，則第二版已具。更互用之，瞬息可就。每一字皆有數印，如「之」、「也」等字，每字有二十餘印，以備一版內有重複者。不用則以紙貼之。每韻為一貼，木格貯之。有奇字素無備者，旋刻之，以草火燒，瞬息可成。不以木為之者，文理有疏密，沾水則高下不平，兼與藥相粘不可取。不若燔土，用訖再火，令藥熔，以手拂之，其印自落，殊不沾污。昇死，其印為余群從所得，至今寶藏。」這段文字很詳細地介紹了我國宋代普通百姓出身的畢昇，創造泥活字印刷技術的全過程。同時，這段文字也首次談到使用木活字印刷的情况。雖然没有成功，但是可以知道，木活字在宋代已經出現了。元大德年間，王禎在他的《農書》附錄中寫了一篇名為《造活字印書法》的文章。記述了他在一個月內，用木活字印刷了一百部《旌德縣志》的事。《旌德縣志》是王禎編著的，全書共六萬多字。進入明代，活字印刷技術前進了一大步。這個時期不僅有木活字印刷品，而且還出現了很多金屬活字的印刷品。但這並不意味着中國金屬活字印刷技術的發明是在明代才有的，而是應該在更早的時期。因為明代金屬活字印刷技術不僅已經使用得很普遍，而且達到了一個較高的水平。

一、金屬活字印書

華氏家族中，最有名的是華燧。華燧（一四三九—一五一三年），字文輝，號會通。明無錫鵝湖人。懂經史，好校讎。喜愛藏書和刻書。其書室名稱「會通館」。據文獻記載，華燧早年曾用銅活字印刷過宋李昉等編

《文苑英華》一千卷，可惜今日未見傳世。弘治三年（一四九〇年）華燧又擺印了宋代趙汝愚《會通館正本諸臣奏議》一百五十卷，弘治五年（一四九二年）擺印了《錦繡萬花谷》前集四十卷、後集四十卷、續集四十卷，弘治八年（一四九五年）擺印了宋洪邁《容齋隨筆》十六卷、續筆十六卷、三筆十六卷、四筆十六卷、五筆十卷，宋代謝維新《古今合璧事類備要》前集六十九卷、後集八十一卷。其後還擺印了《音釋春秋》十二卷、宋代潘自牧《紀纂淵海》二百卷、元鄒季友《校正音釋書經》十卷、宋代彭叔夏《文苑英華辨證》十卷、宋代周必大《文苑英華纂要》八十四卷。其中，弘治十一年（一四九八年）擺印的《會通館集九經韻覽》一書，現存十四卷，是華燧本人的著作，不少人以為原書就是十四卷，其實不對。上述書籍多則數百卷，少則十卷，已經顯示出活字印刷書籍的優越性。

應該提出的是，華燧用何種金屬原料製作活字，多年來一直是個謎。不少專家、學者認為華燧製作活字的材料不是銅，而是錫。本人也認為，華燧曾經使用過錫活字印書。據明代人華渚在《勾吳華氏本書·華燧傳》中記載：「少於經史多涉獵，中歲好校閱，亂為辨證，手錄成帙……既乃範銅板錫字，凡奇書艱得者，悉訂正以行，曰：『吾能會而通之矣。』」華渚已明確提出，華燧印書使用的是錫活字。從這點來看，應該說華燧曾用錫活字印過書籍當是毫無疑問的。因篇幅有限，不過多討論華燧使用的是何種金屬為材料製作的活字。正如李致忠先生在他的著作《歷代刻書考述》中所説的：「從印刷術發展的角度看，則無論其是銅活字還是錫字，其意義當是相同的。」這裏姑且仍沿用銅活字的説法。

華珵（一四三八—一五一四年），字汝德，號尚古，別號夢萱，是華燧的堂叔。他精於鑒賞，喜歡收藏。他的書室名曰「尚古齋」。他與當時的名人雅士文徵明、沈周、祝枝山等人關係非常密切。弘治十五年（一五〇二年），華珵得到一部宋代著名詩人陸游五十卷本的《渭南文集》。這部宋版書籍，是陸游的幼子陸子遹任嚴州知府時，在溧陽學宮刊刻的。華珵如獲至寶，以其為底本，用銅活字重新擺印。如今，當年華珵用為底本的宋刻《渭南文集》和他用銅活字擺印的《渭南文集》，均由中國國家圖書館收藏。另外，華珵還刊刻過宋代左圭著《百川學海》一百種一百七十九卷等。

華堅，字允剛。他以「蘭雪堂」為名，用銅活字擺印過不少書籍。如明正德八年（一五一三年）擺印過唐代元稹《元氏長慶集》六十卷、唐代白居易《白氏長慶集》七十一卷《目錄》二卷，正德九年（一五一四年）擺印陳徐陵《玉臺新詠》十卷，正德十年（一五一五年）擺印漢蔡邕《蔡中郎文集》十卷、《外傳》一卷，正德十一年（一五一六年）擺印漢董仲舒《春秋繁露》十七卷等。

安國（一四八一—一五三四年），字民泰，曾常年居膠山，並在長達二里多的山坡上種植了大片桂樹，自號「桂坡」。他的室名亦稱「桂坡館」。安國是當時華南地區著名的「三豪富」之一，富可敵國。當時有民謠說：「安國、鄒望、華麟祥，日日金銀用斗量。」他曾於正德十六年（一五二一年）用銅活字擺印過吏部尚書廖紀的著作《東光縣志》六卷，可惜此書已失傳。嘉靖二年（一五二三年）擺印了唐顏真卿《顏魯公文集》十五卷、《補遺》一卷，嘉靖三年（一五二四年）擺印了《吳中水利通志》十七卷。安國還擺印過宋代魏了翁《重校鶴山先生大全集》一百一十卷等。安氏印書極多，據明人余安泰在安國擺印的《初學記》跋文中說：「經、史、子、集活字印行，以惠後學，二十年來，無慮數千卷」。清代著名學者錢謙益對安國擺印的銅活字本《春秋繁露》給予了較高的評價，稱：「金陵本訛舛，得錫山安氏活字本校改數百字。」

明代用銅活字印書者還有建陽游榕。游榕於萬曆元年（一五七三年）用銅活字擺印了《文體明辨》八十四卷。周光宙、周堂父子利用游榕造的這套銅活字擺印了宋代李昉等人編的《太平御覽》一千卷。正德十二年（一五一七年）瓊臺韓襲芳在浙江用銅活字印行了《諸葛孔明心書》一卷。吳郡孫鳳亦曾用銅活字印行過《陰何詩》。

金蘭館曾在弘治十六年（一五〇三年）用銅活字擺印了宋代范成大的《石湖居士集》三十四卷，明代孫賁《西庵集》十卷。但金蘭館主人究竟是誰，多年來一直眾說紛紜。有顧恂說、林思紹說、華氏說等。前幾年，還有張習說。此說法是因為在《西庵集》中有吳郡張習序。筆者認為，以上各說法都沒有足够證據，因此有待於認真研究後再定。

另外，用銅活字印書者還有五川精舍。五川精舍曾印《王歧公宮詞》。一些版本學家疑是明代常熟人楊儀所有學者考證認為是明代徐縉所印。明嘉靖三十年（一五五一年）銅活字印本《唐五十家詩集》和嘉靖三十一年（一五五二年）銅活字印本《墨子》二書的出版地「芝城」也一直是版本界關注的問題之一。很多版本學家和知名學者都提出了自己的見解。最近讀了張秀民先生和韓奇博士合著的《中國活字印刷史》一書，書中對「芝城」進行了考證，用較為翔實的資料，證明了「芝城」就是明代的建寧府。還有一些書如嘉靖間蘇州地區五雲溪館擺印的銅活字本《玉臺新詠》、《襄陽耆舊傳》以及明銅活字印本《朱文公校昌黎先生集》、銅活字藍印本《毛詩》等，對其擺印者、印書地仍有待於新資料的發現與考證。

二、木活字印書

明代用木活字擺印書籍的現象更為普遍。明人胡應麟說：「今世欲急於印行者有活字，然自宋已兆端……今無以用藥泥為之者，惟用木稱活字云。」這裏胡氏只講了木活字印刷術一方面的優點，即「欲急於印行者有活字」。也就是說，用木活字擺印書籍非常快捷。而另一方面的優點則是其靈活性。木活字不僅可以自用，而且還可以借人。這是雕版所不如的。如明人徐兆稷就是借別人的木活字，擺印了其父徐學謨的著作《世廟識餘錄》。明代上至藩府下至民間私宅，都有木活字印書。據版本學家張秀民先生考證，流傳至今的明代木活字印本仍有上百種之多。經、史、子、集各類書籍都有涉及。例如，明代蜀藩王朱讓栩於嘉靖二十年（一五四一年）用木活字擺印了宋蘇轍的《欒城集》、弘治年間碧雲館擺印的《鶡冠子》、隆慶三年（一五六九年）黃美中擺印的《鳳洲筆記》、趙樞生擺印的《含玄子》、陳嘉謨擺印的《念初堂集》以及麗澤堂擺印的《璧水群英待問會元》等，都是明代著名的木活字印本，被歷代版本學者所重視。

另外，用木活字擺印家譜更能體現其優越性。我們知道，古人修家譜，一般來講，十五年一小修，三十年一大修，後來這便成為一種模式。原因很簡單，一個幾歲的孩童，經過十五個春秋就長成了大人，成家立業，娶妻生子。同樣，一個四五十歲的人，經過三十年，就成了古稀、耄耋之人。更多的人可能已經謝世。當然，家族成員或財產等也會有其他的變化。因此，越是大家族對修家譜的事越重視。他們要記錄下十幾年或幾十年間發生的重大變更。如果用雕版，變更的地方就要重刻，這樣做既費錢，又費時、費力。用木活字印家譜就簡單多了，只要把變更的地方重擺刷印即可。因此從明末開始，用木活字擺印的家譜、族譜越來越多，到清代時達到了鼎盛。

明代活字印刷技術大量使用，不僅繼承了前人的發明創造，而且使之發揚光大了。因此加強對中國明代活字印刷技術的研究是非常有意義的。

柒 明代的版畫

我國的木版畫起源很早，唐咸通九年（八六八年），王玠為其雙親刻印《金剛般若陀羅尼經》一卷，卷首附有一幀精美的扉畫，雖仍有些古樸，但畫面佈局繁簡得當，所刻人物意態生動。刻工刀法純熟，線條流暢，充分反映了我國唐代版畫雕印技術，已達到很高的水平。

經過數百年的發展，明代的版畫雕印技術又有更大的提高。進入了中國古代版畫的黃金時代。正如一九三一年魯迅先生在《木刻紀程·小引》中所說的那樣：「中國木刻圖畫，從唐到明，曾經有過很體面的歷史。」明代版畫大致可以劃分為兩個大的時段：第一時期，洪武至隆慶；第二時期，萬曆到明朝滅亡。第一個時期，是明代版畫從繼承到逐漸發展、壯大的過程；第二個時期，是明代版畫推陳出新、百花齊放的過程。這個時期，也是被鄭振鐸先生譽為中國古代版畫「登峰造極，光芒萬丈」的時期。自民國以降，研究中國古代版畫的學者很多，如魯迅、鄭振鐸、郭味蕖、王伯敏、周蕪、趙萬里、張秀民、錢存訓、李致忠、周心慧、徐小蠻等先生，從各自不同的領域或角度對中國古代版畫進行探求，本節也只是將他們的研究成果簡要概述。

一、洪武至隆慶時期

（一）宗教版畫

洪武五年（一三七二年），明太祖朱元璋廣召江南名僧至金陵作「廣薦法會」，並校理藏經，在金陵蔣山寺鏤版，至洪武辛巳年即建文三年（一四〇一年）刻成，版存金陵天禧寺，這就是有名的《洪武南藏》。在《南藏》中的《六祖大師法寶壇經》卷首有扉畫，畫面疏闊，注意對環境氛圍的繪刻，是一幅頗具「禪意」的佳作。明洪武二十四年（一三九一年）所刻的《七佛所說神咒經》扉畫和洪武二十八年（一三九五年）應天府沙福智所刻《觀世音菩薩普門品經》插圖，刻工精細，線條挺勁，構圖縝密，著重突出主要的人物形象。洪武年間，杭州眾安橋楊家經坊所刊《天竺靈簽》，頗顯粗陋。

大約在永樂七八年間，明成祖下詔刊刻大藏經，約刊成於永樂十六年（一四一九年），板存金陵報恩寺，世稱其為《永樂南藏》。《永樂南藏》卷首有扉畫，但繪刻粗略，與《洪武南藏》扉畫不同。明永樂十九年（一四二一年），明成祖第二次刊梓大藏經。此藏歷時二十載，刻成於明正統五年（一四四〇年）。全稱為《大明三藏聖教北藏》，世稱《永樂北藏》。其中的扉畫，佈局宏大，富麗輝煌，繪刻精工。永樂年間還有一些單刻佛典鐫有版畫，如：永樂元年（一四〇三年），鄭和出資刻印了《佛說摩利支天菩薩經》，此經卷首扉畫繪鐫精緻，是佛教版畫人物造型中不可多見的傑作。在永樂年間單刻佛典中的版畫，堪稱精品的還有：永樂三年刊《勸念佛誦經西方淨土公據》，十五年內府刊《諸佛世尊如來菩薩尊者名稱歌曲》、《諸佛世尊如來菩薩尊者神僧名經》，二十一年刊《金剛經集注》、《妙法蓮華經觀世音菩薩普門品》以及《釋氏源流》、《佛說阿彌陀經》、《禮三十五佛懺悔法門》、《金剛經》、《大乘妙法蓮華經》、《佛說四十二章經》、《金光明經》等。特別值得一提的是《金剛經》卷首的一幅木刻畫長卷——《鬼子母揭缽圖》，雕刻得盡態極妍，把鬼子母和群魔們的緊張、悲傷、憤怒、鬥爭的情緒和佛的寧靜、安定、不動心的意境對照得那麼鮮明。這幅作品長達四尺，構圖精縝、場面宏大、內容豐富，為我國版畫史上的一幅巨作。

宣德年間刊刻的佛經《佛母大孔雀明王經》、《妙法蓮花經觀世音普門品》木刻畫的成就頗高。

正統年間，《北藏》刊刻完成，其卷首扉畫精緻，但有些呆滯之感。《釋氏源流》代表了這個時期的南方風格。天順年間的《閻羅王經》則代表了比較生動的民間木刻畫。成化間所刻的《天神靈鬼像冊》，是宏偉大本的天堂諸神和地獄諸鬼的圖像，規模甚大，包羅甚廣，為明初木刻畫集裏的大創作。

弘治、正德都有非常精彩、細緻而不流於庸俗的木刻版畫。像正德七年（一五一二年）信女朱氏刻《觀世音菩薩普門品》就是木刻版畫中的上乘之作。

道教版畫

洪武初年刊刻的《道學源流》，是現存最早的明刊道教版畫。此本圖為全幅大版，繪刻道家聖賢及靈龜異獸等圖像，畫面古樸渾厚，不失精工。

永樂初年，明成祖敕第四十三代天師張宇初主持刊刻《道藏》，英宗正統十年（一四四四年）書成。因其刊成於正統間，故稱之為《正統道藏》。其卷首扉畫繪三清像，兩旁有祥雲繚繞，諸多道眾，繪刻精細。

永樂十八年（一四二〇年），鄭和刻印了道教的《天妃經》。《天妃經》卷首有扉畫，畫面上波濤洶湧、帆檣林立，描寫了天妃拯救多難者的場景。它與鄭和下西洋的重大活動有關，是我國版畫史上的一幅不平凡的作品。

永樂年間刊行的《新刊武當足本類編全相啟聖實錄》，上圖下文，書品宏闊，有版畫百餘幅，繪鐫極為精緻。

天順年間刊刻的《老子道德經》，繪圖質樸渾厚，又不粗疏。

宣德元年（一四二六年），北京刻的《太上靈寶天尊說禳災度厄真經》、宣德間藩府本《天皇至道太清玉冊》等，繪刻精工。《許旌陽事迹圖》上圖下文式，版面闊大，刀刻蒼勁古樸，是宣德版畫中別具一格的佳作。

嘉靖時期，道教版畫有一些著名的作品，如嘉靖十一年（一五三二年），遼寧廣寧、義州、錦城、沈陽城、本溪湖等地道眾募資，在閶昌天妃宮據宋本募刻《太上老君八十一化圖說》，有圖八十一幅，是北方道教版畫的大製作；又如嘉靖中葉趙府味經堂所刻的《修真秘要》，是一部道家練氣養生的書，上文下圖，有圖四十六幅，是藩府刻本中道教版畫的佳作；特別是嘉靖十八年（一五三九年），為祝賀明世宗寵信的道士邵元節八十壽辰，司禮監經廠刻印了《賜號太和先生相贊》，有圖二十六幅，當是明代開本最大的版畫畫冊。

總起來看，明洪武至隆慶間刊刻的道教版畫，其數量遠不如佛教版畫，但在藝術成就方面，卻可與之媲美。明洪武至隆慶，應該說是宗教版畫蓬勃發展的時代。

（二）文學作品中的版畫

洪武年間刊刻的《全相二十四孝詩選》是福建的坊刻本，其插圖古樸流暢，已開易小卷而成大幅之端，曾被誤認為是元版。

宣德十年（一四三五年）金陵積德堂刊印了《新編金童玉女嬌紅記》。此本有文字八十六面，配單面方式圖八十六幅，每面配一圖，為左圖右文形式。圖版宏富，構圖繁縟，人物造型古拙，是現今所見明代最早的戲曲版畫。

一九六七年，在上海嘉定縣一座明代古墓中，出土了一批明成化年間北京永順書堂刊刻的說唱詞話。此次發現的詞話有：《新編全相說唱足本花關索出身傳》（四種）、《新刊說唱全相石郎駙馬傳》、《新刊全相唐薛仁貴跨海征遼故事》、《新編說唱包龍圖斷歪烏盆傳》、《新刊全相說唱足本仁宗認母傳》、《新刊全相說唱張文貴傳》、《新刊說唱包龍圖斷曹國舅公案傳》、《新刊全相說唱包龍圖陳州糶米記》、《新編說唱包龍圖斷白虎精傳》、《全相說唱師官受妻劉都賽上元十五夜看燈傳》、《新刊全相說唱包待制出身傳》、《新刊全相說唱開宗義富貴孝義傳》、《新刊全相鶯哥孝義傳》附南戲《新編劉知遠還鄉白兔記》。其中以刊行於成化七年（一四七一年）的《石郎駙馬傳》和《薛仁貴跨海征遼故事》為最早。這批成化說唱詞話的發現，在中國古典小說、戲曲、古版畫史上，具有極為重大的意義。此次發現的這批成化說唱詞話配有大量的木刻版畫，就其雕刻的藝術手法而言，不僅有粗獷豪放的，也有細緻精縝的作品。其次，版式風格多樣化。不僅有上圖下文的版式，也有不少單面整版形式的木刻版畫。這批說唱詞話本的發現，對中國古代版畫史、明初雕版印刷史的研究，具有重要的價值。成化間刊《文潞公詩集》冠文彥博像，為考察古代名人圖像，提供了寶貴的資料。

明弘治十一年（一四九八年）京師書肆金臺岳家刊本《新刊大字魁本全相參增奇妙注釋西厢記》，是目前所知最早的插圖本《西廂記》。每卷前冠單面整版圖一幅，書內插圖皆為上圖下文式。全書有一百五十圖，把一個纏綿悱惻的愛情故事，淋漓盡致地繪寫於畫面之上。

正德六年（一五一一年）閩建書林楊氏清江堂刊刻的筆記小說《新刻補相剪燈新話大全》為上圖下文式，是目前所知較早的明代書坊刻有版畫的小說。

嘉靖八年（一五二九年）刊刻的《蓮谷八詠》，是一部唱和詩集，雙面連式圖八幅，春、夏、秋、冬各兩幅。嘉靖二十一年（一五四二年），建安書林熊氏刊《新刊大字分類校正日記大全》，講歷朝可資借鑒的故事；嘉靖年間書林西清堂詹氏刊《新刊諸家選輯五寶訓解啟蒙故事》，演歷代故事典故，兩書皆為上圖下文式。嘉靖三十一年（一五五二年），閩建書林清白堂楊湧泉刊《新刊大字演義中興英烈傳》，八卷七十四則，演岳飛抗金故事，為岳傳故事中最早的刊本。圖為全幅大版，首冠岳王像，單面方式。另有雙面連式圖十四幅，每幅畫作都是場面宏大，人物眾多。是建安版畫中描繪戰爭題材最成功的作品之一。也是較早的在小說中使用雙面連式版畫插圖的作品。在眾多的建安版畫中，佔有重要地位。嘉靖年間，建安所刊戲曲版畫，有嘉靖三十二年（一五五三年）書林詹氏進賢堂所刊《新刊耀日冠場擢奇風月錦囊正雜兩科全集》以及嘉靖四十五年（一五六六年）建陽書林余氏新安堂刊本《重刊五色潮泉插科增入詩詞北曲勾欄荔鏡記》。二書都是上圖下文式，是建安派早期戲曲版畫的作品。嘉靖間所刊《雪舟詩集》中也有版畫插圖，作者巧妙地運用了黑白對比的創作方法，為突出雪天空中灰濛濛的自然景色，以大幅面的印版，刷印墨色，達到了在版畫上本來不易表現出的雪景效果。增強了作品的藝術感染力。這幅版畫插圖，運用了中國畫中的大寫意手法，別具新意。

隆慶年間，有書林昌遠堂李氏刻梓的《五顯靈官大帝華光天王傳》，為上圖下文式，書中版畫是當時享有盛譽的雕版藝術家劉次泉刊刻的。此外隆慶年間，較著名的還有蘇州刊本《西廂記雜錄》，冠「鶯鶯像」二幅，「會真圖」一幅，可稱蘇州戲曲版畫的開山之作。

（三）其他書籍中的版畫

洪武初年閩建書林刻《全相二十四孝詩選》，為上圖下文式，每詩一圖，繪鐫皆粗疏草率；洪武初年所刊

《考古圖》，繪鐫古器物圖形，皆精細入微，是明初北方版畫精品；洪熙元年（一四二五年）刻《詩傳大全》，無論字體圖畫，都是上乘之作，是明早期所刊儒家經典插圖中的代表作。

正統九年（一四四四年）刊刻的《聖迹圖》，有版畫四十多幅，圖為單面方式，描繪孔子一生行迹，是一部版畫作品集。繪者以黑白對比的創作手法，大膽地進行創作。刻工的刀法簡潔有力，線條剛勁。這部《聖迹圖》被稱為「在中國版畫史上是一部珍奇的大作品」。這也是現今所能看到最早的一部《聖迹圖》。

景泰七年（一四五六年）經廠刊本《飲膳正要》，係據元刻本重刊，有圖數十幅，刀法與元刻本相比略顯呆滯。但是，它卻是當時北方官刻版畫中的重要作品。景泰間刊行的《廣信先賢事實錄》，一傳一圖，圖像造型稚拙，繪鐫也較粗劣，但也有一定價值。天順間刊《秘傳外科方》，附有醫學版畫，繪鐫皆草草。

天順五年（一四六一年）歙西鮑寧耕讀書堂重梓鮑雲龍《天原發微》，增入伏羲八卦及日月星辰圖。天順六年（一四六二年）歙西槐瀕程孟刊《黃山圖經》，有三十六峰圖四面，曾全寧繪，線刻精審。

弘治十一年（一四九八年）刊《歷代古人像贊》，是現存最早的人物圖像畫集，輯刻人物自上古的伏羲氏至北宋黃庭堅，圖為單面式。這部《歷代古人像贊》是今人考察歷史人像資料的重要工具書。弘治刊《闕里志》述孔子行迹，圖據宋刊本摹刻，古樸蒼勁，不遜原刊，亦為人物版畫中的上品。

弘治年間吳人莫旦刊刻《吳江志》和《石湖志》，都繪刻大量山水、人物版畫，是志書版畫興起和發展的先導。

正德年間重梓的《武經總要》是古代軍事書的集大成者，插圖宏富，前圖後文，詳細解說城垣、舟車、兵器的製作和使用方法，是具有很強實用性的軍事書籍。正德年間吳郡沈津刊刻《欣賞編》，有大量的版刻插圖，是考察中國古代日用雜品、文房書具及游藝活動的集大成之作。此外，正德八年（一五一三年）安徽刊本《太古遺音》、正德十年（一五一五年）山西平陽刊醫書《銅人針灸圖》、《西子明堂灸經》以及正德十五年（一五二〇年）浙江刊《大成釋奠禮雅樂圖譜全集》都有版畫。正德、嘉靖間刊《太音大全集》，是一部古琴譜，其圖置正文上方。一版分左右二圖，右圖為比喻，左圖為指法，左右呼應，學者易懂。

弘治年間刊《新安黃氏會通譜》，首卷冠宗祠圖及黃氏列祖像近八十幅，線刻極勁；弘治十二年（一四九九年）刊《休寧流塘詹氏宗譜》，前亦冠祖像。是早期人物版畫集。

嘉靖元年（一五二二年）劉輝刻《詩經大全》、嘉靖二年（一五二三年）劉氏安正堂刊《詩經疏義會通》，嘉靖七年（一五二八年）楊氏清江書堂刊《書經大全》，都附刻插圖。嘉靖九年（一五三〇年）經廠刊《大明集禮》版畫豐富，是考察明代儀禮典章制度最重要的圖像資料集。同年，山東布政使刊印了《農書》，配圖二百多幅，繪鐫渾厚簡淨，不事雕琢。嘉靖十四年（一五三五年）刊《醴泉縣志》中，「昭陵六駿圖」版畫最有名。嘉靖十六年（一五三七年）刊《太嶽志略》，卷三為宮觀圖，所附版畫甚多。嘉靖二十三年（一五四四年）刊刻的《便民圖纂》，是另一部講農事蠶織的書籍，其中「農家樂」諸圖繪老幼婦孺鼓腹謳歌，描繪了豐收之後的喜慶場面。嘉靖四十一年（一五六二年）刊《籌海圖編》，線刻秀勁。嘉靖四十五年（一五六六年）年朱天球刊《日記故事》上圖下文式，與建安派版畫相類。嘉靖間刊《朱仙鎮岳廟集》講述岳飛抗金之事，前冠單幅「岳王像」，另有「朱仙鎮父老迎犒圖」，為合頁連式。繪鐫粗簡，但畫面人物眾多，氣勢宏大。

二、萬曆至崇禎時期

說到明代萬曆時期的中國版畫，鄭振鐸先生是這樣評價的：「木刻畫發展到明的萬曆時代，可以說是登峰造極，光芒萬丈。其創作的成就，既甚高雅，又甚通俗。不僅是文士們案頭之物，且也深入人民大眾之中，為他們所喜愛。數量是多的，質量是高的。差不多無書不插圖，無圖不精工。在以前的那幾個時代，地方性很濃厚，雖在同一時代，有的地方刻得很工致，有的地方則刻得很粗糙。但在這個時代，地方性雖未泯滅，而均同時提高，同向精工秀麗的那條大路上走去。」而這個時期引導中國版畫潮流的是徽州的木刻家。當時許多徽派的木刻家受邀而流寓金陵、杭州、蘇州等地進行雕印活動，使徽派版畫的藝術風格對各地版畫產生了很大的影響。正如明人胡應麟在《少室山房筆叢》中評述當時的刻書情況說：「余所見當今刻本，蘇、常為上，金陵次之，杭又次之。近湖刻、歙刻驟精，遂與蘇、常爭價。」明代文學家謝肇淛也說：「今杭刻不足稱矣。金陵、吳興、新安三地，剞劂之精，不下宋版。楚蜀之刻皆尋常耳。」（《五雜俎》）這兩條史料都肯定了自萬曆以後，徽州的雕印技藝有了長足的發展。從大量明代晚期的版畫作品中，我們可以看到徽派版畫的輝煌成就。

（一）徽派版畫

徽派版畫發源於皖南的徽州（又稱歙州，或稱新安府）。由於徽州一帶山多田少，農業生產不能自給自足，出現了很多以技藝謀生者，因此歷史上出現了徽人精於造紙、製墨和雕版印刷的形象。

萬曆年間，中國版畫發展達到了一個高峰。這個時期徽州的木刻家起了非常重要的作用，譜寫了中國古版畫史上最為光輝燦爛的一頁。特別值得一說的是歙縣虬村黄氏一族的刻工，他們奔走於大江南北，以其精湛的雕刻技藝，創作出了很多既高雅又通俗的好作品，使徽派版畫的藝術風格對各地版畫產生了很大的影響。黄氏一族所刻書籍二百餘種，刻工約三百人。在明代以鐫刻版畫聞名的有數十人，如黄鋌、黄鈁、黄鋑、黄鏻、黄鎬、黄德時、黄德寵、黄德懋、黄應組、黄應淳、黄應秋、黄應瑞、黄應泰、黄應祥、黄守言、黄應光、黄一楷、黄一彬、黄一鳳、黄一木、黄一中、黄建中等，都是出類拔萃的鐫圖能手。鄭振鐸先生評論說：「時人有刻，必求歙工，而黄氏父子昆仲，尤為其中之俊，舉凡雋雅秀麗或奔放雄邁之畫幅，一入黄氏諸名工手中，胥能闡工盡巧以赴之，不損畫家之神意。」並把他們喻為當時版畫藝苑中「真正的天之驕子」。

萬曆十年（一五八二年），黄鋌刻《新編目連救母勸善戲文》，是現今所能見到的萬曆間黄氏刻工所鐫版畫的較早作品，也是徽州戲曲版畫的開山之作，它的梓行還是有重要意義的。但就其插圖中的人物、景物來看，仍是粗獷的。當是徽州版畫未轉向文雅富麗風格之前的作品。

萬曆十六年（一五八八年），黄德時、黄德懋刻《泊如齋重修考古圖》，由丁雲鵬、吴左千、汪耕繪。此書圖版筆墨細秀清勁，鐫刻精整細密，為古代器物珍玩圖譜中的上乘之作。

萬曆十七年（一五八九年），黄德時、黄德懋刻《方氏墨譜》。是明刊墨譜中圖版豐富，成就最高的版畫名作之一。《方氏墨譜》分國寶、國華、博古、博物、法寶、鴻寶六卷，由丁雲鵬、吴左千、俞仲康繪。萬曆二十二年（一五九四年），黄鏻為汪雲鵬玩虎軒雕刻的《養正圖解》，是一部教導皇太子為君之道的書籍。由丁雲鵬繪，圖繪古色古香，鐫刻精整典雅，當時即受到人們的推崇。此時黃鏻的雕刻已改早年粗獷豪放的風格，顯出了徽派細膩精緻的特點。雕者不僅將表現几案器皿的細線刻得精工，還能將表現人物衣着的線條刻得富有動感。

萬曆二十八年（一六〇〇年），黃一木為玩虎軒刻的《有像列仙全傳》插圖，不僅將描寫人物的線條雕刻得曲直適當，圖形之間，還可見到人物的表情。由此可見，黃氏的刻工們的雕刻技巧，已達到了爐火純青的地步。

萬曆三十年（一六〇二年）黃應瑞、黃應泰刻《女範編》（又名《古今女範》），由程起龍繪。線刻如春蠶吐絲，精細柔潤，繪鐫皆屬上乘。

萬曆三十五年（一六〇七年），黃德寵刊刻了《圖繪宗彝》中的「射獵形」圖，畫面上的奔馬，四蹄騰空，身軀伸張，鬃毛聳立，馬尾揚起，生龍活虎。騎在馬背上的獵手，張弓箭發，射中竄逃的一隻野獸。畫面右上角還有兩隻受驚的小鳥在鳴叫。整個畫面充滿豪邁的游獵氣氛。這幅不足盈尺的插圖，充分顯示出繪刻者非凡的藝術才能。

萬曆三十七年（一六〇九年），由汪耕繪圖、黃應組雕刻的《坐隱先生精訂捷徑弈譜》，畫面中滿園的假山、石坡，只是以線勾畫輪廓，而石質的陰陽向背，畫家則使用了中國畫法中的「皴點」來表現。另有錢貢畫、黃應組刻的《環翠堂園景圖》長達十四米多，堪稱宏篇巨制。《環翠堂園景圖》也使用了「皴點」的表現手法。這種表現手法，給雕刻者帶來很大的難度。從畫面看，由於刻者準確地在版面上再現了畫稿上的每個「皴點」的具體形態，使得畫面疏密適當，氣韻生動。

萬曆三十八年（一六一〇年），黃一楷刻《王李合評北西廂記》，其中「齋壇鬧會」一圖，細膩地刻畫了室內和室外的景物。為了突出鬧會的熱烈而又堂皇的場面，作者把回眸的長老、誦經的僧人、擊鼓的老僧以及供香的夫人，都刻畫得各具神態，極為生動。加之佛座、地磚、案幃以及佛背光上都有繁縟的紋飾，更加增添了鬧會的氣氛。萬曆四十年前後黃應光刻《徐文長先生批評北西廂記》的插圖，所用的寫景手法是粗筆寫意，可謂是兼工帶寫的典型之作。在描寫「傷離」的場面時，作者以瀟灑的筆墨勾畫遠山和近山，且有古松聳立、鴻雁翔空。

此當晚秋時分，頗有些荒涼之感。把鶯鶯與張生的離別，安排在這樣一個曠寂野外的環境裏，更加突出了主人翁彼此盼顧、含情脉脉、纏綿繾綣、難以分離的情態。

萬曆四十年（一六一二年）前後，黃應淳、黃應瑞、黃一楷、黃應祥、黃應渭等人為新安泊如齋刊《閨範圖說》，此書彙錄女性「表率」、「楷模」的故事數百件，皆附以圖。《閨範圖說》一書的鐫圖者幾乎都是黃氏一族的成員。因此《閨範圖說》又可稱黃氏手名工的聯手佳作。

萬曆四十四年（一六一六年）黃端甫（即一彬）、黃桂芳所刻的《青樓韻語》中題有「曲室從傾倒，偏宜說麗情」詩句的插圖，則是注重室外的景物描繪。閣內有一男一女在對坐攀談，閣外有潺潺流水、石景翠竹、花草樹木環繞，另有碎石鋪路、小橋通幽，使環境顯得格外恬靜。凡景物都用細筆描繪，繁密工整。

有些插圖為了烘托主題，非常注重對景物的描繪，或工緻細膩，或簡筆寫意。如果這些畫稿，亦同是刻者創作的話，即可說明黃氏一族中的一些木刻家不僅有豐富的文學修養，也深諳中國繪畫的傳統技法。

在黃氏一族鐫刻的優美版畫中，我們至今尚能看到的作品還有：黃鏻刻《程氏墨苑》，黃應組等刻《人鏡陽秋》，黃應瑞、黃應泰等刻《女範編》、《狀元圖考》，黃秀野、黃應孝刻《帝鑒圖說》，黃應光刻《樂府先春》、《昆侖奴》、《琵琶記》、《元曲選》，黃鎬刻《古列女傳》，黃應瑞刻《性命雙修萬神圭旨》、《大雅堂雜劇》、《四聲猿》，黃應紳刻《酣酣齋酒牌》，黃一鳳等刻《元人雜劇》、《還魂記》，黃建中等刻《金瓶梅》。都充分地顯示了黃氏一族在長期的雕鐫活動中的才華。

在浩浩蕩蕩的徽派版畫隊伍中，還有汪、劉、洪、鄭等姓以及後來被稱之為徽派版畫殿軍的鮑氏父子、湯氏昆仲，都曾雕鐫過一些重要的版畫作品。

（二）建陽版畫

福建地區的版畫藝術，歷史悠久。宋、元時期就鐫刻有《古列女傳》、《平話五種》等版畫名著，並以其質樸古拙的獨特風格延續發展稱著。萬曆以後，一方面繼承了傳統，另一方面有了明顯的革新。從內容看，前期多是經史之類，後期多是小說、故事、戲曲和百科大全之類。故有「建安派」之稱。

明後期，福建書肆之多，居全國之首。可考者近百家。論及版畫，以余氏、劉氏、熊氏數家所刊數量最多，其他如楊、鄭、葉、黄、陳、江、金諸姓坊肆，也有梓行。這些書肆都刊刻過許多具有各自特點的書籍插圖。

余氏所刊版畫

余氏是建陽書林中最著名的刻書世家。萬曆時，開肆業書者不下二十餘家。不少坊肆都刊行過大量版畫，其中以雙峰堂所刻版畫品種最多，數量最大。雙峰堂主人名余文臺，字象斗，號三臺山人。余象斗為迎合市民階層和中、下層民衆的閱讀需要，刻印的書在品類上是十分繁雜的，諸多的通俗小説插圖本，則成為雙峰堂所刊版畫中最重要的組成部分。現今所見最早的插圖本小説為萬曆十六年（一五八八年）刊《京本通俗演義按鑒全漢志傳》，上圖下文；萬曆二十年（一五九二年）刊《新刻按鑒全像批評三國志傳》，版式為上評、中圖、下文，是現存較早的《三國演義》插圖本；二十二年（一五九四年）刊《京本增補校正演義全像忠義水滸志傳評林》，亦為上評中圖下文形式，則是現知較早的《水滸》插圖本。余象斗曾自編自刻了大量公案、志怪小説等，如：萬曆二十六年（一五九八年）刊《新刊皇明諸司廉明奇判公案》、《新刻芸窗彙爽萬錦情林》，三十年（一六〇二年）刊《北方真武祖師玄天上帝出身志傳》。這些書籍都附有大量版刻插圖。余彰德、余泗泉父子經營的萃慶堂，也刻印帶有版畫插圖的書籍。如：萬曆二十八年（一六〇〇年）刊《大備對宗》，圖以單面形式冠於卷首，上為圖題，左右為聯語，繪刻皆精雅。萬曆三十一年刊《新鋟晉代許旌陽得道擒蛟鐵樹記》、《鍥五代吕純陽得道飛劍記》、《鍥五代薩真人得道咒棗記》，圖皆為雙面連式。余氏坊肆中的余成章、克勤齋、余少江、余文龍、存慶堂等，也都刻過數量不等附有版畫插圖的書籍。

劉氏所刊版畫

喬山堂所刊版畫，在劉氏坊肆中名聲最著，品種數量也最多。劉龍田是喬山堂第二代主人，因其經營有方，使喬山堂成為建陽名肆。劉龍田（一五六〇—一六二五年），名大易，字龍田。所刊版畫插圖本，以《新鐫考正繪像注釋古文大全》及《重刻元本題評音釋西厢記》最有名。《古文大全》版畫插圖為單面方式，上鐫圖題；《西厢記》插單面方式圖二十幅，附《西湖景》圖為雙面連式。由於劉龍田將《西厢記》插圖的版式進行變化，因此鄭振鐸先生認為將上圖下文式舊版型改為單面整幅版，是「宋元版畫之革命」。劉龍田的刻工考究、版式新穎、畫面生動的插圖風格，受到人們的廣泛歡迎，不少書坊，爭相效仿，創作出了大量的單面整幅的版畫插圖。劉龍田喬山堂也刻印過上圖下文式版畫，如萬曆間刊刻的《新鍥台閣清偽補注孔子家語》。其他劉姓書坊刊刻的版畫書籍尚有閩山書堂梓《新刊勿聽子俗解八十一難經》、愛日堂劉世忠刊《新刊京本通俗演義按鑒全漢志傳》等。

熊氏所刊版畫

熊氏坊肆中以種德堂歷史最久，名聲亦最著。種德堂早期主人名熊宗立（一四〇九—一四八二年），字道宗，號道軒，又號勿聽。所刻多為醫書。其後種德堂主人還有熊秉宸、熊成建、熊建山等。種德堂刊刻的《登雲四書集注》，圖單面方式，繪刻俱佳。熊龍峰忠正堂是以刊行小說為主的坊肆。萬曆三年（一五七五年）刊《新刊出像天妃濟世出身傳》，上圖下文，現為傳世孤本，是講述天妃故事的較早刻本。所刊《孔淑芳雙魚扇墜傳》、《馮伯玉風月相思小說》、《蘇長公章臺柳傳》、《張生彩鸞燈傳》等，以及萬曆十八年（一五九〇年）刊刻的《重刻元本題評音釋西厢大全》，皆附有插圖。熊體忠字爾報，號雲濱，開設書肆名宏遠堂，所刻版畫書籍有《新刻出像官板大字西游記》，另刻《列仙降凡傳》有雙面連式圖，畫面簡約而氣韻自在。熊鹿台忠賢堂《四刻初穎日記故事》、萬曆三十年（一六〇二年）熊仰臺翻刻《刊北方真武祖師玄天上帝出身志傳》等，皆為上圖下文式。

建陽書林其他姓氏所刊版畫

明代鄭氏宗文書堂有鄭希善、鄭以厚、鄭世魁、鄭世容、鄭世豪等坊主。他們都以宗文書堂、宗文堂、宗文書舍的名義梓行圖書。萬曆十九年（一五九一年）鄭世豪宗文書堂梓行《京本音釋注解書言故事大全》，萬曆三十九年（一六一一年）鄭世容刊行的《新鍥京本校正通俗演義按鑒三國志傳》以及同年鄭少垣聯輝堂梓行的《新鍥京本校正通俗演義按鑒三國志傳》，皆為上圖下文。

楊氏坊肆有清江堂、清白堂、歸仁齋等。清白堂嘉靖三十一年（一五五二年）刊《大宋演義中興英烈傳》、萬曆十六年（一五八八年）刊《京本通俗演義按鑒全漢志傳》、萬曆間刊刻《新刻全像達摩出身傳燈傳》，皆為上圖下文。楊起元萬曆三十八年（一六一〇年）刊《重刻京本通俗演義按鑒三國志傳》以及萬曆年間刊刻的《鼎鐫京本全像西游記》，也為上圖下文。

詹氏在建陽書林中頗負盛名，有名的刻書家及坊肆達十五六家，所刻書以經史文集及居家實用書為多。附有版畫插圖的書籍有進賢書堂刊《新鐫京版考正繪像標題分類釋注書言故事》、萬曆三十八年（一六一〇年）詹張景刊《京板全像按鑒音釋兩漢開國中興志傳》、詹林我與陳含初存仁堂合刻《李九我先生批評破窰記》。

其他如金、黃、江、周諸姓坊肆，所刻書不多，但多有版畫插圖本行世。

（三）金陵版畫

明初至永樂十九年（一四二一年），金陵一直是明朝的國都，也是當時的政治文化中心。金陵還是最重要的刻書中心之一。金陵有名可考的坊肆近百家。明萬曆以後，隨着雜劇、傳奇、小說的迅速發展，雕印版畫日加興盛，流傳至今的大量書籍插圖和各類畫譜，說明當時版畫的用途很廣，雕印技巧也有了顯著的提高。

唐氏版畫

在金陵書業中，以唐姓坊肆為最多，其中尤以富春堂所刊數量最多，歷史亦最為悠久。

富春堂主人名唐富春，萬曆元年（一五七八年）刊《新刻出像增補搜神記》，此書配有版畫多幅，是目前所見唐姓書坊最早的刊本。

在富春堂所刻圖書中，以傳奇劇本為最多，今天所能見到的尚有近五十種。在這些作品中有大量的插圖版畫，多是單頁方式。「花欄」，是指圖書正文版框四周繪刻回文圖案，它是富春堂為提高圖書裝飾性的一大發明，增加了讀者視覺上的美感。富春堂所刊版畫，在藝術風格上可以用雄渾、厚重來概括。構圖以大型人物為主體，可占到畫面的三分之二強。其造型、線條雖較粗獷，但都特別注重對人物臉部表情的刻畫。作者吸取了前人利用黑白對比的傳統經驗，在繪鐫髮髻、衣飾、冠戴、磚石、器物等喜用大塊陰刻墨底，與線描和畫面上的空白處相映成趣，使黑白對比的效果更為明顯，增添了畫面的沉穩莊重感。看上去雖很粗放，卻不失生動。在富春堂刊刻的版畫書籍中，偶然也有繪鐫皆精麗的插圖，如《新編全像三桂聯芳記》，就是精雕細琢之作。在富春堂所刻的《新刻全像三寶太監西洋記通俗演義》，有圖一百幅，為雙面連式。其中「碧峰圖畫西洋國」一圖，就是一幅有氣魄、氣韻生動的上乘之作。該書是金陵派小說版畫中的代表作之一。

唐晟的世德堂多刊印戲曲類書籍，所刻戲曲可考者有《拜月亭記》、《賦歸記》、《雙鳳齊鳴記》、《鷩鴻記》、《裴度還帶記》、《趙氏孤兒記》、《節孝記》、《千金記》等，皆有版畫插圖。版式大致與富春堂刊本相同，唯圖上端兩側多鐫有雲紋圖飾，是其特點。其繪鐫風格與富春堂本極為相似，但似乎更加工細。另外，萬曆二十一年（一五九三年）世德堂刊《唐書志傳通俗演義題評》、《北宋志傳通俗演義題評》、《南宋志傳通俗演義題評》則都是氣勢恢弘，刀刻渾厚的佳作。世德堂印書刊記多有不同，如「繡谷世德堂梓」、「金陵唐氏世德堂梓」、「建業大中世德堂主人校鍥」等。

唐錦池文林閣所刊以戲曲為主，有《易鞋記》、《胭脂記》、《觀音魚籃記》、《四美記》、《包龍圖公案袁文正還魂記》等十六部，多有版畫。

唐振吾廣慶堂刊有《竇禹鈞全德記》、《西湖記》、《東方朔偷桃記》、《八義雙杯記》等戲曲八種。廣慶堂所刊印的書籍插圖，人都精妙，而且有多種風格。《雙杯記》、《偷桃記》中的插圖，都是雙面連式，從畫面看，縮小了人物的尺度，側重於景物的描寫。

陳氏繼志齋版畫

陳大來的繼志齋，也稱秣陵陳大來繼志齋，刻有多種傳奇類書，如：萬曆二十六年（一五九八年）刊行的《重校北西厢記》，萬曆二十七年（一五九九年）刊《重校玉簪記》、《重校旗亭記》，萬曆三十六年（一六〇八年）刊《重校琵琶記》、《重校錦箋記》、《重校量江記》，萬曆四十年（一六一二年）刊《重校義俠記》，此外還有《重校吕真人黄樑夢境記》、《埋劍記》、《重校韓夫人題紅記》，以及《元明雜劇》、《新鐫古今大雅南宫詞紀》、《新編古今大雅北宫詞紀》等。其版畫插圖以雙面大版為主，間有單面方式，其版刻風格趨近徽派。有些作品如《重校十無端巧合紅蕖記》，是由徽派畫家、刻工直接合作完成的。《千金記》中的「夜宴」一圖，刻得既工整又細膩；《北宫詞記》僅附雙面連式圖一幅，繪刻精緻清麗，給人以細膩纏綿而又清純典雅的美感，是典型的徽派風範。另外，繼志齋所刻的大部分版畫，仍然保留了金陵派版畫疏朗、以人物活動為主體的風格。

周氏所刊版畫

目前所知，金陵的周氏坊肆有十四家，版畫繪鐫以周曰校萬卷樓和周如山大業堂名聲最顯，二家都喜刻小說。書籍中的版畫插圖，以雙面連式為主。萬卷樓於萬曆十九年（一五九一年）刊《新刻校正古本大字音釋三國志通俗演義》，圖雙面連式，繪刻精審。萬曆二十五年（一五九七年）萬卷樓重刊《國色天香》；萬曆三十四年（一六〇六年）刊《新刻全像海剛峰先生居官公案》，卷首冠單面方式圖《海公遺像》，其他插圖則皆為雙幅大版。另外還刊有《新刊大宋中興通俗演義》、《新鐫全像通俗演義續三國志傳》等，也附有版畫插圖。大業堂刊刻的版畫特點是，人物形象突出，鏤刻精細。

金陵其他書坊所刊的版畫

肖騰鴻師儉堂刊《鼎鐫紅拂記》、《鼎鐫幽閨記》、《鼎鐫西厢記》、《鼎鐫琵琶記》、《鼎鐫玉簪記》、《鼎鐫繡襦記》等皆附有版畫插圖，繪鐫尚精。師儉堂為建陽名肆，金陵所設者應為其聯號或分店，也有人認為其分店設於武林。署名刻工有陳聘洲、陳鳳洲、陳震東，皆為金陵名工。

荊山書林主人名周履靖，字逸雲，浙江嘉興人。萬曆二十六年（一五九八年）刊《夷門廣牘》。其中《畫藪》為木刻畫譜，包括人物譜《天形道貌》、竹譜《淇園肖影》、蘭譜《九畹遺容》、翎毛譜《春谷嚶鳴》。在《天形道貌》中，有版畫四十幅，以描寫士人生活的動態為主，用筆簡率，造型質樸生動，是中國古代人物版畫的上乘佳作。

歙縣人鄭思鳴在金陵設書肆奎壁齋，翻雕徽州玩虎軒本《養正圖解》，也是一部古版畫的大型製作。

（四）蘇州版畫

蘇州有很長的雕印歷史，尤以木版年畫著稱，早在宋元間，就在這裏開雕了舉世聞名的《磧砂藏》。自明萬曆以後，出版了不少具有地方特點的版畫插圖的書籍。

顧正誼於萬曆二十四年（一五九六年）刊刻了《筆花樓新聲》和《百詠圖譜》，雕刻之工雖不及徽派之作，但畫中的樓臺亭榭、荷塘柳絮、湖中泛舟、花草異石等無不具有吳中特色。這些版畫插圖，反映了當時的地方色彩，而且富有濃厚的生活氣息。尤其像《百詠圖譜》中的「新柳」一圖，畫面繁密，內容豐富，有遠景、有近景，游人活動其間，充分反映出了江南的風光美景。

《新鐫全像通俗演義隋煬帝豔史》也是蘇州地區的作品。卷首有單面方式圖，鐫繪纖麗，其刻印之工，應屬上乘。

（五）杭州版畫

杭州一帶，鐫刻版畫插圖歷史悠久。自萬曆至明末，杭州不僅是當時一個重要的出版地區，還是全國四大圖書聚散地之一。在這個時期，杭州書籍插圖的內容非常豐富，畫家和木刻家們根據戲曲、小說、詩詞的內容創作了大量的版畫。杭州所刊版畫，習慣上被稱為武林版畫。

夷白堂是當時杭州一家著名的書坊，其主人楊爾曾，字聖魯，號雉衡山人，祖籍浙江錢塘。他本人是一位頗有學識的小說家。他在萬曆三十七年（一六〇九年）前後刻印的《新鐫東西晉演義》中的插圖，便相當精美。同年，楊爾曾夷白堂刊《新鐫海內奇觀》，有圖一百三十餘幅，圖兼有單面方式和雙面連式。署錢塘陳一貫繪圖，新安汪士信鐫刻。所繪除浙江名勝外，全國的名山大川、古刹禪林、湖山勝境多入畫圖，是一部山水版畫的集大成之作。

容與堂是當時雕印過多種小說戲曲插圖的另一著名書坊。萬曆間容與堂雕印的《李卓吾先生批評忠義水滸傳》插圖，就顯示出了雕刻各種不同性格的人物形象的高超技巧。此書有單面方式插圖二百幅，黃應光、吳鳳台等雕刻，幅幅美妙精緻，均屬上乘之作。萬曆間的容與堂刊印過《李卓吾先生批評玉合記》、《李卓吾先生批評琵琶記》等，每卷卷首冠圖，雙面連式。容與堂所刊的《李卓吾先生批評幽閨記》中插圖，亦為雙面連式。如「曠野奇逢」一圖，不見人物，只寫遠山近石，疏林茅舍，並刊畫題「天色昏慘暮雲迷」七字。雖為木刻畫，但視其筆墨仍有濃郁的文人畫的韻味，可見畫者、刻者及印者，配合默契，使木刻版畫達到了一個完美的藝術境界。刻者除黃應光外，還有謝茂陽、姜體乾等人。

顧曲齋的主人是會稽王驥德，字伯驥，自號方諸生。萬曆四十七年（一六一九年），顧曲齋刊《古雜劇》，圖單面方式，黃一楷、黃一鳳、黃德修、黃德新、黃庭芳等刻，所繪鐫人物，姿態各異，環境氛圍的點染也極為成功。

臧懋循萬曆四十三年（一六一五年）刊《元曲選》，附圖一百幅，皆單面方式，清麗雋秀。

起鳳館萬曆三十八年（一六一〇年）刊《王李合評北西厢記》，卷首冠單面方式圖「鶯鶯遺照」一幅，另雙面連式圖二十幅，汪耕繪圖，黃一楷、黃一彬鐫刻；起鳳館另刊《王李合評南琵琶記》，署名刻工除黃一楷、黃一彬，繪圖也出自汪耕之手。

七峰草堂萬曆四十五年（一六一七年）刊《原本牡丹亭記》，單面方式，圖四十幅，署名刻工有鳴岐（黃一鳳）、端甫（黃一彬）、翔甫、應淳等。刀刻纖麗而流暢自然，是對後來《牡丹亭》版畫中影響較大的本子。

雙桂堂萬曆三十一年（一六〇三年）刊《顧氏畫譜》，一名《歷代名公畫譜》，是明刊畫譜中保存歷代名家遺迹最多的一種。此譜集晉至明的畫壇巨匠顧愷之、吳道子、閻立本、李公麟、范寬、郭熙、米芾、馬遠、趙孟頫、唐寅、文徵明、仇英、董其昌等一百零六家共一百零六幅畫作而成。前圖後文，請海內名家書寫畫人傳略，堪稱書畫並美。

文會堂主人胡文煥，字德甫，號全庵，一號抶琴居士，仁和（今浙江杭州）人。文會堂是萬曆間武林最著名的書坊，刻有多種版畫插圖書籍。胡文煥編刻的《格致叢書》，其中的《茶譜》、《茶具圖贊》、《文房十友圖》等，皆配有版畫插圖。《山海經圖》是一部大型的木刻畫集，山川海澤靈異怪誕之物皆據文以圖，繪刻簡約，未加雕飾。

劉素明、項南洲二人都是為武林版畫發展做出重大貢獻的木刻家。劉素明由於流寓不定，其身世籍貫，一直衆說紛紜。有建安人、金陵人、武林人三種不同的說法。在《鼎鐫玉簪記》的版畫插圖上，不僅有劉素明鐫「刊記」，也有「素明筆」的字樣，可見劉素明不僅擅刻，而且會畫，當是一位能畫能刻的大家。劉素明還刻過很多插圖，如《琵琶記》、《紅杏記》、《丹青記》，《玉茗堂節俠記》等，為當時杭州版畫藝術的發展做出了很大的貢獻。項南洲字仲華，武林人。他所刻的作品，大都產生在明末清初之間。他與洪國良等合刻過《吳騷合編》中的插圖，不少插圖為雙面連式。每幅插圖都雕印精美。他還刻過《鴛鴦塚》、《燕子箋》中的插圖，這些版畫的雕印技巧，都很高超，可與徽派名工的作品媲美。崇禎十二年（一六三九年），著名畫家陳洪綬創作了《張深之先生正北西厢秘本》中的插圖，由項南洲雕鐫，成為畫家、木刻家珠聯璧合的佳作。

（六）吳興版畫

湖州吳興刻書，素有美名，明人謝肇淛稱譽：「金陵、吳興、新安三地，剞劂之精，不下宋版。」由此可見，吳興書坊刻印的書籍，刻印精工，備受贊賞。

萬曆年間，吳興閔、凌兩家，開始出版朱、墨二色或數種顏色套印的書籍。從萬曆九年（一五八一年）至崇禎十七年（一六四四年），湖州凌、閔兩家套印出版上百種書籍。閔、凌兩姓著名者，有閔齊伋、閔一栻、閔光瑜、凌蒙初、凌瀛初、凌汝亨等人。他們套印的書籍，多有圈點評注，如評者多，則每種評注用一種顏色套印，故套印顏色多至四五種者。凡戲曲書籍，多有插圖，吳門王文衡則是當時當地繪製插圖的佼佼者。

天啓年間，閔氏刊刻《西厢記》，插圖為單面形式，由黃一彬鐫刻，王文衡繪圖。圖中人物儘管畫得很小，但眉目清晰。加之用山光水色、園林景物來襯托人物的感情，生動地再現了劇中的情節。加之刻者為一代名家，所刻線點皴擦都自然雅逸，富有濃厚的現實生活氣息。反映出吳興版畫，清晰雋麗、線條柔媚的特點。

泰昌元年（一六二〇年），吳興朱墨套印本《紅梨記》，有插圖十九幅。劉杲卿刻，王文衡繪畫。其中「素娘遺照」，通幅只刻了素娘的沉思形象。描繪素娘衣帶的洗練長線，極富飄逸感。筆筆線條煞似一刀刻就，且粗細適中，僅此一點，就可看出劉杲卿非凡的技藝。天啓間吳興閔氏朱墨套印本《牡丹亭還魂記》，有雙面連式插圖十三幅，刻者是汪文佐、劉升伯，王文衡繪圖。其中不少版畫插圖繪刻俱精，工致絕倫。其佈景虛實相間，畫面疏密有致，反映出吳興版畫構圖巧妙，虛實相生的特點。

（七）北方版畫

萬曆以後，由於新安版畫風格的影響，大江以南的木刻版畫幾乎同歸於工致甜潤的徽派作風，從此版畫的地方色彩便不那麼明顯了。從現存的北方刻本來看，平陽、北京、山東等地的版畫，仍保持着粗獷風格。萬曆十八年（一五九〇年）山西刊刻《閨範》。此書上圖下文。其圖面雖小，雕刻也不如同期蘇杭地區的插圖那麼精緻，但在小小的畫面上，繪出多個人物以及室內的擺設，也另有一番情趣。圖中線條曲直、粗細適度，不僅顯示了繪者的才華，也說明雕者具有相當的水平。萬曆四十三年（一六一五年），山東朱壽鏞等雕印《畫法大成》，此書為藍印本，是一部圖解各種畫法的教科書。其繪圖筆力剛勁，人物形象，潑辣生動，是難得的北方刻本。

明代晚期的北京刻本，無論是官刻，還是坊刻，都少有著錄。現存有張居正刻於北京的《帝鑒圖說》和天啓、崇禎間太監金忠刻印的《御世仁風》及《瑞世良英》兩部大著。《帝鑒圖說》佈局顯得有些鬆散，刻線也不那麼精工。金忠刻《瑞世良英》，其圖面佈局雖不像同期江南木刻插圖那麼緊湊，人物形象那麼突出，但比《帝鑒圖說》的插圖的確進步了許多。

捌　明代的套版印刷技術

我國早在公元十四世紀，就發明了套印術。一般認為，元代（後）至元六年（一三四〇年）中興路（今湖北江陵）資福寺刻印的朱墨二色的《金剛經注》，是目前我國發現的最早的套印作品。

明代，套版印刷技術得到很大發展。最著名的是吳興的閔、凌兩家。閔家最早從事套版印刷的是閔齊伋。閔齊伋（一五七五年—？）字及五，號遇五，晚年自號「三山伋客」。諸生出身，志趣博雅，有《六書通》一書傳世。閔齊伋與家兄閔齊華合作，於萬曆四十四年（一六一六年），刻印出閔家第一部朱墨套印本《春秋左傳》十五卷。萬曆四十五年（一六一七年），閔齊伋又刻印了朱墨黛三色套印的《孟子》，是三色套印的最早刻本。

凌氏的代表人物是凌濛初。凌濛初（一五八〇—一六四四年），字玄房，號「初成」，別號「即空觀主人」或「即空居士」。其編緝的《初刻拍案驚奇》和《二刻拍案驚奇》為人們所熟知。凌濛初在文學方面造詣很深，所以他的套版印書內容，與閔齊伋有所不同。閔齊伋偏重於經史，凌濛初則更注重於子集。凌濛初的套版印刷，更加豐富了套印書的內容。據不完全統計，閔、凌兩家共刻印了一百多種套印書籍。而「閔刻」、「凌刻」也以其獨特的套版印刷，名播海內外。閔、凌兩家其他重要刻書者，閔氏還有閔于忱、閔昭明、閔振聲、閔振業、閔一栻等十餘人；凌氏也有凌瀛初、凌啓康、凌雲等近二十人。其中凌雲刻印的《文心雕龍》為五色套印本，當是「閔刻」、「凌刻」中的佼佼者。雖然套印本一頁需數版，耗資為墨本之倍，但仍然受到了社會的歡迎。因此也給出版者帶來可觀的利潤。

初期的版畫彩印法，是用幾種顏色塗在一塊雕板上，如用紅色塗在花上，綠色塗在葉上，棕色、黃色塗在樹幹上，然後覆上紙張，刷印出來的。這種方法被稱為「敷色法」。也有學者認為，將墨色塗一塊版，其他數種顏色塗在另一塊版上，然後刷印出來的。雖然也是套印，但實際上是套印技術與塗版技術的結合。《花史》和萬曆三十三年（一六〇五年）程君房滋蘭堂刻的《程氏墨苑》，就是採用上述方法印製的。雖然《程氏墨苑》施彩圖近五十幅，多半為四色、五色印者，但仍處於套印技術的初級階段。人們對此没有滿足，而是繼續鑽研探索，終於又發明了「餖版」印刷法。

所謂「餖版」，就是根據一幅畫作設色的深淺濃淡、陰陽向背的不同，分别刻成多塊印版，多者可達數十版。印刷時色彩由淺到深，由淡到濃，一版一印。由於印版塊小且多，猶如宴席上的餖飣果盤，因此明人稱其為「餖版」。天啓六年（一六二六年），江寧人吴發祥運用「餖版」和「拱花」印刷技術編印《蘿軒變古箋譜》。但真正具有重大影響的代表人物，則是明末著名的出版家胡正言。胡正言，字曰從，徽州休寧人，寓居南京雞籠山側，因在居所附近栽竹十餘株，故名曰「十竹齋」。其人能書善畫，精於雕刻。他用「餖版法」，於天啓七年（一六二七年），編印完成《十竹齋書畫譜》，各種花卉動物，色彩逼真，栩栩如生。崇禎十七年（一六四四年），胡正言又刻印了《十竹齋箋譜》。「餖版」印刷法兼用「拱花法」。所謂「拱花法」，和現在的凸板印刷技術相似，印刷時分兩種方法：一種是不用任何色彩，只把紙在版上壓印，素白的花紋就一一凸現在紙上，這種凸出的花紋，多半是天上舒卷的白雲和水中流動的波紋，或花葉上的脉紋，這些與彩色的畫面相襯托，顯得更加精彩而多變化，這種方法行業用語稱之為「素拱」。另一種則是在印好的彩色圖案上壓印，使花朵或器物的花紋凸現出來，畫面不僅有立體感，而且層次也更分明，此種方法行業用語稱之為「套拱」。由於《十竹齋箋譜》印製過程複雜，因此印刷數量不多。也未發現「盜版」的現象。清末民國時，《十竹齋箋譜》就很少見了。毫無疑問，胡正言十竹齋印製的《十竹齋書畫譜》和《十竹齋箋譜》不僅反映了明代印刷技術的最高水平，同時也代表了中國古代印刷技術的最高水準。「餖版」和「拱花」印刷技術，至今還在流傳、使用。

玖 明代刻書的版式特點

明代刻書的版式特點，概括起來可以說前期為「黑口趙字繼元」，中期「白口方字仿宋」，後期「白口長字有諱」。版本學家李致忠先生經研究認為，這些特點均可在彼時彼地的政治、經濟、文化的發展演變中找出其形成的原因。

一、明初至正德時期的版刻特點

明初至正德（一三六八—一五二一年）一百多年間的刻書版式，無論官雕還是私刻大多數有「黑口趙字」的特點，而「黑口趙字」本是元代刻書的版式風格，但是在明代前期的一百多年間卻没有什麼大的變化，原因有二：

其一，入明以後，朝代雖然變了，但許多元朝舊有的刻書鋪子和刻書工匠，其刻書技術和風格卻没有新的變化。明初採用的徭役制度是住作匠和輪換匠的辦法，來内府刻書的工匠，習慣於自己原有的刻書方法，因此形成内府刻本幾乎都是粗大黑口的版式風格。明朝某些敕撰、官修或御製之書，政府又明令地方翻刻時只能依式翻雕，不能隨意改變款式和風貌，這就統一了官刻書籍的版式風格。各地的書坊和私宅自刻書籍，由於受官刻本版式風格的影響，多數刻本也是粗大黑口。入明以後，特别是明初，刻書字體，也和版式風格一樣，仍然效法趙孟頫字體，没有太大的變化。

其二，明朝是個高度中央集權的封建國家。朱元璋登基後，將軍政大權獨攬。這種政治上的高度專制，在刻書風格上也有反映。例如在《大誥續編》中，有朱元璋關於翻刊的御旨，稱「朕出斯令，一曰《大誥》，一曰《續編》……近監察御史丘野奏：所在翻刻印行者，字多訛舛，文不可讀。欲窮治而罪之，朕念民愚者多。況所頒二誥字微畫細，傳刻之際，是致差訛。今特命中書大書，重刻頒行，使所在有司就將此本易於翻刻，免致傳寫之誤。敢有仍前故意差訛，定所司提調及刊寫者，人各治以重罪」。又如嘉靖年間，福建建寧書坊為了牟利，迎合時好，刻了一些科舉考試用書。因其中有某些文字訛誤，並變通版式，引起了提刑按察司的干預，並發下牒文，明令嚴禁。牒稱：「福建等處提刑按察司為書籍事，照得《五經》《四書》，士子第一切要之書，舊刻頗稱善本。近時書坊射利，改刻袖珍等板，款制偏狹，字體差訛……議呈巡按察院詳允，會督學道選委明經師生，將各書一遵欽頒官本，重複校讎……刻成合發刊佈。為此牒，仰本府著落當該官吏，即將發出各書轉發建陽縣，拘各刻書匠戶到官，每給一部，嚴督務要照式翻刊……再不許故違官式，另自改刊。」（葉德輝：《書林清話》卷七）皇帝和地方司法、教育機關如此控制刻書款制，自然容易形成一體化的版式風格。特别是明代的官書和儒家經典，一經政府頒刊，各地便只能照式翻刻，其版式風格特點很難區分。

二、嘉靖至萬曆時期的版刻特點

明代嘉靖至萬曆（一五二二—一六二〇年），這一時期的刻書特點，除司禮監刻書仍一遵舊式很少變化外，其餘無論官刻私雕的版式風格幾乎都發生了變化，形成「白口方字仿宋」的特點。這種版式風格的變化也有其重大原因：

明代社會發展到弘治、正德時期，統治階級更加腐朽，社會政治極其腐敗，學術文化空氣沉悶窒息。前後七子高舉文學復古運動的旗幟，向八股取士法展開了猛烈的衝擊。前七子以李夢陽、何景明為代表，提出「文必秦漢，詩必盛唐」的口號；後七子以李攀龍、王世貞為代表，提出「文自西京，詩自天寶，而下俱無足觀」，繼續發動文學復古運動。這場文學復古運動，影響了整個社會風氣，也反映在刻書的版式風格上。刻書版式風格上提倡的復古，就是要復宋刻之古。宋代版刻具有刀法剔透，白口大字、端莊嚴肅、古樸大方等風格，也被歷來的版刻家尊為典範。明代正德以後，特別是嘉靖一朝，無論是官刻私雕，不但把宋元舊籍照樣翻刊，而且在版式風格、款式字體上亦全面仿宋。嘉靖時期刊刻的書籍，絕大多數都是紙白墨黑，行格疏朗，白口，左右雙邊，頗有宋版遺韻。

三、萬曆後期至崇禎時期的版刻特點

明代社會發展到萬曆以後，已經腐敗透頂，危機四伏。這些反映在版刻風格中，就出現了「白口長字有諱」的變化。白口的保留，是刻書精細的表現，也是對明代中期版式的繼承；字體改為瘦長，可以多刻文字，節省板材。明朝自天啓皇帝起，特別強調避諱，目的是鉗制人們的思想，也是政權虛弱的表現。

明代中後期，出現資本主義萌芽，市民階層迅速擴大。為了滿足市民階層精神生活的需求，私宅書坊刻印了大量的戲曲小說。為了吸引讀者，許多戲曲小說不僅配有精美插圖，而且在版式上也變化多端，如上圖下文、左圖右文等等，甚至鐫雕竹節、花草、博古等花欄。這些奇特的版式，雖然不是明代刻書的版式主流，但也是為了迎合顧客心理，更加適應市場競爭的需求。

拾　明代書籍的裝幀形式

歷代各種書籍的裝幀形式，在明代都有使用。其中最流行的是包背裝，卷軸裝只有少量使用，經折裝則主要用於佛教經卷。包背裝，是明代最流行的裝訂形式，其中經廠本、藩府本和各地的坊刻本，幾乎都用包背裝；線

裝，是明代興起的一種新的裝幀形式。正德元年（一五〇六年）司禮監刻印的《少微通鑒節要外記續編》，正德六年（一五一一年）刊印的《大明會典》等書，均採用線裝方法。萬曆年間開始，線裝已普遍應用，逐漸成為佔統治地位的裝訂形式。

明代後期的線裝書工藝已十分成熟，所用的訂線有棉線和絲線，訂孔有四眼或六眼不等。有的書也有五眼、七眼、八眼，有的甚至多到十眼。書皮一般多用較厚的紙張，有的是幾層紙裱在一起。比較考究的線裝書，書皮用絲綢裱成。書簽多為寫好或印好後貼在書皮上。胡應麟是這樣評論明代線裝書的：「凡裝，有綾者，有錦者，有絹者，有護以函者，有標以號者。吳裝最善，他處無及焉。閩多不裝。」這裏所說的各種書皮面料，實際是指那些比較考究的書籍，或內府、藩府的印本，一般的坊刻本，為了降低成本，還是以紙面為主。

綜上所述，我們初步了解了明代印刷書籍的基本概況。但這些也僅僅是管中窺豹。明代雕版印刷領先於世界。明人在科技文化方面頗擅學習、總結和創新。宋、元善本亦借明人之手得以流傳。儘管古人對明刻書籍褒貶不一，而一些明刻本也確有校勘不精、任意刪改等不足之處，但瑕不掩瑜。歷史證明，明代的科技文化與雕版印刷技術的進步、提高，對中國乃至世界的影響是極其深遠的。

圖版

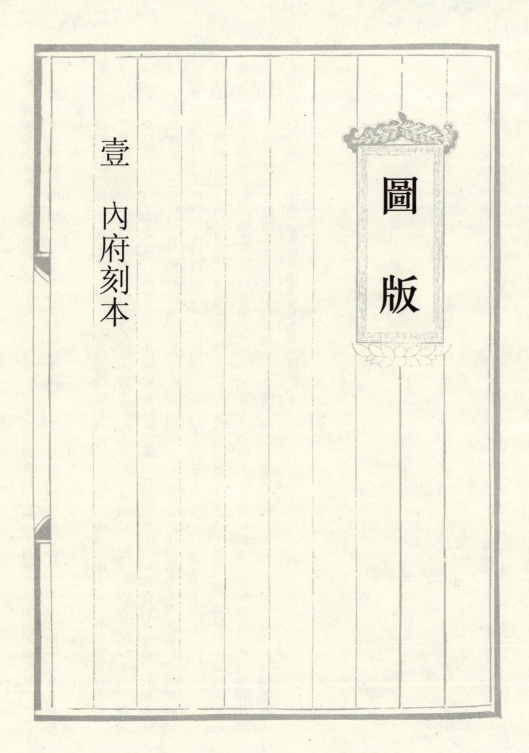

壹　內府刻本

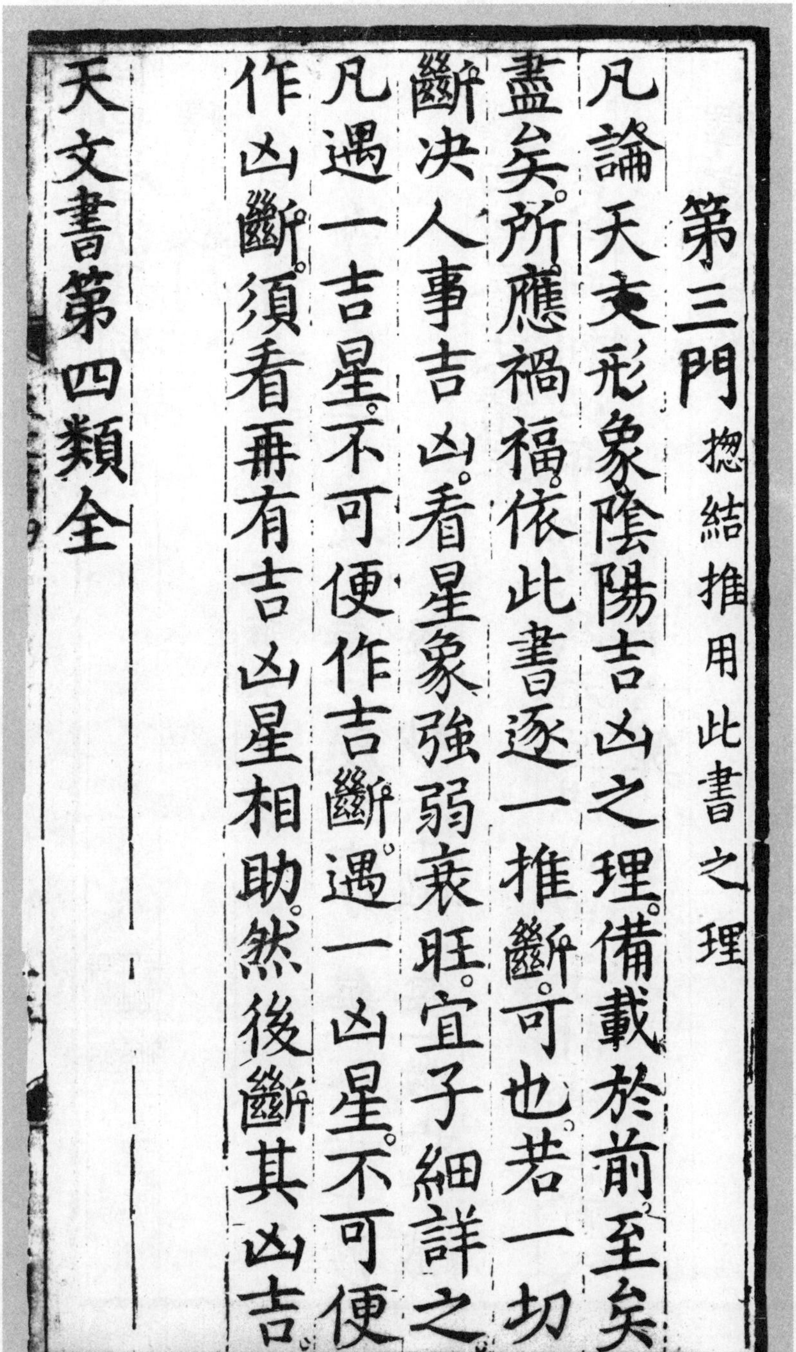

第三門　摠結推用此書之理

凡論天文形象陰陽吉凶之理。備載於前。至矣盡矣。所應禍福。依此書逐一推斷。可也。若一切斷決人事吉凶。看星象強弱衰旺。宜子細詳之

凡遇一吉星。不可便作吉斷。遇一凶星。不可便作凶斷。須看再有吉凶星相助。然後斷其凶吉

天文書第四類全

一　天文書　明海達爾口授，李翀、吳伯宗譯，明洪武十六年（1383年）內府刻本。

二　回回曆法　明洪武十六年（1383年）內府刻本。

回回曆法釋例

釋用數例

周天計十二宮 共三百六十度

每一宮三十度 每一度六十分 每一分六十秒

每一秒六十微 每一微六十纖

釋回回曆法積年

西域阿剌必年 開皇己未 爲元至洪武甲子計積七百八

十六筭

釋宮分日數

白羊戌宮三十一日 金牛酉宮三十一日

陰陽申宮三十一日 巨蟹未宮三十二日

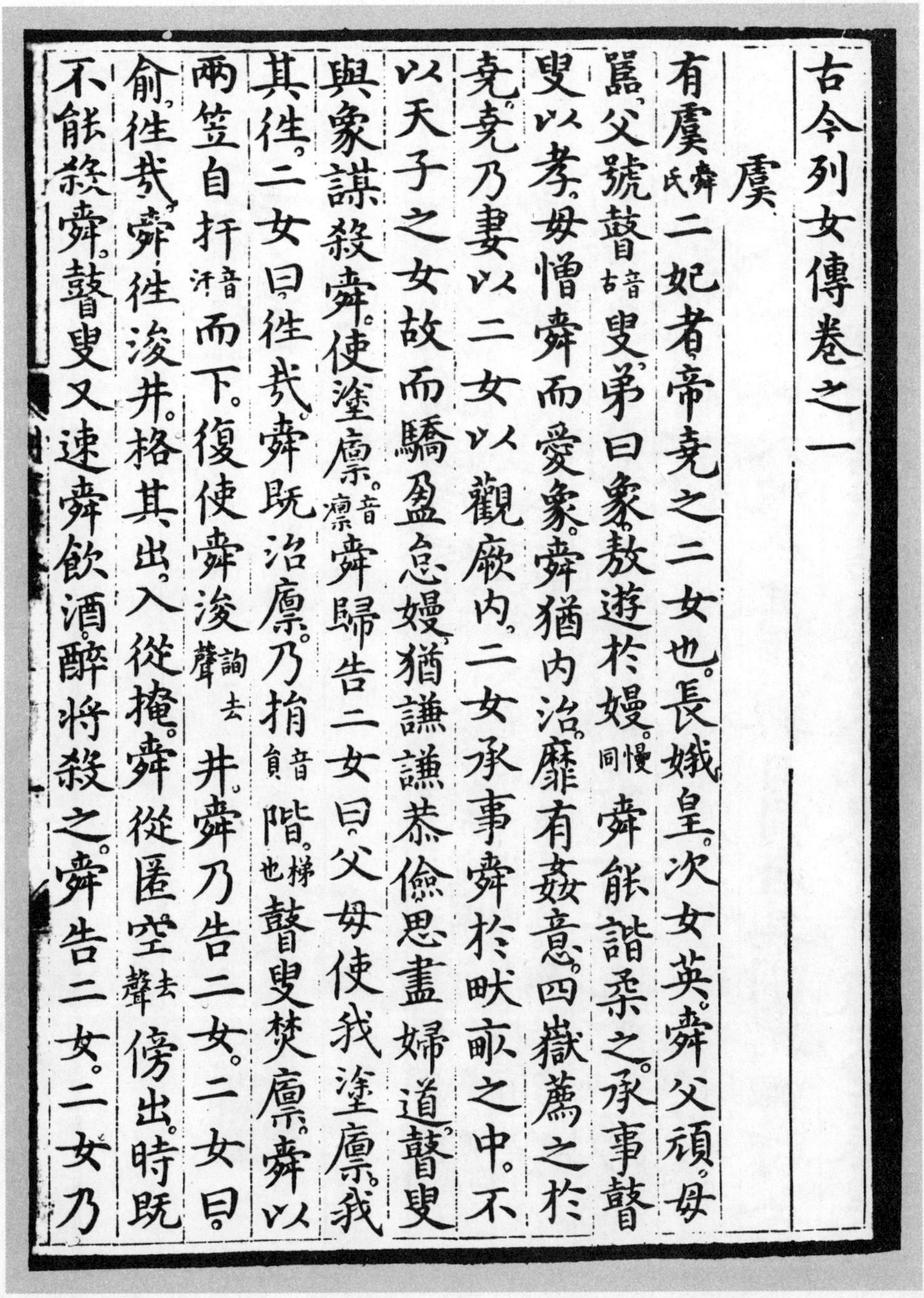

古今列女傳卷之一

虞

有虞(舜氏)二妃者帝堯之二女也長娥皇次女英舜父頑母嚚父號瞽(音古)叟弟曰象敖遊於嫚(慢同)舜能諧柔之承事瞽叟以孝母憎舜而愛象舜猶內治靡有姦意四嶽薦之於堯堯乃妻以二女以觀厥內二女承事舜於畎畝之中不以天子之女故而驕盈怠嫚猶謙謙恭儉思盡婦道瞽叟與象謀殺舜使塗廩(音凜)舜歸告二女曰父母使我塗廩我其往二女曰往哉舜既治廩乃捐(音負)階(梯也)瞽叟焚廩舜以兩笠自扞(音汗)而下復使舜浚(諭去聲)井舜乃告二女二女曰俞往哉舜往浚井格其出入從掩舜從匿空(去聲)傍出時既不能殺舜瞽叟又速舜飲酒醉將殺之舜告二女二女乃

三　古今列女傳　明解縉等撰，明永樂元年（1403年）內府刻本。

四　聖學心法　明成祖朱棣輯，明永樂七年（1409年）內府刻本。

聖學心法卷一

君道

統言君道

易曰。首出庶物。萬國咸寧。聖人在上。高出於物。則萬國各得其所而咸寧矣。乾彖傳

飛龍在天。乃位乎天德。天德。即天位也。蓋惟有是德。乃宜居是位。故以言之。

時乘六龍。以御天也。雲行雨施。天下平也。言聖人時乘六龍以御天。則如天之雲行雨施。而天下平也。

夫大人者與天地合其德。與日月合其明。與四時合其序。與鬼神合其吉凶。先天而天弗違。後天而奉天

聖學心法　卷一　一

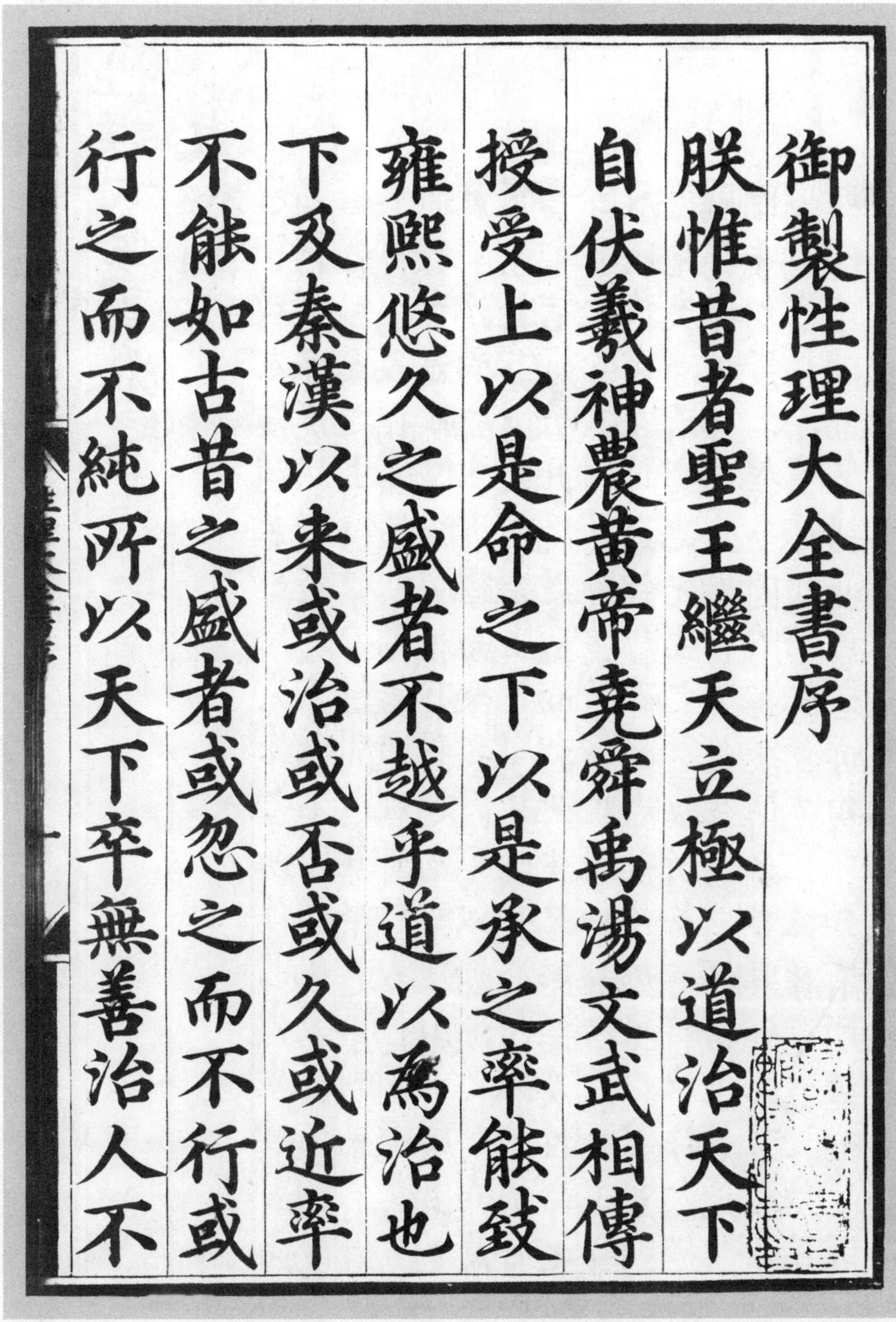

御製性理大全書序

朕惟昔者聖王繼天立極以道治天下自伏羲神農黃帝堯舜禹湯文武相傳授受上以是命之下以是承之率能致雍熙悠久之盛者不越乎道以爲治也下及秦漢以來或治或否或久或近率不能如古昔之盛者或忽之而不行或行之而不純所以天下卒無善治人不

五　性理大全書　明胡廣等撰，明永樂十三年（1415年）內府刻本。（之一）

性理大全書卷之一

太極圖

朱子曰。太極圖者。濂溪先生之所作也。先生姓周氏。名惇實。字茂叔。後避英宗舊名。改惇頤。家世道州營道縣濂溪之上。博學力行。聞道甚早。遇事剛果。有古人風。爲政精密嚴恕。務盡道理。嘗作太極圖。通書易通數十篇。襟懷飄灑。雅有高趣。尤樂佳山水。廬山之麓有溪焉。先生濯纓而樂之。因寓以濂溪之號。而築書堂於其上。又曰。先生之學。其妙具於太極一圖。通書之言。亦皆此圖之蘊。而程先生兄弟語及性命之際。亦未嘗不因其說。觀通書之誠動靜理性命等章及程氏書李仲通銘程邵公志顏子好學論等篇。則可見矣。潘清逸誌先生之墓。敘所著書。特以作太極圖爲稱首。然則此圖當爲先生書首不疑也。然先生既手以授二程。本因附書後。傳者見其如此。遂誤以圖爲書之卒章。不復釐正。使先生立象盡意之微指暗而不明。而驟讀通書者。亦復不知有所總攝。此則諸本之失也。又嘗讀朱內翰震進易說表。謂此圖之

性理大全書卷之七十

詩

古選

乾坤吟　　邵子

用九見群龍首能出庶物用六利永貞因乾以爲利四象以九成遂爲三十六四象以六成遂成二十四如何九與六能盡人間事

皇極經世一元吟

天地如蓋軫覆載何高極日月如磨蟻往來無休息上下之歲年其數難窺測且以一元言其理尚可識一十有二

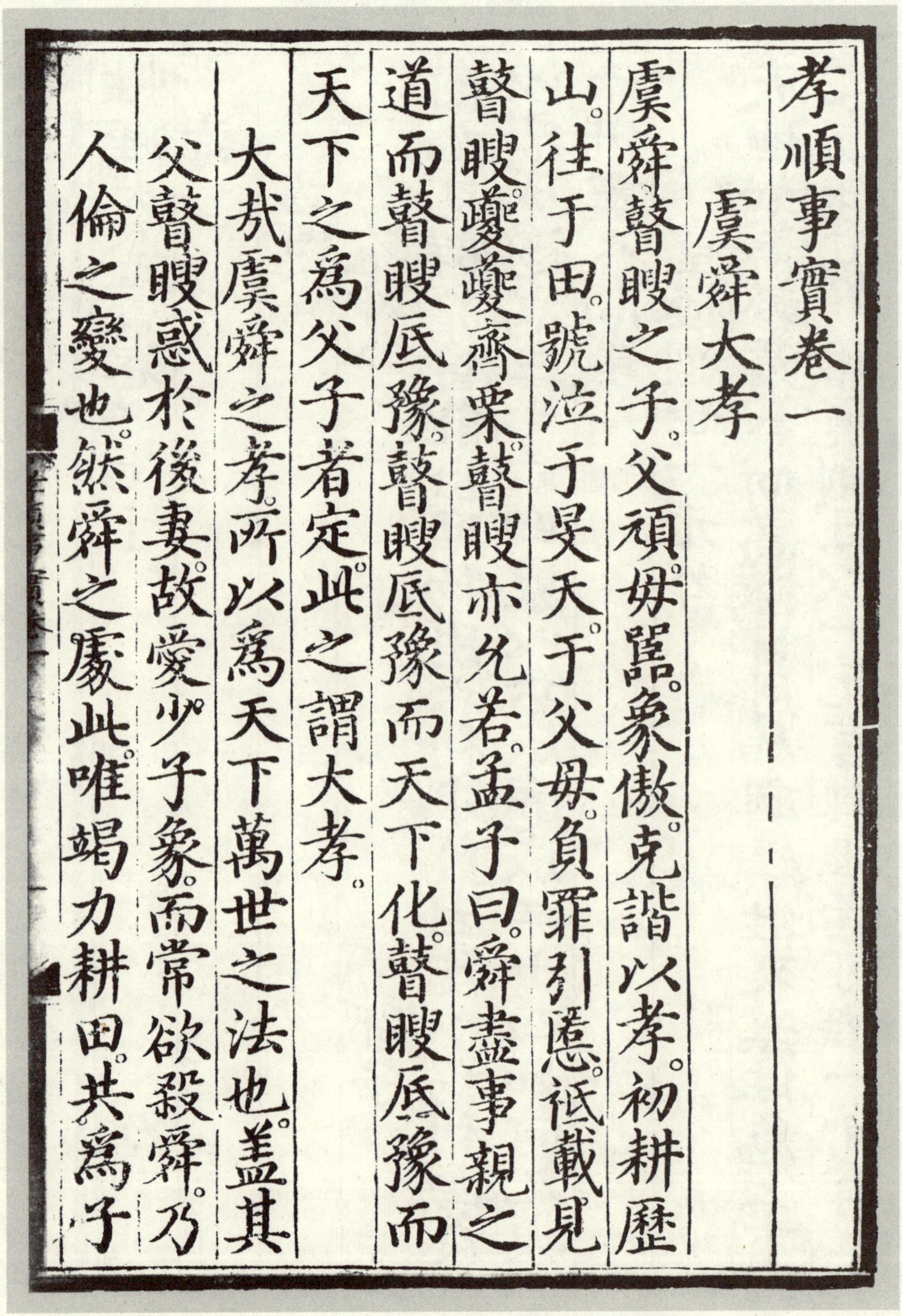
孝順事實卷一

虞舜大孝

虞舜瞽瞍之子。父頑。母嚚。象傲。克諧以孝。初耕歷山。往于田。號泣于旻天。于父母。負罪引慝。祗載見瞽瞍。夔夔齊栗。瞽瞍亦允若。孟子曰。舜盡事親之道而瞽瞍厎豫。瞽瞍厎豫而天下化。瞽瞍厎豫而天下之爲父子者定。此之謂大孝。

大哉虞舜之孝。所以爲天下萬世之法也。蓋其父瞽瞍惑於後妻。故愛少子象。而常欲殺舜。乃人倫之變也。然舜之處此。唯竭力耕田。共爲子

六　孝順事實　明成祖朱棣撰，明永樂十八年（1420年）内府刻本。

七 歷代臣鑒 明宣宗朱瞻基敕撰，明宣德元年（1426年）內府刻本。

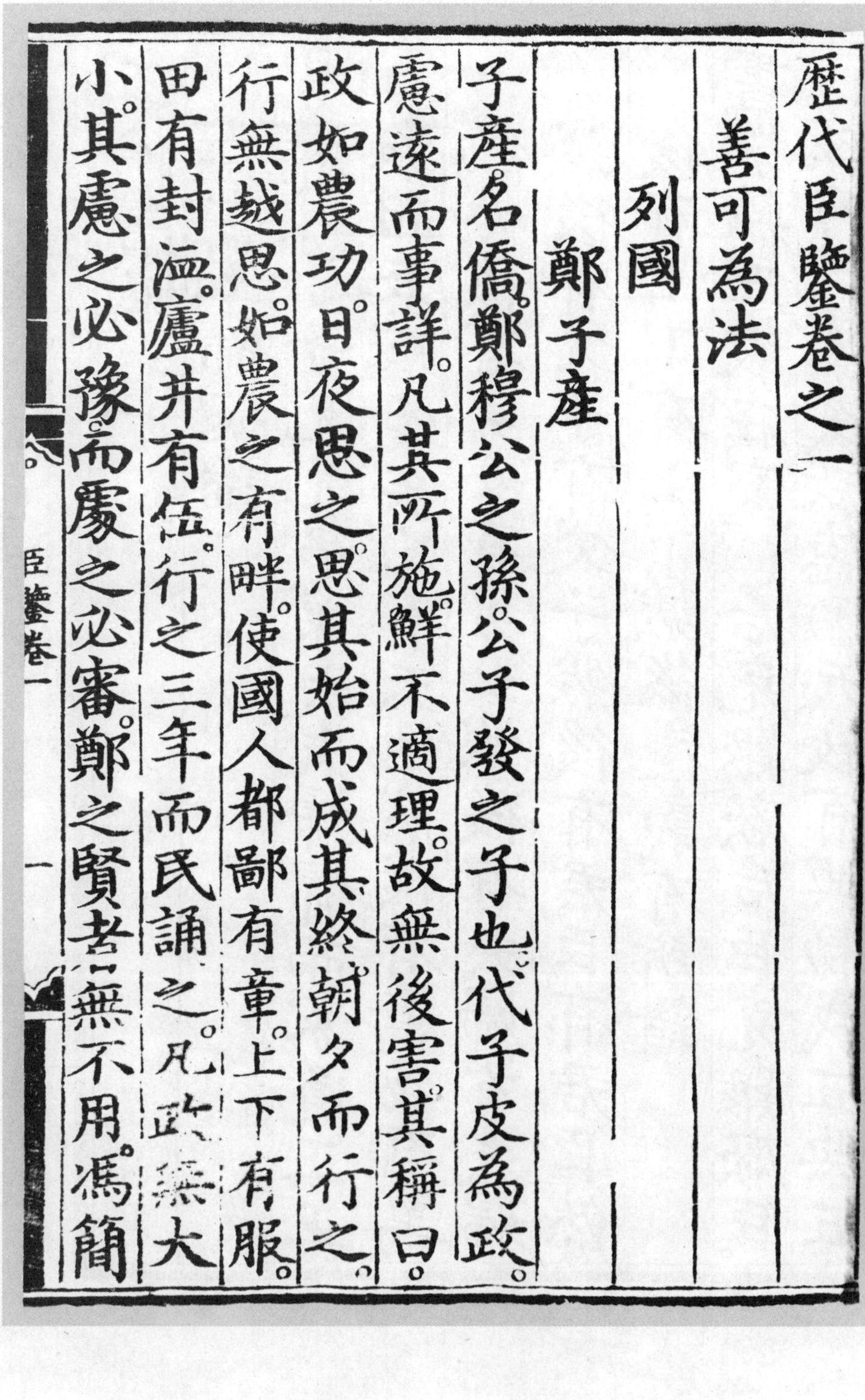

歷代臣鑒卷之一

善可為法

列國

鄭子產

子產名僑。鄭穆公之孫。公子發之子也。代子皮為政。慮遠而事詳。凡其所施。鮮不適理。故無後害。其稱曰。政如農功。日夜思之。思其始而成其終。朝夕而行之。行無越思。如農之有畔。使國人都鄙有章。上下有服。田有封洫。廬井有伍。行之三年而民誦之。凡所無大小。其慮之必豫。而處之必審。鄭之賢者無不用。焉簡

臣鑒卷一　一

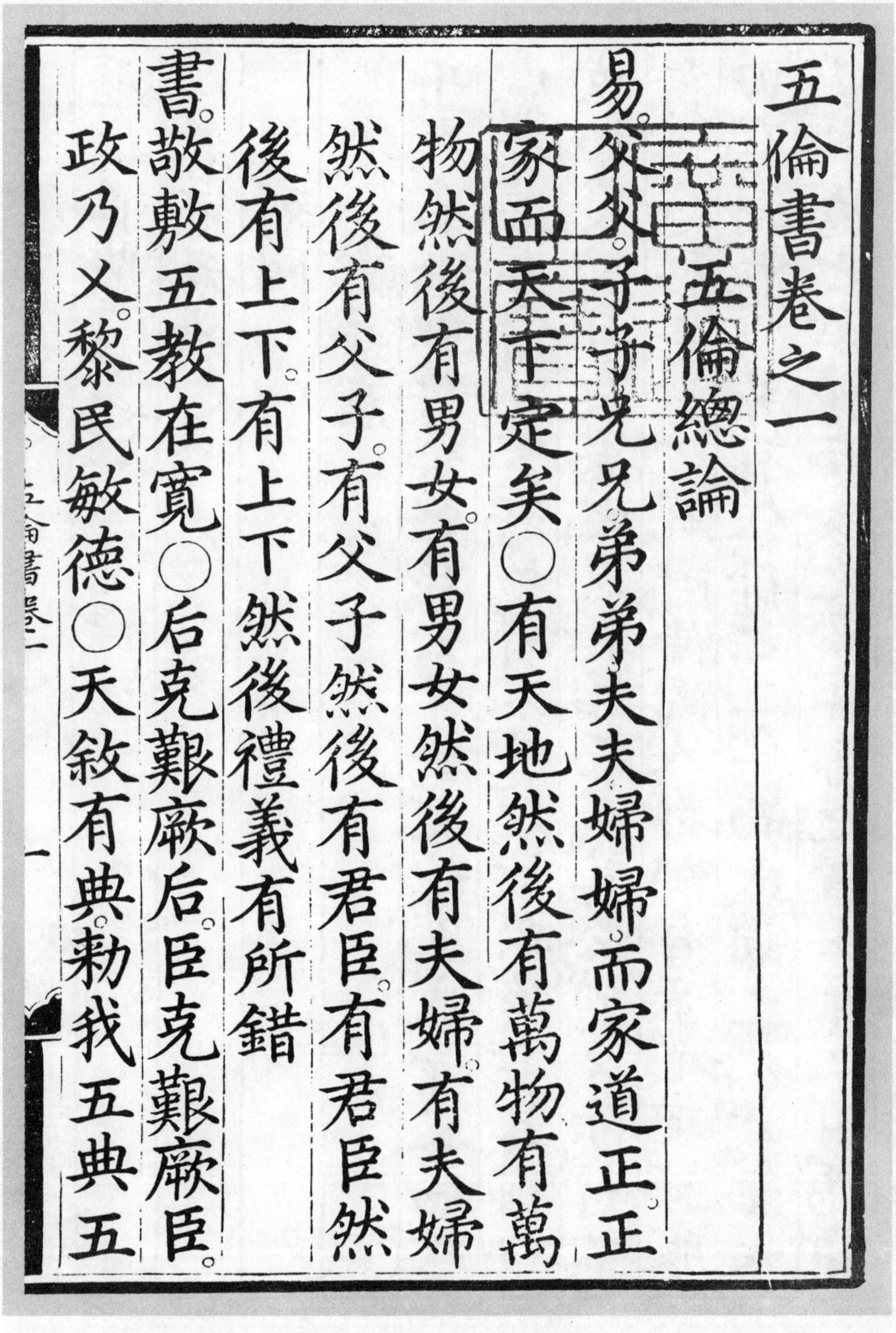

五倫書卷之一

五倫總論

易。父父子子兄兄弟弟夫夫婦婦而家道正正家而天下定矣○有天地然後有萬物有萬物然後有男女有男女然後有夫婦有夫婦然後有父子有父子然後有君臣有君臣然後有上下有上下然後禮義有所錯

書。敬敷五教在寬○后克艱厥后臣克艱厥臣。政乃乂。黎民敏德○天敘有典勅我五典五

五倫書卷之一　一

八　五倫書　明宣宗朱瞻基撰，明正統十二年（1447年）內府刻本。

九　歷代君鑒　明代宗朱祁鈺撰，明景泰四年（1453年）內府刻本。

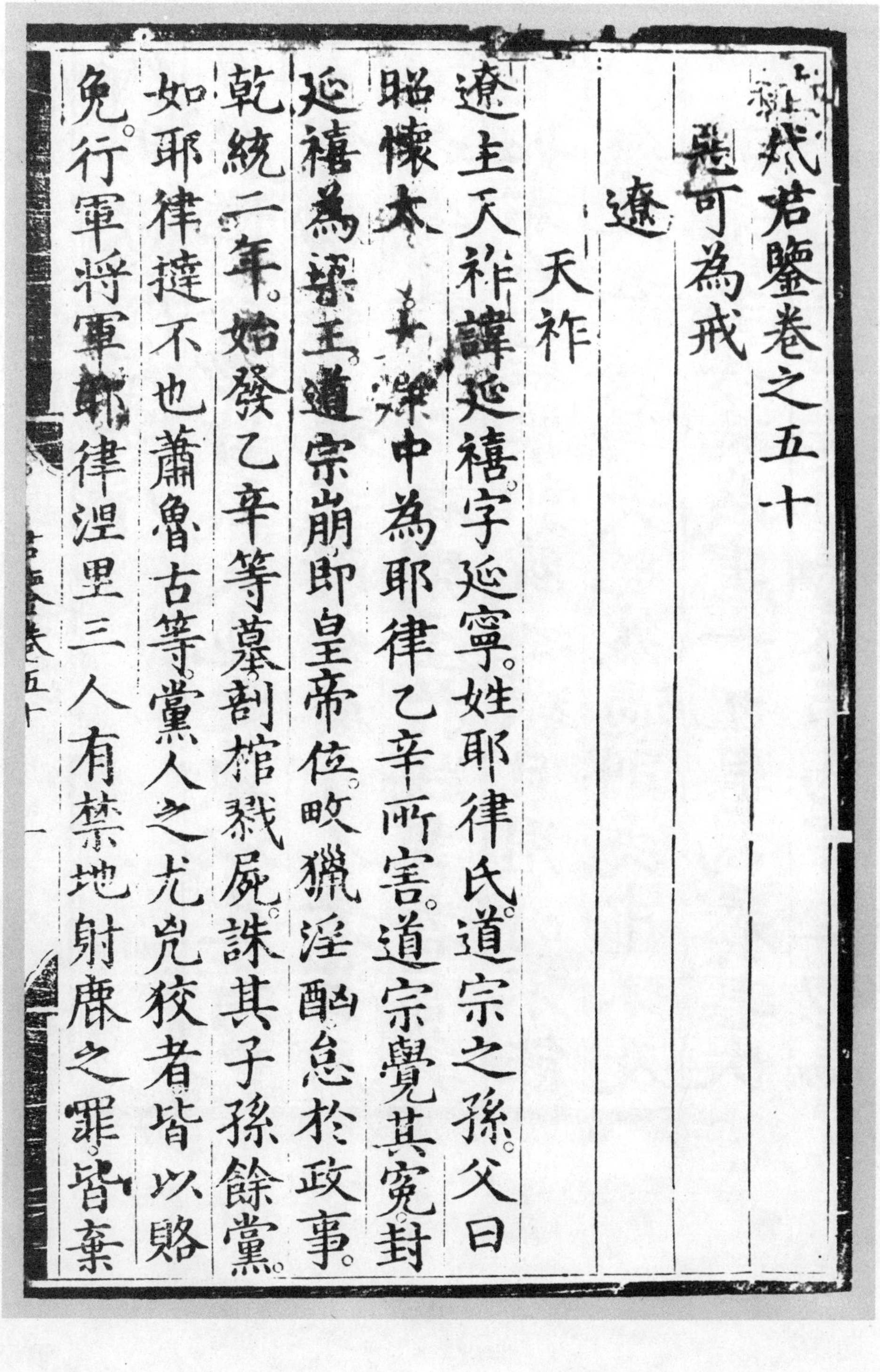
歷代君鑒卷之五十

惡可為戒

遼

天祚

遼主天祚諱延禧。字延寧。姓耶律氏。道宗之孫。父曰昭懷太子濬。中為耶律乙辛所害。道宗覺其寃。封延禧為梁王。道宗崩。即皇帝位。畋獵淫酗怠於政事。乾統二年。始發乙辛等墓剖棺戮屍。誅其子孫餘黨。如耶律撻不也蕭魯古等。黨人之尤兇狡者皆以賂免。行軍將軍耶律涅里三人有禁地射鹿之罪。皆棄

歷代君鑒卷五十　一

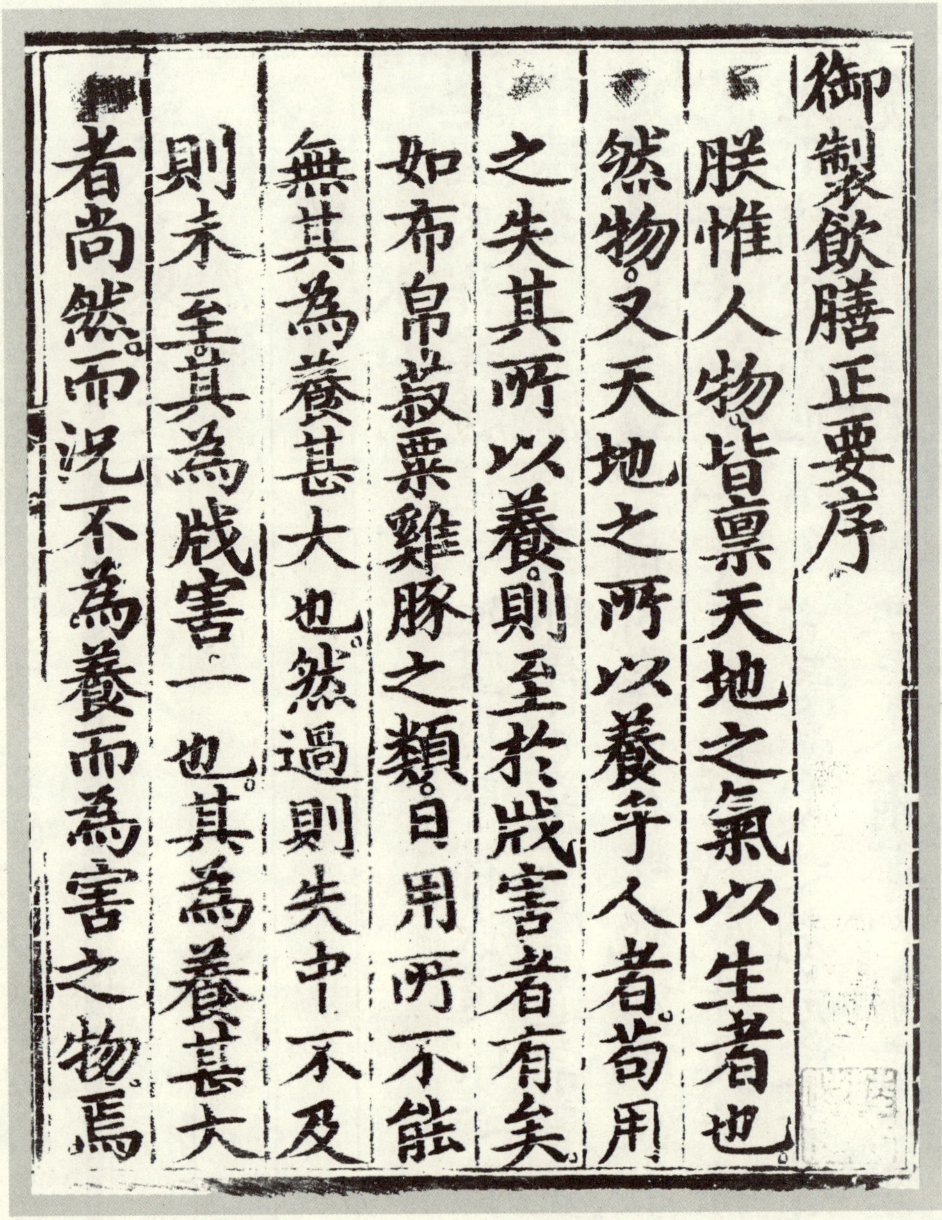

御製飲膳正要序
朕惟人物皆稟天地之氣以生者也然物又天地之所以養乎人者苟用之失其所以養則至於戕害者有矣如布帛菽粟雞豚之類日用所不能無其為養甚大也然過則失中不及則未至其為戕害一也其為養甚大者尚然而況不為養而為害之物焉

一〇 飲膳正要 元忽思慧撰，明景泰七年（1456年）內府刻本。（之一）

飲膳正要卷第一

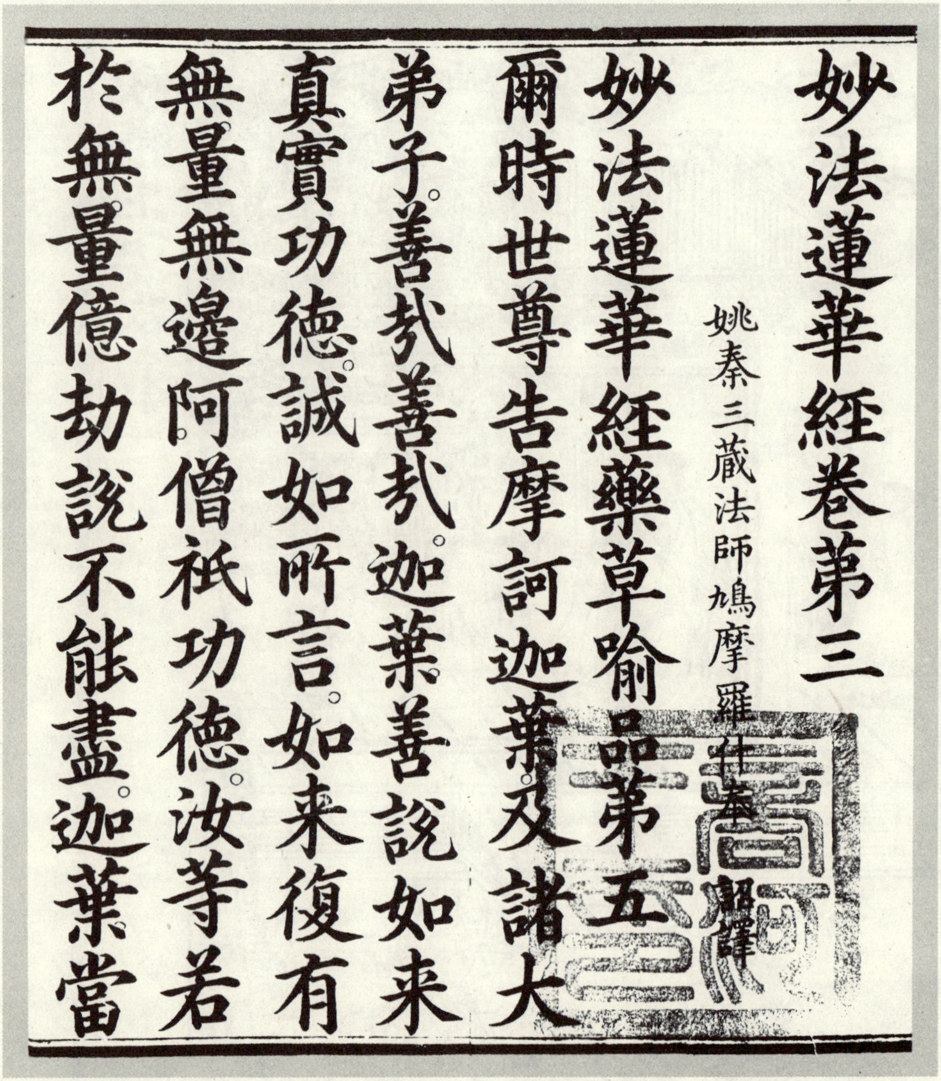
妙法蓮華經卷第三
姚秦三藏法師鳩摩羅什奉詔譯
妙法蓮華經藥草喻品第五
爾時世尊告摩訶迦葉及諸大
弟子。善哉善哉。迦葉善說如來
真實功德。誠如所言。如來復有
無量無邊阿僧祇功德。汝等若
於無量億劫說不能盡。迦葉當

一一　妙法蓮華經　姚秦釋鳩摩羅什譯，明天順元年（1457年）內府刻本。

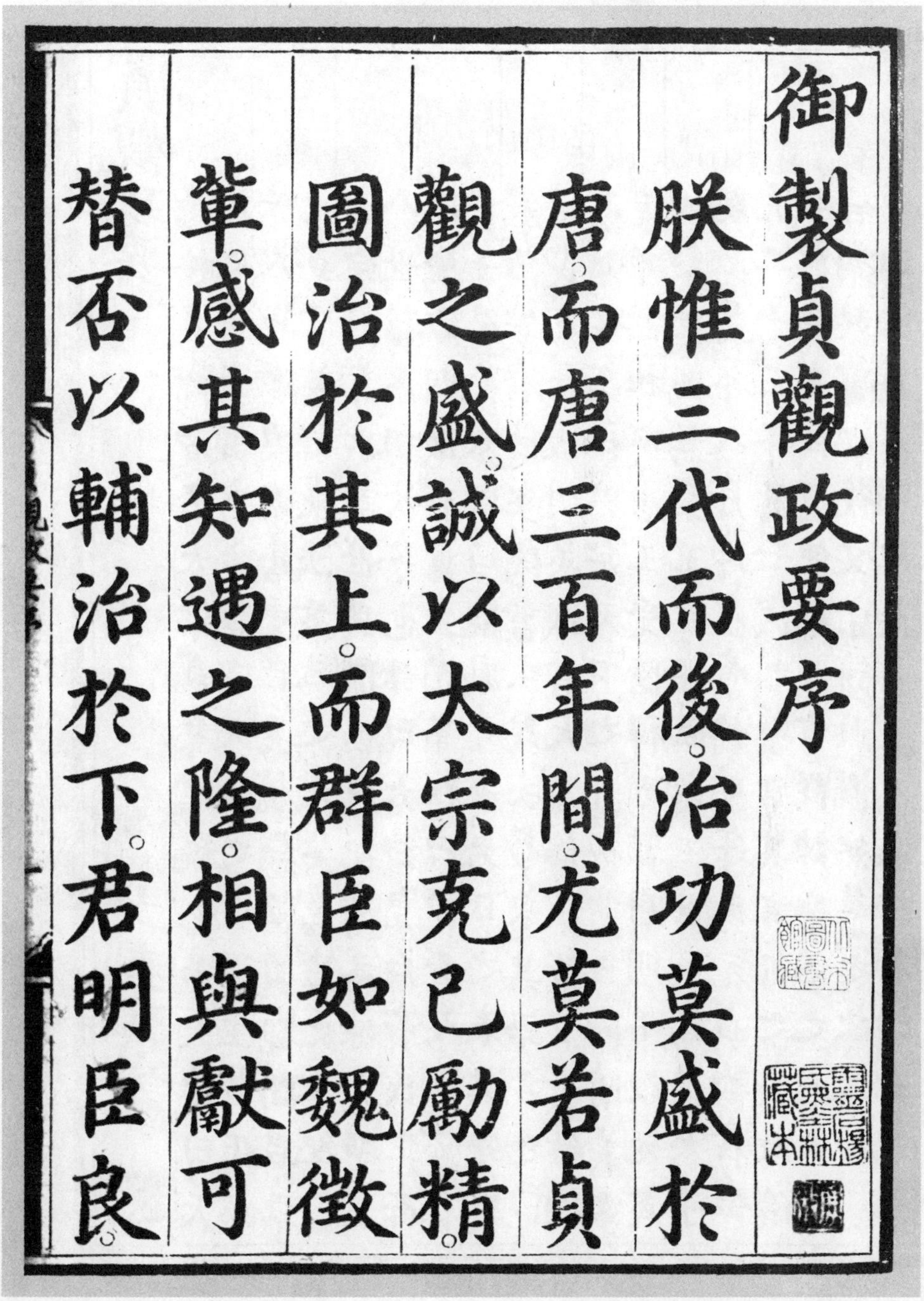
御製貞觀政要序
朕惟三代而後治功莫盛於
唐而唐三百年間尤莫若貞
觀之盛誠以太宗克己勵精
圖治於其上而群臣如魏徵
輩感其知遇之隆相與獻可
替否以輔治於下君明臣良

一二 貞觀政要 唐吴兢撰，元戈直集論，明成化元年（1465年）内府刻本。（之一）

貞觀政要

戈直集論

愚按貞觀者唐太宗表年之號也易大傳曰天地之道貞觀者也猶言天地之文理主於正以示人也政要者唐史臣吳兢類輯貞觀間君臣之嘉言善行良法美政之大要也唐史本紀曰太宗姓李氏諱世民隴西成紀人為涼武昭王八世孫高祖次子也母曰太穆皇后竇氏生而不驚方四歲有書生謁高祖曰公貴人也必有貴子及見太宗曰龍鳳之姿天日之表其年幾冠必能濟世安民書生既去乃采其語名之曰世民及長聰明英武有大志能屈節下士結納豪傑佐高祖以定天下之亂功業日隆隋義寧元年高祖以唐王受隋禪國號唐明年改元武德封世民為秦王九年立秦王世民為皇太子聽政是年八月即皇帝位明年改元貞觀在位二十三年為一代之賢君其言行之美政治之盛與夫任賢使能之方從諫樂善之道大畧皆聚此書也後文宗讀此慨然慕之故太和初政號為清明則是書也不無補於治云

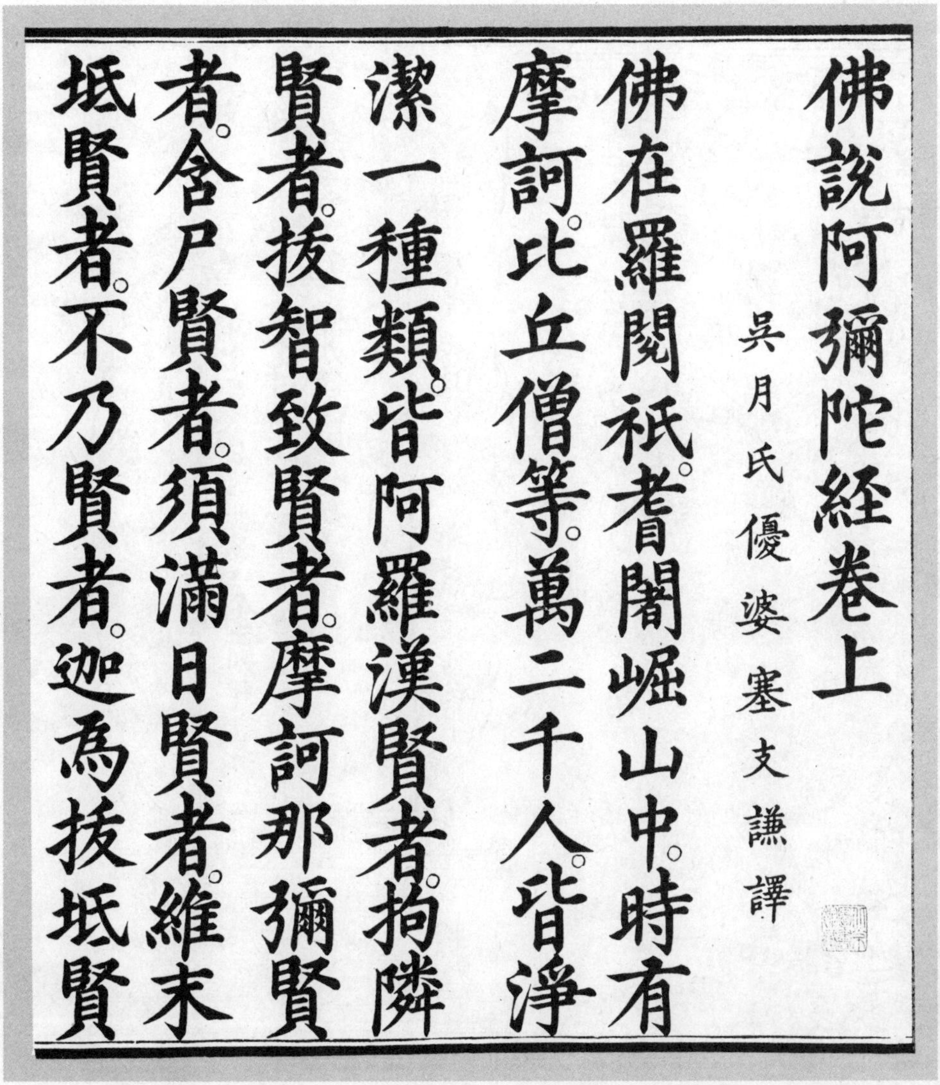

佛說阿彌陀經卷上

吳月氏優婆塞支謙譯

佛在羅閱祇耆闍崛山中時有摩訶比丘僧等萬二千人皆淨潔一種類皆阿羅漢賢者拘隣賢者拔智致賢者摩訶那彌賢者舍尸賢者須滿日賢者維末坻賢者不乃賢者迦爲拔坻賢

一三 佛說阿彌陀經 吳釋支謙譯，明嘉靖四年（1525年）章聖皇太后刻本。（之一）

章聖皇太后謹發誠心命工刊印
佛說阿彌陀經一百部冀祈
佛力保祐吉祥如意者
嘉靖四年二月初三日施

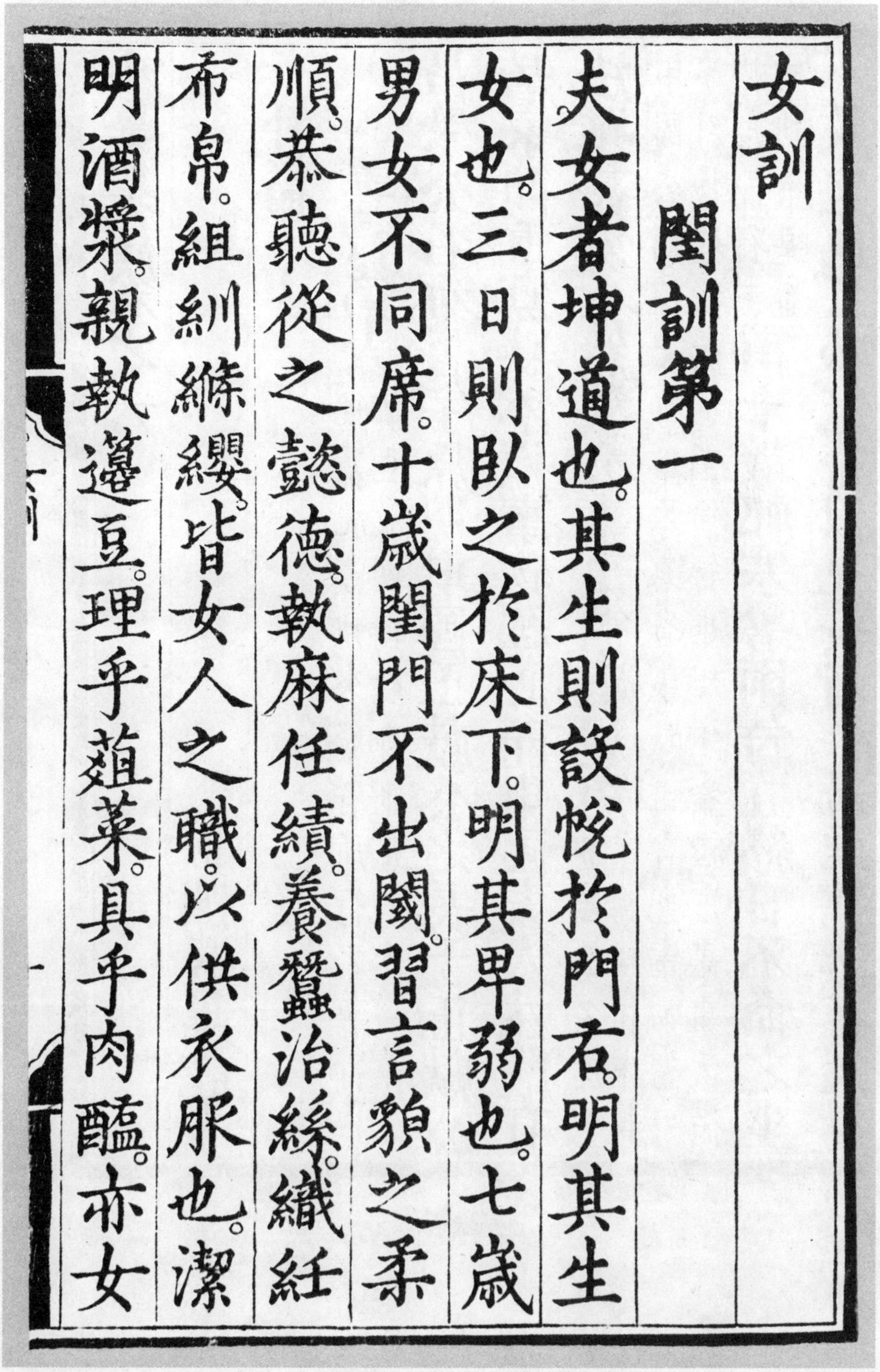

女訓

閨訓第一

夫女者坤道也。其生則設帨扵門右。明其生
女也。三日則臥之扵床下。明其卑弱也。七歲
男女不同席。十歲閨門不出閫。習言貌之柔
順。恭聽從之懿德。執麻任績。養蠶治絲。織紝
布帛。組紃絛纓。皆女人之職。以供衣服也。潔
明酒漿。親執籩豆。理乎葅菜。具乎肉醢。亦女

一四　女訓　明興獻皇后蔣氏撰，明嘉靖九年（1530年）內府刻本。

小學集註卷之六

臣陳選集註

外篇

善行第六此篇紀漢以來賢者所行之善行以實立敎明倫敬身也凡八十一章

呂滎公名希哲字原明申國正獻公之長子正獻公居家簡重寡默不以事物經心而申國夫人性嚴有法雖甚愛公然教公事事循蹈規矩正獻公名公著字晦叔相宋封申國公簡簡要重重厚寡寡省事默默愼言也事物謂外事外物經猶縈也蹈猶行也規矩喻禮度事事依循禮度而行下文所言是也甫十歲祁寒暑雨侍立終日不命之坐不敢坐也日必冠帶以見長者平居雖甚熱在父母

一五　小學集注　明陳選撰，明崇禎八年（1635年）內府刻本。

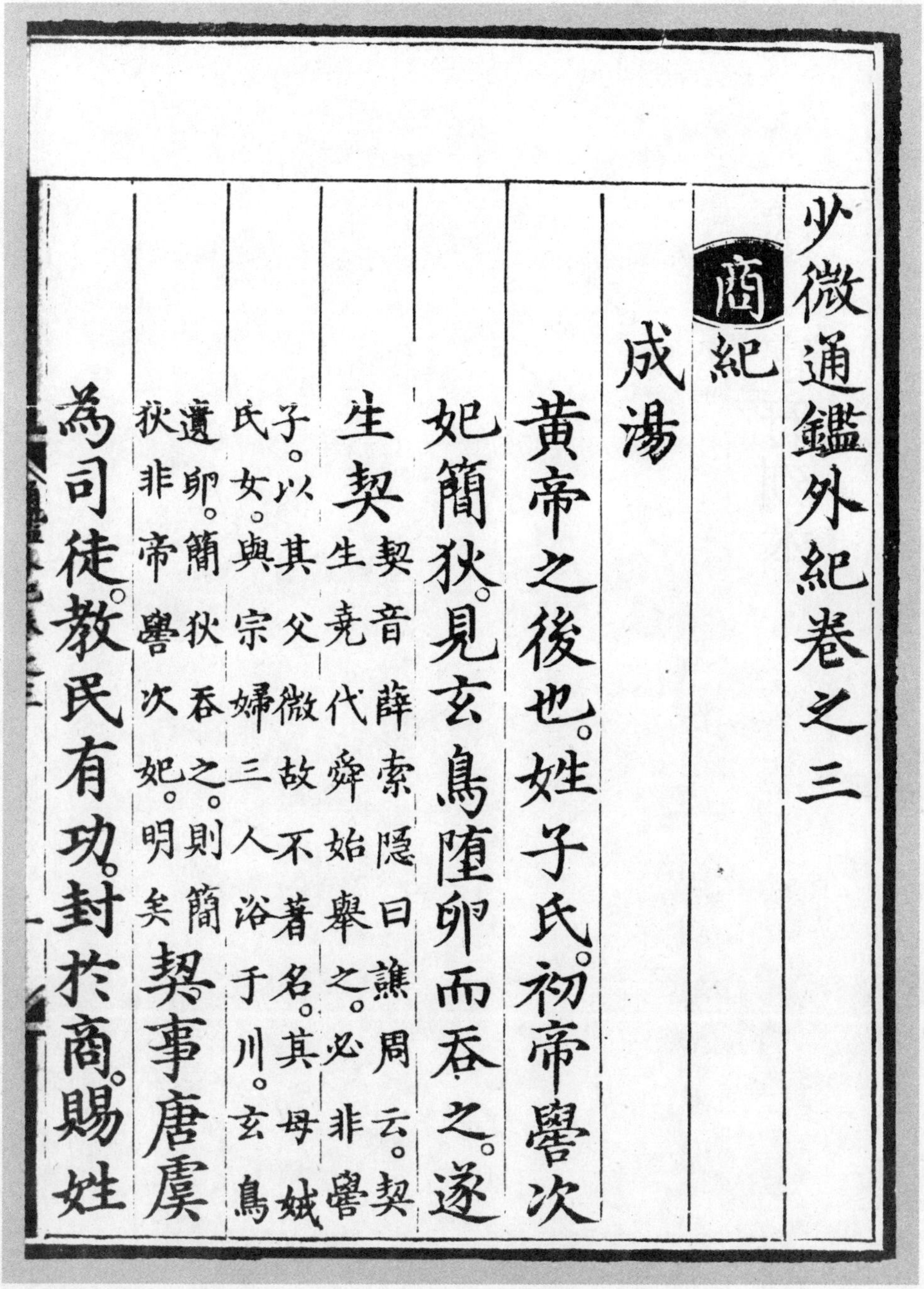
少微通鑑外紀卷之三

商紀

成湯

黃帝之後也。姓子氏。初帝嚳次妃簡狄。見玄鳥墮卵而吞之。遂生契契音薛索隱曰譙周云。契生堯代舜始舉之。必非嚳子。以其父微故不著名。其母娀氏女。與宗婦三人浴于川。玄鳥遺卵。簡狄吞之。則簡狄非帝嚳次妃。明矣契事唐虞為司徒。教民有功。封於商。賜姓

一六　少微通鑑節要　宋江贄撰，明正德九年（1514年）司禮監刻本。

贰 官府刻本

居士集卷第十二

臨川後學曾魯得之考異

古舒後學蔡玘行素訂定

番陽後學李均度校理

古溧後學俞允中校正

律詩五十六首

送（一作寄）謝中舍二首

滁南（一作陽）幽谷抱山斜，我鑿清泉（一作丁）種花。故事已傳遺（一作畱傳父）老說，世人今（一作分）作畫圖誇。金閨引籍子方壯，白髮盈簪我可嗟。試問弦歌爲縣政（一作意），何（如及）鐏俎樂無涯。

喜聞嘉譽藹淮壖，又看吳（一作送征）況鮮畫船。隴畝遺民談舊政，江山餘思入新篇。人生白首（一作傷）（一作百憂古原是）吾今爾，仕路（一作宦）（一作青雲）子勉旃。舉棹南風吹酒醒，離觴莫惜少（一作更）留連。

一七 居士集 宋歐陽修撰，明曾魯考異，明洪武六年（1373年）永豐縣學刻本。

平陽志卷第一

平陽府

沿革

本府在禹貢冀州之域天文志云星分參宿史記云堯都平陽以其地在平水之陽故名春秋屬晉戰國屬韓後屬趙秦滅六國分天下爲三十六郡以平陽爲河東郡兩漢因之曹魏邵陵公正始二年分河東之汾北十縣置平陽郡西晉仍其舊劉元海僭稱漢亦都於此十六國春秋前趙錄云河瑞元年太史令宣子脩之言於

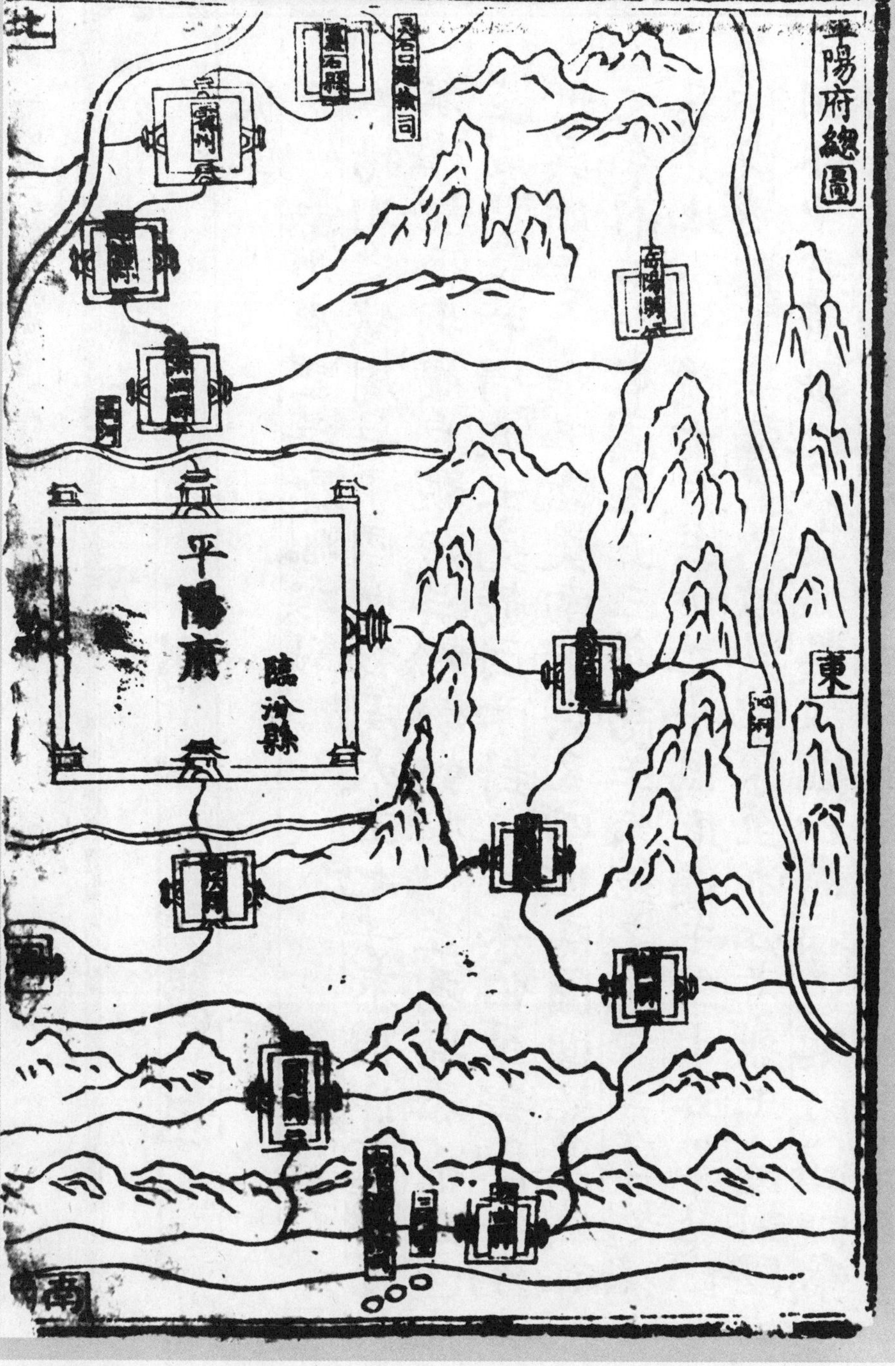
平陽府總圖
北
東
南
平陽府
臨汾縣
靈石縣

一九

［洪武］蘇州府志　明盧熊纂修，明洪武刻本。

蘇州府志卷第一

郡人盧熊輯

沿革

蘇州府望吳郡（治吳長洲二縣）

古揚州之域周吳子國也初周太王之子泰伯仲雍避少弟季歷奔荊蠻自號句吳（今無錫東梅里屬常州）立為吳泰伯五世至周章是時周武王克殷因而封之自泰伯至壽夢十九世吳始益大稱王諸樊南徙吳又四世為闔閭始築城都之今府城是也周元王三年為王夫差之二十二年越滅吳其地入越後一百三十九年為周顯王三十五年楚王[illegible]伐越殺王無彊盡取故吳地東至浙江考烈王以徙封國相春申君黃歇於吳遂城吳故墟以為都邑（[illegible]）始皇二十四年滅楚二十五年將軍王翦定江南[illegible]百粵

二〇　皇明祖訓　明太祖朱元璋撰，明洪武禮部刻本。

皇明祖訓

祖訓首章

一。朕自起兵至今四十餘年。親理天下庶務。人情善惡真僞。無不涉歷。其中奸頑刁詐之徒。情犯深重。灼然無疑者。特令法外加刑。意在使人知所警懼。不敢輕易犯法。然此特權時處置。頓挫奸頑。非守成之君所用常法。以後子孫做皇帝時。止守律與大誥。並不許用黥刺。剕。劓。閹割之刑。云何。蓋嗣君宮生内長。人情善惡

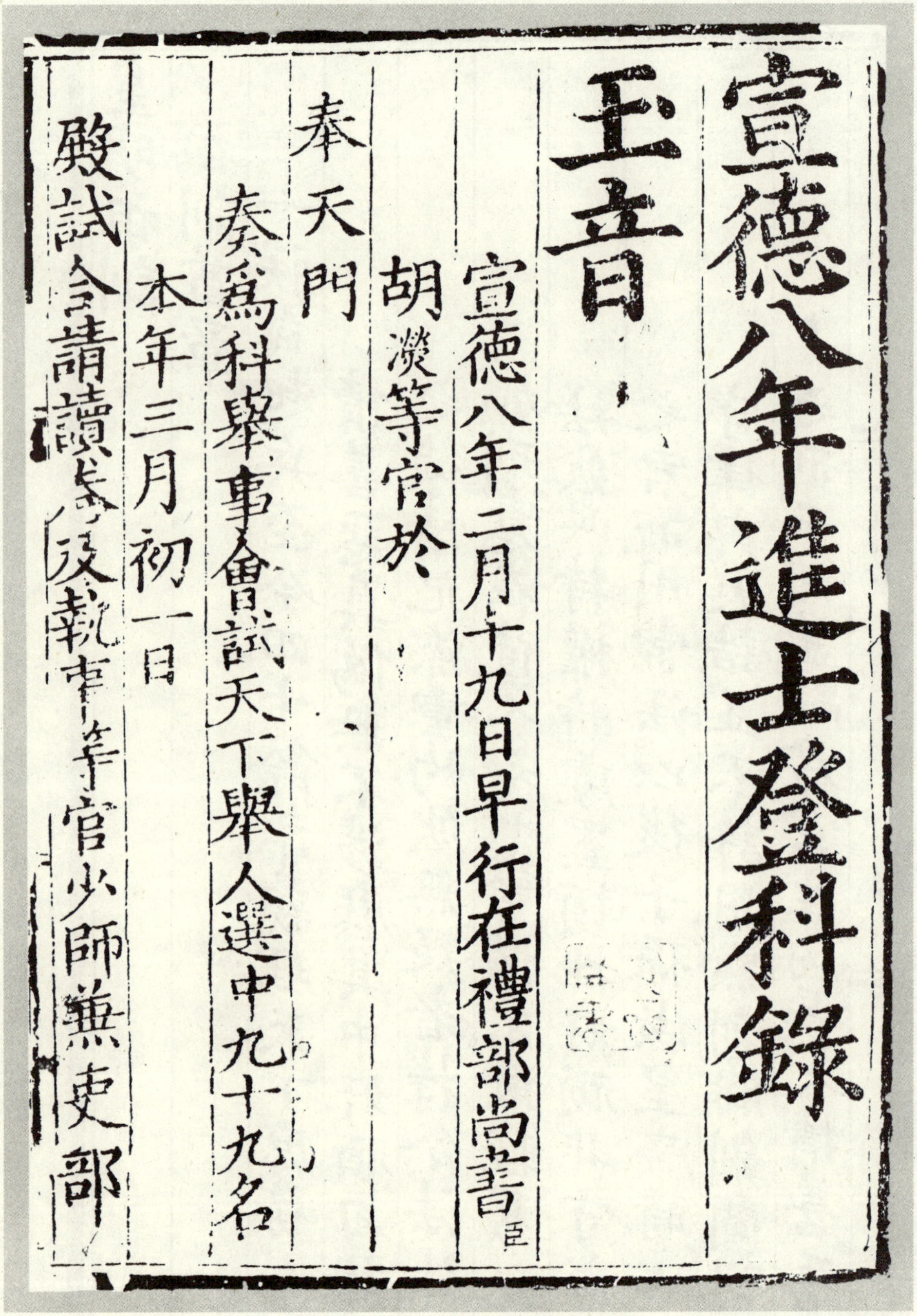
宣德八年進士登科錄

玉音

宣德八年二月十九日早行在禮部尚書臣
胡濙等官於
奉天門
奏爲科舉事會試天下舉人選中九十九名
本年三月初一日
殿試合請讀卷及執事等官少師兼吏部

二一　宣德八年進士登科錄　明宣德禮部刻本。

二二　〔正統〕和州志　明朱沅、陳鈞纂修，明正統六年（1441年）刻本。（之一）

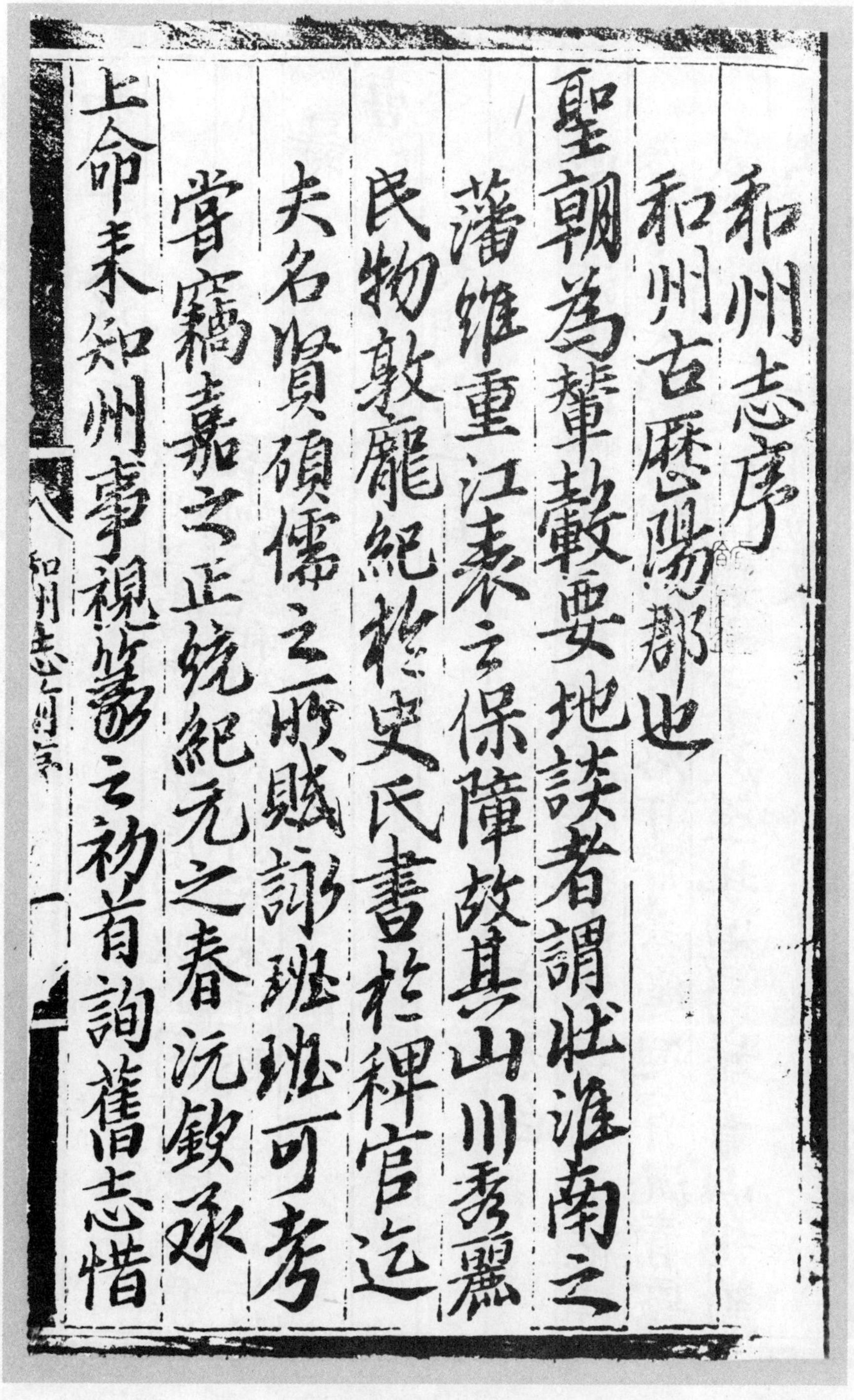

和州志序

和州古歷陽郡也

聖朝爲輦轂要地談者謂壯淮南之藩維重江表之保障故其山川秀麗民物敦龐紀於史氏書於稗官迄夫名賢碩儒之所賦詠班班可考嘗竊嘉之正統紀元之春沅欽承

上命來知和州事視篆之初首詢舊志惜

和州志卷第五

和州儒學訓導莆田陳鈞因舊藁編集
奉訓大夫和州知州新安朱沅校正板行

詩

唐

天門山二首　李太白

迥出江上山雙峯自相對岸映松色寒石分浪花碎參差遠天際縹緲晴霞外落日舟去遥迴首沉青靄

天門中斷楚江開碧水東流至北廻兩岸青山相對出孤帆一片日邊来

一二三　廣信先賢事實錄　明姚堂輯，明景泰七年（1456年）廣信府刻本。

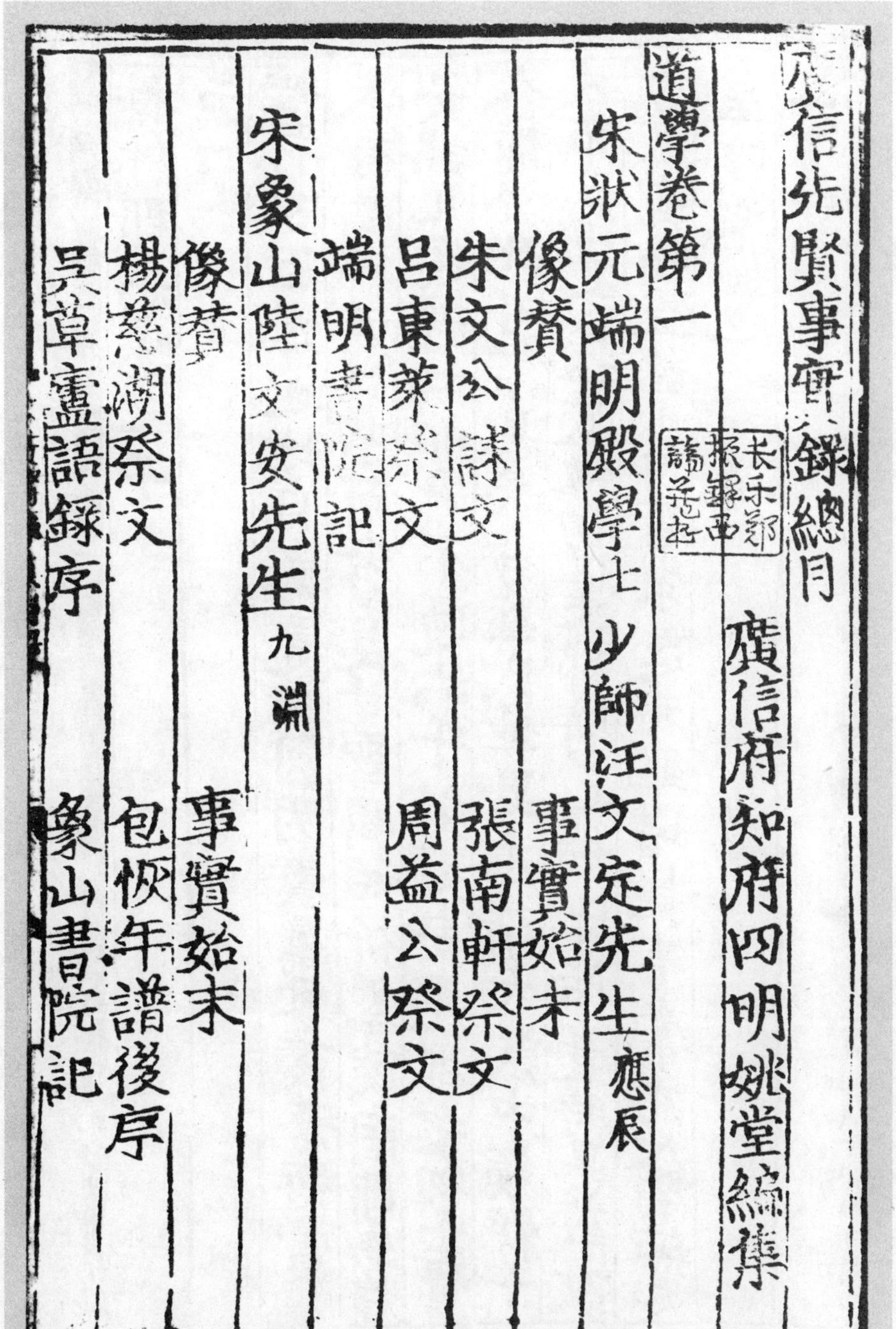
廣信先賢事實錄總目

廣信府知府四明姚堂編集

道學卷第一

宋狀元端明殿學士少師汪文定先生應辰

像贊　事實始末

朱文公誄文　張南軒祭文

呂東萊祭文　周益公祭文

端明書院記

宋象山陸文安先生九淵

像贊　事實始末

楊慈湖祭文　包恢年譜後序

吳草廬語錄序　象山書院記

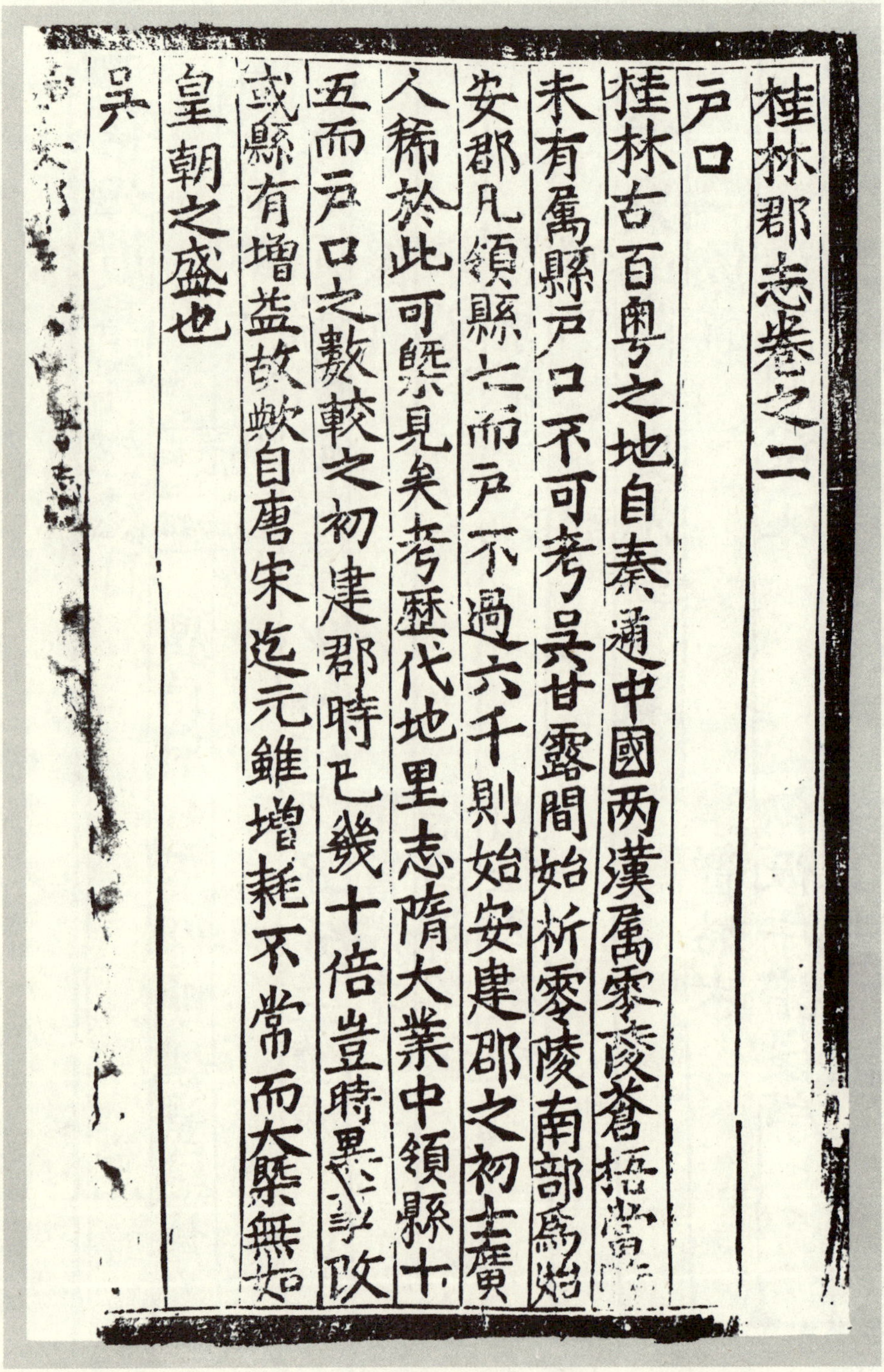
桂林郡志卷之二
户口
桂林古百粤之地自秦通中國两漢屬零陵蒼梧當時
未有屬縣户口不可考吴甘露間始析零陵南部爲始
安郡凡領縣六而户不過六千則始安建郡之初土曠
人稀於此可既見矣考歷代地里志隋大業中領縣十
五而户口之數較之初建郡時巳幾十倍豈時異事改
或縣有增益故歟自唐宋迄元雖增耗不常而大槩無如
皇朝之盛也
吴

二四 〔宣德〕桂林郡志 明陳璉纂修，明景泰刻本。

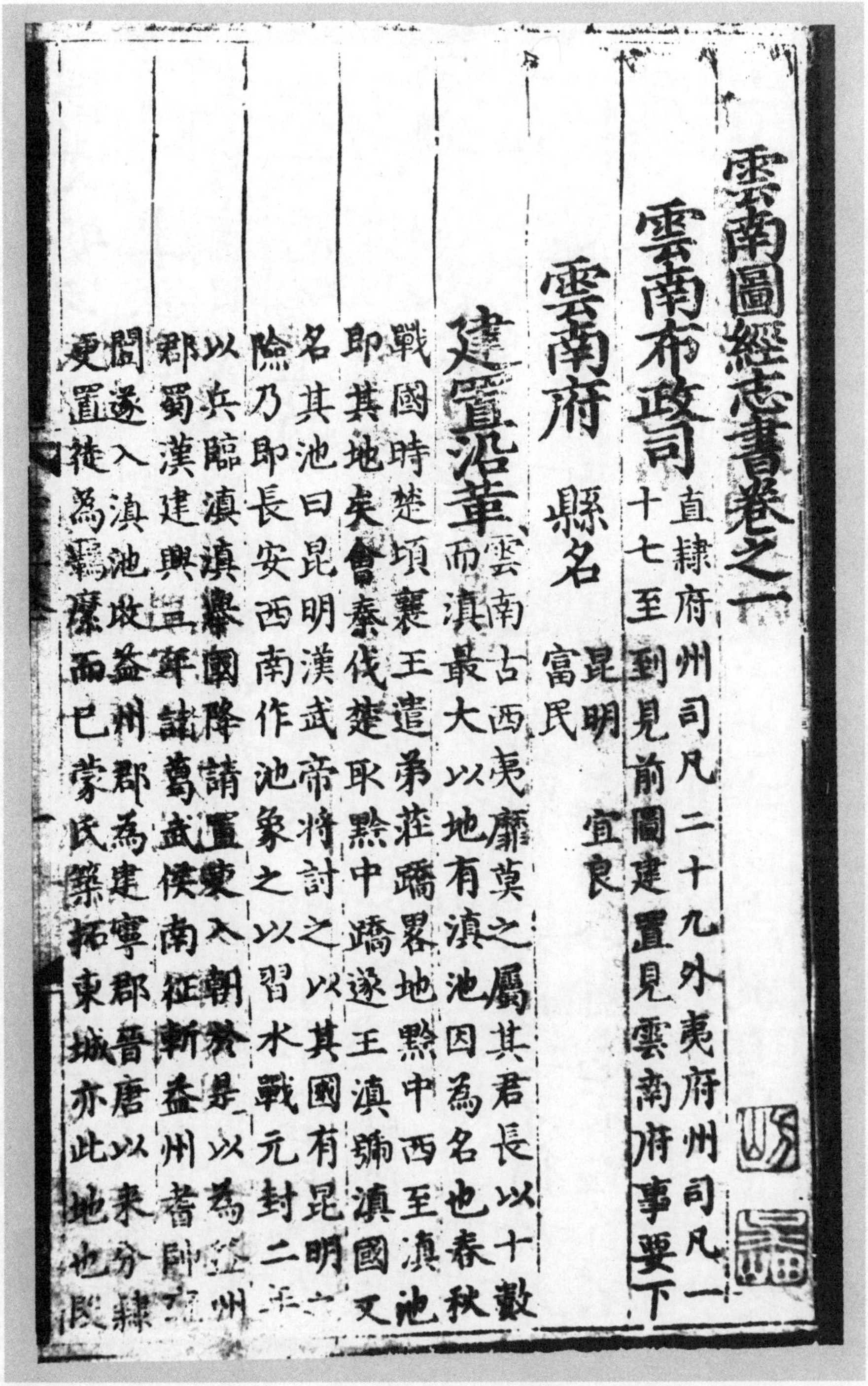
雲南圖經志書卷之一
雲南布政司直隸府州司凡二十九外夷府州司凡一
十七至到見前圖建置見雲南府事要下
雲南府 縣名 昆明 宜良
富民
建置沿革雲南古西夷靡莫之屬其君長以十數
而滇最大以地有滇池因為名也春秋
戰國時楚頃襄王遣弟莊蹻畧地黔中西至滇池
即其地奏會秦伐楚取黔中蹻遂王滇號滇國又
名其池曰昆明漢武帝將討之以其國有昆明之
險乃即長安西南作池象之以習水戰元封二年
以兵臨滇滇舉國降請置吏入朝於是以為益州
郡蜀漢建興三年諸葛武侯南征斬益州耆帥雍
闓遂入滇池改益州郡為建寧郡晉唐以來分隸
更置徙為羈縻而已蒙氏築拓東城亦此地也段

二五 ［景泰］雲南圖經志書 明鄭顒、陳文纂修，明景泰刻本。

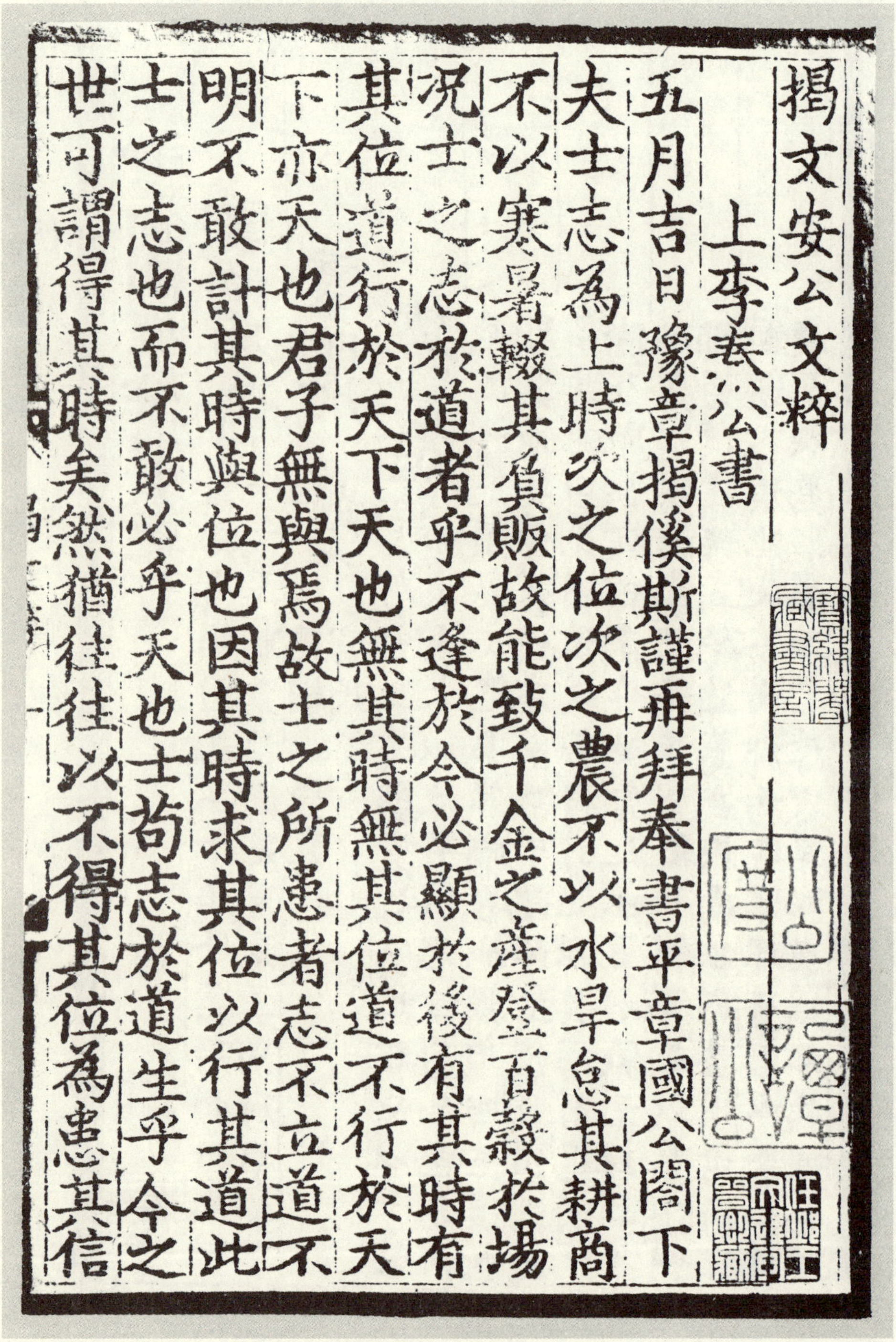
揭文安公文粹

上李秦公書

五月吉日豫章揭傒斯謹再拜奉書平章國公閤下夫士志為上時次之位次之農不以水旱怠其耕商不以寒暑輟其負販故能致千金之產登百穀於場況士之志於道者乎不逢於今必顯於後有其時有其位道行於天下天也無其時無其位道不行於天下亦天也君子無與焉故士之所患者志不立道不明不敢計其時與位也因其時求其位以行其道此士之志也而不敢必乎天也士苟志於道生乎今之世可謂得其時矣然猶往往以不得其位為患患其信

二六　揭文安公文粹

元揭傒斯撰，明天順五年（1461年）沈琮廣州府學刻本。

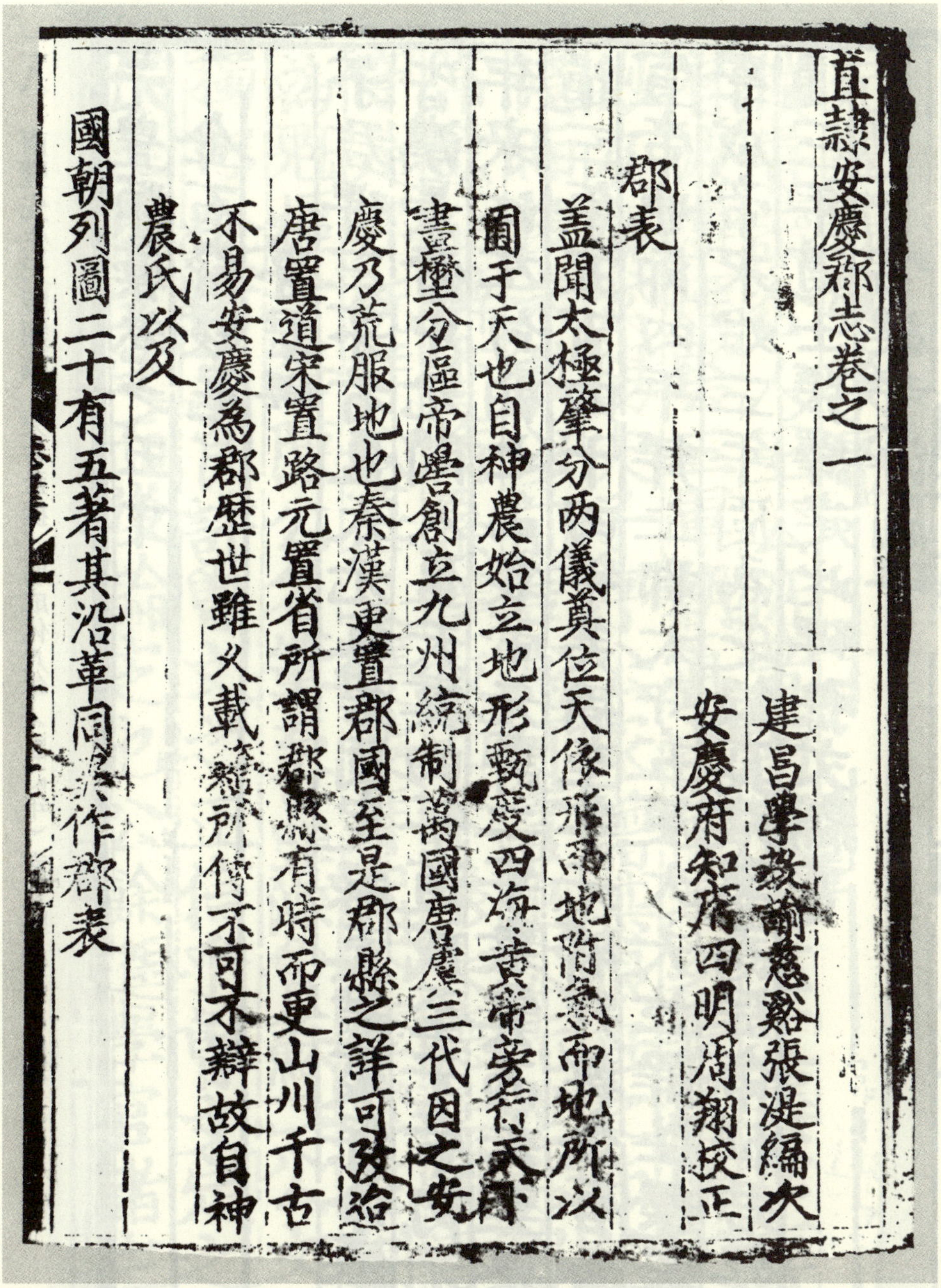

直隸安慶郡志卷之一

建昌學教諭慈谿張湜編次

安慶府知府四明周翔校正

郡表

盖聞太極肇分兩儀奠位天依形而地附氣而地所以圖于天也自神農始立地形甄度四海黄帝旁行天下畫壄分區帝嚳創立九州統制萬國唐虞三代因之安慶乃荒服地也秦漢更置郡國至是郡縣之詳可考洎唐置道宋置路元置省所謂郡縣有時而更山川千古不易安慶爲郡歷世雖久載籍所傳不可不辯故自神農氏以及

國朝列圖二十有五著其沿革同異作郡表

二七　〔天順〕直隸安慶郡志

明周翔、張湜纂修，明天順六年（1462年）刻本。

二九 〔成化〕重修毗陵志 明孫仁、朱昱纂修，明成化刻本。

重修毗陵志卷第二

地理二

城郭

本府

内子城周回二里三百一十八步高二丈一尺中外甓之唐景福元年淮南節度使楊行密遣節度押衙檢校兵部尚書唐彦隨權領州事重修立城隍祠兵王祠鼓角樓白露屋今爲府治城廢周繚以垣

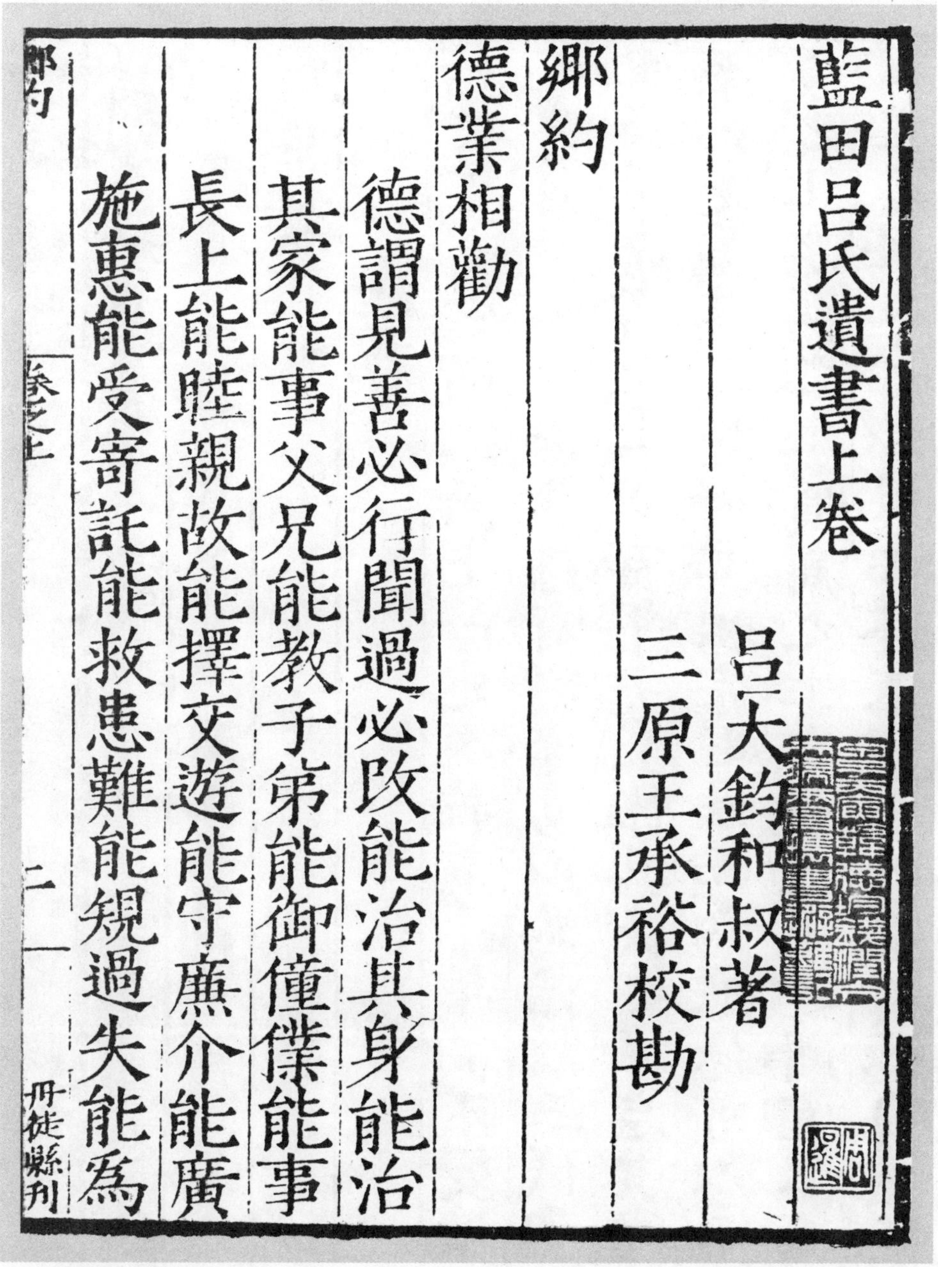

藍田呂氏遺書上卷

呂大鈞和叔著

三原王承裕校勘

鄉約

德業相勸

德謂見善必行聞過必改能治其身能治其家能事父兄能教子弟能御僮僕能事長上能睦親故能擇交遊能守廉介能廣施惠能受寄託能救患難能規過失能爲

鄉約　卷之上　二　丹徒縣刊

三〇　藍田呂氏遺書　宋呂大鈞撰，明正德十四年（1519年）李東刻本。

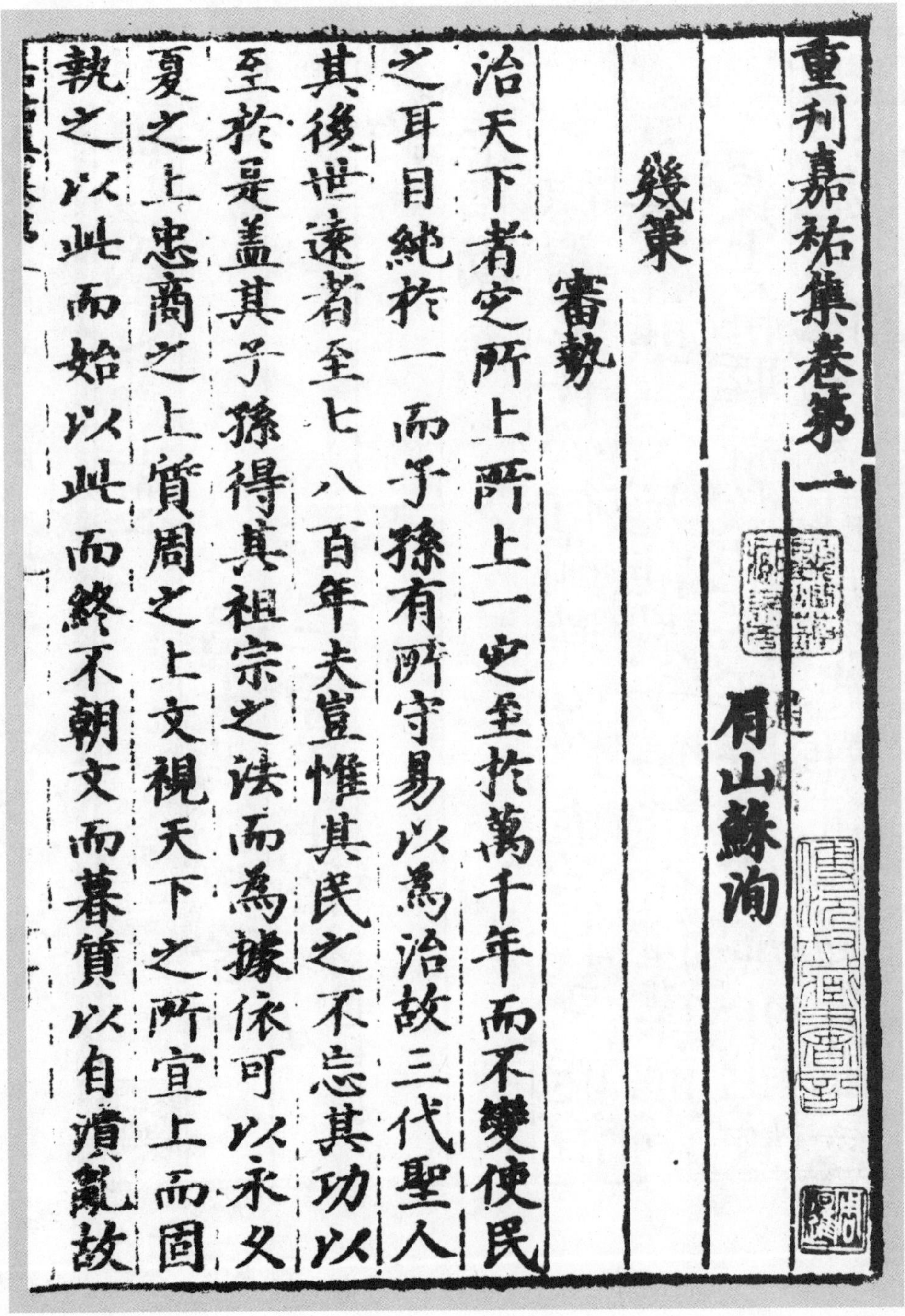
重刊嘉祐集卷第一
眉山蘇洵
幾策
審勢
治天下者定所上所上一定至於萬千年而不變使民
之耳目純於一而子孫有所守易以為治故三代聖人
其後世遠者至七八百年夫豈惟其民之不忘其功以
至於是蓋其子孫得其祖宗之法而為據依可以永久
夏之上忠商之上質周之上文視天下之所宜上而固
執之以此而始以此而終不朝文而暮質以自瀆亂故

三一　重刊嘉祐集　宋蘇洵撰，明嘉靖十一年（1532年）太原府刻本。

大樂律呂元聲卷之六

十二律旋宮六十調圖第二十七

		宮	商	角	變徵	徵	羽	變宮	宮	
子	宮	黄鍾	太簇	姑洗	蕤賓	林鍾	南呂	應鍾	黄鍾	收聲
	商	夾鍾	仲呂	林鍾	南呂	無射	黄鍾	太簇	夾鍾	收聲
	角	蕤賓	夷則	無射	黄鍾	大呂	夾鍾	仲呂	蕤賓	收聲
	徵	南呂	應鍾	大呂	夾鍾	姑洗	蕤賓	夷則	南呂	收聲
	羽	應鍾	大呂	夾鍾	仲呂	蕤賓	夷則	無射	應鍾	收聲
	宮	黄鍾	太簇	姑洗	蕤賓	林鍾	南呂	應鍾	黄鍾	收聲畢詠
丑	宮	大呂	夾鍾	仲呂	林鍾	夷則	無射	黄鍾	大呂	收聲

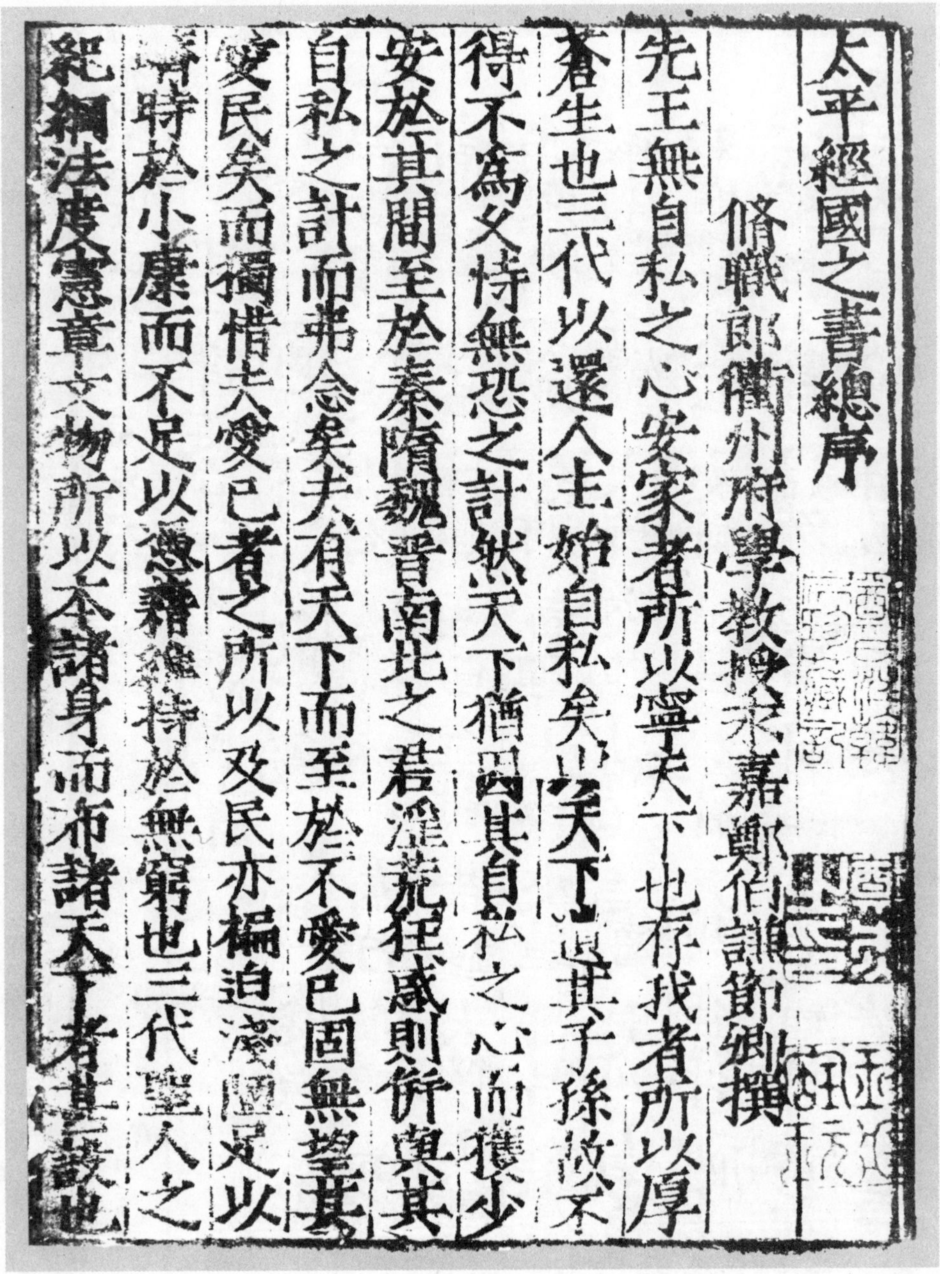

太平經國之書總序

脩職郎衢州府學教授永嘉鄭伯謙節卿撰

先王無自私之心安家者所以寧天下也存我者所以厚蒼生也三代以還人主始自私矣以天下遺其子孫故不得不爲之恃無恐之計然天下猶因其自私之心而獲少安於其間至於秦隋魏晉南北之君淫荒狂惑則併其自私之計而弗念矣夫有天下而至於不愛已固無望其愛民矣而獨惜夫愛已者之所以及民亦褊迫淺陋足以得時於小康而不足以遂稽維持於無窮也三代聖人之紀綱法度憲章文物所以本諸身而布諸天下者其設也

三三　太平經國之書　宋鄭伯謙撰，明嘉靖十五年（1536年）山西布政使司刻本。（之一）

太平經國之書卷之一

宋嘉興鄭伯謙節卿

教化 論六典以為民極

或問周公之序六典也辨方正位體國經野設官分職之下每終之以為民極此特建國之始耳未見其有與於民也民何以遽取極於此哉曰先王之教天下未始有精粗本末之間也司徒一官名曰教典自今職職而攷之六十官之內大抵皆分畫鄉遂經理田疇征斂財賦職掌山澤與夫市井門關之事師田行役祭祀喪紀冠婚織材之法而已有如鄉大夫州長族黨之職則不過屬民讀邦灋[illegible]

新編漢唐通鑑品藻卷之一

屏石戴璟著

周威烈王之周顯王

立三晉爲諸侯

政者君之所以藏身也是故夫政必本於天殽以降命夫天命有德天討有罪人君所以制御臣民之大政也豈可以當討之賊而有不虞之賞耶按周制大司馬九伐之法諸侯而有賊殺其親則正之放弒其君則殘之故以經邦國則有治典以平邦國則有政典以詰邦國則有刑典此聖王所以立天下萬世之大防也周德下衰諸侯放恣孔子作春秋惓惓正名分立紀綱如桓公三年書天王使宰渠伯糾來聘以桓公弒君之賊聘非

三四　新編漢唐通鑑品藻　明戴璟撰，明嘉靖十七年（1538年）西安府刻本。

三五　少保于公奏議　明于謙撰，明嘉靖二十年（1541年）杭州府刻本。

少保于公奏議卷之一

北伐類

兵部爲陳言邊務事該鎮守大同叅將都督僉事許貴
奏查得正統十四年十二月内節該欽奉
詔書内一款朝廷求言本欲聞善道知警戒凡四方災異事
干國體者所在官司即時聞奏欽此欽遵臣照得大同三
路自舊歲七月以來至今達賊不時攻圍四散搶掠臣
守西路地方又係緊關衝要賊行四通道路節次侵犯
攻圍臣領所部官軍相機截殺追赶累次奏報外切見
邊城軍民趂空樵採紫草搶割田禾度日不爲經常之

三六　淮郡文獻志　明潘塤輯，明嘉靖三十四年（1555年）淮安府刻本。

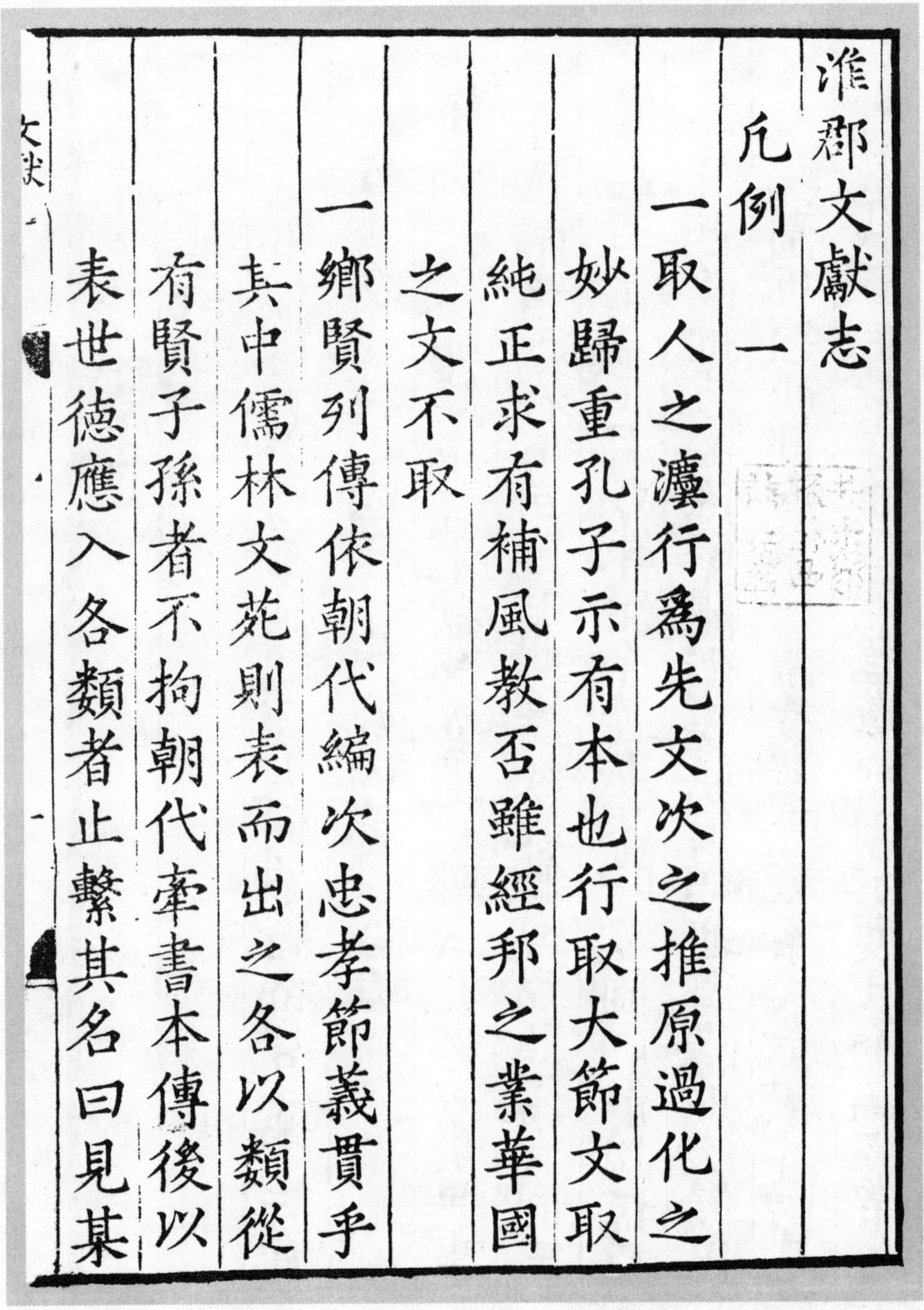

淮郡文獻志

凡例一

一取人之瀍行爲先文次之推原過化之妙歸重孔子示有本也行取大節文取純正求有補風教否雖經邦之業華國之文不取

一鄉賢列傳依朝代編次忠孝節義貫乎其中儒林文苑則表而出之各以類從有賢子孫者不拘朝代牽書本傳後以表世德應入各類者止繫其名曰見某

三七　武林舊事　宋周密撰，明嘉靖三十九年（1560年）杭州府知府陳柯刻本。

武林舊事卷之五

湖山勝槩

四水潛夫輯

南山路

自豐樂樓南至暗門錢湖門外入赤山煙霞石屋止南高峰方家峪大小麥嶺並附於此

豐樂樓

舊爲衆樂亭又改聳翠樓政和中改今名淳佑間趙京尹與篙重建宏麗爲湖山冠又甃月池立秋千梭門植花木構數亭春時遊人繁盛舊

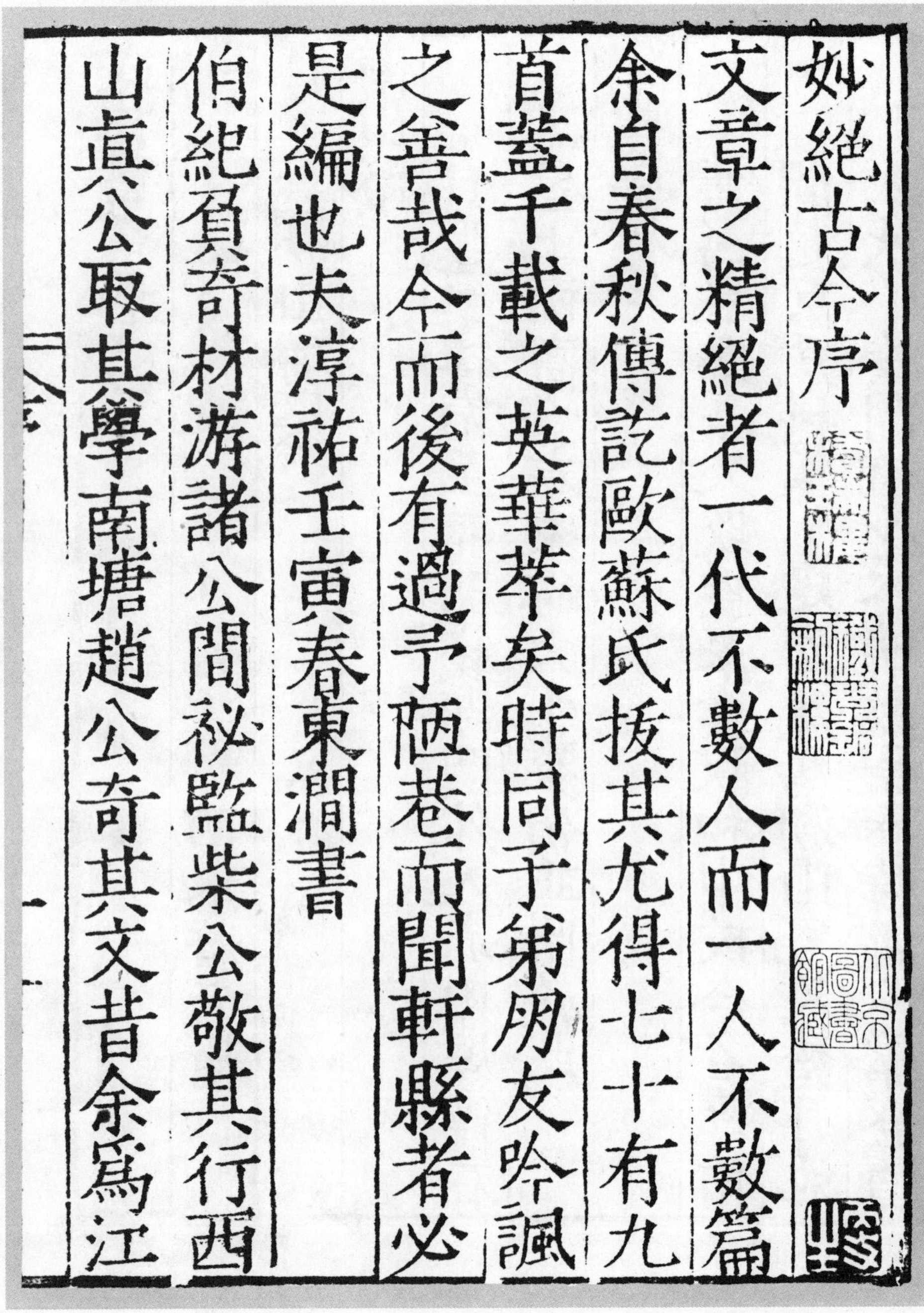
妙絕古今序
文章之精絕者一代不數人而一人不數篇余自春秋傳訖歐蘇氏拔其尤得七十有九首蓋千載之英華萃矣時同予弟朋友吟諷之善哉今而後有過予陋巷而聞軒縣者必是編也夫淳祐壬寅春東澗書
伯紀負奇材游諸公間秘監柴公敬其行西山真公取其學南塘趙公奇其文昔余為江

三八　妙絕古今　宋湯漢輯，明嘉靖四十二年（1563年）衢州府刻本。

三九　皇極經世觀物外篇釋義

明余本撰，明嘉靖四十四年（1565年）青州府刻本。（之一）

補刻皇極經世觀物外篇釋義序

余南湖先生精于性理之學正蒙皇極經世律呂新書俱有注釋正蒙集解坊間梓行久矣皇極經世解予嚮聞時曾手録以藏於家壬戌冬承乏青郡見東庫壁隅書板度有百餘取而閱之乃觀物外篇釋義先生督學東省時命郡守校刻以分授諸生者也閱歲未久守者忽焉循致腐缺漫漶意欲校補而役役吏牘未遑也甲子夏

皇極釋義　一

皇極經世觀物外篇敘

觀物外篇有先生撰著之言有先生談論之言門人張崏之所記録也崏既没其兄峋得其遺稿以授先生之子伯温盖散逸而僅存者爾其言有觀物篇之

皇極經世觀物外篇釋義卷之二

守愚子余本著

觀物外篇一

天數五地數五合而爲十數之全也天以一而變四地以一而變四四者有體也而其一者無體也是謂有無之極也天之體數四而用者三不用者一也地之體數四而用者三不用者一也是故無體之一以況自然也不用之一以況道也用之者三以況天地人也

此言先天之數本之河圖一三五七九天數五也二四六八十地數五也一謂太極先天圖左爲天右爲地乾兑離震爲日月

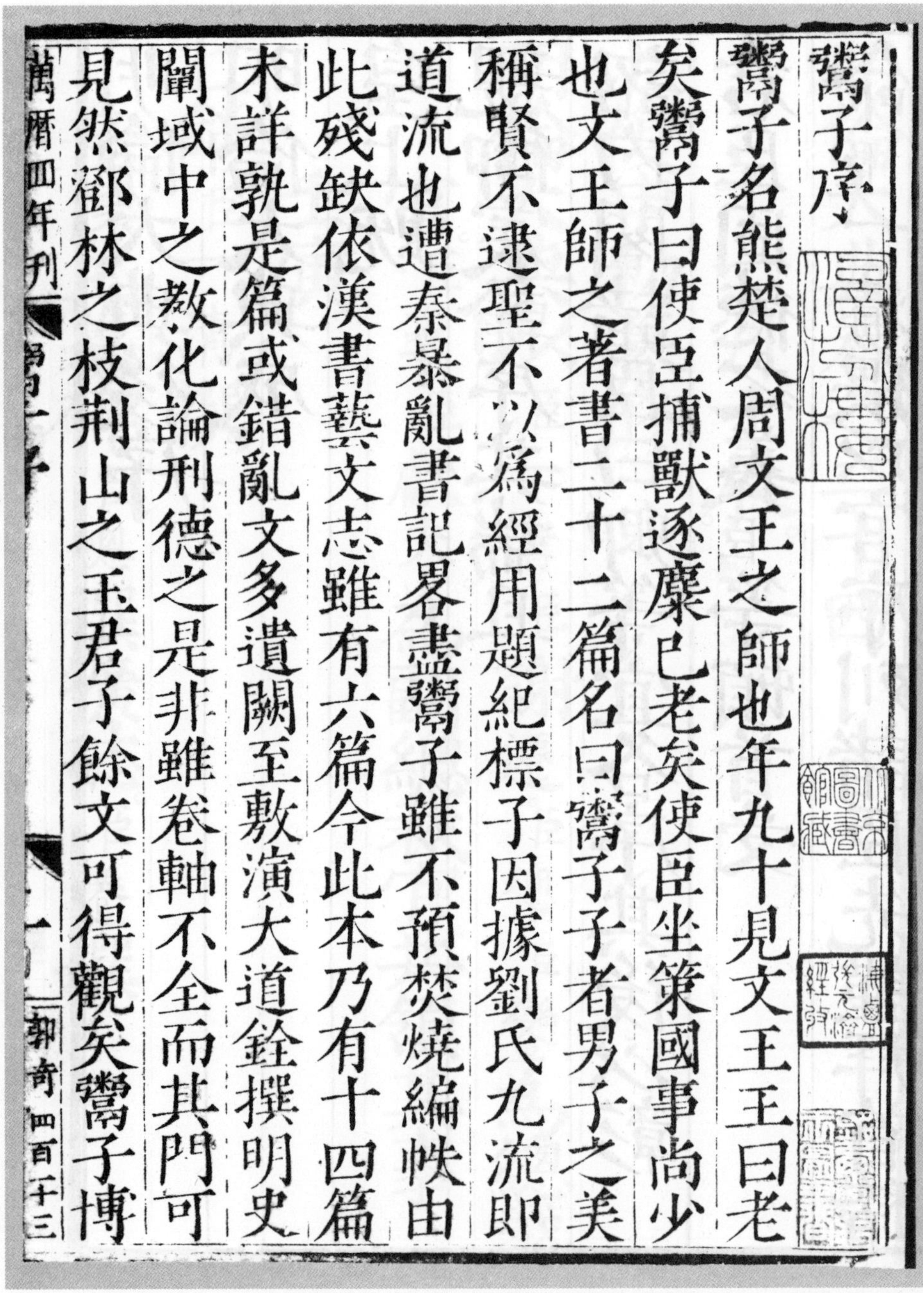

鬻子序

鬻子名熊楚人周文王之師也年九十見文王王曰老矣鬻子曰使臣捕獸逐麋已老矣使臣坐策國事尚少也文王師之著書二十二篇名曰鬻子子者男子之美稱賢不逮聖不以爲經用題紀標子因據劉氏九流即道流也遭秦暴亂書記畧盡鬻子雖不預焚燒編帙由此殘缺依漢書藝文志雖有六篇今此本乃有十四篇未詳孰是篇或錯亂文多遺闕至敷演大道銓撰明史闡域中之敎化論刑德之是非雖卷軸不全而其門可見然鄧林之枝荆山之玉君子餘文可得觀矣鬻子博

萬曆四年刊　鬻子　序　一　郭奇　四百二十三

四一　子彙二十四種　明周子義編，明萬曆四年（1576年）至五年（1577年）南京國子監刻本。（之一）

鬻子　　儒家一

華州鄭縣尉逢行珪註

撰吏五帝三王傳政乙第五撰具也吏者爲政之具也又撰博也言王者布政施令其在博求於良吏也賢者舉之不賢者不預言五帝三王政道可以百代傳行者乙次於甲以此明政之次也

政曰政者法教也此明帝王之政事以爲法教可稱也君子不與人謀之則已矣言君子脩於內理於外端其形正其影體貞德之要守沖妙之機言出以成教方謀事必爲法則苟於政而不預豈妄爲之哉所以止也若與人謀之則非道無由也君子不與人謀則已矣若與人謀務存大道而言之不以違道飾非不以苟命求正由用也故君子之謀能必用道君子終日言而不離體要謀於政事而咸由於道故同於道者道亦得之非道之言君子不用也

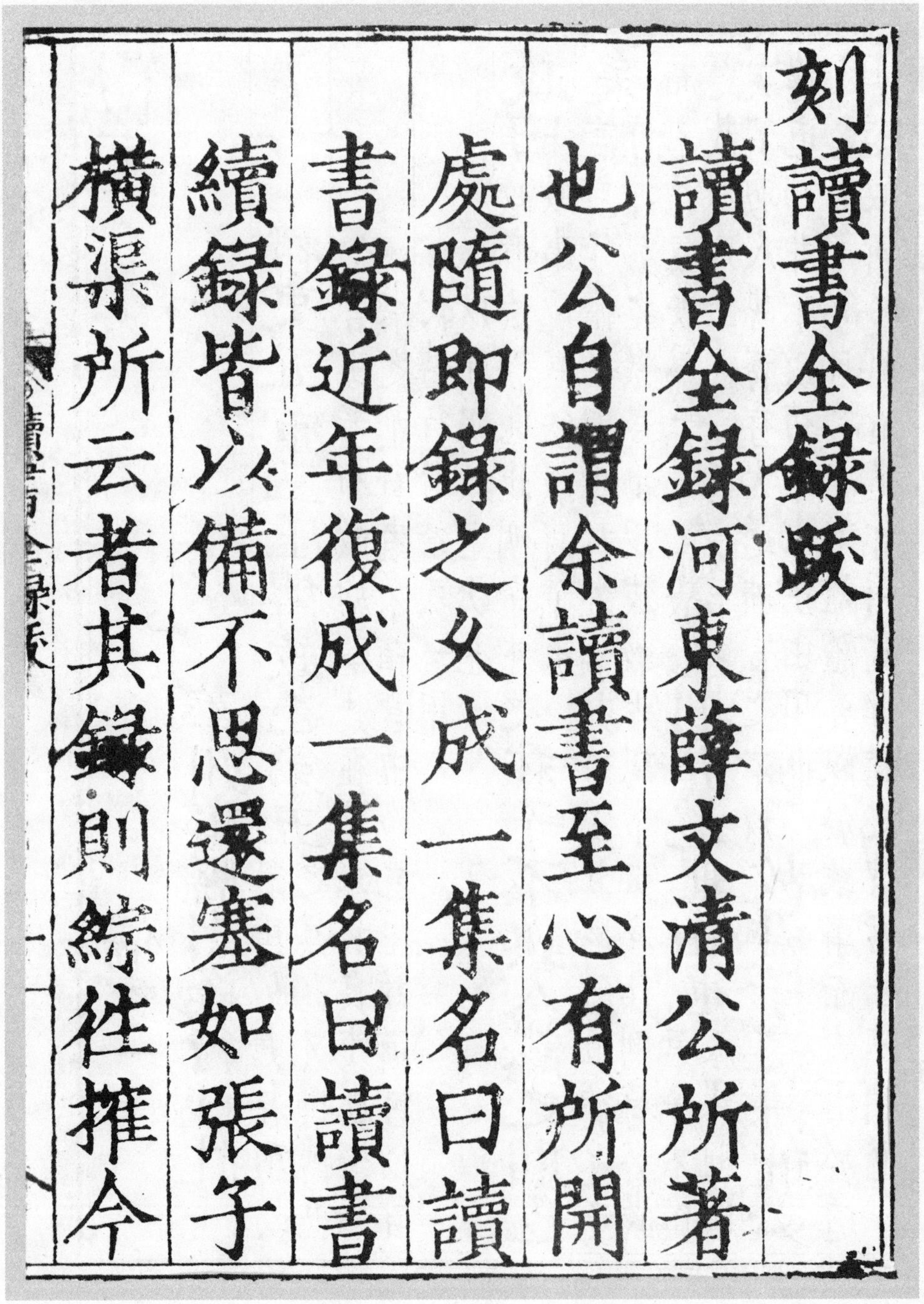
刻讀書全録跋

讀書全録河東薛文清公所著也公自謂余讀書至心有所開處隨即録之久成一集名曰讀書録近年復成一集名曰讀書續録皆以備不思還塞如張子横渠所云者其録則綜往推今

四二 讀書録 明薛瑄撰，薛文清公事實，明萬曆七年（1579年）王圻青州府刻本。（之一）

讀書續録卷之十二

窮理之言出於易以致知格物爲窮理始於程子

天地生物之心流行於四時無一時之間斷

伊尹言顧諟天之明命見天人合一之理自是而後

聖賢之言天命者皆原於此

周張程朱之前知孟子者韓子一人而已

自有大學書以來發明致知格物爲窮理之事者程

子而已繼程子而發明其言者朱子一人而已

不知致知格物之功即始條理之事有缺矣

程子謂韓子言所傳者何事竊謂聖人之心天理渾

重刻古今廉鑑跋

夫伊尹格天之業孟軻氏以爲一介不取始孔明鼎足之勲論者以爲恬澹寡慾以致之由斯而觀賢聖之士所以樹撅揭而耀竹帛者大較根本於廉爾雲間喬純所公采輯古今制行修潔者釐爲八卷命曰廉鑑刻于閩中非同志者所當共鏡乎

古今廉鑑 卷八 五一

四三 古今廉鑒 明喬懋敬撰，明萬曆九年（1581年）兩淮都轉運鹽使司刻本。（之一）

古今廉鑑卷之八

國朝三

御史陳茂烈初計偕時不辦一氊帽葦𦵏時馬尾為之者或勸易之曰戴此可以習清苦登進士奉使廣東所司以故事致贐乃謝曰吾窮時嘗授徒兩臬司尚不歆規利于人况今日邪為吉安府推官考績歸至淮以乏寒具凍幾死所知覆以敝裘始甦及為監察御史袍服朴素借騎一牝馬身若無官而自繫風

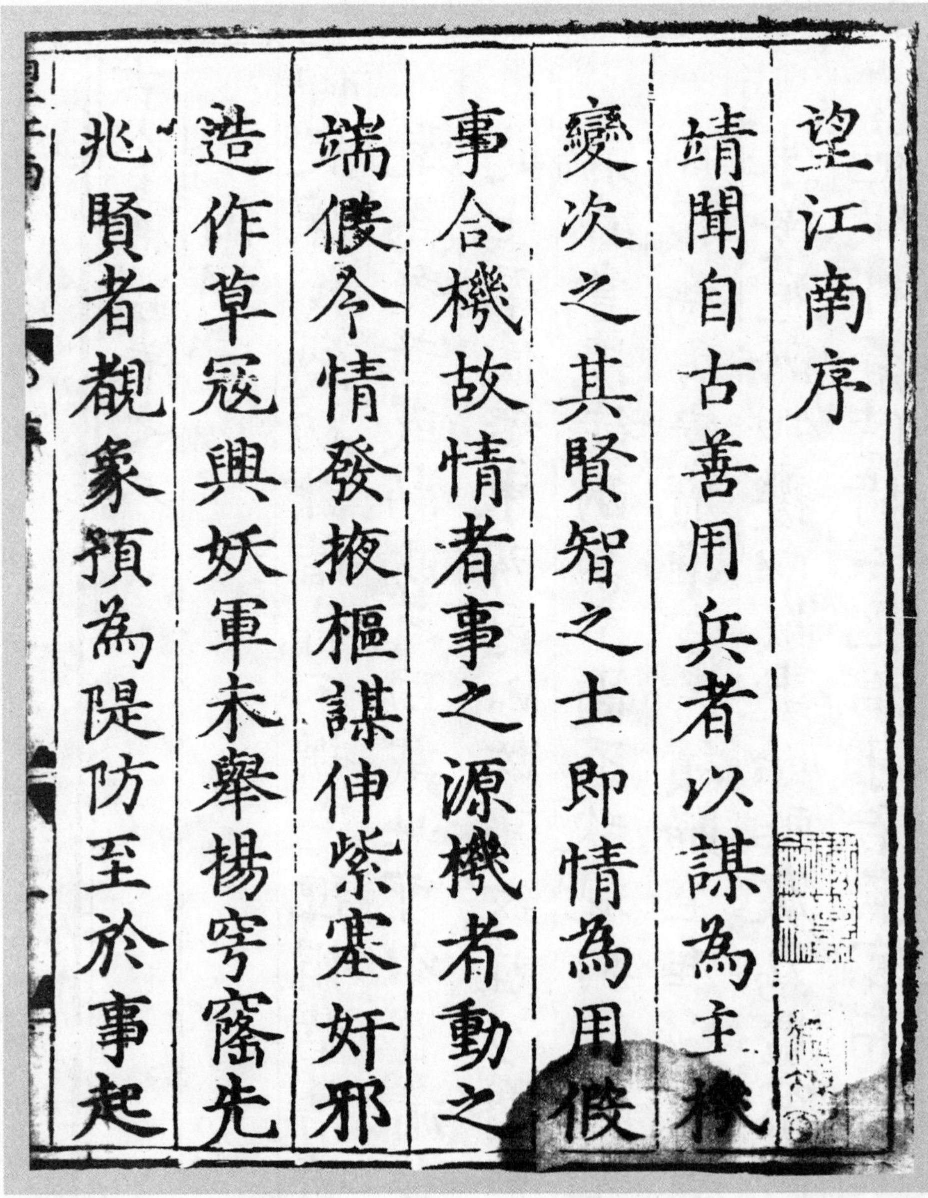

望江南序

靖聞自古善用兵者以謀為主機變次之其賢智之士即情為用俄事合機故情者事之源機者動之端俄令情發掖樞謀伸紫塞奸邪造作草寇興妖軍未舉揚穹窿先兆賢者覩象預為隄防至於事起

四四　李衛公望江南　明萬曆十年（1582年）保定府刻本。（之一）

李衛公望江南

委任第一

兵之道切忌起無名不止少功虛效力玆
巡反禍復危傾容易勿言兵

統軍帥不可比鹽梅相政乖虧猶可救朝
綱雖失亦能回兵敗國傾危

當權將其責重如山社稷存亡全在爾安
危君父一時間爵祿帝王頒

詮大將須要素知兵非是等閑虛譽職莫

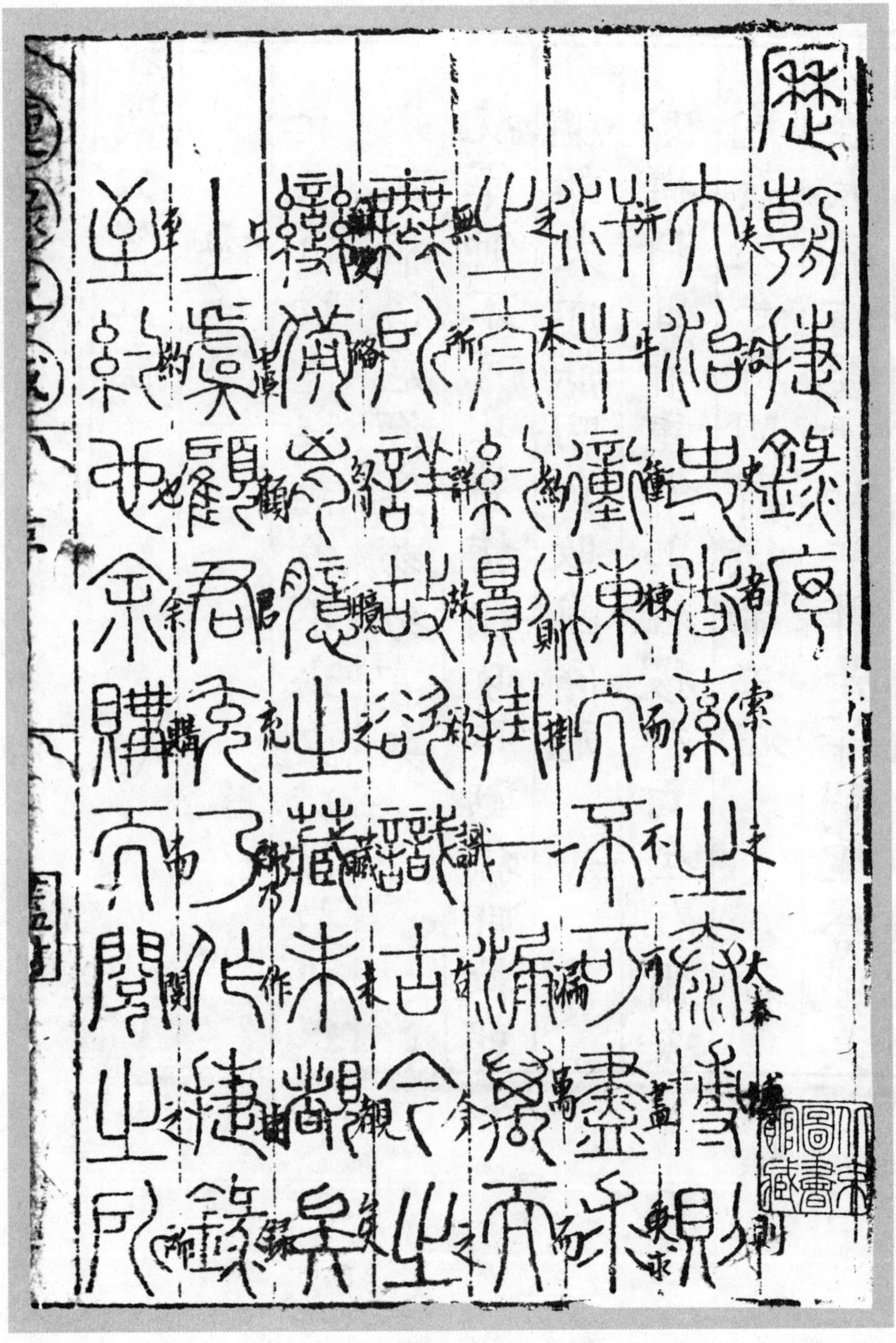

四五　刻歷朝捷錄大成　明顧充撰，明萬曆十二年（1584年）定海學宮刻本。（之一）

刻歷朝捷錄大成卷之上

東浙越郡上虞適瀾顧充編著

東周

威烈王　安王　烈王　顯王　慎靚

赧王

七國

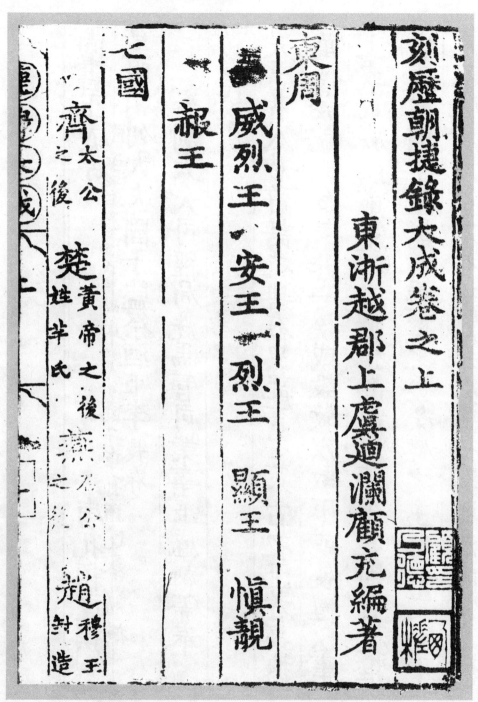

齊太公之後　楚黃帝之後姓芈氏　燕召公之後　趙穆王封造

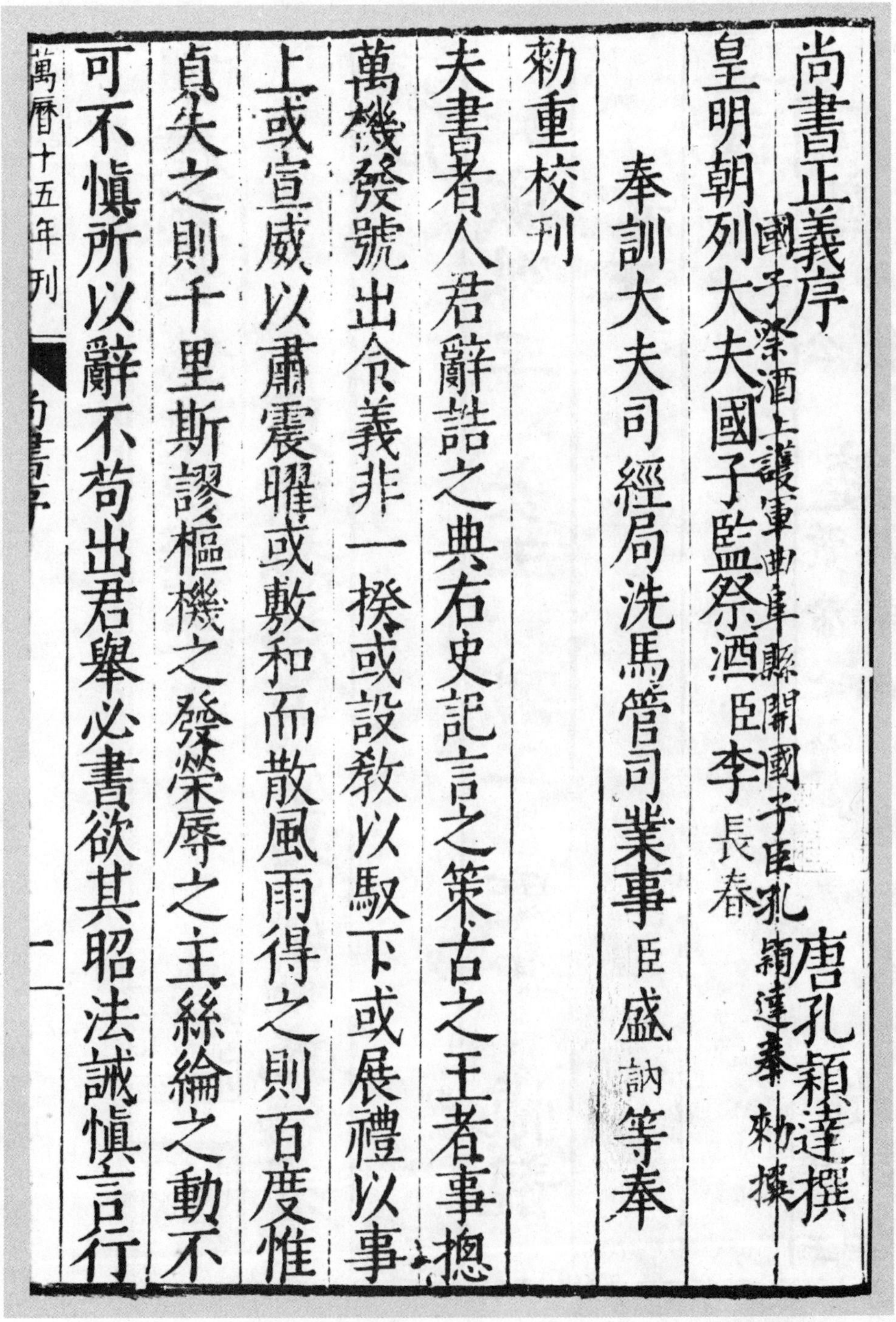

尚書正義序　唐孔穎達撰

國子祭酒上護軍曲阜縣開國子臣孔穎達奉　勑撰

皇明朝列大夫國子監祭酒臣李長春

奉訓大夫司經局洗馬管司業事臣盛訥等奉

勑重校刊

夫書者人君辭誥之典右史記言之策古之王者事揔萬機發號出令義非一揆或設教以馭下或展禮以事上或宣威以肅震曜或敷和而散風雨得之則百度惟貞失之則千里斯謬樞機之發榮辱之主絲綸之動不可不愼所以辭不苟出君舉必書欲其昭法誠愼言行

萬曆十五年刊　尚書序　一

四六　尚書註疏　題漢孔安國，唐孔穎達撰，唐陸德明釋文，明萬曆十五年（1587年）北京國子監刻十三經註疏本。（之一）

尚書註疏卷第一　漢孔氏序　唐孔穎達疏

國子祭酒上護軍曲阜縣開國子臣孔穎達等奉勅撰

皇明朝列大夫國子監祭酒臣李長春

奉訓大夫司經局洗馬管司業事臣盛訥等奉

勅重校刊

尚書序「釋文」此孔氏所作述尚書起之時代幷叙爲注之由故相承講之今依舊爲音〔疏〕正義曰道本沖寂非有名言既形以道生物由名舉則凡諸經史因物立名物有本形形從事著聖賢闡教事顯於言言愜羣心書而示法既書有法因號曰書後人見其久遠自於上世尚者上也言此上代以來之書故曰尚書且言者意之聲書者言之記是故存言以聲意立書以記言故易曰書不盡言言不盡意是言者意之筌蹄書言相生者也書者舒也書緯璿璣鈐云書者如也則書者寫其言如其意情得展舒也又劉熈

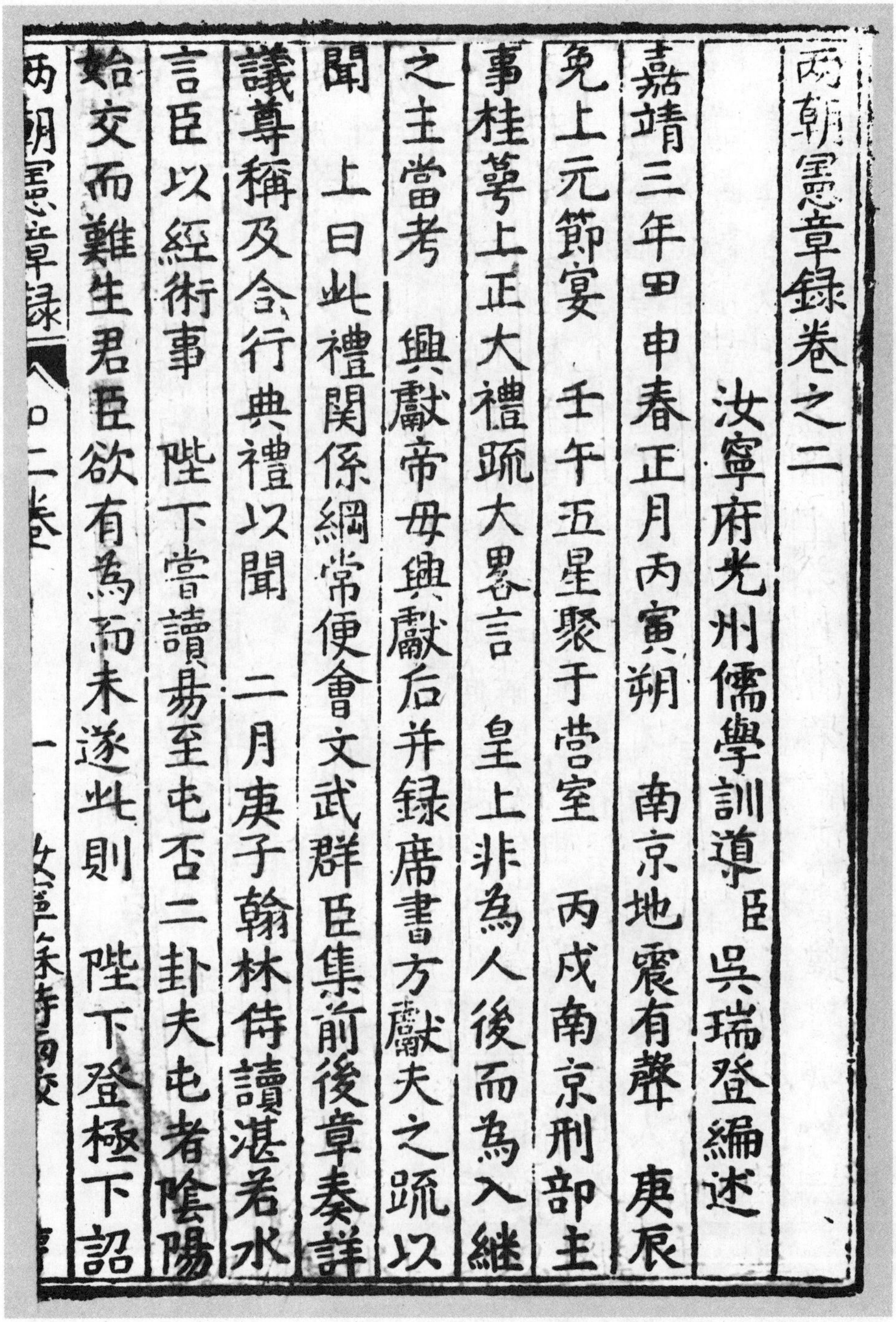
兩朝憲章錄卷之二
汝寧府光州儒學訓導臣吳瑞登編述
嘉靖三年甲申春正月丙寅朔　南京地震有聲　庚辰
免上元節宴　壬午五星聚于營室　丙戌南京刑部主
事桂萼上正大禮疏大畧言　皇上非為人後而為入繼
之主當考　興獻帝毋興獻后并錄席書方獻夫之疏以
聞　上曰此禮關係綱常便會文武群臣集前後章奏詳
議尊稱及合行典禮以聞　二月庚子翰林侍讀湛若水
言臣以經術事　陛下嘗讀易至屯否二卦夫屯者陰陽
始交而難生君臣欲有為而未遂此則　陛下登極下詔
兩朝憲章錄　卷之二　一

四七　兩朝憲章錄　明吳瑞登撰，明萬曆二十二年（1594年）光州儒學刻本。

四八　詩家全體　明李之用撰，明萬曆二十六年（1598年）邵武府學刻本。（之一）

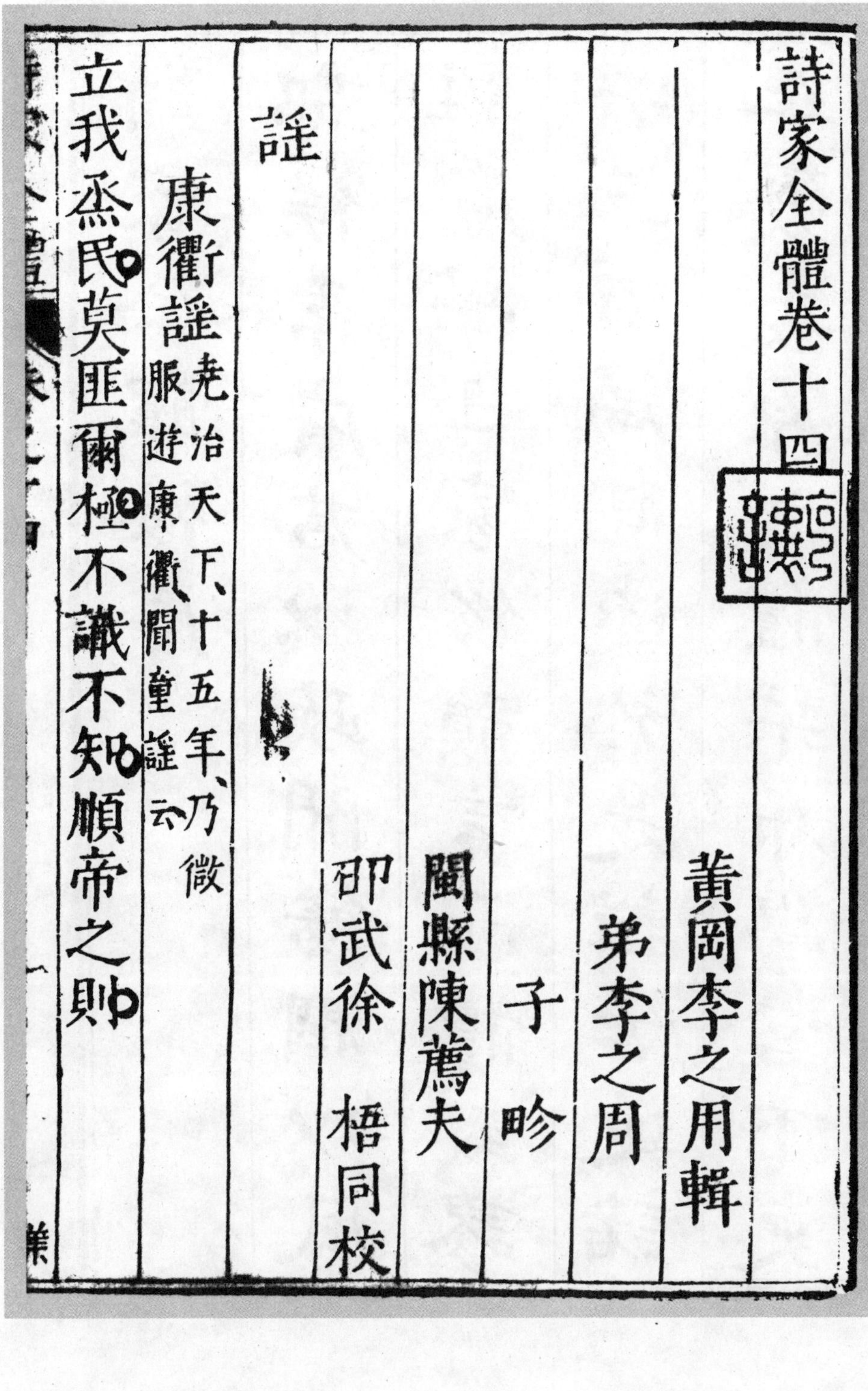
詩家全體卷十四

黃岡李之用輯

弟李之周

子　昣

閩縣陳薦夫

邵武徐　梧同校

謠

康衢謠堯治天下五十年乃微服遊康衢聞童謠云

立我烝民莫匪爾極不識不知順帝之則

詩家全體後序

郡侯李府君以政閒餙潤以風雅慮學士家修韻言而體或謬去三百篇日遠於是輯古近諸正變委原之體栞布學宮下吏

重刊校增救急易方序

歲丙申。志願自宜陽徙守蒼梧。維時有岑猺之役。亂畧既遏。菁崗浦孽尚未附。梧之地猶蠢蠢也。沅陵張公奉簡書以憲節涖粵。出部梧中。至則議繕兵儲撫肄嶮通道。履畝爲百世安。逾年舉瘡痍而蘇息之。粵氓廒論浹湛澤。不啻耳華

四九　校增救急易方　明廣西府江兵巡道刻本。（之一）

校增救急易方卷上

廣西府江兵巡道重刊

第一 救五絶死 自縊死、溺水死、打撲跌磕木石壓死、產後血迷暈死、中惡鬼擊死、夜魘死

凡心頭溫者，皆可救治。用半夏湯泡七次爲末，丸如豆大，吹入鼻中，噴嚏卽活。或用皂莢爲末，吹入鼻中亦妙。

又方 用葱黃心或韭黃，男左女右，刺入鼻中深四五寸，令目中出血卽活。

又方 急於人中穴及兩脚大拇指甲離甲一韭葉許，各灸三五壯卽活。臍中灸百壯亦効。

叁　藩府刻本

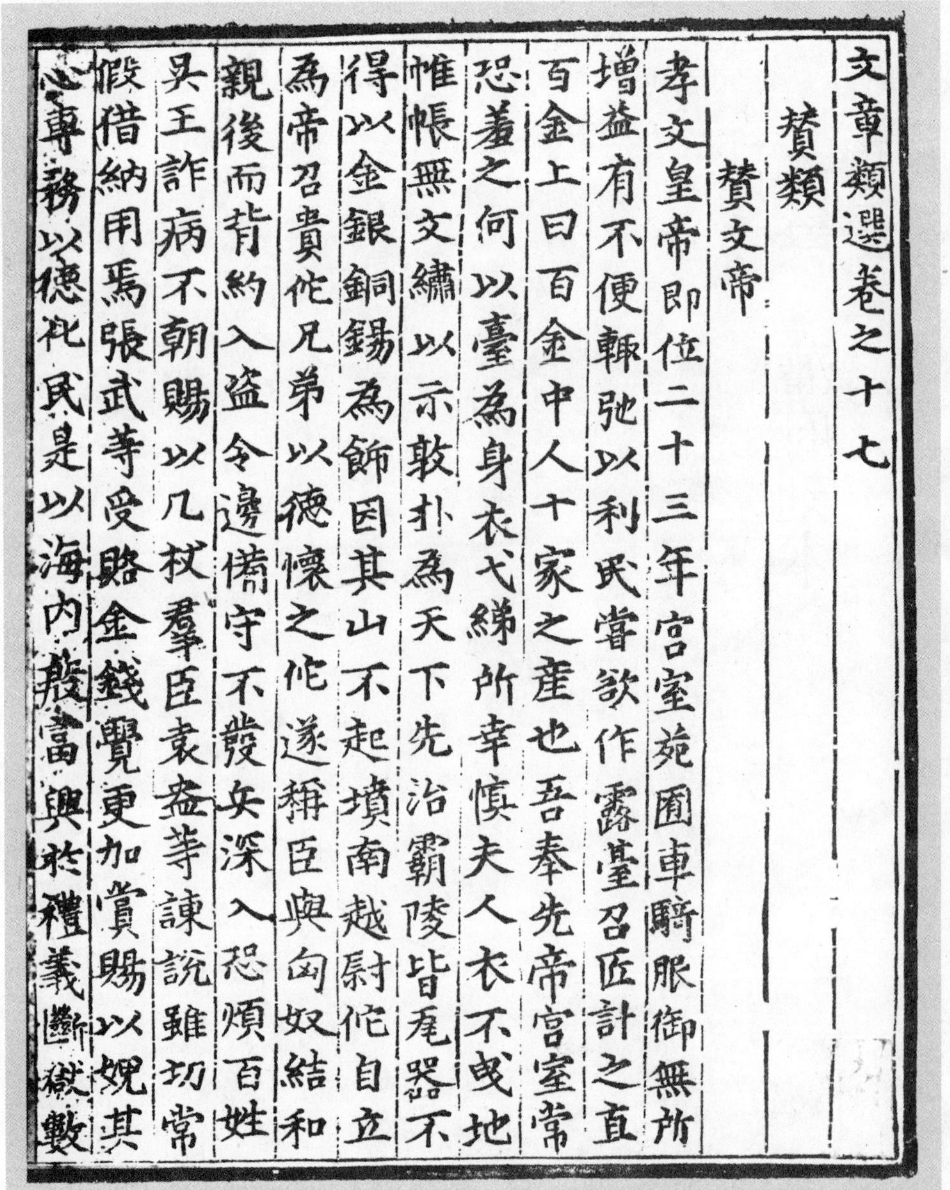

文章類選卷之十七

賛類

賛文帝

孝文皇帝即位二十三年宮室苑囿車騎服御無所增益有不便輙弛以利民嘗欲作露臺召匠計之直百金上曰百金中人十家之産也吾奉先帝宮室常恐羞之何以臺為身衣弋綈所幸慎夫人衣不曳地帷帳無文繡以示敦朴為天下先治霸陵皆瓦器不得以金銀銅錫為飾因其山不起墳南越尉佗自立為帝召貴佗兄弟以德懷之佗遂稱臣與匈奴結和親後而背約入盜令邊備守不發兵深入恐煩百姓吳王詐病不朝賜以几杖羣臣袁盎等諫說雖切常假借納用焉張武等受賂金錢覺更加賞賜以媿其心專務以德化民是以海內殷富興於禮義斷獄數

五〇　文章類選　明朱栴輯，明洪武三十一年（1398年）慶藩朱栴刻本。

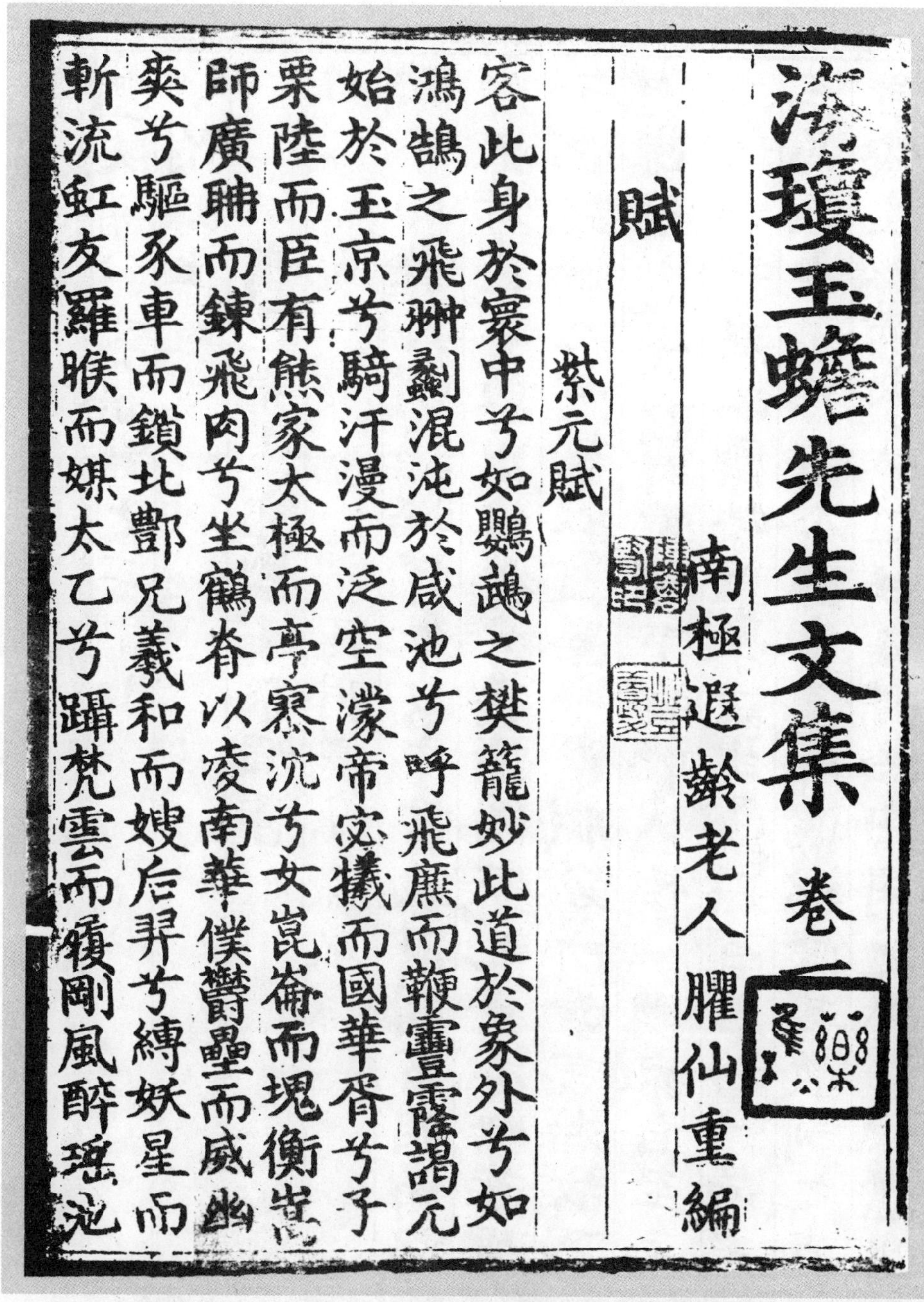
海瓊玉蟾先生文集卷一

南極遐齡老人臞仙重編

賦

紫元賦

客此身於寰中兮如鸚鵡之樊籠妙此道於象外兮如鴻鵠之飛翀翽混沌於咸池兮呼飛廉而鞭豐霳謁元始於玉京兮騎汗漫而泛空濛帝宓犧而國華胥兮予粟陸而臣有熊家太極而亭寥泬兮女崑崙而堄衡嵩師廣耼而錬飛肉兮坐鶴脊以凌南華僕鬱壘而威幽奭兮驅豕車而鎖北酆兄羲和而嫂后羿兮縛妖星而斬流虹友羅睺而媒太乙兮躡梵雲而馥剛風酔瑶泌

五一　海瓊玉蟾先生文集　宋葛長庚撰，明正統七年（1442年）寧藩朱權刻本。

五二　劉文靖公文集

元劉固撰，明成化十五年（1479年）蜀藩刻本。

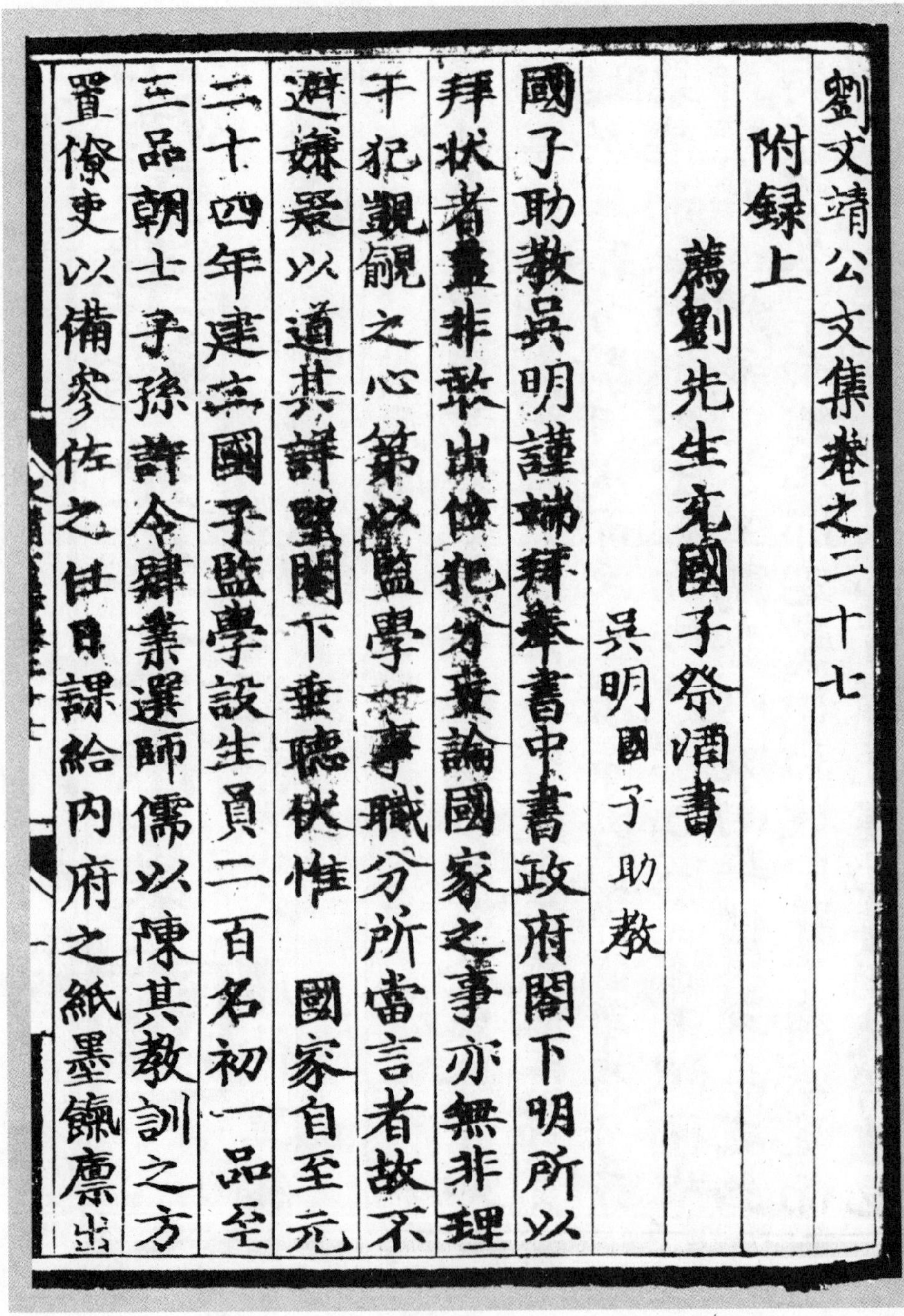

劉文靖公文集卷之二十七

附録上

薦劉先生充國子祭酒書

吳明國子助教

國子助教吳明謹端拜奉書中書政府閤下明所以拜狀者盡非敢出位犯分妄論國家之事亦無非理干犯覬覦之心第以監學一事職分所當言者故不避嫌疑以道其詳暨閤下垂聽伏惟　國家自至元二十四年建立國子監學設生員二百名初一品至三品朝士子孫許令肄業選師儒以陳其教訓之方置僚吏以備參佐之甘日課給内府之紙墨鐮廩出

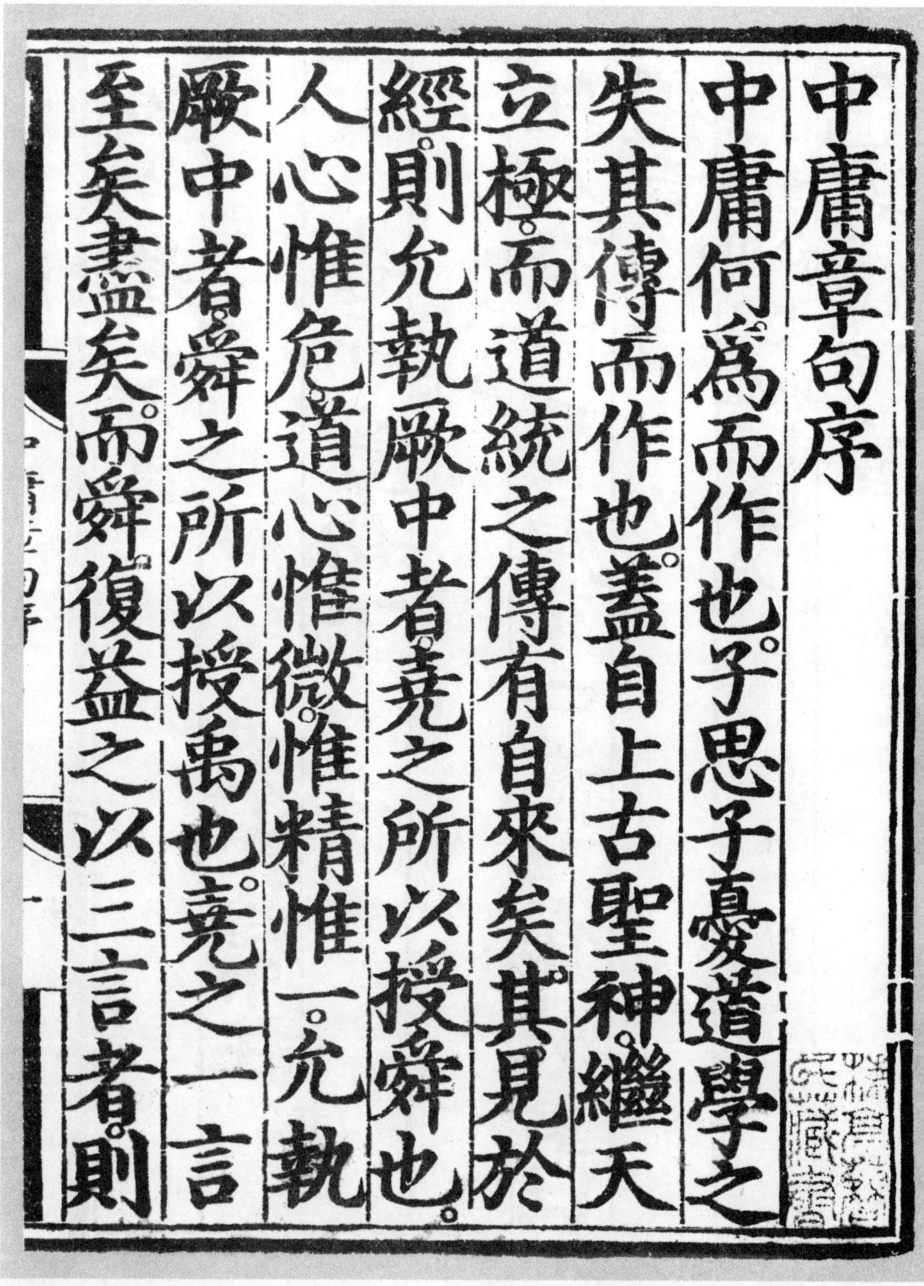

中庸章句序
中庸何爲而作也子思子憂道學之
失其傳而作也蓋自上古聖神繼天
立極而道統之傳有自來矣其見於
經則允執厥中者堯之所以授舜也
人心惟危道心惟微惟精惟一允執
厥中者舜之所以授禹也堯之一言
至矣盡矣而舜復益之以三言者則

五三　四書集注　宋朱熹撰，明成化十六年（1480年）吉府刻本。（之一）

孟子卷之十二　　朱熹集註

告子章句下　凡十六章

任人有問屋廬子曰。禮與食孰重。曰。禮重。任平聲

任。國名。屋廬子名連。孟子弟子也

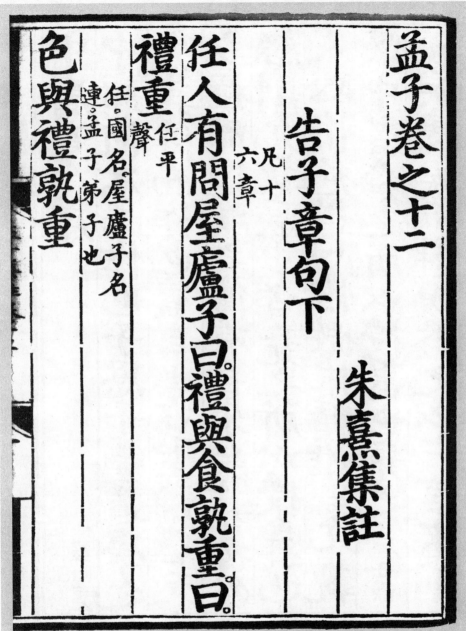

色與禮孰重

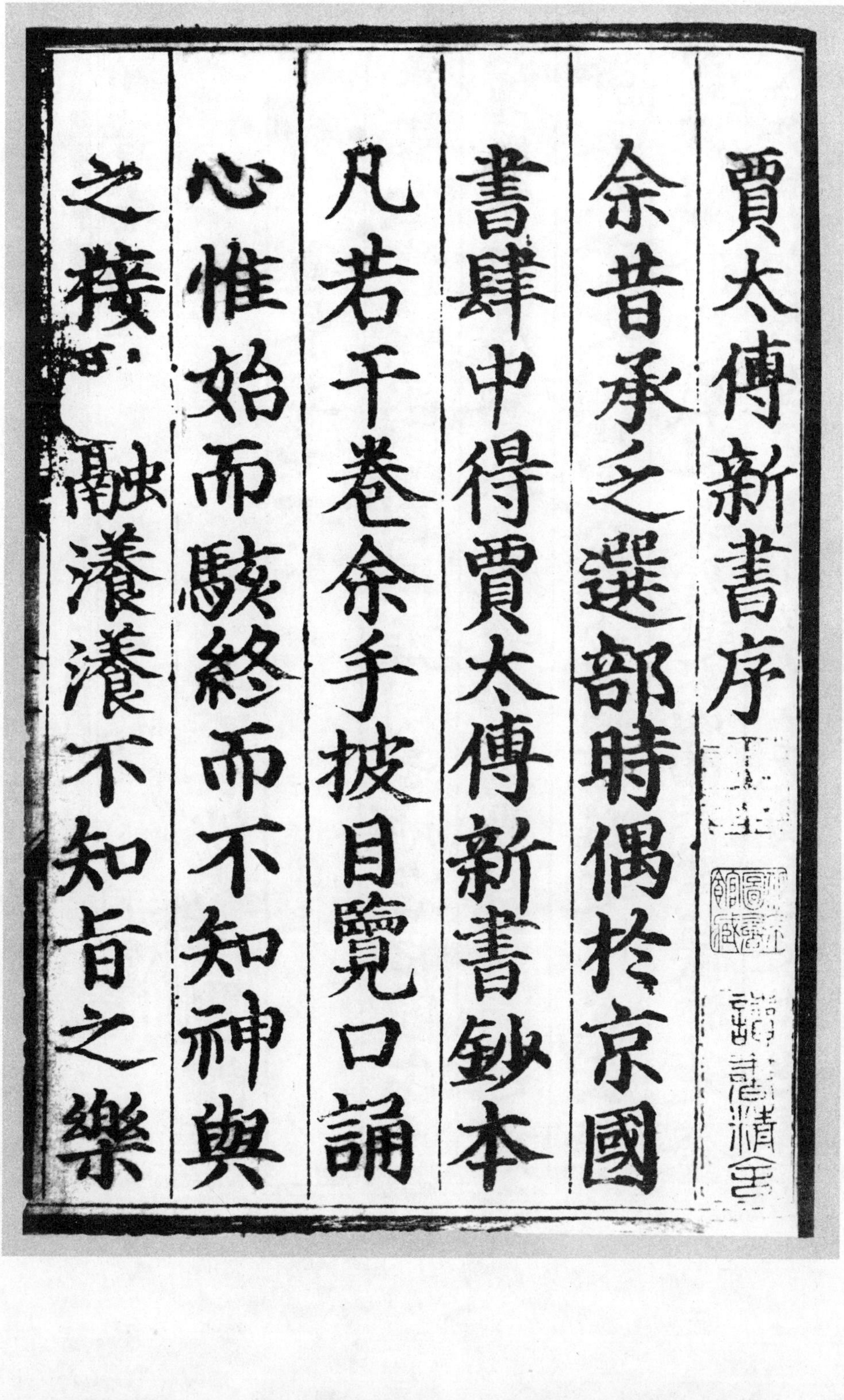
賈太傅新書序
余昔承乏選部時偶於京國
書肆中得賈太傅新書鈔本
凡若干卷余手披目覽口誦
心惟始而駭終而不知神與
之接融瀁瀁不知旨之樂

五四　新書　漢賈誼撰，明正德十年（1515年）吉府刻本。（之一）

新書卷第一

漢長沙太傅賈誼撰

過秦上事勢

秦孝公據崤函之固擁雍州之地君臣固守以窺周室有席卷天下包舉宇内囊括四海之意并吞八荒之心當是時也商君佐之内立法度務耕織脩守戰之具外連衡而鬬諸侯於是秦人拱手而取西河之外孝公既没惠文武昭襄

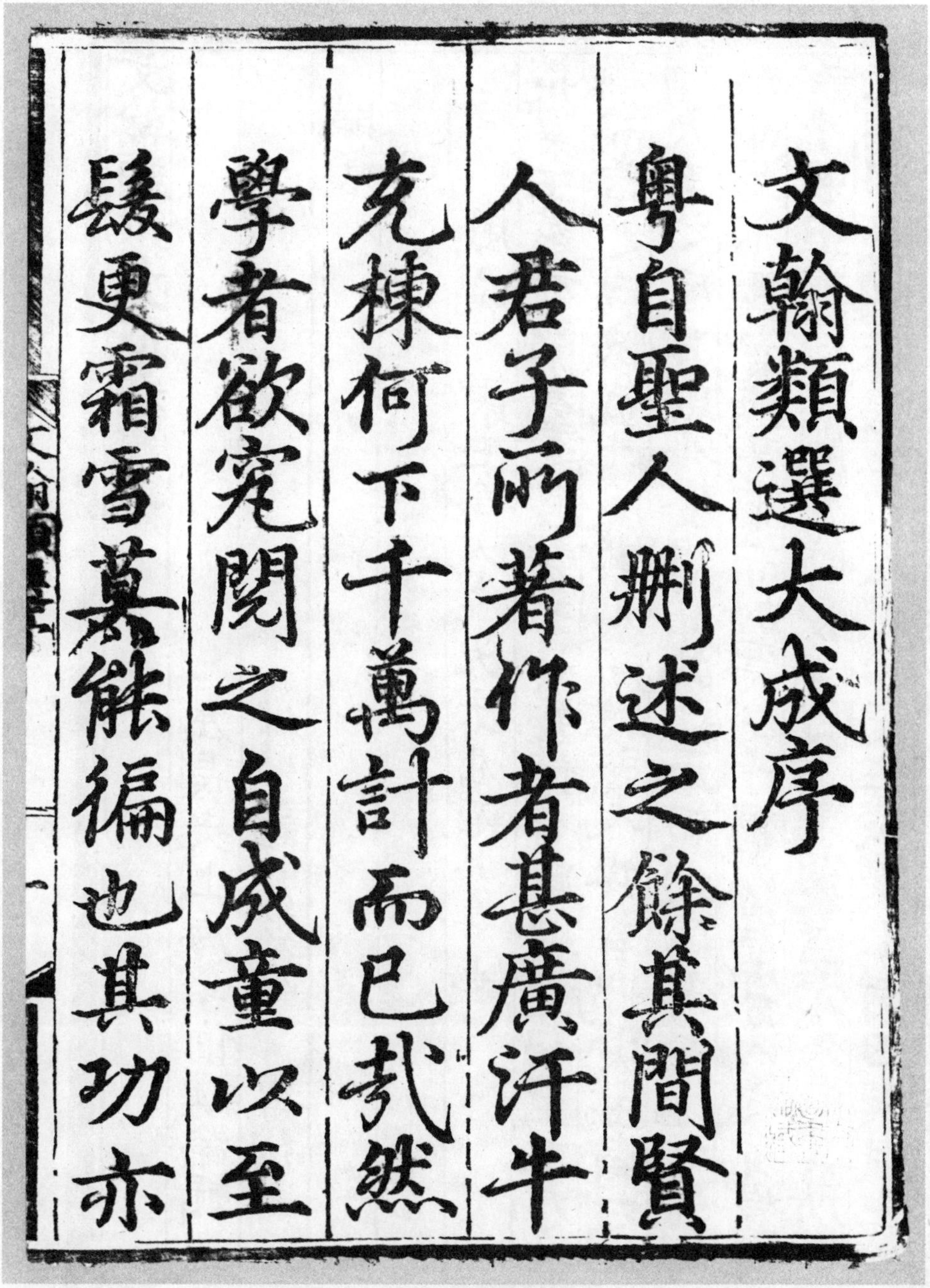

文翰類選大成序
粵自聖人刪述之餘其間賢
人君子所著作者甚廣汗牛
充棟何下千萬計而已乱然
學者欲究閱之自成童以至
鬢更霜雪莫能徧也其功亦

五五　文翰類選大成　明李伯璵、馮厚輯，明弘治十四年（1501年）淮府刻本。（之一）

文翰類選大成卷第一

左長史上海李伯璵編輯

伴讀慈谿馮　厚校正

賦類

周

風賦　宋玉郢人楚大夫屈原弟子也

楚襄王游於蘭臺之宮。宋玉景差侍。有風颯然而至。王乃披襟而當之曰。快哉此風。寡人所與庶人共者邪。宋玉對曰。此獨大王之風耳。庶人安得而共之。王曰。夫風者天地之氣。溥暢而至。不擇貴賤高下而加焉。今子獨以為寡人之風。豈有說乎。宋玉對曰。臣聞於師。枳只句鉤來巢。空穴來風。其所託者然則風氣殊焉。王曰。夫風始安生哉。宋玉對曰。夫風生於

五六　陸宣公奏議　唐陸贄撰，明正德三年（1508年）靖江王府刻本。（之一）

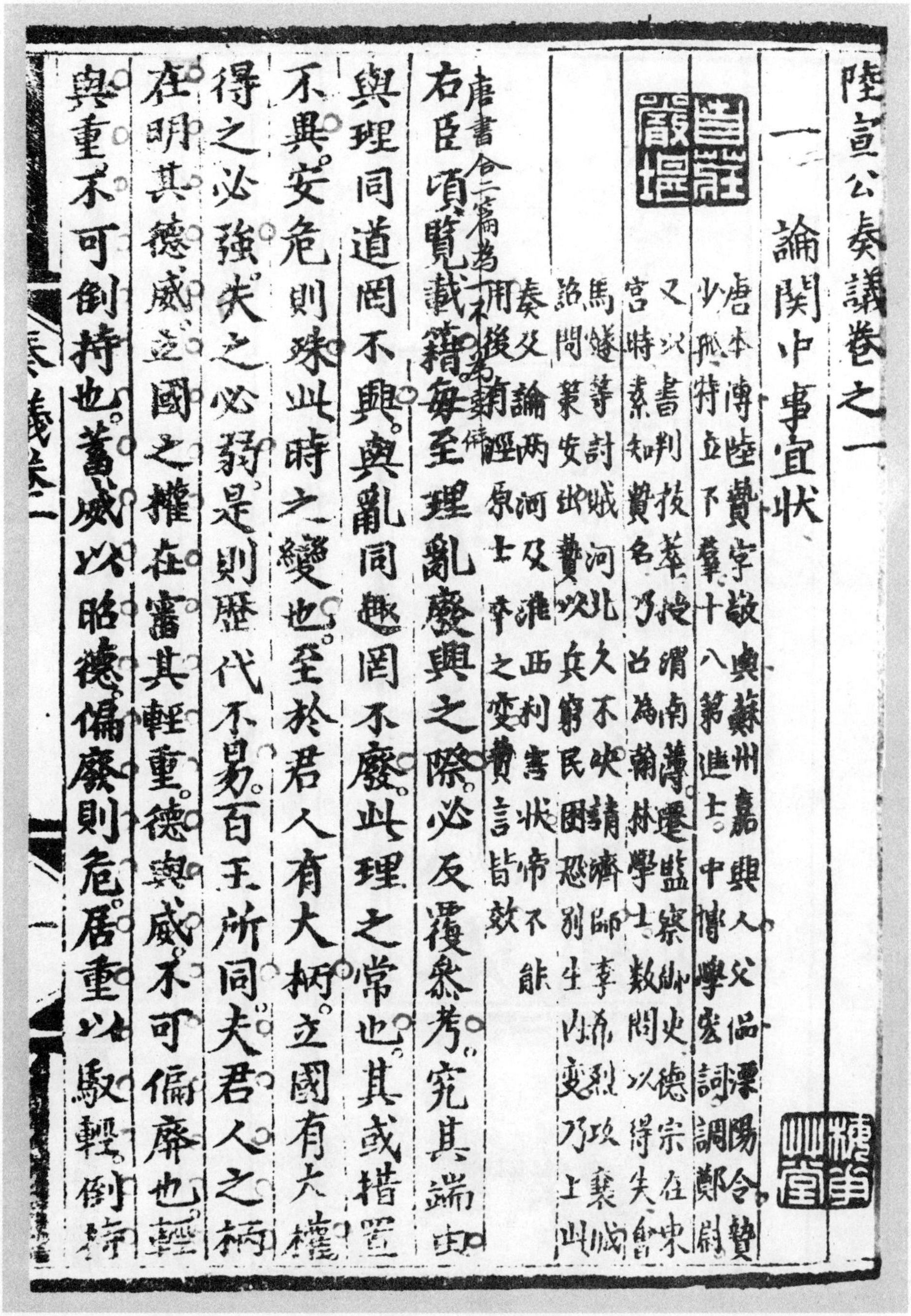
陸宣公奏議卷之一

一　論關中事宜狀

唐本傳陸贄字敬輿蘇州嘉興人父侃溧陽令贄少孤特立不羣十八第進士中博學宏詞調鄭尉又以書判拔萃授渭南簿遷監察御史德宗在東宮時素知贄名乃召為翰林學士數問以得失會馬燧等討賊河北久不決請濟師李希烈攻襄城詔問策安出贄以兵窮民困恐別生內變乃上此奏又論兩河及淮西利害狀帝不能用後果有涇原士卒之變贄言皆效

唐書合二篇為一不若奏議之備

右臣頃覽載籍每至理亂廢興之際必反覆參考究其端由與理同道罔不興與亂同趣罔不廢此理之常也其或措置不異安危則殊此時之變也至於君人有大柄立國有大權得之必強失之必弱是則歷代不易百王所同夫君人之柄在明其德威立國之權在審其輕重德與威不可偏廢也輕與重不可倒持也蓄威以昭德偏廢則危居重以馭輕倒持

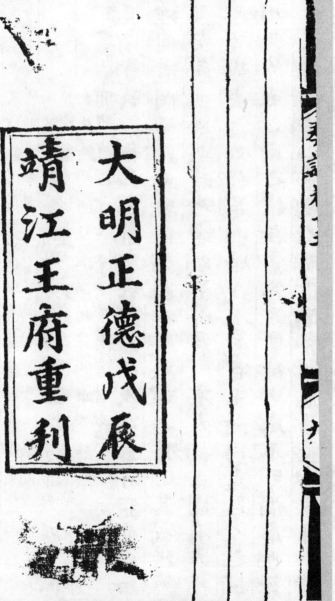

大明正德戊辰
靖江王府重刊

本府匠作周聰程紀刊

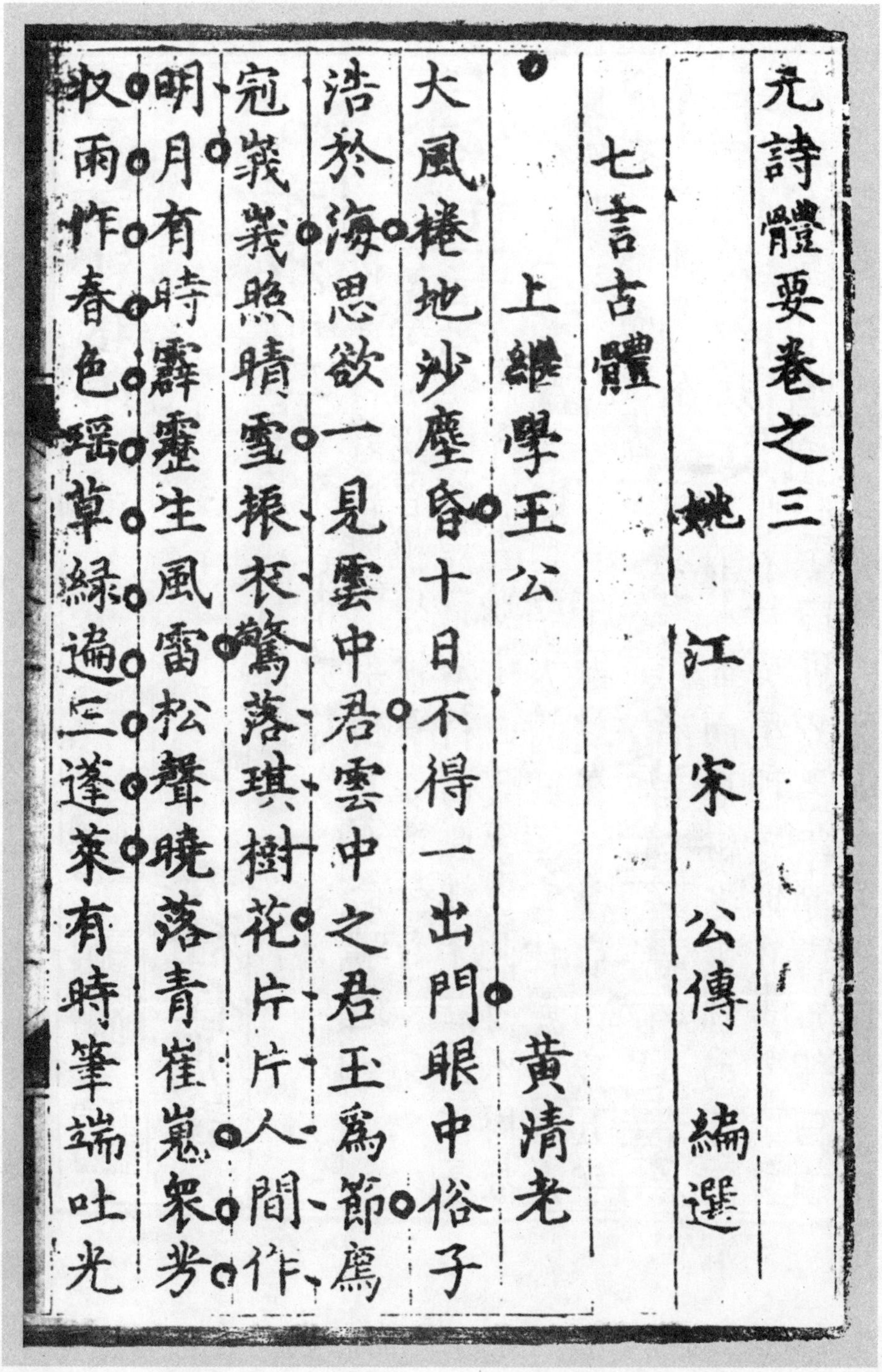
元詩體要卷之三

姚江宋公傳編選

七言古體

上繼學王公　黃清老

大風捲地沙塵昏十日不得一出門眼中俗子浩於海思欲一見雲中君雲中之君玉爲節鷹冠峩峩照晴雪振衣鸞落琪樹花片片人間作明月有時霹靂生風雷松聲曉落青崔嵬衆芳收雨作春色瑶草緑遍三蓬萊有時筆端吐光

五七　元詩體要　明宋緒輯，明正德十四年（1519年）遼藩朱寵瀼梅南書屋刻本。

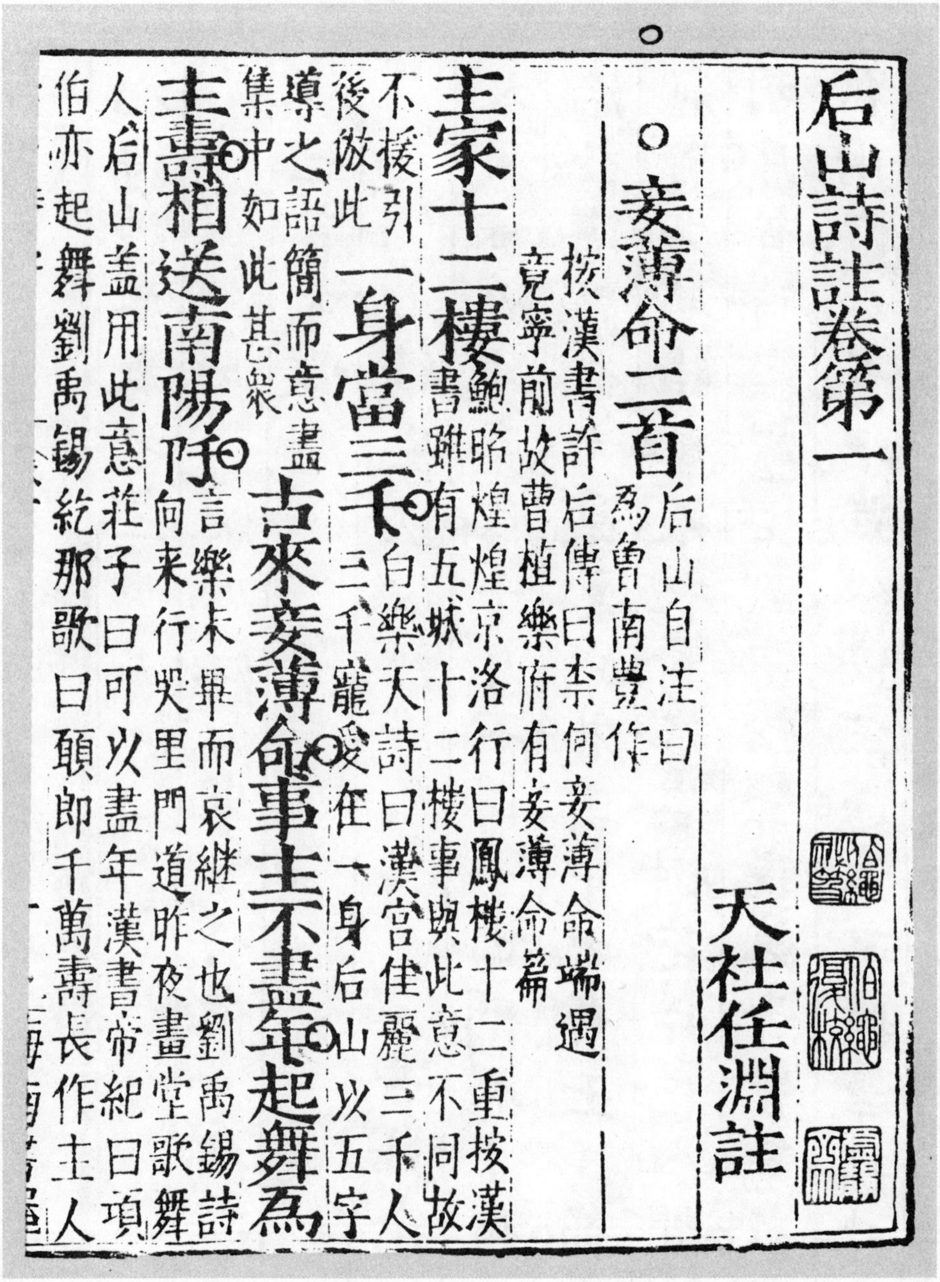
后山詩註卷第一
天社任淵註
○妾薄命二首 后山自注曰為曾南豐作
按漢書許后傳曰柰何妾薄命端遇竟寧前故曹植樂府有妾薄命篇
主家十二樓 鮑照煌煌京洛行曰鳳樓十二重按漢書雖有五城十二樓事與此意不同故不援引後倣此
一身當三千 白樂天詩曰漢宮佳麗三千人三千寵愛在一身后山以五字導之語簡而意盡集中如此甚衆
古來妾薄命○事主不盡年○起舞為主壽○相送南陽阡○ 言樂未畢而哀繼之也劉禹錫詩向來行哭里門道昨夜畫堂歌舞人后山蓋用此意莊子曰可以盡年漢書帝紀曰項伯亦起舞劉禹錫紀那歌曰顛即千萬壽長作主人

五八 后山詩注 宋任淵譔撰，明嘉靖十年（1531年）遼藩朱寵瀼梅南書屋刻本。

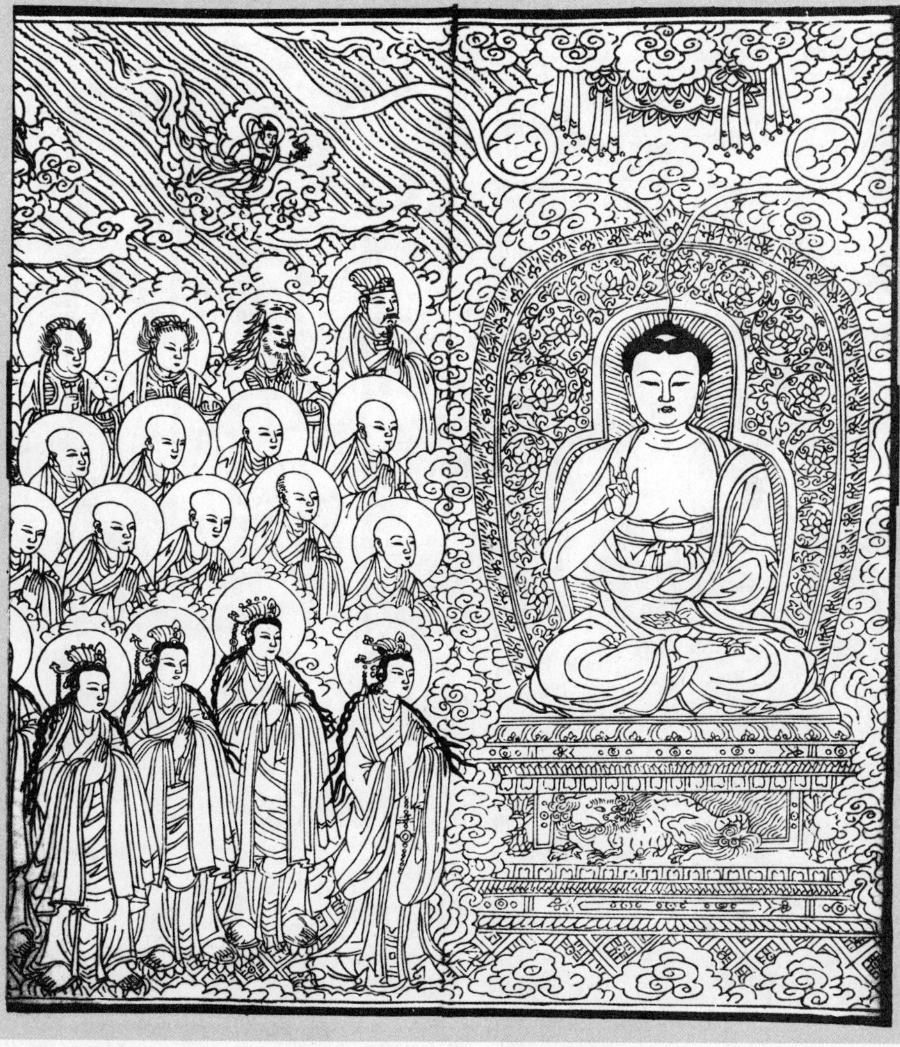

五九　佛説高王觀世音經　明正德十六年（1521年）襄王同妃王氏刻本。（之一）

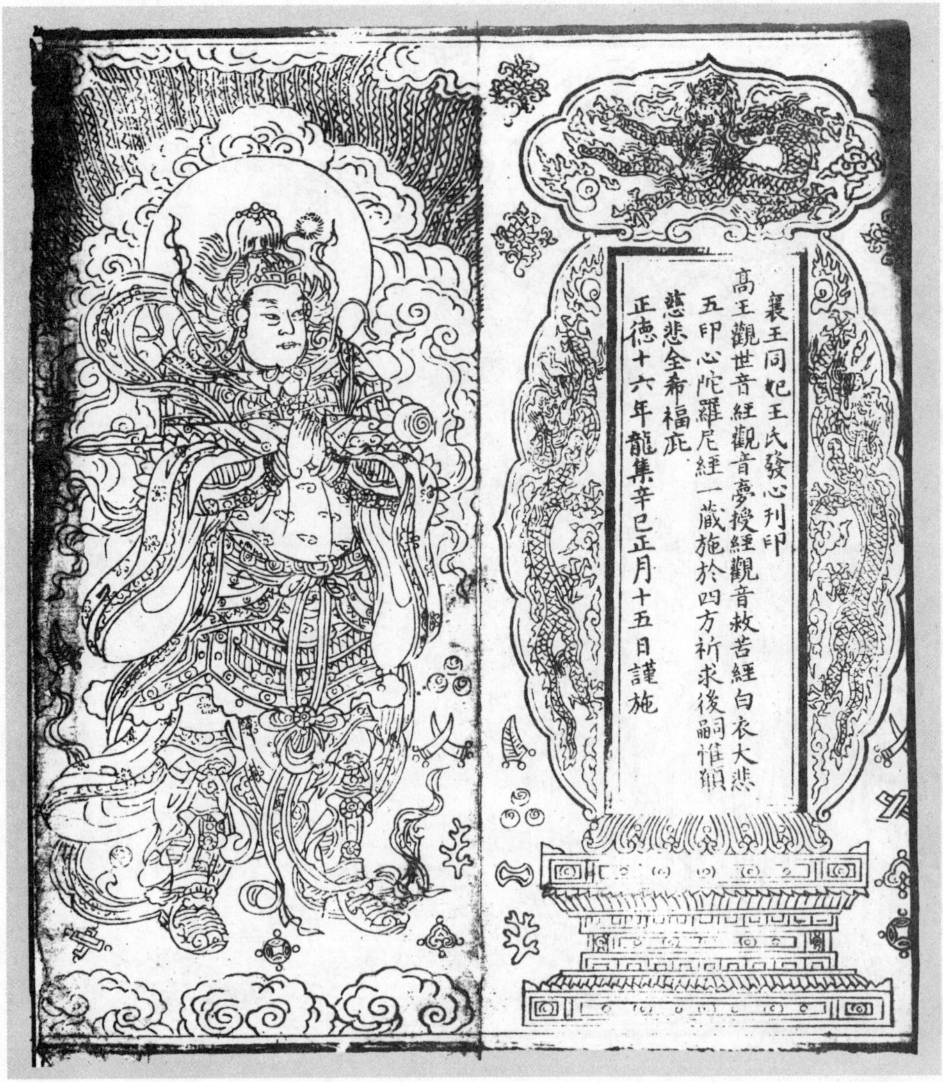
襄王同妃王氏發心刊印
高王觀世音經觀音夢授經觀音救苦經白衣大悲
五印心陀羅尼經一藏施於四方祈求後嗣惟願
慈悲全希福庇
正德十六年龍集辛巳正月十五日謹施

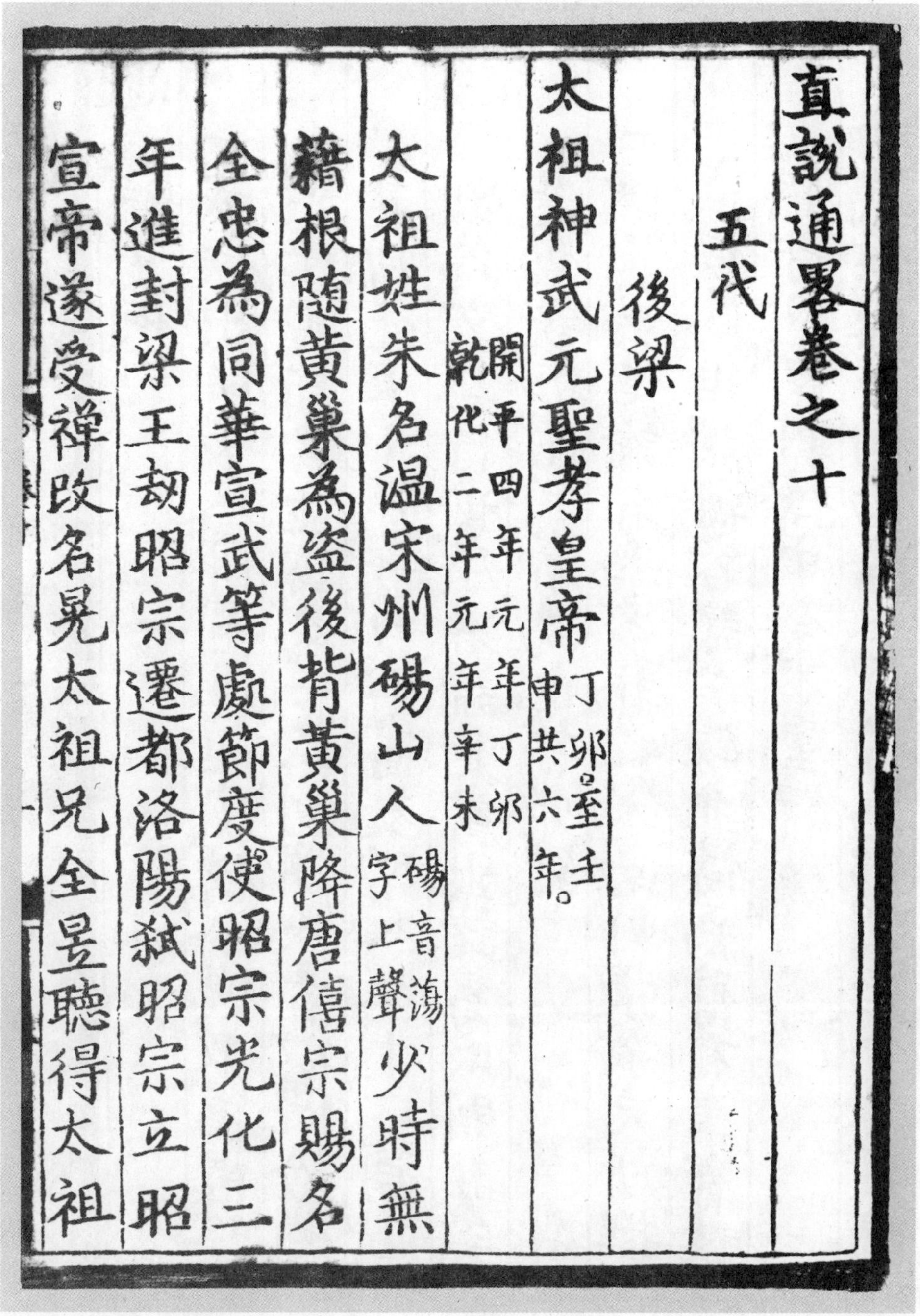
直説通畧卷之十

五代

後梁

太祖神武元聖孝皇帝丁卯至壬申共六年。

開平四年元年丁卯
乾化二年元年辛未

太祖姓朱名温宋州碭山人碭音湯字上聲少時無籍根隨黃巢為盜後背黃巢降唐僖宗賜名全忠為同華宣武等處節度使昭宗光化三年進封梁王劫昭宗遷都洛陽弑昭宗立昭宣帝遂受禪改名晃太祖兄全昱聽得太祖

六〇　直説通畧　元鄭鎮孫撰，明成化十六年（1480年）唐藩刻本。

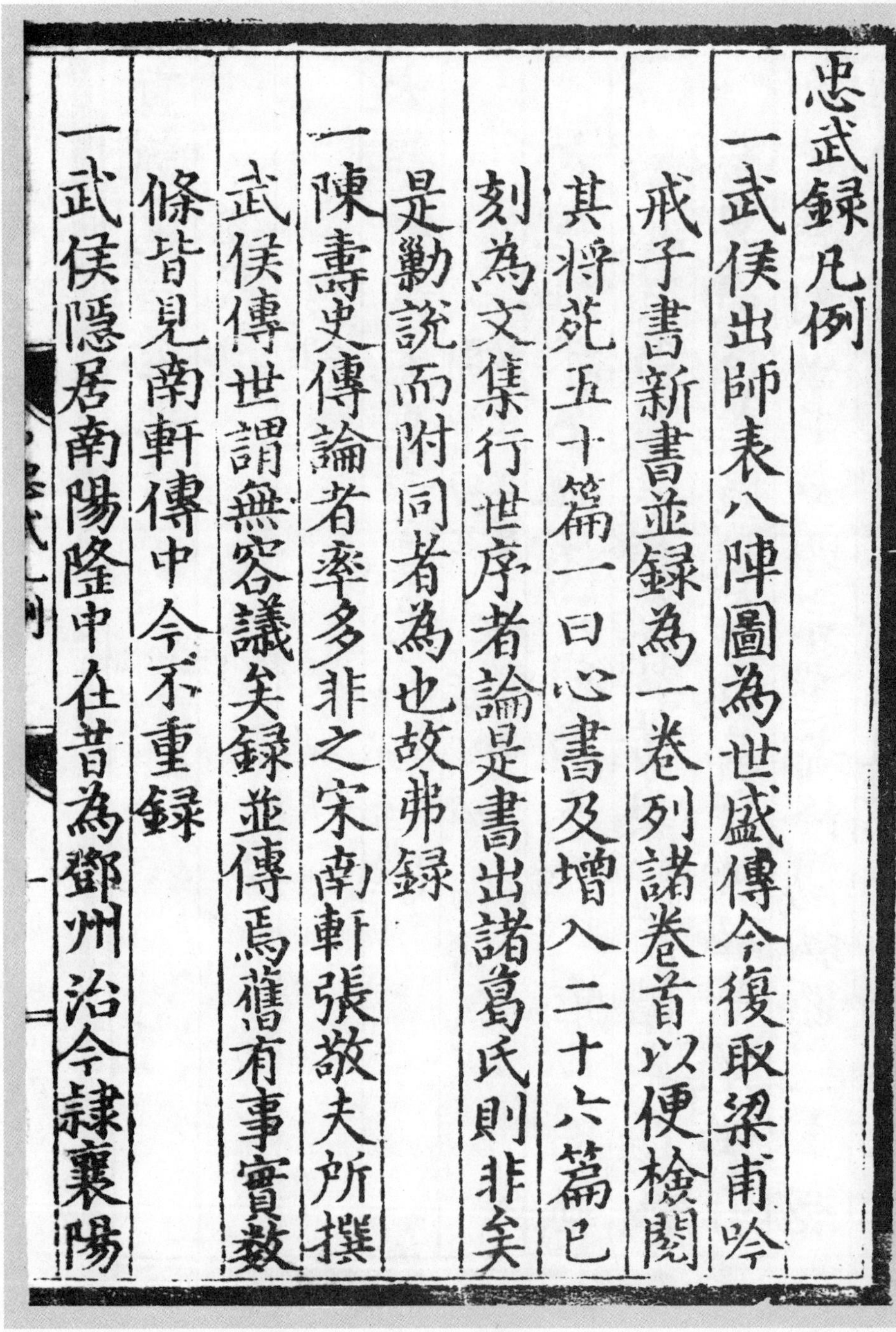
忠武録凡例

一武侯出師表八陣圖為世盛傳今復取梁甫吟戒子書新書並録為一卷列諸卷首以便檢閱其將苑五十篇一曰心書及增入二十六篇已刻為文集行世序者論是書出諸葛氏則非矣是勦説而附同者為也故弗録

一陳壽史傳論者率多非之宋南軒張敬夫所撰武侯傳世謂無容議矣録並傳焉舊有事實數條皆見南軒傳中今不重録

一武侯隱居南陽隆中在昔為鄧州治今隷襄陽

六一　忠武録　明沈津輯，明嘉靖十九年（1540年）唐藩刻本。（之一）

忠武録卷第一

武侯著述

出師表

先帝創業未半而中道崩殂今天下三分益州罷敝此誠危急存亡之秋也然侍衛之臣不懈於内忠志之士忘身於外者蓋追先帝之殊遇欲報之於陛下也誠宜開張聖聽以光先帝遺德恢弘志士之氣不宜妄自菲薄引喻失義以塞忠諫之路也宮中府中俱為一體陟罰臧否不宜異同若有作奸犯科及為忠善者宜付有司論其刑賞以昭陛下平明之治不

六二　胡子知言　宋胡宏撰，明嘉靖五年（1526年）楚藩正心書院刻本。（之一）

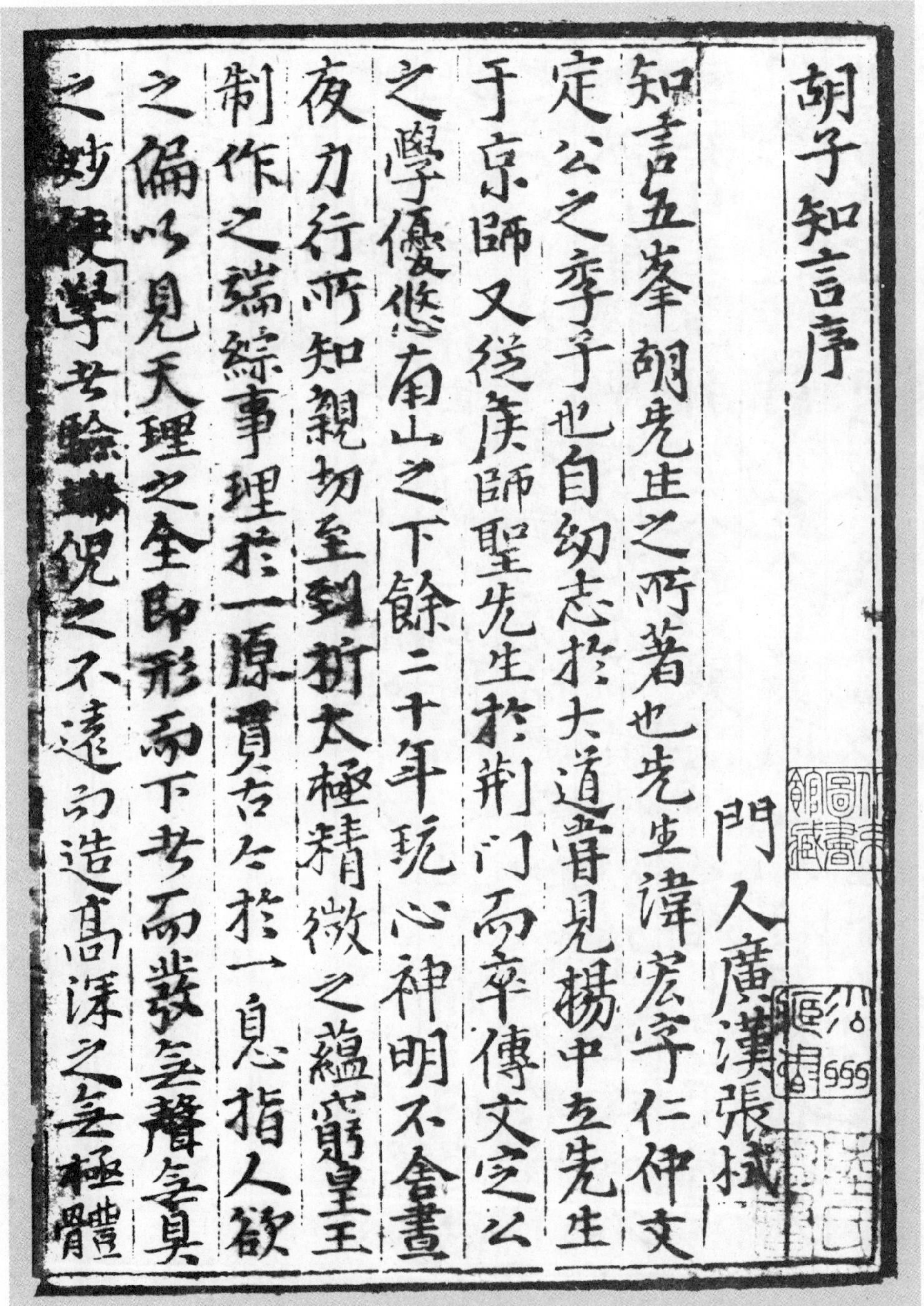
胡子知言序

門人廣漢張栻

知言五峯胡先生之所著也先生諱宏字仁仲文
定公之季子也自幼志於大道嘗見楊中立先生
于京師又從侯師聖先生於荆門而卒傳文定公
之學優悠南山之下餘二十年玩心神明不舍晝
夜力行所知親切至到析太極精微之藴窮皇王
制作之端綜事理於一原貫古今於一息指人欲
之偏以見天理之全即形而下者而發無聲無臭
之妙使學者驗端倪之不遠而造高深之無極體

胡子知言卷第一

天命

胡子曰誠者命之道乎中者性之道乎仁者心之道乎

惟仁者為能盡性至命

靜觀萬物之理得吾心之說也易動處萬物之分得吾心之樂也難是故仁智合一然後君子之學成

觀日月之盈虛知陰陽之消息觀陰陽之消息知聖人之進退

士選於庠塾政令行乎世臣學校起於鄉行財出於九賦兵起於鄉遂然後政行乎百姓而仁覆天下矣

生刑輕則易犯是故教民以無恥也死刑重則難悔是

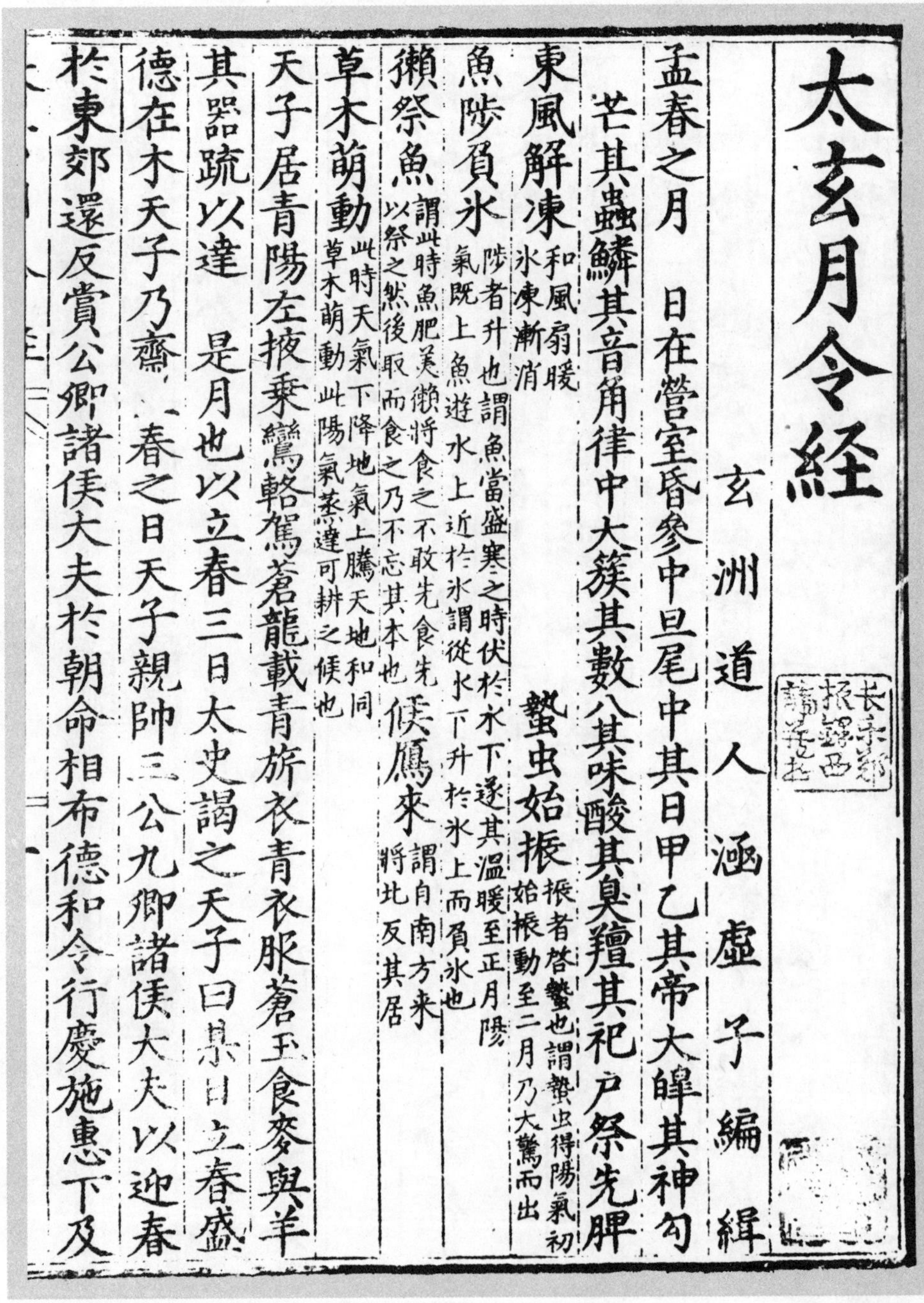

太玄月令經

玄洲道人涵虛子編緝

孟春之月　日在營室昏參中旦尾中其日甲乙其帝大皥其神句芒其蟲鱗其音角律中大簇其數八其味酸其臭羶其祀户祭先脾

蟄虫始振　振者啓蟄也謂蟄虫得陽氣初始振動至二月乃大驚而出

東風解凍　和風翕暖氷凍漸消

魚陟負氷　陟者升也謂魚當盛寒之時伏於水下逐其温暖至正月陽氣既上魚遊水上近於氷謂從水下升於氷上而負氷也

獺祭魚　謂此時魚肥美獺將食之不敢先食先以祭之然後取而食之乃不忘其本也　候鴈來　謂自南方來將北反其居

草木萌動　此時天氣下降地氣上騰天地和同草木萌動此陽氣蒸達可耕之候也

天子居青陽左个乘鸞輅駕蒼龍載青旂衣青衣服蒼玉食麥與羊其器疏以達　是月也以立春三日太史謁之天子曰某日立春盛德在木天子乃齋。春之日天子親帥三公九卿諸侯大夫以迎春於東郊還反賞公卿諸侯大夫於朝命相布德和令行慶施惠下及

六三　太玄月令經

明朱權輯，明隆慶五年（1571年）楚府刻本。

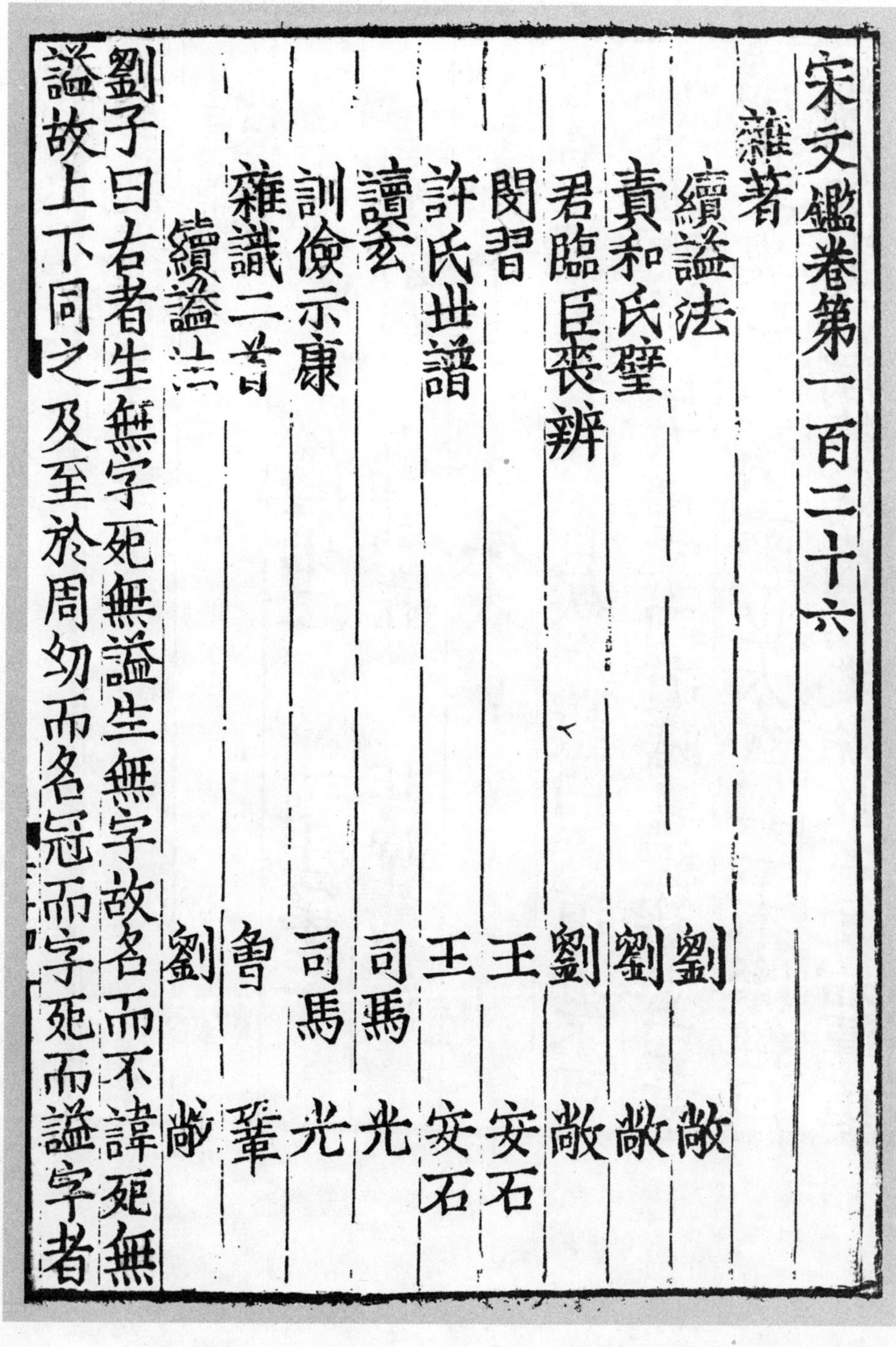

宋文鑑卷第一百二十六

雜著

續謚法　劉敞

責和氏璧　劉敞

君臨臣喪辨　劉敞

閔習　王安石

許氏世譜　王安石

讀玄　司馬光

訓儉示康　司馬光

雜識二首　曾鞏

續謚法　劉敞

劉子曰右者生無字死無謚生無字故名而不諱死無謚故上下同之及至於周幼而名冠而字死而謚字者

六四　宋文鑑　宋吕祖謙輯，明嘉靖五年（1526年）晉藩養德書院刻本。

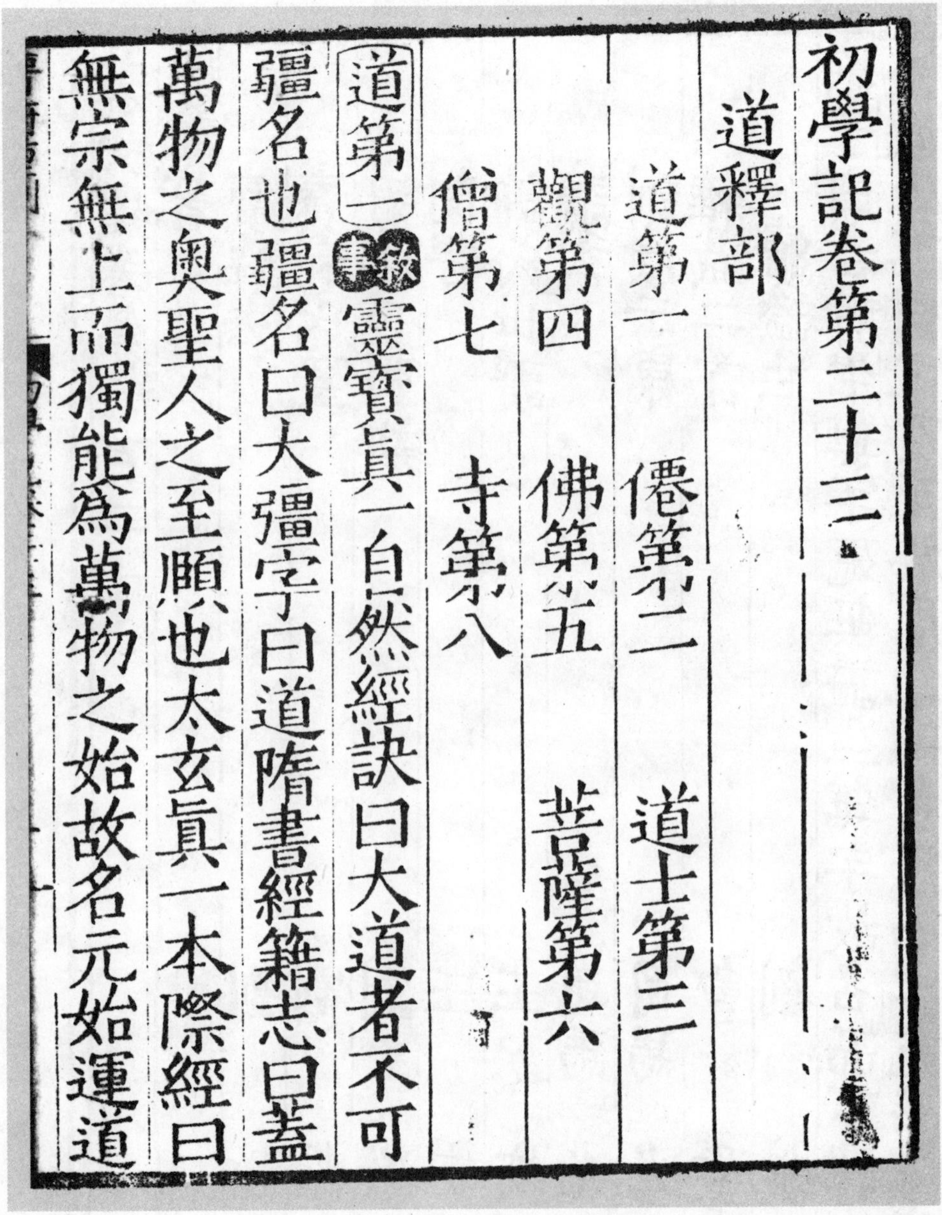
初學記卷第二十三
道釋部
道第一　僊第二　道士第三
觀第四　佛第五　菩薩第六
僧第七　寺第八
道第一　敘事　靈寶眞一自然經訣曰大道者不可彊名也彊名曰大彊字曰道隋書經籍志曰蓋萬物之奧聖人之至賾也太玄眞一本際經曰無宗無上而獨能爲萬物之始故名元始運道

六五　初學記　唐徐堅等輯，明嘉靖十三年（1534年）晉藩虛益堂刻本。

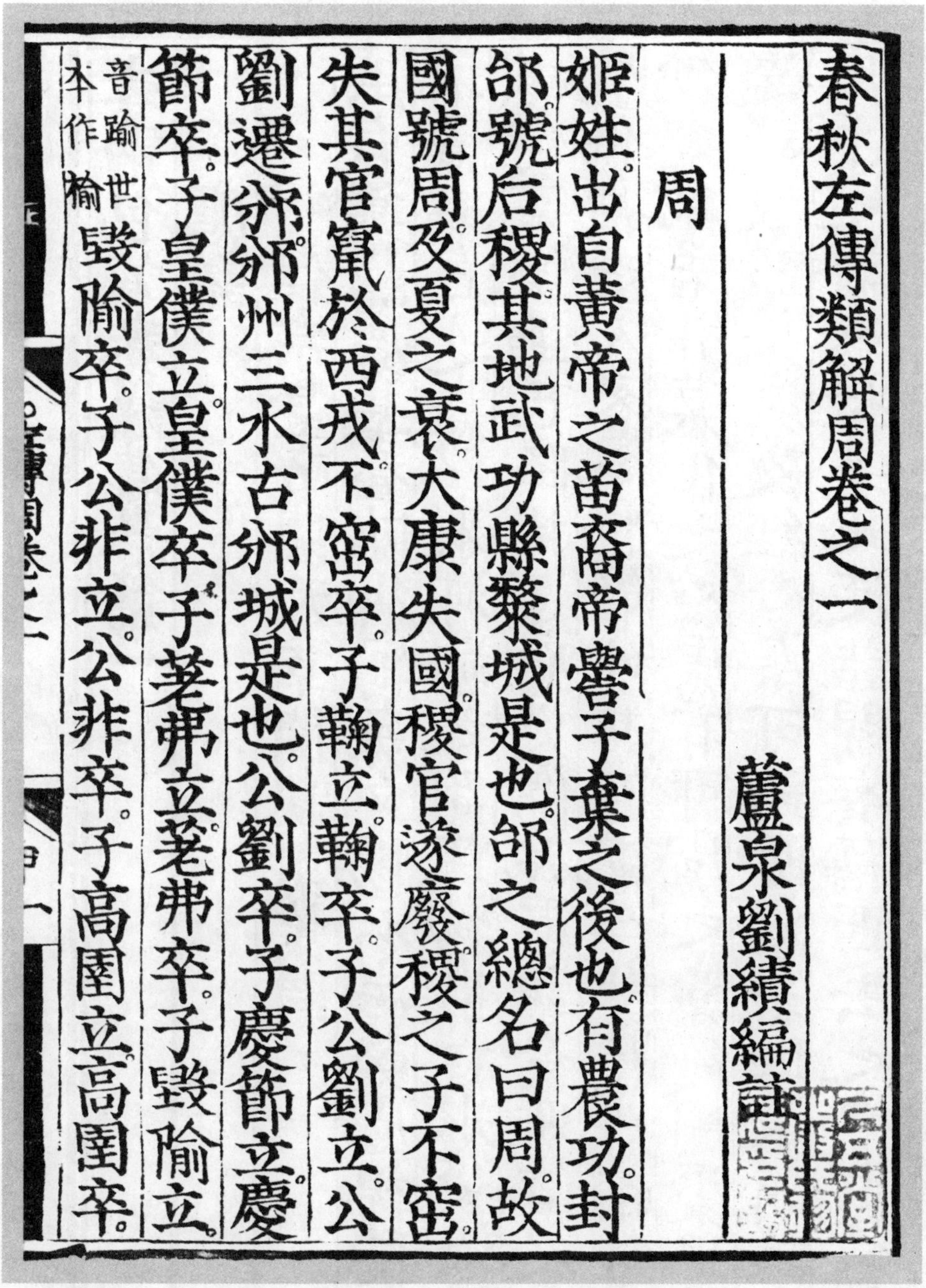
春秋左傳類解周卷之一

蘆泉劉績編註

周

姬姓出自黃帝之苗裔帝嚳子棄之後也有農功封邰號后稷其地武功縣斄城是也邰之總名曰周故國號周及夏之衰太康失國稷官遂廢稷之子不窋失其官竄於西戎不窋卒子鞠立鞠卒子公劉立公劉遷邠邠州三水古邠城是也公劉卒子慶節立慶節卒子皇僕立皇僕卒子差弗立差弗卒子毀隃立音踰世本作榆毀隃卒子公非立公非卒子高圉立高圉卒

六六　春秋左傳類解　明劉績撰，明嘉靖七年（1528年）崇藩刻本。

孝肅包公奏議集卷第一
應詔
仁宗皇帝開天章閣親製策問
朕自纂紹慶基登臨御寓每夕惕以忘勞慮視聽而
有忽爰自近歲以來河朔之間民物散亡水災流注
甚可哀憐雖已降指揮應災傷去處並令賑濟及暴
露傷損之人各令照管外其所慮今契丹雖稱幣況
使怨桀若非慕化之心慮有可虞之意復聞聚甲朔
邊議收西羌夙夜經心深可預防然事即未萌誠在
安平之論或將來北使詰闕妄稱西去之名共構釁

六七　孝肅包公奏議集　宋包拯撰，明嘉靖二十二年（1543年）崇藩刻本。

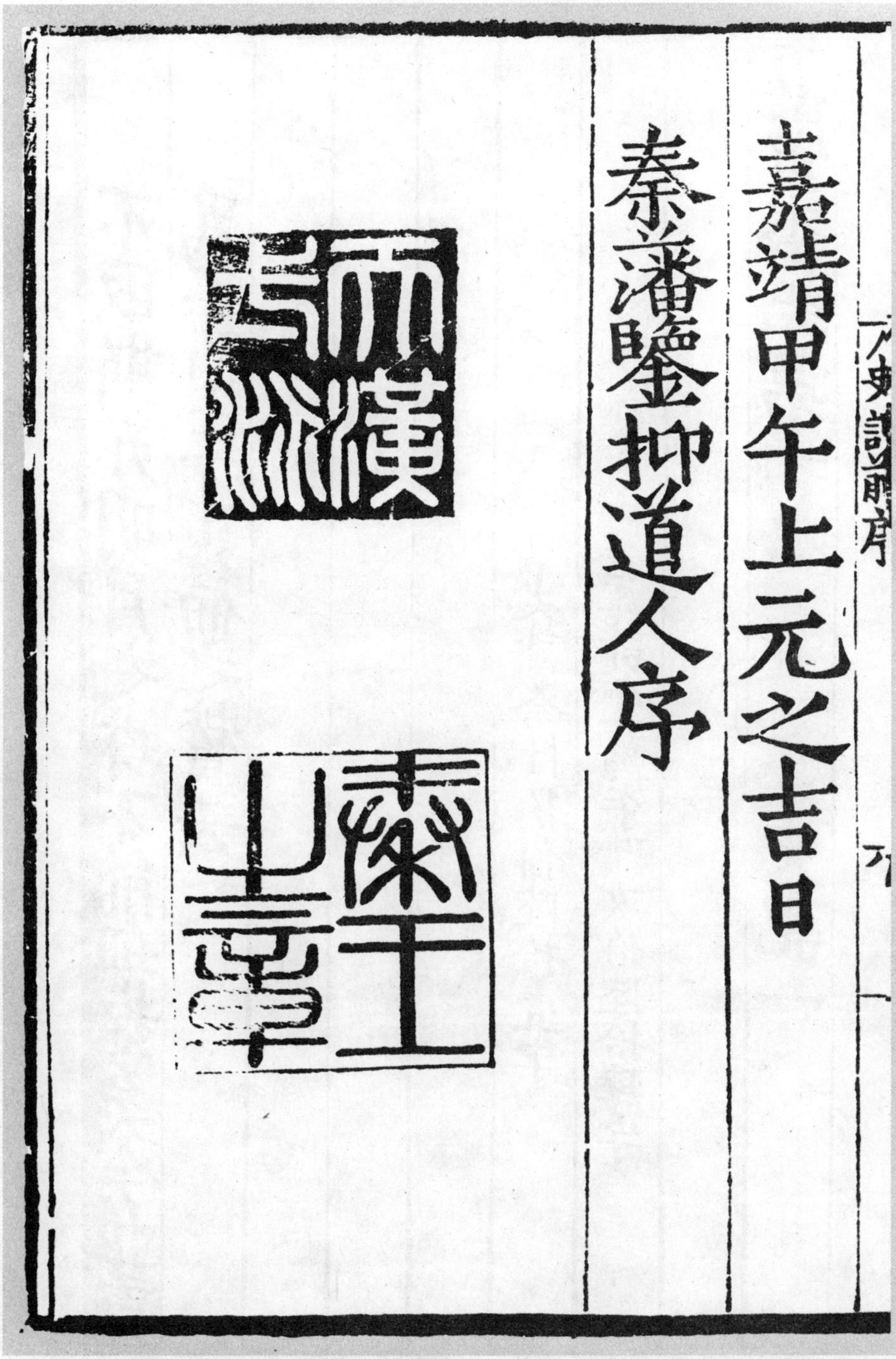
嘉靖甲午上元之吉日

秦藩鑒抑道人序

六八　史記

漢司馬遷撰，劉宋裴駰集解，唐司馬貞索隱，張守節正義，明嘉靖十三年（1534年）秦藩朱惟焯刻二十九年（1550年）重修本。（之一）

不取斯亦明月之珠不能無纇矣今並重
爲一百三十篇之贊云

史計叁阡捌伯陸拾壹字
注計壹萬柒阡玖伯陸拾肆字

五帝本紀第一　史記一

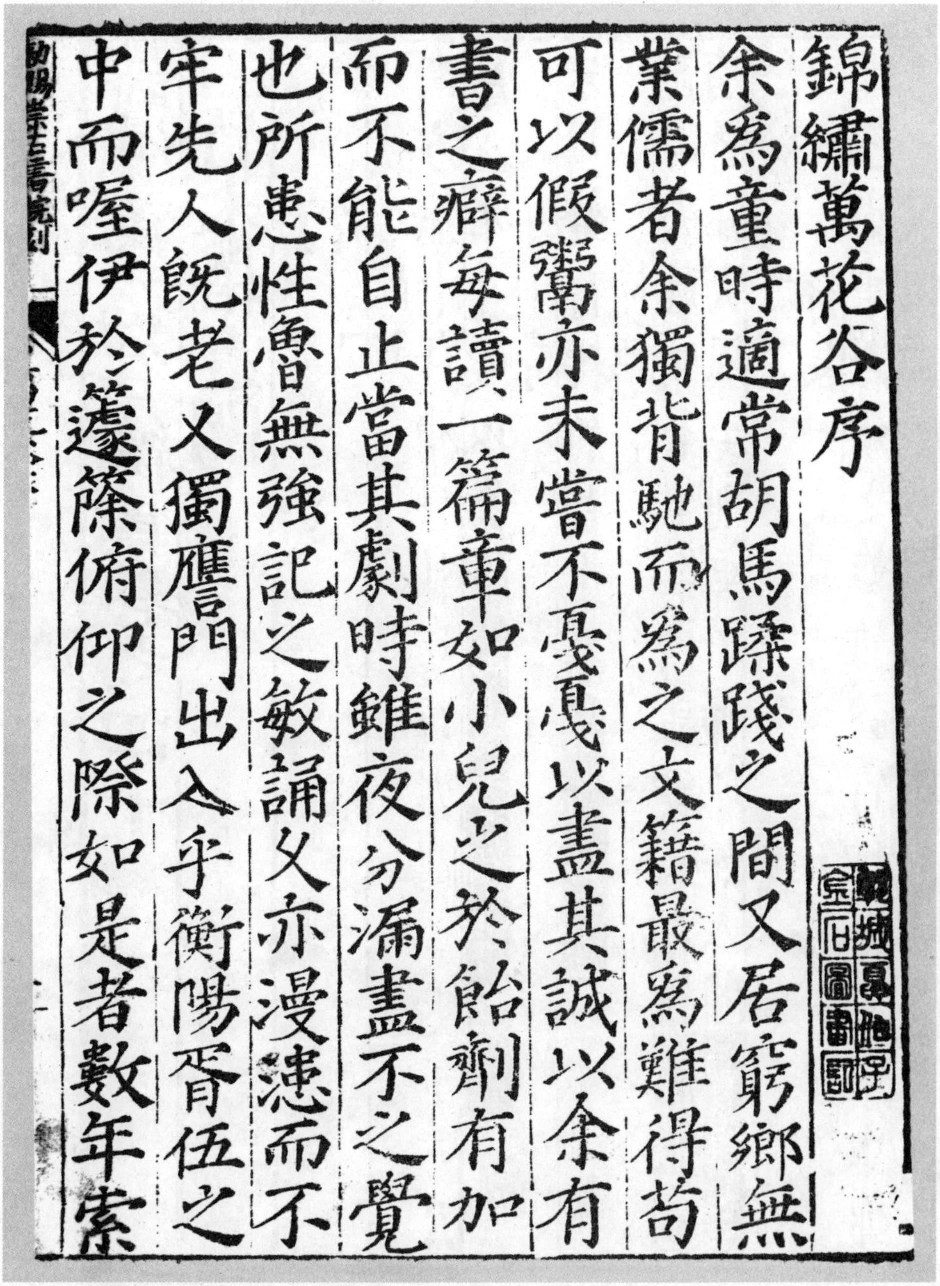

錦繡萬花谷序

余爲童時適常胡馬蹂踐之間又居窮鄉無業儒者余獨背馳而爲之文籍最爲難得茍可以假鬻亦未嘗不戛戛以盡其誠以余有書之癖每讀一篇章如小兒之於飴劑有加而不能自止當其劇時雖夜分漏盡不之覺也所患性魯無強記之敏誦又亦漫漶而不牢先人既老又獨膺門出入乎衡陽胥伍之中而喔伊於籧篨俯仰之際如是者數年索

六九　錦繡萬花谷　明嘉靖十四年（1535年）徽藩崇古書院刻本。（之一）

錦繡萬花谷續集卷之四十

竹木拾遺門

竹

南方荒中有沛竹其長百丈圍一丈五六尺厚八九寸可以爲船 出東方朔神異記

宋昌齡有棘竹長十尋 出南越志

崑山去蕪城十里峯嶺高峻上有圓池池邊有竹極大風至則垂屈歸地如人 出鄭緝之東陽記

博羅縣東蒼州之𥳑竹既大薄空中節長一丈其直如松 出沈懷遠南越志

七〇 洪武正韻 明樂韶鳳、宋濂等撰，明嘉靖二十七年（1548年）朱厚燆衡藩刻藍印本。（之一）

洪武正韻序

人之生也則有聲聲出而七音具焉所謂七音者牙舌脣齒喉及舌齒各半是也智者察知之分其清濁之倫定爲角徵宮商羽以至於半商半徵而天下之音盡在是矣然則音者其韻書之權輿乎夫單出爲聲成文爲音音則自然協和不假勉強而後成虞廷之賡歌康衢之民謠姑未暇論至如國風雅頌四詩以位言之則上自王公下逮小夫賤隸莫不有作以人言之其所居有南北東西之殊故所發有剽疾重

洪武正韻卷第三

八眞

眞之人切眞眞僞之反又神也淳也精也正也楊雄傳注眞人正人也从七从目从乚从八七與化同乚音隱俗作真
鎭安也壓也戍也廣韻亦作塡又軫震二韻案周禮天府玉鎭音珍忍切又音珍亦作瑱忍字有上去兩音則鎭字合於軫震二韻通用又音珍則三韻皆通又廣韻鎭字下云戍也則藩鎭字亦可通押
瑱同上又玉充耳又震霰二韻
塡又見下又先銑震霰四韻案漢書塡撫字無音宜於眞震二韻通押
珍貴也重也寶也亦作瑱舊作知鄰切廣韻作陟鄰切玉篇作張鄰切竝與之人切同若吳音則呼知丁鄰切非
磌石聲公羊傳聞其磌然玉篇又礩也又先韻
籈爾雅所以鼓敔謂之籈从西非
甄陶也又姓陳留風俗傳云舜陶河濱其後為氏又察也又僊韻甄陶

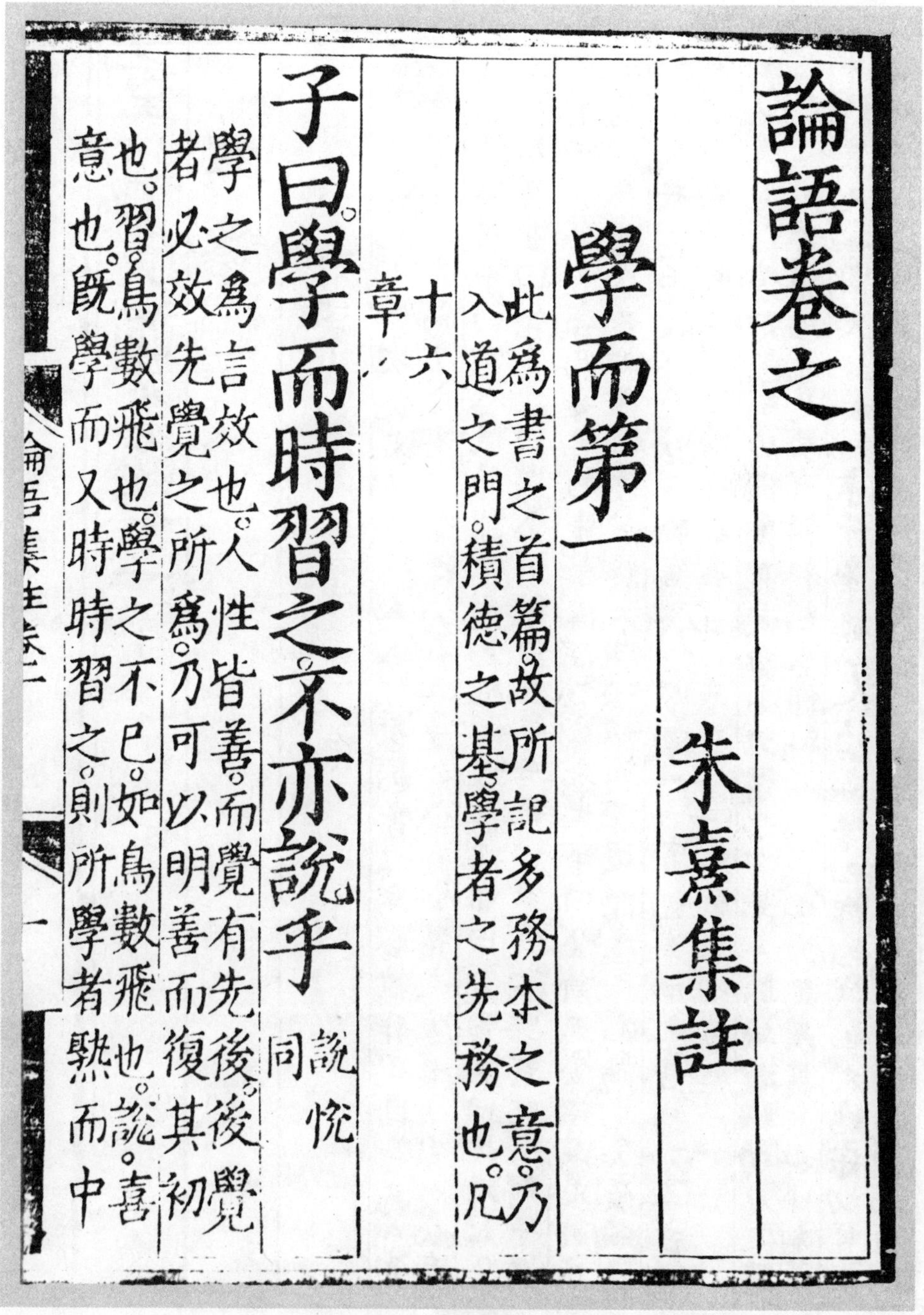

論語卷之一　　朱熹集註

學而第一

此爲書之首篇。故所記多務本之意。乃入道之門。積德之基。學者之先務也。凡十六章。

子曰。學而時習之。不亦說乎。說悅同

學之爲言效也。人性皆善。而覺有先後。後覺者必效先覺之所爲。乃可以明善而復其初也。習。鳥數飛也。學之不已。如鳥數飛也。說。喜意也。既學而又時習之。則所學者熟而中

論語集註卷之一　一

七一　論語集注　宋朱熹撰，明嘉靖四十三年（1564年）益藩樂善堂刻四書集注本。

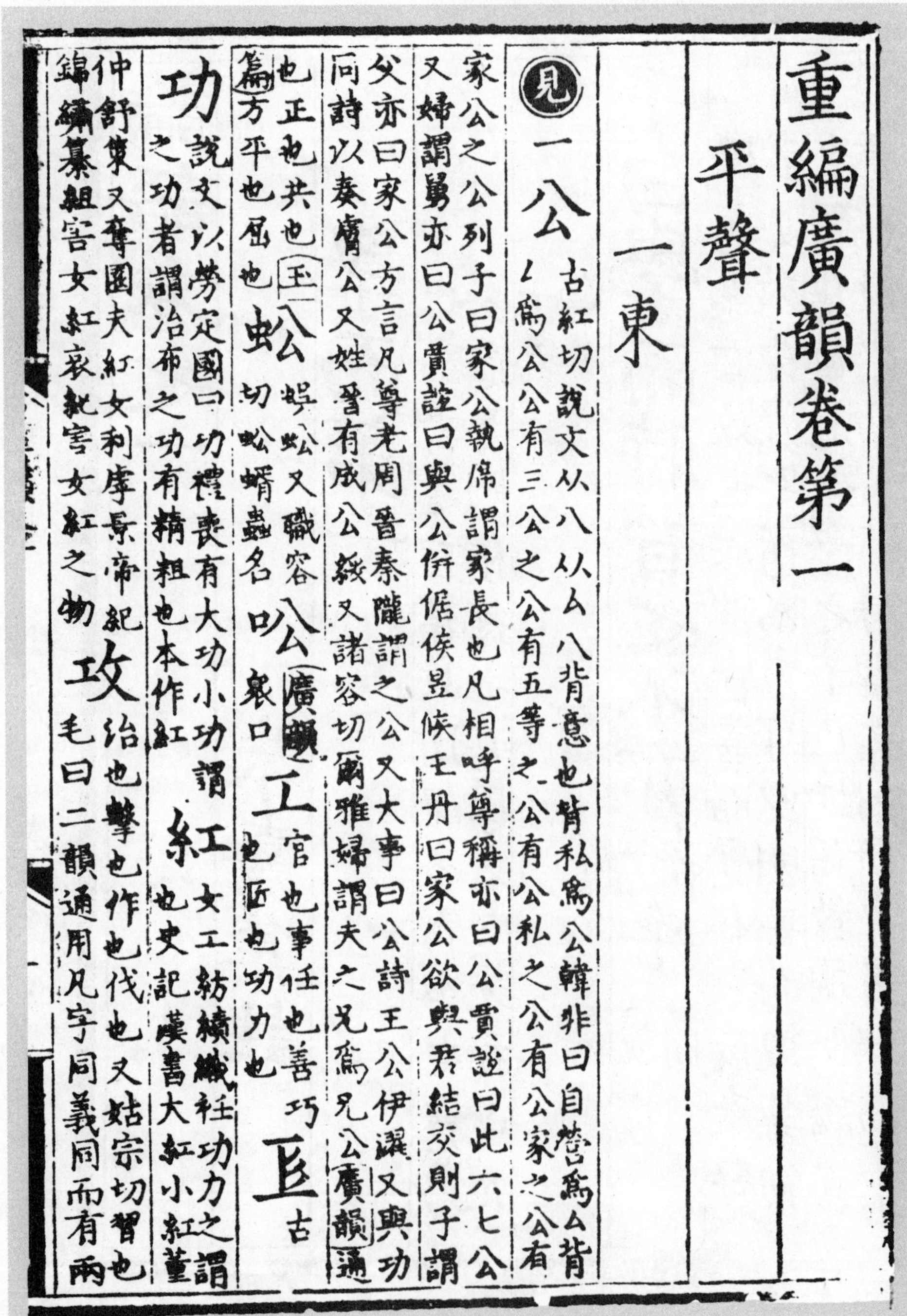

重編廣韻卷第一

平聲

一東

【見】一公 古紅切說文从八从厶八背意也背私爲公韓非曰自營爲厶背
厶爲公公有三公之公有五等之公有公私之公有公家之公有
家公之公列子曰家公執席謂家長也凡相呼尊稱亦曰公賈誼曰此六七公
又婦謂舅亦曰公賈誼曰與公併倨倰𣈆倰王丹曰家公欲與君結交則子謂
父亦曰家公方言凡尊老周晉秦隴謂之公又大事曰公詩王公伊濯又與功
同詩以奏膚公又姓晉有成公綏又諸容切爾雅婦謂夫之兄爲兄公【廣韻】通
也正也共也【玉篇】方平也凥也 蚣 蜈蚣又職容切蚣蝑蟲名 𠯑 衆口【廣韻】 工 官也事任也善巧也匠也功力也 𢀜 古
功 說文以勞定國曰功禮喪有大功小功謂之功者謂治布之功有精粗也本作紅 紅 女工紡績織紝功力之謂也史記漢書大紅小紅董
仲舒策又尊國夫紅女利厚景帝紀錦繡纂組害女紅哀紀害女紅之物 攻 治也擊也作也伐也又姑宗切習也毛曰二韻通用凡字同義同而有兩

七二 重編廣韻 宋陳彭年撰，明朱祐檳重編，明嘉靖二十八年（1549年）益藩刻本。

七三　聖學心法　明成祖朱棣撰，明嘉靖三十八年（1559年）益府刻本。（之一）

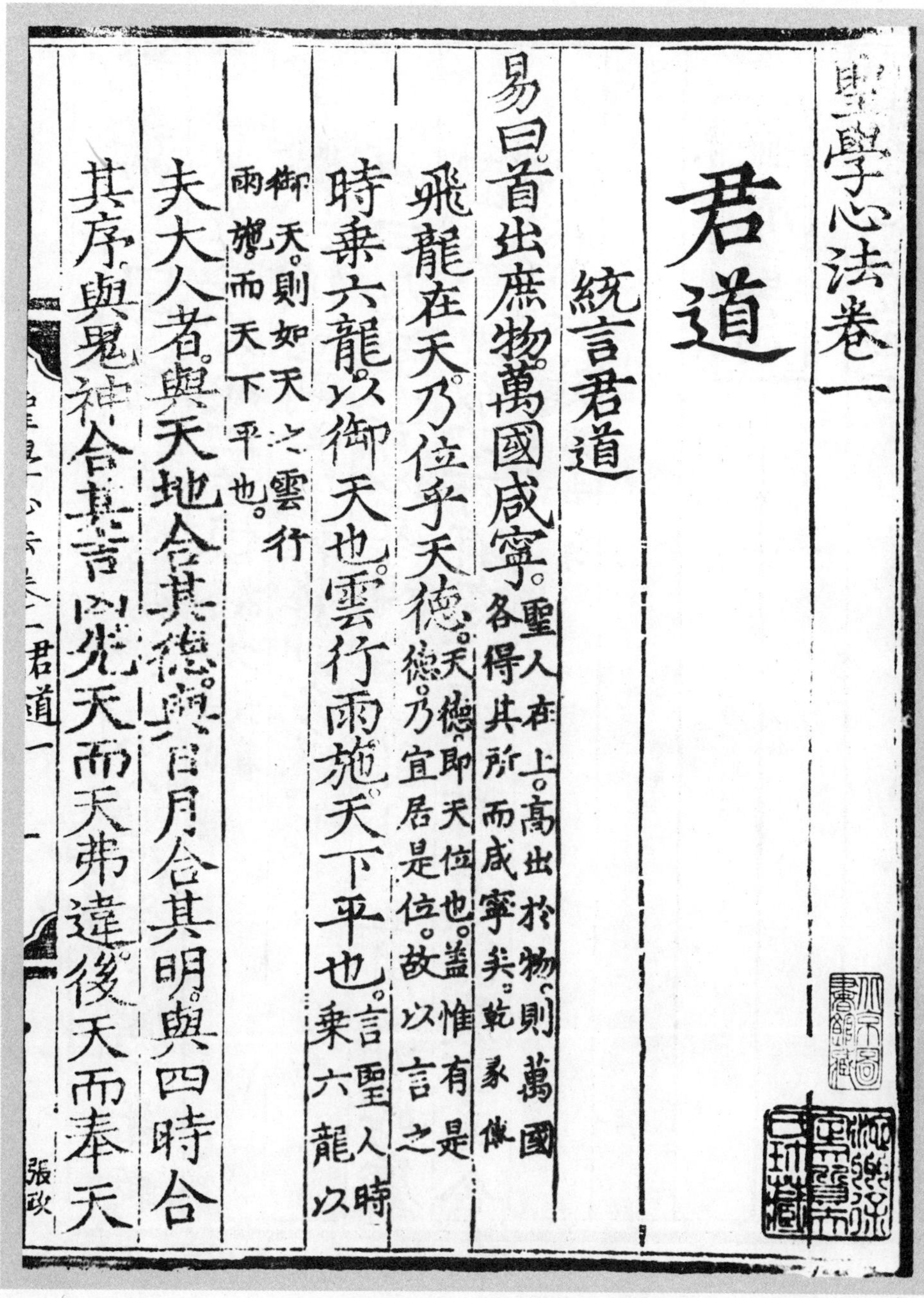
聖學心法卷一

君道

統言君道

易曰首出庶物萬國咸寧。聖人在上高出於物則萬國各得其所而咸寧矣乾彖傳

飛龍在天乃位乎天德。天德即天位也蓋惟有是德乃宜居是位故以言之

時乘六龍以御天也雲行雨施天下平也。言聖人時乘六龍以御天則如天之雲行雨施而天下平也

夫大人者與天地合其德與日月合其明與四時合其序與鬼神合其吉凶先天而天弗違後天而奉天

說苑曾子曰官怠於宦成病加於小愈禍生於懈惰孝衰於妻子察此四者慎終如始。正諫篇

宋蘇軾曰慎重則必成輕發則多敗。文集

心學曰凡事不可以易視之事雖小亦要用心關防慮置凡事要敬不可有忽心亦不可有怠心慮事要合人心順天道。易以豉切 慮去聲

益府重刊

聖學心法卷四

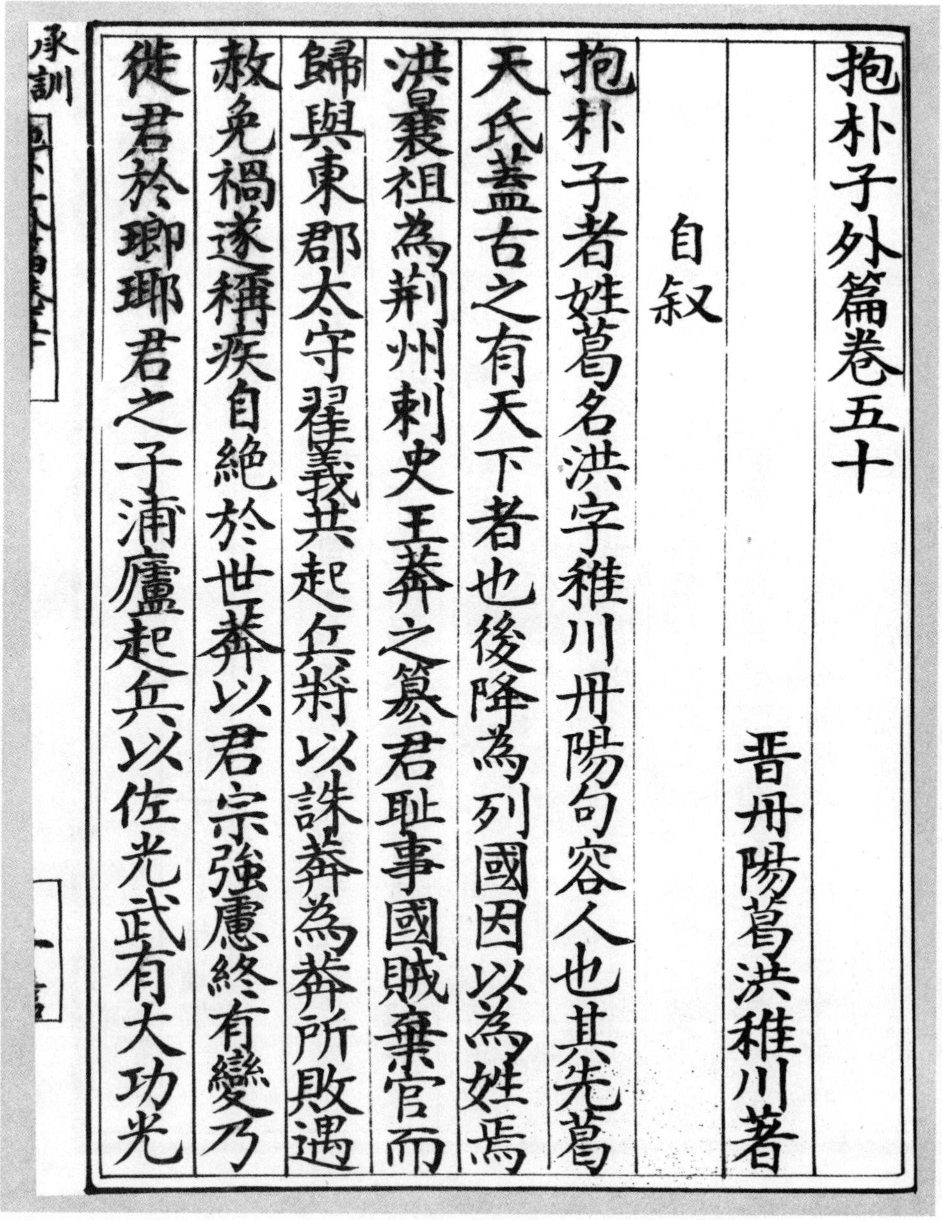

抱朴子外篇卷五十

自叙

晉丹陽葛洪稚川著

抱朴子者姓葛名洪字稚川丹陽句容人也其先葛天氏蓋古之有天下者也後降為列國因以為姓焉洪曩祖為荊州刺史王莽之篡君恥事國賊棄官而歸與東郡太守翟義共起兵將以誅莽為莽所敗遇赦免禍遂稱疾自絕於世莽以君宗強慮終有變乃徙君於瑯琊君之子浦廬起兵以佐光武有大功光

七四　抱朴子內篇外篇

晉葛洪撰，明嘉靖四十四年（1565年）魯藩承訓書院刻本。

律呂精義内篇卷之八

鄭世子臣載堉謹撰

樂器圖樣第十之上

韓邦奇曰聖人不能以一身周天下之用故制爲器數以敎萬世是以天下後世人非聖人而道則聖人之道也昔孔子聞韶于齊夫其考擊而搏拊者固非皆夔倫也而其美如此者器數存也且聖人之道有文有本天地之道有纖有洪自然之理也苟不論度量衡之數而曰妙在其人則聖人當時止爲一支之木一塊之土一句之金足矣何必爲鍾爲磬爲瑟爲笙又從而爲弦爲簧有煩有簡若是哉今試以祭祀之時燕享之際琴瑟缺其弦笙竽去其簧又從而盡去八音使萬寳常擊食器荀勗摇牛鐸可乎不可乎是故君子不爲無益之空言必究制作之實用

七六　瑟譜　明朱厚烍撰，明嘉靖四十年（1561年）朱載壐刻本。

瑟譜

皇明衡藩高唐王岱翁述

瑟弦律

世本爾雅皆曰瑟二十五弦具二均之聲均古韵字陳氏樂書曰二均之聲以清中雙彈之第一弦黄鍾中聲十三弦黄鍾清聲除中弦名曰極清不係數其按習也令左右手互應清中聲相和依鍾律擊數注云於瑟半身設柱

瑟譜　三

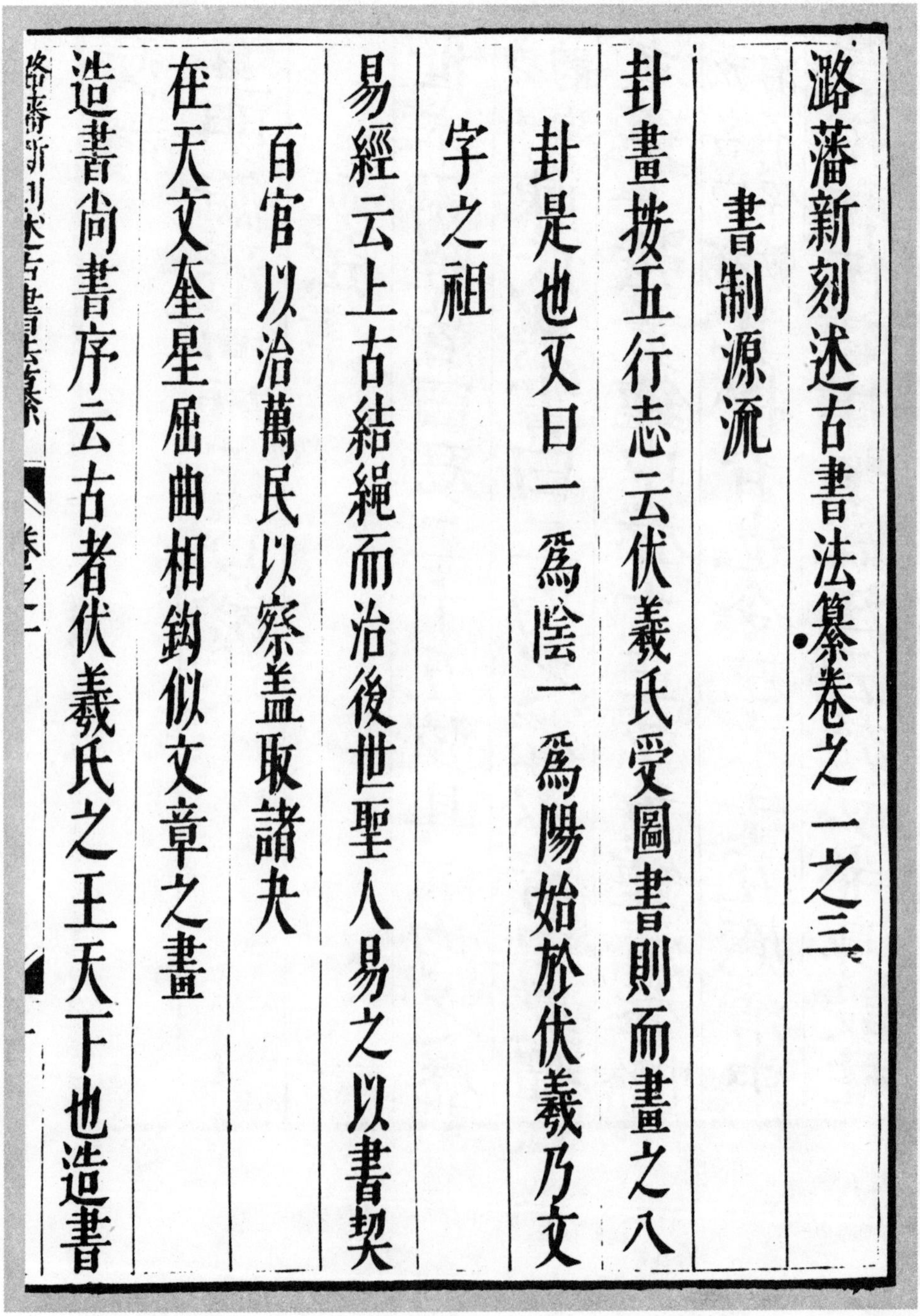
潞藩新刻述古書法纂卷之一之三

書制源流

卦畫按五行志云伏羲氏受圖書則而畫之八
卦是也又曰一爲陰一爲陽始於伏羲乃文
字之祖

易經云上古結繩而治後世聖人易之以書契
百官以治萬民以察盖取諸夬

在天文奎星屈曲相鉤似文章之畫

造書尚書序云古者伏羲氏之王天下也造書

潞藩新刻述古書法纂　卷之一

七七　潞藩新刻述古書法纂　明朱常淓撰，明崇禎九年（1636年）潞藩刻本。

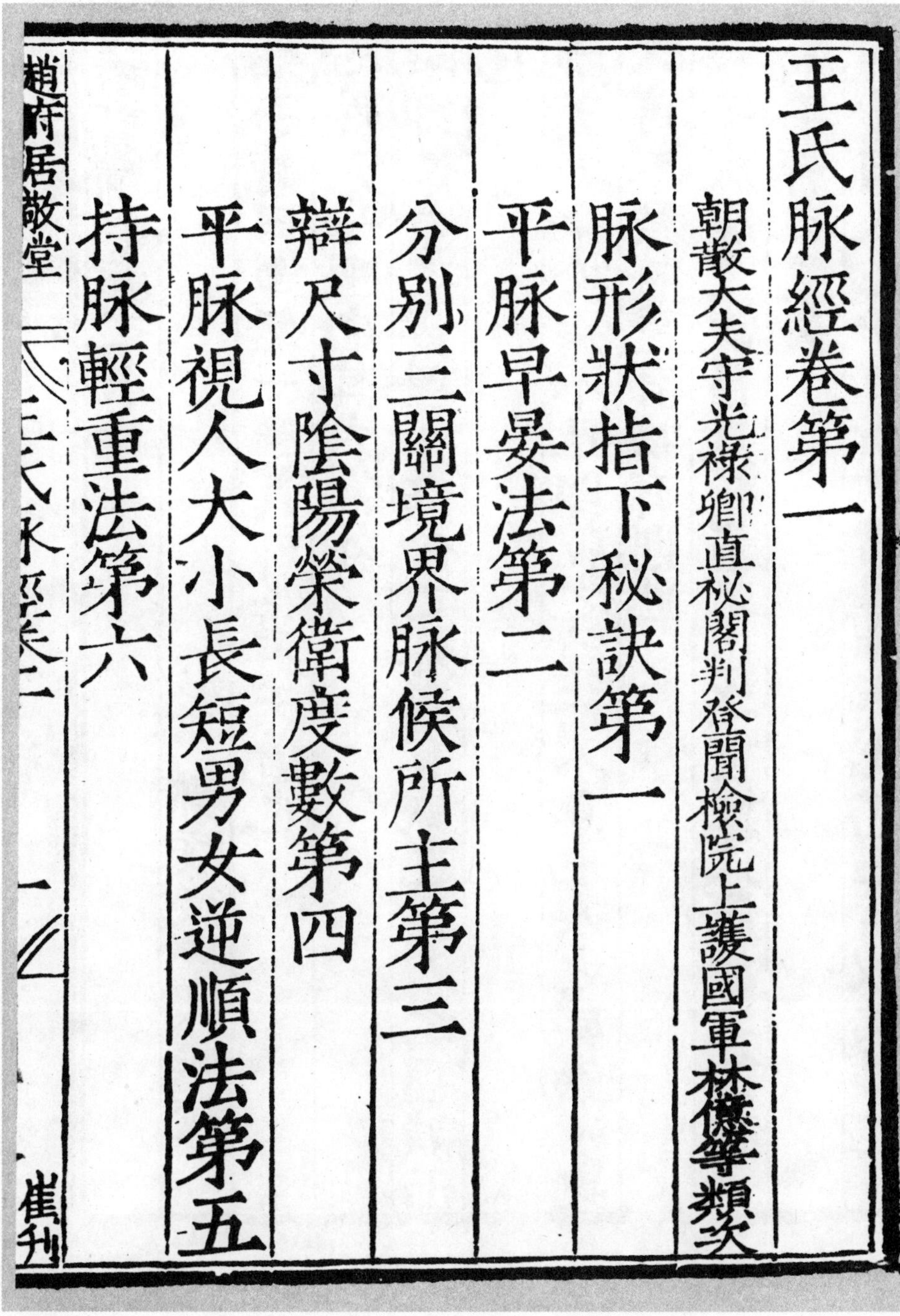
王氏脉經卷第一

朝散大夫守光祿卿直秘閣判登聞檢院上護國軍林億等類次

脉形狀指下秘訣第一

平脉早晏法第二

分別三關境界脉候所主第三

辯尺寸陰陽榮衛度數第四

平脉視人大小長短男女逆順法第五

持脉輕重法第六

趙府居敬堂　王氏脉經卷一　一　崔刊

七八　王氏脉經　晉王叔和撰，宋林億等校定，明趙府居敬堂刻本。

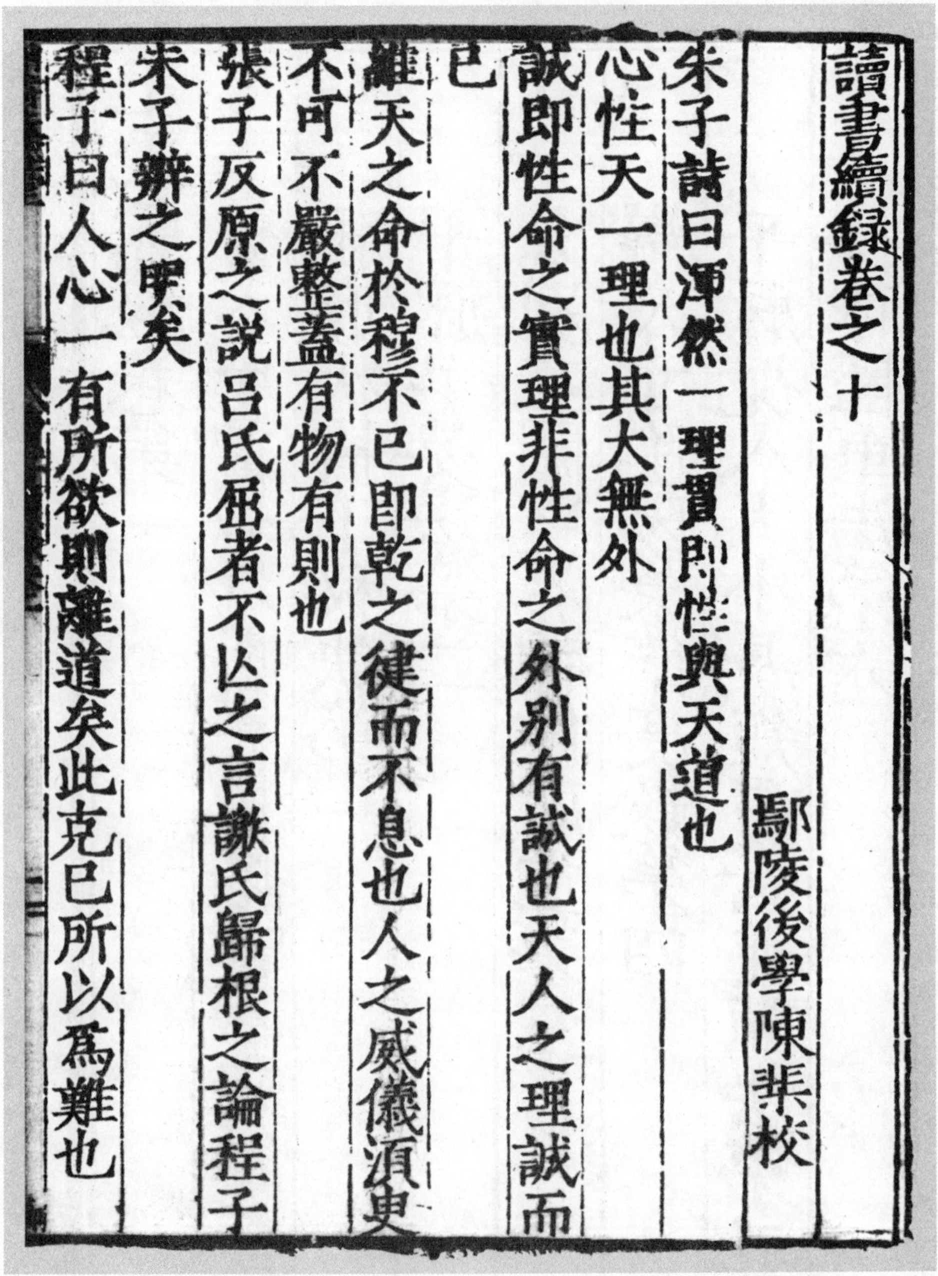
讀書續録卷之十
鄢陵後學陳棐校
朱子詩曰渾然一理貫昭性與天道也
心性天一理也其大無外
誠即性命之實理非性命之外别有誠也天人之理誠而
已
維天之命於穆不已即乾之健而不息也人之威儀須臾
不可不嚴整蓋有物有則也
張子反原之説吕氏屈者不亾之言謝氏歸根之論程子
朱子辨之明矣
程子曰人心一有所欲則離道矣此克己所以爲難也

七九　薛文清公讀書録　明薛瑄撰，明趙府味經堂刻本。

八〇　前漢書　漢班固撰，明德藩最樂軒刻本。

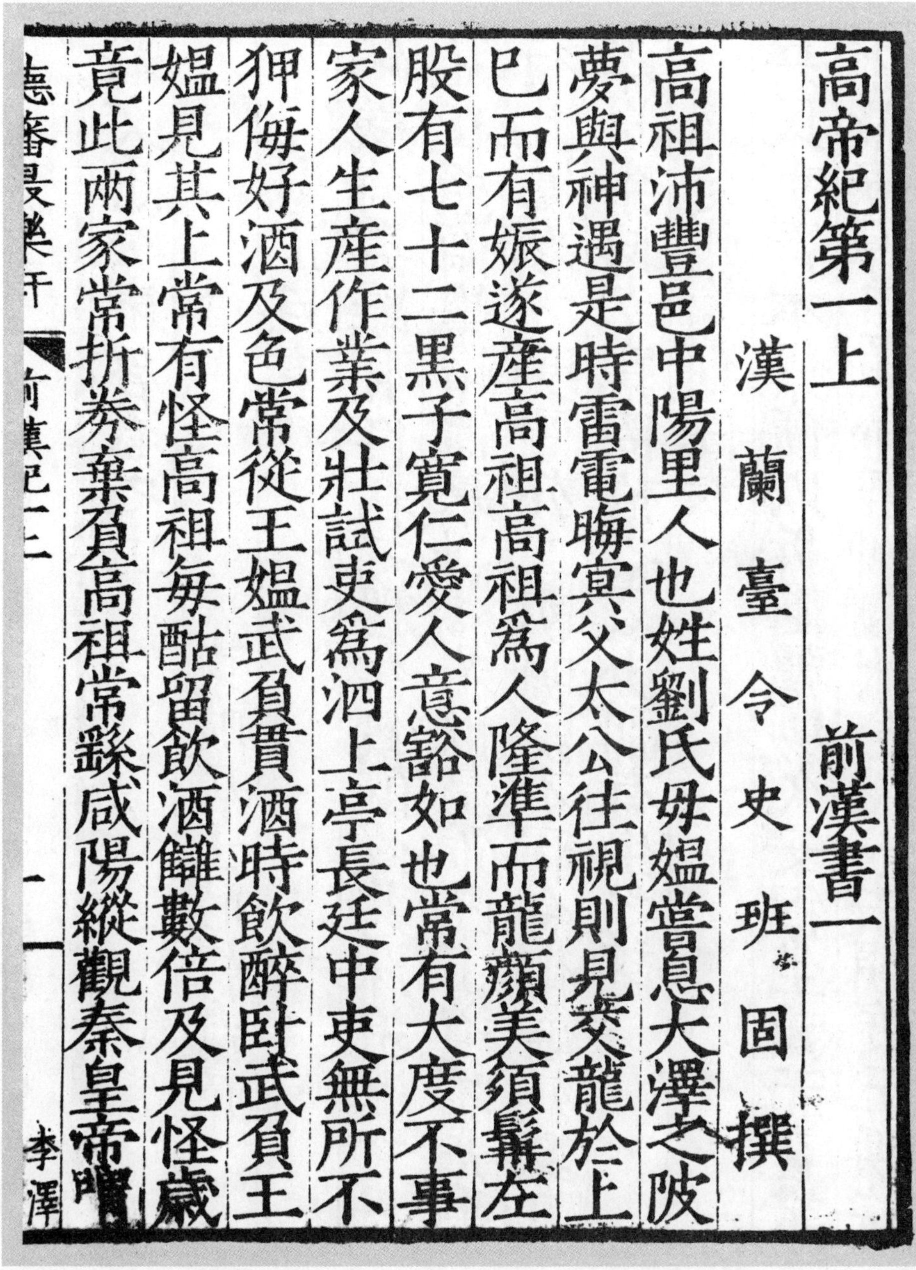

前漢書一

高帝紀第一上

漢　蘭　臺　令　史　班　固　撰

高祖沛豐邑中陽里人也姓劉氏母媼嘗息大澤之陂夢與神遇是時雷電晦冥父太公往視則見交龍於上已而有娠遂產高祖高祖爲人隆準而龍顏美須髯左股有七十二黑子寬仁愛人意豁如也常有大度不事家人生產作業及壯試吏爲泗上亭長廷中吏無所不狎侮好酒及色常從王媼武負貰酒時飲醉臥武負王媼見其上常有怪高祖每酤留飲酒讎數倍及見怪歲竟此兩家常折券棄負高祖常繇咸陽縱觀秦皇帝喟

德藩最樂軒　前漢紀一上　一　李澤

八一　蘇文忠公表啓　宋蘇軾撰，明朱睦㮮輯，明嘉靖三十四年（1555年）朱睦㮮刻本。

蘇文忠公表啓卷之上

東陂居士睦㮮選校

慰正旦表

嗣歲將興雖有作新之慶舊穀既没共深追遠之思凡在照臨舉增懷慕中謝恭惟皇帝陛下道躋堯禹行比騫參方受圖於二朝明發不寐念御簾於雙日孝思奈何幸寬罔極之哀少副有生之望

定州謝到任表

兵民重寄本禦侮以折衝疆埸久安但坐嘯而畫諾才微祿厚恩重命輕中謝伏念臣一去闕庭三換符

肆　私人刻書

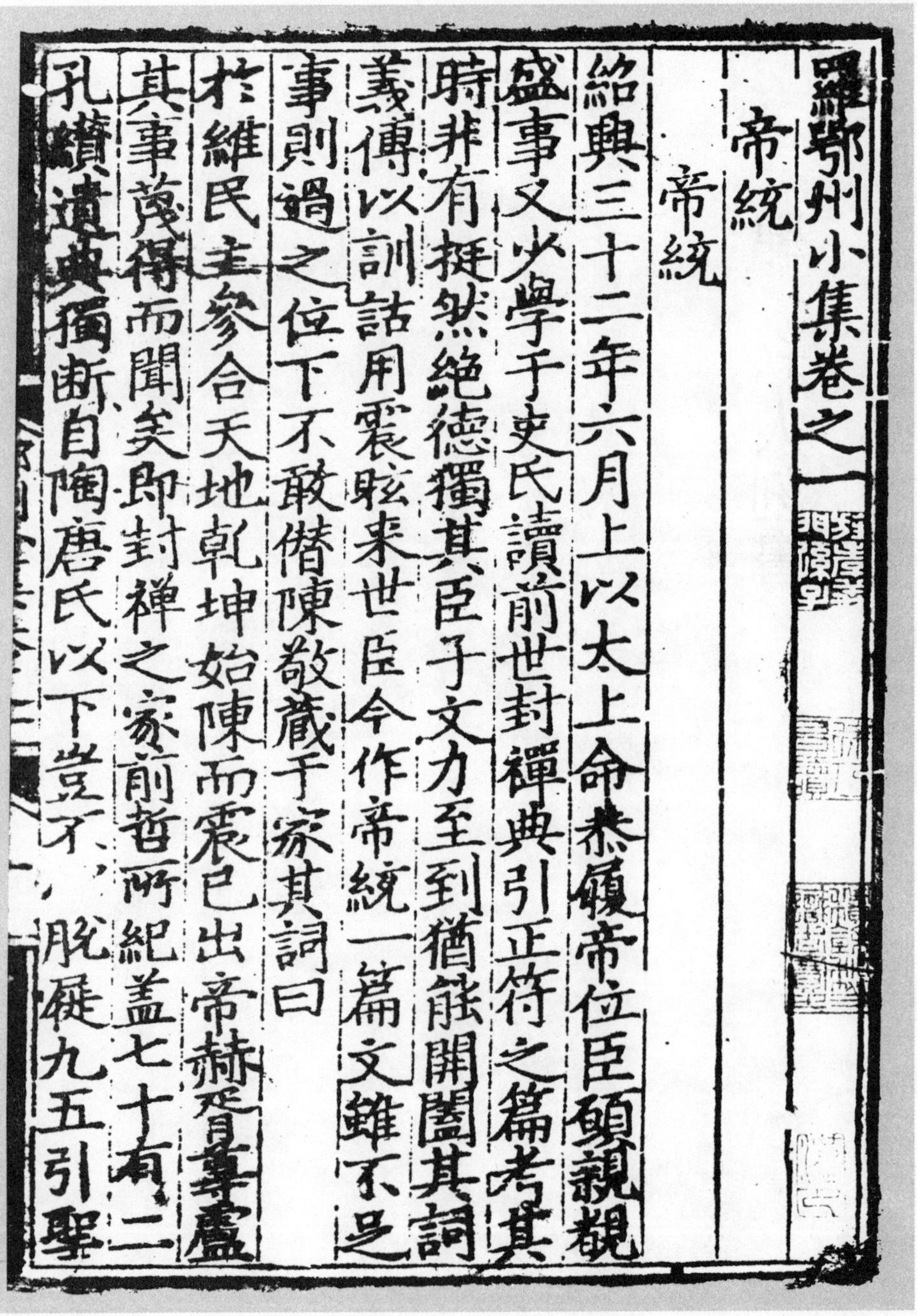
羅鄂州小集卷之一

帝統

帝統

紹興三十二年六月上以太上命恭顧帝位臣頵親覩
盛事又少學于史氏讀前世封禪典引正符之篇考其
時并有挺然絕德獨其臣子文力至到猶能開闡其詞
義傳以訓詁用震眩來世臣今作帝統一篇文雖不足
事則過之位下不敢僭陳敬藏于家其詞曰
於維民主參合天地乾坤始陳而震已出帝赫厥尊盧
其事蔑得而聞矣即封禪之家前哲所紀蓋七十有二
孔牘遺典獨斷自陶唐氏以下豈不脫凝九五引擧

八二 羅鄂州小集 宋羅願撰，明洪武二年（1369年）羅宣明刻本。

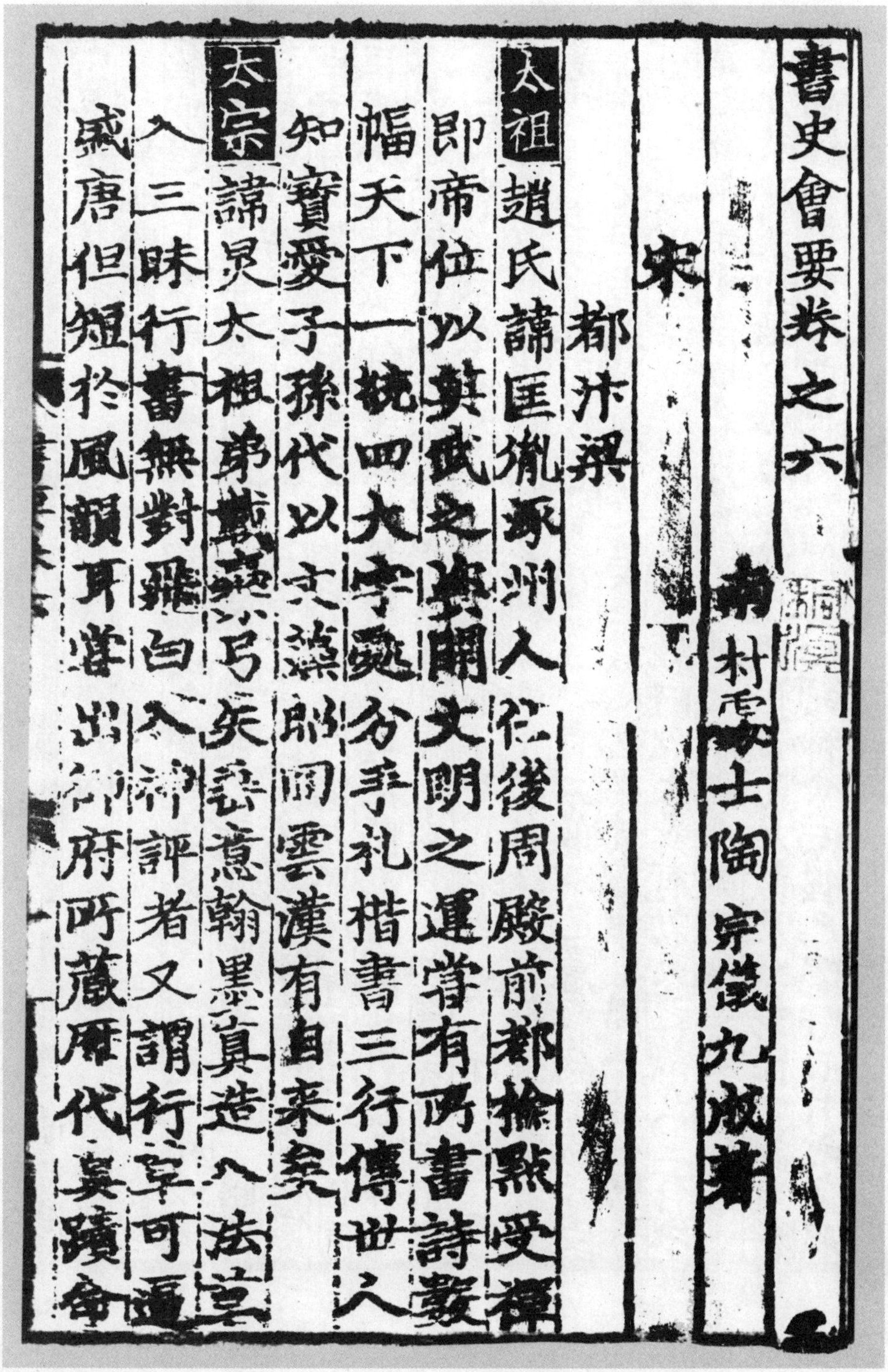
書史會要卷之六

南村處士陶宗儀九成著

宋

都汴梁

太祖趙氏諱匡胤涿州人仕後周殿前都檢點受禪即帝位以英武之姿開文明之運嘗有所書詩數幅天下一統四大字氣分手札楷書三行傳世人知寶愛子孫代以文藻昭回雲漢有自來矣

太宗諱炅太祖弟藝兼弓矢意翰墨眞造入法草入三昧行書無對飛白入神評者又謂行草可逼晉唐但短於風韻耳嘗出祕府所藏歷代眞蹟命

八三　書史會要　明陶宗儀撰，明洪武九年（1376年）自刻本。

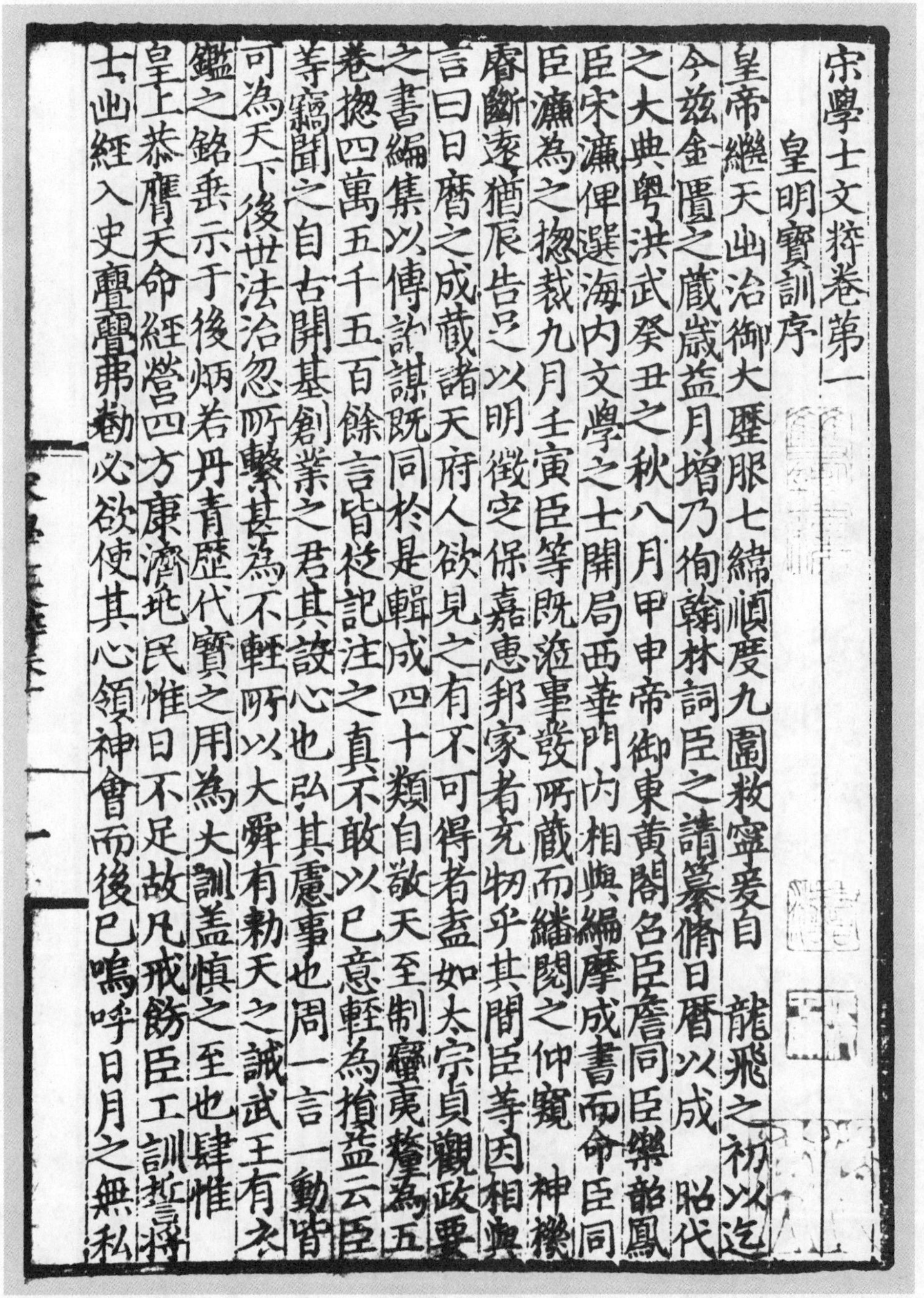

宋學士文粹卷第一

皇明寶訓序

皇帝繼天出治御大歷服七綿順慶九圍救寧爰自 龍飛之初以迄
今茲金匱之藏歲益月增乃徇翰林詞臣之請纂脩日曆以成 昭代
之大典粤洪武癸丑之秋八月甲申帝御東黄閣名臣詹同臣樂韶鳳
臣宋濂俾選海内文學之士開局西華門内相與編摩成書而命臣同
臣濂為之揔裁九月壬寅臣等既涖事發所藏而紬閱之仰窺 神機
睿斷遠猶辰告足以明徵定保嘉惠邦家者充物乎其間臣等因相與
言曰日曆之成藏諸天府人欲見之有不可得者盍如太宗貞觀政要
之書編集以傳謨謀既同於是輯成四十類自敬天至制蠻夷為五
卷揔四萬五千五百餘言皆從記注之真不敢以已意輕為損益云臣
等竊聞之自古開基創業之君其設心也弘其慮事也周一言一動皆
可為天下後世法治忽所繫甚為不輕所以大舜有勑天之誡武王有衣
鑑之銘垂示于後炳若丹青歷代寶之用為大訓蓋慎之至也肆惟
皇上恭膺天命經營四方康濟兆民惟日不足故凡戒飭臣工訓誓將
士出經入史亹亹弗勸必欲使其心領神會而後已嗚呼日月之無私

八四　宋學士文粹　明宋濂撰，明洪武十年（1377年）鄭濟刻本。

八五　秋聲集　元黄鎮成撰，明洪武十一年（1378年）黄鈞刻本。

秋聲集

七言律

寄雷隱上人

家憶高人住翠微萬壑千岫雪消時林階月在行香早石屋雲多出定遲棲對有僧晋聽法看泉無客和題詩松關不鎖容相扣定覓春山食紫芝

春日東行

青郊冉冉散晴暉芳樹頻聲一鳥啼山驛水流花落盡石田雲暖麥抽齊禪房鑿路當巖半釣屋維舟近竹西行過野橋人語近尋源應到武陵溪

題秋江把釣圖

獨載輕舠過碧川一輪牽動楚江天蘆邊有月還吹笛柳

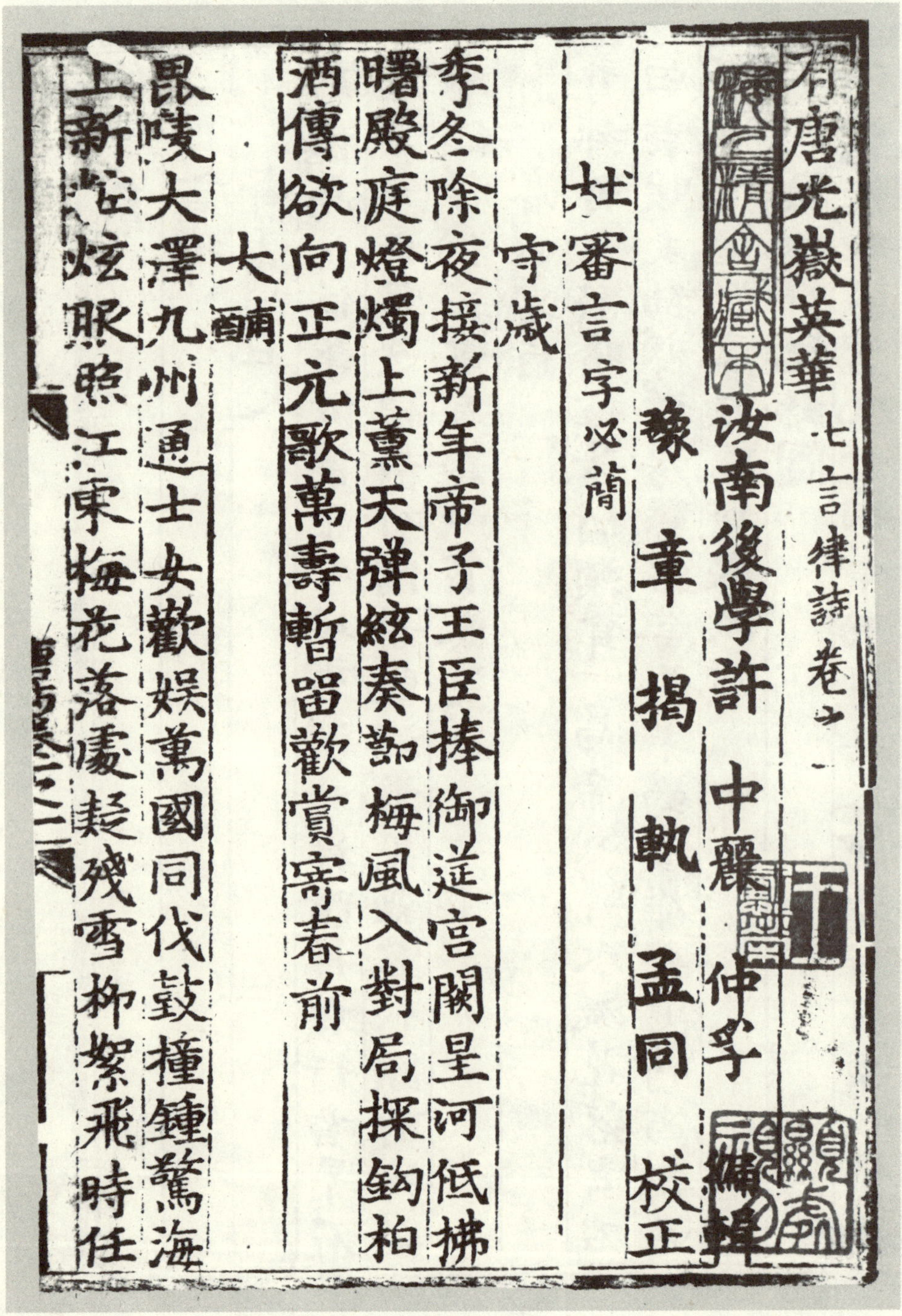
有唐光嶽英華七言律詩卷之一
汝南後學許中麗仲孚編輯
豫章揭軌孟同校正
杜審言字必簡
守歲
季冬除夜接新年帝子王臣捧御筵宮闕星河低拂
曙殿庭燈燭上薰天弹絃奏節梅風入對局探鈎柏
酒傳欲向正元歌萬壽暫留歡賞寄春前
大酺
毘陵大澤九州通士女歡娛萬國同伐鼓撞鍾驚海
上新妝炫服照江東梅花落處疑殘雪柳絮飛時任

八六　光嶽英華

明許中麗輯，明洪武十九年（1385年）自刻遞修本。

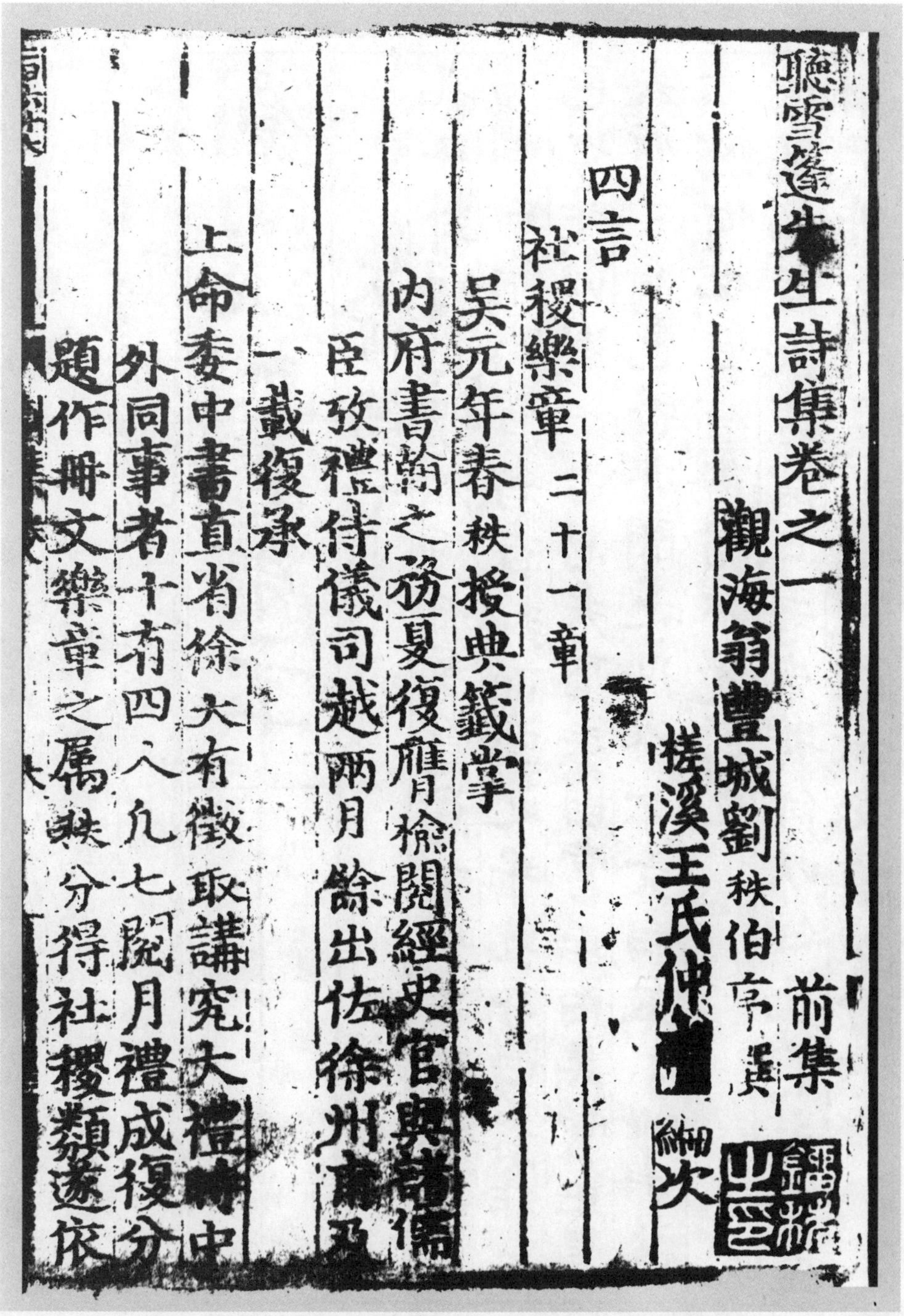
聽雪篷先生詩集卷之一　前集
觀海翁豐城劉秩伯序選
槎溪王氏仲本編次
四言
社稷樂章二十一章
吳元年春秩授典籤掌
內府書翰之務夏復膺檢閱經史官與諸儒
臣攷禮侍儀司越兩月餘出佐徐州[illegible]及
一載復承
上命委中書直省徐大有徵取講究大禮時中
外同事者十有四人凡七閱月禮成復分
題作冊文樂章之屬秩分得社稷類遂依

八七　聽雪篷先生詩集　明劉秩撰，明洪武二十年（1387年）王仲本刻本。

八八

劉向說苑 漢劉向撰，明建文四年（1402年）錢古訓刻本。

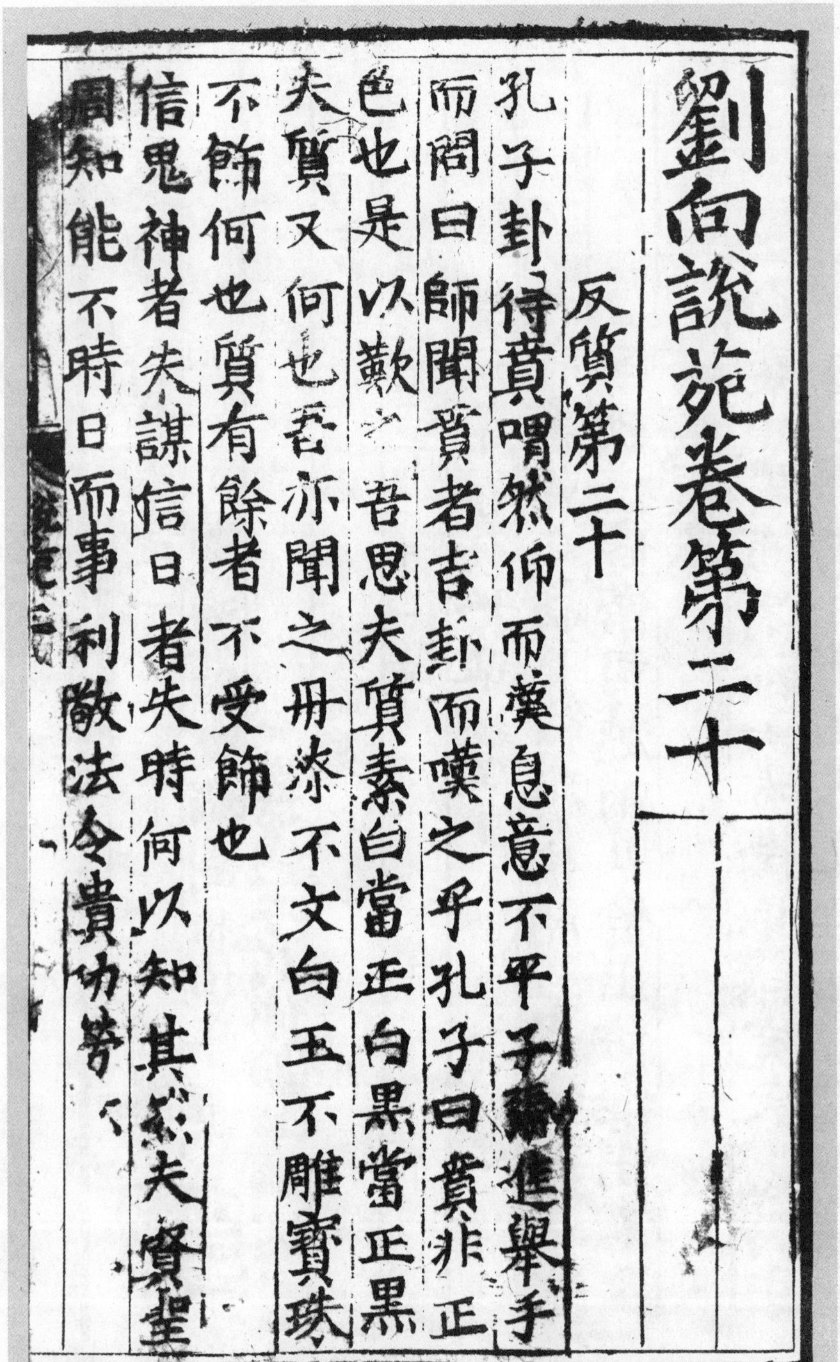

劉向說苑卷第二十

反質第二十

孔子卦得賁喟然仰而歎息意不平子張進舉手而問曰師聞賁者吉卦而歎之乎孔子曰賁非正色也是以歎之吾思夫質素白當正白黑當正黑夫質又何也吾亦聞之丹漆不文白玉不雕寶珠不飾何也質有餘者不受飾也

信鬼神者失謀信日者失時何以知其然夫賢聖周知能不時日而事利敬法令貴功勞

八九　佛説摩利支天菩薩經　唐釋不空譯，元釋法天譯，明永樂元年（1403年）鄭和刻本。（之一）

佛說摩利支天菩薩經

大唐三藏沙門不空奉詔譯
大元三藏沙門法天奉詔譯

如是我聞一時薄伽梵在室羅筏城誓多林給孤獨園爾時世尊告諸苾芻有大天女名摩利支有大神通自在之力常行日月天前日天月天不能見彼彼

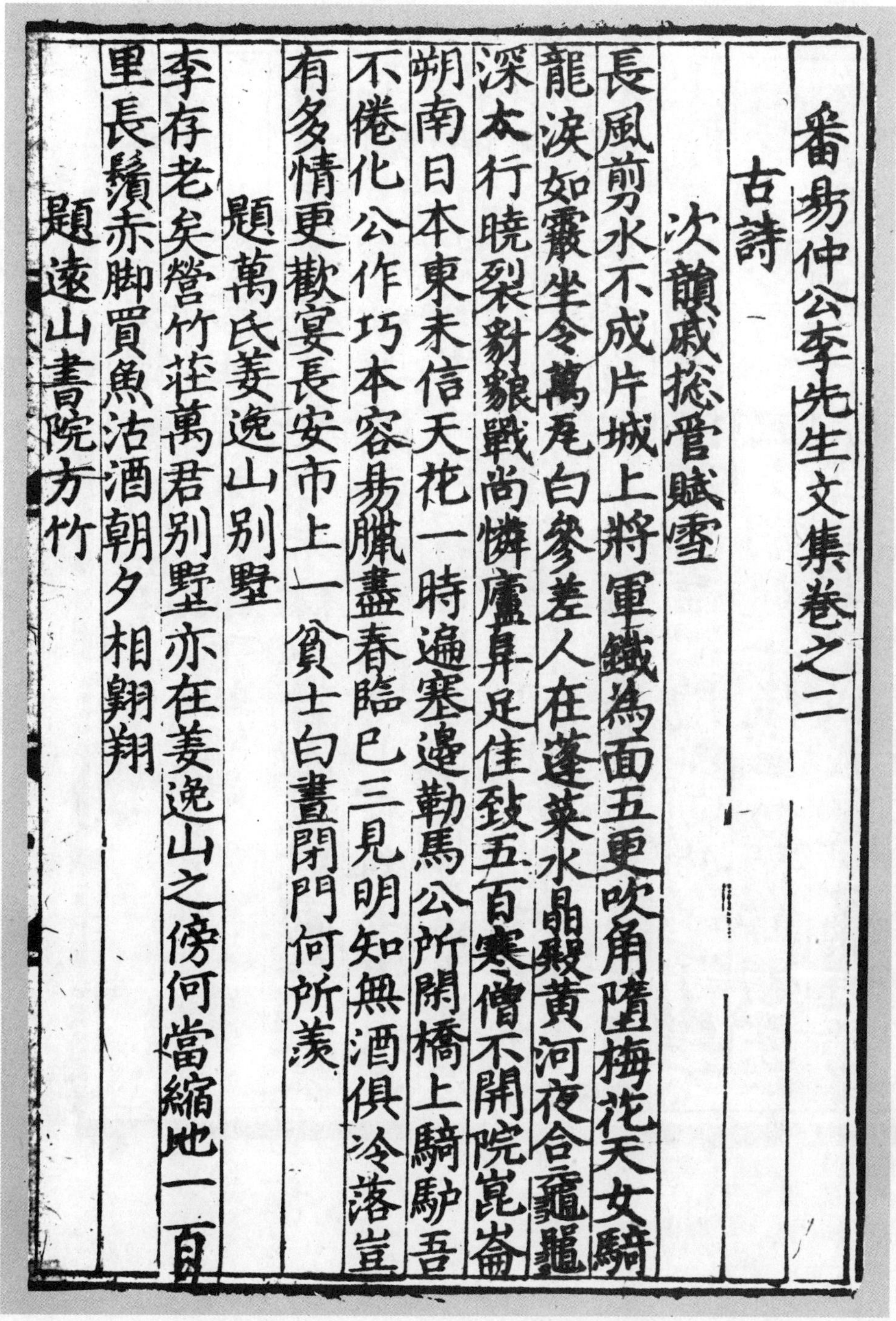

番昜仲公李先生文集卷之二

古詩

次韻戚掄胥賦雪

長風剪水不成片城上將軍鐵為面五更吹角墮梅花天女騎龍淚如霰坐令萬瓦白參差人在蓬萊水晶殿黃河夜合黿鼉深太行曉裂豺貇戰尚憐盧鼻足佳致五百寒僧不開院崑崙朔南日本東未信天花一時遍塞邊勒馬公所開橋上騎驢吾不倦化公作巧本容易臘盡春臨已三見明知無酒俱冷落豈有多情更歡宴長安市上一貧士白晝閉門何所羨

題萬氏姜逸山別墅

李存老矣營竹莊萬君別墅亦在姜逸山之傍何當縮地一百里長鬚赤脚買魚沽酒朝夕相翱翔

題遠山書院方竹

九〇　番陽仲公李先生文集　元李存撰，明永樂三年（1405年）李光刻本。

宛陵先生文集卷第四十

寧陵阻風雨寄都下親舊

晝夜風不止寒樹嚎未休人言雨殺風雨急風未柔獨扶慈毋喪淚與河水流河水有冬竭淚泉長在眸予生五十二再解官居憂昨者毋疾亟骨肉相聚愁囊中無一錢緩急何可求毋當臨終時囑我貧莫羞隨宜具棺殮厚貸墜人頭死事定無益生償且無由泣涕聽毋言心腸如刀鉤小子雖不令長養恩曷酬旦夕期速平後事勿預謀願毋強藥食更延百千秋固云莫望我我魂已飛遊語畢

九一　宛陵先生文集

宋梅堯臣撰，明正統四年（1439年）袁旭刻本。

九二　蘇平仲文集　明蘇伯衡撰，明正統七年（1442年）黎諒刻本。

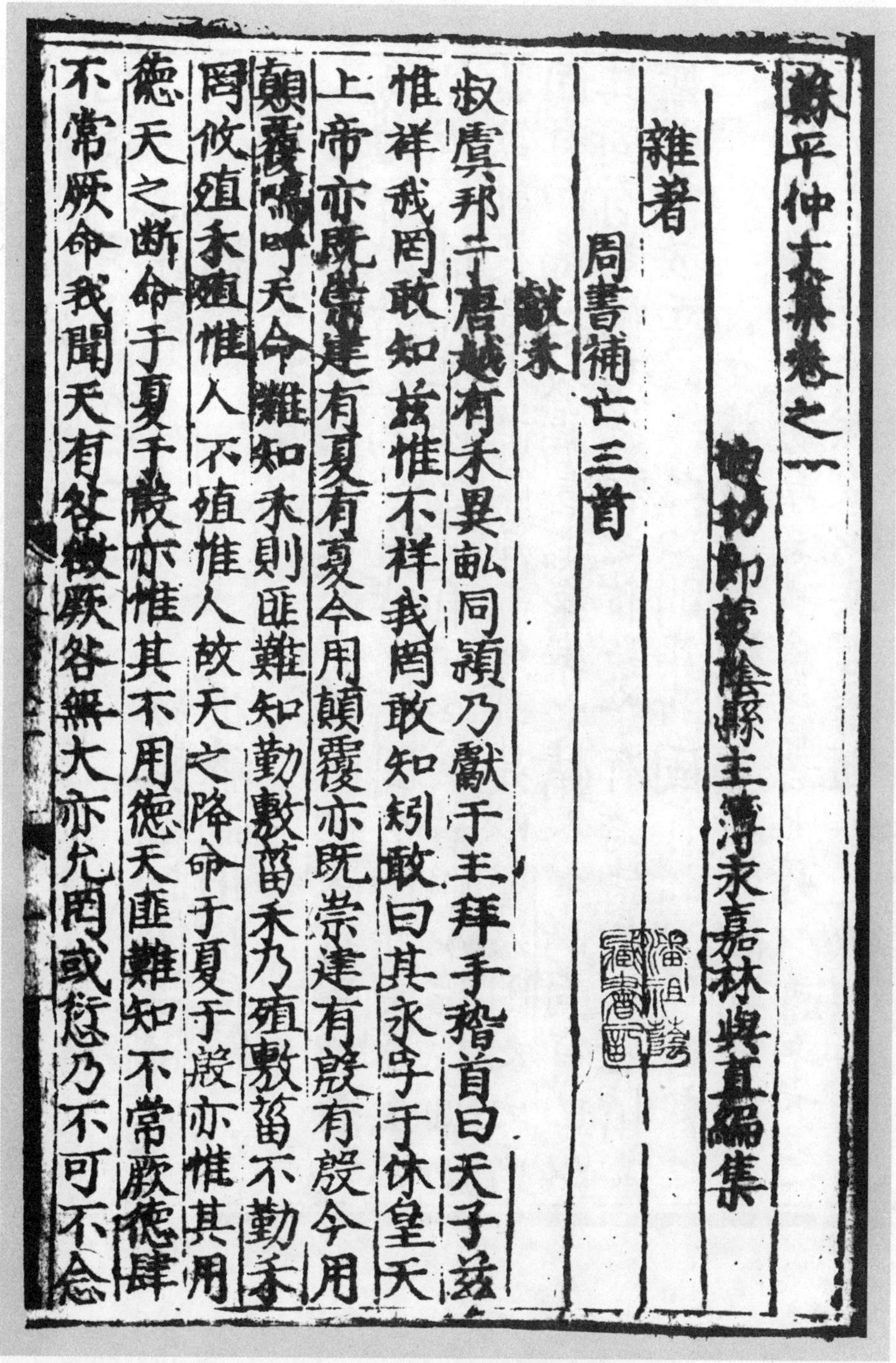

蘇平仲文集卷之一

將仕郎蒙陰縣主簿永嘉林與直編集

雜著

周書補亡三首

獻禾

叔虞邦于唐越有禾異畝同穎乃獻于王拜手稽首曰天子茲惟祥我罔敢知茲惟不祥我罔敢知矧敢曰其永孚于休皇天上帝亦旣崇建有夏有夏今用顛覆亦旣崇建有殷有殷今用顛覆嗚呼天命難知禾則匪難知勤敷蕃禾乃殖敷蕃不勤禾罔攸殖禾殖惟人不殖惟人故天之降命于夏于殷亦惟其用德天之斷命于夏于殷亦惟其不用德天匪難知不常厥德肆不常厥命我聞天有咎徵厥咎無大亦允罔或愆乃不可不念

九三　九靈山房集　元戴良撰，明正統十年（1445年）戴統刻本。

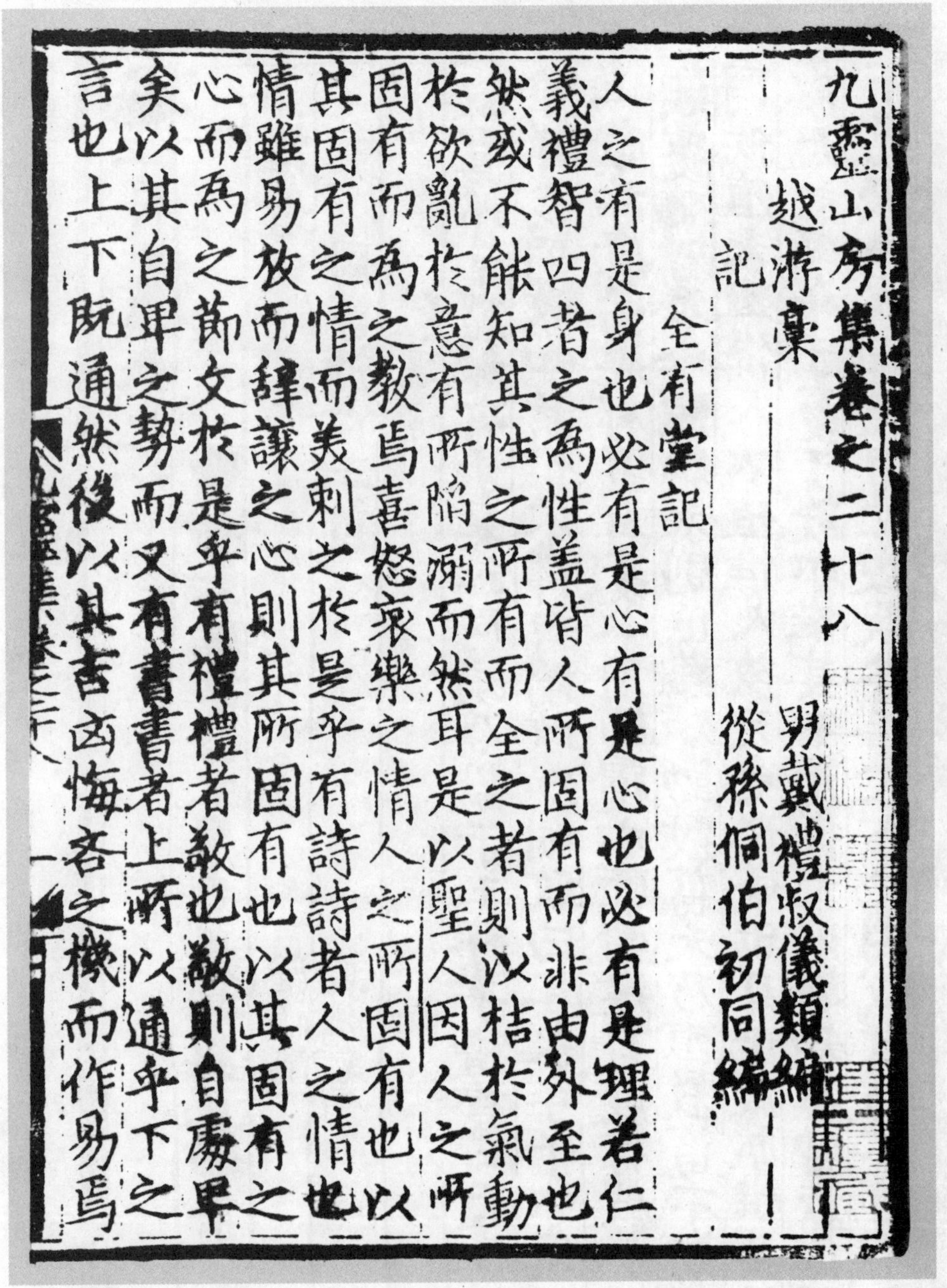
九靈山房集卷之二十八

越游稾　男戴禮叔儀類編

記　從孫侗伯初同編

全有堂記

人之有是身也必有是心有是心也必有是理若仁義禮智四者之爲性蓋皆人所固有而非由外至也然或不能知其性之所有而全之若則以梏於氣動於欲亂於意有所陷溺而然耳是以聖人因人之所固有而爲之教焉喜怒哀樂之情人之所固有也以其固有之情而美刺之於是乎有詩詩者人之情也情雖易放而辭讓之心則其所固有也以其固有之心而爲之節文於是乎有禮禮者敬也敬則自處卑矣以其自卑之勢而又有書書者上所以通乎下之言也上下既通然後以其吉凶悔吝之機而作易焉

石溪集卷二

男滁州儒學學正蒙編集

奉議大夫順天府治中前金華府通判門人劉實校正

奏疏　講章　表　再疏

正統辛酉奏疏

翰林院侍讀臣周叙謹　奏為興學校等事臣惟爲治貴於急先務欽奉　詔書今後凡軍民一應利病該載未盡者許諸人陳言臣以菲才叨侍經筵一得之愚無任惓切不敢泛言無益之事謹擇政務所當先急者開坐謹具奏聞

一興學校臣聞成周盛時武王都鎬先[illegible]建辟廱講學行禮之[illegible][illegible]既成大學首善之地宜先脩

九五　新編頤光先生詩集　明陸頤撰，明景泰元年（1450年）陸瑄刻本。（之一）

新編頤光先生詩集卷之一

選詩

清夜懷鄱陽劉彥昺二首

湛〻清夜徂懷賢阻良會幾欲夢相從那堪不成寐金波薄杏梁玉露滋叢樹偃仰默含情裁詩道離緒

雞鳴郡郭通月落荆門曙隄柳散晴絲風波蕩離緒騎馬欲何之天涯故人去情密自難分心歸豈堪住旅邸戒行裝孤帆隱江樹回首君已遙青山不知處

題練江秋意

舟開白蘋岸江口潮初落不為故情濃那知別懷惡林寒墜葉踈山晚孤雲薄目斷碧天秋相思杳如昨

九六　疊山集　宋謝枋得撰，明景泰四年（1453年）黄溥、楊搗刻本。（之一）

疊山集卷之二　　　　里生濮石黄溥編

五言八句

古詩贈相士吴楚峯

世亂異人出高者爲神仙方術皆救世可知愚與賢喜君風鑒別妙處不可傳着眼看福人要識太平年

贈宋相士

隨飢看無益乘軒計亦疎恐貧吾自解過論子姑徐但得詹而艾飽觀詩與書時乎一盃酒此外儘從渠

求紙衾

避世知無地危身只信天寧持龔勝扇不着揚之綿養性真同道知心有宿縁紙衾加惠槩晴日卧雲邊

九七 文山先生文集 宋文天祥撰，明景泰六年（1455年）韓雍、陳价刻本。（之一）

文山先生文集卷之二

詩

文山即事

宇宙風烟闊山林日月長開灘通燕尾伐石割羊腸盤谷堪居李廬山儂姓康知名揔閑事一醉棹滄浪

出山

日日騎馬来山中歸時明月長在地但願山人一百年年三百餘番醉

闘山寄朱約山

一笠一蓑三釣磯歸来不費買山貲洞天福地深數里石壁嵓流清四時樵牧舊蹊今可馬鬼神天巧不容詩先生爲肯空同

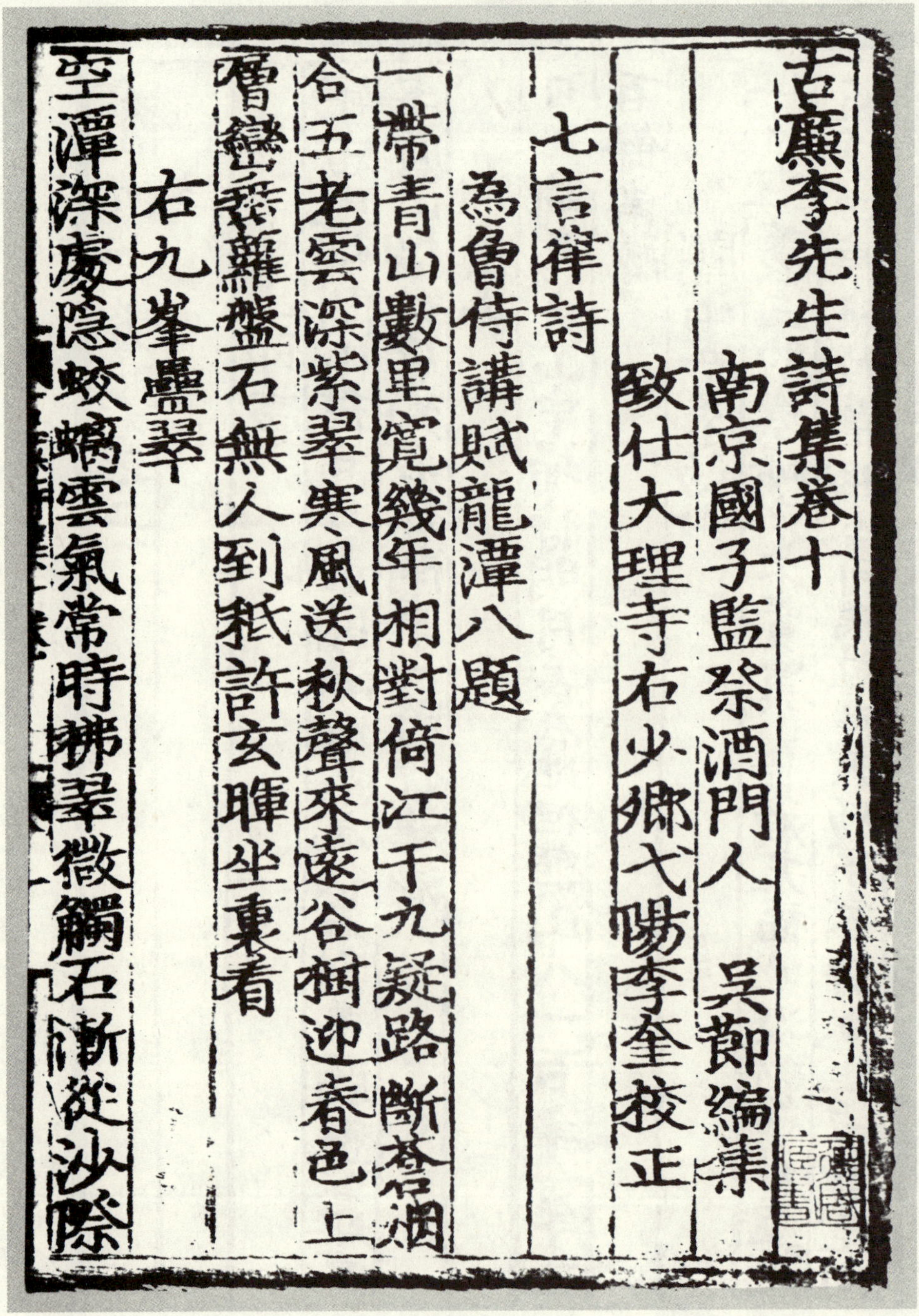
古廉李先生詩集卷十
南京國子監祭酒門人　吳節編集
致仕大理寺右少卿弋陽李奎校正
七言律詩
為曾侍講賦龍潭八題
一帶青山數里寬幾年相對倚江干九疑路斷蒼烟
合五老雲深紫翠寒風送秋聲來遠谷樹迎春色上
層巒薜蘿盤石無人到秪許玄暉坐裏看
右九峯疊翠
空潭深處隱蛟螭雲氣常時拂翠微觸石漸從沙際

九八　古廉李先生詩集　明李時勉撰，明景泰七年（1456年）姚堂刻本。

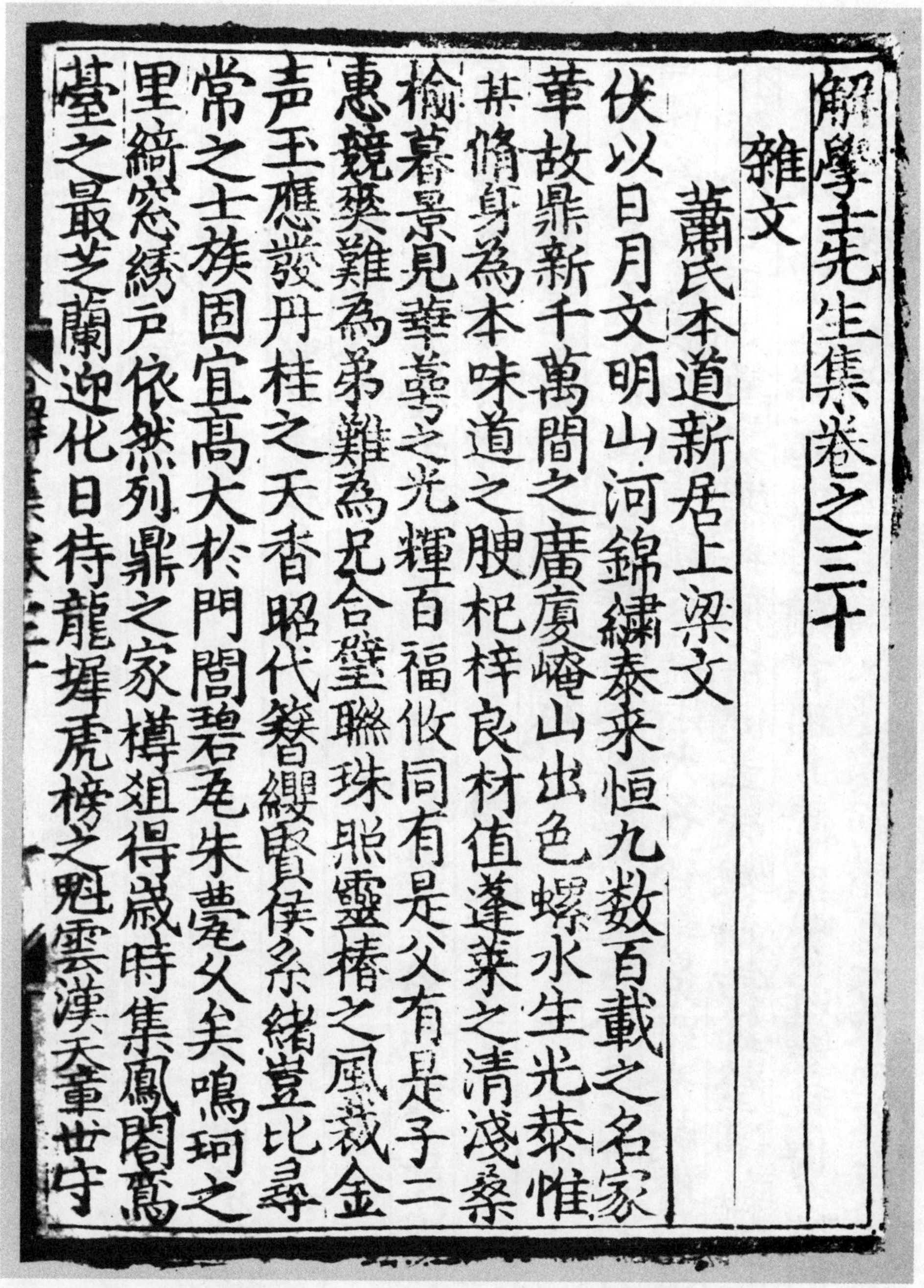

解學士先生集卷之三十

雜文

蕭氏本道新居上梁文

伏以日月文明山河錦繡泰來恒九數百載之名家華故鼎新千萬間之廣廈崦山出色螺水生光恭惟某脩身爲本味道之腴杞梓良材值蓬莱之清淺桑榆暮景見華蕚之光輝百福攸同有是父有是子二惠競爽難爲弟難爲兄合璧聯珠照靈椿之風歲金声玉應發丹桂之天香昭代簪纓賢侯系緒豈比尋常之士族固宜高大於門閭碧瓦朱甍久矣鳴珂之里綺窓繡戶依然列鼎之家樽俎得歲時集鳳閣鳶臺之最芝蘭迎化日待龍墀虎榜之魁雲漢天章世守

九九　解學士先生集

明解縉撰，明天順元年（1457年）黃諫刻本。

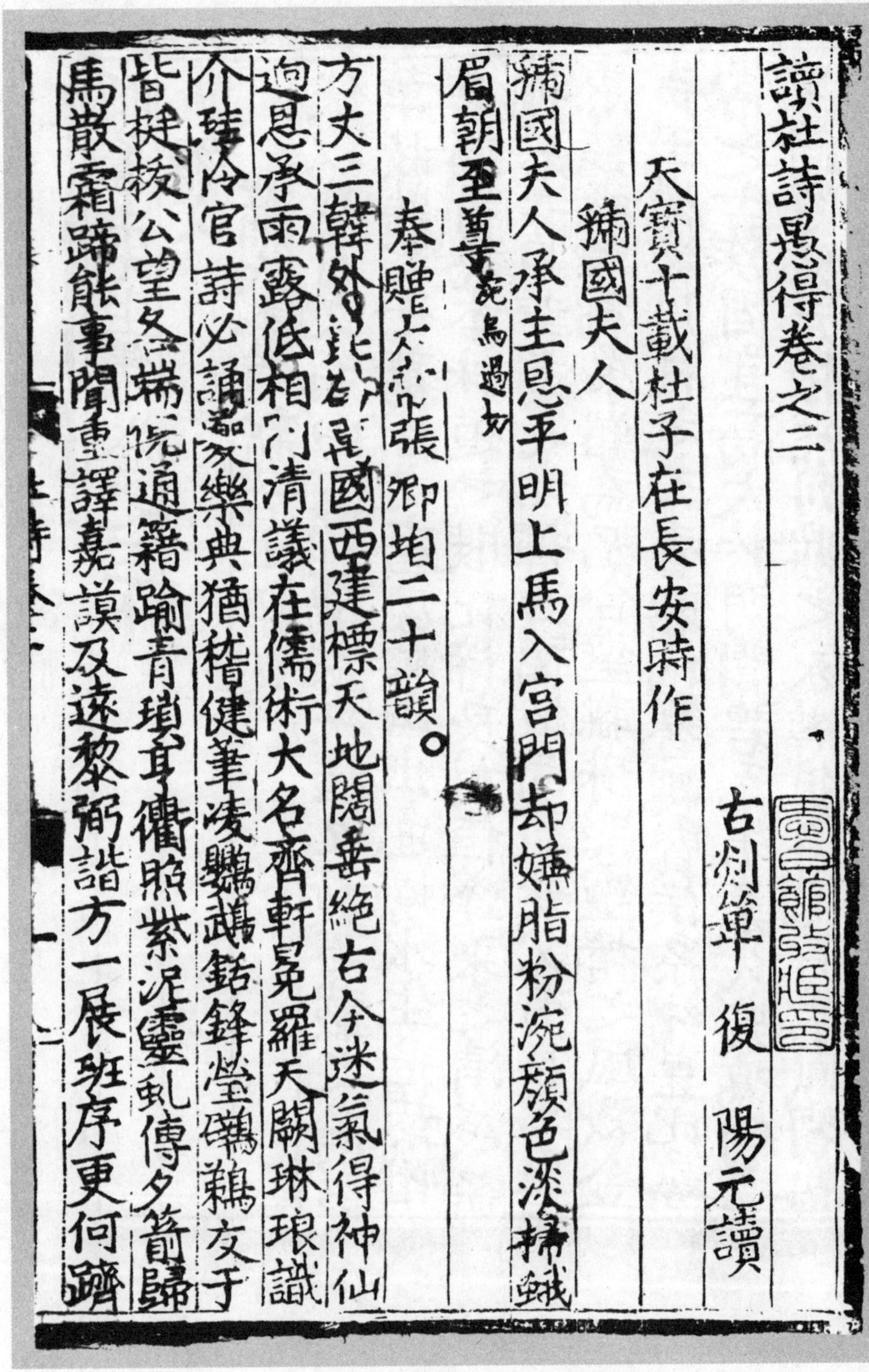
讀杜詩愚得卷之二

古劍單　復　陽元讀

天寶十載杜子在長安時作

虢國夫人

虢國夫人承主恩平明上馬入宮門却嫌脂粉涴顏色淡掃蛾眉朝至尊

奉贈太常張卿垍二十韻

方丈三韓外崑崙萬國西建標天地闊詣絕古今迷氣得神仙迥恩承雨露低相門清議在儒術大名齊軒冕羅天闕琳琅識介珪伶官詩必誦夔樂典猶稽健筆凌鸚鵡銛鋒瑩鷿鵜友于皆挺拔公望各端倪通籍踰青瑣亨衢照紫泥靈虯傳夕箭歸馬散霜蹄能事聞重譯嘉謨及遠黎弼諧方一展班序更何躋

一〇〇　讀杜詩愚得

明單復撰，明天順元年（1457年）朱熊梅月軒刻本。

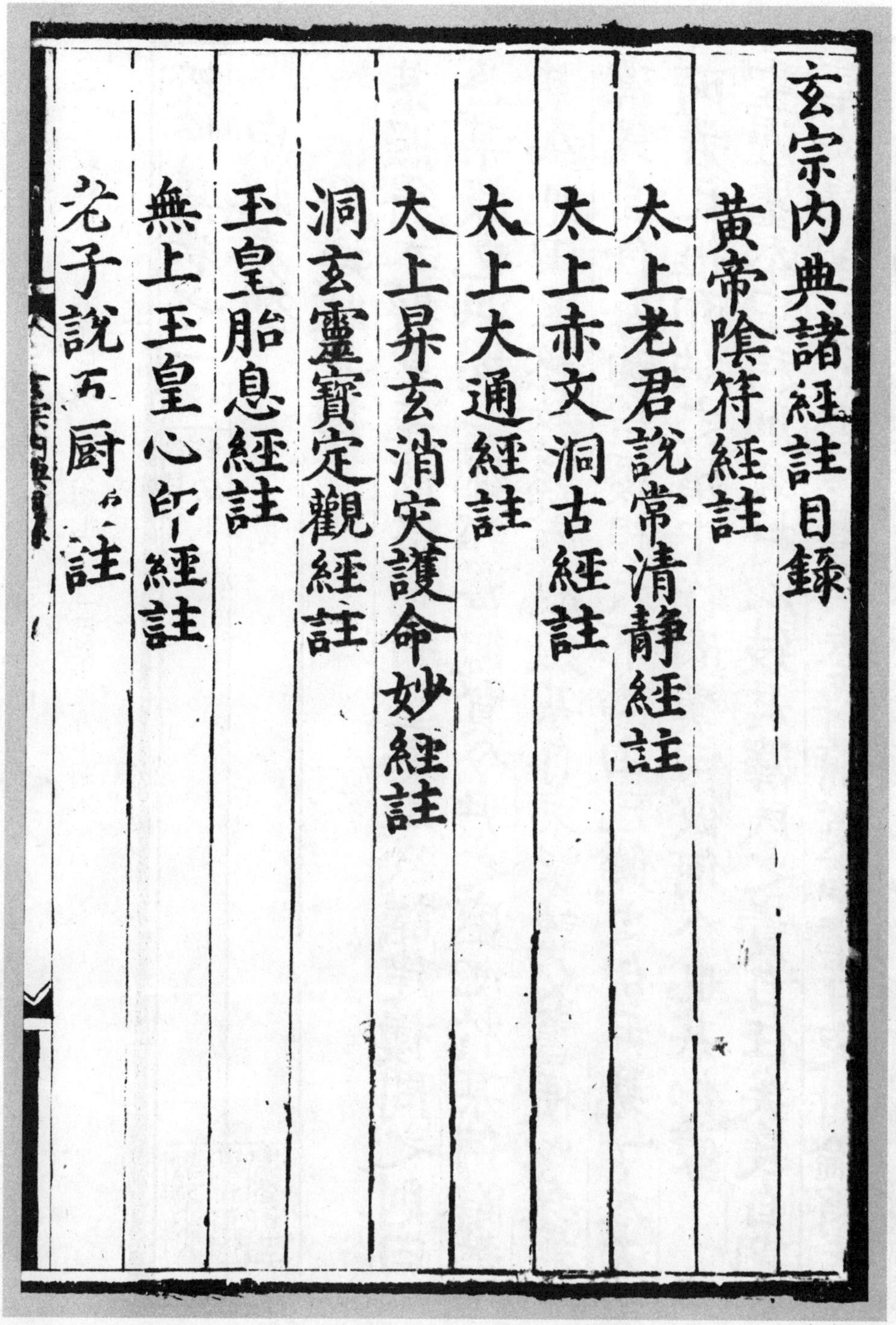

玄宗內典諸經註目錄

黃帝陰符經註

太上老君說常清靜經註

太上赤文洞古經註

太上大通經註

太上昇玄消災護命妙經註

洞玄靈寶定觀經註

玉皇胎息經註

無上玉皇心印經註

老子說五廚經註

一〇一　玄宗內典諸經注　明邵以正輯，明天順四年（1460年）自刻本。

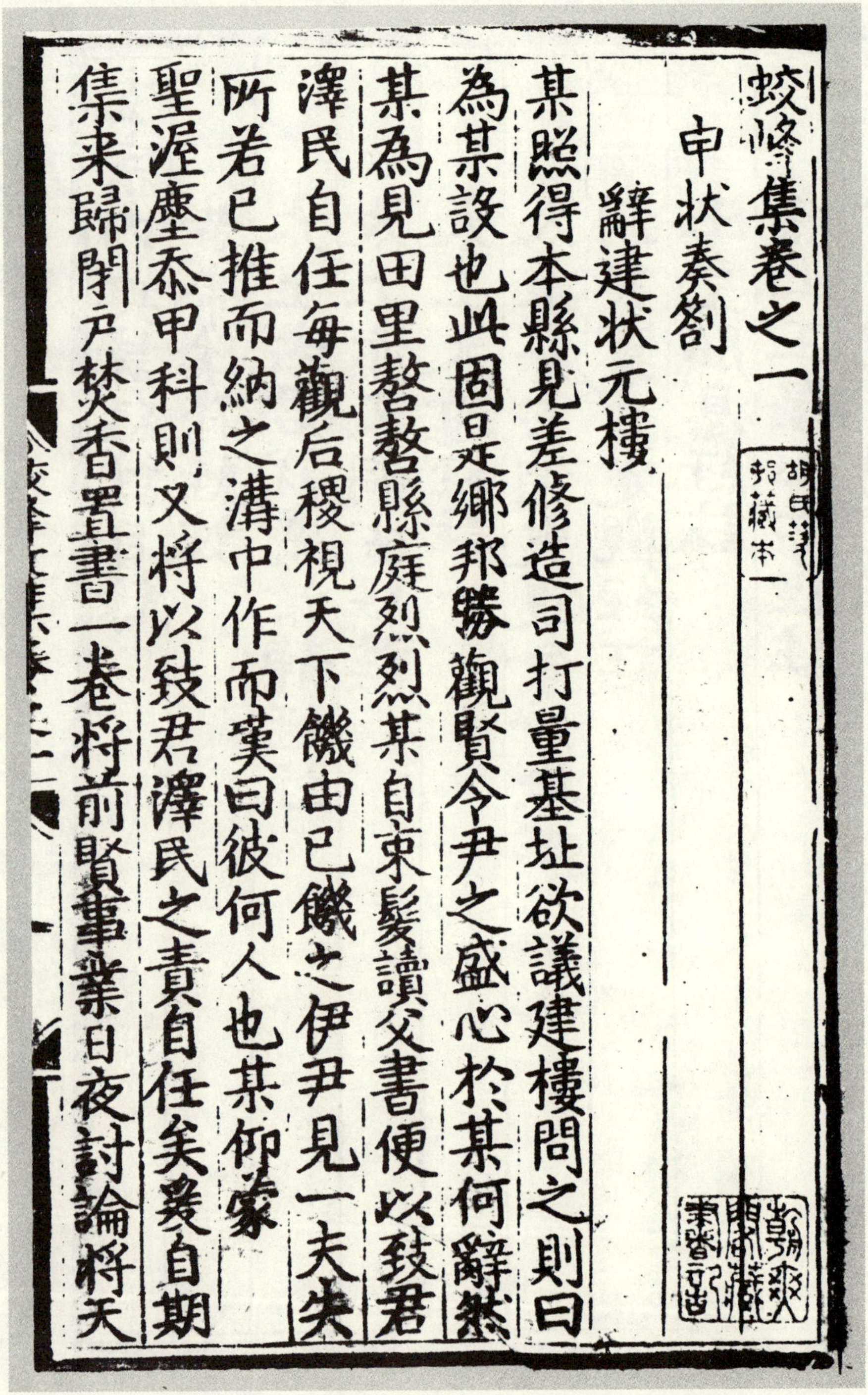

蛟峰集卷之一
申狀奏劄
辭建狀元樓
某照得本縣見差修造司打量基址欲議建樓問之則曰
為某設也此固是鄉邦勝觀賢令尹之盛心於某何辭然
某為見田里嗸嗸縣庭烈烈某自束髮讀父書便以致君
澤民自任每觀后稷視天下饑由己饑之伊尹見一夫失
所若已推而納之溝中作而嘆曰彼何人也某仰慕
聖渥塵忝甲科則又將以致君澤民之責自任矣爰自期
集來歸閉戶焚香置書一卷將前賢事業日夜討論將天

一〇二　蛟峰集　宋方逢辰撰，明天順七年（1463年）方中刻本。

一〇三　史記

漢司馬遷撰，劉宋裴駰集解，唐司馬貞索隱，明天順游明刻本。（之一）

五帝本紀第一卷　史記一
○司馬貞索隱曰紀者記也本其事而記之故曰本紀又
紀理也絲縷有紀而帝王書稱紀者言爲後代綱紀也
裴駰曰凡是徐氏義稱徐姓名以別
之餘者悉是駰註辭并采衆家義
黄帝者　徐廣曰號有熊○索隱曰按有土德之瑞土色黄故稱黄
帝猶神農火德王而稱炎帝然也此以黄帝爲五帝之首
蓋依大戴禮五帝德又譙周宋均亦以爲然而孔安國皇甫謐帝
王代紀及孫氏註系本並以伏犧神農黄帝爲三皇少昊高陽高
辛唐虞爲五帝註號有熊者以其本是有熊國君之子故也
亦號軒轅之丘因以爲名又以爲號又據左傳亦號帝鴻氏也　少典
之子　譙周曰有熊國君少典之子也皇甫謐曰有熊今河南新鄭
是也○索隱曰少典者諸侯國號非人名也又按國語云少
典娶有蟜氏女而生炎帝然則炎帝亦少典之子炎黄二帝雖則
承帝王代紀中間凡隔八帝五百餘年若以少典是其父名豈黄
帝經五百餘年而始代炎帝後爲天子乎何其年之長也又按秦
本紀云顓頊氏之裔孫曰女脩吞玄鳥之卵而生大業大業娶少
典氏而生柏翳明少典是國號非人名也黄帝即少典氏後代之
子孫賈逵亦以左傳高陽氏有才子八人亦謂其後代子孫而稱
爲子是也譙周字允南蜀人魏散騎常侍徵不拜此註所引者是
其人所著古史考之說也皇甫謐字士安晉人號玄晏先生今所
引者是其所作　姓公孫名曰軒轅　○索隱曰按皇甫謐云黄帝生
帝王代紀也　於壽丘長於姬水因以爲姓都
軒轅之丘因以爲名又以爲號是　生而神靈弱而能言　○索隱曰
本姓公孫長居姬水因改姓姬　弱謂幼弱
時也蓋未合能言之時而黄帝即言所以爲

田儋列傳卷第三十四　　史記九十四

田儋者狄人也（徐廣曰今樂安臨濟縣也）故齊王田氏族也儋從弟田榮榮弟田橫皆豪宗彊能得人（〇索隱曰儋子市從弟榮榮子廣榮弟橫各近爲王榮并王三齊）陳涉之初起王楚也使周市略定魏地北至狄狄城守田儋詳爲縛其奴從少年之廷欲謁殺奴（服虔曰古殺奴婢皆當告官儋欲殺令故詐縛奴而以謁也）見狄令因擊殺令而召豪吏子弟曰諸侯皆反秦自立齊古之建國儋田氏當王遂自立爲齊王（徐廣曰二世元年九月也）發兵以擊周市周市軍還去田儋因率兵東略定齊地秦將章邯圍魏王咎於臨濟急魏王請救於齊齊王田儋將兵救魏（徐廣曰二年六月）章邯夜銜枚擊大破齊魏軍殺田儋於臨濟下儋弟田榮收儋餘兵東走東阿齊人聞王田儋死迺立故齊王建之弟田假爲齊王田角爲相田閒爲將以距諸侯田榮之走東阿章邯追圍之項梁聞田榮之急迺引兵擊破章邯軍東阿下章邯走而西項梁因追之而田榮怒齊之立假迺引兵歸擊逐齊王假假亡走楚齊相角亡走趙角弟田閒前求救趙因

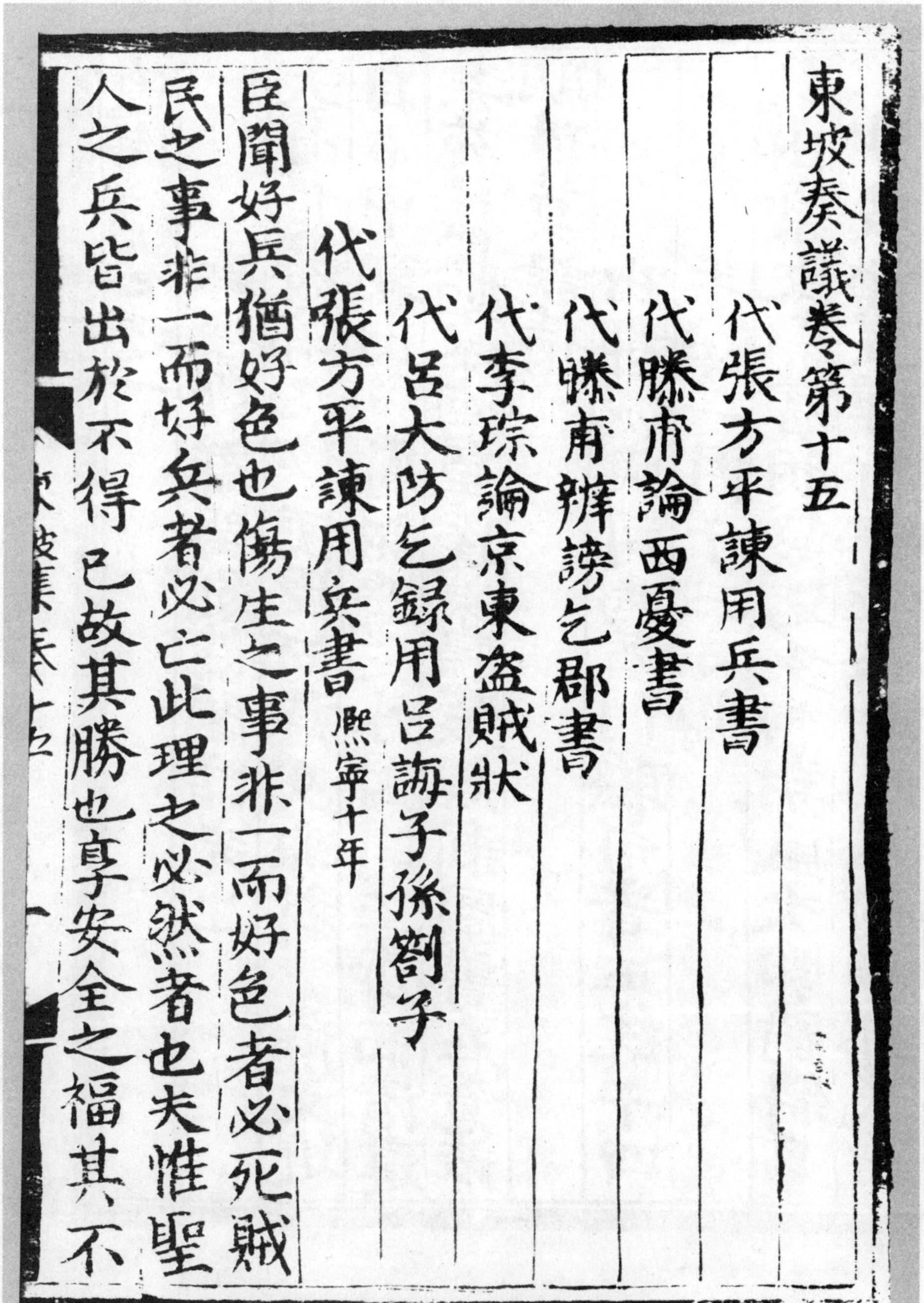

東坡奏議卷第十五

代張方平諫用兵書

代滕甫論西夏書

代滕甫辯謗乞郡書

代李琮論京東盗賊狀

代吕大防乞録用吕誨子孫劄子

代張方平諫用兵書 熙寧十年

臣聞好兵猶好色也傷生之事非一而好色者必死賊民之事非一而好兵者必亡此理之必然者也夫惟聖人之兵皆出於不得已故其勝也享安全之福其不

一〇四　東坡奏議　宋蘇軾撰，明成化四年（1468年）程宗刻東坡集本。

一〇五　遼海編　明倪謙撰，明成化五年（1469年）倪岳刻本。

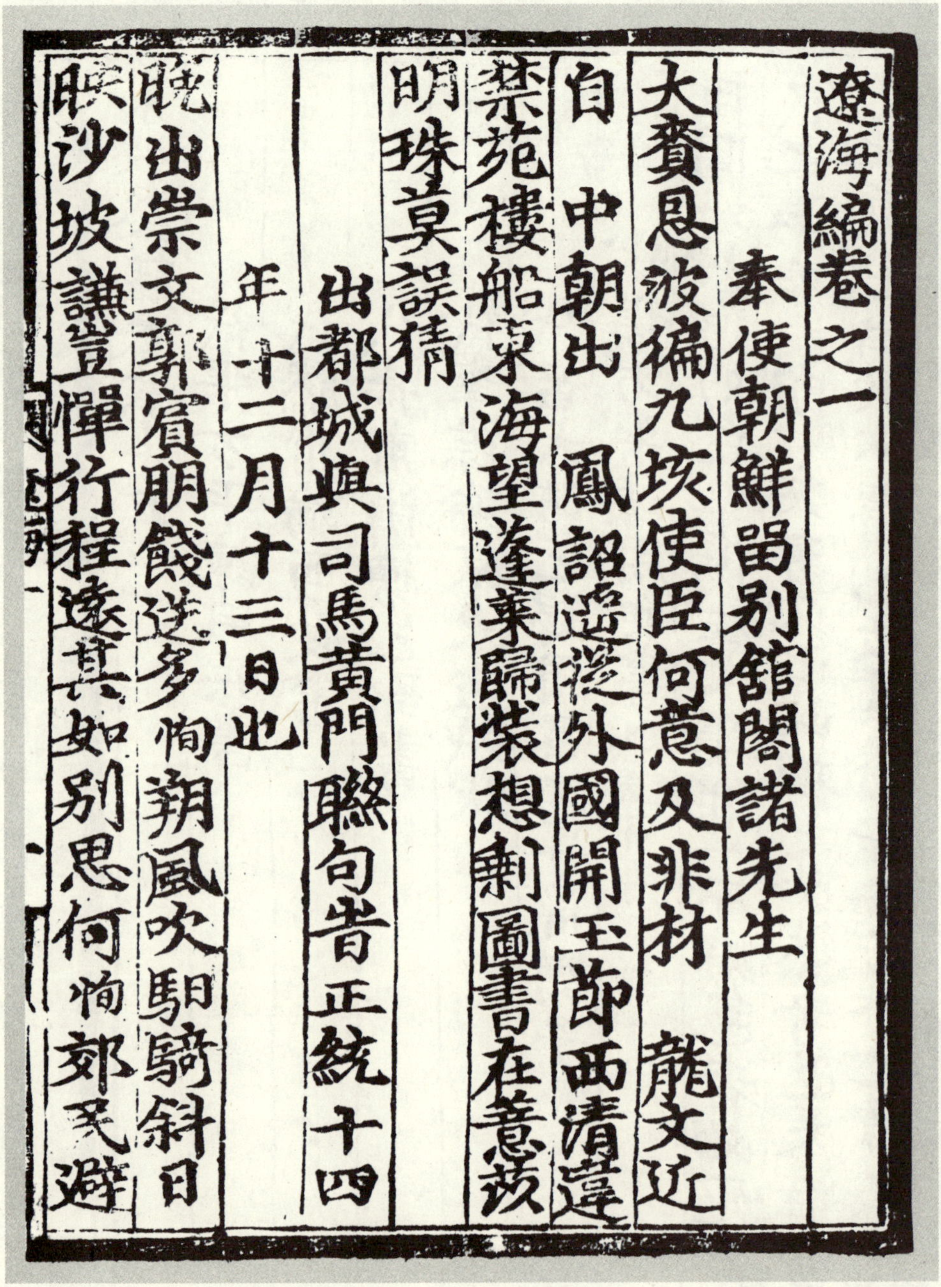

遼海編卷之一

奉使朝鮮留別館閣諸先生

大賚恩波徧九垓使臣何意及非材　龍文近

自　中朝出　鳳詔遥從外國開玉節西清違

禁苑樓船東海望蓬萊歸裝想剩圖書在意兹

明珠莫誤猜

出都城與司馬黃門聯句昔正統十四

年十二月十三日也

曉出崇文郭賓朋餞送多恂朔風吹馹騎斜日

映沙坡謙豈憚行程遠其如別思何恂郊民避

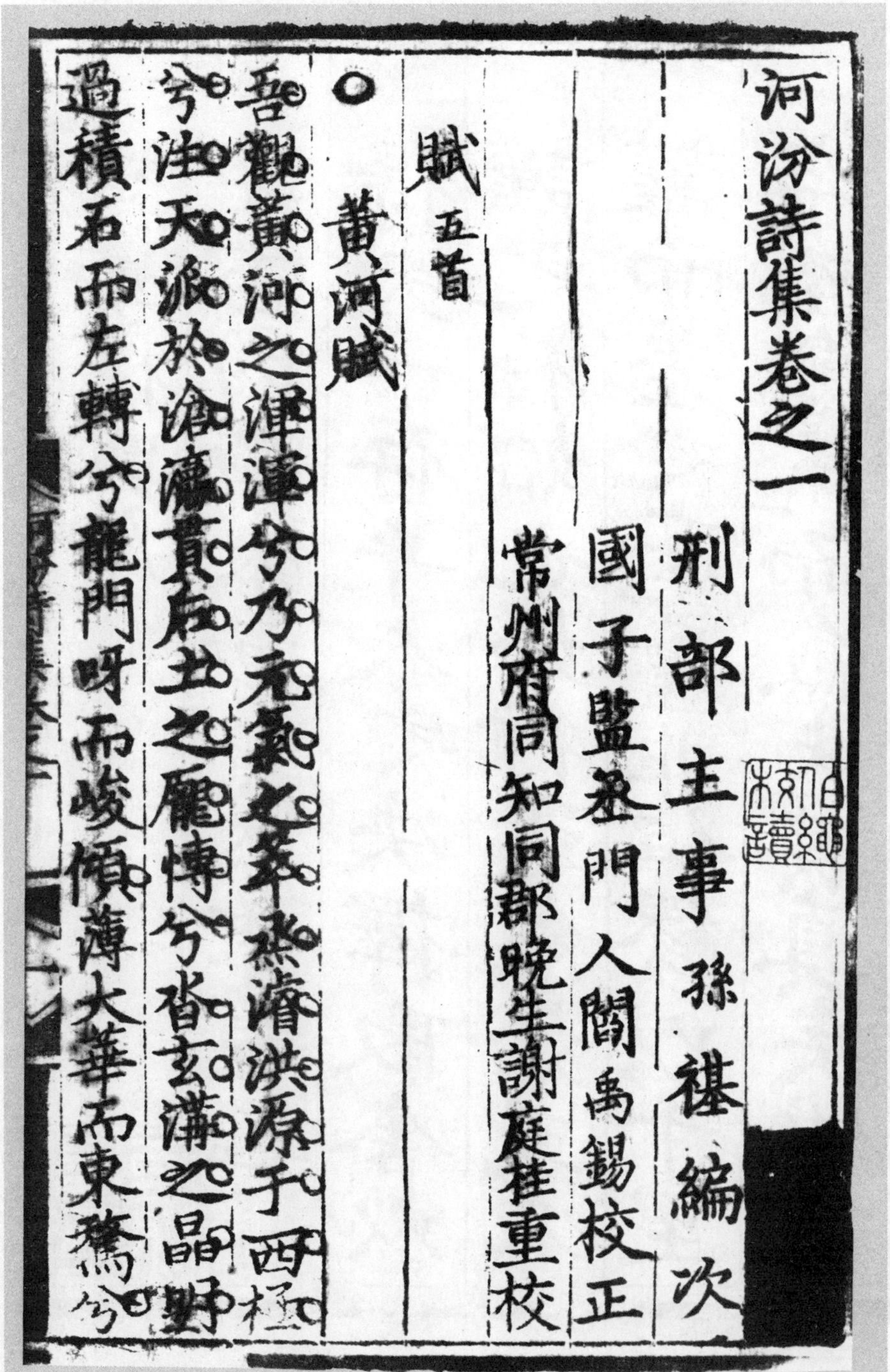

河汾詩集卷之一

刑部主事孫禥編次

國子監丞門人閻禹錫校正

常州府同知同郡晚生謝庭桂重校

賦五首

○黄河賦

吾觀黄河之渾渾兮乃元氣之萃烝濬洪源于西極兮注天派於淪瀛貫后土之龐博兮沓玄潢之晶野過積石而左轉兮龍門呀而峻傾薄大華而東騖兮

一〇六　河汾詩集　明薛瑄撰，明成化五年（1469年）謝庭桂、朱維吉刻本。

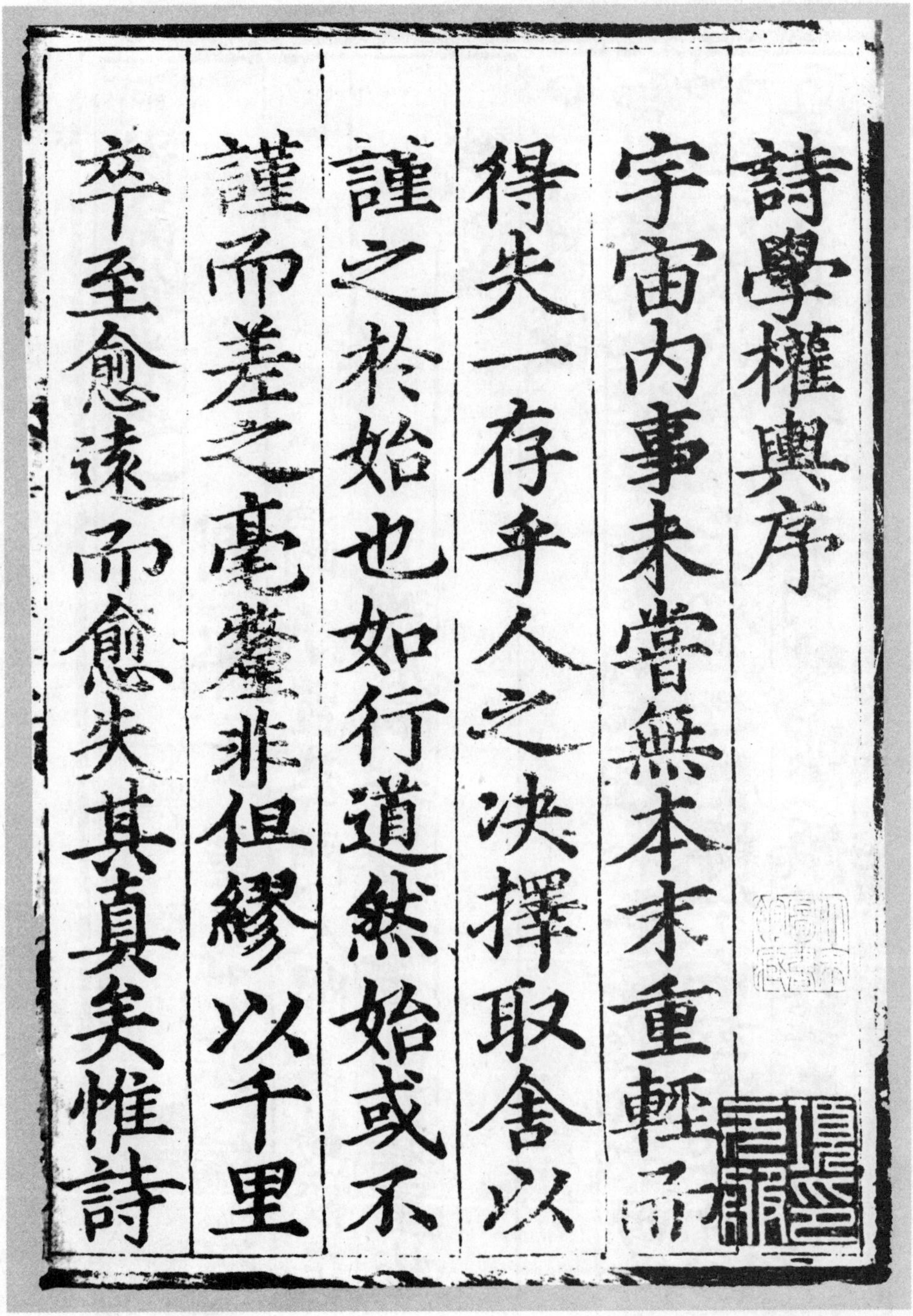
詩學權輿序
宇宙内事未嘗無本末輕重而
得失一存乎人之决擇取舍以
謹之於始也如行道然始或不
謹而差之毫釐非但繆以千里
卒至愈遠而愈失其真矣惟詩

一〇七　詩學權輿　明黄溥輯，明成化五年（1469年）自刻本。（之一）

詩學權輿卷之二十二

唐巧聯

寫景

人烟寒橘柚秋色老梧桐 李白

江樹臨洲晚沙禽對水寒 劉長卿七里灘

秋應為紅葉雨不厭蒼苔 李義山

霜空極天静寒月帶江流 張說

風度蟬聲遠雲開鴈路長 隋王胄雨晴

草木窮秋後山川落照時 杜牧寄友人

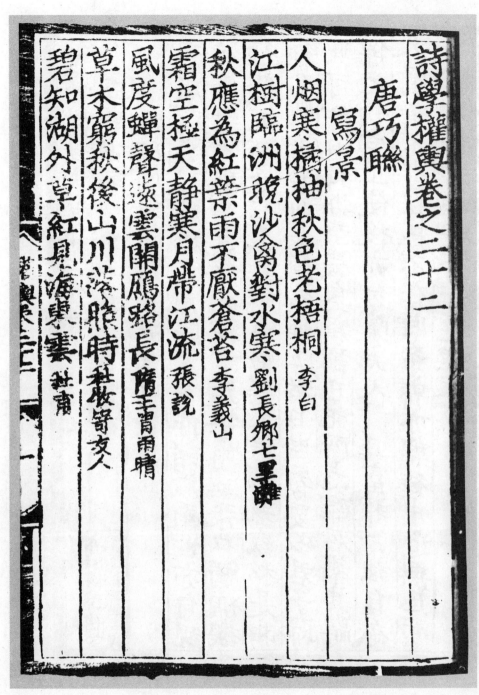

碧知湖外草紅見海東雲 杜甫

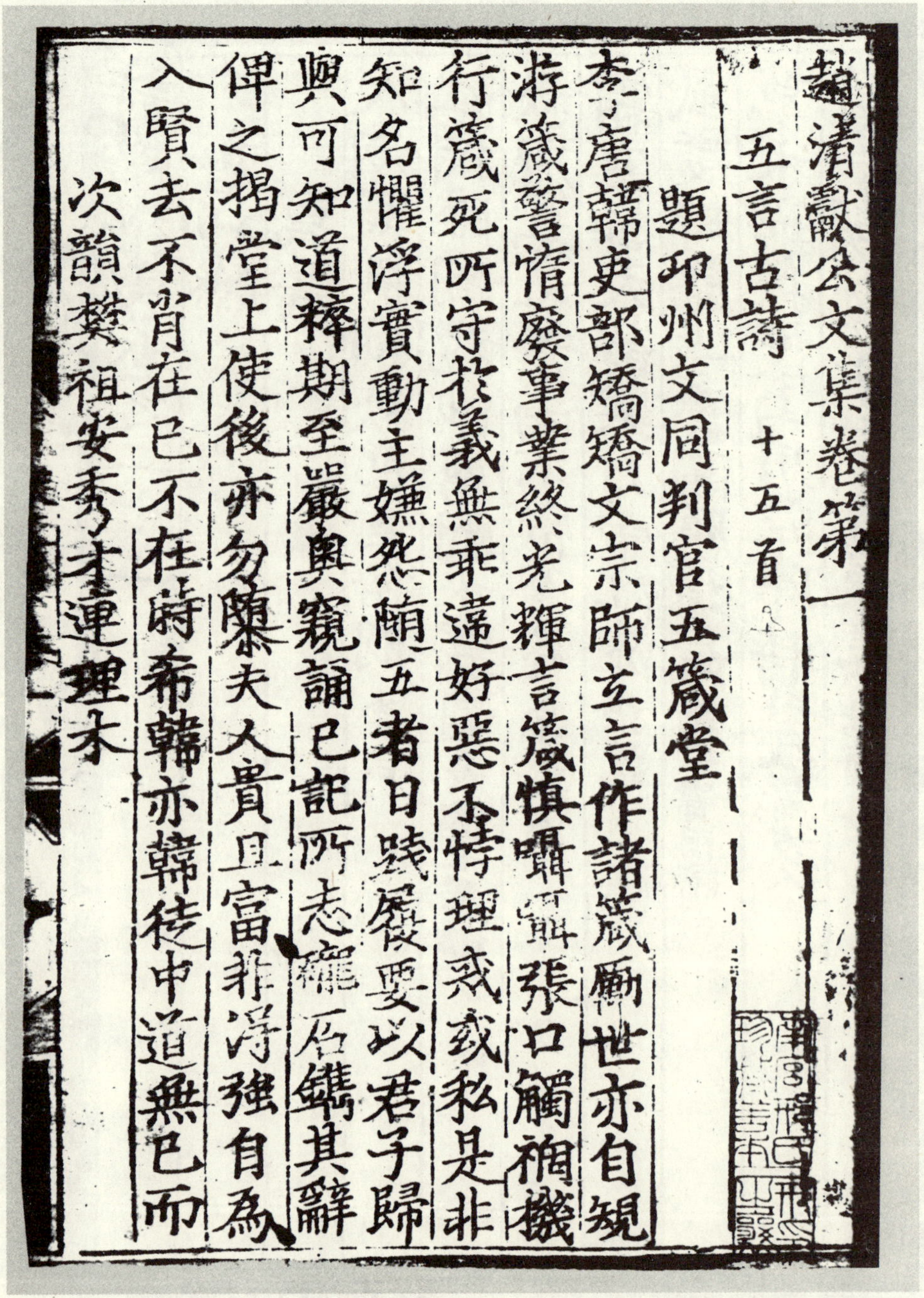

趙清獻公文集卷第一

五言古詩　十五首

題邛州文同判官五箴堂

李唐韓吏部矯矯文宗師立言作諸箴勵世亦自規
游箴警惰廢事業終光輝言箴慎囂譁張口觸禍機
行箴死所守於義無乖違好惡不恃理或私是非
知名懼浮實動主嫌怨隨五者日踐履要以君子歸
與可知道粹期至嚴與窺誦已記所志纚石鑴其辭
俾之揭堂上使後亦勿隳夫人貴且富非得強自爲
入賢去不肖在已不在時希韓亦韓徒中道無已而

次韻樊祖安秀才運理木

一〇八　趙清獻公文集　宋趙抃撰，明成化七年（1471年）閻鐸刻本。

一〇九　圭齋文集　元歐陽玄撰，明歐陽銘、歐陽鏞編，明成化七年（1471年）劉釪刻本。

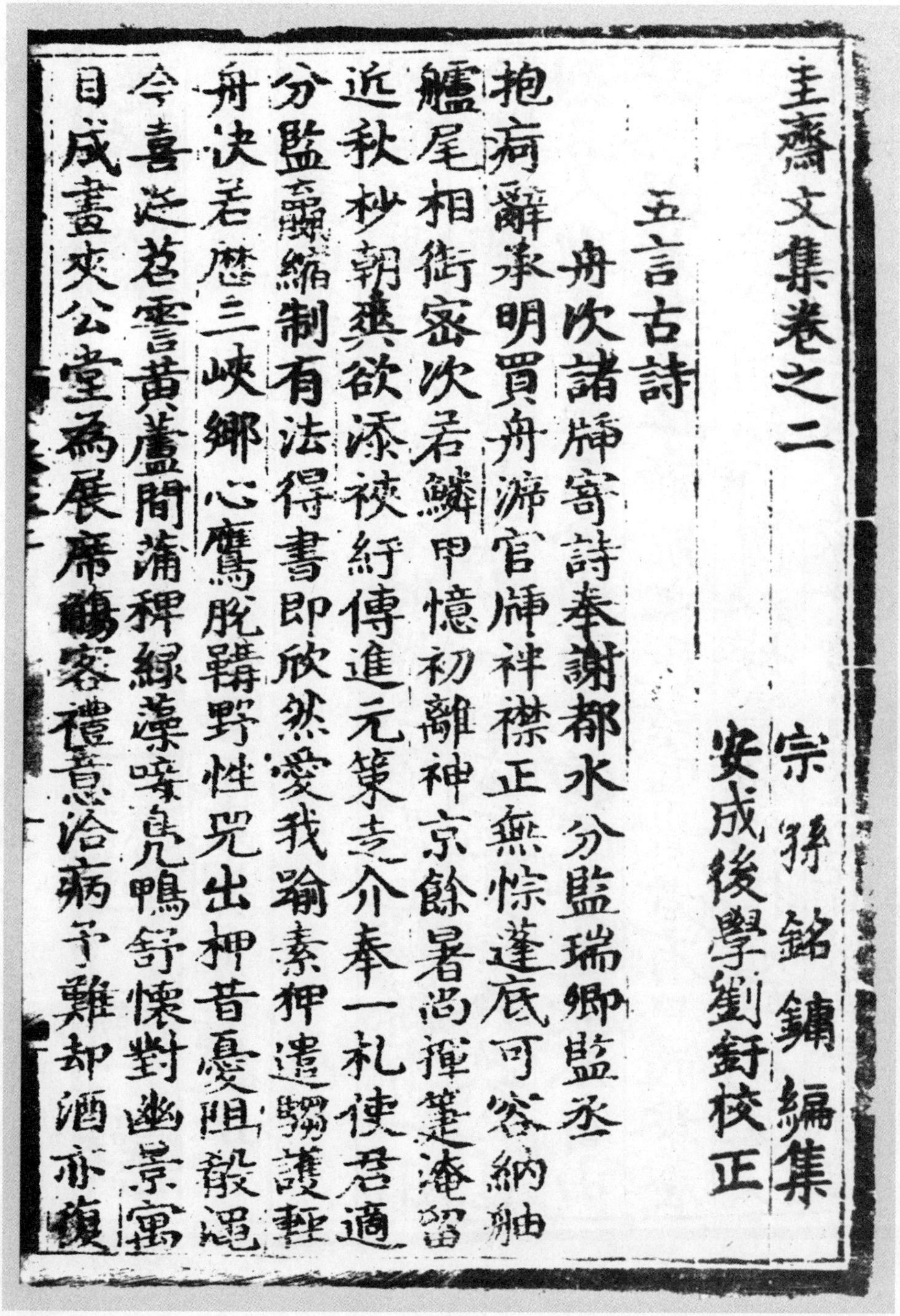

圭齋文集卷之二

宗孫銘鏞編集

安成後學劉釪校正

五言古詩

舟次諸牌寄詩奉謝都水分監瑞卿監丞

抱痾辭承明買舟滯官牌祥襟正無悰蓬底可容納舳艫尾相銜密次若鱗甲憶初離神京餘暑尚揮箑淹留近秋杪朝爽欲添裌紵傳進元策壹介奉一札使君適分監蠡縮制有法得書即欣然愛我踰素狎遣騶護輕舟決若歷三峽鄉心鷹脫鞲野性兕出柙昔憂阻毅還今喜泛苕霅黃蘆間蒲稗綠藻噪鳧鴨舒懷對幽景寓目成晝夾公堂爲展席觴客禮意洽痾予難却酒亦復

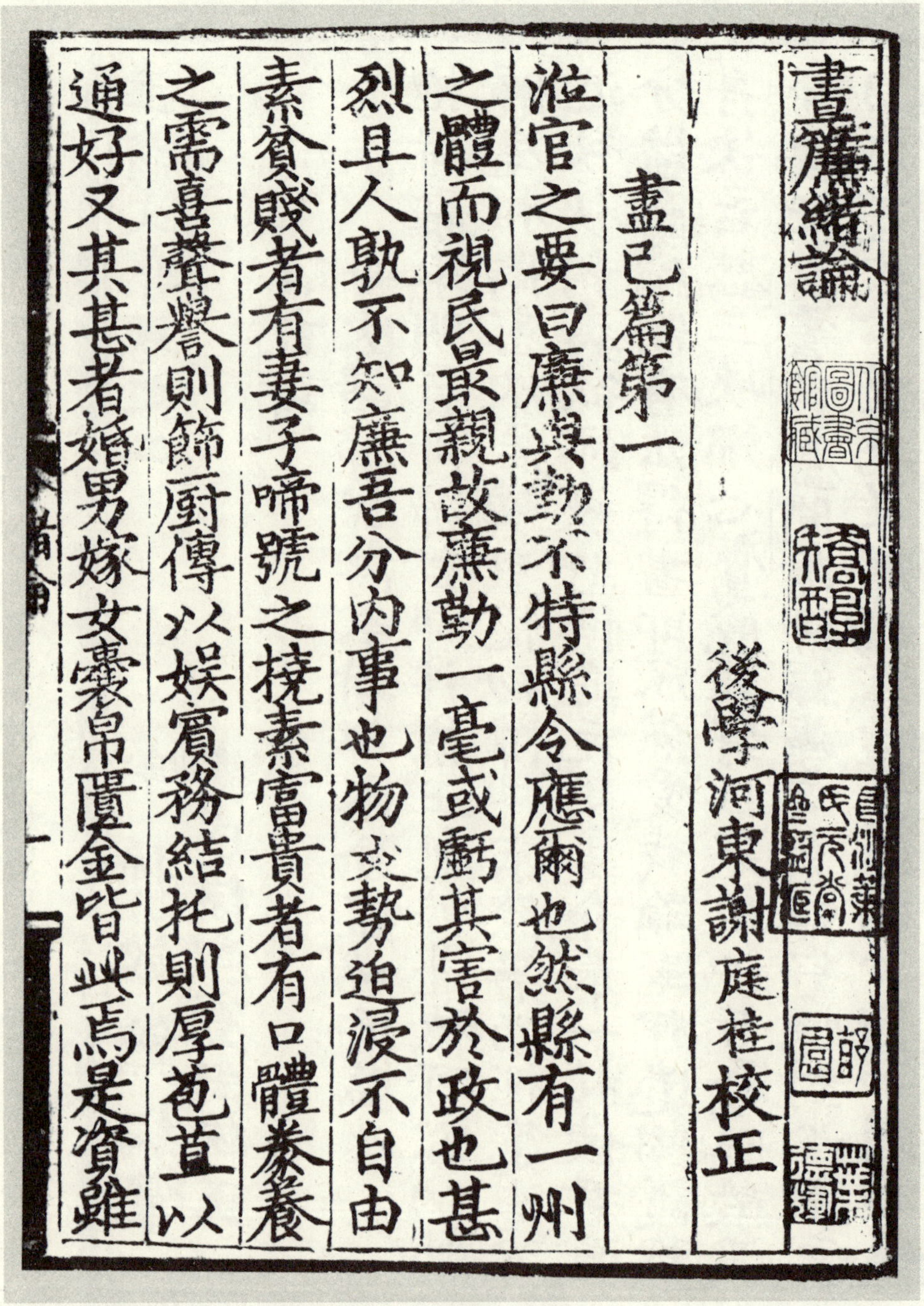

晝簾緒論

後學河東謝庭桂校正

盡已篇第一

涖官之要曰廉與勤不特縣令應爾也然縣有一州之體而視民最親故廉勤一毫或虧其害於政也甚烈耳人孰不知廉吾分內事也物交勢迫浸不自由素貧賤者有妻子啼號之撓素富貴者有口體豢養之需喜聲譽則飾廚傳以娛賓務結托則厚苞苴以通好又其甚者婚男嫁女囊帛匱金皆此焉是資雖

一一〇 晝簾緒論 宋胡太初撰，明成化七年（1471年）何鑒刻本。（之一）

題畫簾緒論後

畫簾之名昉乎劉宋允令丞治所皆揭之而論以是名擬古也顧觀之之令山陰史不書其善政特書其善治劇爾天台胡公猶跂慕之若親履其庭而聆其緒言者且其言紘深辯

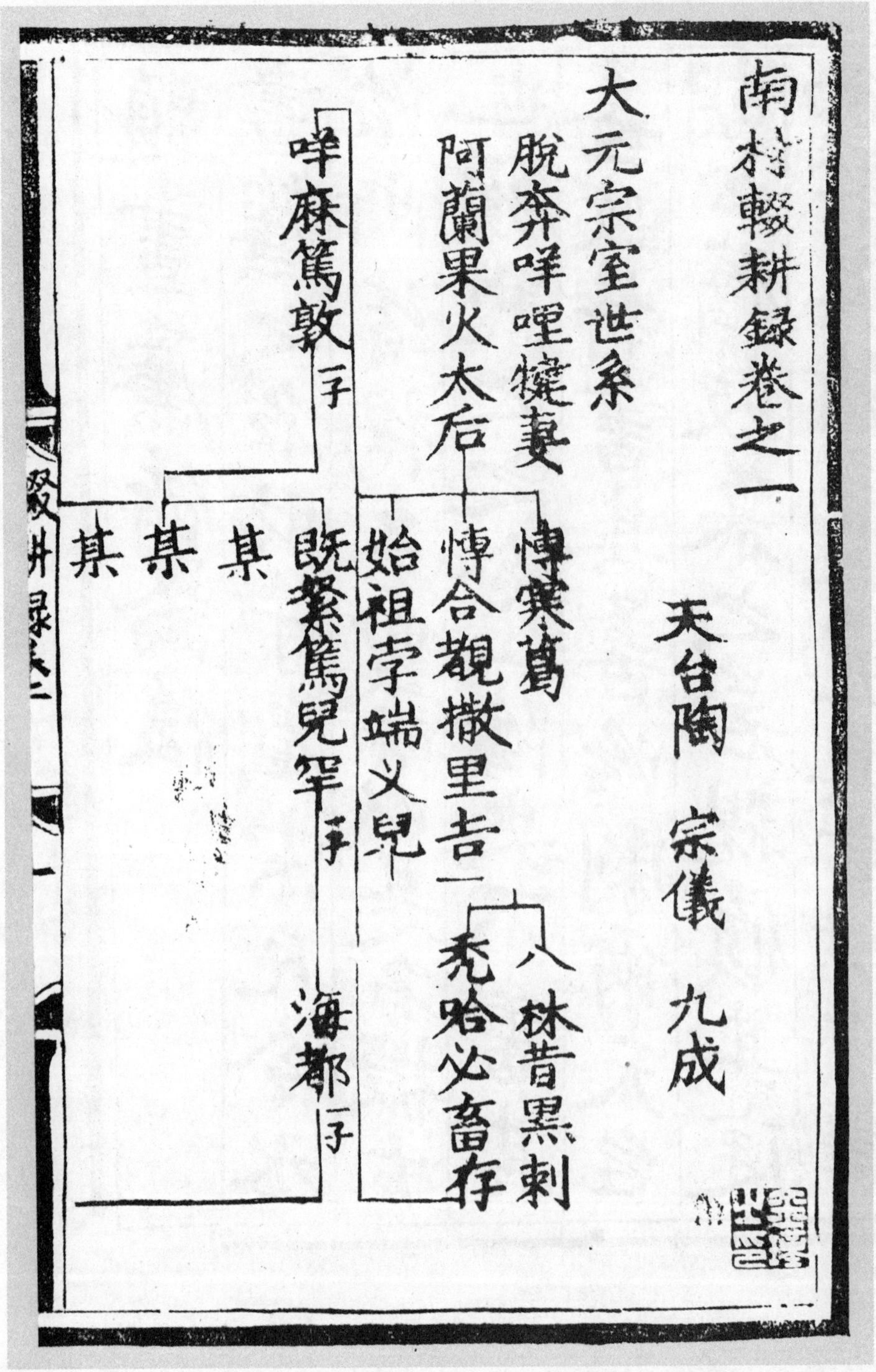

南村輟耕録卷之一

天台陶　宗儀　九成

大元宗室世系

脫奔咩哩犍妻

阿蘭果火太后

博寒葛

博合覩撒里吉

八林昔黑剌

禿哈必畜存

始祖孛端叉兒

咩麻篤敦　一子

既拏篤兒罕　一子

海都　一子

其

其

其

輟耕録卷之一

一一一　南村輟耕録　明陶宗儀撰，明成化十年（1474年）戴珊刻本。

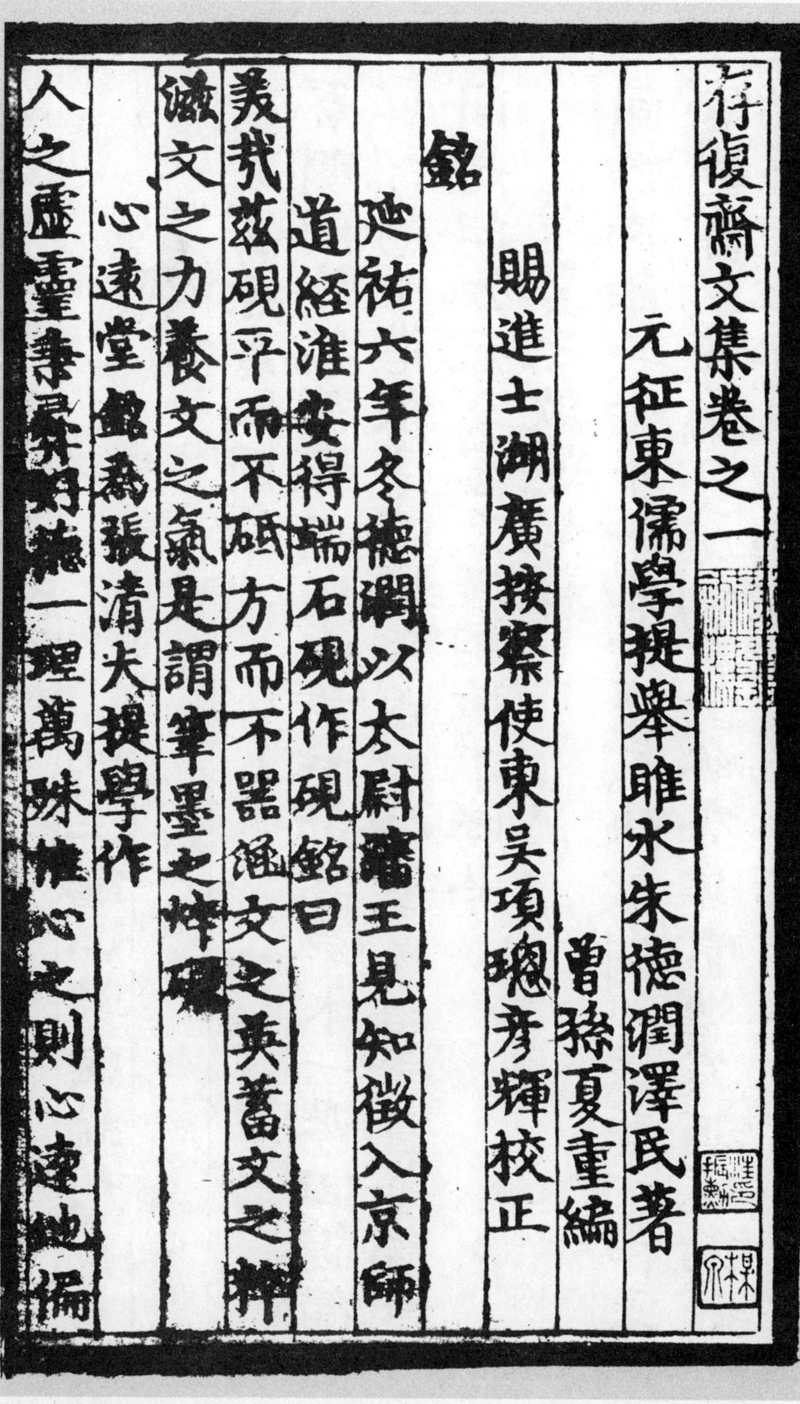
存復齋文集卷之一
元征東儒學提舉睢水朱德潤澤民著
曾孫夏重編
賜進士湖廣按察使東吴項璁彦輝校正
銘
延祐六年冬德潤以太尉瀋王見知徵入京師
道經淮安得端石硯作硯銘曰
義哉茲硯平而不砥方而不器涵文之英蓄文之粹
滋文之力養文之氣是謂筆墨之梓硯
心遠堂銘爲張清夫提學作
人之虛靈寔具衆理一理萬殊惟心之則心遠地偏

一一三 存復齋文集 元朱德潤撰，明成化十一年（1475年）項璁刻本。

明卞榮撰，明成化十二年（1476年）吳綎刻本。

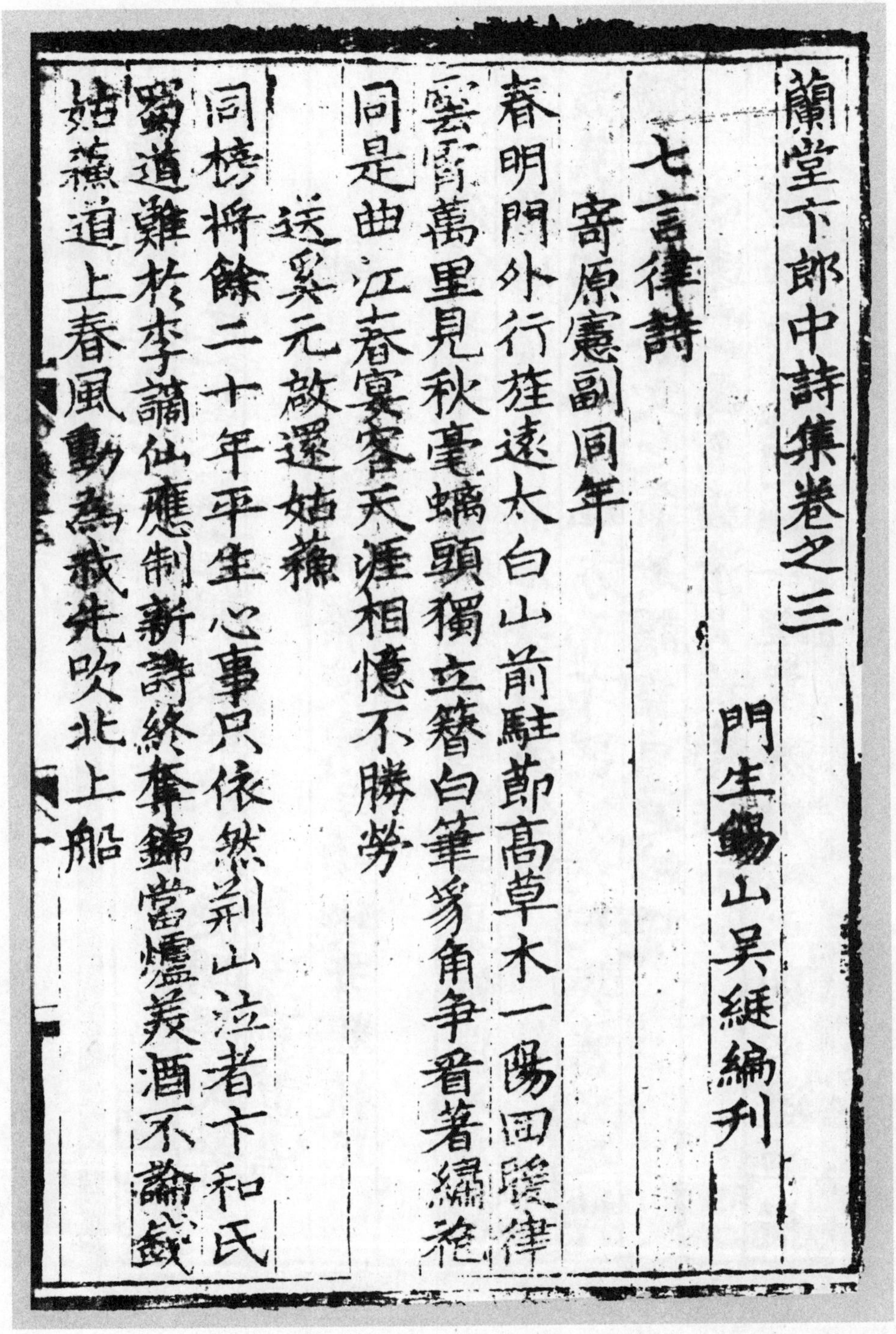
蘭堂卞郎中詩集卷之三

門生錫山吳綎編刋

七言律詩

寄原憲副同年

春明門外行旌遠，太白山前駐節高。草木一陽回暖律，雲霄萬里見秋毫。螭頭獨立簪白筆，豸角爭看著繡袍。同是曲江春宴客，天涯相憶不勝勞。

送吳元啟還姑蘇

同榜將餘二十年，平生心事只依然。荊山泣者卞和氏，蜀道難於李謫仙。應制新詩終奪錦，當壚美酒不論錢。姑蘇道上春風動，為我先吹北上船。

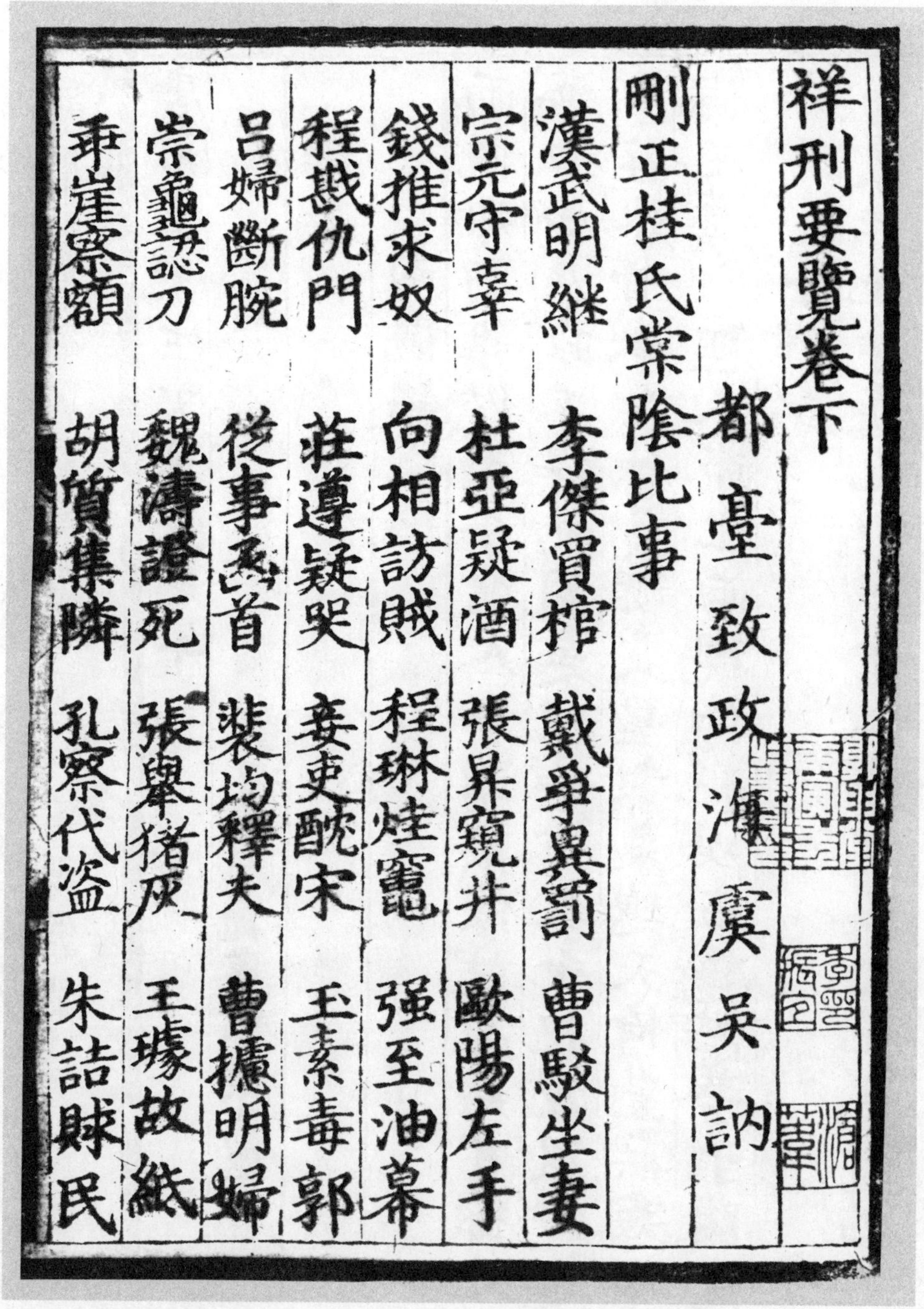

祥刑要覽卷下

都臺致政海虞吳訥

刪正桂氏棠陰比事

漢武明繼　李傑買棺　戴爭異罰　曹駁坐妻

宗元守辜　杜亞疑酒　張昇窺井　歐陽左手

錢推求奴　向相訪賊　程琳焼竈　强至油幕

程戡仇門　莊遵疑哭　妾吏酖宋　王素毒郭

呂婦斷腕　從事爲首　裴均釋夫　曹攄明婦

崇龜認刀　魏濤證死　張舉猪灰　王璩故紙

乖崖察額　胡質集隣　孔察代盜　朱詰賕民

一一四　詳刑要覽　明吳訥撰，明成化二十二年（1486年）林符刻本。

唐甫里先生文集卷之十八

笠澤陸龜蒙字魯望

雜著

兩觀銘

兩觀雉門雉偕天子聖人在朝姦佞誅死姦首擲地姦血如水政不得亂國是以理下及千祀澆風四起以荏外贊欒世綵叢赫奕皇都象魏天倚豈無姦邪佩玉蘂々聖人弗生兩觀如砥以右鑱辭著于閭里

卜肆銘

蜀嚴之託蓍龜也以忠孝仁義後來之託蓍龜也以

一一五　唐甫里先生文集　唐陸龜蒙撰，明成化二十三年（1487年）嚴春刻本。（之一）

唐甫里先生陸龜蒙傳二十卷附録

陸龜蒙字魯望元方七世孫也父賓虞以文歷侍御史龜蒙少高放通六經大義尤明春秋舉進士一不中往從湖州刺史張摶歷湖蘇二州辟以自佐嘗至饒州三日無所詣刺史蔡京率官屬就見之龜蒙不樂拂衣去居松江甫里多所論撰雖幽憂疾痛貲無十日計不少輟也文成竄藁篋中或歷年不省爲好事者盜去得書熟誦乃録讐比勤勤朱黄不去手所藏雖少其精皆可傳借人書篇秩壞舛必爲輯褫刊正樂聞人學講論不倦有田數百畝屋三十楹田苦

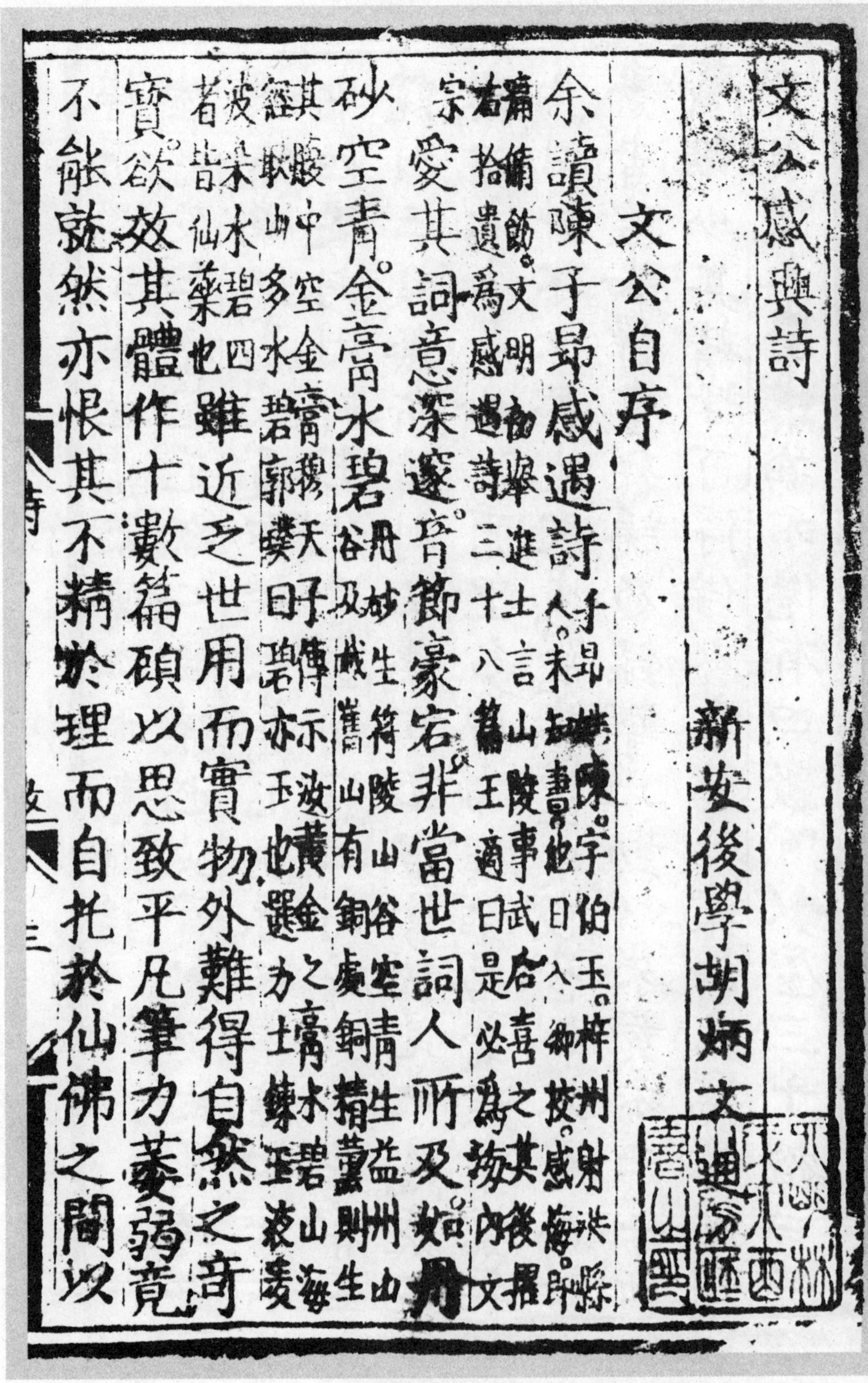

文公感興詩

新安後學胡炳文通釋

文公自序

余讀陳子昂感遇詩子昂陳字伯玉梓州射洪縣人。未知書。他日入鄉校。感悔。屏唐書備節。文明初舉進士上言山陵事武后喜之其後擢右拾遺爲感遇詩三十八篇王適曰是必爲海内文宗愛其詞意深邃音節豪宕非當世詞人所及如丹砂空青。金膏水碧丹砂生符陵山谷空青生益州山谷及越巂山有銅處銅精薰則生其腹中空金膏穆天子傳示汝黃金之膏水碧山海經耿山多水碧郭璞曰碧亦玉也選方士鍊玉液委波采水碧四者皆仙藥也雖近乏世用而實物外難得自然之奇寶。欲效其體作十數篇顧以思致平凡筆力萎弱竟不能就。然亦恨其不精於理而自托於仙佛之間以

一一六　文公感興詩　宋朱熹撰，元胡炳文通釋，明成化二十三年（1487年）熊繡刻本。

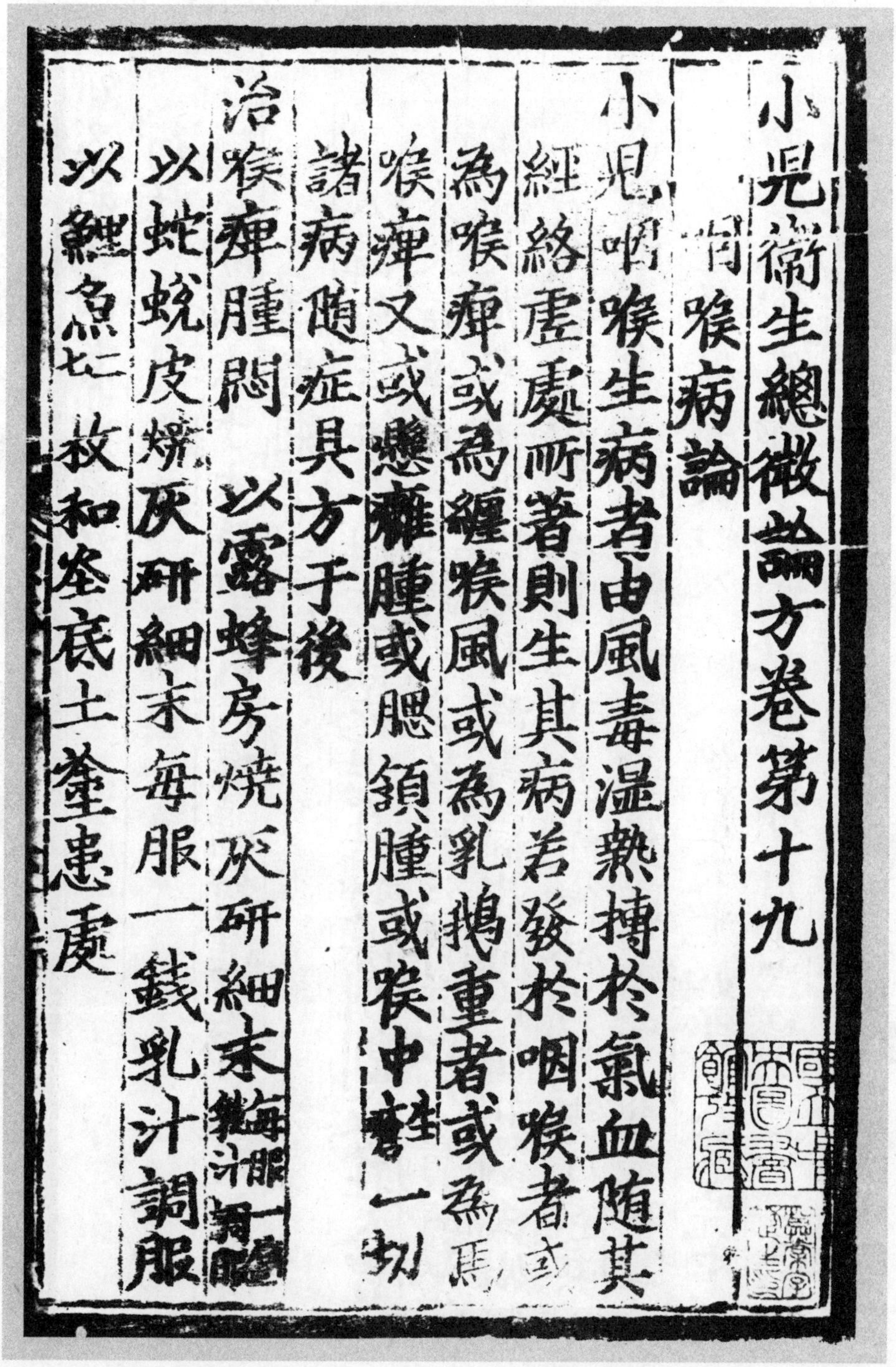

小兒衛生總微論方卷第十九

咽喉病論

小兒咽喉生病者由風毒濕熱搏於氣血隨其經絡虛處所著則生其病若發於咽喉者或為喉痺或為纏喉風或為乳鵝重者或為馬喉痺又或懸癰腫或腮頷腫或喉中生一切諸病隨症具方于後

治喉痺腫悶 以露蜂房燒灰研細末每服一字乳汁調服

以蛇蛻皮燒灰研細末每服一錢乳汁調服

以鯉魚膽七枚和竈底土塗患處

小兒衛生總微論方 明弘治二年（1489年）李延壽刻本。

姚文敏公遺藳卷之九

行狀

明故太子太保吏部尚書贈特進光祿大夫太保
謚忠肅王公行狀

公諱翺字九皐姓王氏先世直隸灤州劉家莊人曾大父諱進昌大父諱大老父諱得林並以公貴贈榮祿大夫太子太保吏部尚書曾妣徐氏祖妣劉氏妣張氏皆一品夫人當元季兵亂得林甫携老小避兵滄州之塩山遂占籍焉家專業農生五子公第四公方在孕母夢長虹入懷人夜見火光如斗大落院中乃生公生而岐嶷與凡兒不類甫卜歲讀書一二過輒成誦稍長即知以禮義自將父鍾愛之嘗戒曰莊

一一九　玉笥集　元張憲撰，吳怡注，楊維楨評，明弘治五年（1492年）王術刻本。

玉笥集　咸豐丁巳夏六月以舊抄本校一過於怡怡齋

會稽張憲思廉著

富春吳遠伯遠輯

門生吳怡伯和註

鐵崖先生楊維禎廉夫評點

詠史

黃金臺

黃金臺高且堅三十六層淩紫烟上不貯妓女下不

列管絃寧能鳳簫鸞曲求配偶銅盤露掌希神仙高

城不築太師塢黃屋不飾吳王椽但欲强兵富國來

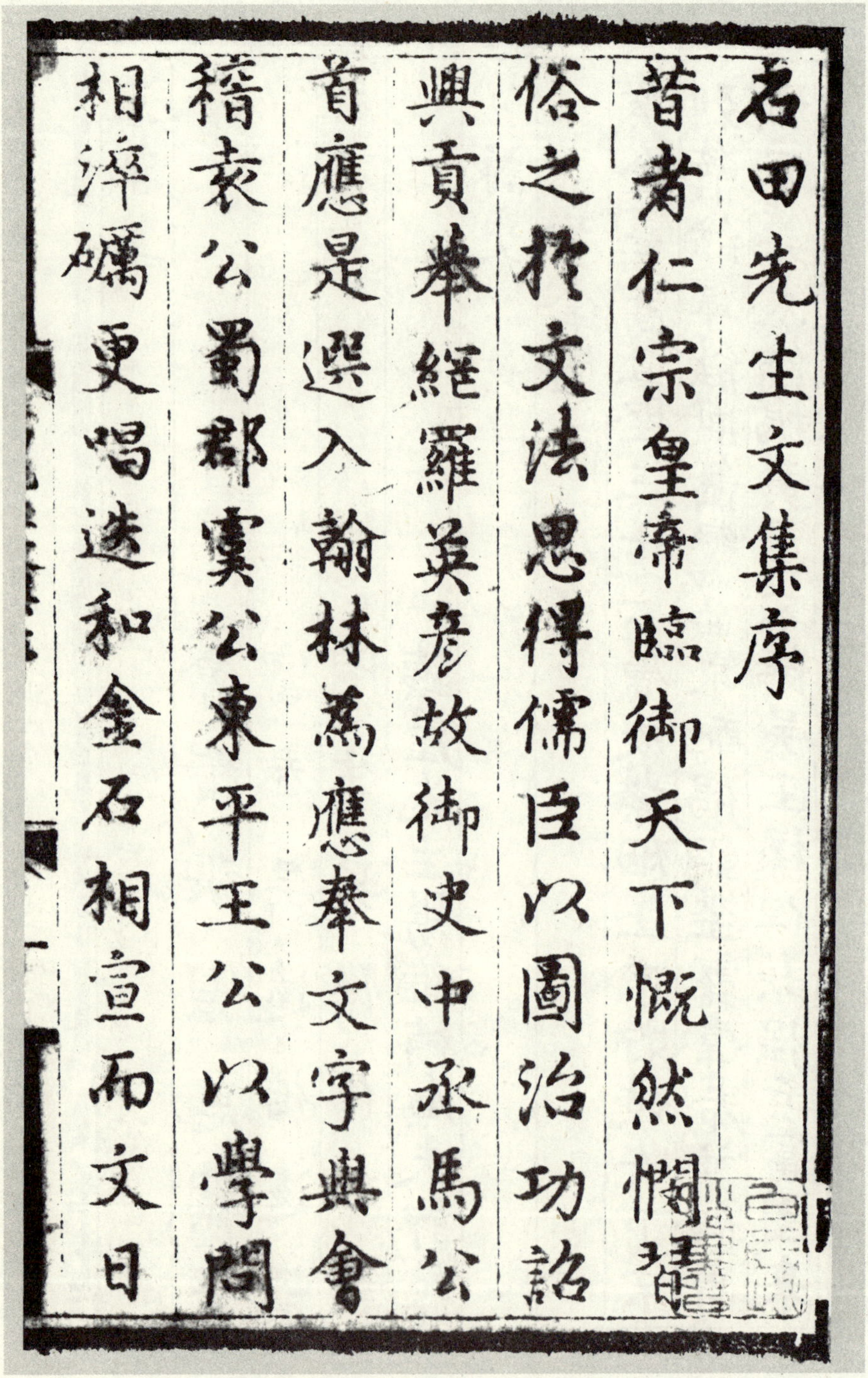
石田先生文集序
昔者仁宗皇帝臨御天下慨然憫習
俗之於文法思得儒臣以圖治功詔
興貢舉網羅英彥故御史中丞馬公
首應是選入翰林為應奉文字與會
稽袁公蜀郡虞公東平王公以學問
相淬礪更唱迭和金石相宣而文日

一二〇　馬石田文集　元馬祖常撰，明弘治六年（1493年）熊翀刻本。（之一）

馬石田文集卷第一

五言古詩

都門一百韻用韓文公會合聯句詩韻

詩中有三字非元韻蓋祖常荒學不能用古韻故也延祐五年八月作

返躬操耒耜奉身寡帷幔田居水春磑城宿霜鳴柝
凝塵尚沉冥幽賞任飄泊行歌鮮同歡起舞真獨作
嘯詠氣頗雄攀躋力或弱摻木楨幢搖醜石掀獸惡
心恥婦女仁志薄游俠諾校書楊雄官入粟卜式爵
娛情愜禽弄失意被蜂蠚佩覆侍殿陛觚牘宴鈴閣
僮童飼棧駒賤婢占屋鵲上書頗封禪監祠議嘗礿

二二一

中州集

金元好問輯，明弘治九年（1496年）李瀚刻本。（之一）

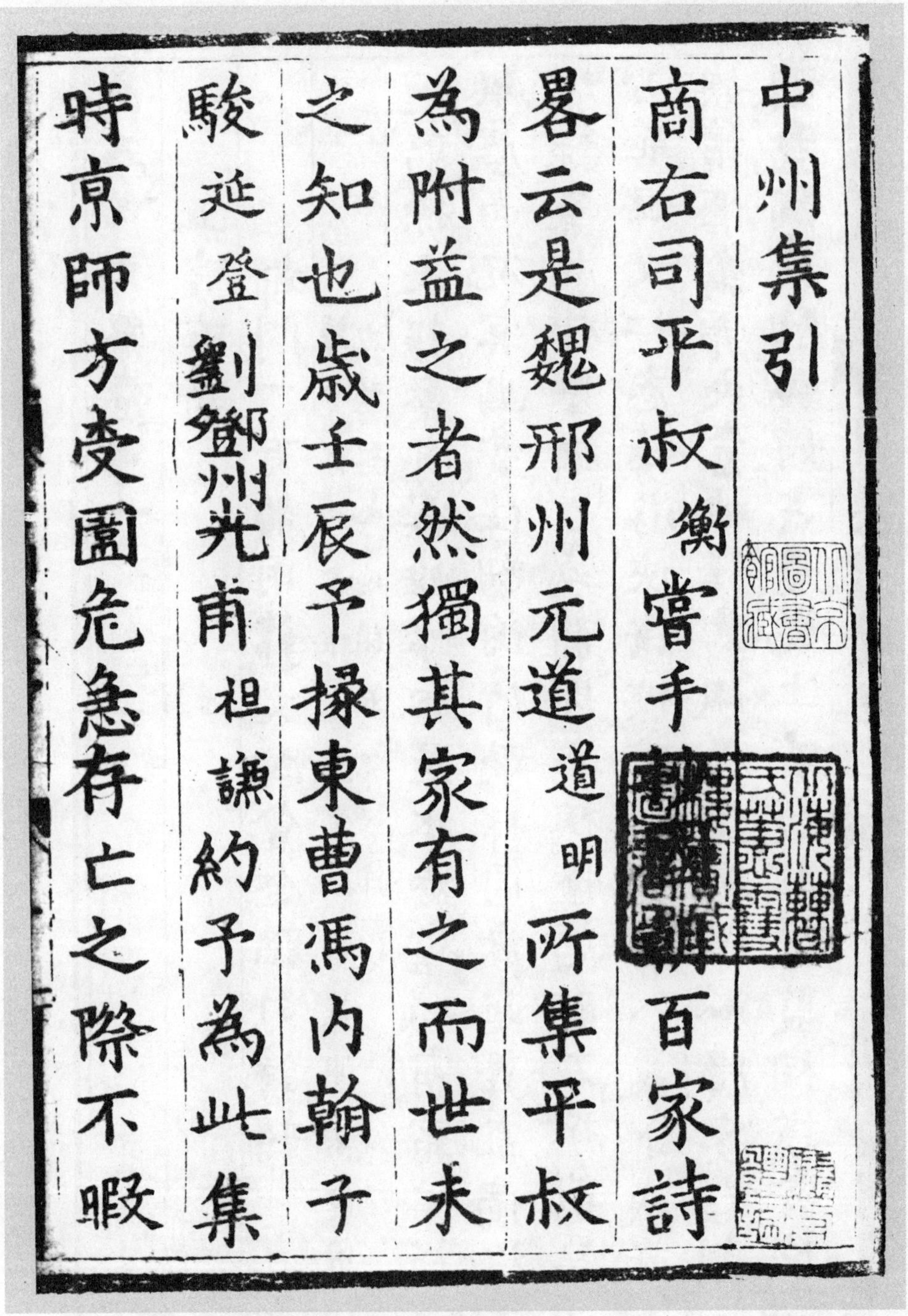
中州集引
商右司平叔衡嘗手鈔百家詩
畧云是魏邢州元道道明所集平叔
為附益之者然獨其家有之而世未
之知也歲壬辰予掾東曹馮内翰子
駿延登劉鄧州光甫祖謙約予為此集
時京師方受圍危急存亡之際不暇

中州甲集第一

宇文大學虛中 五十首　吳學士激 二十五首
張祕書斛 一十八首　蔡丞相松年 五十九首
蔡太常珪 四十六首　高內翰士談 三十首
馬御史定國 三十一首

宇文大學虛中

虛中字叔通成都人宋黃門侍郎以奉使見留仕爲翰林學士承旨皇統初上京諸虜俘謀奉叔通爲帥奪兵仗南奔事覺繫詔獄諸貴先被叔通嘲笑積不平必欲殺之乃鍛鍊所藏圖書爲反具叔通嘆曰死自吾分至於圖籍南來士大夫家例有之喻如高待制士談圖書

赤城集

宋林表民撰，明弘治十年（1497年）謝鐸刻本。

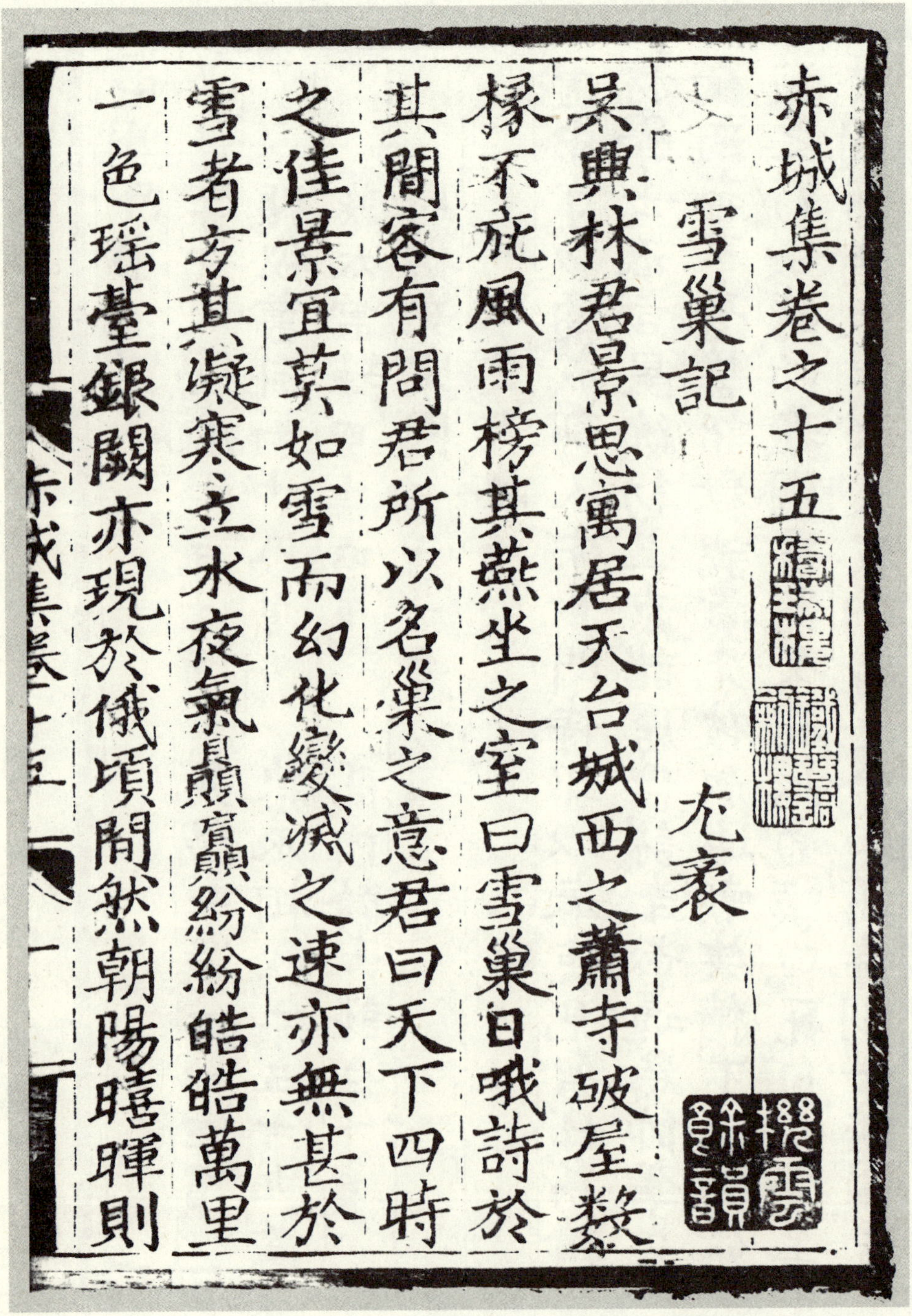
赤城集卷之十五

文

雪巢記　尤袤

吴興林君景思寓居天台城西之蕭寺破屋數
椽不庇風雨榜其燕坐之室曰雪巢日哦詩於
其間客有問君所以名巢之意君曰天下四時
之佳景宜莫如雪而幻化變滅之速亦無甚於
雪者方其凝寒立水夜氣顥顥紛紛皓皓萬里
一色瑶臺銀闕亦現於俄頃閒然朝陽曦暉則

赤城集卷十五　一

楊文懿公文集

明楊守陳撰，明弘治十二年（1499年）楊茂仁刻本。（之一）

楊文懿公文集序

弘治二年十月壬寅吏部右侍郎兼詹事[illegible]
生卒有司以聞
天子嗟悼賵公禮部尚書諡文懿始公疾革命其弟守阯
等曰吾學至為君子官至三品年邁六袠夫復何憾惟受
朝廷厚恩無以報先祖栖芸先生未及封汝曹勉圖報稱
以繼吾志又曰吾文宜精選凡有關於道德倫理者稍工
則取之若止為一人議論者非極工不取其溢美過情者
雖工亦去之嗚呼公之治命曷敢當哉惟頓首涕泣而已
公歿殆十年守阯幸遇
覃恩贈先祖南京吏部右侍郎公若有知亦必含笑地下
矣惟公之學受之於先祖先祖之學私淑諸晦菴象山之

楊文懿公文集卷第三十

銓部稿 起戊申弘治元年盡己酉二年六十四歲至六十五歲所作

徐奉政誄

往歲在辛卯余自南畿論秀還道遇左春坊左庶子今禮部尚書兼文淵閣大學士徐公時用溥過余舟慟哭拜請曰先公諱琳字廷璽別號荊南漁隱常之宜興世家贈戶部郎中諱考福之孫瓊州知府諱鑑之子孝友立於家惠義敷於鄉以溥仕貤封累至奉政大夫左春坊左庶子兼翰林院侍講壽七十有三成化四年七月二十三日卒于家嗚呼痛哉溥謀所以振發其幽潛而光昭於遐久者若狀若銘若哀辭若輓章稍稍備矣獨闕一誄敢干子筆將先公死且不朽時余既諾焉而道途匆遽未之能也逮

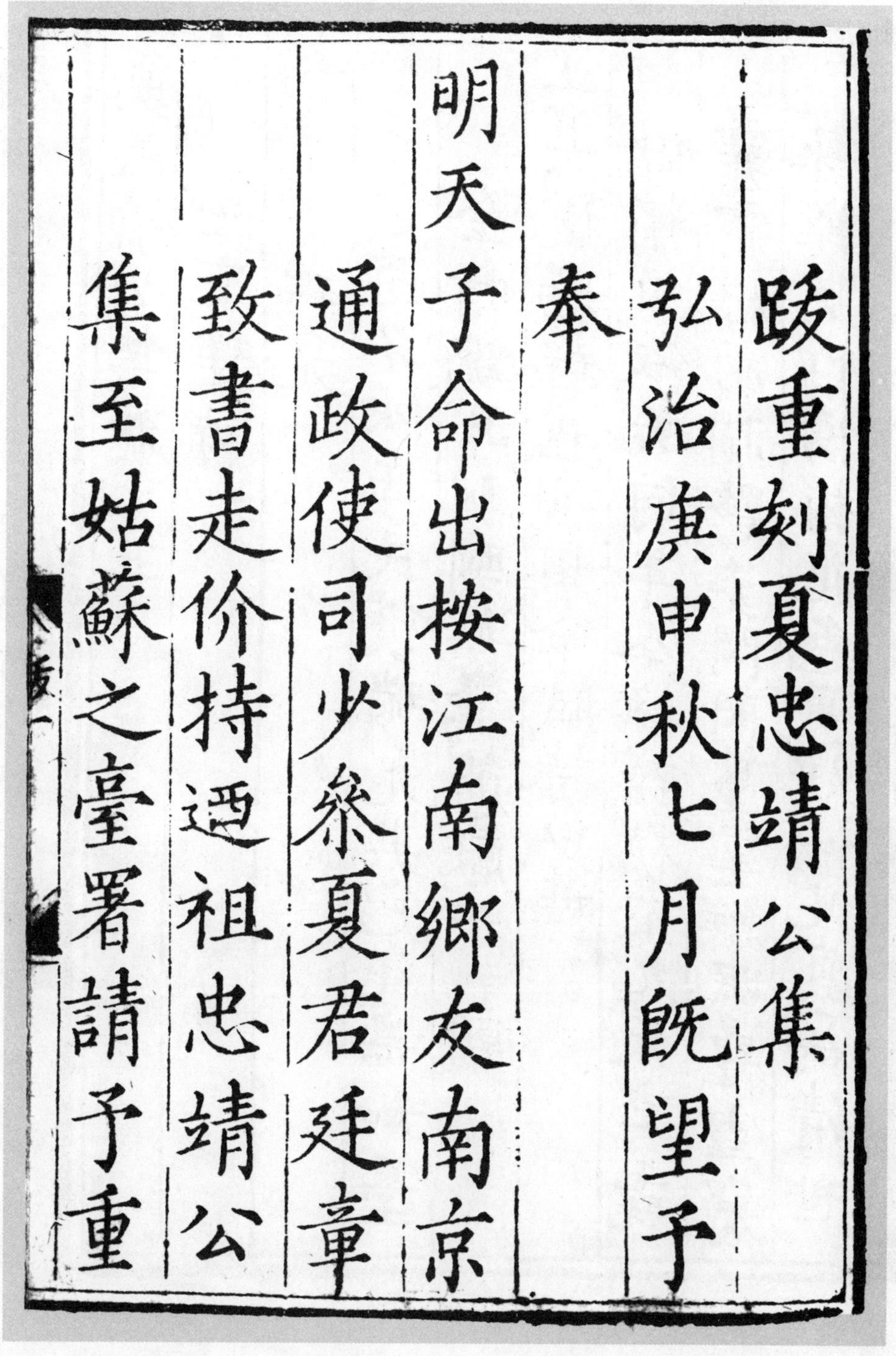
跋重刻夏忠靖公集
弘治庚申秋七月既望予
奉
明天子命出按江南鄉友南京
通政使司少叅夏君廷章
致書走价持遡祖忠靖公
集至姑蘇之臺署請予重

一二四　夏忠靖公集　明夏原吉撰，明弘治十三年（1500年）袁經刻本。（之一）

夏忠靖公集卷之五

七言律詩

瑞兎

丁酉冬陜西民獲瑞兎其色純黑如墨

金睛鋭耳馴馴無驚態獻于朝

上甚悦賜群臣觀因命賦詩以進

儲精月殿幾何年今換新粧下九天玄毛

霏霏煤雨潤毿毿閃閃墨雲鮮眠尋雪窟

身難隱行傍梅花色更妍似此真爲靖世

鐵崖文集卷之二

江浙平章三旦八公勳德碑

天監有德于我　有元　太祖應運肇基於朔　世

祖受天全付奄有四海紀綱法度内維外持　聖子

神孫百代丕纂其規宏矣遠矣承平百年禍發宮闈

戚畹闔寺藩臣治極而變變職吏苛吏苛民亡藝極

民無逃避盜朱鬚赤幘群嘯汝潁遂梃闚江淛諸道

兵糜集莫能支至正壬辰秋直犯垣府封豕長蛇穴

我宮廟食我倉庾蕩覆我比閭虔劉我牧圉七月庚

辰杭陷維時謹塲臣遺參政樊公執敬死之監司豪

一二二五　鐵崖文集　元楊維楨撰，明弘治十四年（1501年）馮允中刻本。

吳越春秋吳太伯傳第一

後漢趙曄撰

吳之前君太伯者論語作泰伯后稷之苗裔也后稷其母台氏之女姜嫄韓詩章句姜姓嫄字說文邰炎帝之後姜姓封邰國晉語曰黃帝以姬水成炎帝以姜水成故黃帝為姬炎帝為姜是姜者炎帝之姓史記嫄作原台作邰邰國在京兆武功縣所治斄城漢地理志作斄與邰同為帝嚳元妃年少未孕出游於野見大人跡而觀之中心歡然喜其形像因履而踐之身動意若為人所感後妊娠恐被淫泆之禍遂祭祀以求謂無子履上帝之跡詩生民篇所謂履帝武是也天猶令有之姜

吳越春秋勾踐伐吳外傳第十

勾踐十五年謀伐吳按勾踐七年歸自吳既反國四年即與范蠡謀伐吳自茲四年間必謀之蠡皆以爲未可國語記之稍詳至是始伐吳左傳見於哀公十三年正勾踐十五年也謂大夫種曰孤用夫子之策免於天虐之誅還歸於國吾誠已說音稅下同於國人國人喜悅而子昔日云有天氣即來陳之令豈有應乎種曰吳之所以彊者爲有子胥今伍子胥忠諫而死是天氣前見亡國之證也願君悉心盡意以說國人越王曰聽孤說國人之辭寡人不知其力之不足以大國報讎

史鉞卷之十九

臣道第三十

管子曰堂上遠於百里堂下遠於千里君門遠於萬里言壅蔽之為害深也自古國家之敗未有不由聽信於小人以壅蔽也為人君者知創業之艱難故其防患也深慮事也遠立法也審見事也明後世人君雖有出群之才必當簡擇賢臣共理正事奄宦之流豈可假以威權哉蓋近而易為姦也其便利辦給足以蔽人主之聰明其險詐欺誣足以竊人主之權柄其流弊至於脅置天子變亂成章根據朝廷誅陷善類其禍可勝言哉夫奄宦之職隸於天官冢宰備宮禁掃除之役掌門闕啓閉之期烏可與聞國政哉然中人之才亦有善者如巷伯之嫉惡寺人披之事君鄭衆之辭賞呂強之直諫李昇之救患馬存亮之弭

一二七　史鉞

明晏璧撰，明弘治十五年（1502年）劉祥刻本。

一二八 薩天錫詩集 元薩都剌撰，明弘治十六年（1503年）李舉刻本。

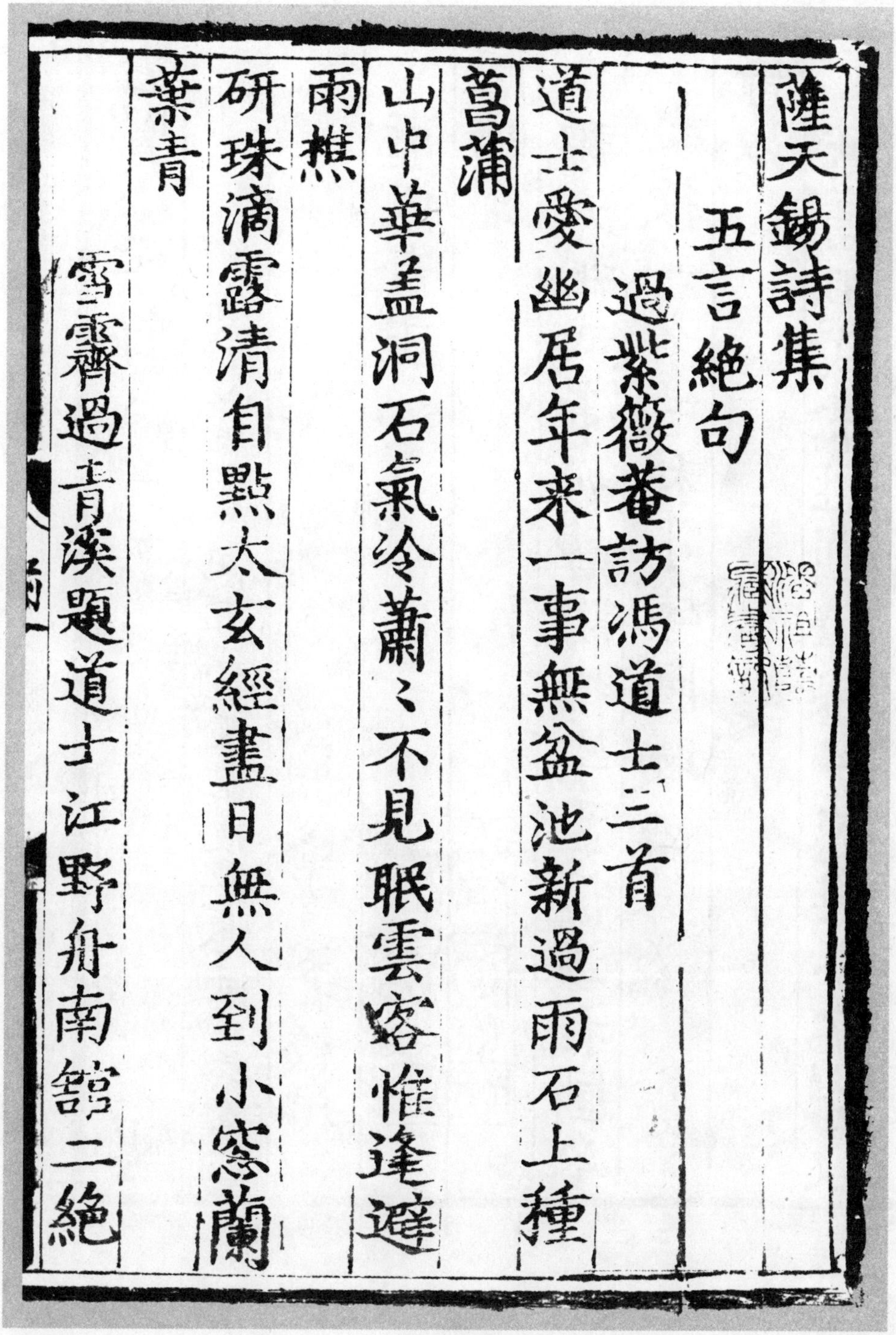
薩天錫詩集

五言絶句

過紫薇菴訪馮道士三首

道士愛幽居年来一事無盆池新過雨石上種菖蒲

山中華蓋洞石氣冷蕭々不見眠雲客惟逢避雨樵

研珠滴露清自點太玄經盡日無人到小窓蘭葉青

雪霽過青溪題道士江野舟南館二絶

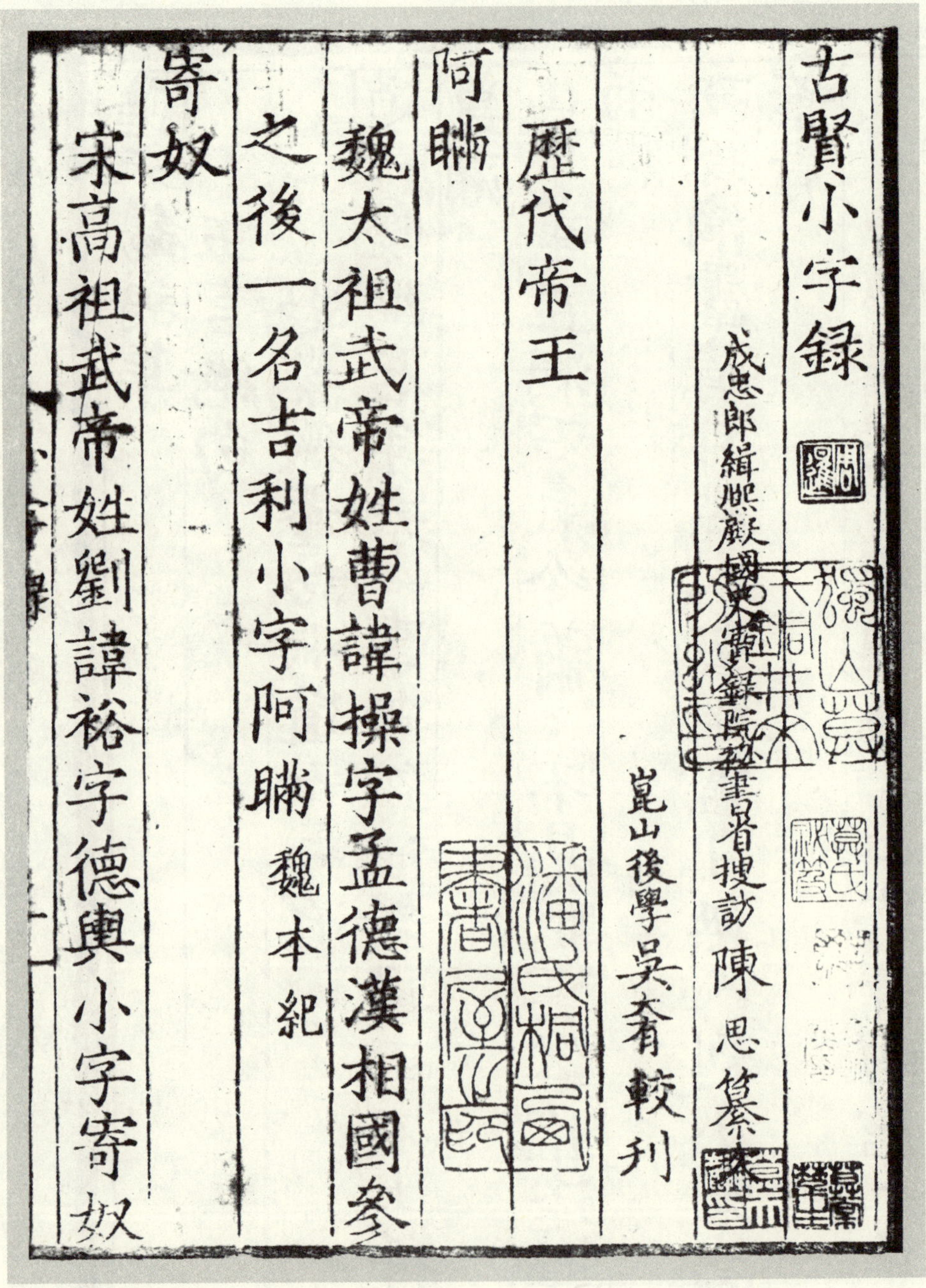
古賢小字録
成忠郎緝熙殿國史實録院秘書省搜訪陳思纂次
崑山後學吳大有較刊
歷代帝王
阿瞞
魏太祖武帝姓曹諱操字孟德漢相國參
之後一名吉利小字阿瞞 魏本紀
寄奴
宋高祖武帝姓劉諱裕字德輿小字寄奴

一二九 古賢小字録 宋陳思輯，明弘治十七年（1504年）吳大有刻本。

一三〇　博物志　題晉張華撰，周日用等注，明弘治十八年（1505年）賀泰刻公文紙印本。

博物志卷第三

晉司空張　華茂先撰

汝南周　日用　等注

異獸

漢武帝時大苑之北胡人有獻一物大如狗然声能驚人雞犬聞之皆走名曰猛獸帝見之怪其細小及出苑中欲使虎狼食之虎見此獸即低頭著地帝為反觀見虎如此欲謂下頭作勢起搏殺之而此獸見虎甚喜舐唇搖尾徑往虎頭上立因搦虎面虎乃閉目低頭匍匐不敢動搦鼻下去下去之後虎尾下頭去此獸顧之虎輒閉目

後魏武帝伐冒頓經白狼山逢師子使人格之殺傷甚衆王

一三一　白沙先生全集　明陳獻章撰，明弘治十八年（1505年）羅僑刻本。

白沙先生全集卷之八

賦二首

湖山雅趣賦

丙戌之秋余策杖自南海循庾關而北涉彭蠡過匡廬之下復取道蕭山泝桐江艤舟望天台峯入杭觀于西湖所過之地聘高山之漠漠涉驚波之漫漫放浪形骸之外俯仰宇宙之間當其境與心融時與意會悠然而適泰然而安物我於是乎兩忘

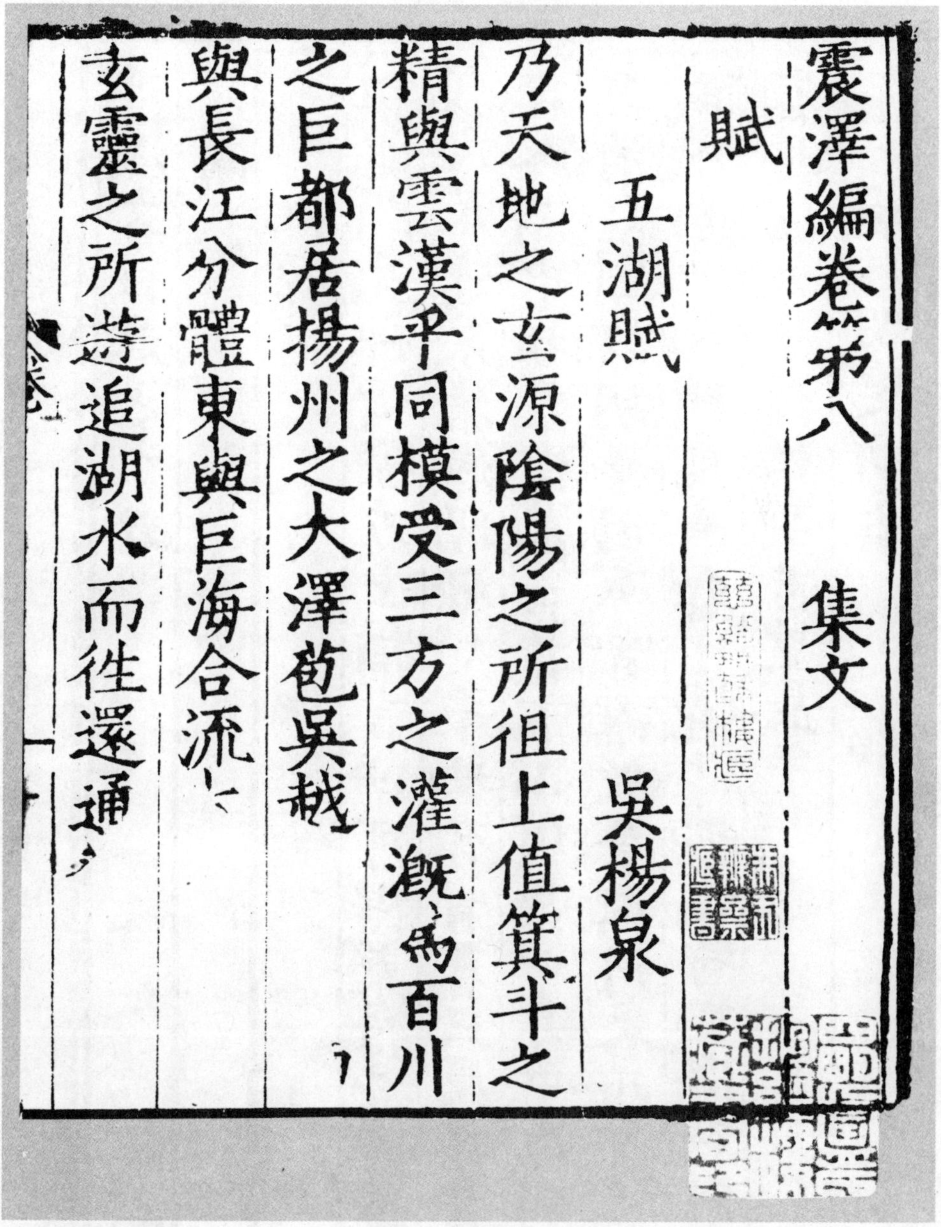
震澤編卷第八　集文
賦
五湖賦　吳楊泉
乃天地之玄源陰陽之所徂上值箕斗之
精與雲漢乎同模受三方之灌溉爲百川
之巨都居揚州之大澤苞吳越
與長江分體東與巨海合流
玄靈之所遊追湖水而往還通

一三三二　震澤編　明蔡昇撰，王鏊重修，明弘治十八年（1505年）林世遠刻本。

一三三 浮溪文粹

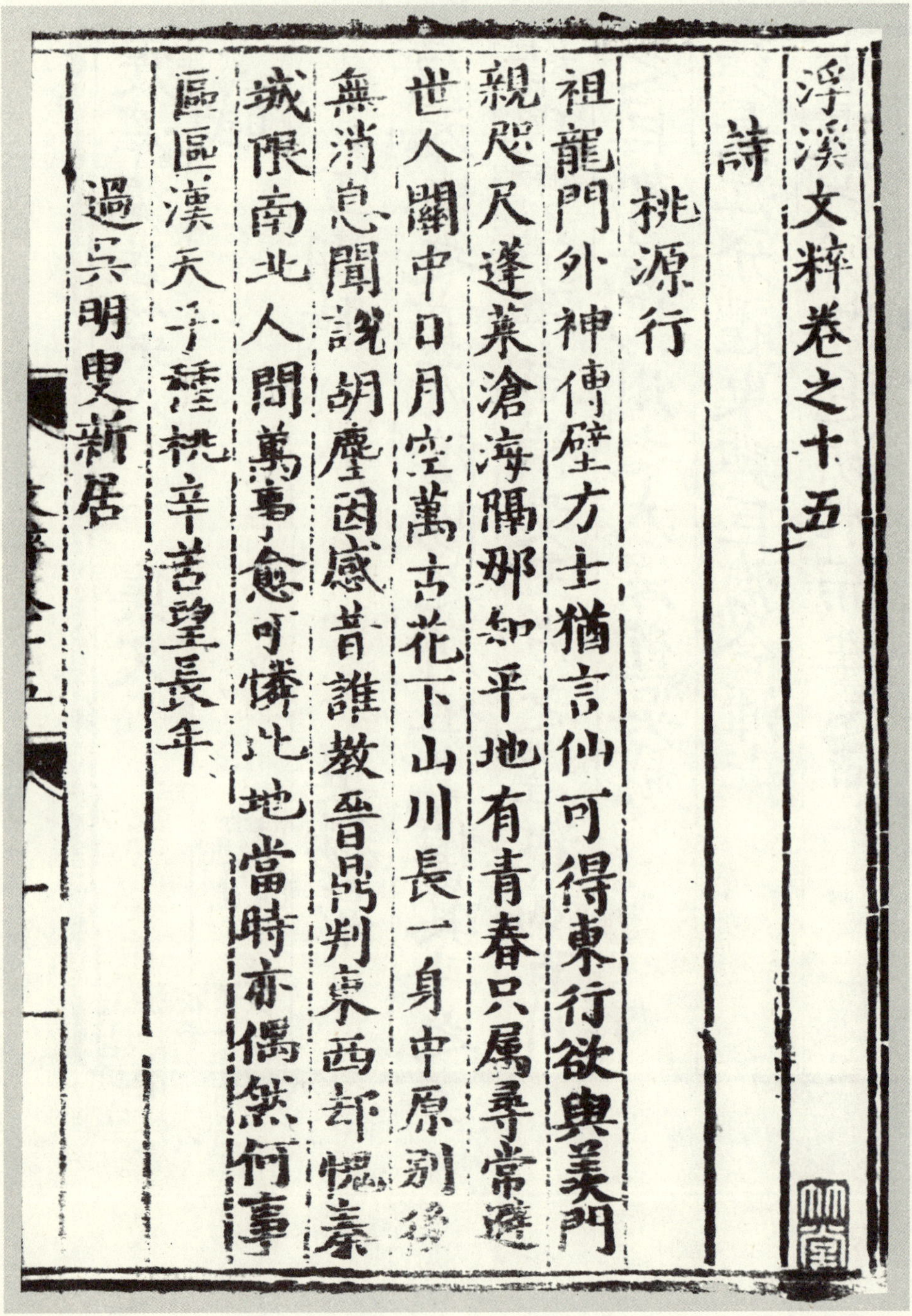
浮溪文粹卷之十五

詩

桃源行

祖龍門外神傳壁方士猶言仙可得東行欲與羨門親咫尺蓬萊滄海隔那知平地有青春只屬尋常避世人關中日月空萬古花下山川長一身中原别後無消息聞說胡塵因感昔誰教晉鼎判東西却憐秦域限南北人間萬事愈可憐此地當時亦偶然何事區區漢天子種桃辛苦望長年

過吳明叟新居

宋汪藻撰，明正德元年（1506年）馬金刻本。

一二三四 匏翁家藏集 明吳寬撰，明正德三年（1508年）吳奭刻本。

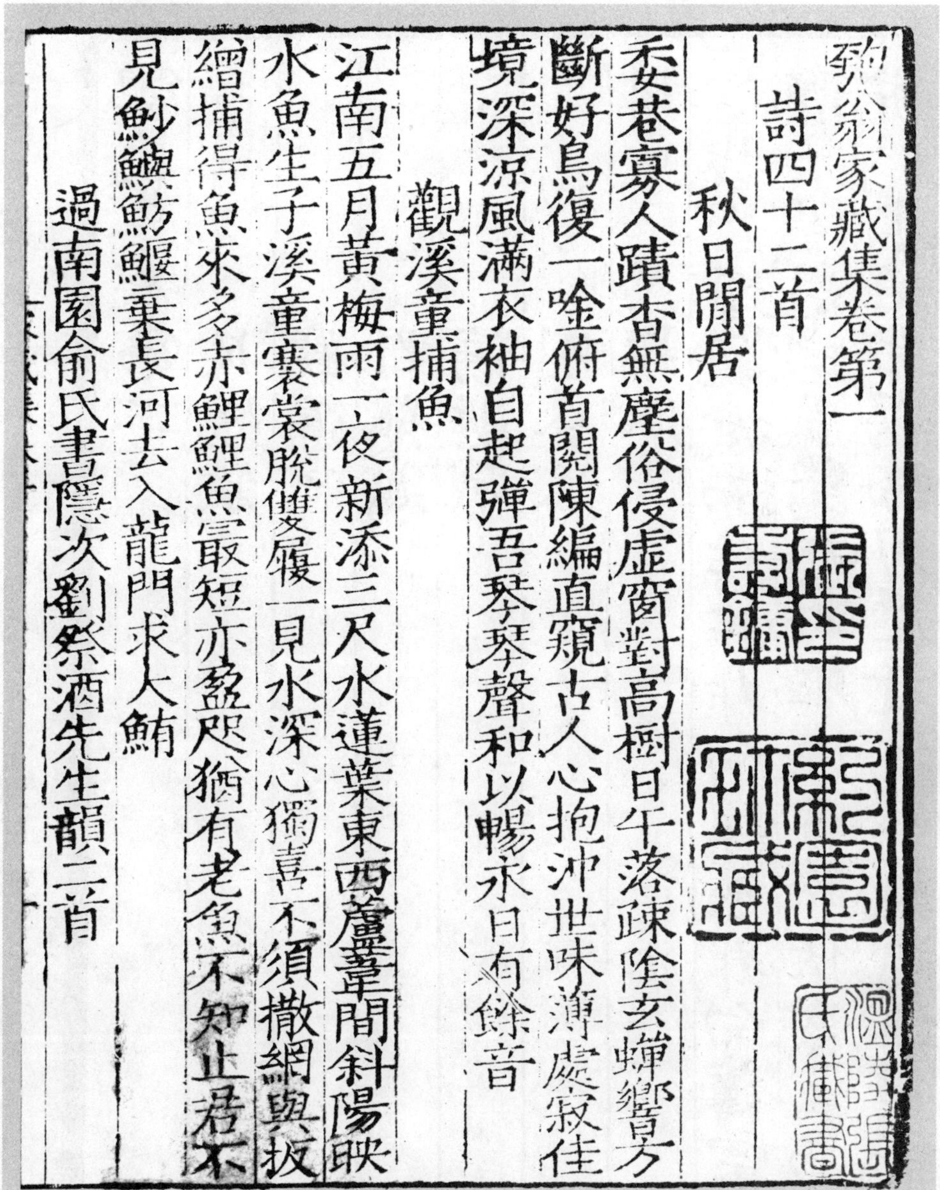
匏翁家藏集卷第一

詩四十二首

秋日閒居

委巷寡人蹟杳無塵俗侵虛窗對高樹日午落疎陰玄蟬響方斷好鳥復一唫俯首閱陳編直窺古人心抱沖世味薄處寂佳境深涼風滿衣袖自起彈吾琴琴聲和以暢永日有餘音

觀溪童捕魚

江南五月黃梅雨一夜新添三尺水蓮葉東西蘆葦間斜陽映水魚生子溪童褰裳脫雙履一見水深心獨喜不須撒網與拔繒捕得魚來多赤鯉鯉魚最短亦盈咫猶有老魚不知止君不見魦鱮魴鰋乘長河去入龍門求大鮪

過南園俞氏書隱次劉祭酒先生韻二首

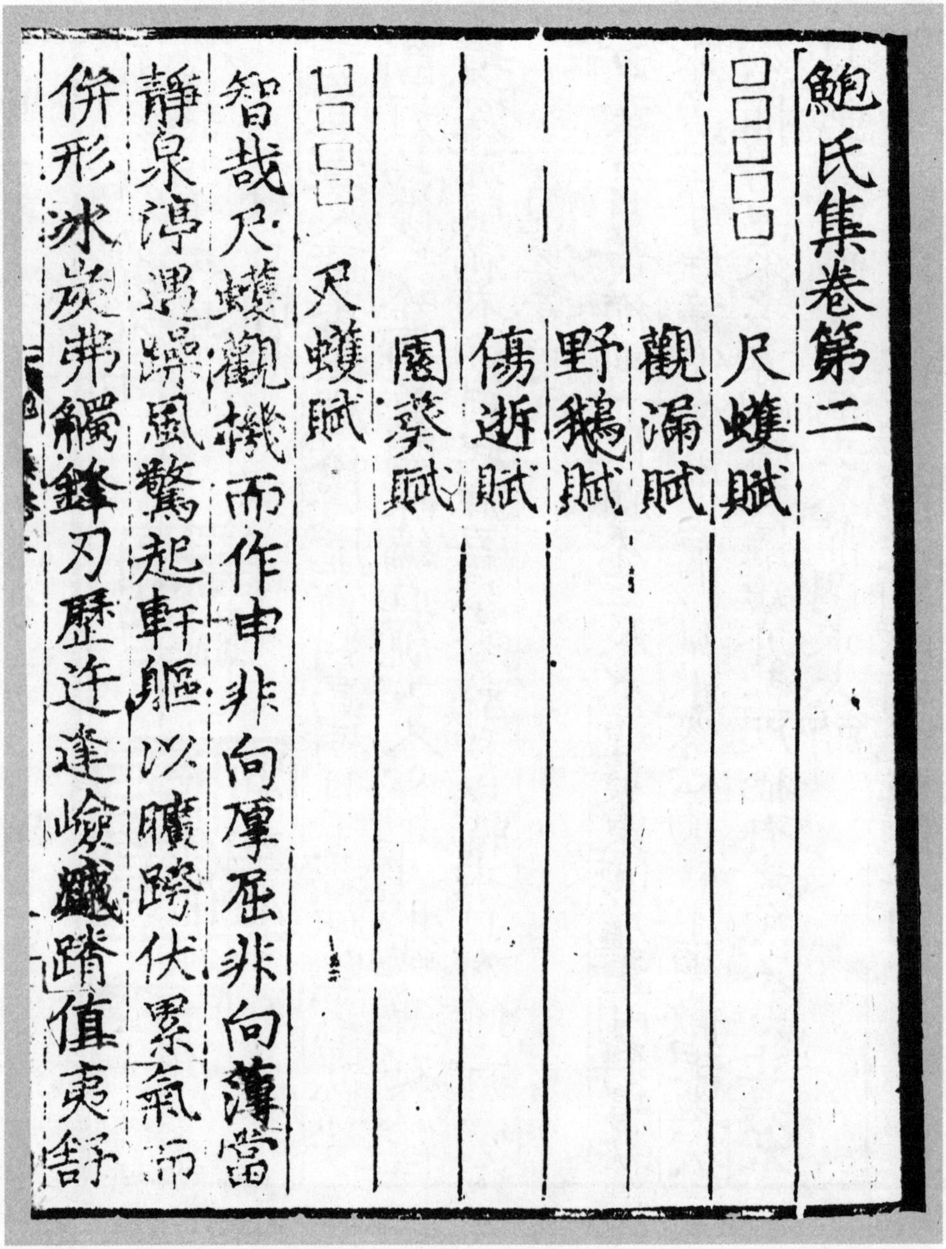
鮑氏集卷第二
□□□□□ 尺蠖賦
觀漏賦
野鵝賦
傷逝賦
園葵賦
□□□□ 尺蠖賦
智哉尺蠖觀機而作申非向厚詘非向薄當
靜泉渟遇躁風驚起軒軀以曠跨伏累氣而
併形冰炭弗觸鋒刃歷迕逢嶮蹙蹐值夷舒

一三五 鮑氏集 劉宋鮑照撰，明正德五年（1501年）朱應登刻本。

一三六　泰定養生主論　元王珪撰，明正德六年（1511年）冒鸞刻本。

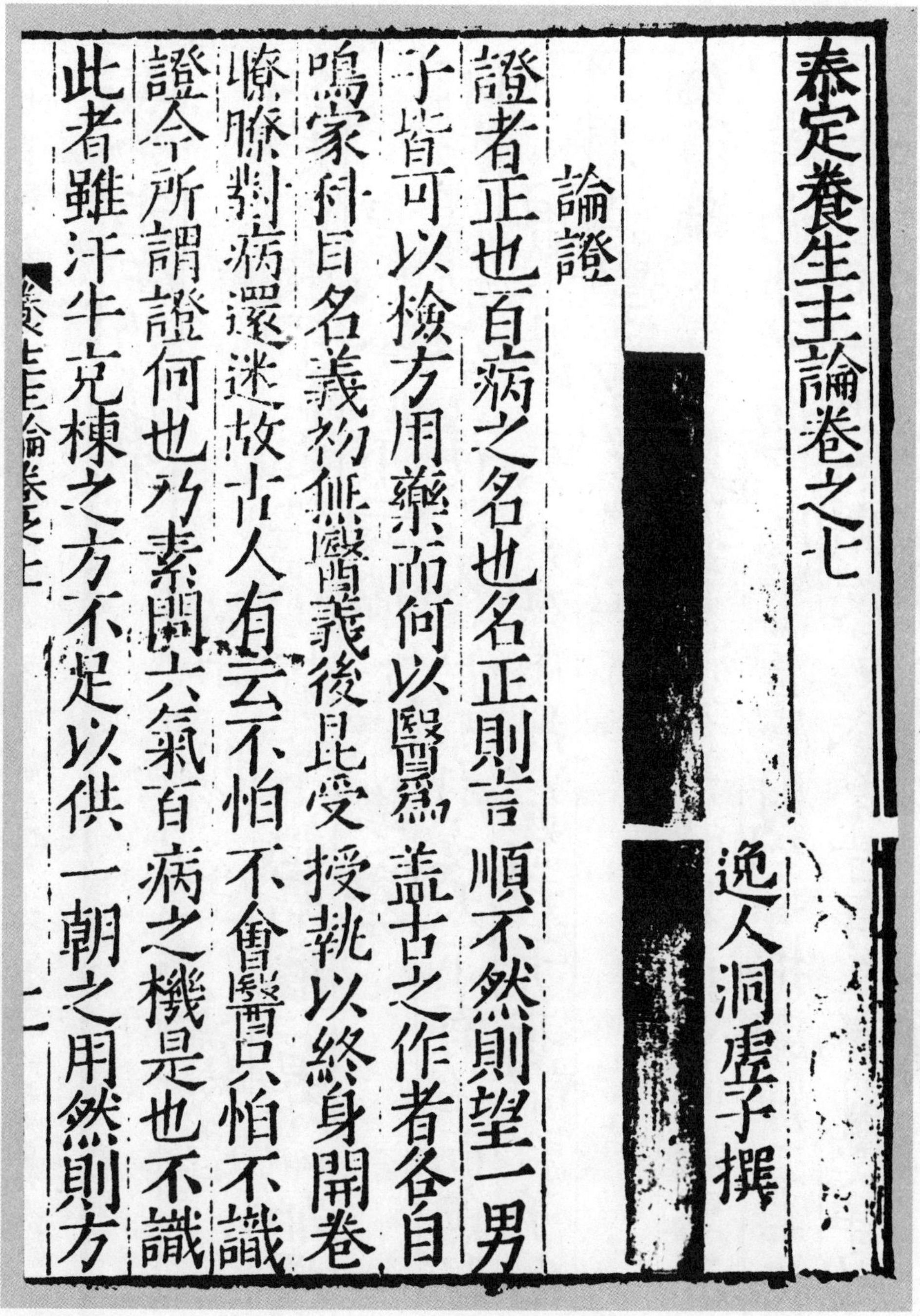
泰定養生主論卷之七

逸人洞虛子撰

論證

證者正也百病之名也名正則言順不然則望一男子皆可以檢方用藥而何以醫爲蓋古之作者各自鳴家科目名義紛然醫義後昆受授執以終身開卷瞭然對病還迷故古人有云不怕不會醫只怕不識證今所謂證何也乃素問六氣百病之機是也不識此者雖汗牛充棟之方不足以供一朝之用然則方

養生主論卷之七　二

一三七　上蔡先生語錄　宋謝良佐撰，曾恬、胡安國輯，明正德九年（1514年）許鳳刻遞修本。

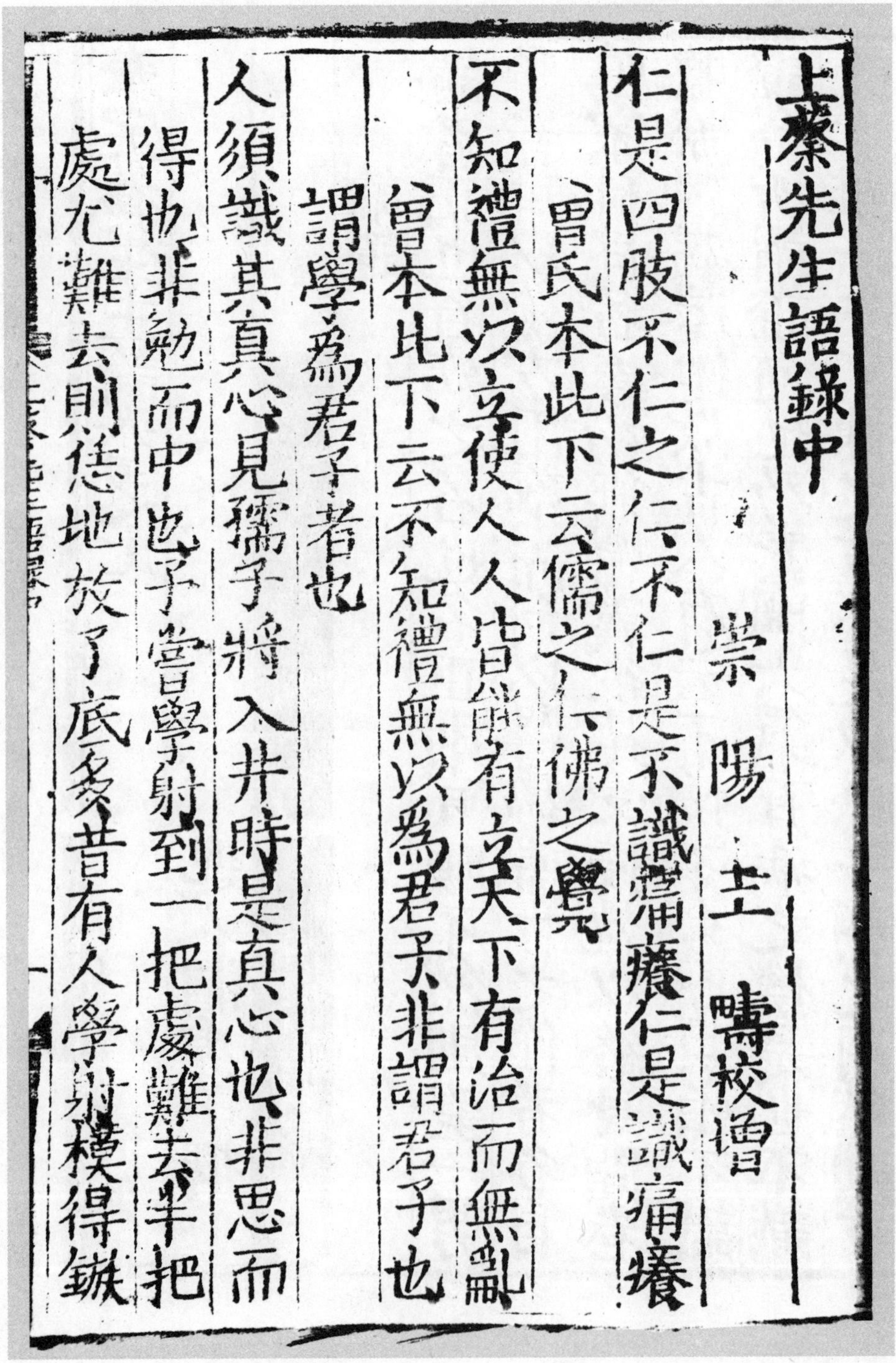
上蔡先生語錄中

崇陽　王　疇校增

仁是四肢不仁之仁不仁是不識痛癢仁是識痛癢

曾氏本此下云儒之仁佛之覺

不知禮無以立使人人皆能有立天下有治而無亂

曾本此下云不知禮無以為君子非謂君子也

謂學為君子者也

人須識其真心見孺子將入井時是真心也非思而

得也非勉而中也予嘗學射到一把處難去半把

處尤難去則恁地放了底多昔有人學射模得鏃

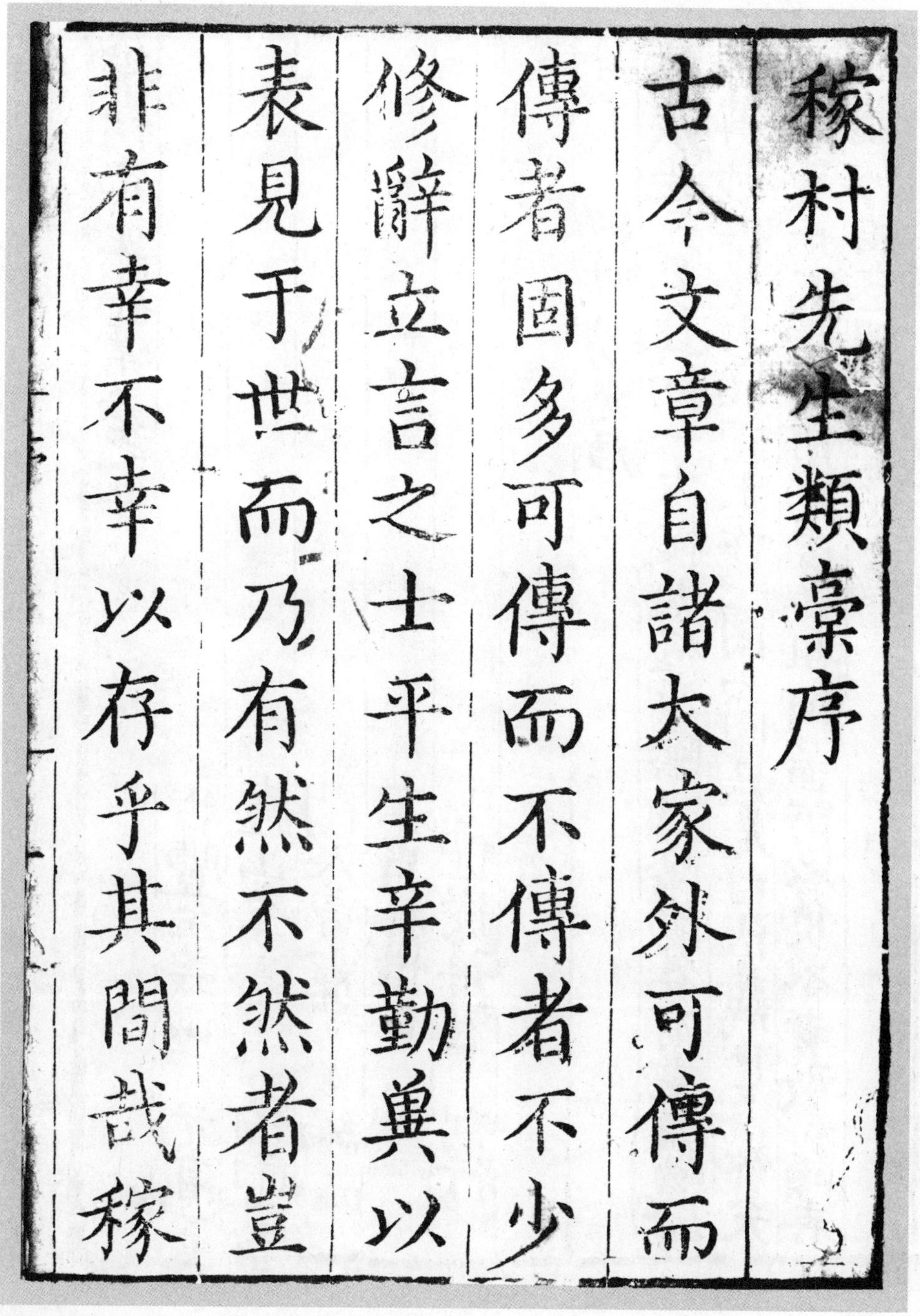

稼村先生類稾序
古今文章自諸大家外可傳而
傳者固多可傳而不傳者不少
修辭立言之士平生辛勤冀以
表見于世而乃有然不然者豈
非有幸不幸以存乎其間哉稼

一三八 稼村先生類稿

元王義山撰，明正德十一年（1516年）王冠刻本。（之一）

稼村先生類藁卷之一

古豐王義山　元高著

廬山李嘉龍　伯雨

門人曾震孫　編

不肖孫惟肖　抄

七世從孫冠　刊行

詩

贈點易婁君復

伏羲先天易其初一太極太極生陰陽陰陽各有畫濂溪同所傳妙得於大極極上作一圈一圈只是白伏羲已為贅大小圈更十不知果何意多是祖河圖所以負吾者敢於噬吾徒頗夥相忘圈點畫皆無

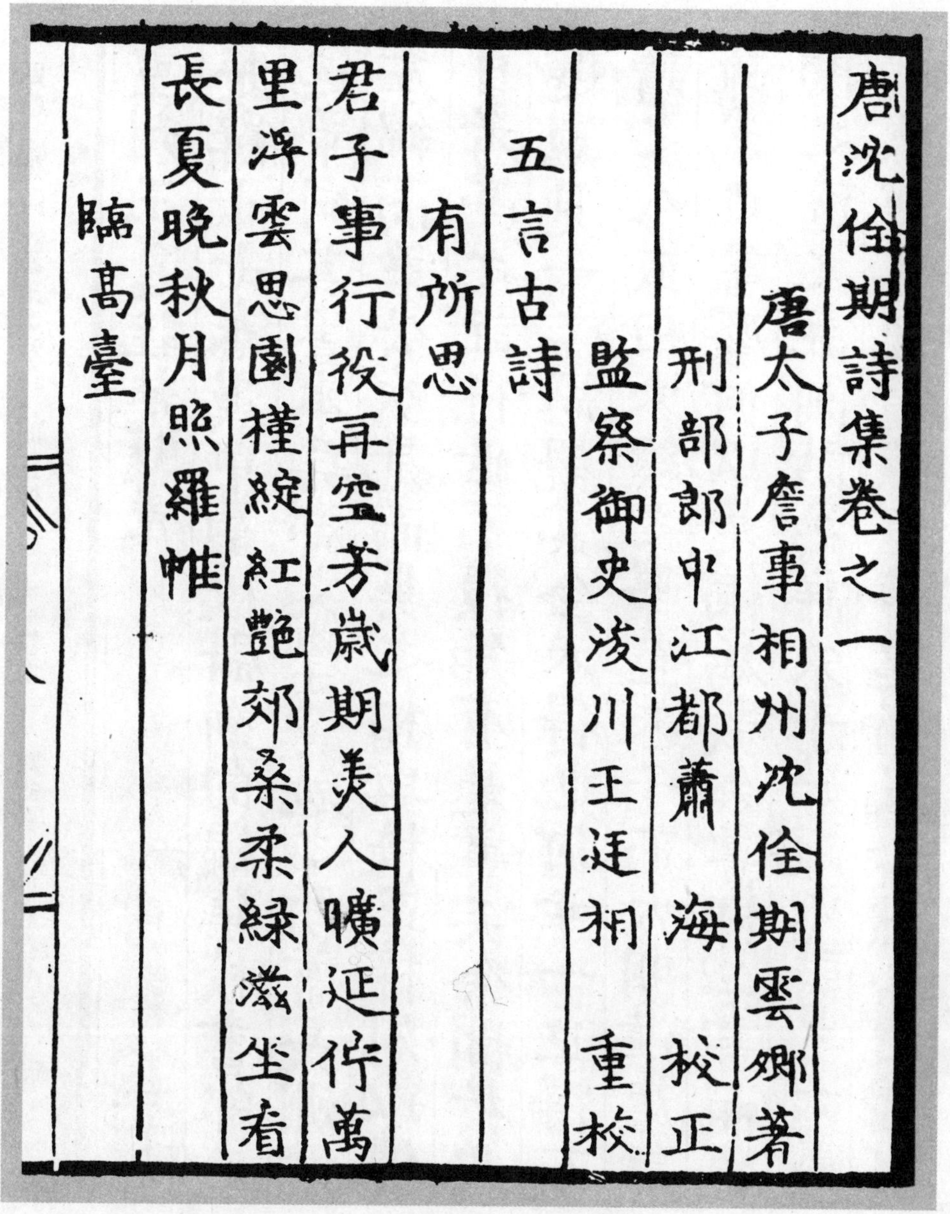

唐沈佺期詩集卷之一

唐太子詹事相州沈佺期雲卿著

刑部郎中江都蕭海　校正

監察御史浚川王廷相　重校

五言古詩

有所思

君子事行役再空芳歲期美人曠延佇萬
里浮雲思園槿綻紅艷郊桑柔綠滋坐看
長夏晚秋月照羅帷

臨高臺

一三九　唐沈佺期詩集

唐沈佺期撰，明正德十三年（1518年）王廷相刻本。

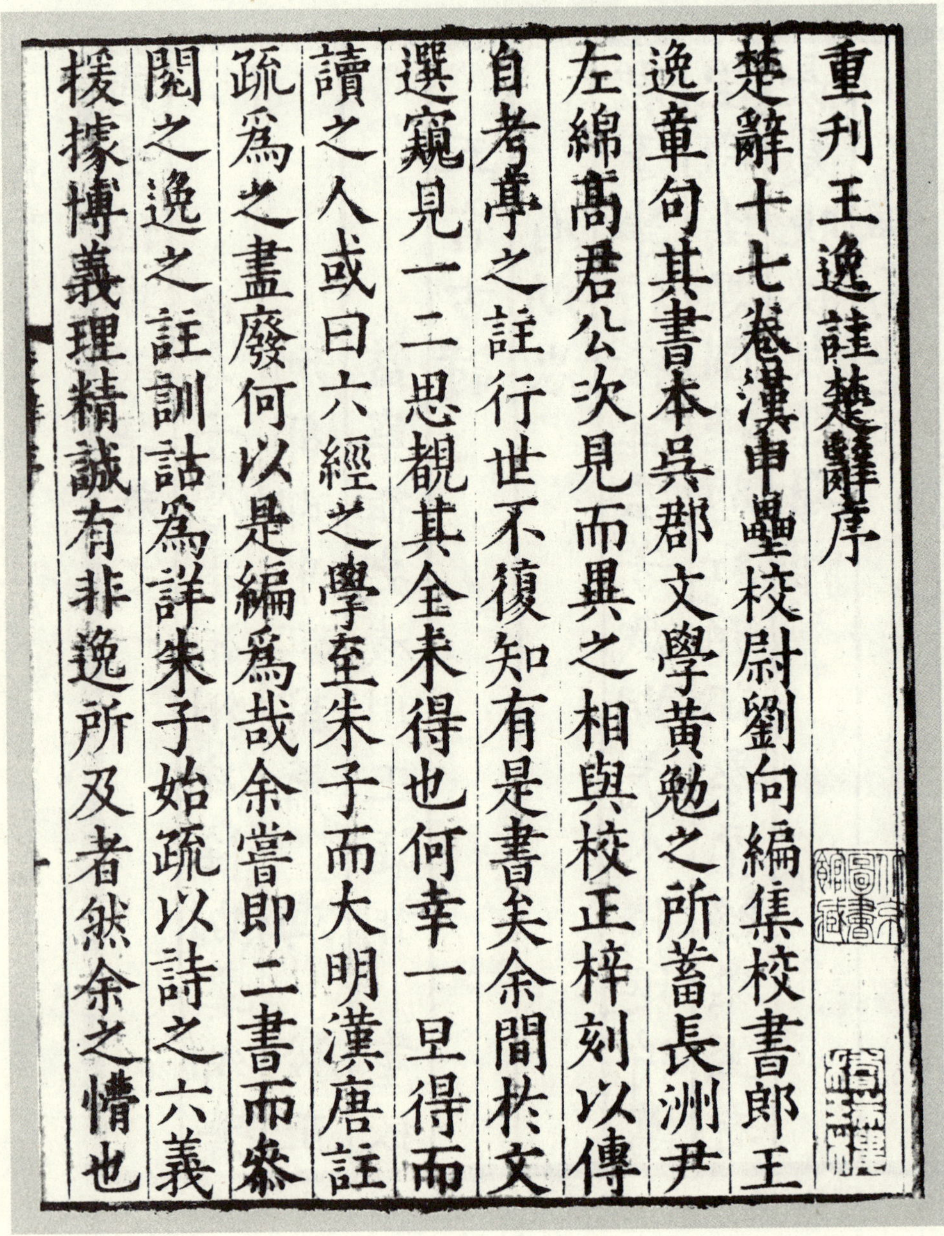

重刊王逸註楚辭序

楚辭十七卷漢中壘校尉劉向編集校書郎王逸章句其書本吳郡文學黄勉之所蓄長洲尹左綿高君公次見而異之相與校正梓刻以傳自考亭之註行世不復知有是書矣余間於文選窺見一二思覩其全未得也何幸一旦得而讀之人或曰六經之學至朱子而大明漢唐註疏爲之盡廢何以是編爲哉余嘗即二書而參閱之逸之註訓詁爲詳朱子始疏以詩之六義援據博義理精誠有非逸所及者然余之情也

一四〇　楚辭　漢王逸章句，明正德十三年（1518年）黄省曾、高第刻本。

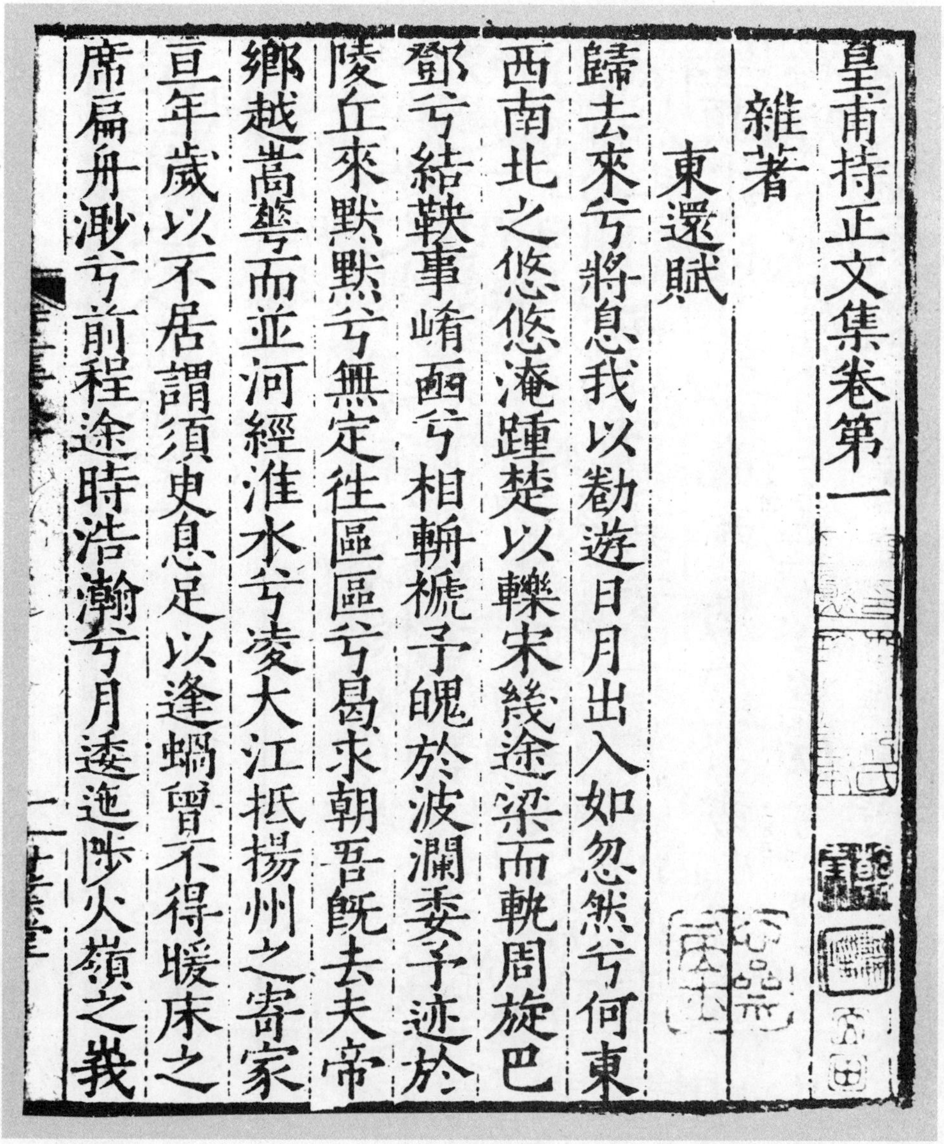

皇甫持正文集卷第一

雜著

東還賦

歸去來兮將息我以勸遊日月出入如忽然兮何東西南北之悠悠淹踵楚以轢宋幾途梁而軏周旋巴鄧兮結鞅事崤函兮相輔褫予魄於波瀾委予迹於陵丘來默默兮無定往區區兮曷求朝吾旣去夫帝鄉越嵩嶅而並河經淮水兮凌大江抵揚州之寄家亘年歲以不居謂須臾息足以逢蝸留不得暖床之席扁舟渺兮前程途時浩瀚兮月逶迤陟火嶺之峩

一四一　皇甫持正文集　唐皇甫湜撰，明正德十五年（1520年）皇甫錄世業堂刻本。

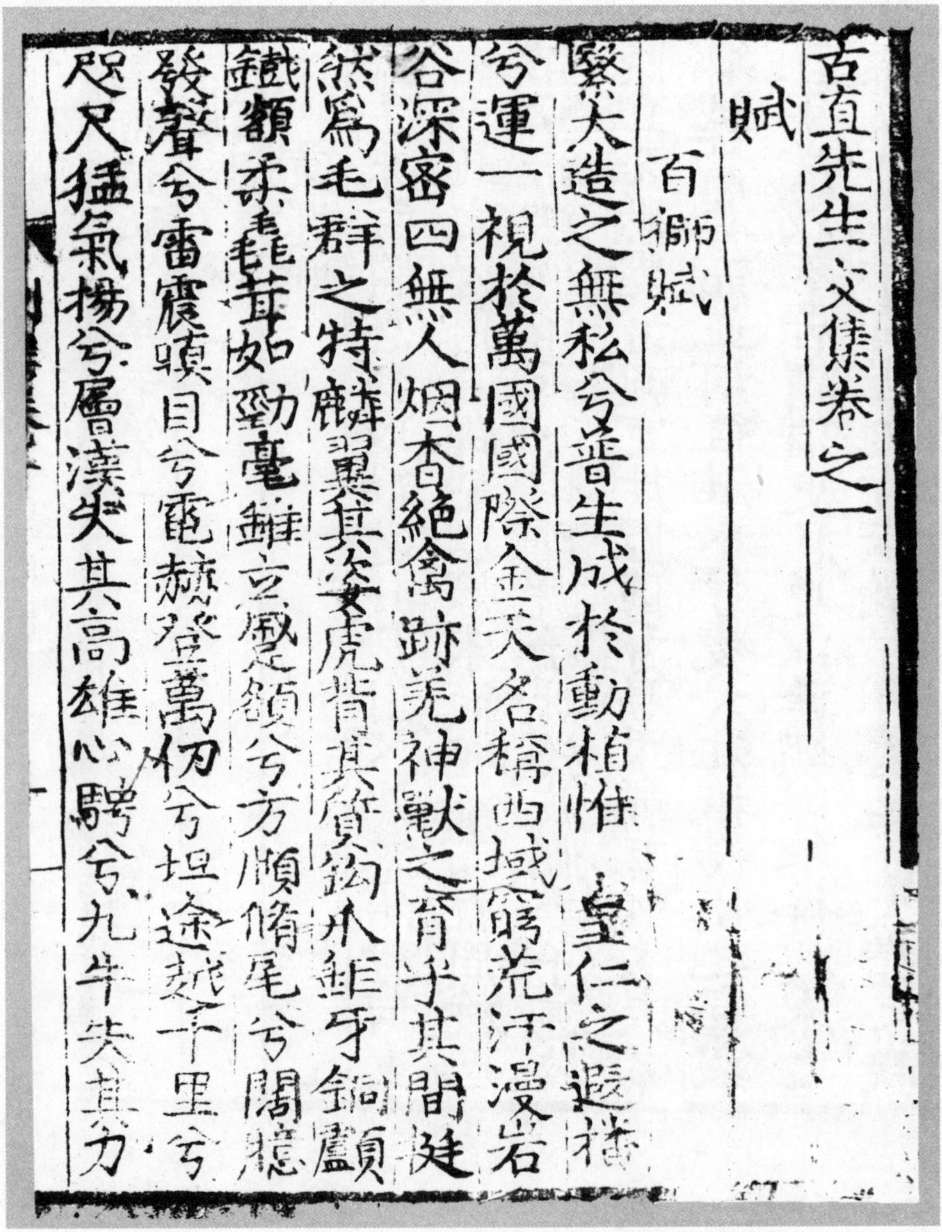

古直先生文集卷之一

賦

百獅賦

繄大造之無私兮普生成於動植惟　皇仁之遐被
兮運一視於萬國國際金天名稱西域窮荒汗漫嵒
谷深密四無人烟杳絕禽跡羌神獸之育乎其間鋌
然爲毛群之特麟翼其姿虎背其質鈎爪鋸牙銅顱
鐵額柔毛茸如勁毫雖立壓領兮方順脩尾兮闊臆
發聲兮雷震瞋目兮電赫登萬仞兮坦途越千里兮
咫尺猛氣揚兮屬濩失其高雄心騁兮九牛失其力

一四二　古直先生文集　明劉玥撰，明嘉靖三年（1524年）劉銃刻本。

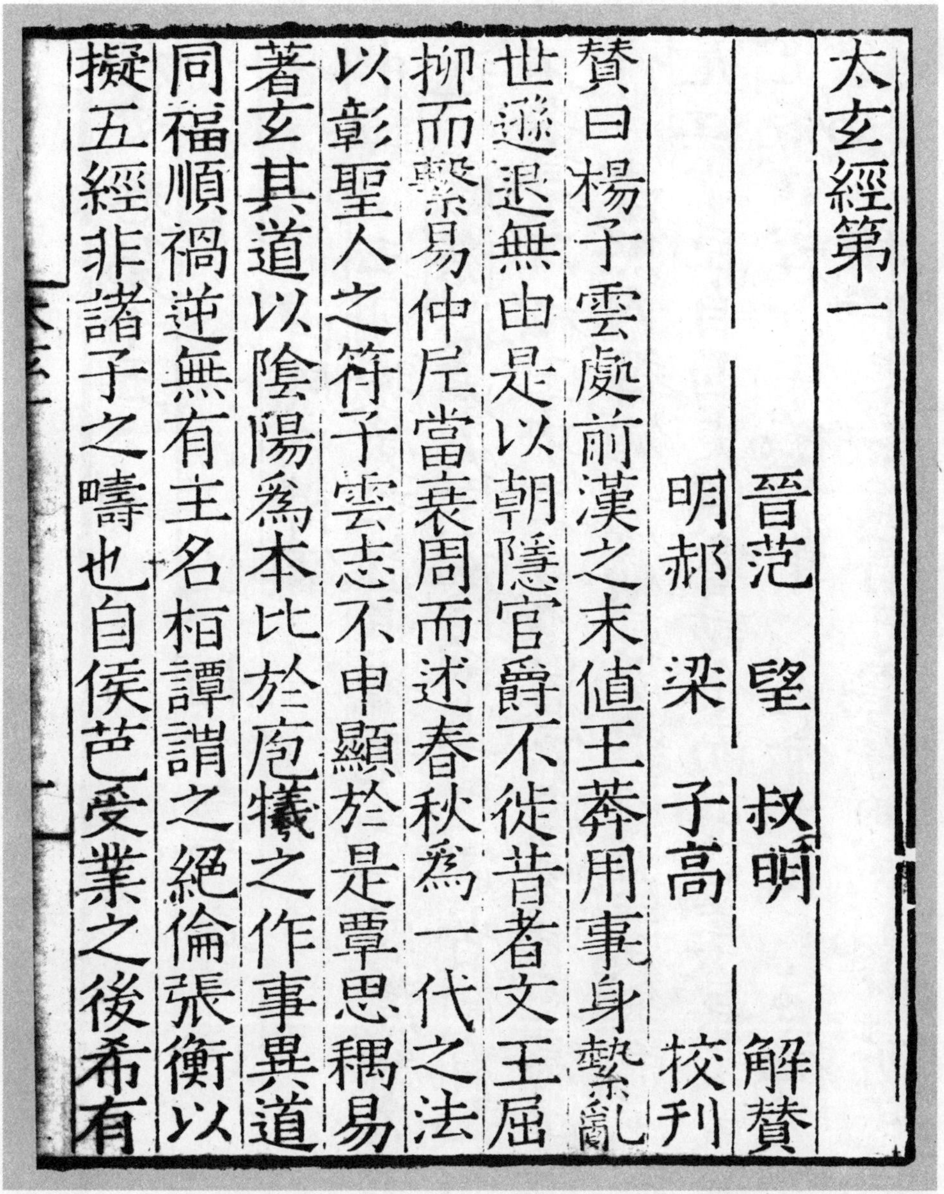
太玄經第一

晉范　望　叔明　解贊

明郝　梁　子高　校刊

贊曰楊子雲處前漢之末值王莽用事身蟄亂世遯退無由是以朝隱官爵不徙昔者文王屈抑而繫易仲尼當衰周而述春秋爲一代之法以彰聖人之符子雲志不申顯於是覃思耦易著玄其道以陰陽爲本比於庖犧之作事異道同福順禍逆無有主名桓譚謂之絕倫張衡以擬五經非諸子之疇也自侯芭受業之後希有

一四三　太玄經解贊　晉范望撰，明嘉靖三年（1524年）郝梁刻本。

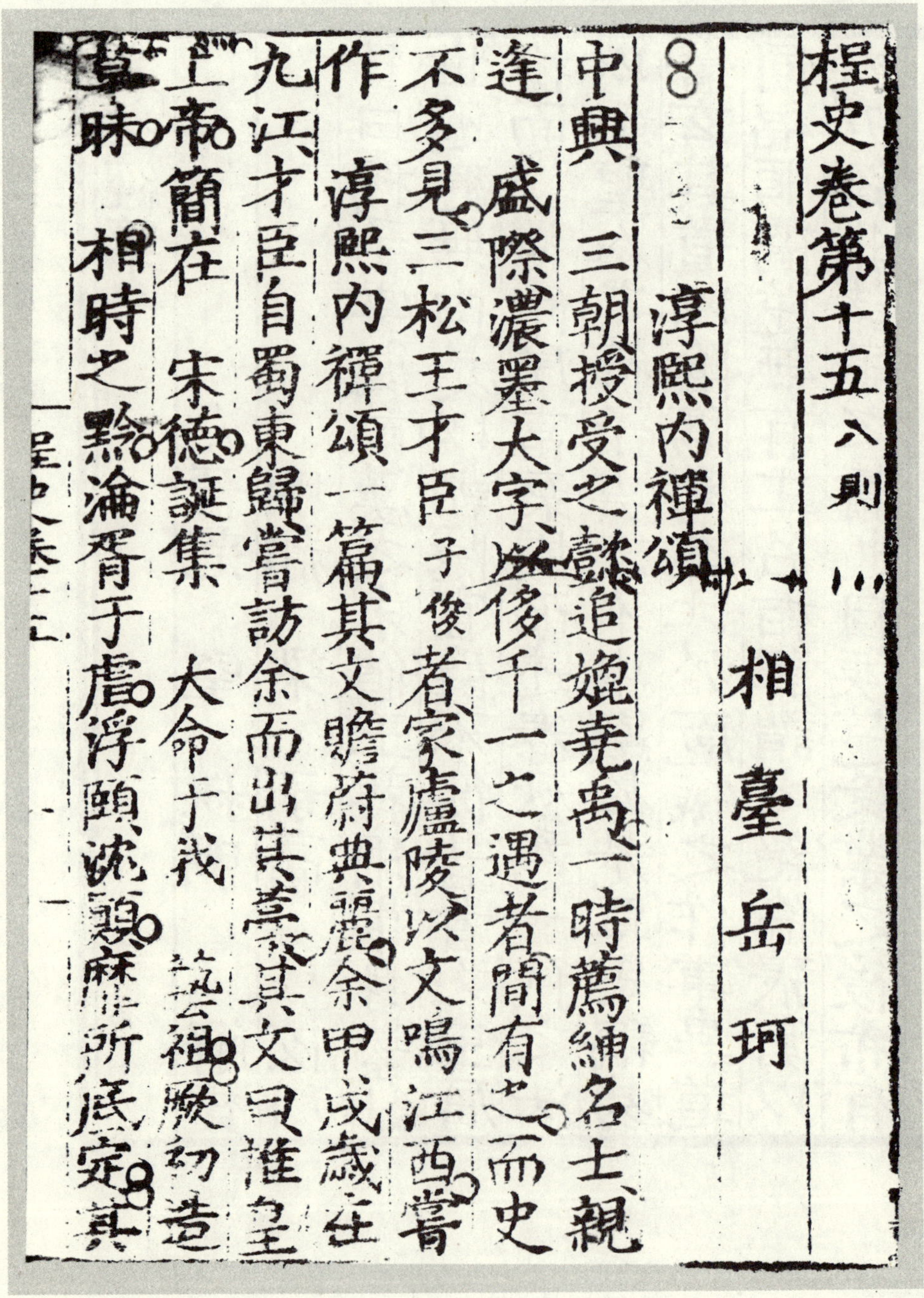
桯史卷第十五　八則

相臺岳珂

淳熙内禪頌

中興三朝授受之懿追媲堯禹一時薦紳名士親
逢盛際濃墨大字以侈千一之遇者間有之而史
不多見三松王才臣子俊者家廬陵以文鳴江西嘗
作淳熙内禪頌一篇其文贍蔚典麗余甲戌歲在
九江才臣自蜀東歸嘗訪余而出其藁其文曰惟皇
上帝簡在宋德誕集大命于我藝祖戡亂造
草昧相時之黔淪胥于虐浮頤流碭麻所底定其

一四四　桯史　宋岳珂撰，明嘉靖四年（1525年）錢如京公文紙印本。

一四五　鮑氏國策

宋鮑彪校注，明嘉靖七年（1528年）龔雷影宋刻本。

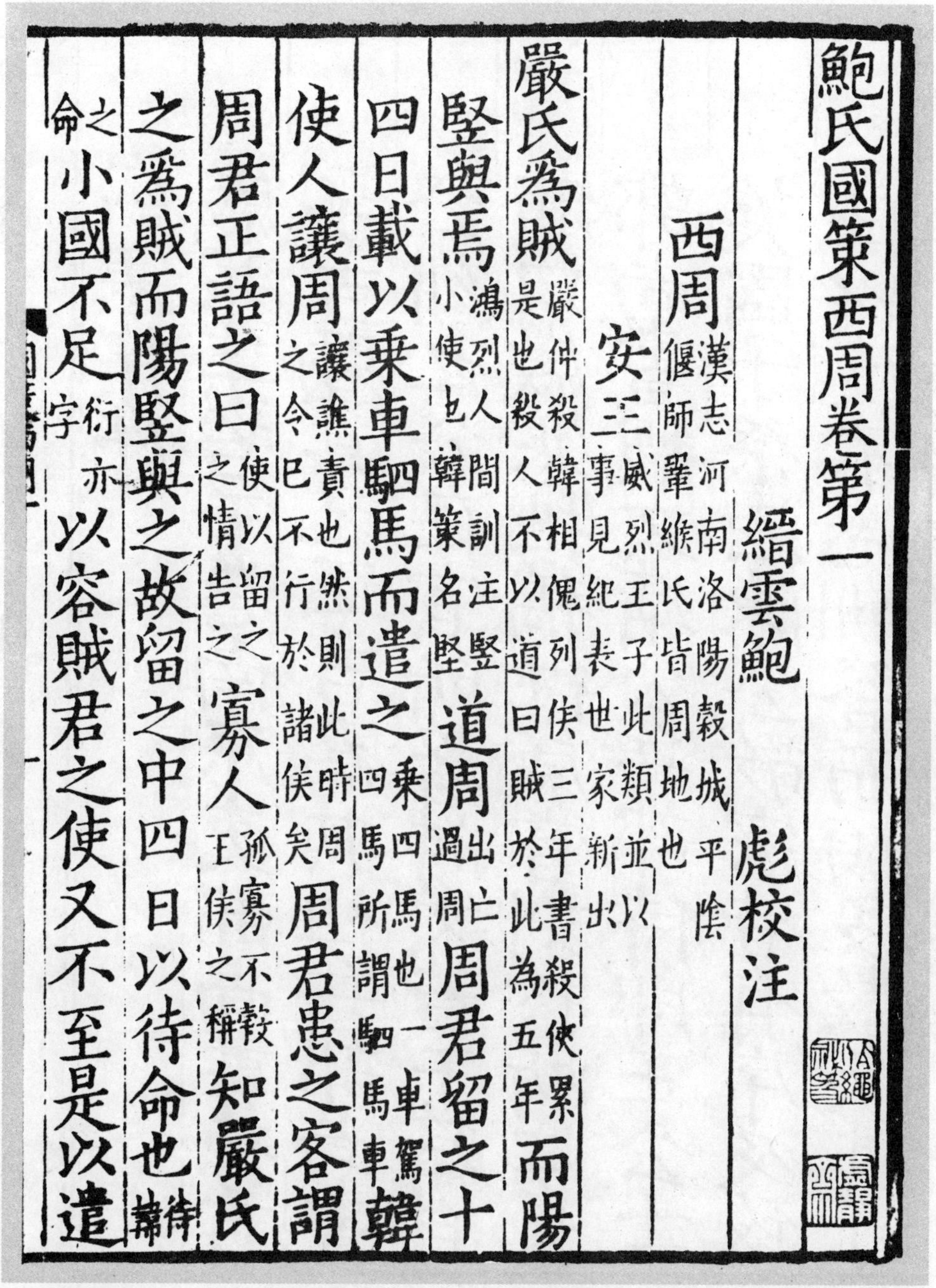
鮑氏國策西周卷第一
縉雲鮑　彪校注
西周漢志河南洛陽穀城平陰偃師鞏緱氏皆周地也
安威烈王子此類並以三事見紀表世家新出
嚴氏為賊嚴仲殺韓相傀列侯三年書殺俠累是也殺人不以道曰賊於此為五年而陽
竪與焉鴻烈人間訓注竪小使也韓策名竪道周出亡過周周君留之十
四日載以乘車駟馬而遣之乘四馬也一車駕四馬所謂駟馬車韓
使人讓周讓譙責也然則此時周之令已不行於諸侯矣周君患之客謂
周君正語之曰使以留之情告之寡人孤寡不穀王侯之稱知嚴氏
之為賊而陽竪與之故留之中四日以待命也待韓之命小國不足衍亦字以容賊君之使又不至是以遣

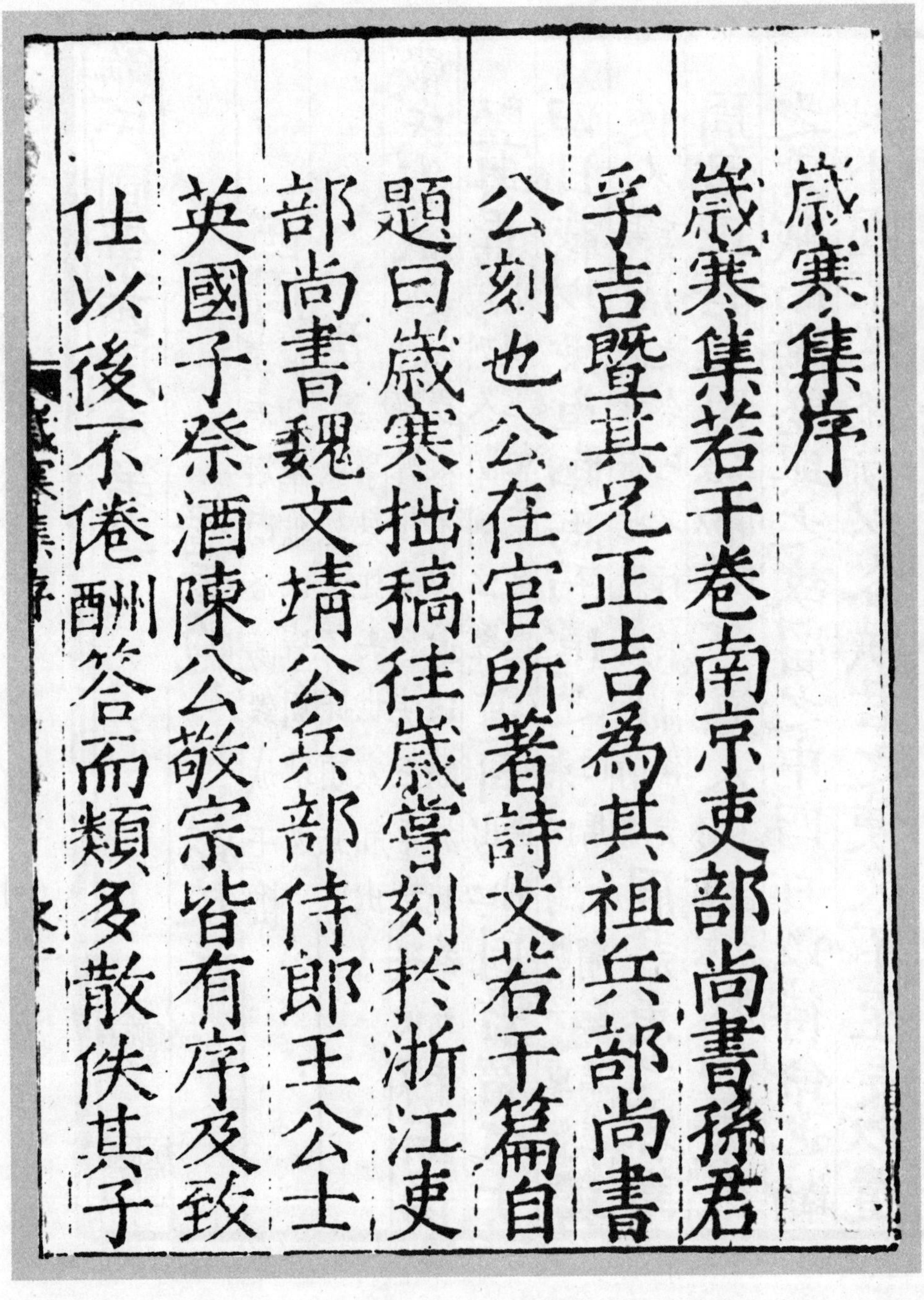
歲寒集序
歲寒集若干卷南京吏部尚書孫君
孚吉暨其兄正吉爲其祖兵部尚書
公刻也公在官所著詩文若干篇自
題曰歲寒拙稿往歲嘗刻於浙江吏
部尚書魏文靖公兵部侍郎王公士
英國子祭酒陳公敬宗皆有序及致
仕以後不倦酬答而類多散佚其子

一四六 歲寒集 明孫瑀撰，明嘉靖七年（1528）孫哻刻本。（之一）

歲寒集上卷

賦

瑞應景星賦

聖皇臨御兮統一華夷繼體
三聖兮端拱無爲賢能任使兮文恬武熙聲教漸被兮俗
易風移禮本陰而樂本陽兮極制作之合宜功必賞而
過必罰兮謹法令之無私禮
郊社與
禘嘗兮感
神聖之格思崇天下之
榮養兮隆
至孝於

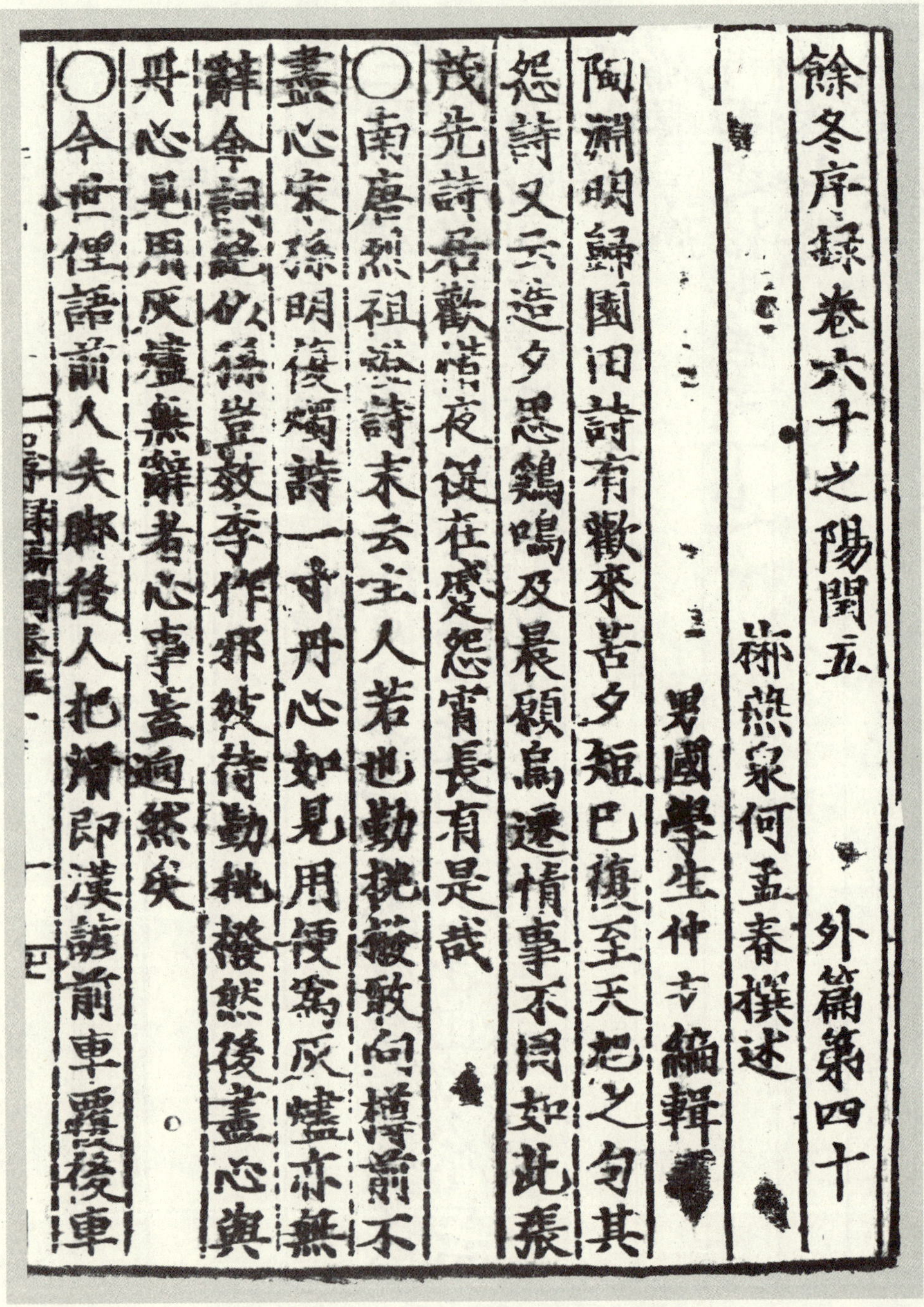
餘冬序錄卷六十之陽閏五　　外篇第四十
郴　然泉何孟春撰述
男國學生仲方編輯
陶淵明歸園田詩有歡來苦夕短已復至天旭之句其
怨詩又云造夕思鷄鳴及晨願烏遷情事不同如此袁
茂先詩君歡猜夜促在戚怨宵長有是哉
○南唐烈祖燈詩末云主人若也勤挑撥敢向樽前不
盡心宋孫明復燭詩一寸丹心如見用便爲灰燼亦無
辭令詞絶似孫豈效李作耶彼待勤挑撥然後盡心與
丹心見用灰燼無辭者心事蓋迥然矣
○今世俚語前人失脚後人把滑即漢諺前車覆後車

一四七　餘冬序錄

明何孟春撰，明嘉靖七年（1528年）郴州家塾自刻本。

刻事類賦敘

嘉靖壬辰冬十月郡公內江趙鷺洲先生屬家君刻宋吳淑事類賦藏郡齋廣來學之貺乃授意邑侯胡君君錫俾雲敘之雲夏五歸自春官見公既言之載勤胡侯讓弗獲乃颺言對侯曰玆非郡公盛心哉探天下之賾夫然後可以盡變通天下之志夫然後可以成務畜德逢原隆其往也弘天懋績集於義也聖賢之軌森然具方

一四八　事類賦　宋吳淑撰並注，明嘉靖十一年（1532年）華麟祥崇正書院刻本。（之一）

事類賦卷之二十八

宋博士渤海吳淑 撰註
皇明都事錫山華麟祥校刊

鱗介部

龍 蛇 龜

龍

龍者神靈之精瑞應圖曰黃龍者神靈之精四靈之長能幽能明說文曰龍鱗虫之長能幽能明能小能大能短能長春分而登天秋分而入淵或玄黃其血易曰龍戰于野其血玄黃或蠶蠋其形管子曰龍被五色而游故神欲小則如蠶蠋欲大則涵天地欲上則凌雲欲沉則伏泉劔化延津見劔賦雷煥得豐城之寶劔注漦藏夏庭史記曰夏后之衰有神龍二止於夏帝庭而言曰余褒之二君夏帝卜殺之與去之與止之莫吉請其漦而藏之吉於是布幣而策告之龍亡而漦在櫝夏亡傳此器殷殷亡傳此器周莫敢發之至厲王發而觀之漦

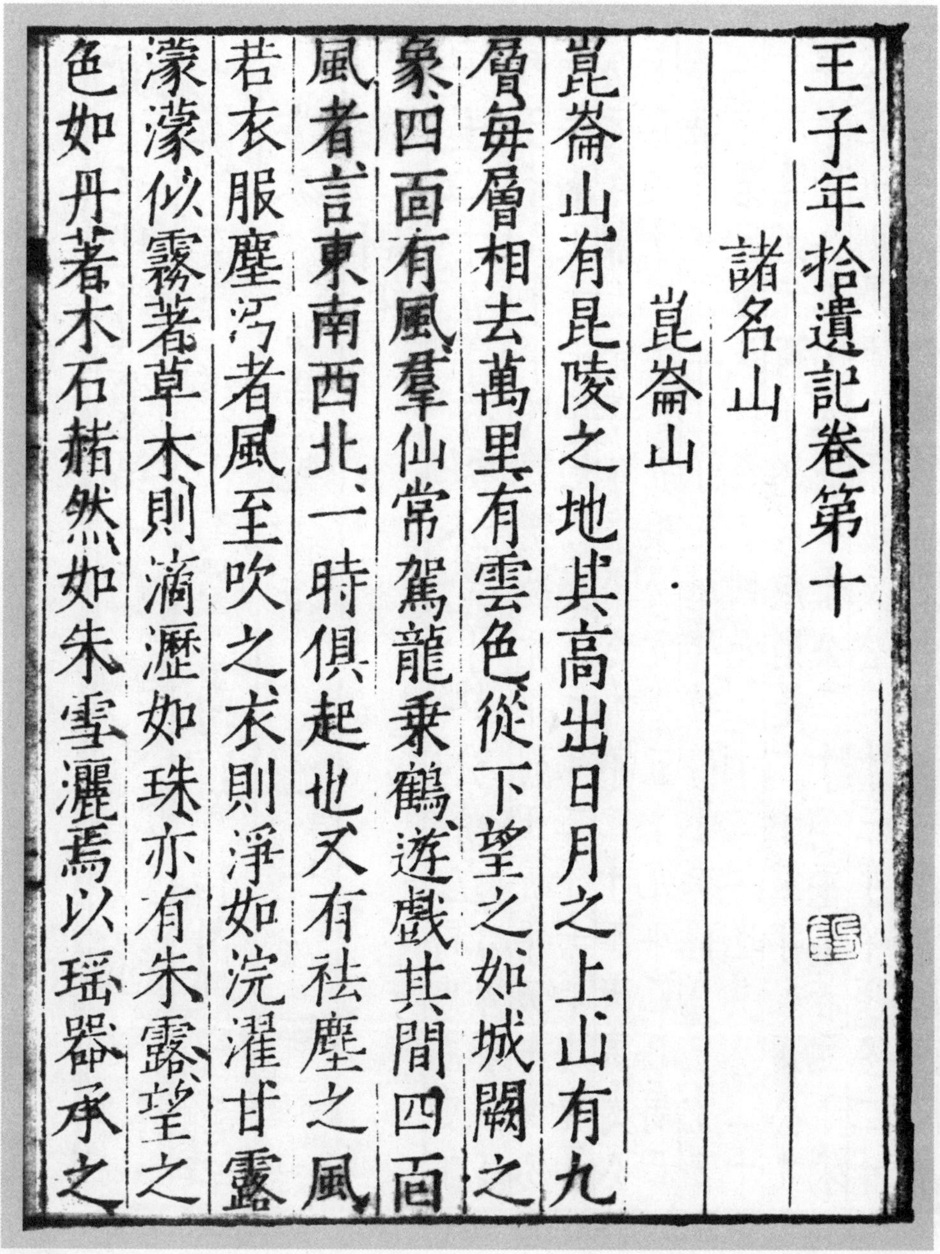

王子年拾遺記卷第十

諸名山

崑崙山

崑崙山有昆陵之地其高出日月之上山有九層每層相去萬里有雲色從下望之如城闕之象四面有風羣仙常駕龍乘鶴遊戲其間四面風者言東南西北一時俱起也又有祛塵之風若衣服塵污者風至吹之衣則淨如浣濯甘露濛濛似霧著草木則滴瀝如珠亦有朱露望之色如丹著木石赭然如朱雪灑焉以瑶器承之

一四九　王子年拾遺記　題後秦王嘉撰，梁蕭綺輯，明嘉靖十三年（1534年）顧春世德堂刻本。

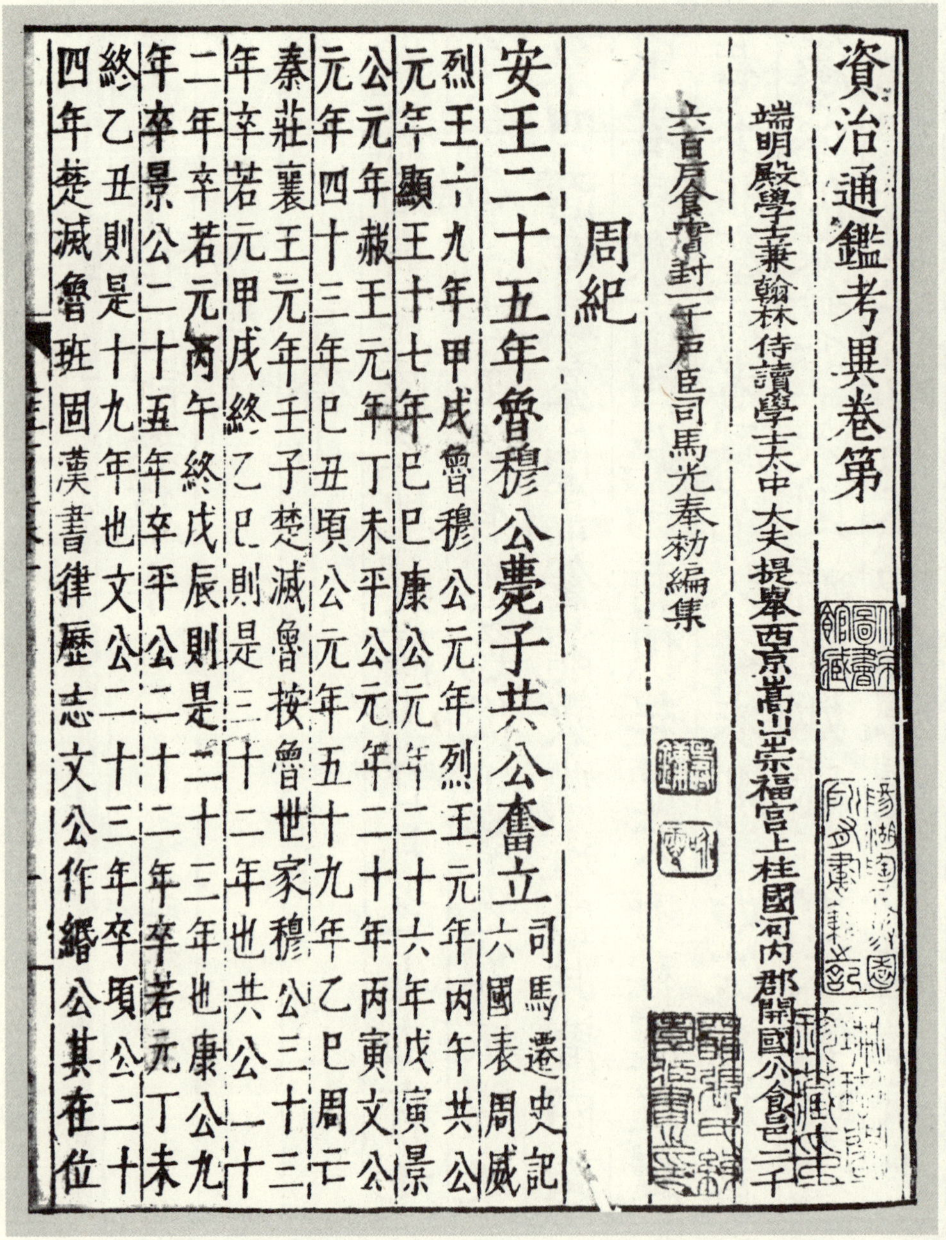
資治通鑑考異卷第一
端明殿學士兼翰林侍讀學士太中大夫提舉西京嵩山崇福宮上柱國河內郡開國公食邑二千
六百戶食實封一千戶臣司馬光奉勑編集
周紀
安王二十五年魯穆公薨子共公奮立司馬遷史記六國表周威
烈王十九年甲戌魯穆公元年烈王元年丙午共公
元年顯王十七年己巳康公元年二十六年戊寅景
公元年赧王元年丁未平公元年二十年丙寅文公
元年四十三年己丑頃公元年五十九年乙巳周亡
秦莊襄王元年壬子楚滅魯按魯世家穆公三十三
年卒若元甲戌終乙巳則是三十二年也共公二十
二年卒若元丙午終戊辰則是二十三年也康公九
年卒景公二十九年卒平公二十二年卒若元丁未
終乙丑則是十九年也文公二十三年卒頃公二十
四年楚滅魯班固漢書律歷志文公作緡公其在位

一五〇 資治通鑑考異 宋司馬光撰，明嘉靖二十三年（1544年）至嘉靖二十四年（1545年）孔天胤刻本。

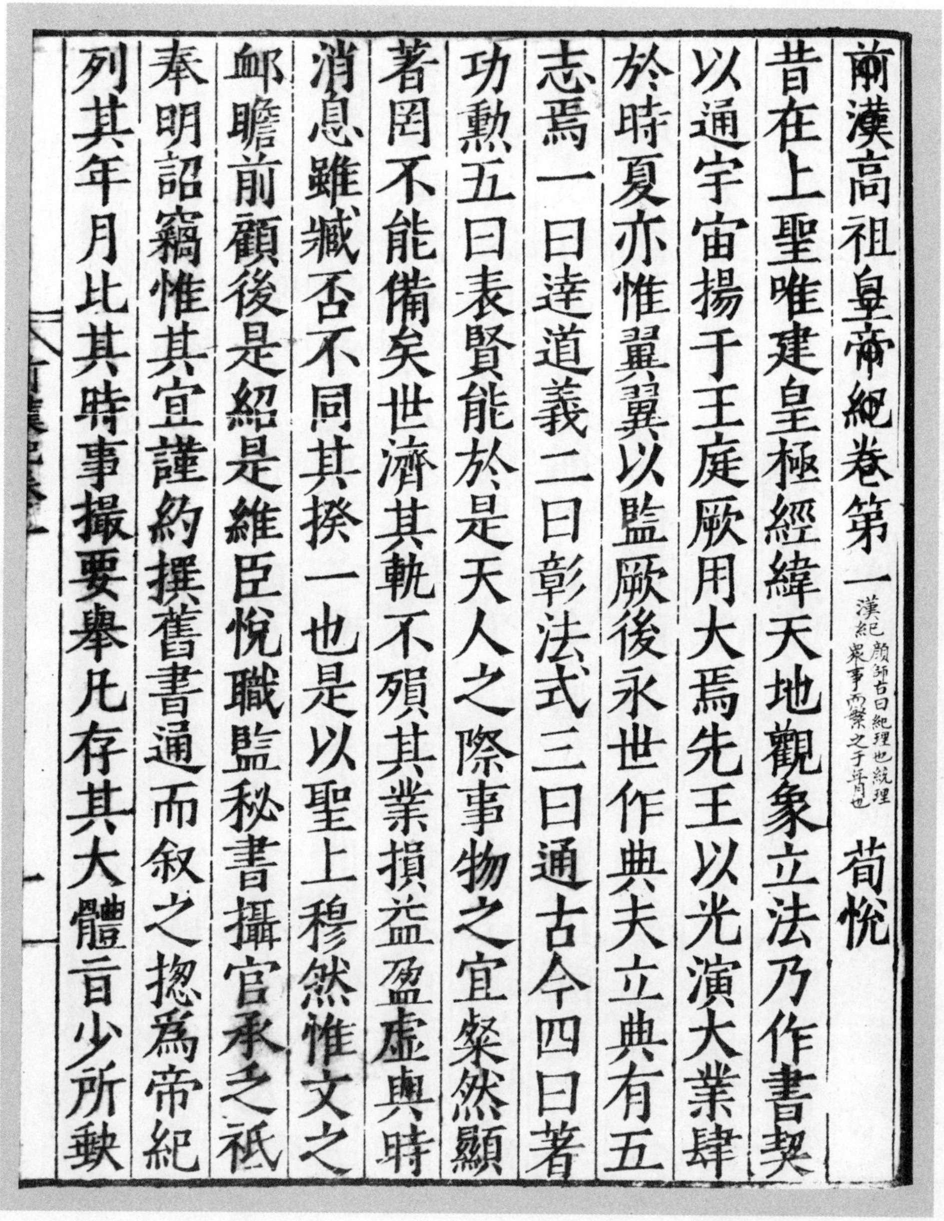
前漢高祖皇帝紀卷第一　　荀悅
漢紀　顏師古曰紀理也統理衆事而繫之年月也
昔在上聖唯建皇極經緯天地觀象立法乃作書契
以通宇宙揚于王庭厥用大焉先王以光演大業肆
於時夏亦惟翼翼以監厥後永世作典夫立典有五
志焉一曰達道義二曰彰法式三曰通古今四曰著
功勳五曰表賢能於是天人之際事物之宜粲然顯
著罔不能備矣世濟其軌不殞其業損益盈虛與時
消息雖臧否不同其揆一也是以聖上穆然惟文之
卹瞻前顧後是紹是維臣悅職監秘書攝官承乏祗
奉明詔竊惟其宜謹約撰舊書通而叙之總為帝紀
列其年月比其時事撮要舉凡存其大體旨少所缺
前漢紀卷一　一

一五一　兩漢紀　明嘉靖二十七年（1548年）黃姬水刻本。（之一）

後漢孝獻皇帝紀卷第三十　　袁宏

十二年春曹操上表曰昔袁紹入郊甸戰於官渡時兵少糧盡圖欲還許荀彧乃建進討之規遂摧大逆覆取其衆此彧覩勝敗之機畧不出世紹既破敗臣糧亦盡以爲河北未易圖也欲南討劉表彧復止臣陳其得失臣用反於是遂平四州向使臣退於官渡紹必鼓行而前遂征劉表則河北延其凶計彧之二策以立爲存以禍爲福臣所不及也是故先帝貴指縱之功薄搏獲之賞古人尚帷幄之規下攻拔之捷原其績效足享高爵而海内未喻其狀所受不侔其功臣誠惜之乞重平議增疇戶邑彧深辭讓操報之

重刻兩漢紀後序

右荀悅前漢紀三十卷袁宏後漢紀三十卷祥符中刊版於錢塘版廢幾百年今始合二書用諸家博本校其異同撥其譌誤稍條然可讀遂再刻之夫兩漢之事最備者繇司馬遷班固范曄與夫荀悅袁宏之書俱存故也其事咸萃於編年故曰紀其事分於傳表紀志故曰書讀荀袁之紀如未嘗有班范之書讀班范之書亦如未嘗有荀袁之紀也各以所序自達於後世荀悅之作後於班固而袁宏之作先於范曄或先或後或略或詳其體製凡例則猶黑白之不相亂河漢之不相涉也荀袁二紀於朝廷紀綱禮樂刑

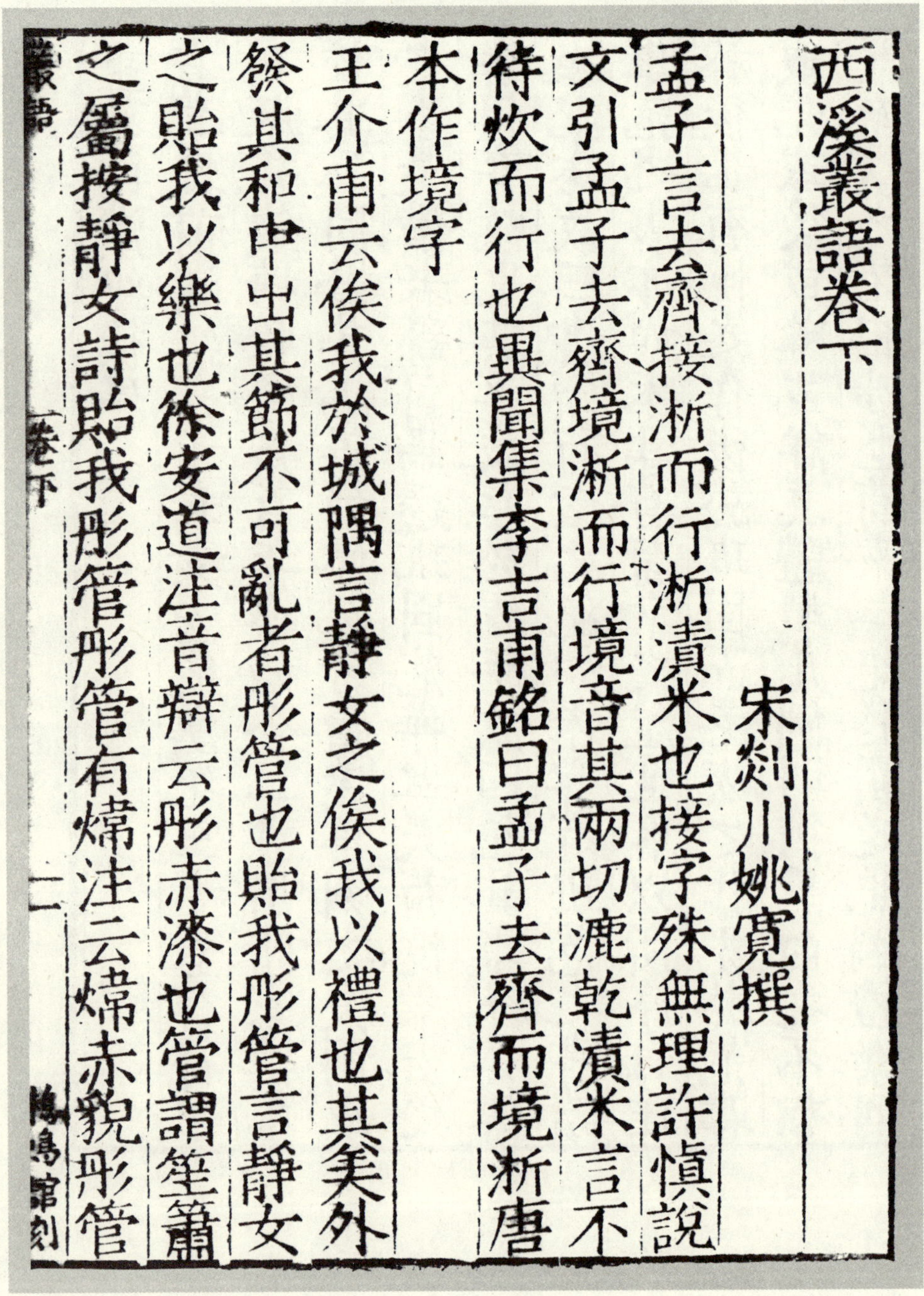

西溪叢語卷下

宋剡川姚寬撰

孟子言去齊接淅而行淅漬米也接字殊無理許慎說文引孟子去齊境淅而行境音其兩切漉乾漬米言不待炊而行也異聞集李吉甫銘曰孟子去齊而境淅唐本作境字

王介甫云俟我於城隅言靜女之俟我以禮也其美外發其和中出其節不可亂者彤管也貽我彤管言靜女之貽我以樂也徐安道注音辯云彤赤漆也管謂笙簫之屬按靜女詩貽我彤管彤管有煒注云煒赤貌彤管

叢語　卷下　二　鵫鳴館刻

一五二一　西溪叢語　宋姚寬撰，明嘉靖二十七年（1548年）俞憲鵫鳴館刻本。

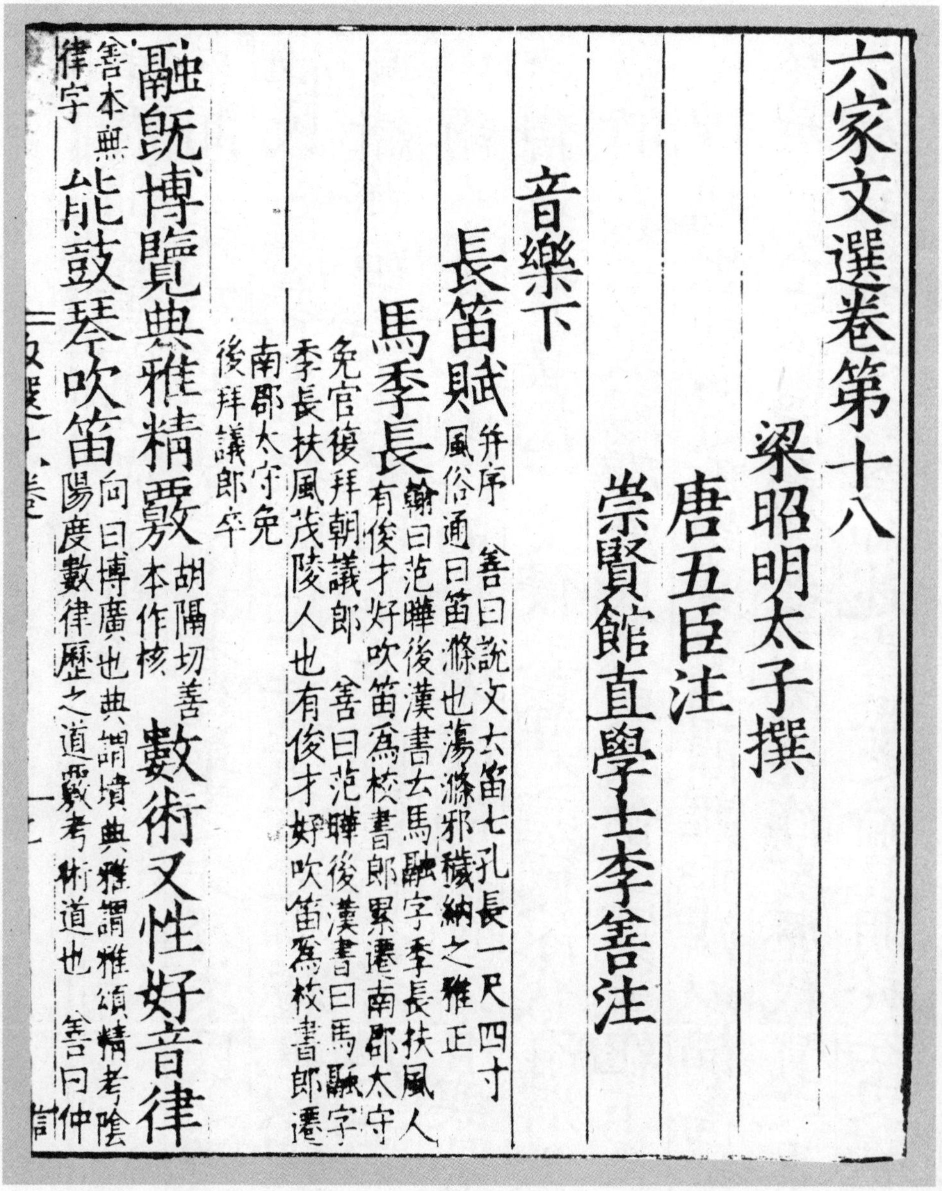
六家文選卷第十八

梁昭明太子撰

唐五臣注

崇賢館直學士李善注

音樂下

長笛賦幷序 善曰說文云笛七孔長一尺四寸 風俗通曰笛滌也蕩滌邪穢納之雅正

馬季長 翰曰范曄後漢書云馬融字季長扶風人 有俊才好吹笛爲校書郎累遷南郡太守 免官後拜朝議郎 善曰范曄後漢書曰馬融字 季長扶風茂陵人也有俊才好吹笛爲校書郎遷 南郡太守免 後拜議郎卒

融既博覽典雅精覈胡隔切善 本作核 數術又性好音律善本無 律字 能鼓琴吹笛向曰博廣也典謂墳典雅謂雅頌精考陰 陽度數律歷之道覈考術道也 善曰仲

文選十八卷 十二

一五三 六家文選 梁蕭統輯，明嘉靖十三年（1534年）至二十八年（1549年）袁褧嘉趣堂刻本。

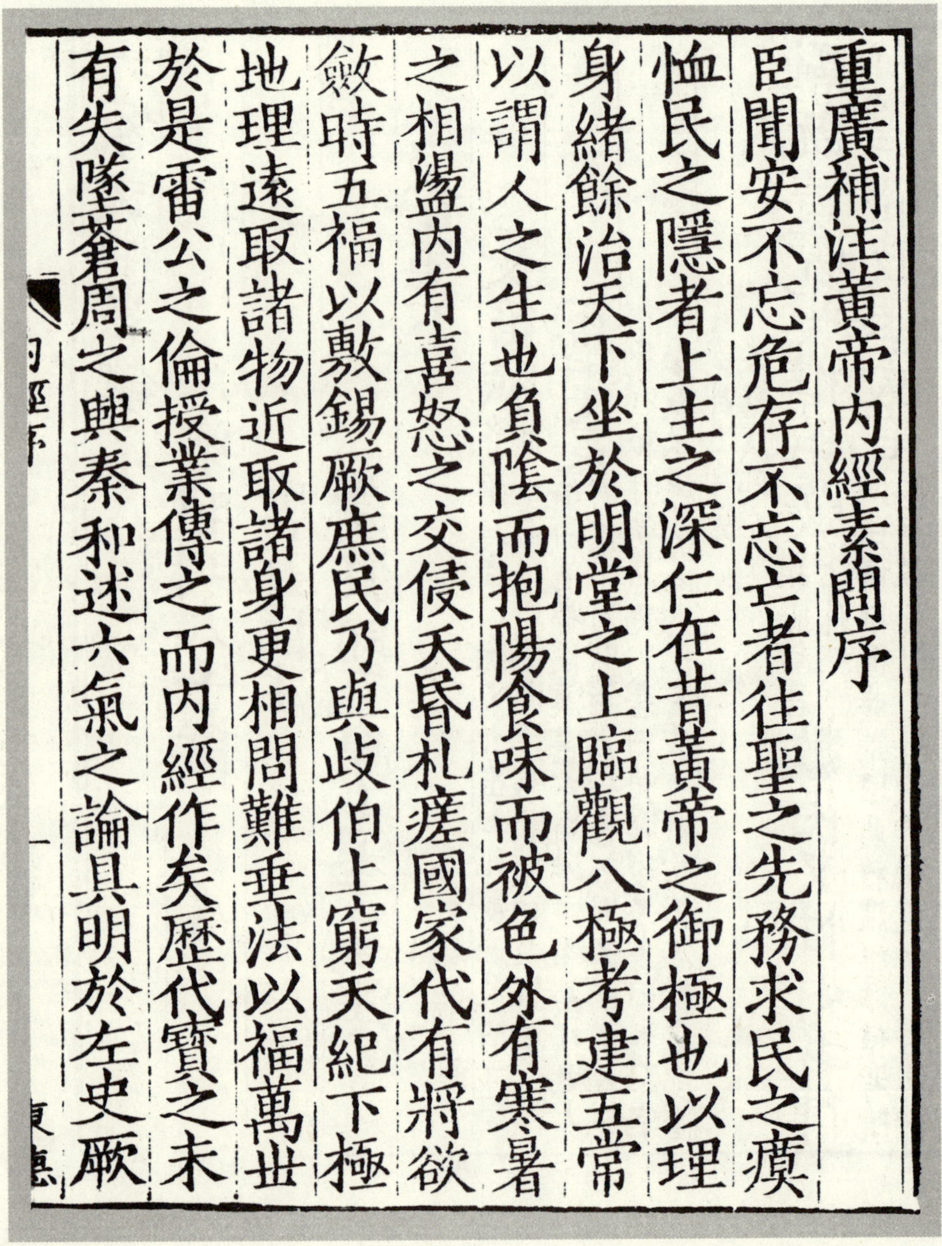
重廣補注黃帝內經素問序
臣聞安不忘危存不忘亡者往聖之先務求民之瘼
恤民之隱者上主之深仁在昔黃帝之御極也以理
身緒餘治天下坐於明堂之上臨觀八極考建五常
以謂人之生也負陰而抱陽食味而被色外有寒暑
之相盪內有喜怒之交侵夭昏札瘥國家代有將欲
斂時五福以敷錫厥庶民乃與岐伯上窮天紀下極
地理遠取諸物近取諸身更相問難垂法以福萬世
於是雷公之倫授業傳之而內經作矣歷代寶之未
有失墜蒼周之興秦和述六氣之論具明於左史厥

一五四　重廣補注黃帝內經素問

唐王冰注，宋林億等校正，孫兆改誤，明嘉靖二十九年（1550年）顧從德影宋刻本。（之一）

重廣補註黄帝内經素問卷第一

新校正云按王氏不解所以名素問之義及素問之名起於何代按隋書經籍志始有素問之名甲乙經序晉皇甫謐之文已云素問論病精辨王叔和西晉人撰脉經云出素問鍼經漢張仲景撰傷寒卒病論集云撰用素問是則素問之名著於隋志上見於漢代也自仲景已前無文可見莫得而知據今世所存之書則素問之名起漢世也所以名素問之義全元起有説云素者本也問者黄帝問岐伯也方陳性情之源五行之本故曰素問元起雖有此解義未甚明按乾鑿度云夫有形者生於無形故有太易有太初有太始有太素太易者未見氣也太初者氣之始也太始者形之始也太素者質之始也氣形質具而痾瘵由是萌生故黄帝問此太素質之始也素問之名義或由此

啓玄子次註林億孫奇高保衡等奉敕校正孫兆重改誤

上古天眞論　四氣調神大論

生氣通天論　金匱眞言論

上古天眞論篇第一

新校正云按全元起注本在第九卷王氏重次篇第移冠篇首今注逐篇必具全元起本之卷

一五五五　晁氏儒言　宋晁説之撰，明嘉靖三十三年（1554年）晁瑮寶文堂刻本。

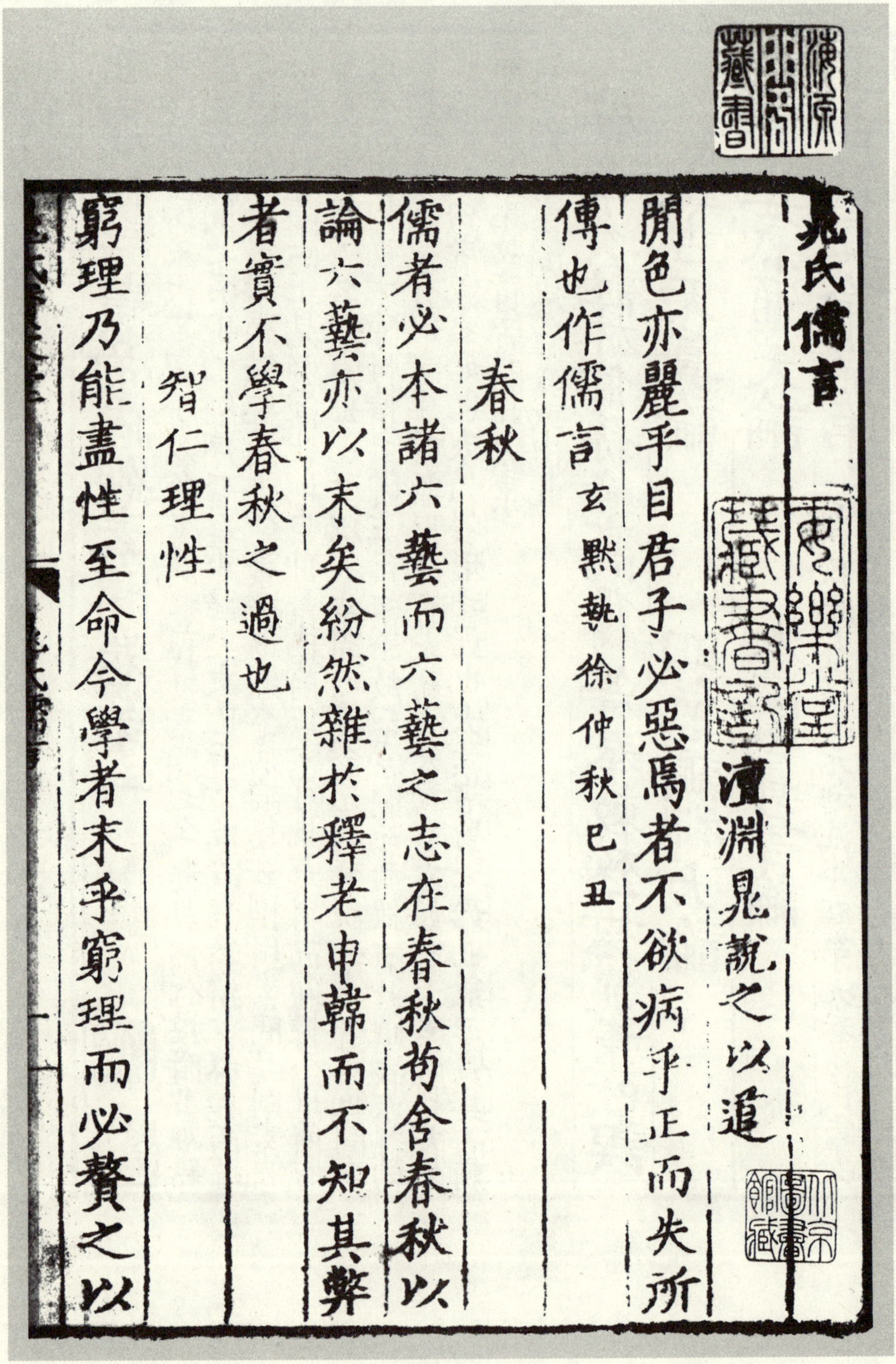

晁氏儒言

澶淵晁説之以道

閒色亦麗乎目君子必惡焉者不欲病乎正而失所傳也作儒言　玄默執徐仲秋巳丑

春秋

儒者必本諸六藝而六藝之志在春秋苟舍春秋以論六藝亦以末矣紛然雜於釋老申韓而不知其弊者實不學春秋之過也

智仁理性

窮理乃能盡性至命今學者末乎窮理而必費之以

一五六　涇野先生五經說　明吕柟撰，明嘉靖三十二年（1553年）謝少南刻本。

涇野先生春秋說志卷之五

昭公

元年于虢之會尋宋之盟仍讀舊書何以亦先趙武曰罪趙武崇僭逆也是僭逆之魁耳夫楚圍設服離衛蒲宮有前二人執戈居然楚子以臨諸大夫矣使趙文子率諸大夫執圍數其罪歸于京師豈惟伸大義于天下亦楚國之所共願也乃若言其假而不返或以君弒美之釋其賊而尚其强猶曰以信為本擬于不僭不賊夫僭賊在邇而不問又誰則也小信破義其是會乎故申之會不殊淮夷

一五七　丹鉛總錄　明楊慎撰，明嘉靖三十三年（1554年）梁佐刻藍印本。

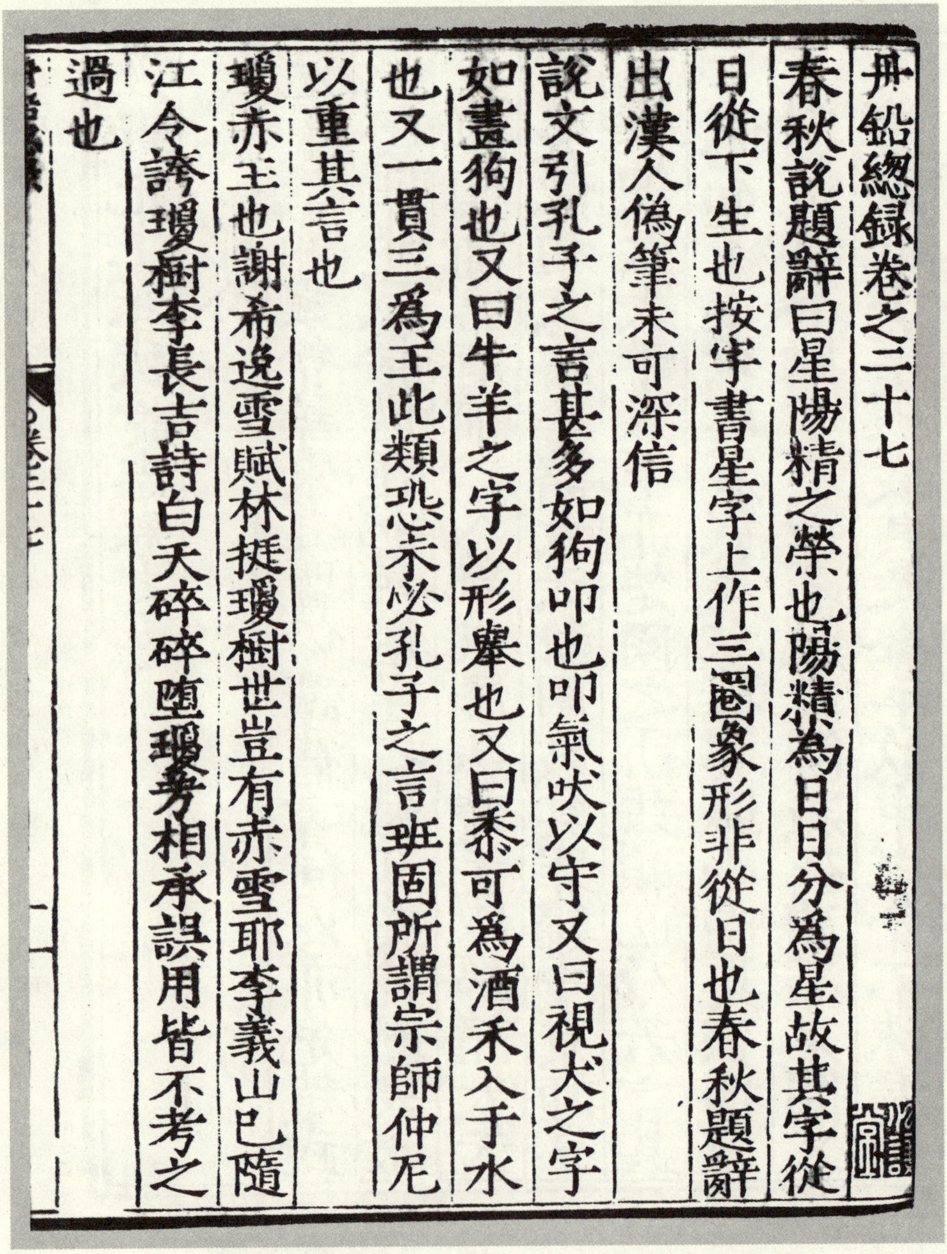
丹鉛總錄卷之二十七

春秋說題辭曰星陽精之榮也陽精爲日日分爲星故其字從日從下生也按字書星字上作三圈象形非從日也春秋題辭出漢人僞筆未可深信

說文引孔子之言甚多如狗叩也叩氣吠以守又曰視犬之字如畫狗也又曰牛羊之字以形舉也又曰黍可爲酒禾入于水也又一貫三爲王此類恐未必孔子之言班固所謂宗師仲尼以重其言也

瓊赤玉也謝希逸雪賦林挺瓊樹世豈有赤雪耶李義山巳隨江令誇瓊樹李長吉詩白天碎碎墮瓊芳相承誤用皆不考之過也

一五八　書法鉤玄　元蘇霖撰，明嘉靖三十六年（1557年）嚴嵩刻本。

書法鉤玄卷之四

翰林密論用筆法二十四條

點法口訣云作點向左以中指斜頓向右以大指齊頓作報答便以中指挫鋒須收鋒在內按筆收之又衂側下其筆舍濡其鋒摩輪簇心然後收筆填在員平禁經云點如利鑽鏤金是也又半蟻法宜字上用之爲避其傍點又側下其筆使墨精闇墜徐乃反揭則稜利矣右軍云作點皆須磊磊如大石之當衢又點不變爲布棋貴通變也更有打點單以指送筆似打物之勢甚難用也

漢魏詩紀序

單閼之秋少洲馮子挾所選漢魏詩東訪余於空林余曰子何漢魏選乎曰予是獨樂曰子樂如濠梁之樂魚乎馮子曰雖然予察物而索情遡代運而鑒人物匪猷少讐優劣將曰廣逸也黄子曰嗟乎選扎子桔槔乎海上髮落齒齲攢海上之風雲草木景面都詩欲得會儵忽竆人情鄙意鬱

一五九　漢魏詩紀　明馮惟訥輯，明嘉靖三十八年（1559年）馮惟訥自刻本。（之一）

漢詩紀卷之一

北海馮惟訥編

高帝 姓劉氏諱邦字季

大風歌 一名三侯之章

漢書曰高帝既定天下還過沛留置酒沛宮悉召故人父老子弟佐酒發沛中兒得百二十人教之歌酒酣上擊筑自歌令兒皆和習之帝乃起舞慷慨傷懷

大風起兮雲飛揚威加海内兮歸故鄉安得猛士兮守四方

〇

鴻鵠歌 古樂府作楚歌

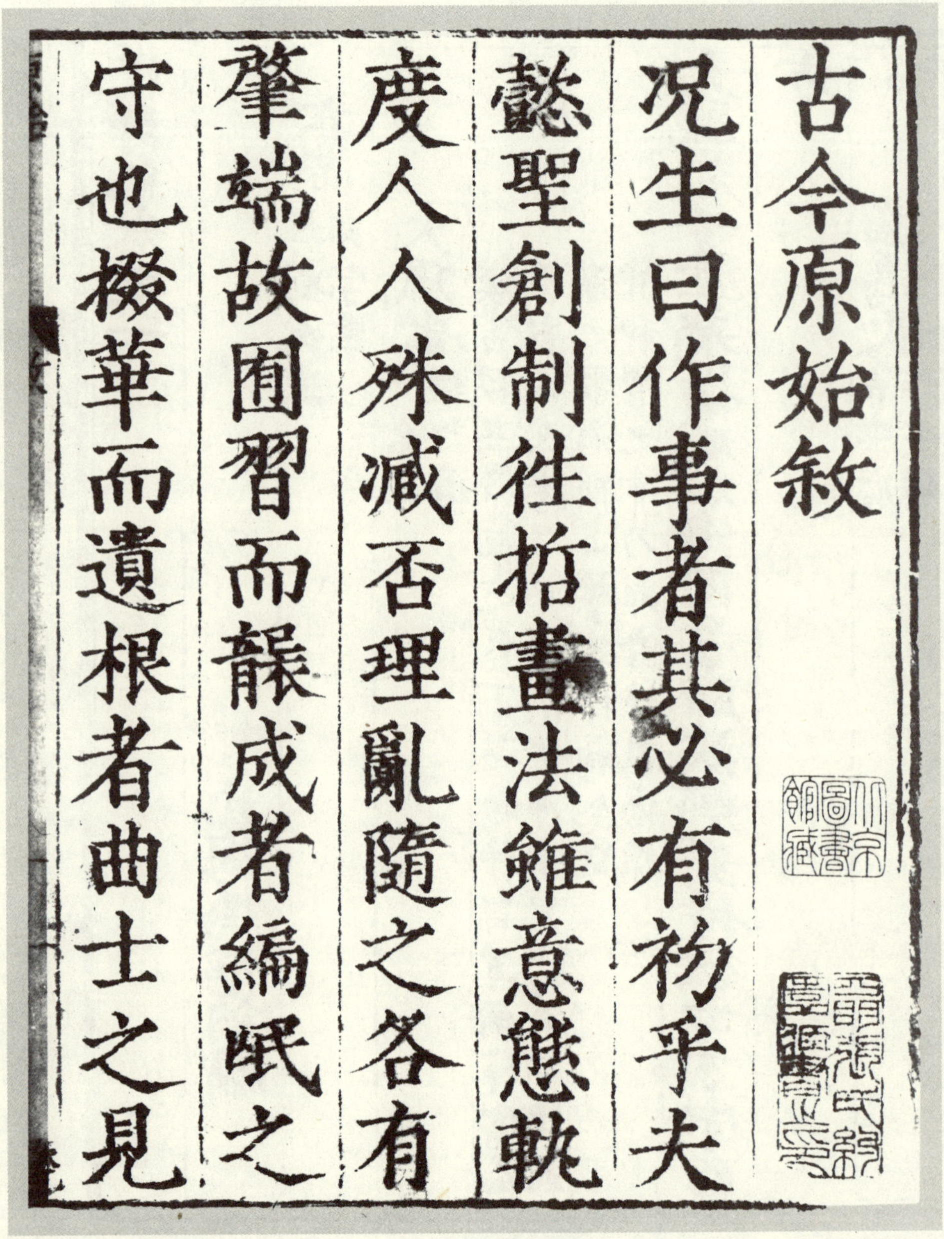

古今原始敘

況生曰作事者其必有初乎夫懿聖創制往哲畫法雖意態軌度人人殊臧否理亂隨之各有肇端故囿習而髹成者編氓之守也擬華而遺根者曲士之見

一六〇　古今原始　明趙鉽撰，明嘉靖四十一年（1562年）自刻本。（之一）

古今原始第一卷

桐城趙鉞鼎卿著

○天皇氏

初制干支之名

按十干曰閼逢旃蒙柔兆彊圉著雍屠維上章重光玄黓昭陽十二支曰困敦赤奮若攝提格單閼執徐大荒落敦牂協洽涒灘作噩閹茂大淵獻天皇氏居天子之位乘天之初開卽立十干以定歲又立十二支以定時歲

野客叢書附錄

長洲王楙

野老記聞

先人舊在唯室陳先生講席及見諸所從游如和靖尹先生之流有野老記聞數篇未暇詮次姑錄梗槩於此

林文節作啓謝諸公於蘇子由有一聯云父子以文章冠世邁淵雲司馬之才兄弟以方正決科冠晁董公孫之對言淵雲司馬皆蜀人及紹聖中行子由謫詞云父子兄弟挾機權變詐驚愚惑衆子由捧之泣

野客叢書附錄　一

袁宸

一六一　野客叢書　宋王楙撰，明嘉靖四十一年（1562年）王穀祥刻本。

一六二　夢澤集　明王廷陳撰，明嘉靖四十一年（1562年）王廷瞻刻本。（之一）

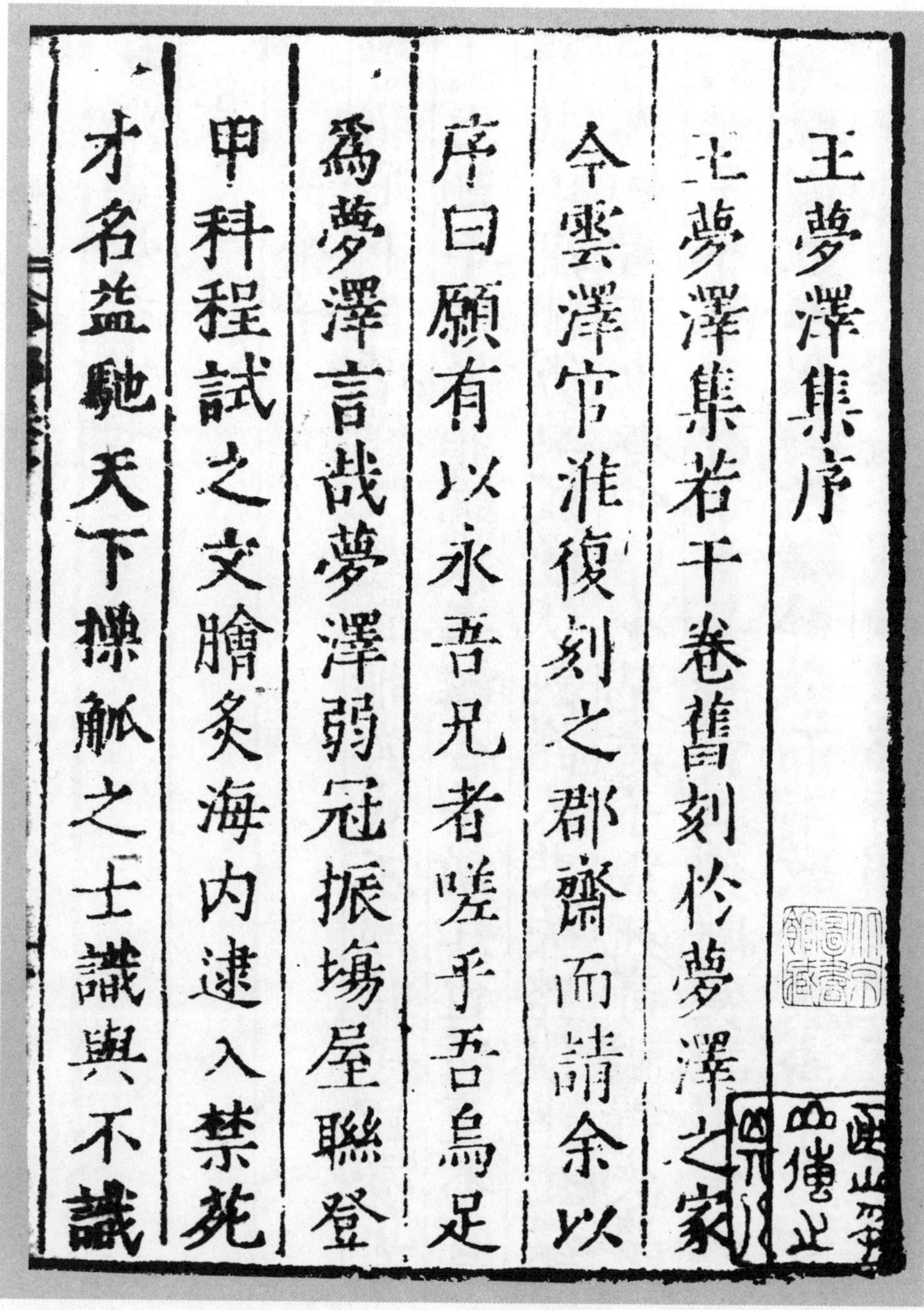
王夢澤集序
王夢澤集若干卷舊刻於夢澤之家
令雲澤守淮復刻之郡齋而請余以
序曰願有以永吾兄者嗟乎吾烏足
爲夢澤言哉夢澤弱冠振塲屋聯登
甲科程試之文膾炙海内逮入禁苑
才名益馳天下操觚之士識與不識

夢澤集卷之十七

文

寄余子

懋昭足下昔偕館院頗辱暱與曾不幾時子以憂去去之明年僕坐罪謫僕之難合子所知也時吏不宜指其瑕疵纖劣莫競遂伏誣議人悲失路僕幸生還可爲知者道也春仲晤令兄悉子幾死奇禍得失夢幻無足芥帶更討子首夏經黃必獲駢展譚浪信次布歡臨江潯侶獨往微吟數而不數今晨書來乃知仙舟徑泊鄂渚矣令我欷歔移時涕泗交下豈緣偃

一六三　陽明先生年譜　明錢德洪撰，明嘉靖四十三年（1564年）毛汝麒刻本。

陽明先生年譜上卷

門人錢德洪編次
後學羅洪先考訂

先生諱守仁字伯安姓王氏其先出晉光
祿大夫覽之裔本瑯琊人至曾孫右軍將
軍羲之徙居山陰又二十三世迪功郎壽
自達溪徙餘姚今遂為餘姚人壽五世孫
綱善鑑人有文武才
國初誠意伯劉伯溫薦為兵部郎中擢廣東
參議死苗難子彥達綴羊革裹尸歸是為
先生五世祖御史郭純上其事於
朝廟祀增城彥達號秘湖漁隱生高祖諱與準
精禮易嘗著易微數千言永樂間
朝廷舉遺逸不起號遁石翁曾祖諱世傑人呼
為槐里子以明經貢大學卒祖諱天敘號
竹軒魏甞齋瀚嘗立傳敘其環堵蕭然雅
歌豪唫胸次灑落方之陶靖節林和靖所

一六四　古言　明鄭曉撰，明嘉靖四十四年（1565年）項篤壽刻本。

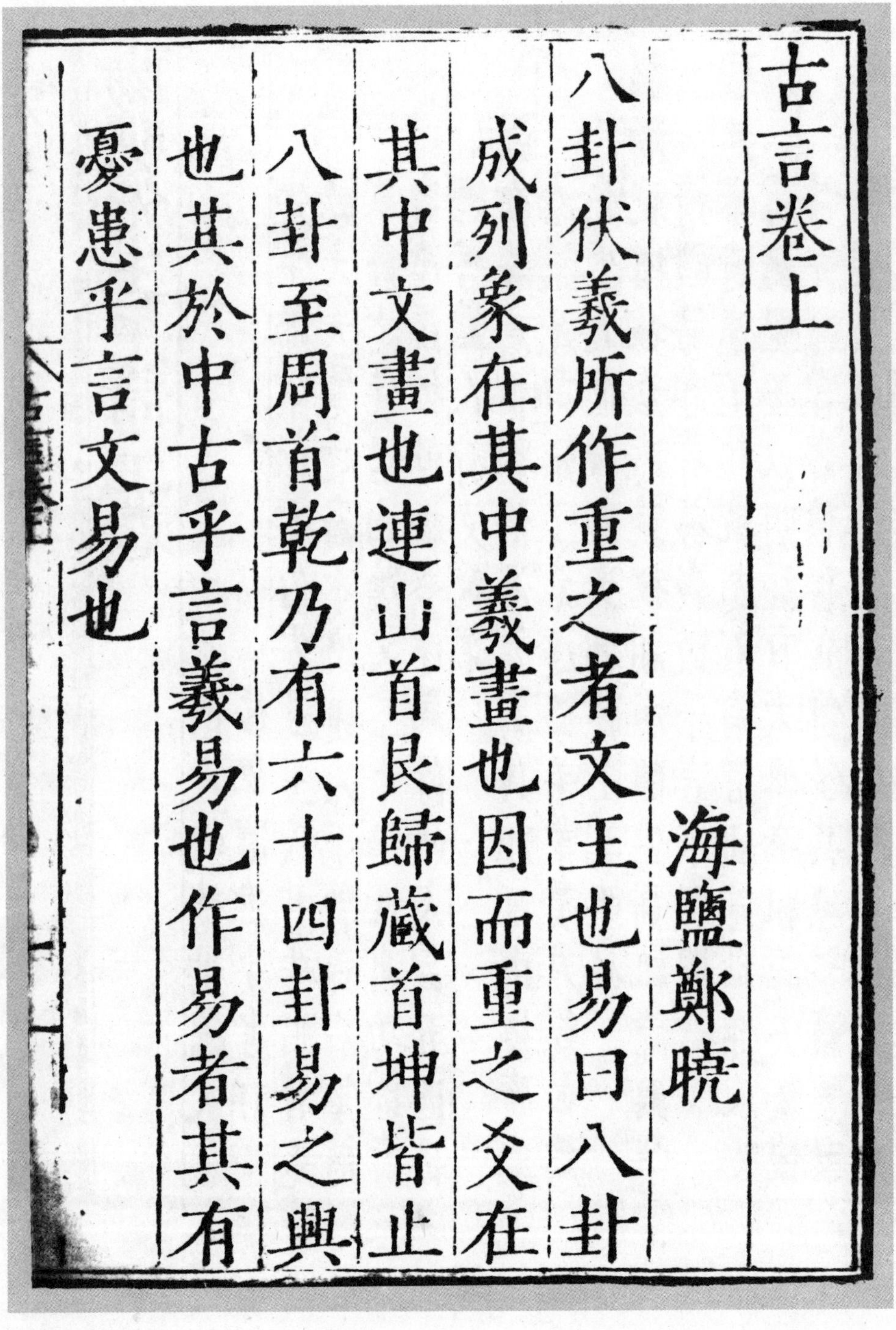

古言卷上

海鹽鄭曉

八卦伏羲所作重之者文王也易曰八卦成列象在其中羲畫也因而重之爻在其中文畫也連山首艮歸藏首坤皆止八卦至周首乾乃有六十四卦易之興也其於中古乎言羲易也作易者其有憂患乎言文易也

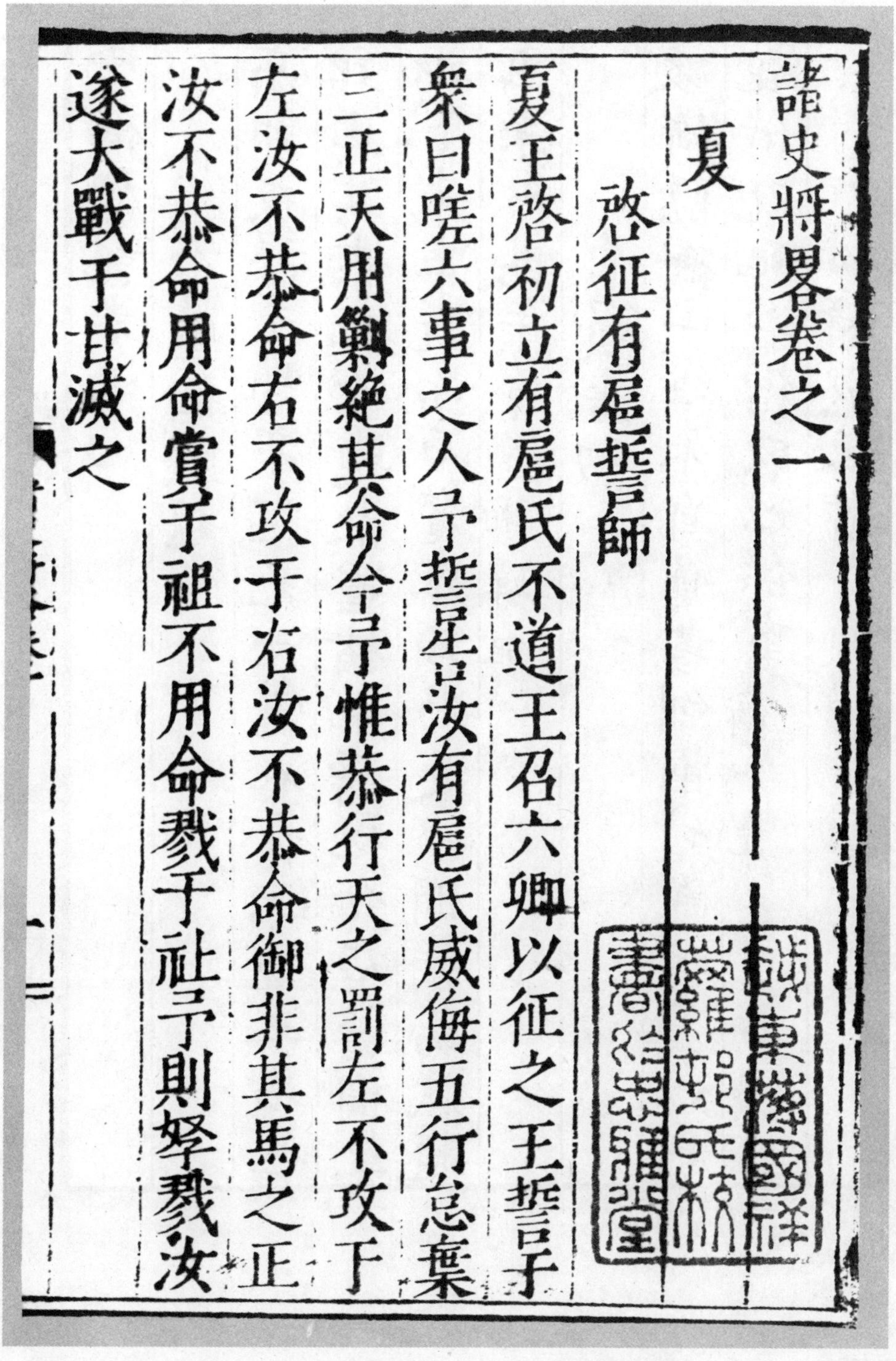
諸史將畧卷之一

夏

啓征有扈誓師

夏王啓初立有扈氏不道王召六卿以征之王誓于衆曰嗟六事之人予誓告汝有扈氏威侮五行怠棄三正天用勦絶其命今予惟恭行天之罰左不攻于左汝不恭命右不攻于右汝不恭命御非其馬之正汝不恭命用命賞于祖不用命戮于社予則孥戮汝遂大戰于甘滅之

一六五　諸史將略　明劉畿撰，明嘉靖四十五年（1566年）毛鋼刻本。

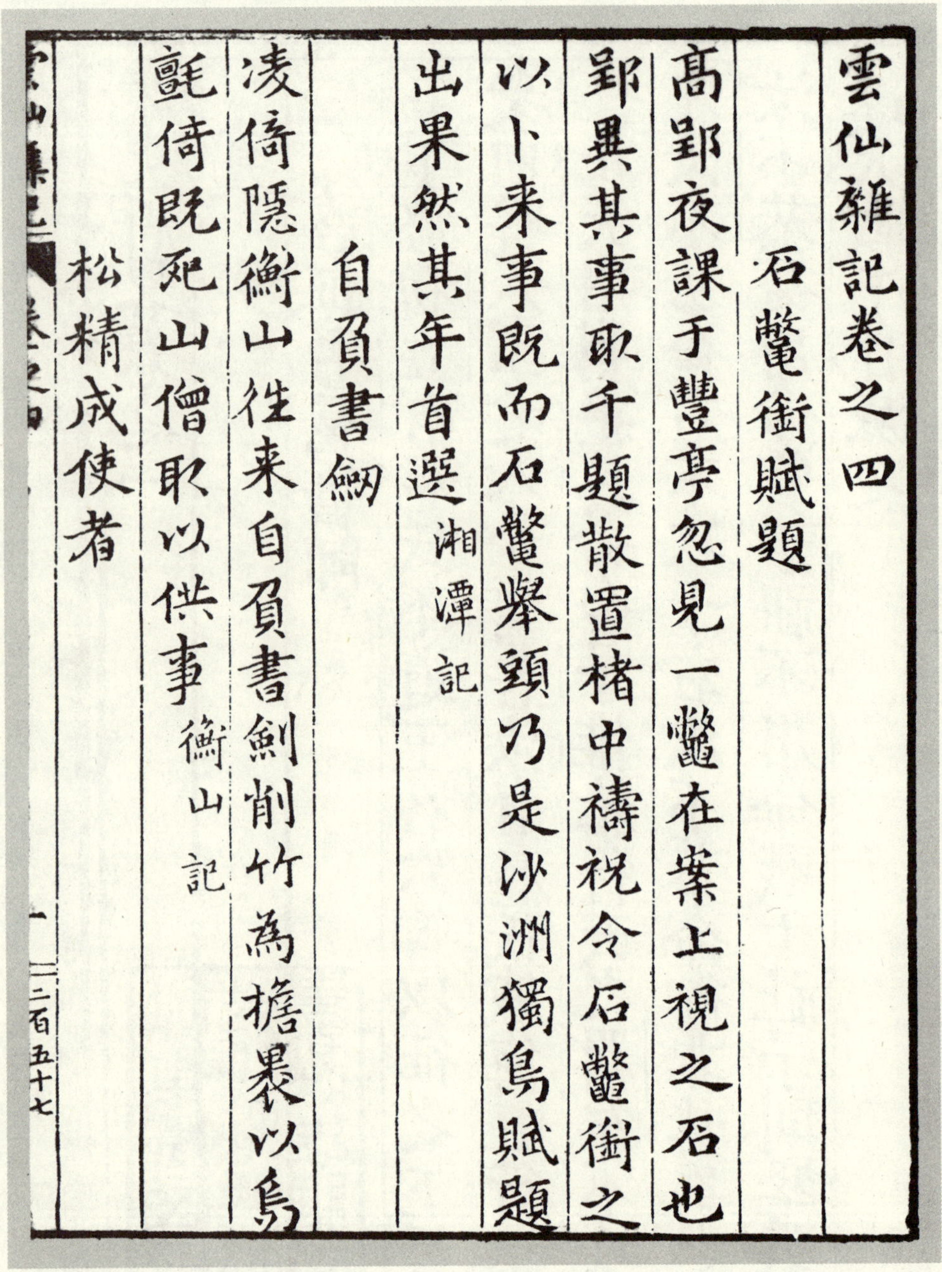
雲仙雜記卷之四
石鼈銜賦題
高郢夜課于豐亭忽見一鼈在案上視之石也
郢異其事取千題散置楮中禱祝令石鼈銜之
以卜來事既而石鼈擧頭乃是沙洲獨鳥賦題
出果然其年首選 湘潭記
自負書劍
淩倚隱衡山往來自負書劍削竹爲檐褁以鳥
氈倚既死山僧取以供事 衡山記
松精成使者
二百五十七

一六六　雲仙雜記　題唐馮贄輯，明隆慶五年（1571年）葉氏菉竹堂刻本。

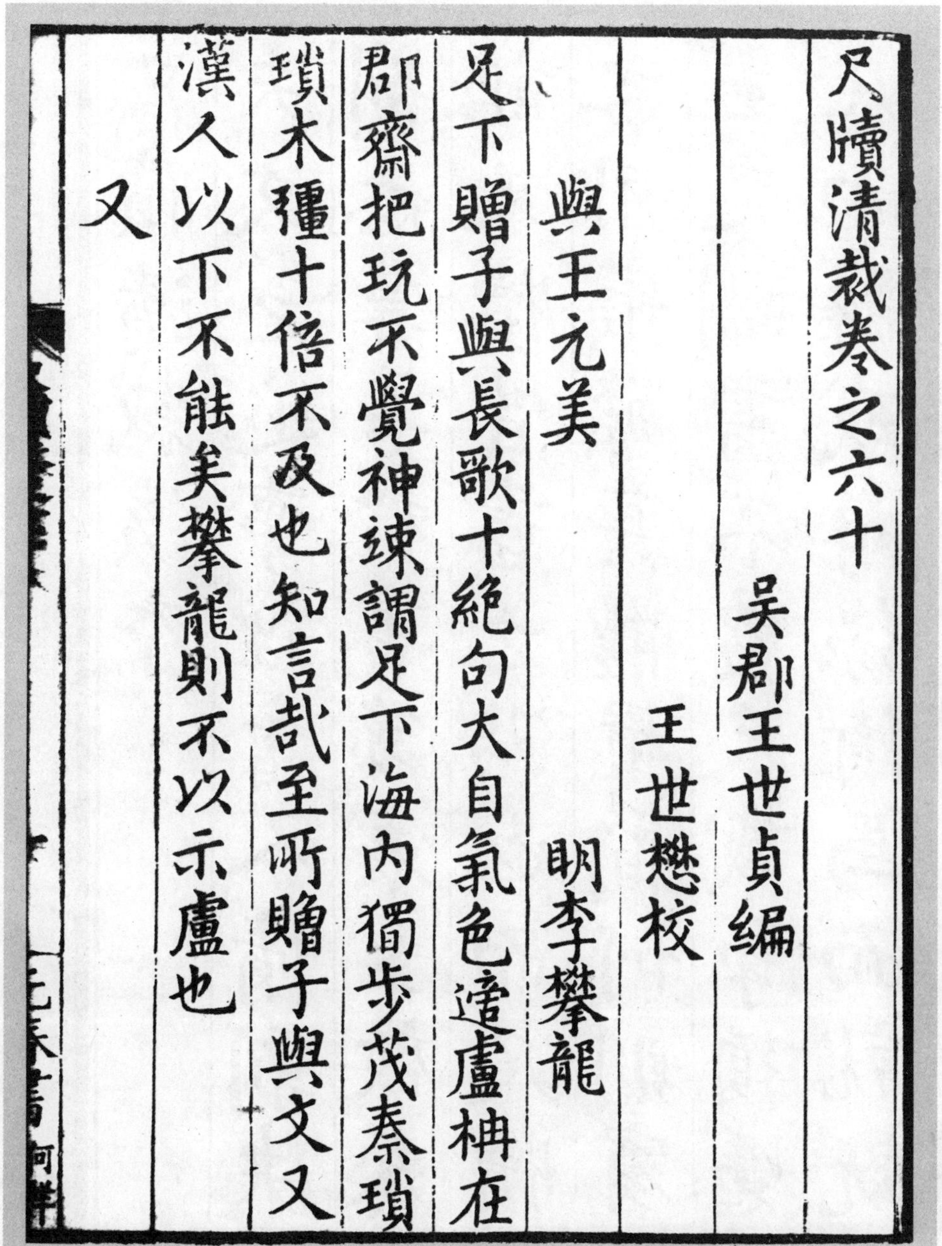

尺牘清裁卷之六十

吴郡王世貞編

王世懋校

明李攀龍

與王元美

足下贈予與長歌十絕句大自氣色逴盧枏在郡齋把玩不覺神竦謂足下海内獨步茂秦瑣瑣木彊十倍不及也知言哉至所贈予與文又漢人以下不能美攀龍則不以示盧也

又

一六七　尺牘清裁　明王世貞輯，明隆慶五年（1571年）自刻本。（之一）

尺牘清裁後序

夫文之述事理會人情剸決剖悉莫善於書箋表章啟奏記尺牘皆書之沿也而尺牘之用最緐其體最簡何則實重交酬書不盈尺或事須憑几而辦或辭緣倚馬而就既

一六八　孔子家語　魏王肅注，明隆慶六年（1572年）徐祚錫刻本。

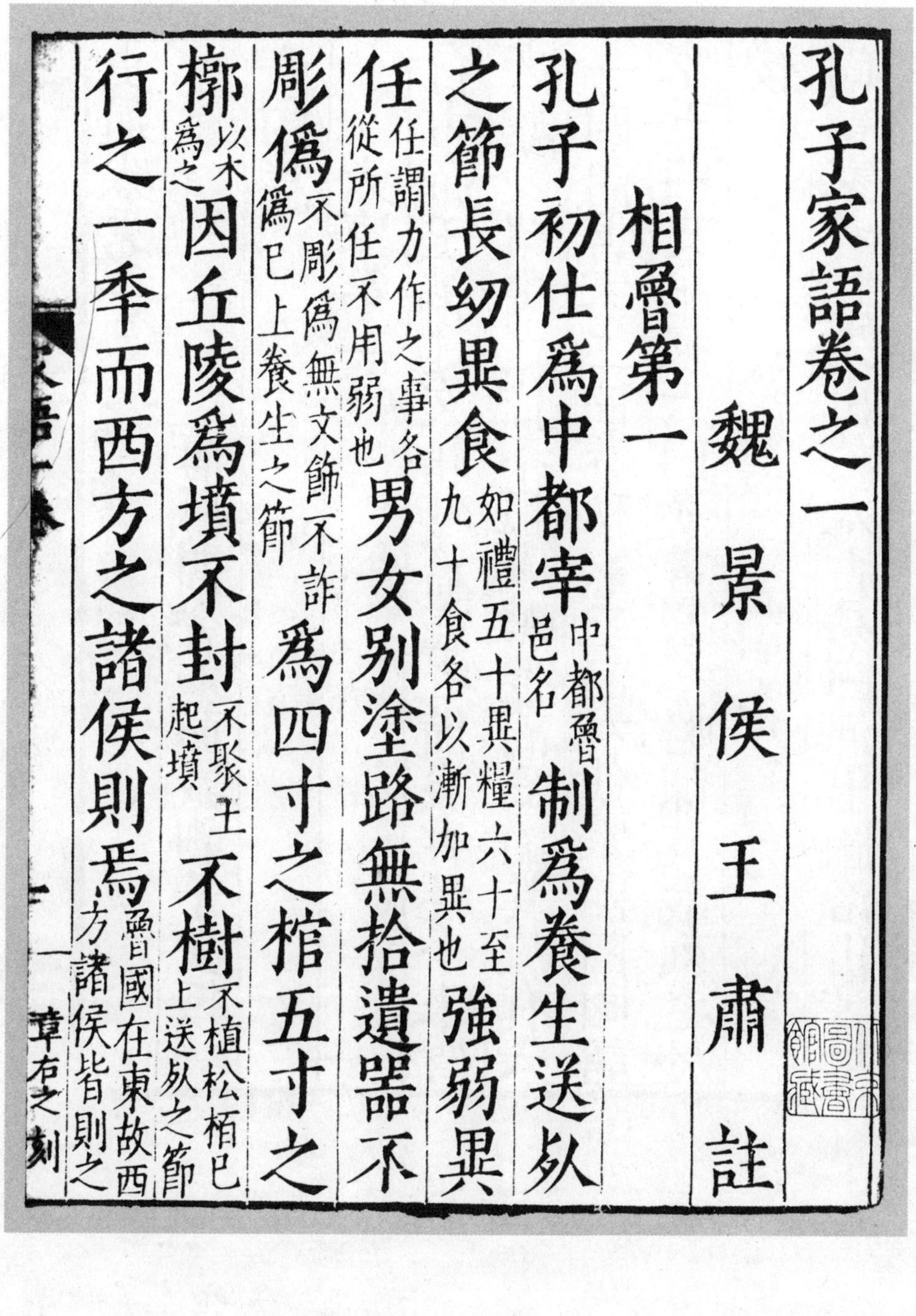
孔子家語卷之一
魏　景　侯　王　肅　註
相魯第一
孔子初仕爲中都宰（中都魯邑名）制爲養生送死之節長幼異食（如禮五十異糧六十至九十食各以漸加異也）強弱異任（任謂力作之事各從所任不用弱也）男女別塗路無拾遺器不彫僞（不彫僞無文飾不詐僞巳上養生之節）爲四寸之棺五寸之槨（以木爲之）因丘陵爲墳不封（不聚土起墳）不樹（不植松栢巳上送死之節）行之一年而西方之諸侯則焉（魯國在東故西方諸侯皆則之）
一　章右之刻

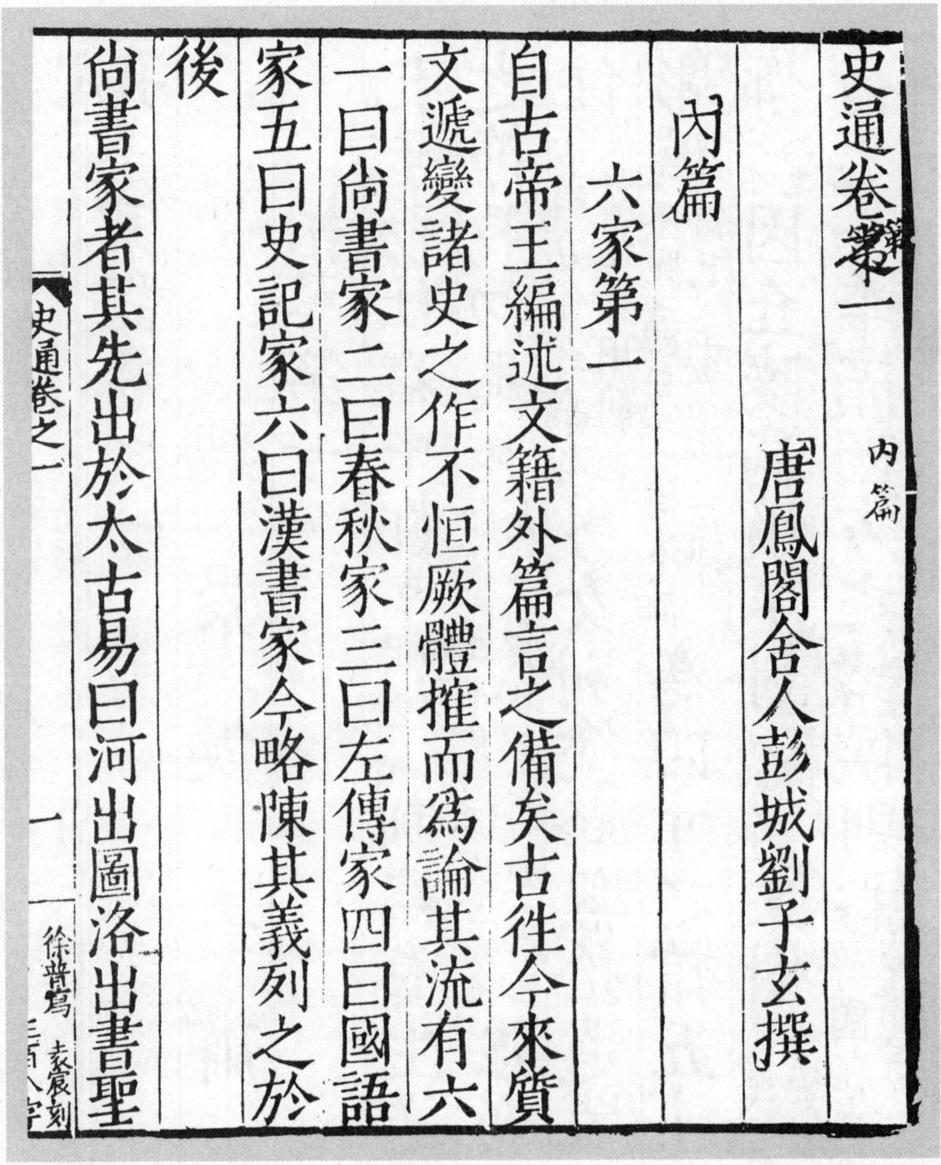

史通卷第一　內篇

唐鳳閣舍人彭城劉子玄撰

內篇

六家第一

自古帝王編述文籍外篇言之備矣古往今來質

文遞變諸史之作不恒厥體搉而爲論其流有六

一曰尚書家二曰春秋家三曰左傳家四曰國語

家五曰史記家六曰漢書家今略陳其義列之於

後

尚書家者其先出於太古易曰河出圖洛出書聖

史通卷之一　一　徐普寫　袁宸刻　三百八字

一六九　史通　唐劉知幾撰，明萬曆五年（1577年）張之象刻本。

一七〇　廣輿圖　元朱思本撰，明羅洪先、胡松增補，明萬曆七年（1579年）錢岱刻本。

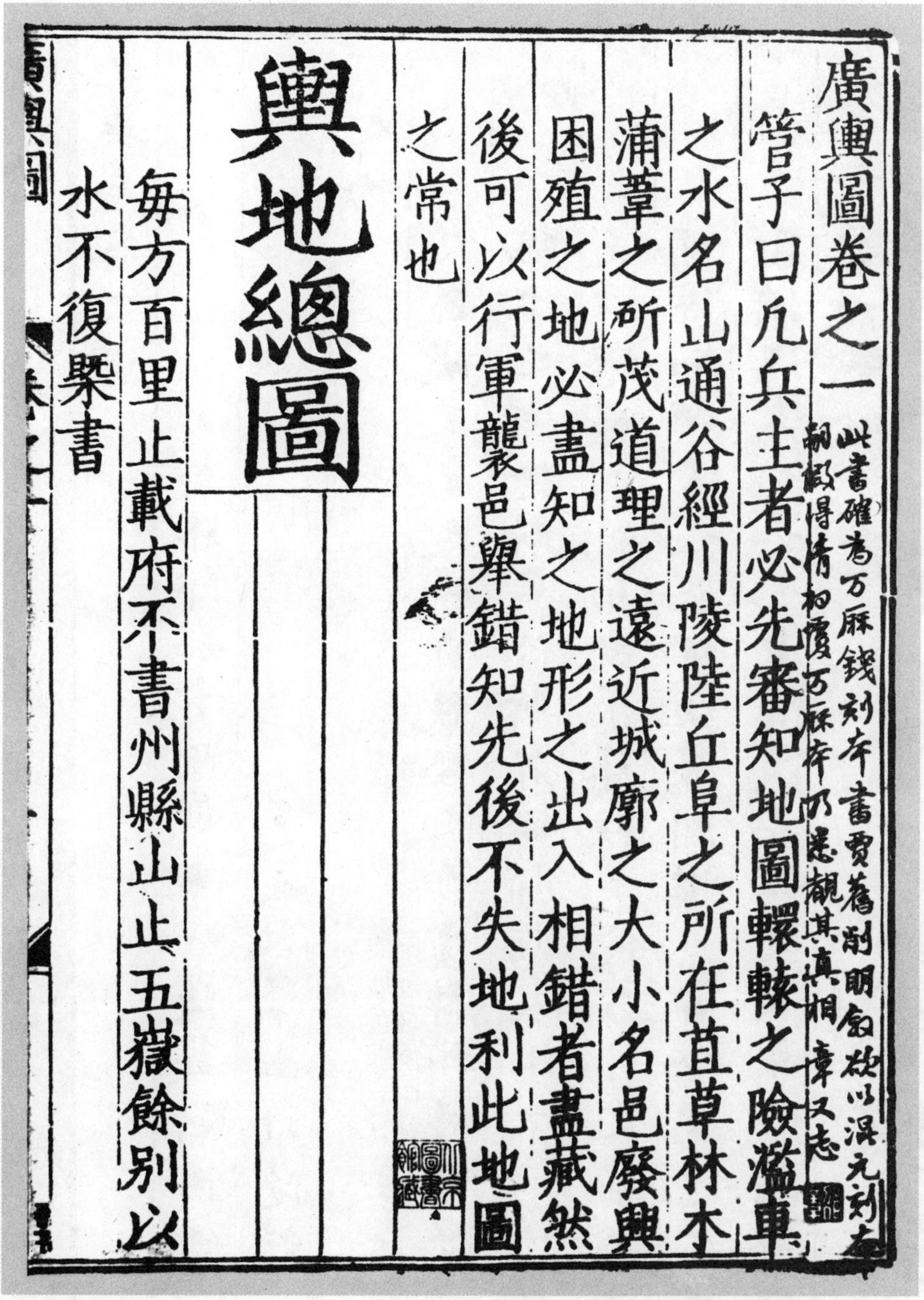
廣輿圖卷之一

管子曰凡兵主者必先審知地圖轘轅之險濫車之水名山通谷經川陵陸丘阜之所在苴草林木蒲葦之所茂道理之遠近城郭之大小名邑廢興困殖之地必盡知之地形之出入相錯者盡藏然後可以行軍襲邑舉錯知先後不失地利此地圖之常也

輿地總圖

每方百里止載府不書州縣山止五嶽餘別以水不復槩書

一七一　九華山志　明孫檖撰，明萬曆七年（1579年）蘇萬民刻本。

九華志卷之四

文林郎知青陽縣事江陵蘇萬民脩

邑人太學生孫檖輯

人物

九華據東南之勝負巖壑之奇靈輝所鍾燁然呈瑞士之生於斯寓於斯者雖顯晦大小不同均之足以增曜山川而垂榮簡帙矣彼方外之流若非可得而類書也然蟬蛻聲利瞬息古今視世之寰鄙溷者何如也彙其遺而錄之夫亦仙間靈府之一驗歟

九華山志　卷之四　一

歙邑仇川黄尚[illegible]刊

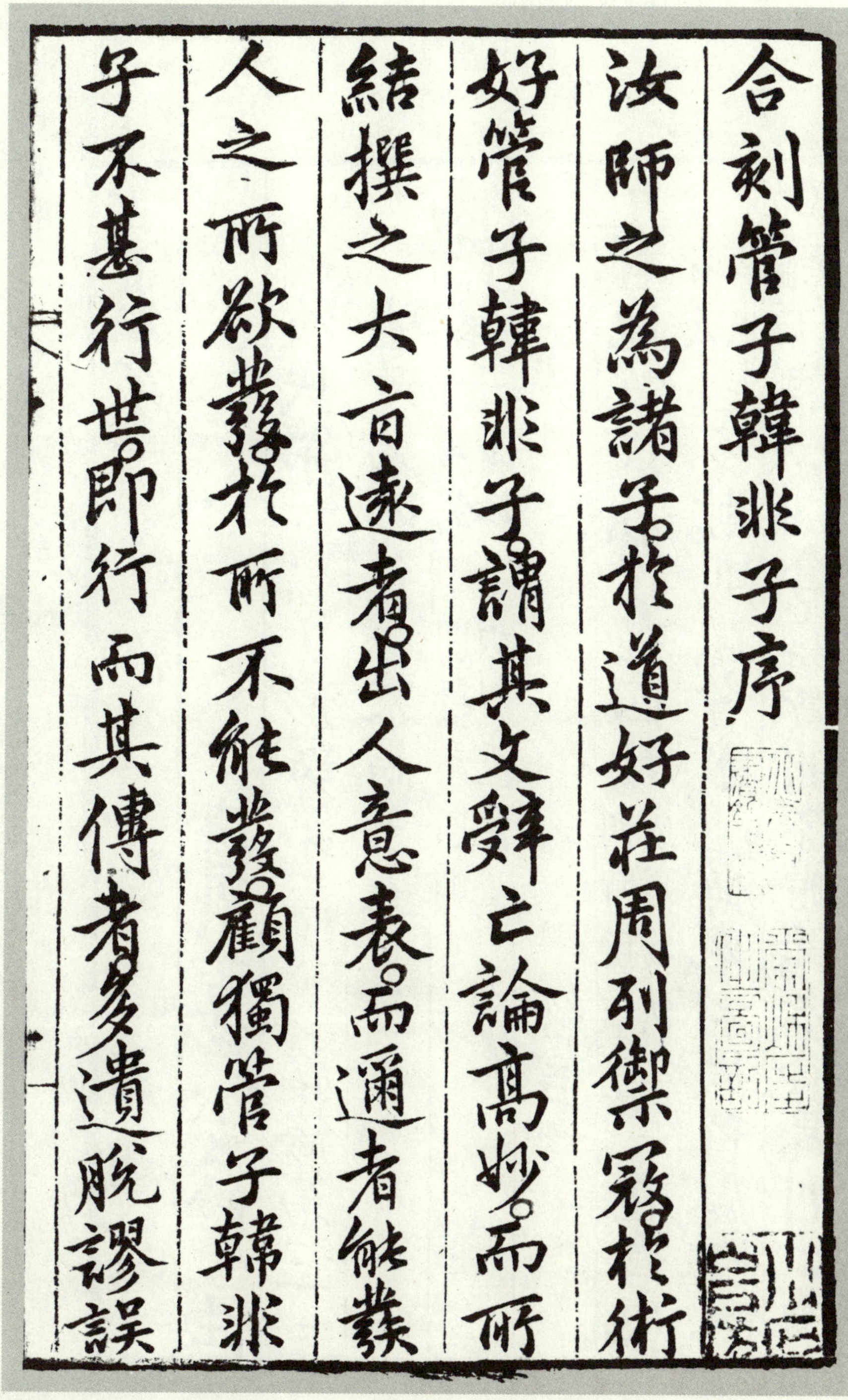
合刻管子韓非子序
汝師之為諸子於道好莊周列禦寇於術
好管子韓非子謂其文辭亡論高妙而所
結撰之大旨遠者出人意表而邇者能發
人之所欲發於所不能發顧獨管子韓非
子不甚行世即行而其傳者多遺脫謬誤

一七二　合刻管子韓非子　明萬曆十年（1582年）趙用賢刻本。（之一）

管子卷第一

唐司空房　玄齡　註

牧民第一　國頌　四維　四順　十一經　六親五法

經言一

凡有地牧民者。務在四時。四時所以生成萬物也守在倉廩。食者人之天也國多財。則遠者來。地辟舉。則民留處。舉盡也言地盡闢則人留而安居處也倉廩實。則知禮節。衣食足。則知榮

韓非子卷二十

忠孝第五十一

天下皆以孝悌忠順之道爲是也。而莫知察孝悌忠順之道而審行之。是以天下亂。皆以堯舜之道爲是而法之。是以有亂君。有曲父。堯舜湯武。或反君臣之義。亂後世之敎者也。堯爲人君而君其臣。

一七三　國憲家猷　明王可大撰，明萬曆十年（1582年）自刻本。

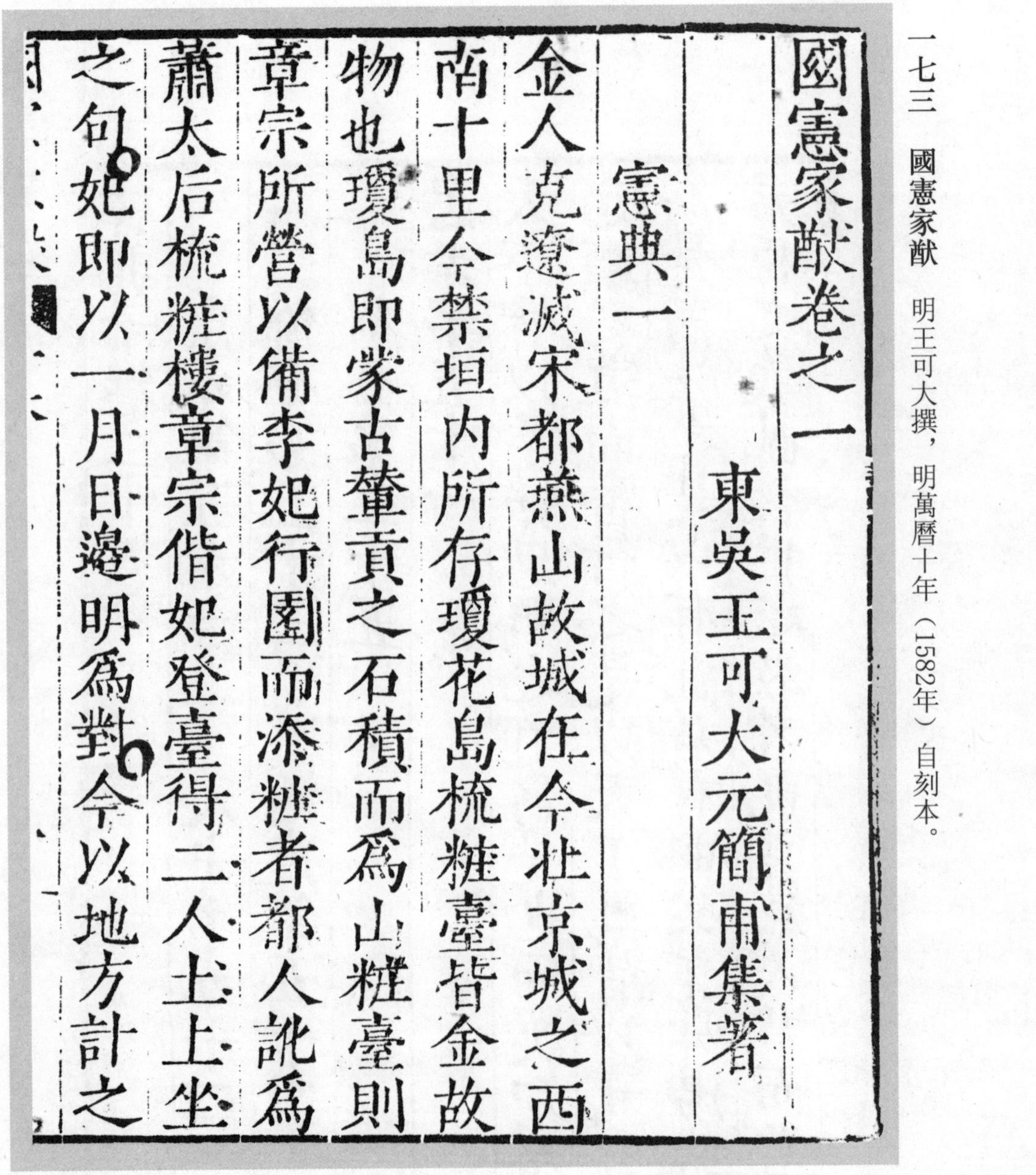
國憲家猷卷之一

東吳王可大元簡甫集著

憲典一

金人克遼滅宋都燕山故城在今北京城之西南十里今禁垣內所存瓊花島梳粧臺皆金故物也瓊島即蒙古輦貢之石積而爲山粧臺則章宗所營以備李妃行園而添粧者都人訛爲蕭太后梳粧樓章宗偕妃登臺得二人土上坐之句妃即以一月日邊明爲對今以地方計之

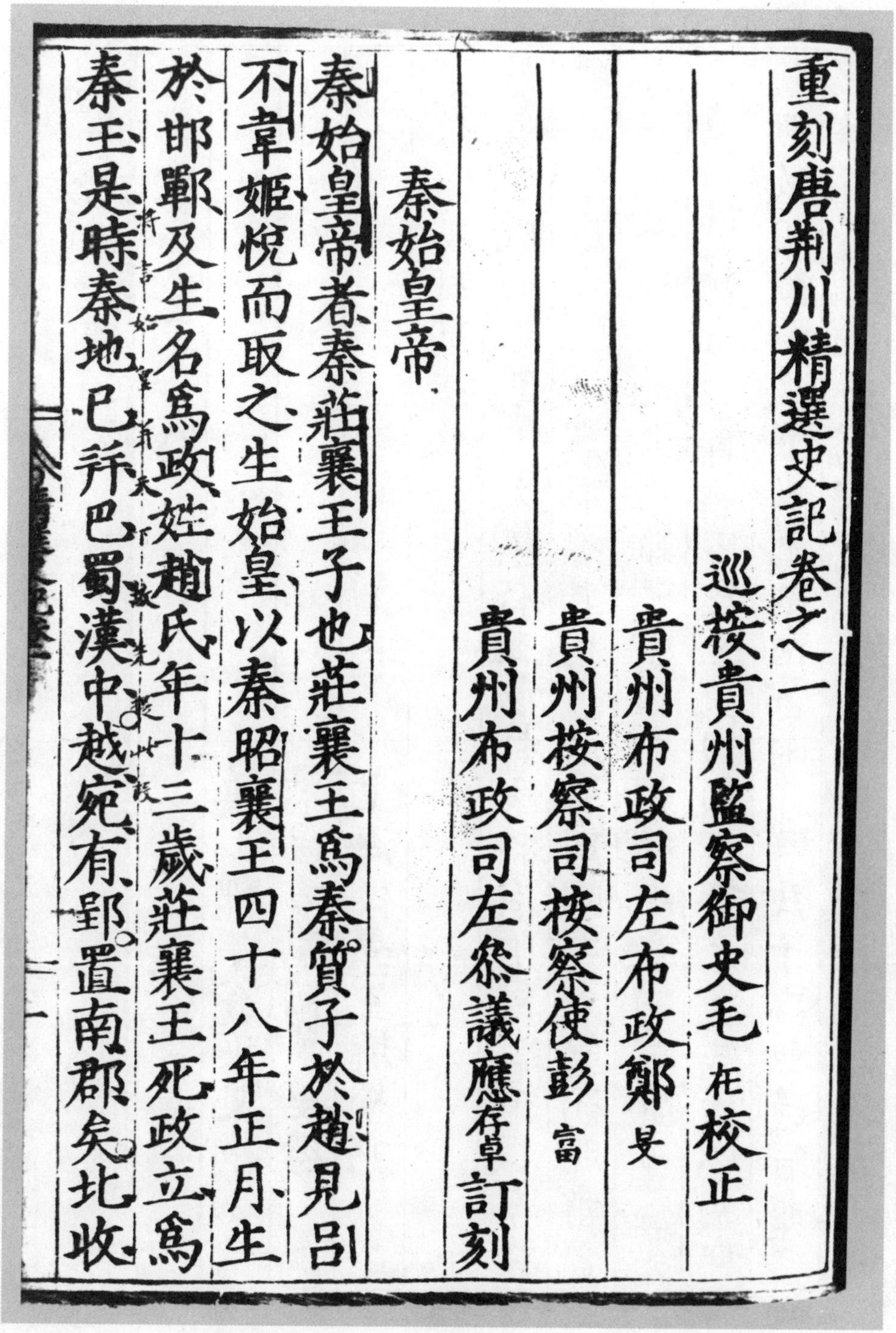

重刻唐荊川精選史記卷之一

巡按貴州監察御史毛　在　校正

貴州布政司左布政鄭　旻

貴州按察司按察使彭　富

貴州布政司左參議應存卓　訂刻

秦始皇帝

秦始皇帝者秦莊襄王子也莊襄王爲秦質子於趙見呂不韋姬悅而取之生始皇以秦昭襄王四十八年正月生於邯鄲及生名爲政姓趙氏年十三歲莊襄王死政立爲秦王是時秦地已并巴蜀漢中越宛有郢置南郡矣北收

一七四　重刻唐荆川精選史記　明唐順之輯，明萬曆十二年（1584年）毛在、鄭旻等刻本。

一七五　古今考　宋魏了翁撰，明萬曆十二年（1584年）王圻刻本。

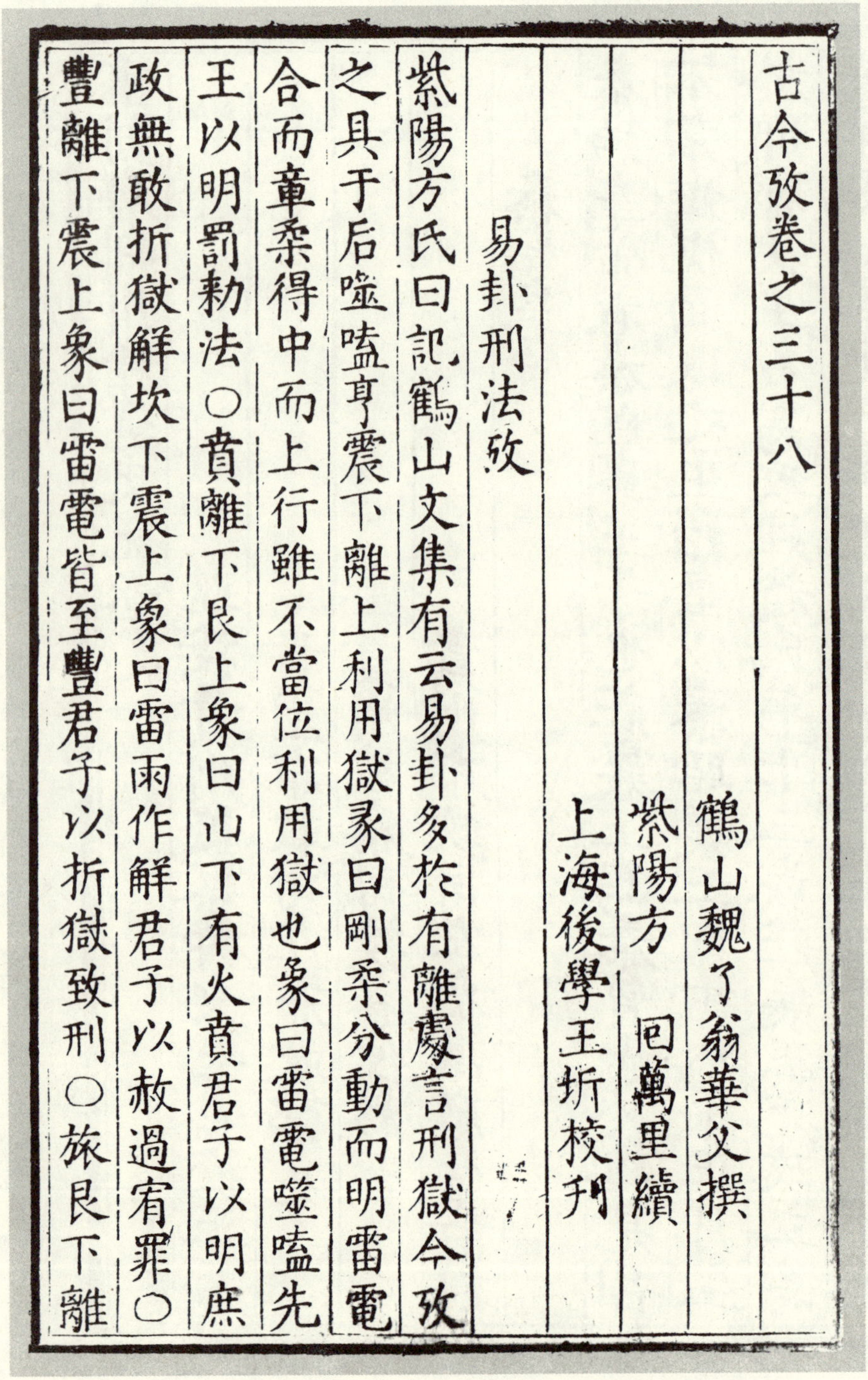

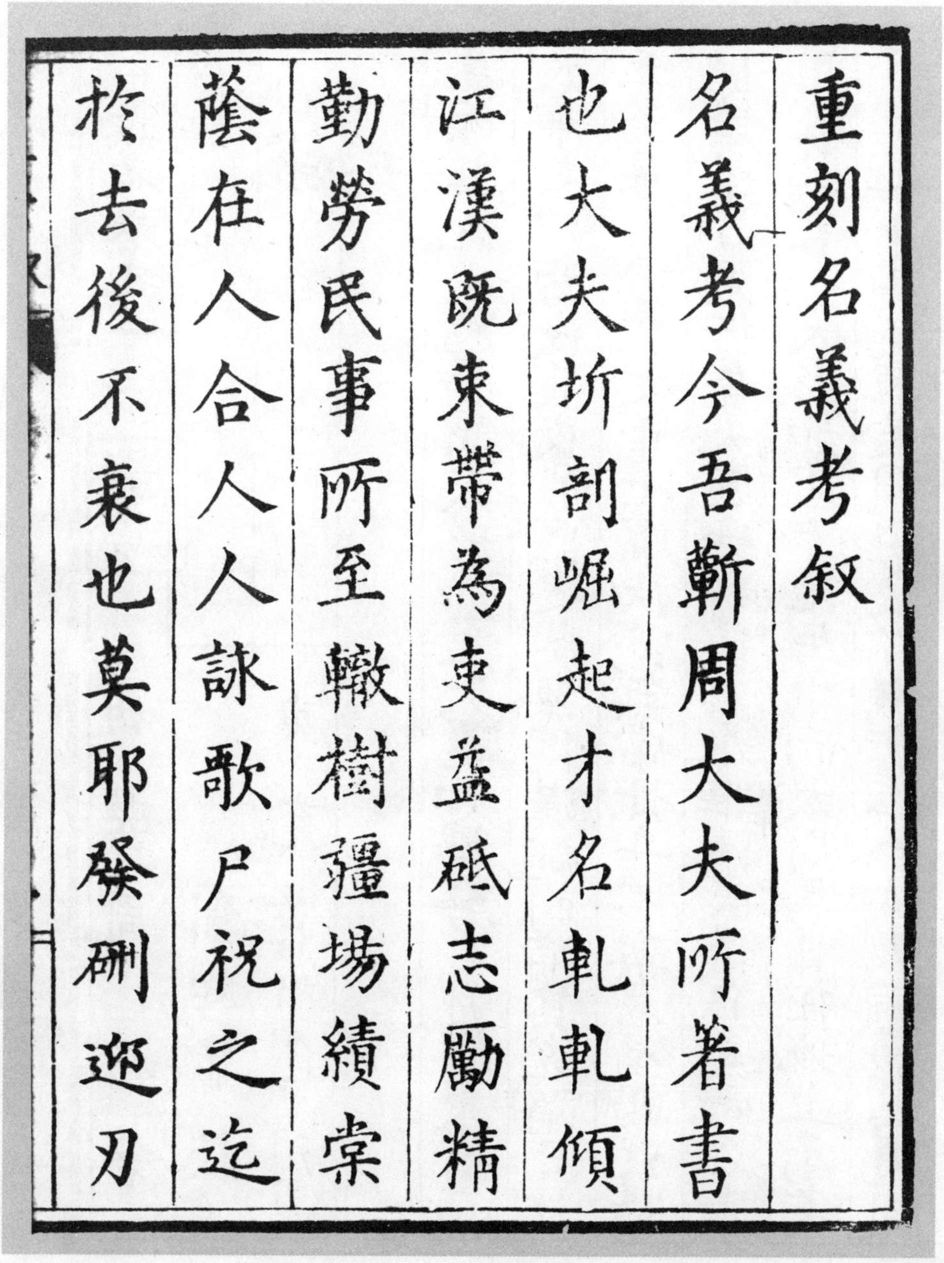

重刻名義考叙

名義考今吾蘄周大夫所著書也大夫圻剖崛起才名軋軋傾江漢既束帶為吏益砥志勵精勤勞民事所至轍樹疆埸績崇蔭在人合人人詠歌尸祝之迄於去後不衰也莫耶發硎迎刃

一七六　名義考　明周祈撰，明萬曆十二年（1584年）黄中色刻本。（之一）

名義考卷之一

西楚　周　祈　著
劉如寵　校
東兗　黄中色　刋

天部

天

蓋天其説出庖犧謂天形如盖天運如轉磨日月實東行而天牽之以西没宣夜殷氏之制無傳漢郗萌補其説謂日月五星浮生虛空之中七曜伏見無常北斗不與衆星西没攝提鎮星皆東行盖天宣夜驗郗萌無承唯渾天儀自堯舜以來用之其言曰天形如鷄子地居中而天周焉日在地上爲晝日在地下爲夜渾天圜貌儀即機衡也今欽天銅儀其遺制

一七七　編注王司馬百首宮詞　唐王建撰，明顧起經注，明萬曆十四年（1586年）顧祖美刻本。

編註王司馬百首宮詞卷下

唐　王建　仲初　譔

明　顧起經　玄緯　註

頒給四首

黃金合裏盛紅雪重結香羅四出花一一傍邊書勅字分明中一作官送與大臣家

言紅雪盛金合香羅結桂花皆勅賜大臣之物也吳本作花蘂夫人詞非後魏書武皇帝詔中尚方作黃金合盤十二具劉賓客集謝紅雪紫

一七八　七雄策纂　明穆文熙撰，明萬曆十六年（1588年）陳禹謨刻本。

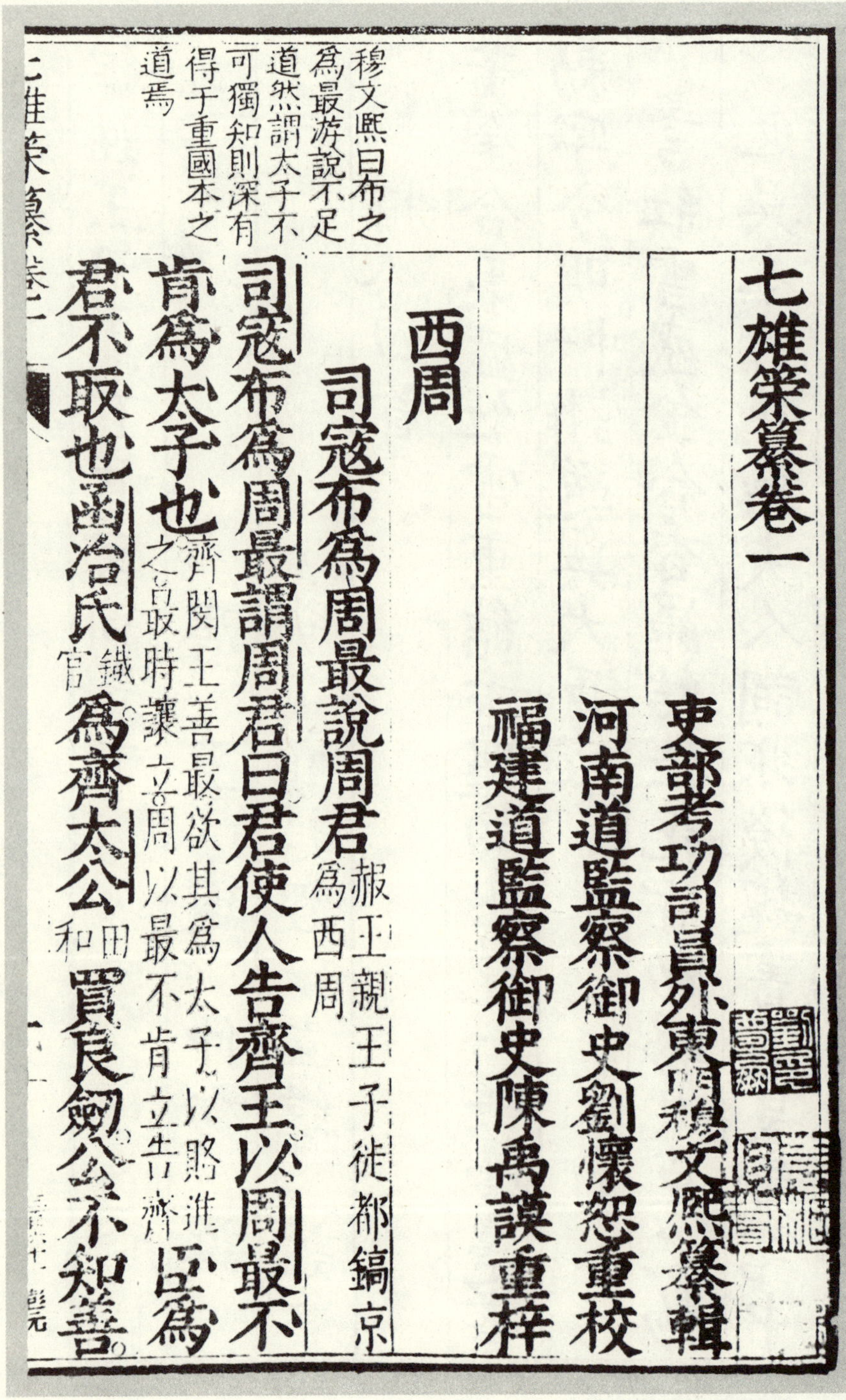

七雄策纂卷一

吏部考功司員外郎東明穆文熙纂輯

河南道監察御史劉懷恕重校

福建道監察御史陳禹謨重梓

西周

司寇布爲周最說周君（赧王親王子徙都鎬京爲西周）

司寇布爲周最謂周君曰君使人告齊王以周最不肯爲太子也（齊閔王善周最欲其爲太子以賂進臣爲之言取聽讓立周以最不肯立告齊）臣爲君不取也函冶氏（鐵官）爲齊太公（田和）買良劍公不知善

穆文熙曰布之爲最游說不足道然謂太子不可獨知則深有得于重國本之道焉

七雄策纂卷一

一七九　余忠宣公集　元余闕撰，明萬曆十六年（1588年）張道明刻本。

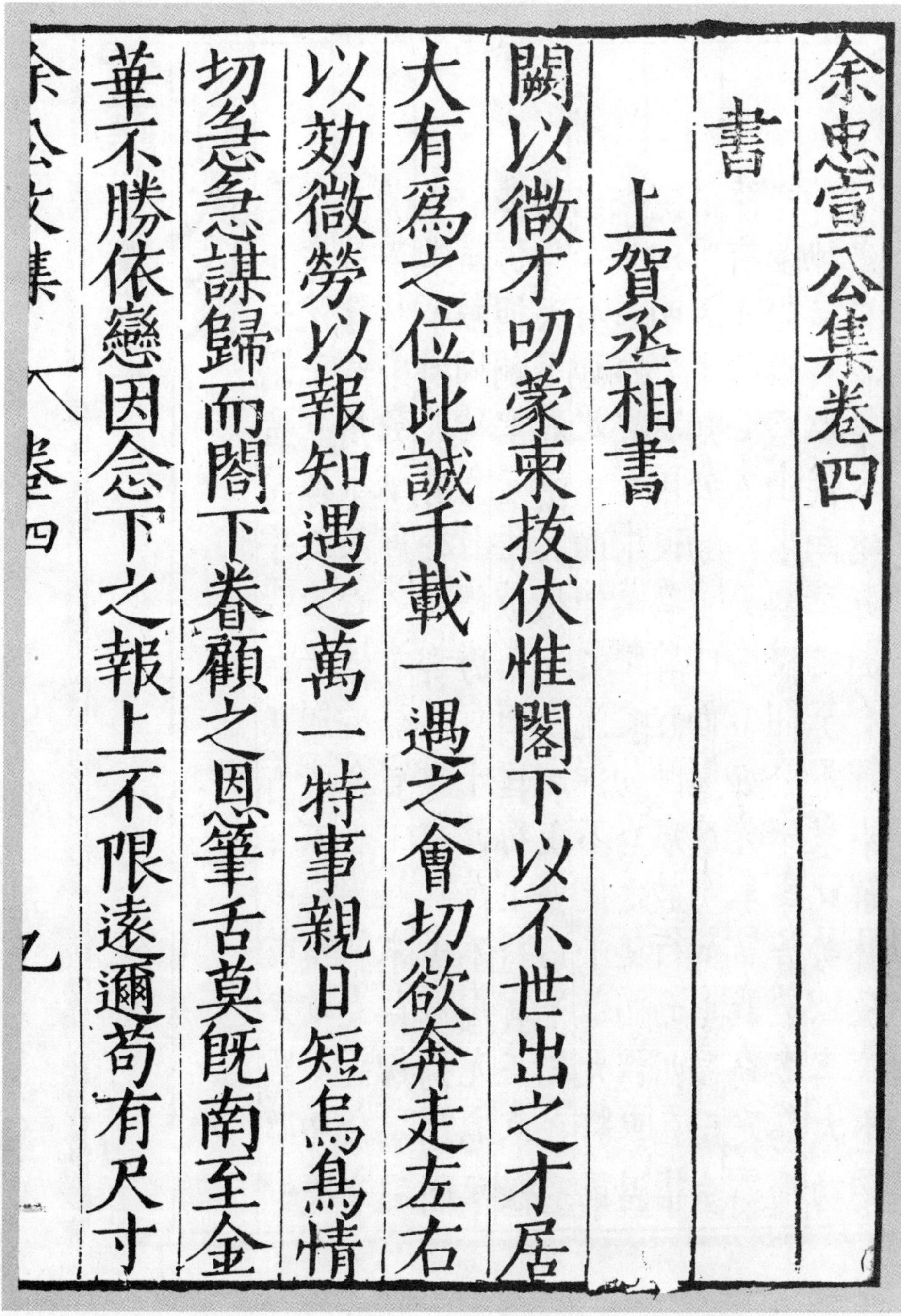

余忠宣公集卷四

書

上賀丞相書

闕以微才叨蒙束拔伏惟閣下以不世出之才居大有爲之位此誠千載一遇之會切欲奔走左右以効微勞以報知遇之萬一特事親日短烏鳥情切急急謀歸而閣下眷顧之恩筆舌莫旣南至金華不勝依戀因念下之報上不限遠邇苟有尺寸

余公文集　卷四　乙

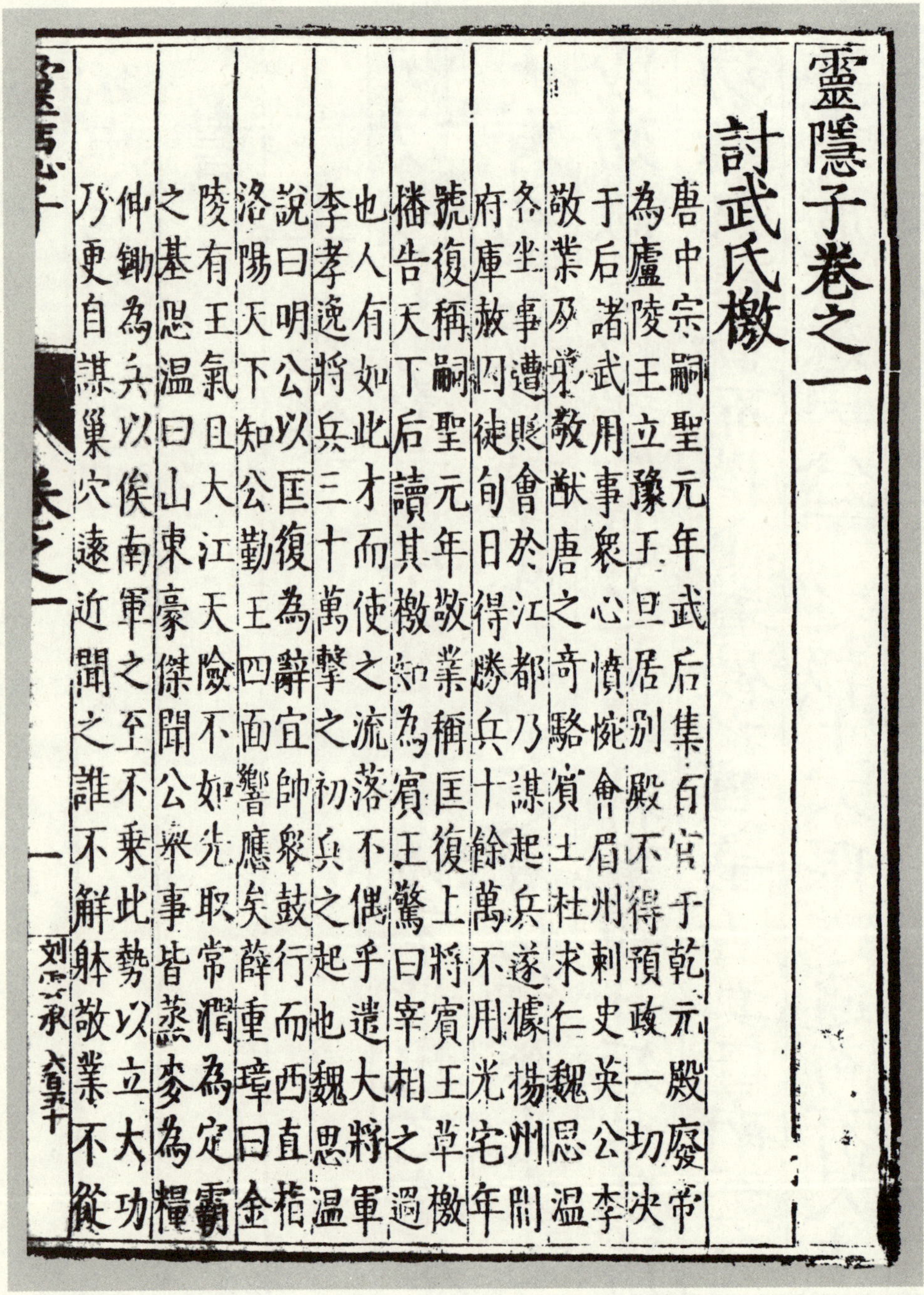

靈隱子卷之一

討武氏檄

唐中宗嗣聖元年武后集百官于乾元殿廢帝為盧陵王立豫王旦居別殿不得預政一切決于后諸武用事衆心憤惋會眉州刺史英公李敬業及弟敬猷唐之奇駱賓王杜求仁魏思温各坐事遭貶會於江都乃謀起兵遂據揚州開府庫赦囚徒旬日得勝兵十餘萬不用光宅年號復稱嗣聖元年敬業稱匡復上將賓王草檄播告天下后讀其檄知為賓王驚曰宰相之過也人有如此才而使之流落不偶乎遣大將軍李孝逸將兵三十萬擊之初兵之起也魏思温說曰明公以匡復為辭宜帥衆鼓行而西直指洛陽天下知公勤王四面響應矣薛仲璋曰金陵有王氣且大江天險不如先取常潤為定霸之基思温曰山東豪傑聞公舉事皆蒸麥為糧伸鋤為兵以俟南軍之至不乘此勢以立大功乃更自謀巢穴遠近聞之誰不解躰敬業不從

一八〇 靈隱子 唐駱賓王撰，明陳魁士注，明萬曆二十四年（1596年）陳大科刻本。

一八一　先秦諸子合集　明馮夢禎編，明萬曆三十年（1602年）緜眇閣刻本。

晏子

護左都水使者光祿大夫臣向言所校中書晏子十一篇臣向謹與長社尉臣參校讎太史書五篇臣向書一篇參書十三篇凡中外書三十篇為八百三十八章除復重二十二篇六百三十八章定著八篇二百一十五章外書無有三十六章中書無有七十一章中外皆有以相定中書以夭為芳又為備先為牛章為長如此類者多謹頗略椾皆已定以殺青書可繕寫晏子名嬰謚平仲萊人萊者今東萊地也晏子博聞彊記通于古今事齊靈公莊公景公以節儉力

晏子序　一　緜眇閣

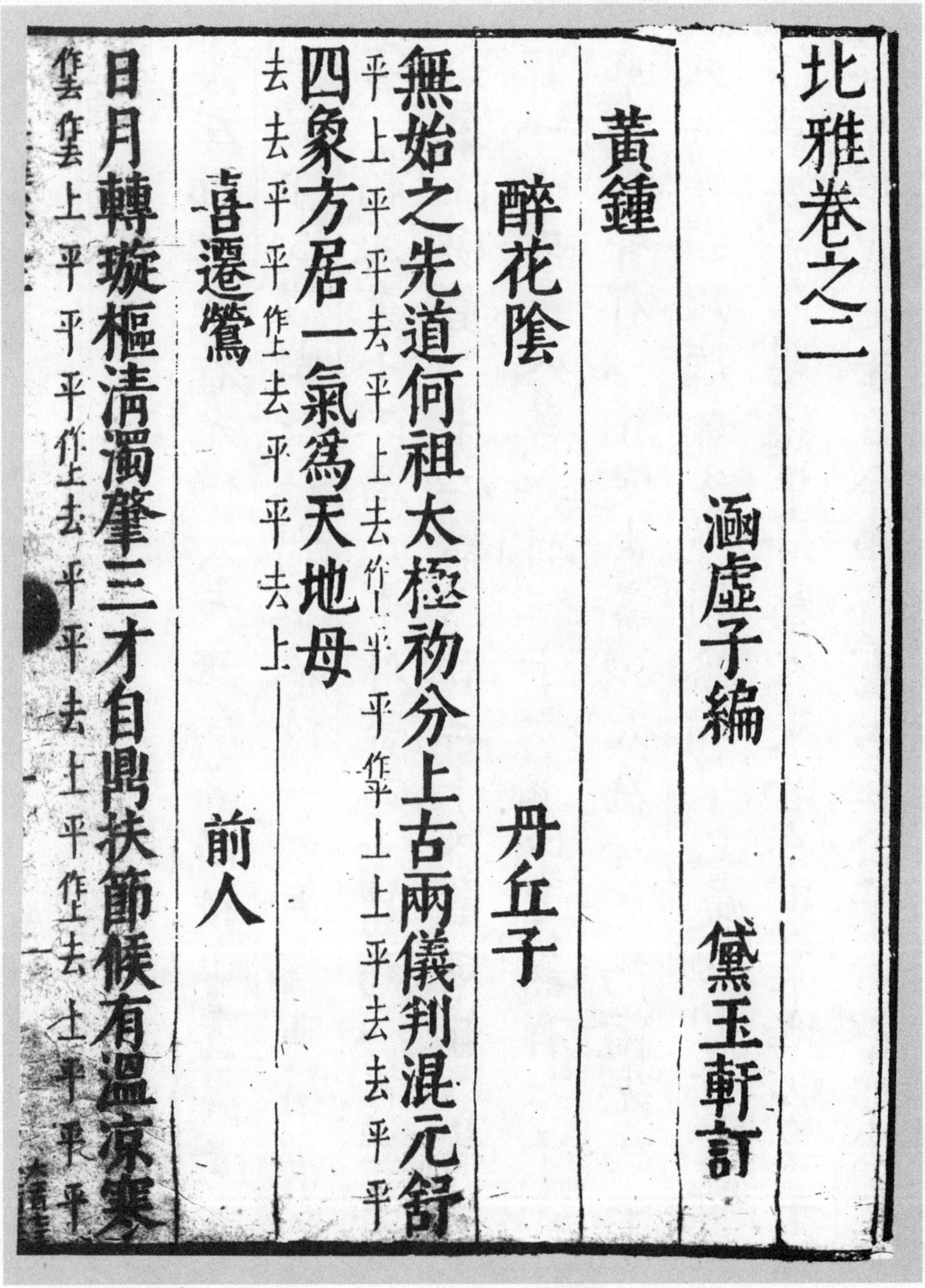
北雅卷之二

涵虛子編　黛玉軒訂

黃鍾

醉花陰　丹丘子

無始之先道何祖太極初分上古兩儀判混元舒
平上平平去平上去作上平平作平上上平去去平平
四象方居一氣爲天地母
去去平平作上去平平去上

喜遷鶯　前人

日月轉璇樞清濁肇三才自闢扶節候有温涼寒
作去作去上平平平作上去平平去上平作上去上平平平

一八二　北雅　明朱權撰，明萬曆三十年（1602年）張萱黛玉軒刻本。

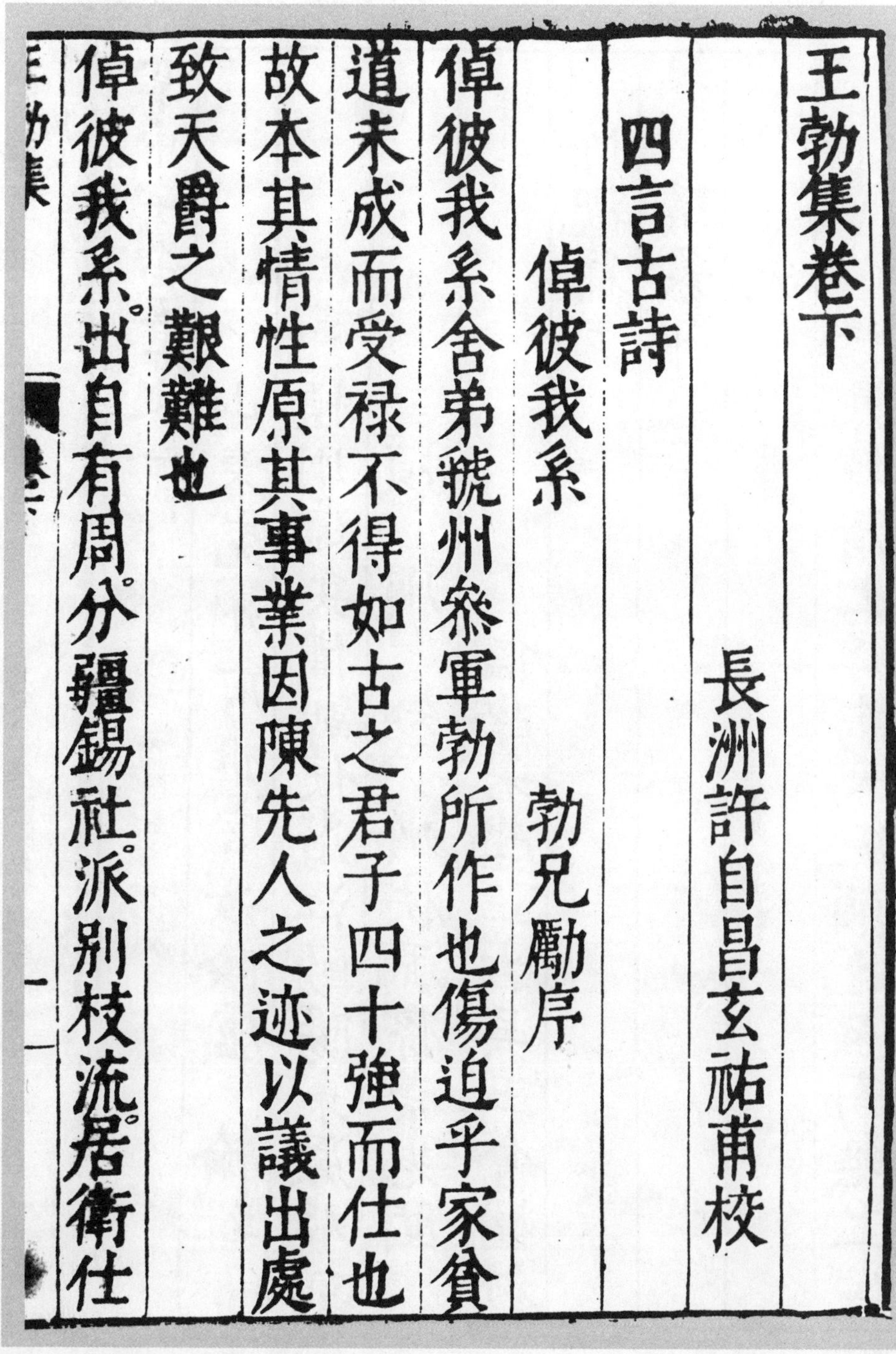
王勃集卷下

長洲許自昌玄祐甫校

四言古詩

倬彼我系　勃兄勔序

倬彼我系舍弟虢州叅軍勃所作也傷迫乎家貧道未成而受祿不得如古之君子四十強而仕也故本其情性原其事業因陳先人之迹以議出處致天爵之艱難也

倬彼我系。出自有周。分疆錫社。派別枝流。居衛仕

王勃集　卷下　一

一八三　前唐十二家詩　明許自昌編，明萬曆三十一年（1603年）許氏霏玉軒刻本。

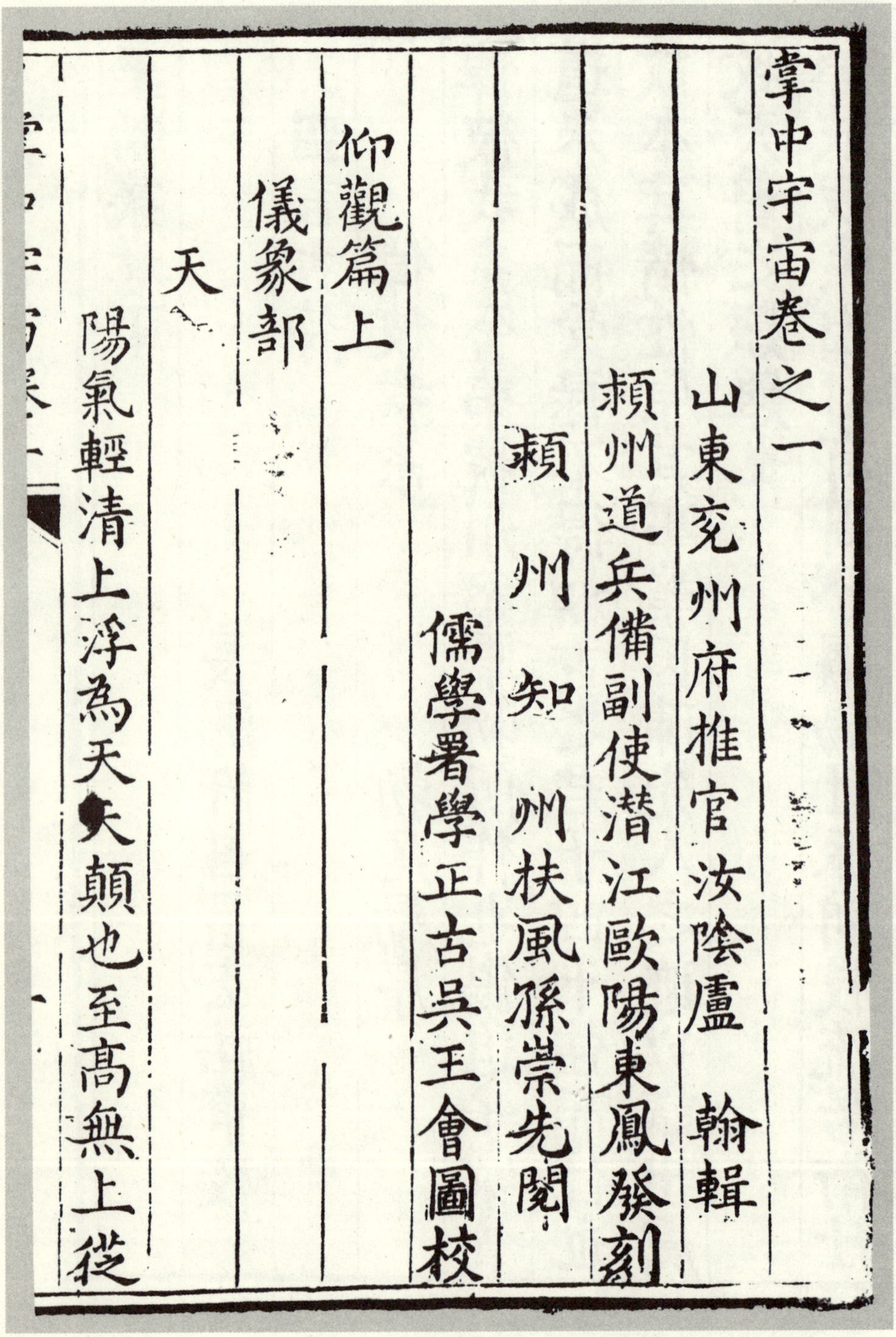

掌中宇宙卷之一

山東兗州府推官汝陰盧　翰輯

潁州道兵備副使潛江歐陽東鳳發刻

潁州　知　州扶風孫崇先閱

儒學署學正古吳王會圖校

仰觀篇上

儀象部

天

陽氣輕清上浮為天天顛也至高無上從

一八四　掌中宇宙　明盧翰撰，明萬曆三十三年（1605年）歐陽東鳳刻本。

一八五　異魚圖贊　明楊慎撰，明萬曆三十六年（1608年）范允臨刻本。

異魚圖贊卷一

總贊

魚之為字燕尾相似水蟲之中實繁厥類鱗鬣
風濤柳龍之次百種千名研桑莫記圖贊所取
亦秖以異

鯤

鯤本魚子細如蠶茸莊周寓言鯤化為鵬譬彼
詩頌雕育桃蟲千古言詮誰發其矇〇莊子云北溟有

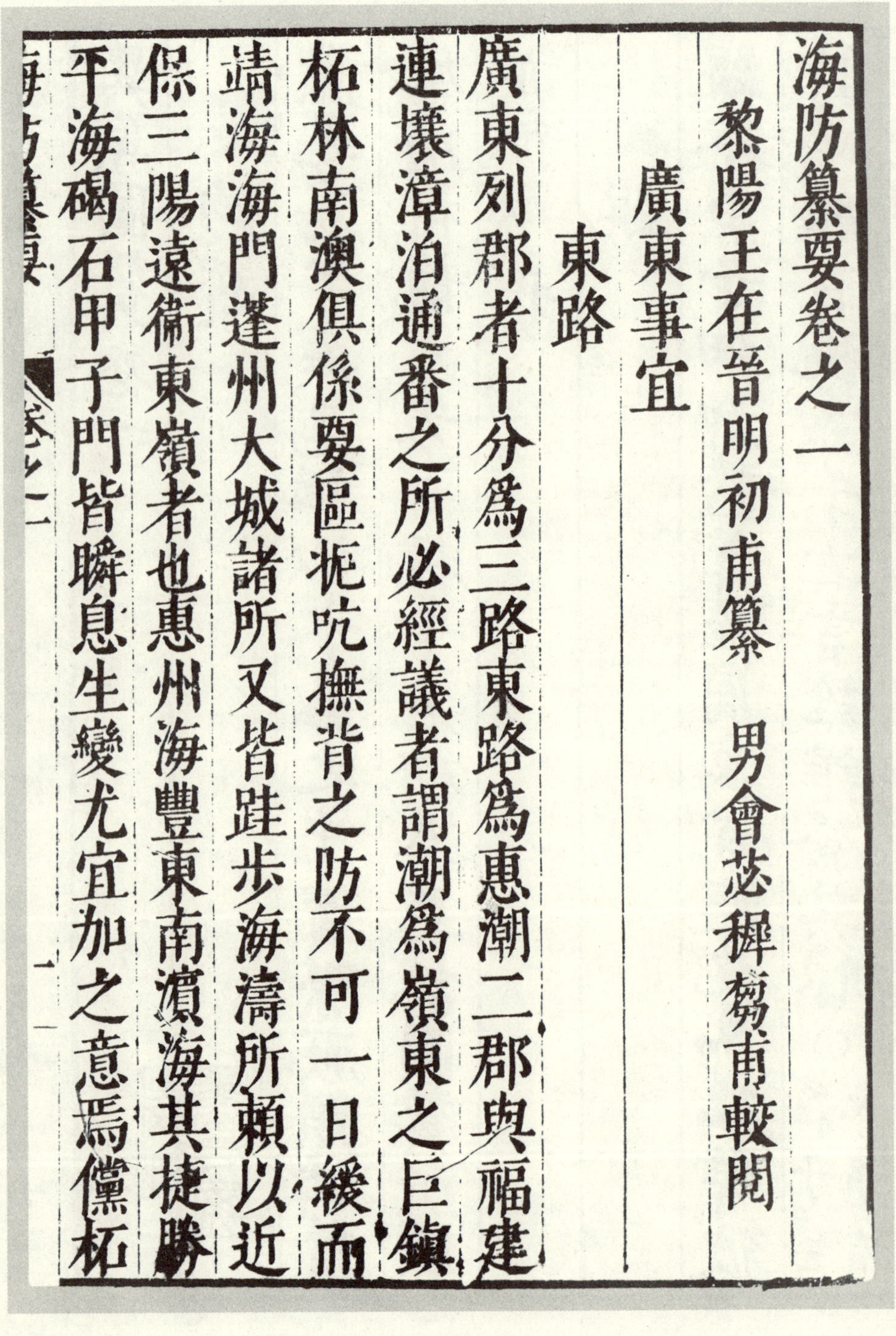
海防纂要卷之一

黎陽王在晉明初甫纂　男會苾稺芻甫較閱

廣東事宜

東路

廣東列郡者十分爲三路東路爲惠潮二郡與福建連壤漳泊通番之所必經議者謂潮爲嶺東之巨鎮柘林南澳俱係要區扼吭撫背之防不可一日緩而靖海海門蓬州大城諸所又皆跬步海濤所賴以近保三陽遠衛東嶺者也惠州海豐東南濵海其捷勝平海碣石甲子門皆瞬息生變尤宜加之意焉儻柘

海防纂要　卷之一　一

一八六　海防纂要　明王在晉撰，明萬曆四十一年（1613年）自刻本。（之一）

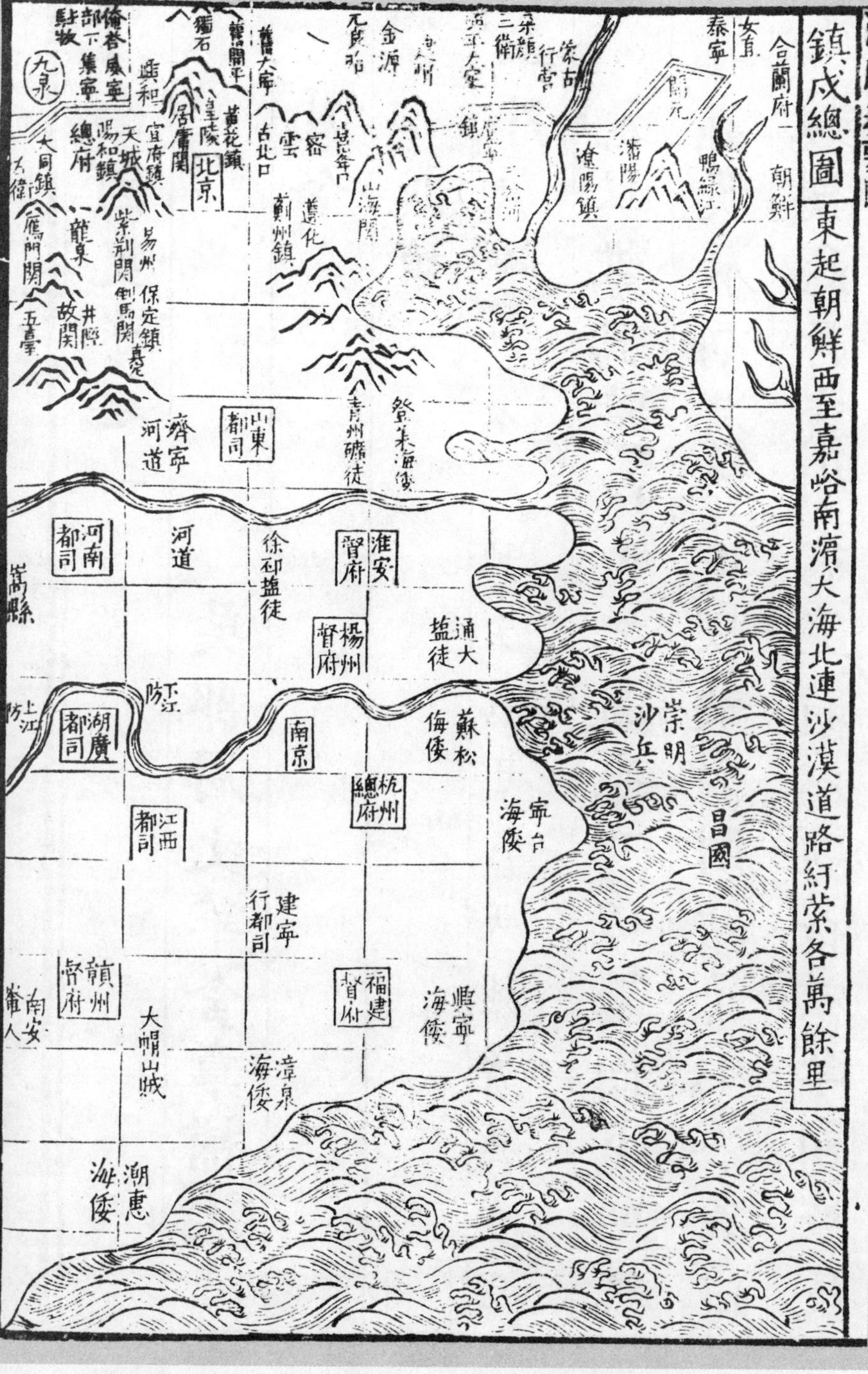
鎮戍總圖
東起朝鮮西至嘉峪南濱大海北連沙漠道路紆縈各萬餘里
朝鮮
合蘭府
遼陽鎮
瀋陽
鴨綠江
山海關
北京
居庸關
宣府鎮
陽和鎮
總府
大同鎮
紫荊關
保定鎮
故關
龍泉
雁門關
五臺
易州
薊州鎮
遵化
密雲
古北口
喜峯口
金源
山東
都司
濟寧
河道
青州礦徒
登萊海倭
河南
都司
淮安
督府
徐邳鹽徒
揚州
督府
通大
鹽徒
湖廣
都司
上江
防
下江
防
南京
蘇松
海倭
崇明
沙兵
杭州
總府
寧台
海倭
昌國
江西
都司
建寧
行都司
贛州
督府
福建
督府
興寧
海倭
南安
大帽山賊
漳泉
海倭
潮惠
海倭

一八七　汝南圃史　明周文華撰，明萬曆四十八年（1620年）書帶齋刻本。

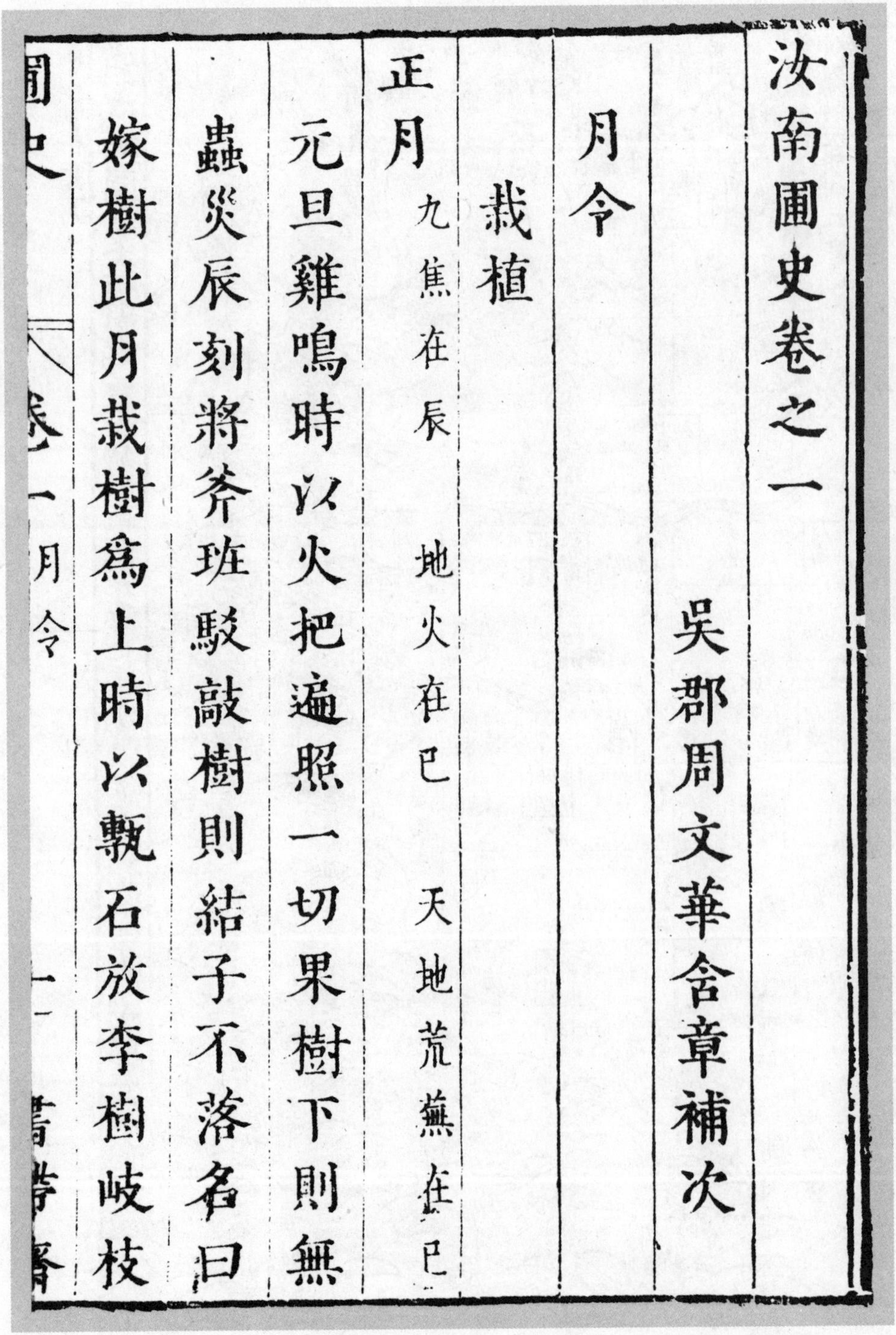
汝南圃史卷之一

吳郡周文華含章補次

月令

栽植

正月　九焦在辰　地火在巳　天地荒蕪在巳

元旦雞鳴時以火把遍照一切果樹下則無蟲災辰刻將斧班駁敲樹則結子不落名曰嫁樹此月栽樹爲上時以瓢石放李樹岐枝

圃史　卷一　月令　十一　書帶齋

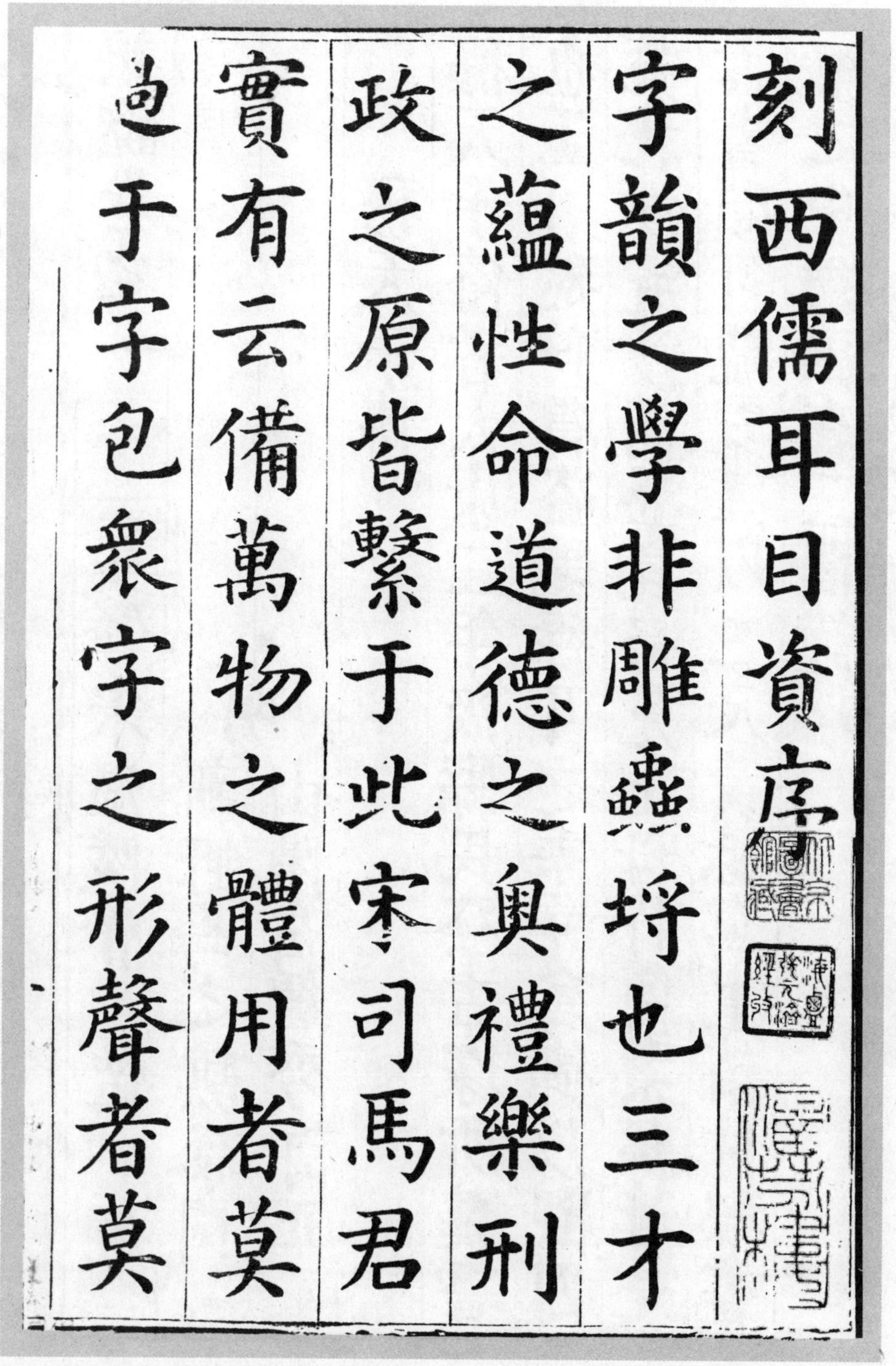
刻西儒耳目資序

字韻之學非雕蟲埒也三才之蘊性命道德之奧禮樂刑政之原皆繫于此宋司馬君實有云備萬物之體用者莫過于字包衆字之形聲者莫

一八八　西儒耳目資　明泰西金尼閣撰，明天啓六年（1626年）王徵、張問達刻本。

一八九　類說　宋曾慥輯，明天啓六年（1626年）岳鍾秀刻本。

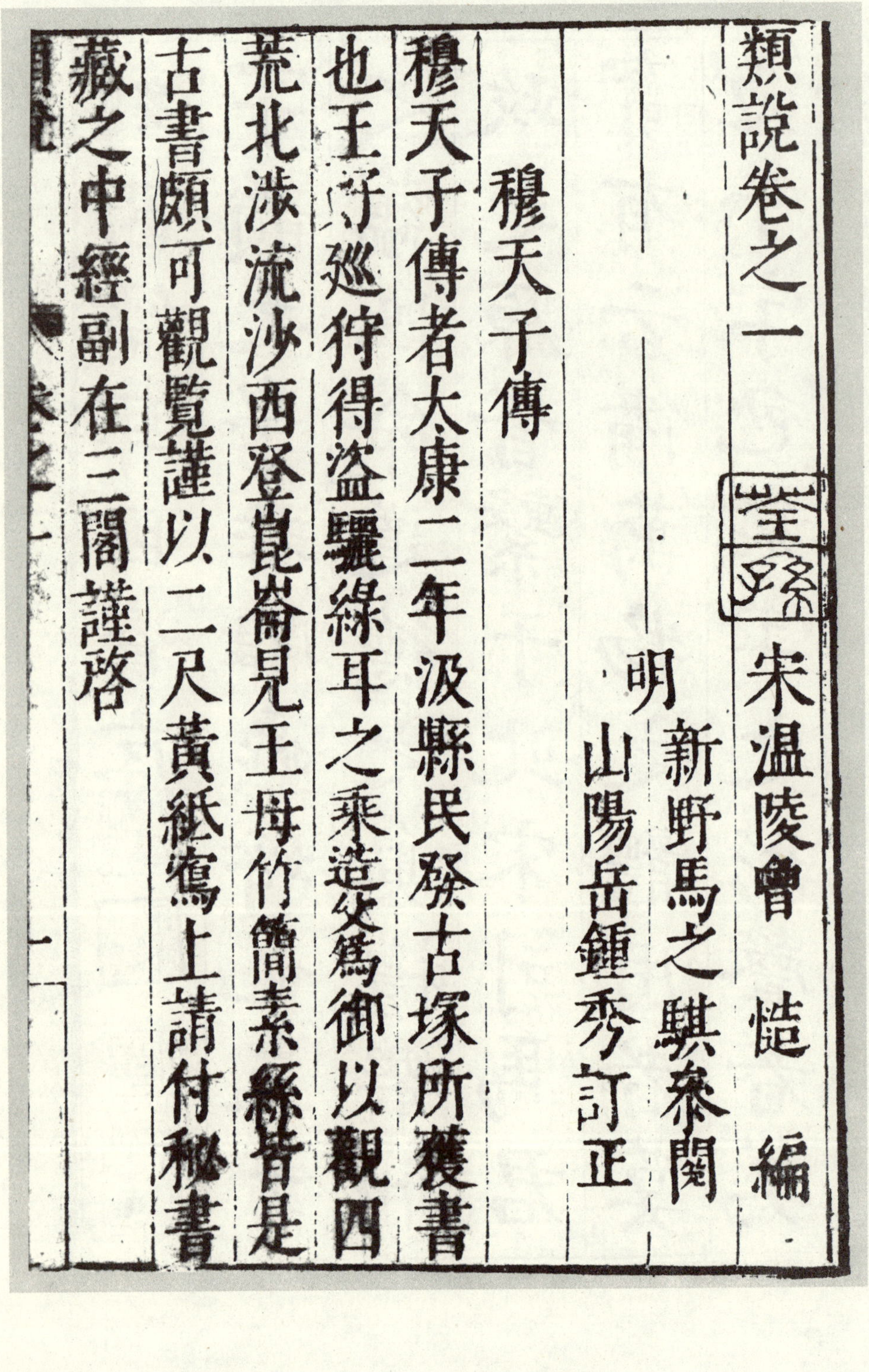
類說卷之一

宋溫陵曾　慥　編

明　新野馬之騏參閱

山陽岳鍾秀訂正

穆天子傳

穆天子傳者太康二年汲縣民發古塚所獲書
也王好巡狩得盜驪綠耳之乘造父爲御以觀四
荒北涉流沙西登崑崙見王母竹簡素絲皆是
古書頗可觀覽謹以二尺黃紙寫上請付秘書
藏之中經副在三閣謹啓

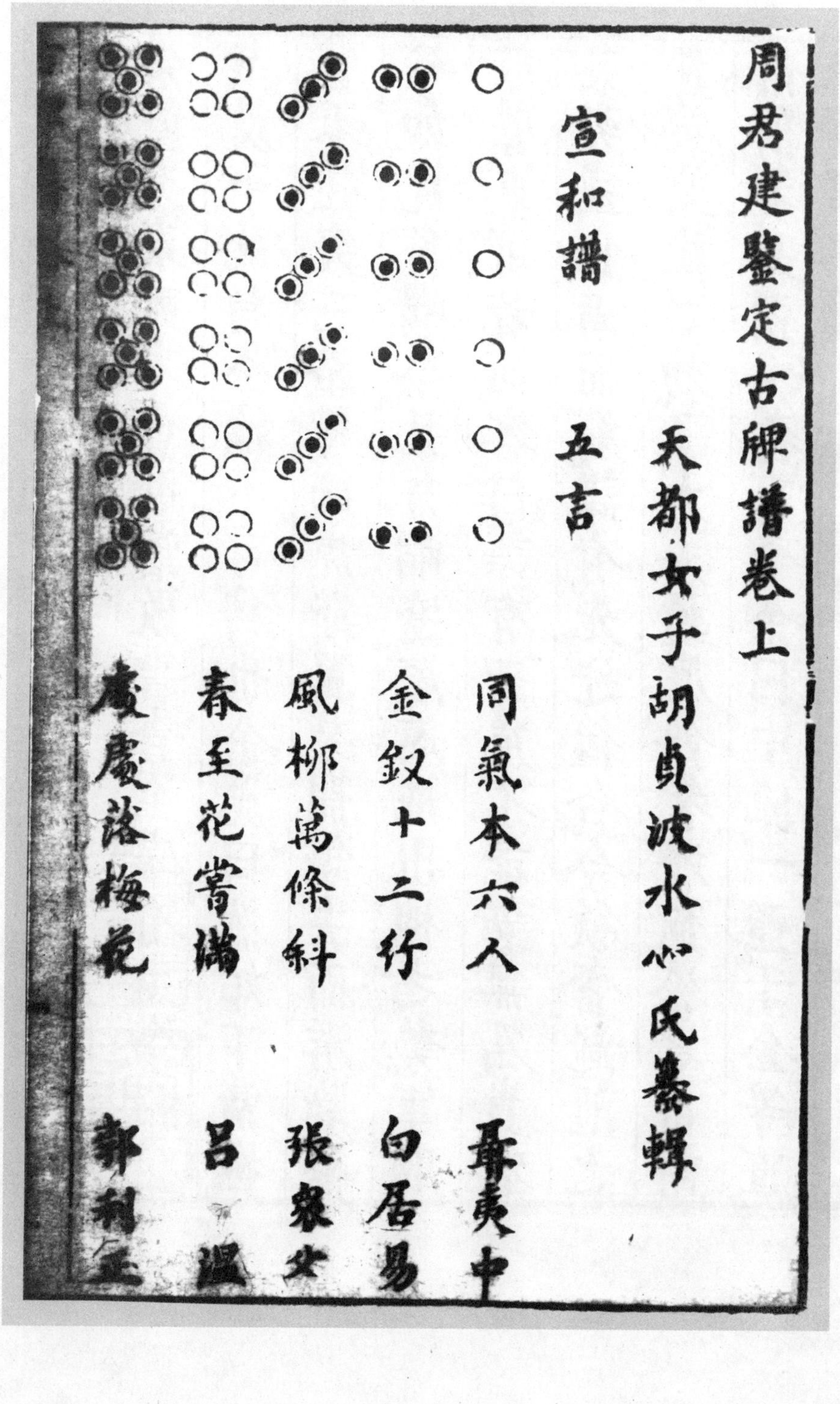

周君建鑒定古牌譜卷上

天都女子胡貞波水心氏纂輯

宣和譜　五言

同氣本六人　聶夷中

金釵十二行　白居易

風柳萬條斜　張衆女

春至花嘗滿　呂溫

處處落梅花　郭利貞

一九〇　周君建鑒定古牌譜　明胡貞波撰，明天啓周之標刻本。

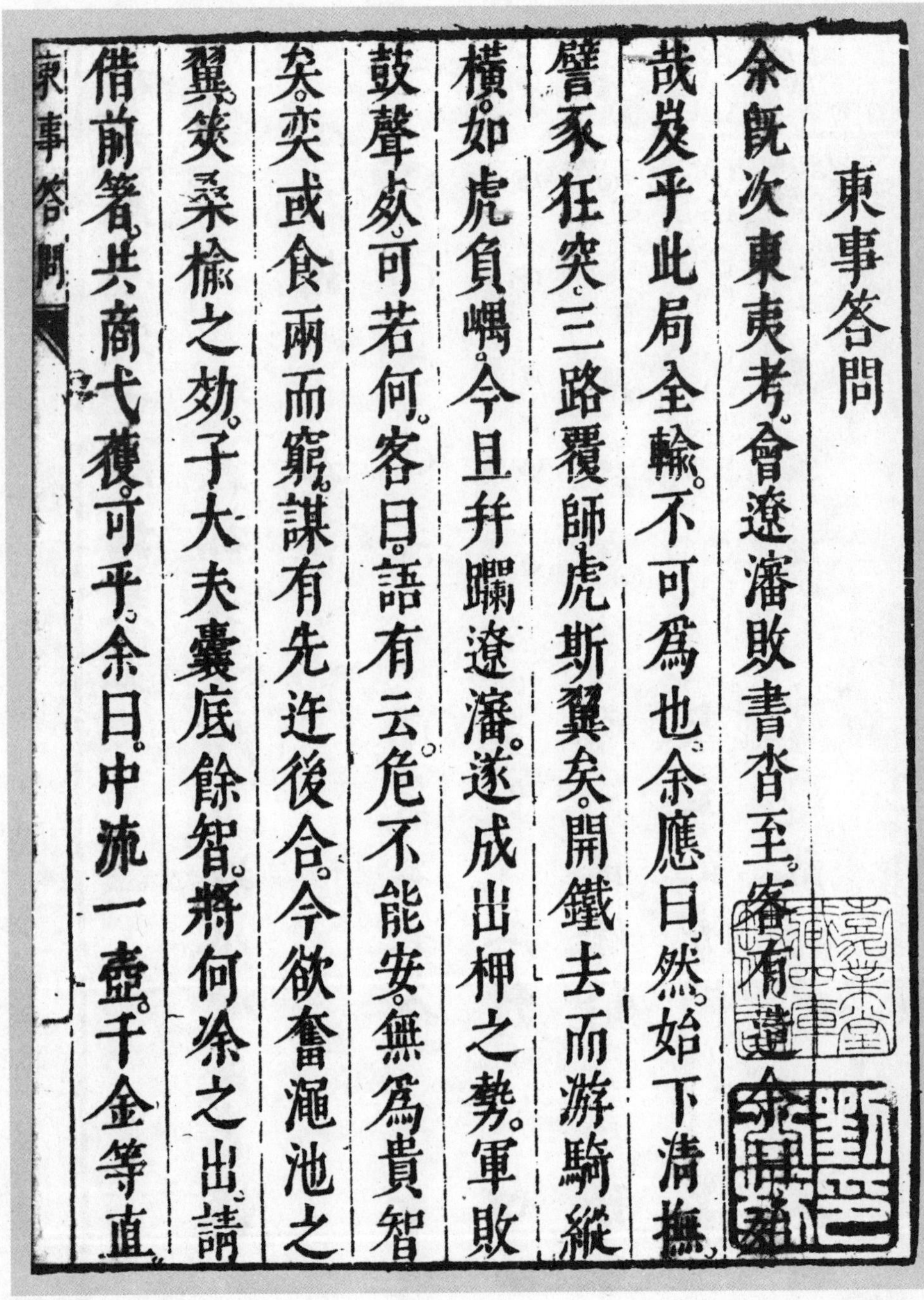
東事答問
余既次東夷考會遼瀋敗書沓至奮有遺
哉岌乎此局全輸不可爲也余應曰然始下清撫
譬豕狂突三路覆師虎斯翼矣開鐵去而游騎縱
横如虎負嵎今且幷躪遼瀋遂成出柙之勢軍敗
鼓聲衰可若何客曰語有云危不能安無爲貴智
矣奕或食兩而窮謀有先迕後合今欲奮澠池之
翼筴桑榆之効子大夫囊底餘智將何籌之出請
借前箸共商弋獲可乎余曰中流一壺千金等直
東事答問

一九一　萬曆三年大征考　明茅瑞徵撰，明天啓浣花居自刻本。（之一）

女直

女直始著東漢曰挹婁古肅愼國在夫餘東北千餘里東濵大海阻山穴居塗豕膏禦寒無君長射用楛矢石鏃長尺八寸出赤玉豐貂所謂挹婁貂也自漢臣屬夫餘魏黃初中始叛便乘舟寇刼晋元末以楛矢石砮弓貂來貢歷元魏號勿吉延興中遣使乙力支朝獻從契丹西界達和龍言繇水道密謀百濟取高句麗其國在高麗北有大水廣餘三里名粟末水發原太白山入隋號靺鞨凡七

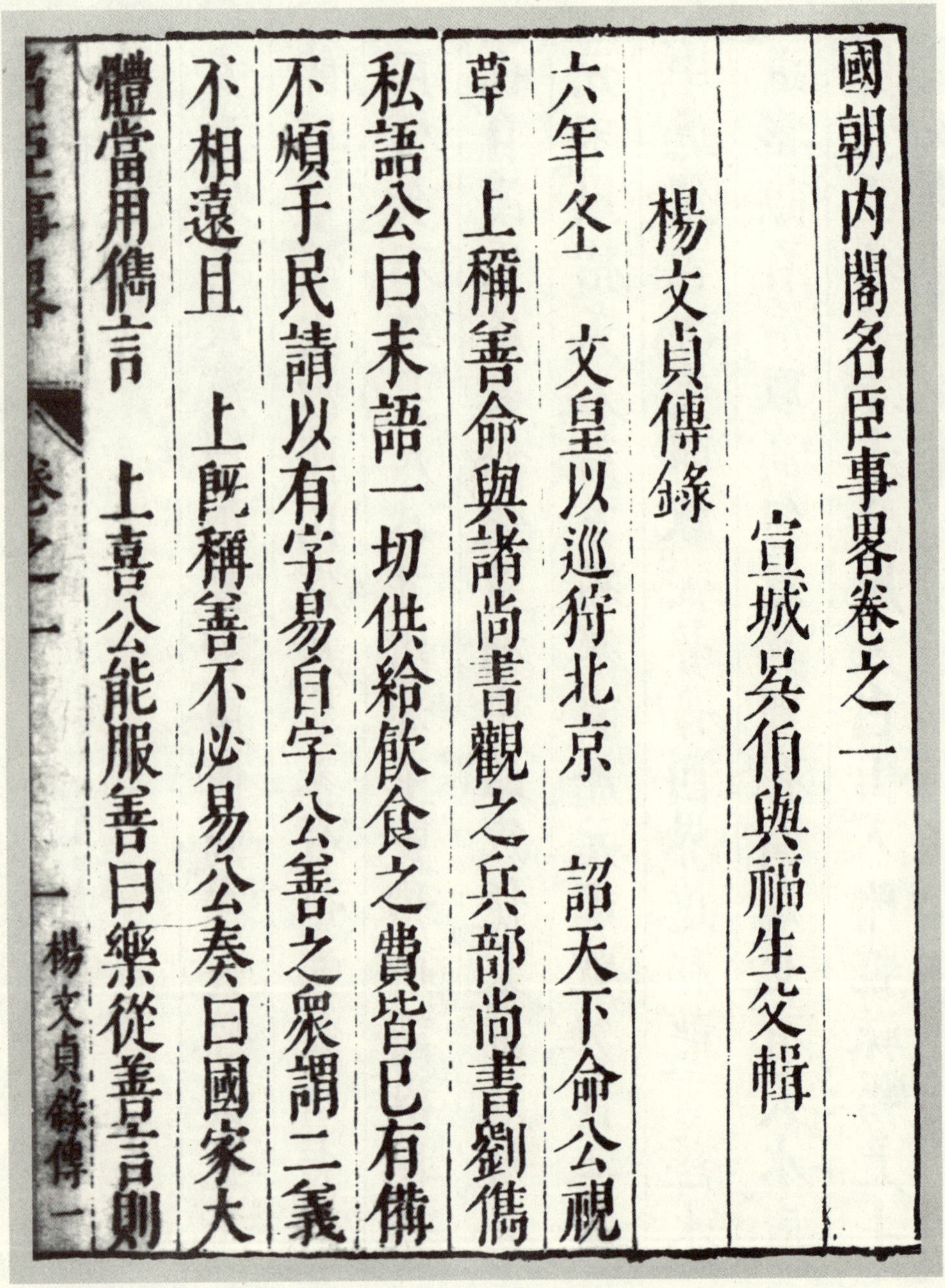
國朝內閣名臣事畧卷之一

宣城吳伯與福生父輯

楊文貞傳錄

六年冬　文皇以巡狩北京　詔天下命公視
草　上稱善命與諸尚書觀之兵部尚書劉儁
私語公曰末語一切供給飲食之費皆已有備
不煩于民請以有字易自字公善之衆謂二義
不相遠且　上旣稱善不必易公奏曰國家大
體當用儁言　上喜公能服善曰樂從善言則

名臣事畧　卷之一　楊文貞錄傳　一

一九二　國朝內閣名臣事略　明吳伯與撰，明崇禎五年（1632年）魏光緒刻本。

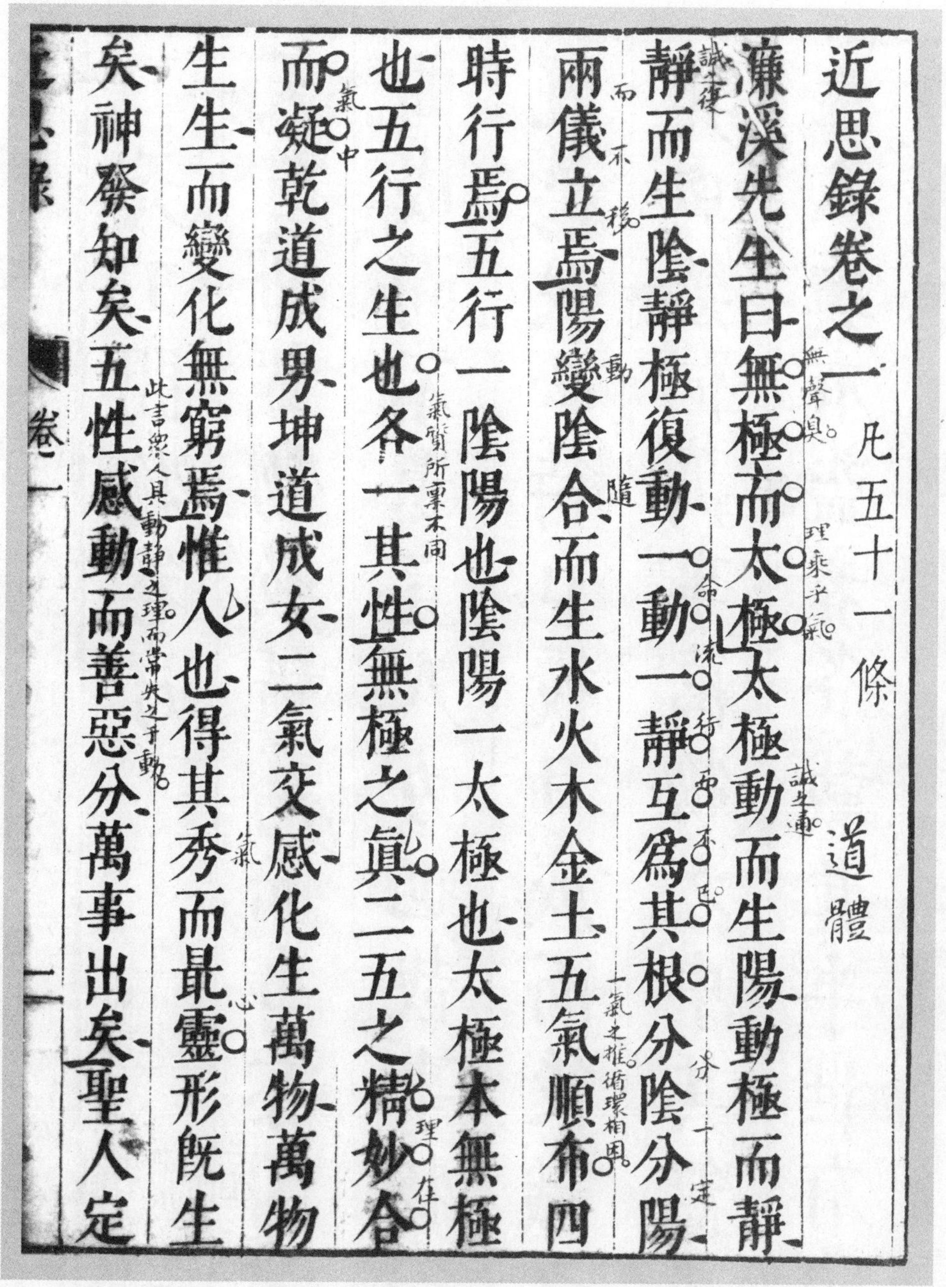
近思錄卷之一　凡五十一條　道體
濂溪先生曰無極而太極太極動而生陽動極而靜靜而生陰靜極復動一動一靜互爲其根分陰分陽兩儀立焉陽變陰合而生水火木金土五氣順布四時行焉五行一陰陽也陰陽一太極也太極本無極也五行之生也各一其性無極之眞二五之精妙合而凝乾道成男坤道成女二氣交感化生萬物萬物生生而變化無窮焉惟人也得其秀而最靈形既生矣神發知矣五性感動而善惡分萬事出矣聖人定

一九三　近思錄　宋朱熹、呂祖謙撰，明崇禎九年（1636年）張雋等刻本。

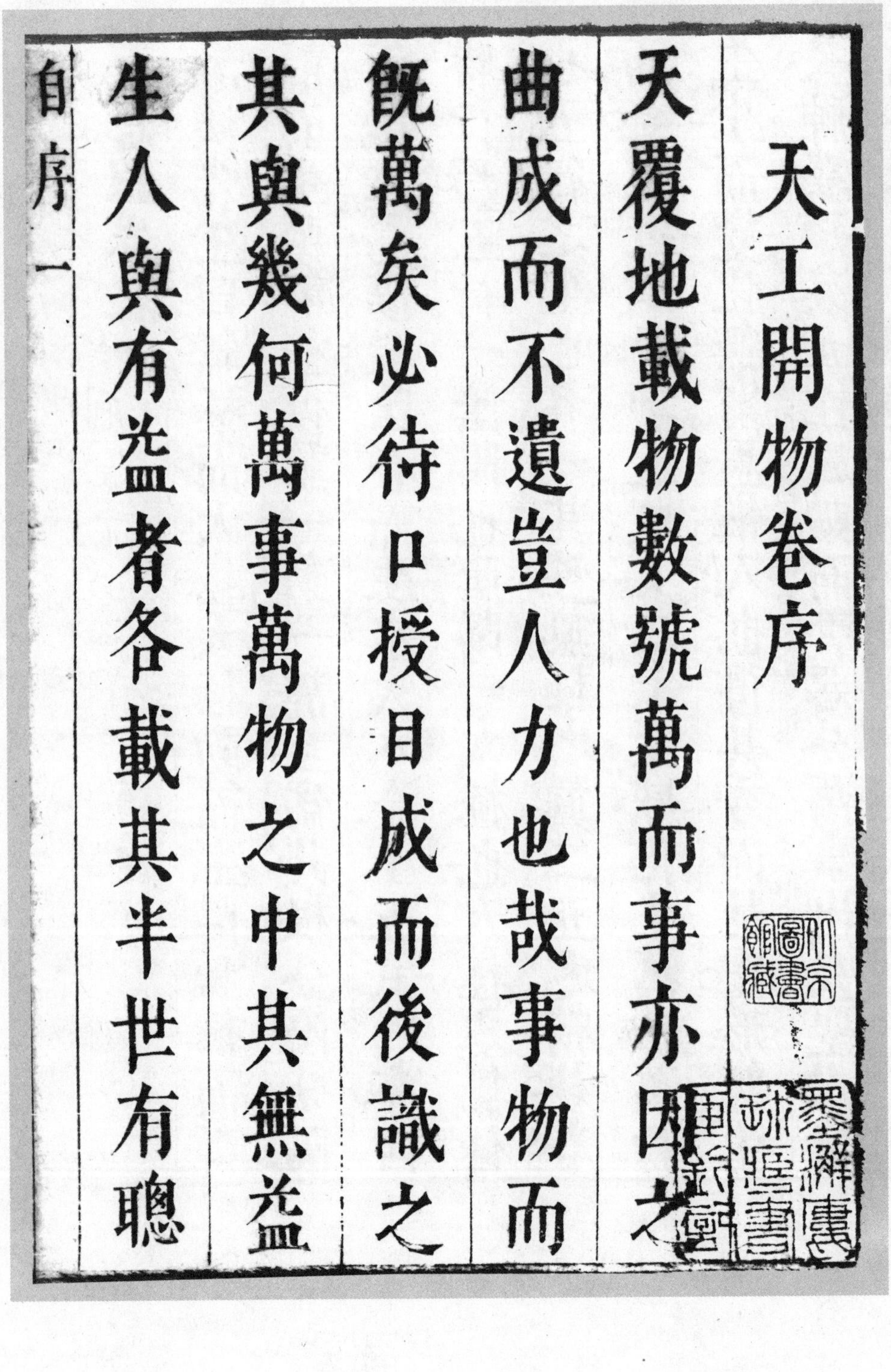

天工開物卷序

天覆地載物數號萬而事亦因之曲成而不遺豈人力也哉事物而既萬矣必待口授目成而後識之其與幾何萬事萬物之中其無益生人與有益者各載其半世有聰

自序 一

一九四 天工開物 明宋應星撰，明崇禎十年（1637年）自刻本。（之一）

天工開物卷上

分宜教諭宋應星著

乃粒第一卷

宋子曰上古神農氏若存若亡然味其徽號兩言至今存矣生人不能久生而五穀生之五穀不能自生而生人生之土脉歷時代而異種性隨水土而分不然神農去陶唐粒食已千年矣耒耜之利以教天下豈有隱焉而紛紛嘉種必待后稷詳明其故何也紈袴之子以赭衣視笠簑經生之家以農夫爲詬詈晨炊晚饟知其味

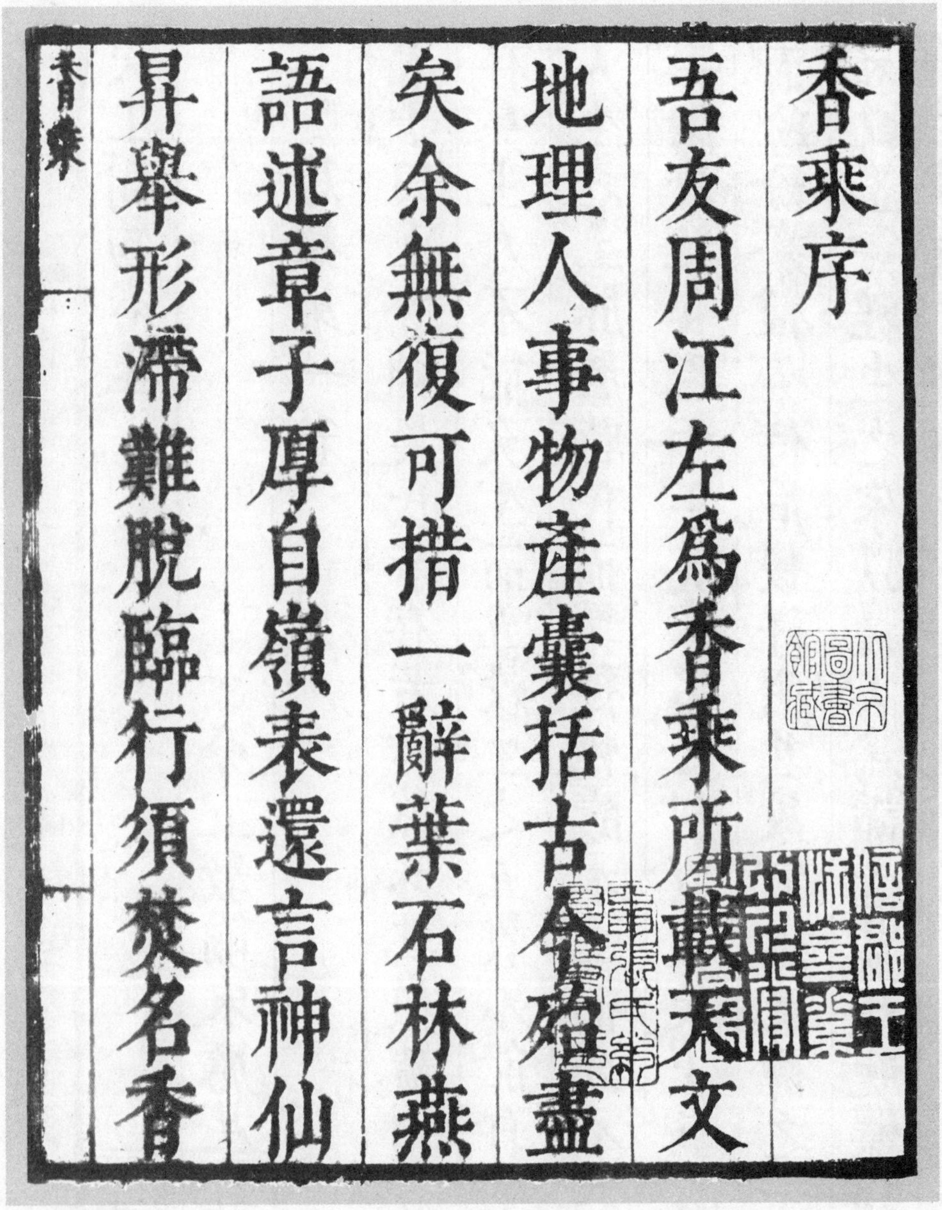

香乘序

吾友周江左爲香乘所載天文
地理人事物產囊括古今殆盡
矣余無復可措一辭葉石林燕
語述章子厚自嶺表還言神仙
昇舉形滯難脫臨行須焚名香

香乘

一九五　香乘　明周嘉胄輯，明崇禎十四年（1641年）自刻本。（之一）

香乘卷之一

明淮海周嘉胄江左纂輯

香品 隨品附事實

香最多品類出交廣崖州及海南諸國然秦漢已前未聞惟稱蘭蕙椒桂而已至漢武奢廣尚書郎奏事者始有含雞舌香及諸夷獻香種種徵異晉武時外國亦貢異香迨煬帝除夜火山燒沉香甲煎不計數海南諸香畢至矣唐明皇

一九六　皇明輔世編

明唐鶴徵纂，明崇禎十五年（1642年）陳睿謨刻本。

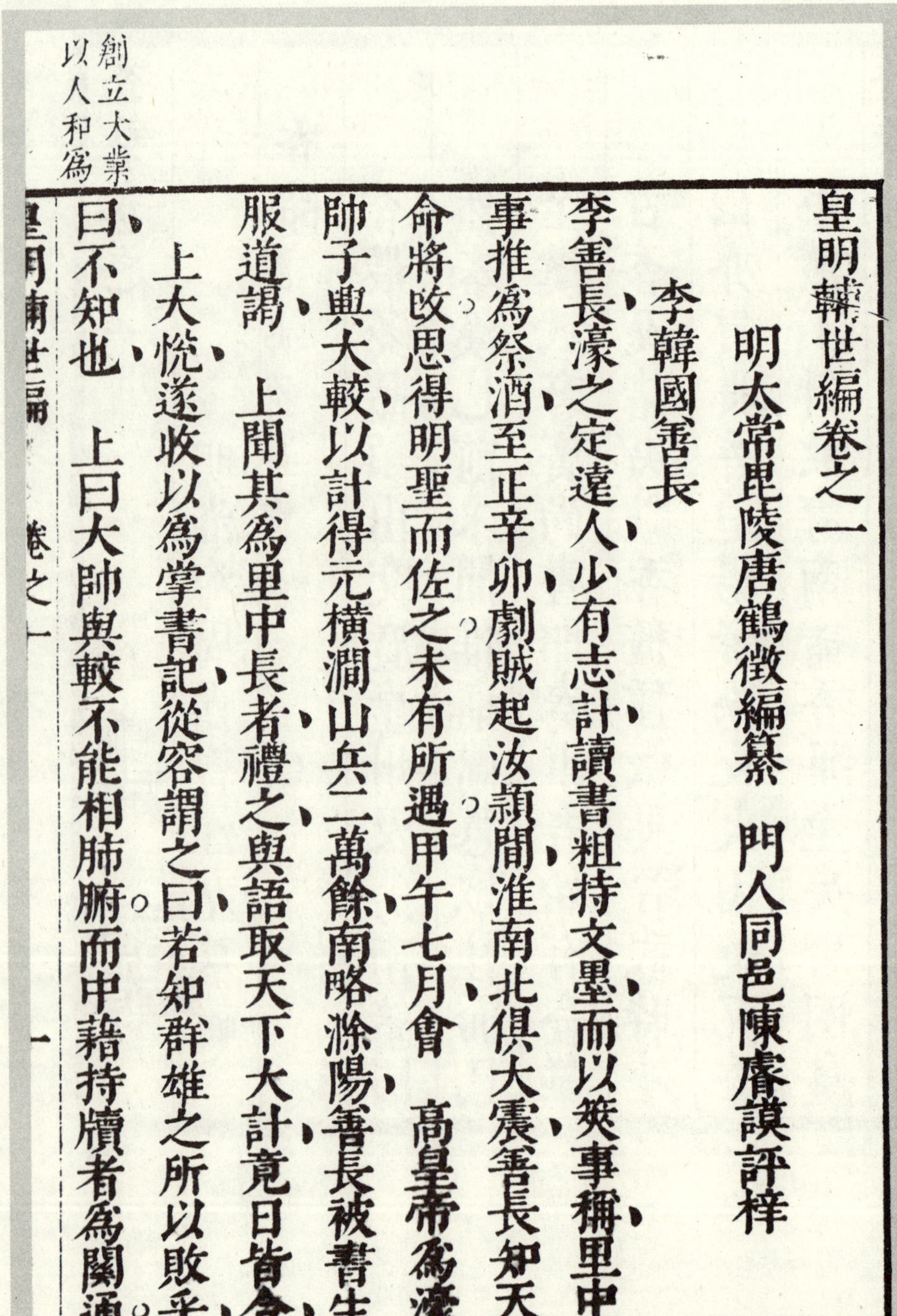

創立大業
以人和爲

皇明輔世編卷之一

明太常毗陵唐鶴徵編纂　門人同邑陳睿謨訂梓

李韓國善長

李善長濠之定遠人少有志計讀書粗持文墨而以筴事稱里中事推爲祭酒至正辛卯劇賊起汝潁閒淮南北俱大震善長知天命將改思得明聖而佐之未有所遇甲午七月會　高皇帝爲濠帥子興大較以計得元横澗山兵二萬餘南略滁陽善長被書生服道謁　上聞其爲里中長者禮之與語取天下大計竟日皆合　上大悅遂收以爲掌書記從容謂之曰若知群雄之所以敗乎曰不知也　上曰大帥興較不能相肺腑而中藉持牘者爲關通

皇明輔世編　卷之一　一

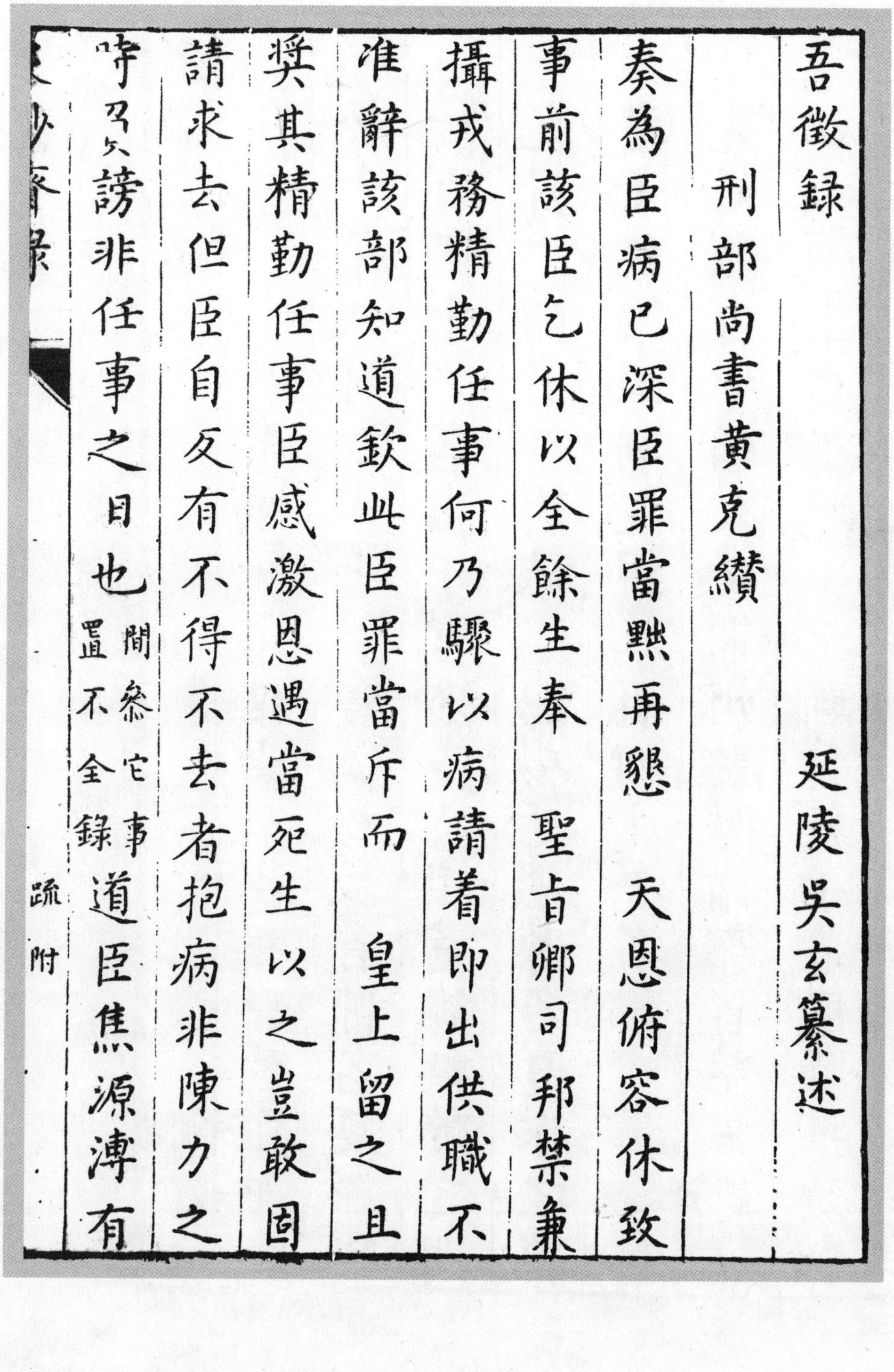

吾徵錄　　延陵吳玄纂述

刑部尚書黃克纘

奏為臣病已深臣罪當黜再懇　天恩俯容休致事前該臣乞休以全餘生奉　聖旨卿司邦禁兼攝戎務精勤任事何乃驟以病請着即出供職不准辭該部知道欽此臣罪當斥而　皇上留之且奬其精勤任事臣感激恩遇當死生以之豈敢固請求去但臣自反有不得不去者抱病非陳力之時招謗非任事之日也（閒叅宦事置不全錄）道臣焦源溥有

疏附

一九七　吾徵錄　明吳玄輯，明崇禎十六年（1643年）至十七年（1644年）自刻本。

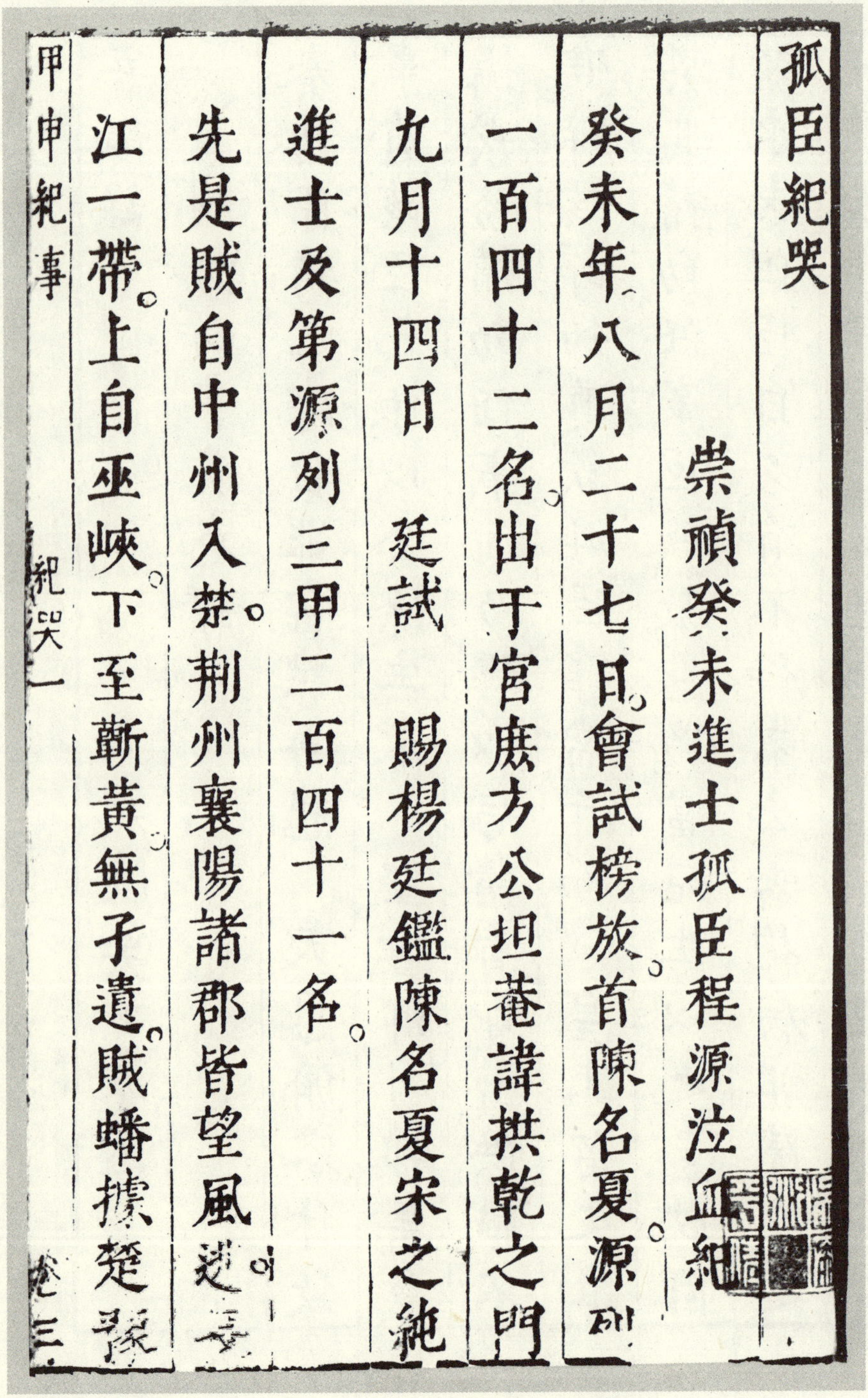
孤臣紀哭

崇禎癸未進士孤臣程源泣血紀

癸未年八月二十七日會試榜放首陳名夏源列一百四十二名出于宮庶方公坦菴諱拱乾之門九月十四日 廷試 賜楊廷鑑陳名夏宋之繩進士及第源列三甲二百四十一名

先是賊自中州入楚荆州襄陽諸郡皆望風逃去江一帶上自巫峽下至蘄黃無孑遺賊蟠據楚豫

甲申紀事　紀哭一　卷三

一九八　甲申紀事　明馮夢龍輯，明弘光元年（1644年）自刻本。

一九九　武溪集　宋余靖撰，明隆武二年（1646年）余超龍刻本。

武溪集卷第一

宋工部尚書充集賢院學士贈尚書左僕射累贈

少師謚襄公余靖著

詩部　五言古

四五

遊韶石

世務常喧囂物外有真賞結友探勝槩放情諧素想韶山南國鎮靈蹤傳自曩雙闕倚天秀一逕尋雲上長江遠縈帶衆巒疑負襁千里盼平視萬形羅怪象日影避崑崙鼇頭冠方丈青螺佛髻高羣玉仙都敞霞城晴煜爚桃溪春浩蕩仰攀霄漢近俯瞰神鬼怳

武溪集　卷一　一

王文肅公文集卷十二

光祿大夫少保兼太子太保吏部尚書建極殿大學士王錫爵　著
尚寶司司丞　孫男時敏校梓

祭吳惠麓文

益友惟何直諒爲先鏡人則明勝巳則賢箴頑砭愚磨鈍攻堅肝膽之合形骸可捐末世道浮徵貌逐言市心而儒婦女而弁熟軟骫骳以勢爲權其心多方其道屢遷曷不古處而是諓諓惟余與君鄉書後先一日之契以要百年義取

昌黎先生集卷第二

古詩

北極贈李觀

觀字元賓其先隴西人貞元八年與公同舉進士

北極有羇羽南溟有沈鱗南溟見莊子逍遥篇鯤鵬之說羇羽謂鵬沈鱗謂鯤也以喻己與觀相遇之意川原浩浩隔影響兩無因風雲一朝會變化成一身誰言道里遠里或作理非是陶詩云不然道里長正作里感激疾如神我年二十五時貞元八年也歲在壬申按李漢集序公生於大暦之戊申三年自壬申逆數至戊

害讀賈誼晁錯趙充國章疏學論
事讀莊子學論理性又須熟讀論
語孟子檀弓要志趣正當讀韓柳
令記得數百篇要知作文體面

昌黎集叙說

東吳徐氏
刻梓家塾

周易

上經

䷀ 乾下乾上

乾元亨利貞

初九潛龍勿用

九二見龍在田利見大人

九三君子終日乾乾夕惕若厲无咎

九四或躍在淵无咎

九五飛龍在天利見大人

周易　一

二〇三　大佛頂如來密因修正了義諸菩薩萬行首楞嚴經

題唐釋般剌密帝、彌伽釋迦譯，明湯賓尹、詹應鳳等刻本。（之一）

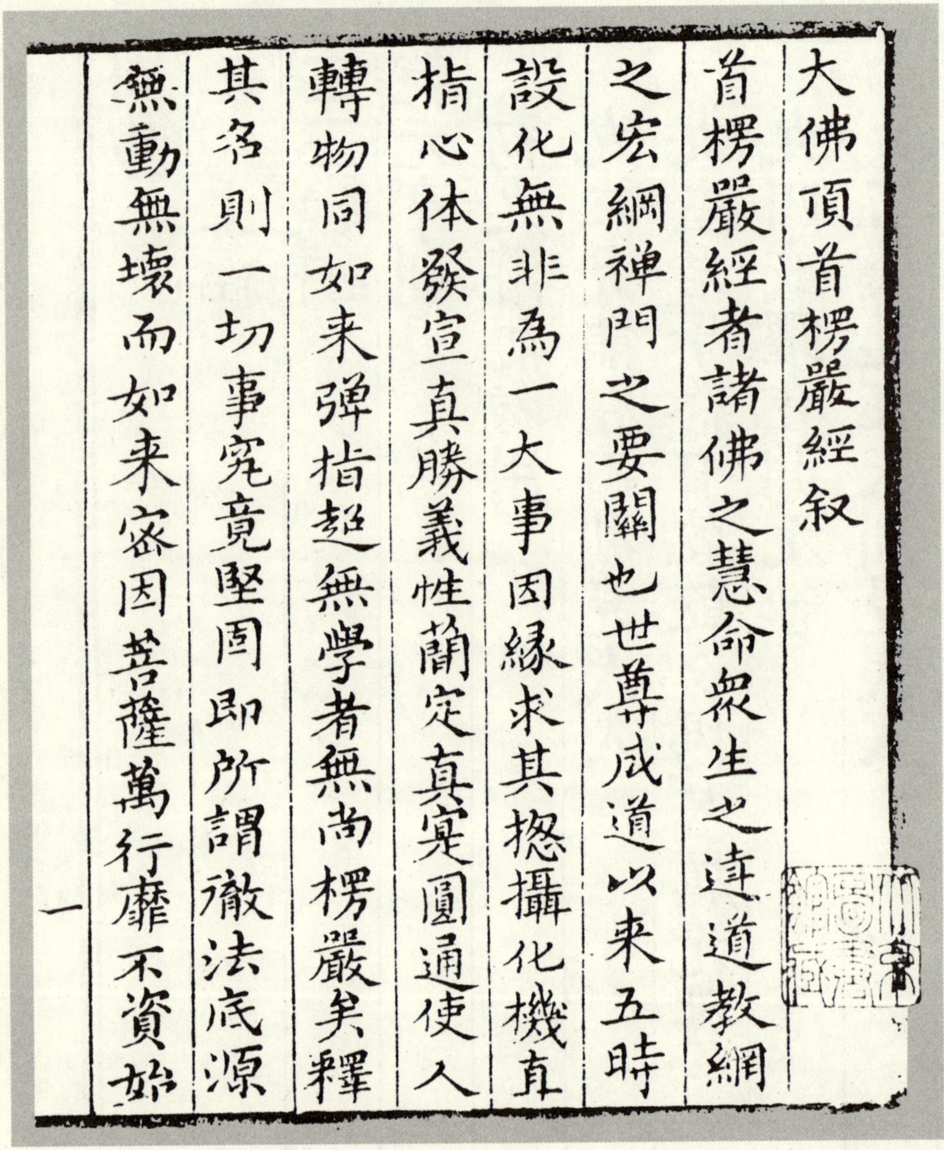

大佛頂首楞嚴經叙

首楞嚴經者諸佛之慧命衆生之達道教網之宏綱禪門之要關也世尊成道以来五時設化無非為一大事因緣求其揔攝化機直指心体發宣真勝義性簡定真寔圓通使人轉物同如来彈指超無學者無尚楞嚴矣釋其名則一切事究竟堅固即所謂徹法底源無動無壞而如来密因菩薩萬行靡不資始

一

持地菩薩弟子湯賓尹

恭人沈氏捐資敬刻

楞嚴尊經第一卷　惟願

皇圖鞏固　帝道遐昌

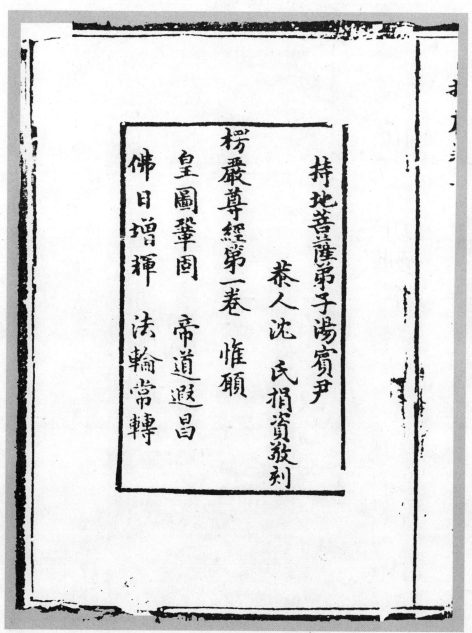

佛日增輝　法輪常轉

伍　書坊刻本

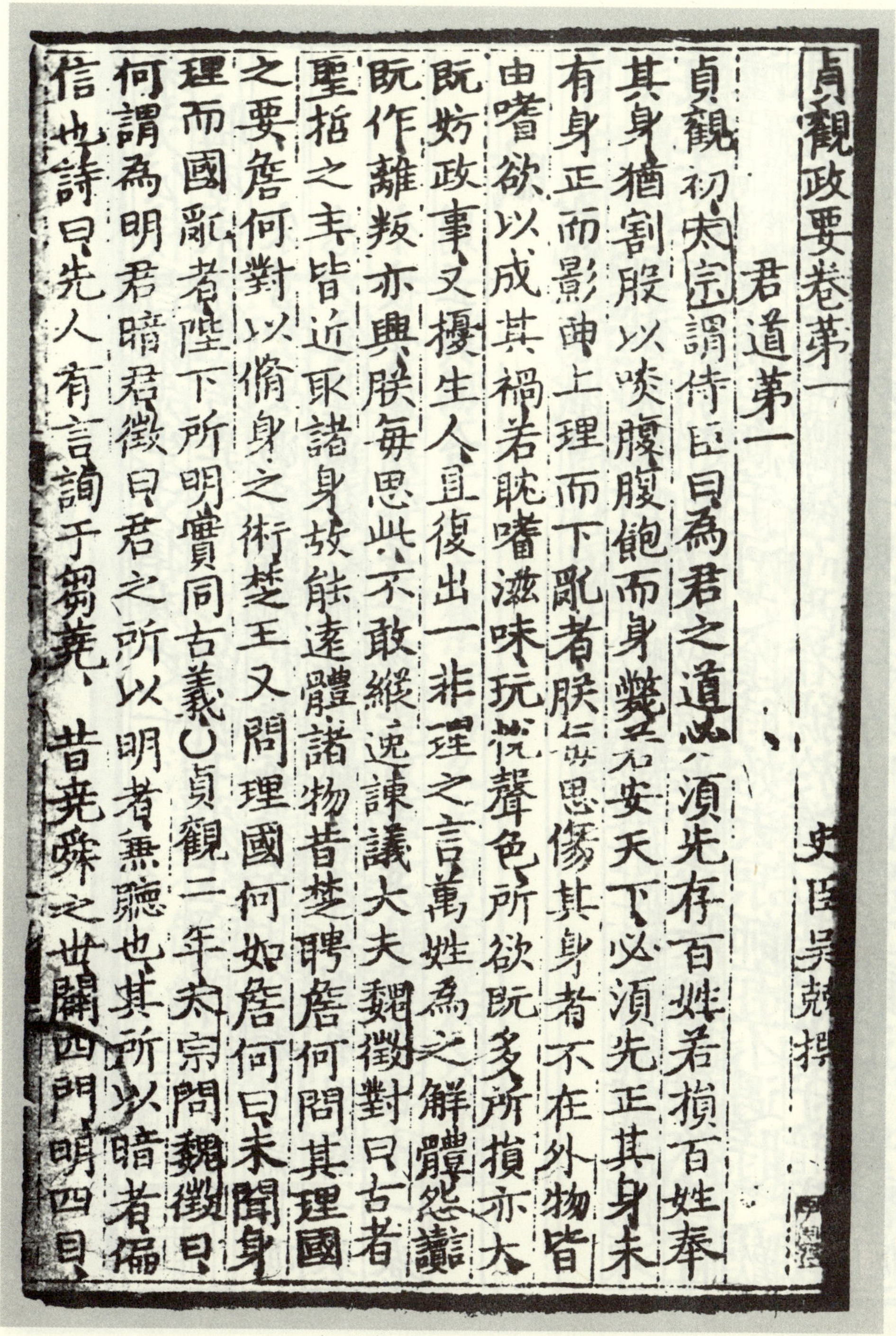
貞觀政要卷第一

君道第一　　史臣吳兢撰

貞觀初太宗謂侍臣曰爲君之道必須先存百姓若損百姓奉其身猶割股以啖腹腹飽而身斃若安天下必須先正其身未有身正而影曲上理而下亂者朕每思傷其身者不在外物皆由嗜欲以成其禍若躭嗜滋味玩悅聲色所欲既多所損亦大既妨政事又擾生人且復出一非理之言萬姓爲之解體怨讟既作離叛亦興朕每思此不敢縱逸諫議大夫魏徵對曰古者聖哲之主皆近取諸身故能遠體諸物昔楚聘詹何問其理國之要詹何對以修身之術楚王又問理國何如詹何曰未聞身理而國亂者陛下所明實同古義　貞觀二年太宗問魏徵曰何謂爲明君暗君徵曰君之所以明者兼聽也其所以暗者偏信也詩曰先人有言詢于芻蕘昔堯舜之世闢四門明四目

二〇四　貞觀政要

唐吳兢撰，明洪武三年（1370年）王氏勤有堂刻本。

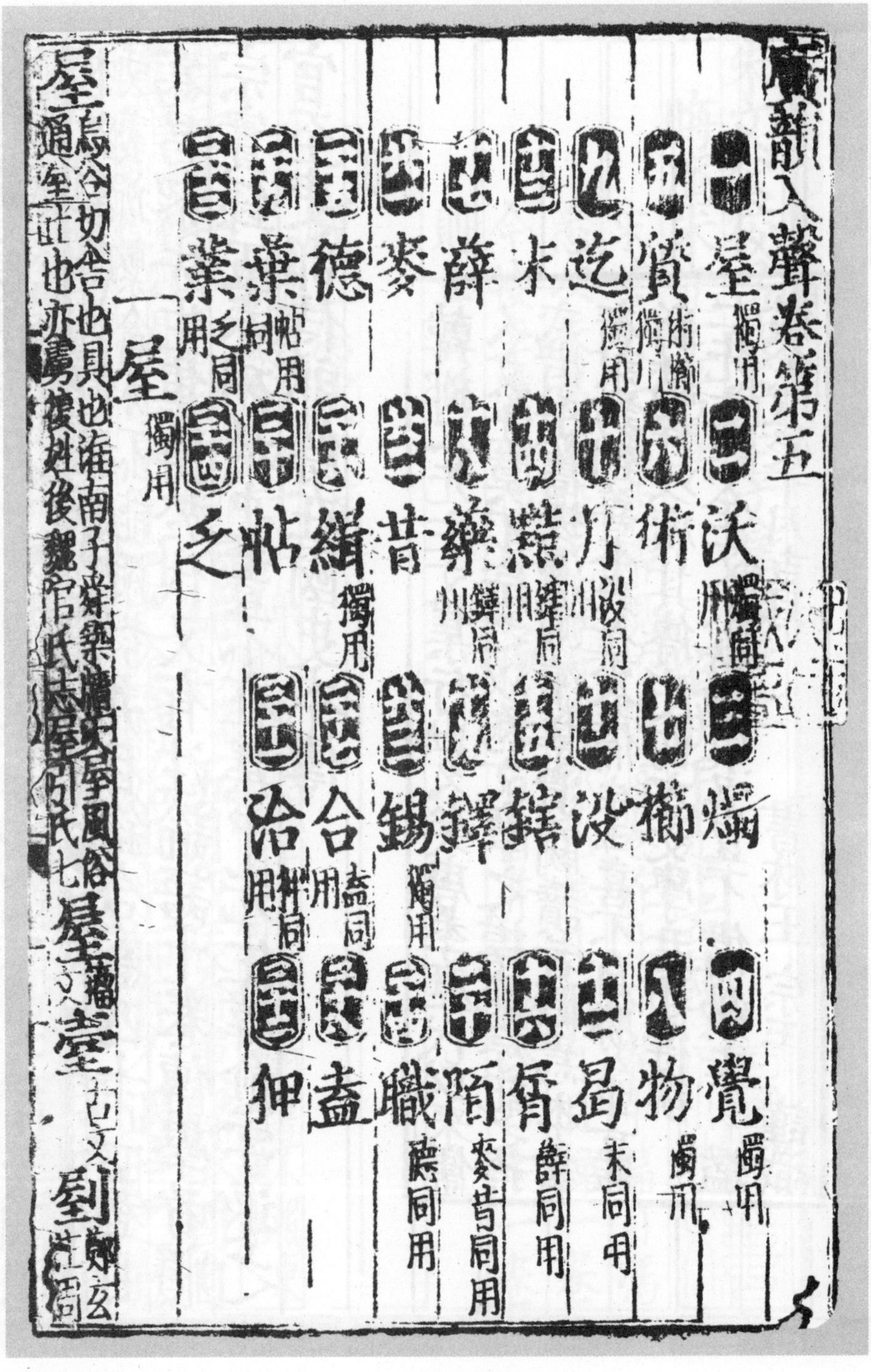

廣韻入聲卷第五

一屋獨用　二沃燭同用　三燭　四覺獨用

五質術櫛同用　六術　七櫛　八物獨用

九迄獨用　十月沒同用　十一沒　十二曷末同用

十三末　十四黠鎋同用　十五鎋　十六屑薛同用

十七薛　十八藥鐸同用　十九鐸　二十陌麥昔同用

二十一麥　二十二昔　二十三錫獨用　二十四職德同用

二十五德　二十六緝獨用　二十七合盍同用　二十八盍

二十九葉帖同用　三十帖　三十一洽狎同用　三十二狎

三十三業乏同用　三十四乏

一屋獨用

屋烏谷切舍也具也淮南子舜築牆茨屋風俗通屋止也亦虜複姓後魏官氏志屋引氏七　𡶇古文　臺古文　劉鄭玄注周禮

二〇六　廣韻　宋陳彭年等撰，明宣德六年（1431年）清江書堂刻本。

新增全相剪燈餘話大全卷之三

廣西左布政使盧陵 李 昌祺 編撰
翰林院庶吉士文江 劉 子欽 訂定
上杭縣 知縣肘江 張 光啓 校刊
建陽縣 縣丞何景 春 同校 繡行

鳳尾草記

洪武中有龍生者本建康人遠祖仕宋為京官從隆祐孟太后南遷留家江右子孫番衍世守詩書單行第八六七歲時長者教以詩輒能成誦九齡曉屬對作五七言絕句詩皆可觀衆以聰明許之生有姑適祖氏者特愛生生往來姑家甚數祖有異母兄弟同居各爨兄歿惟嫂陳氏及二子三女存長女次女皆適人惟幼女在室絕有姿容長生三歲生雖少年頴敏而馴謹不好頑弄且善伺人意故祖氏一家聞生來莫不歡喜女亦視生如弟兄不復迴避女母聞生姑稱生長進好學深欲壻生女

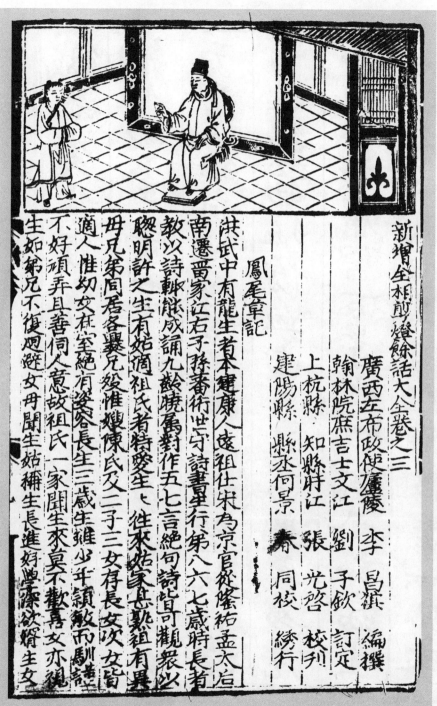

二〇七 新增全相剪燈餘話大全 明李昌祺撰，明正德六年（1511年）楊氏清江堂刻本。

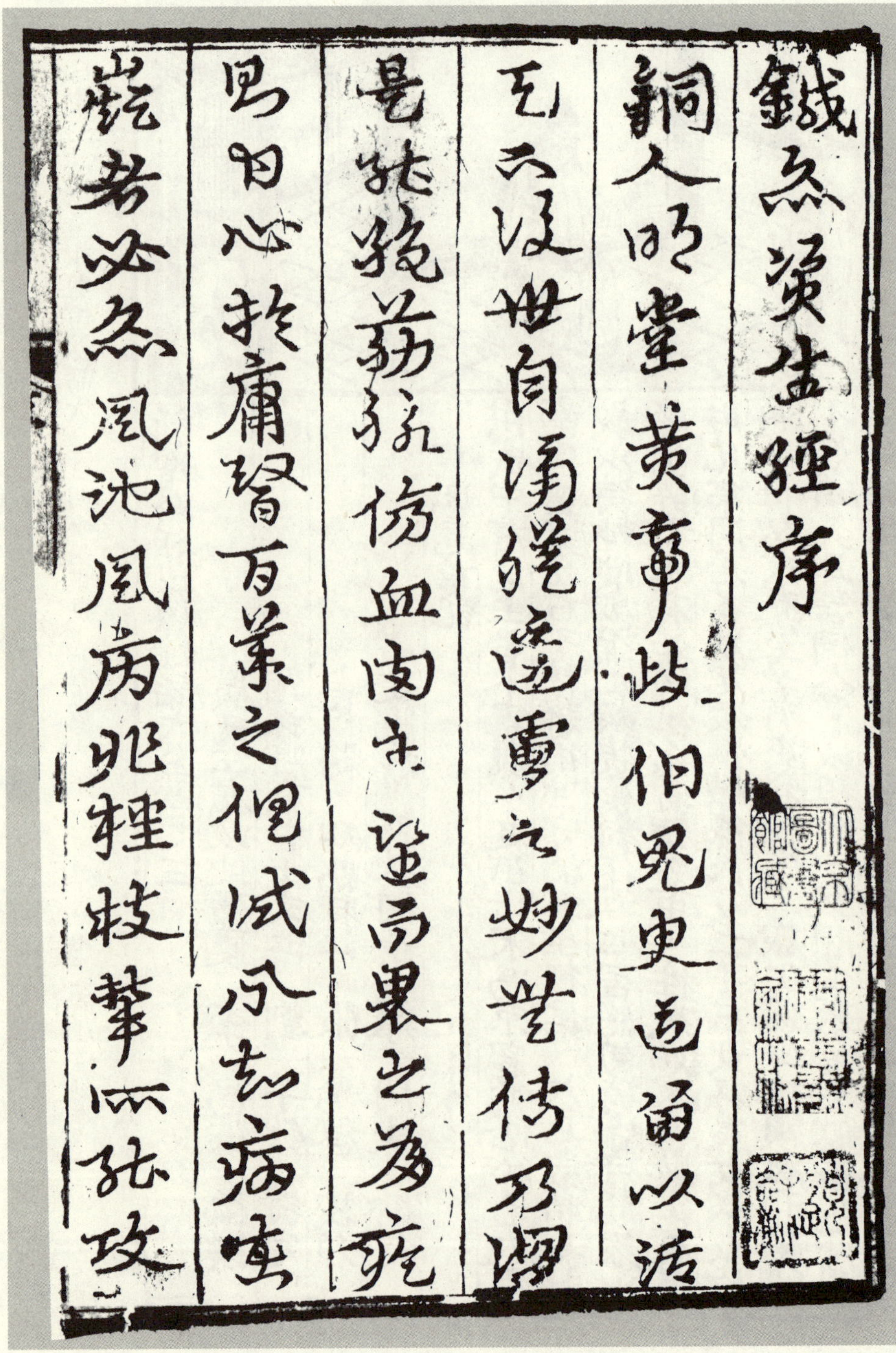

二〇八 **針灸資生經** 宋王執中撰，明正統十二年（1447年）葉景逵廣勤書堂刻本。（之一）

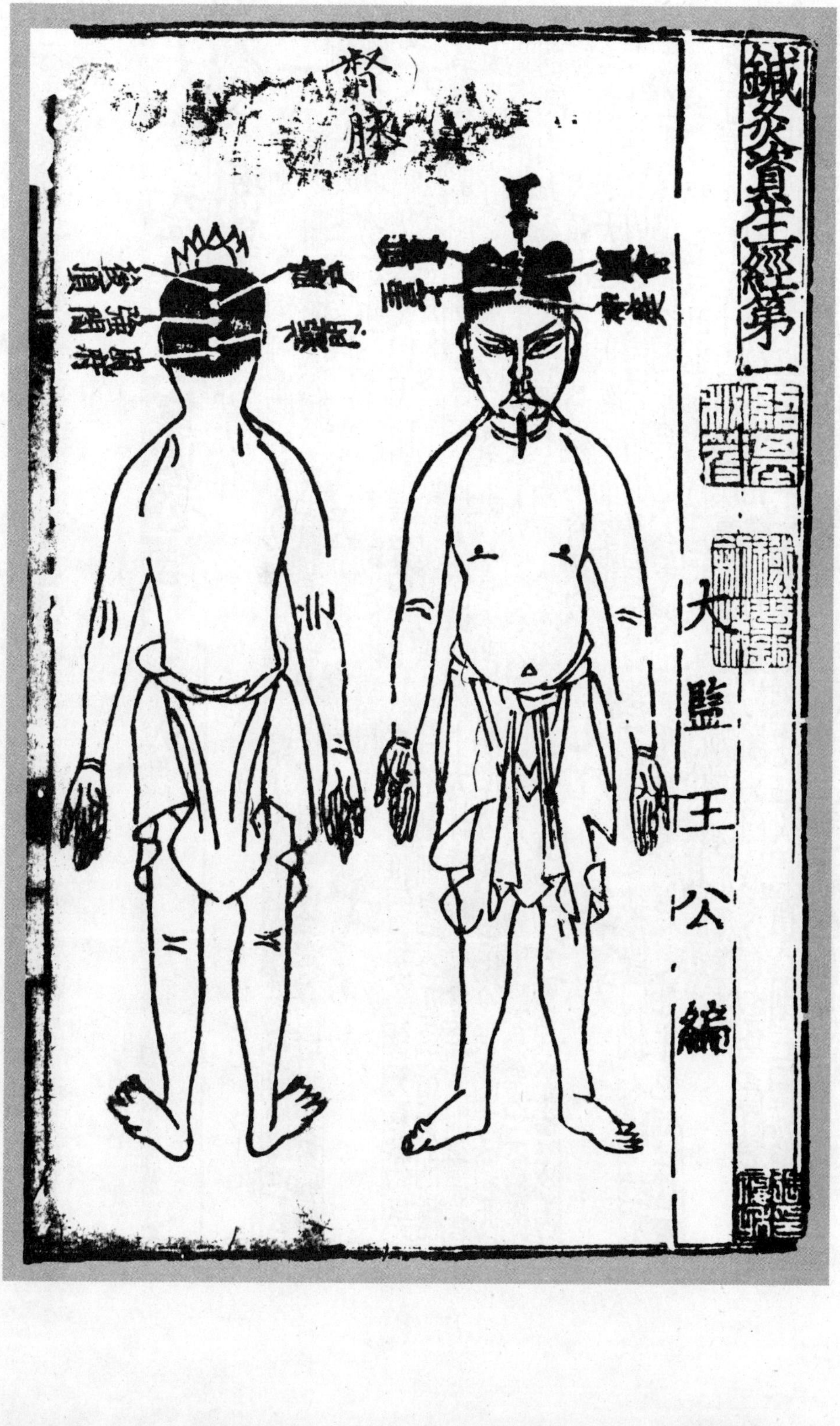
鍼灸資生經第一
大監王公編

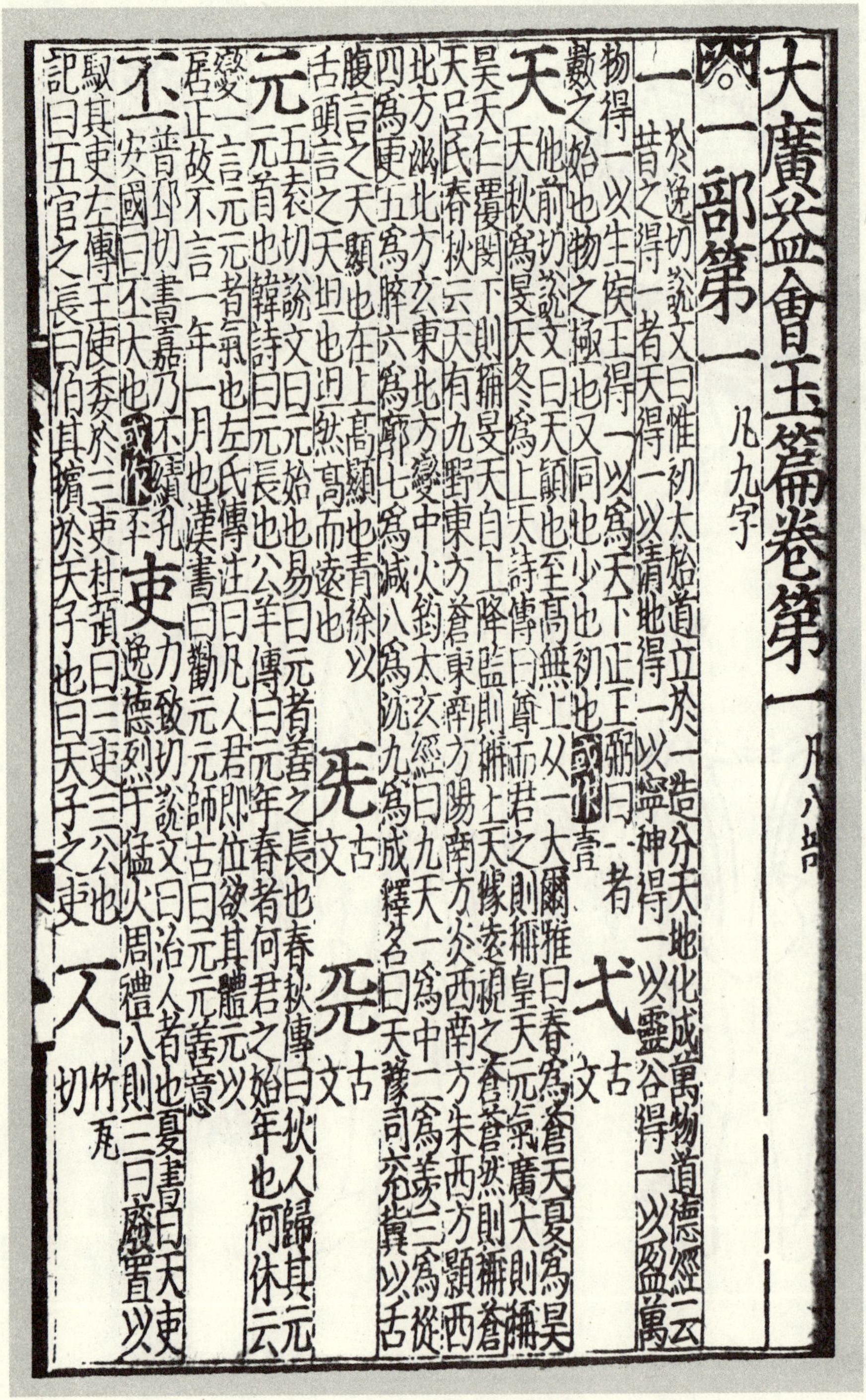

二〇九 大廣益會玉篇 梁顧野王撰，唐孫強增字，宋陳彭年等重修，明弘治五年（1492年）詹氏進德堂刻本。

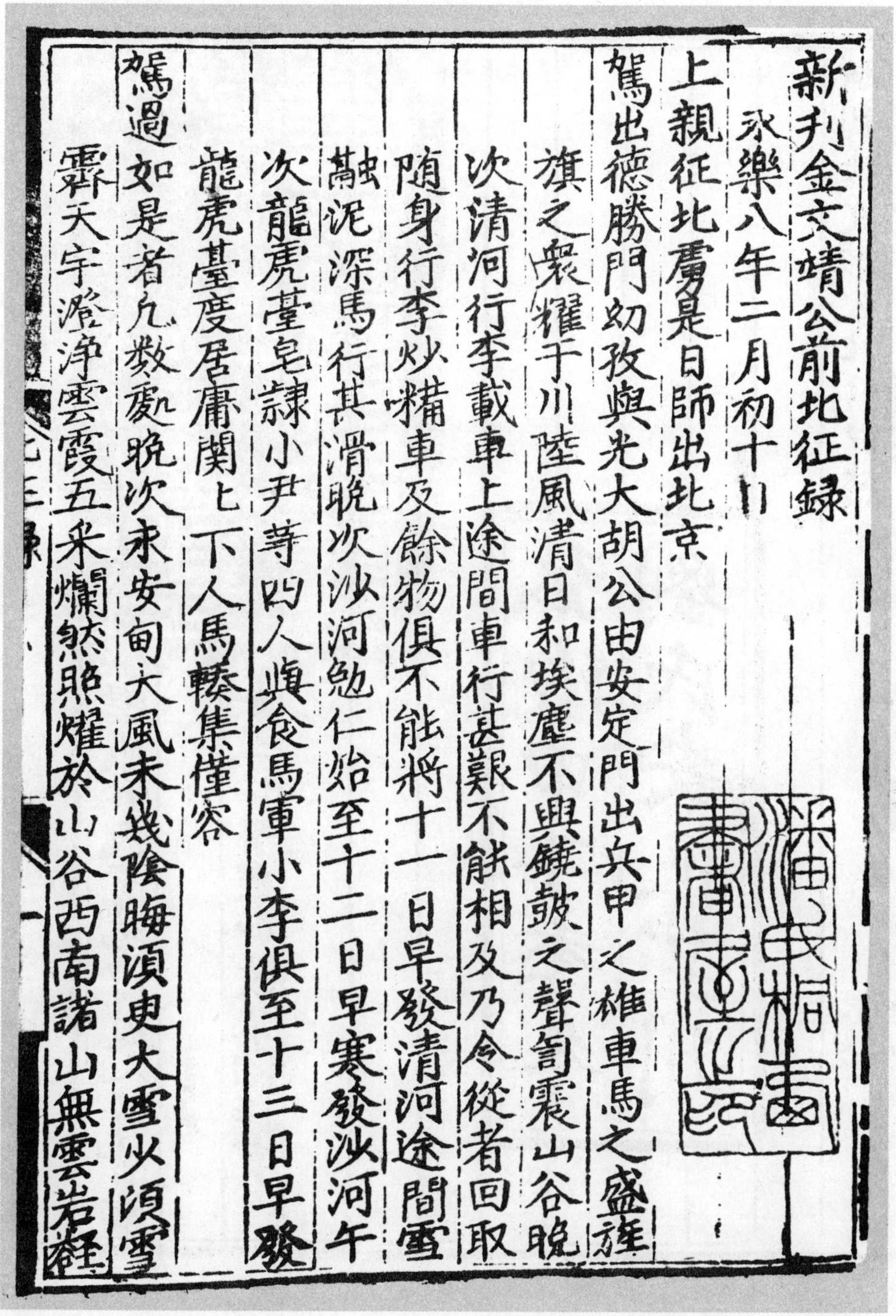

新刊金文靖公前北征録

永樂八年二月初十日

上親征北虜是日師出北京

駕出德勝門幼孜與光大胡公由安定門出兵甲之雄車馬之盛旌旗之衆耀于川陸風清日和埃塵不興鐃鼓之聲訇震山谷晚次清河行李載車上途間車行甚艱不能相及乃令從者回取隨身行李少帶車及餘物俱不能將十一日早發清河途間雪融泥深馬行其滑晚次沙河勉仁始至十二日早寒發沙河午次龍虎臺皂隸小尹等四人與食馬軍小李俱至十三日早發龍虎臺度居庸關〻下人馬輳集僅容

駕過如是者凡數處晚次永安甸大風未幾陰晦須臾大雪少頃雪霽天宇澄淨雲霞五采爛然照耀於山谷西南諸山無雲岩巒

二一〇 新刊金文靖公前北征録 明金幼孜撰，明弘治十七年（1504年）劉氏安正堂科本。（之一）

[illegible]縗服軍民耆老僧道人等皆素

[illegible]奉上仁智殿加殮納梓宮

弘治甲子季冬

劉氏安正堂刊

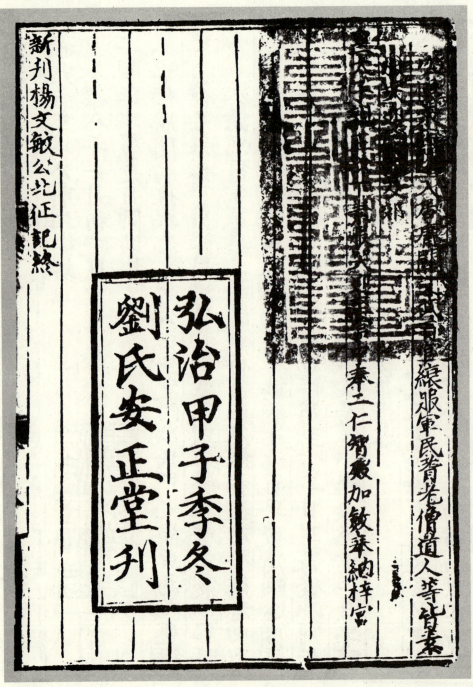

新刊楊文敏公北征記終

二一一　新刻瓊琯白先生集　宋葛長庚撰，明萬曆二十二年（1594年）安正堂劉雙松刻本。

新刻瓊琯白先生集卷之十三

閩　劉　朝　琯　校

附録

雜著

松風集序

夫松風者天籟也松非有約於風風非有情於松適然相遇則若嘶雲嘯月者使人聽之自有周情孔思存乎其中倏如鏘玉佩忽如鳴瑤琴轉而爲洞簫緩而爲雲韶又其霏微瑟縮則如

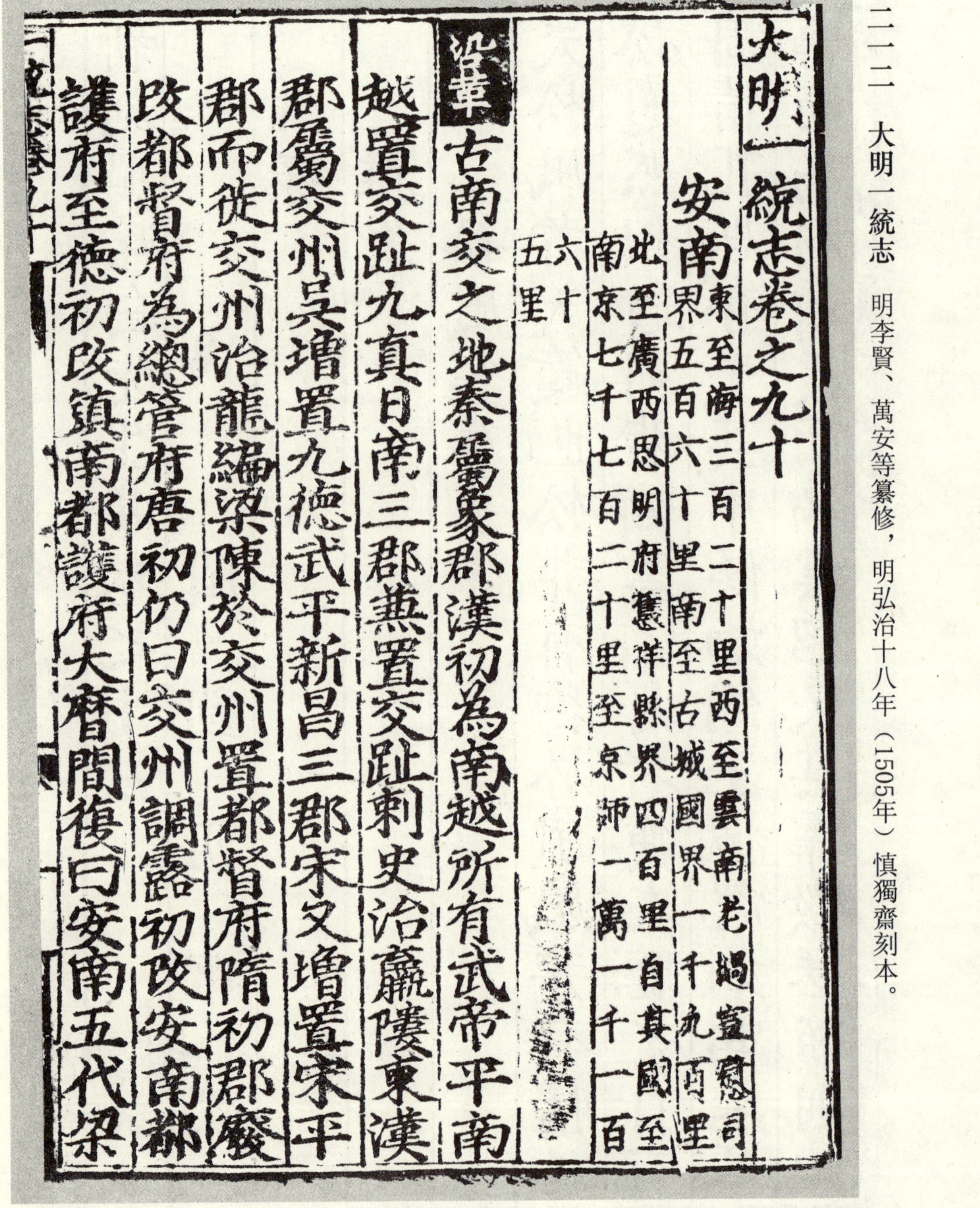
大明一統志卷之九十

安南東至海三百二十里西至雲南老撾宣慰司界五百六十里南至古城國界一千九百里北至廣西思明府憑祥縣界四百里自其國至南京七千七百二十里至京師一萬一千一百六十五里

沿革古南交之地秦屬象郡漢初為南越所有武帝平南越置交趾九真日南三郡兼置交趾刺史治羸𨻶東漢郡屬蜀交州吳增置九德武平新昌三郡宋又增置宋平郡而從交州治龍編梁陳於交州置都督府隋初郡廢改都督府為總管府唐初仍曰交州調露初改安南都護府至德初改鎮南都護府大曆間復曰安南五代梁

二一二 大明一統志 明李賢、萬安等纂修，明弘治十八年（1505年）慎獨齋刻本。

二一一三　集千家注分類杜工部詩　唐杜甫撰，宋徐居仁編次，黃鶴補注，明正德十四年（1519年）金臺書院汪諒刻嘉靖元年（1522年）重修本。（之一）

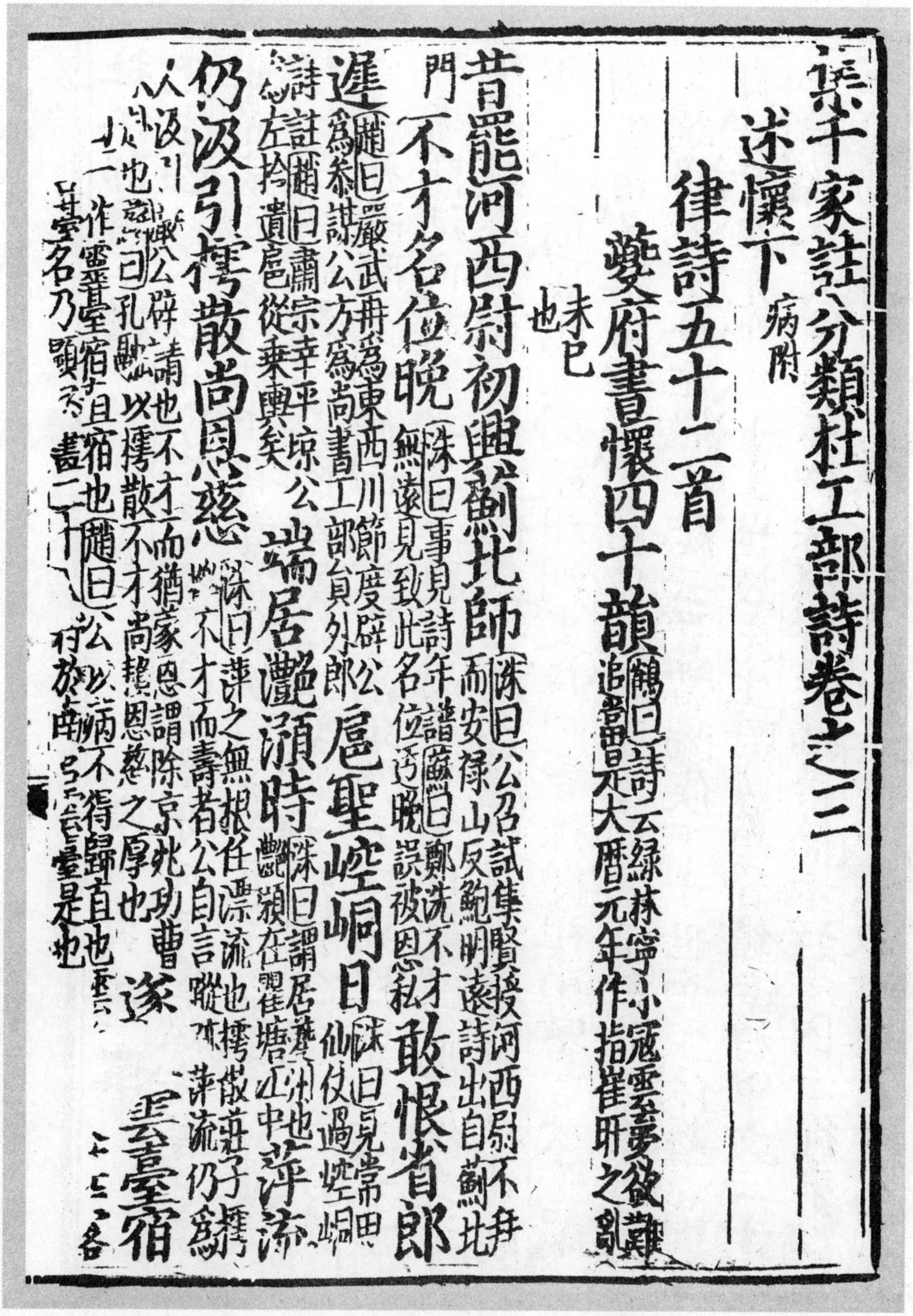

集千家註分類杜工部詩卷之三
述懷下 病附
律詩五十二首
夔府書懷四十韻 鶴曰詩云緑林寧小患雲夢欲難追當是大曆元年作指崔旰之亂未已也
昔罷河西尉初興蜀北師 洙曰公召試集賢授河西尉不拜而安禄山反鮑明遠詩出自薊北門
不才名位晚 洙曰事見詩年譜 蘇曰鄭洗不才無遠見致此名位返晚誤被恩私 敢恨省郎遲 趙曰嚴武再爲東西川節度辟公爲參謀公方爲尚書工部員外郎 扈聖崆峒日 洙曰見常田仙仗過崆峒詩註 趙曰肅宗幸平涼公左拾遺扈從乘輿矣 端居灩澦時 洙曰謂居夔州也灩澦在瞿塘江中 萍流
仍汲引摴散尚恩慈 洙曰萍之無根任漂流也摴散莊子不才而壽者公自言蹤跡萍流仍爲人汲引謂公辟請也不才而猶蒙恩謂除京兆功曹也 鮑曰孔融以摴散不才尚揔恩慈之厚也 遂阻雲臺宿 一作雲臺宿且宿也 趙曰公以病不得歸直也雲臺是也

杜工部詩年譜　臨川黄鶴撰
先生姓杜氏名甫字子美本襄陽人後徙河南鞏縣按唐宰相
世系表襄陽杜氏出自晉當陽侯預少子尹字世甫晉弘農太
守二子綝奭綝字弘固奉朝請生襲襲生標標生冲冲生洪泰
二子祖顒顒生景仲而先生乃萬年縣君京兆杜氏墓誌云曾
祖某隋河內郡司功參軍獲嘉縣令王父依藝皇監察御史洛
陽鞏縣令考審言修文館學士尚書膳部員外郎舊史杜易簡
傳易簡襄陽人周硤州刺史叔毗曾孫從祖弟審言次子閑
閑生甫又杜甫傳云曾祖依藝終鞏令祖審言終膳部員外郎
父閑終奉天令元微之誌云晉當陽侯下十世而生依藝則
自杜尹至先生爲十三世故先生酹遠祖晉鎮南將軍文云十
三葉孫又先生有示從孫濟寄從孫崇簡示姪佐因示從弟行
軍司馬位詩而濟崇簡佐位皆出景仲下意叔毗與景仲爲兄

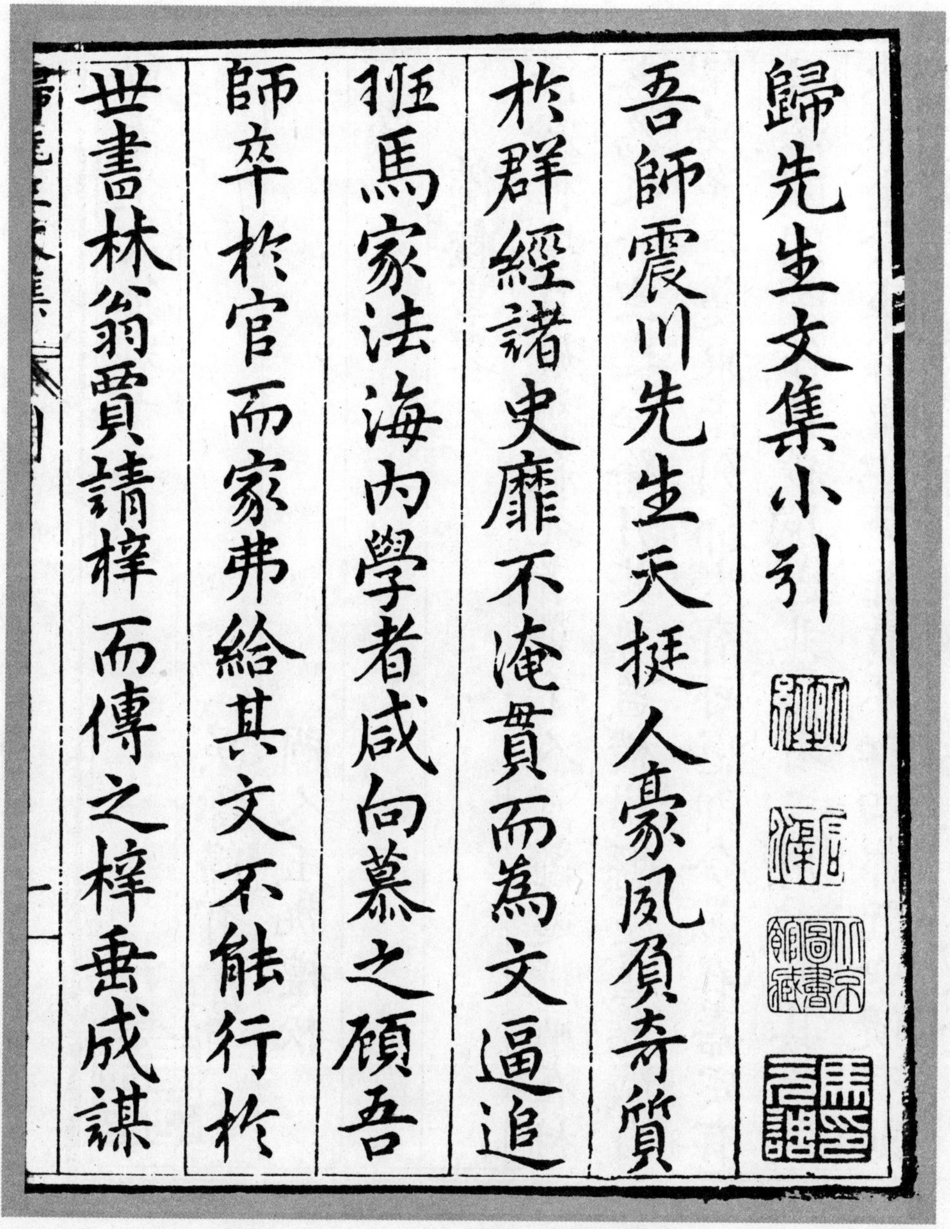
歸先生文集小引
吾師震川先生天挺人豪夙負奇質
於群經諸史靡不淹貫而為文逼追
班馬家法海内學者咸向慕之顧吾
師卒於官而家弗給其文不能行於
世書林翁賈請梓而傳之梓垂成謀

二一四　歸先生文集　明歸有光撰，明萬曆四年（1576年）翁良瑜雨金堂刻本。（之一）

歸先生文集卷之二

吳郡歸有光著
門人王執禮校

議

備倭事畧

倭寇犯境百姓被殺死者幾千人流離遷徙所在村落為之一空迄今踰月其勢益橫州縣屢屢嬰城自保浸淫延蔓東南列郡大有可慮即今賊在嘉定有司深關固閉任其殺掠已非仁者之用心矣其意止欲保全倉庫城池以免罪責不知四郊既空便有剝

新刊南北直隸十三省府州縣正佐首領全號宦林備覽

二一五　新刊南北直隸十三省府州縣正佐首領全號宦林備覽　明萬曆十二年（1584年）北京鐵匠胡同刻本。

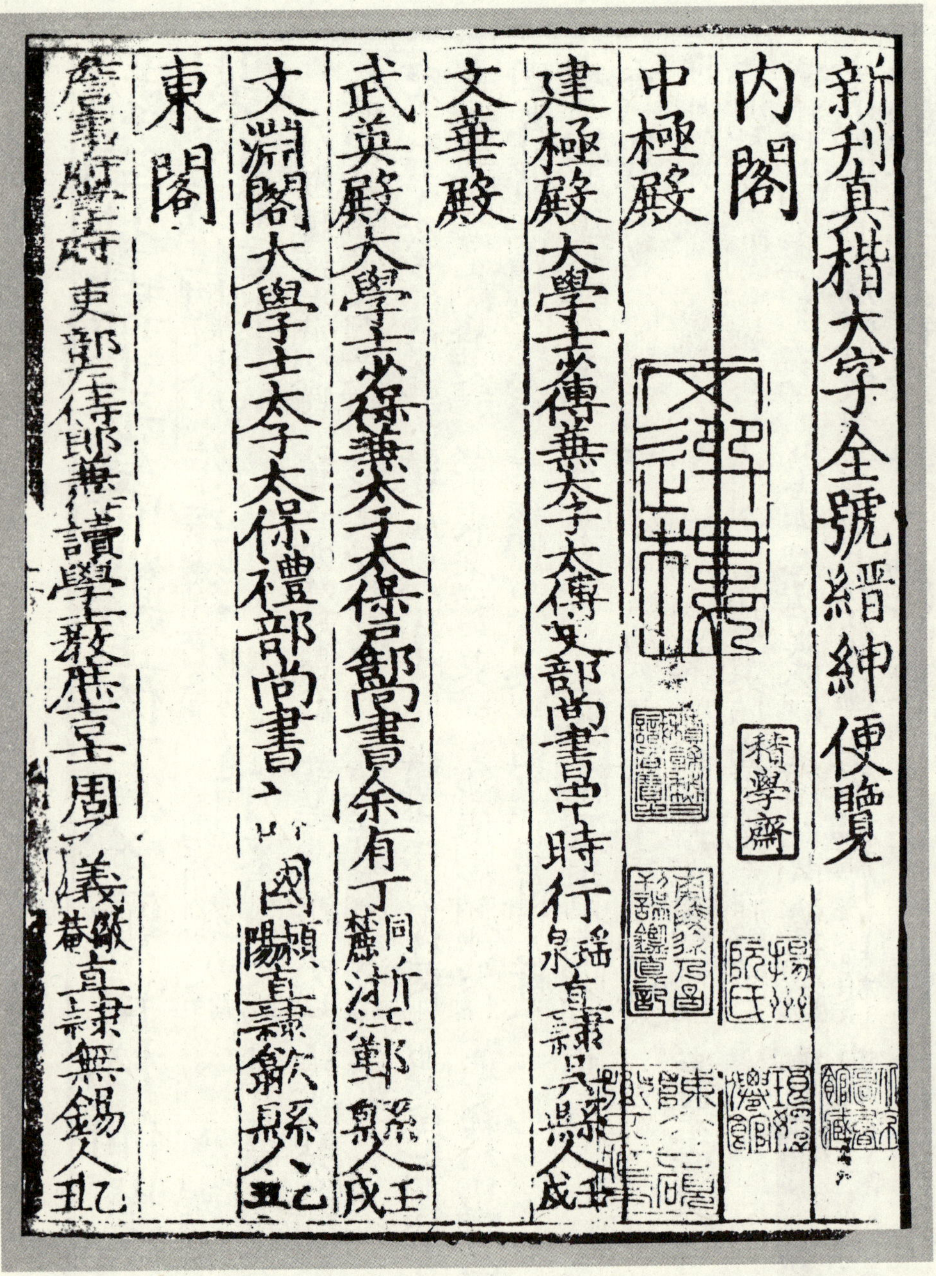
新刊真楷大字全號縉紳便覽
內閣
中極殿
建極殿大學士少傅兼太子太傅吏部尚書申時行瑤泉直隸吳縣人壬戌
文華殿
武英殿大學士少保兼太子太保戶部尚書余有丁同甫浙江鄞縣人壬戌
文淵閣大學士太子太保禮部尚書許國穎陽直隸歙縣人乙丑
東閣
詹事府詹事吏部左侍郎兼侍讀學士教庶吉士周子義敬菴直隸無錫人乙丑

二一六　新刊真楷大字全號縉紳便覽　明萬曆十二年（1584年）北京鐵匠胡同葉鋪刻藍印本。

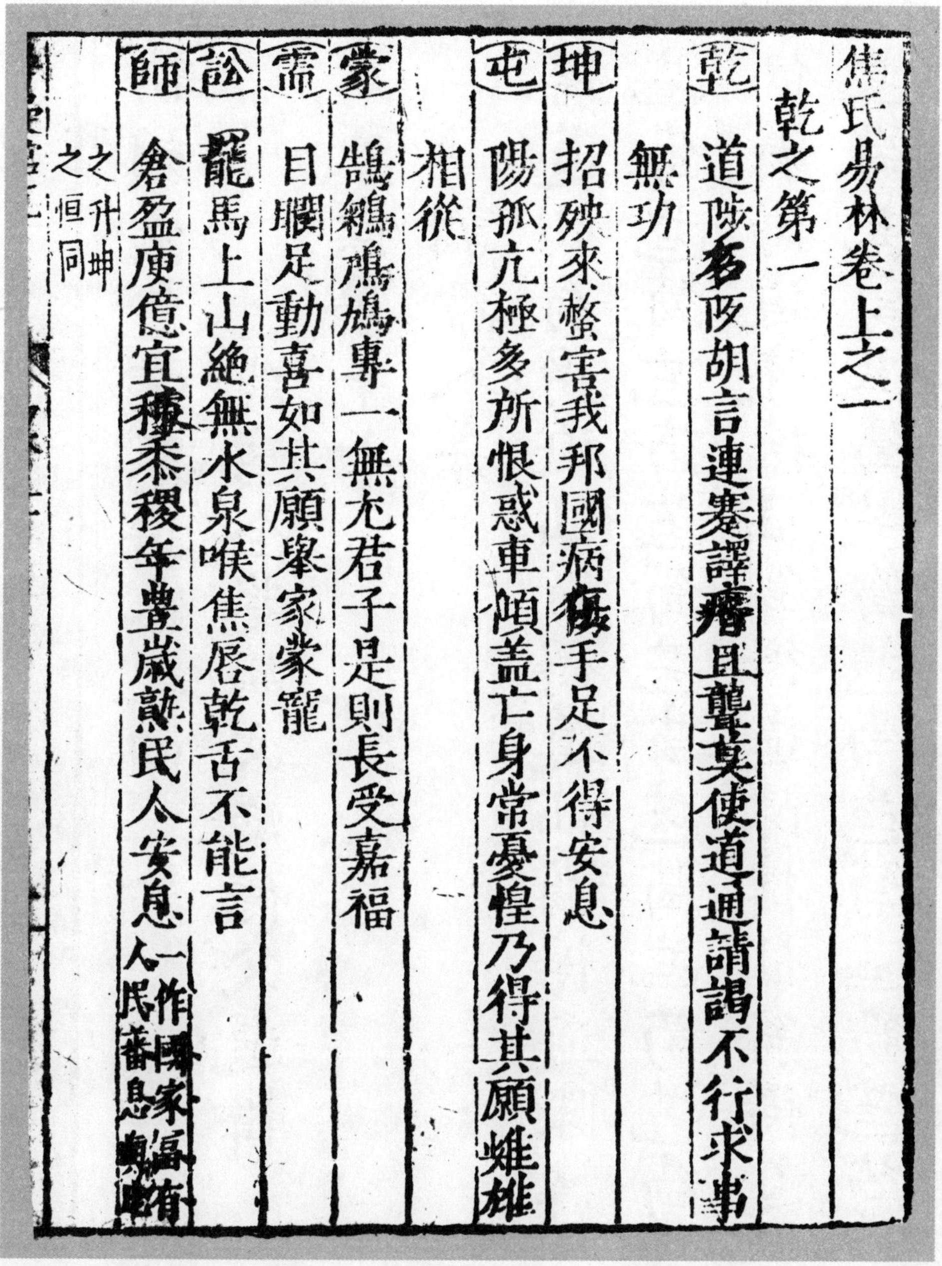
焦氏易林卷上之一

乾之第一

乾 道陟多阪胡言連蹇譯瘖且聾莫使道通請謁不行求事

無功

坤 招殃來螫害我邦國病在手足不得安息

屯 陽孤亢極多所恨惑車傾蓋亡身常憂惶乃得其願雌雄

相從

蒙 鵠鶵鳲鳩專一無尤君子是則長受嘉福

需 目瞤足動喜如其願舉家蒙寵

訟 龍馬上山絕無水泉喉焦脣乾舌不能言

師 倉盈庾億宜稼黍稷年豐歲熟民人安息一作國家富有人民蕃息[illegible]

之升坤之恒同

二一七 焦氏易林

題漢焦延壽撰，明萬曆二十一年（1593年）周曰校大業堂刻本。

新刻文會堂琴譜卷之四

錢唐全菴胡文煥德父選輯

琴操第十七

調絃入弄

得道仙翁得道仙翁得道仙翁得道陳摶

芒蔔芒蔔。芒蔔芒蔔。芸蔔芸蔔。芒蔔芸蔔

仙翁得道陳摶仙翁得道陳摶仙翁得道

芒蔔。芸苟芸鑴芸蔔。茜苟茜蔔芸蔔。芸芍

二一八　新刻文會堂琴譜　明胡文煥撰，明萬曆二十五年（1597年）胡氏文會堂刻本。

二一九　禮記集注　元陳澔撰，明萬曆二十五年（1597年）唐氏富春堂刻本。

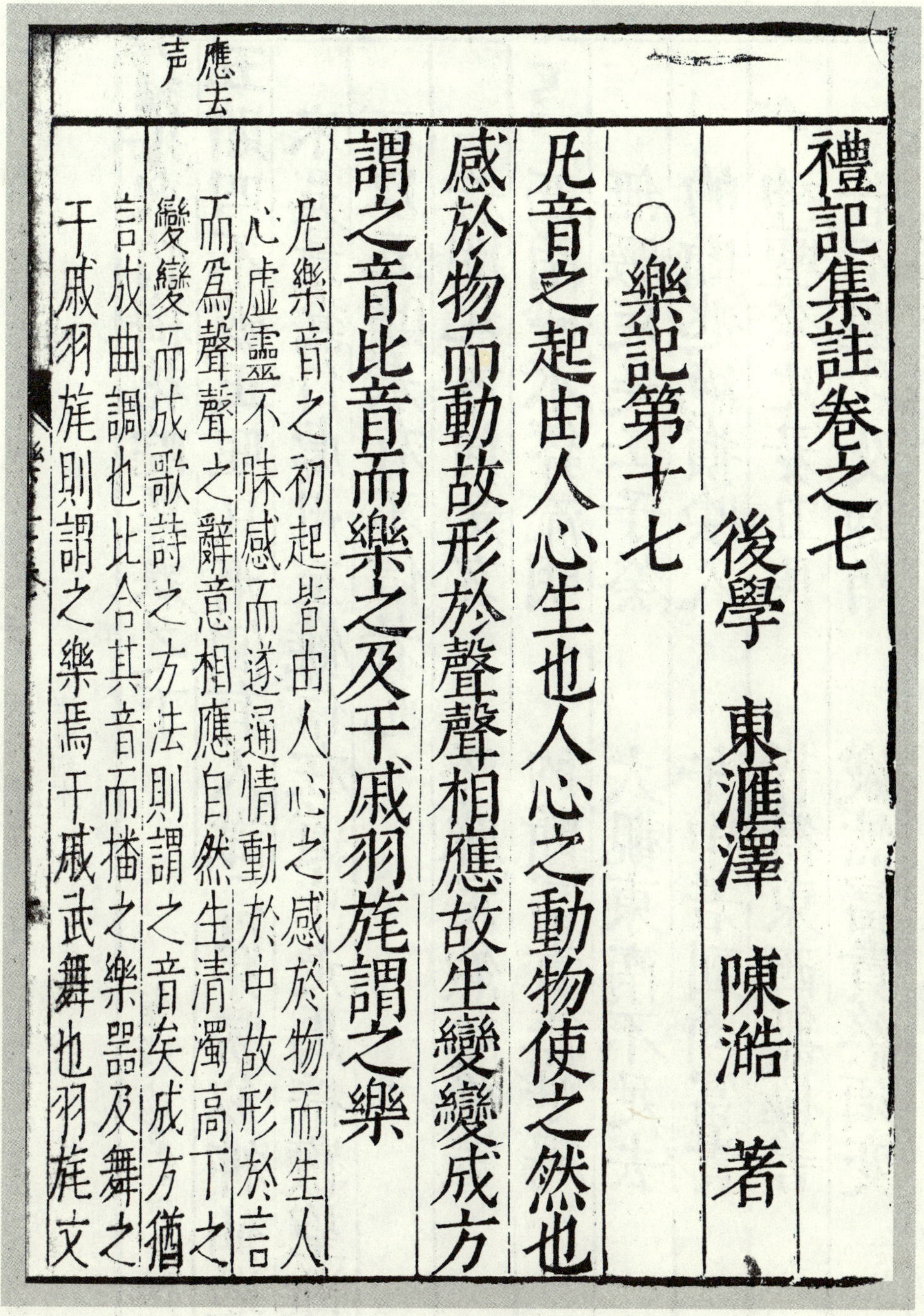

應去声

禮記集註卷之七

後學　東滙澤　陳澔　著

○樂記第十七

凡音之起由人心生也人心之動物使之然也感於物而動故形於聲聲相應故生變變成方謂之音比音而樂之及干戚羽旄謂之樂

凡樂音之初起皆由人心之感於物而生人心虛靈不昧感而遂通情動於中故形於言而爲聲聲之辭意相應自然生清濁高下之變變而成歌詩之方法則謂之音矣成方猶言成曲調也比合其音而播之樂器及舞之干戚羽旄則謂之樂焉干戚武舞也羽旄文

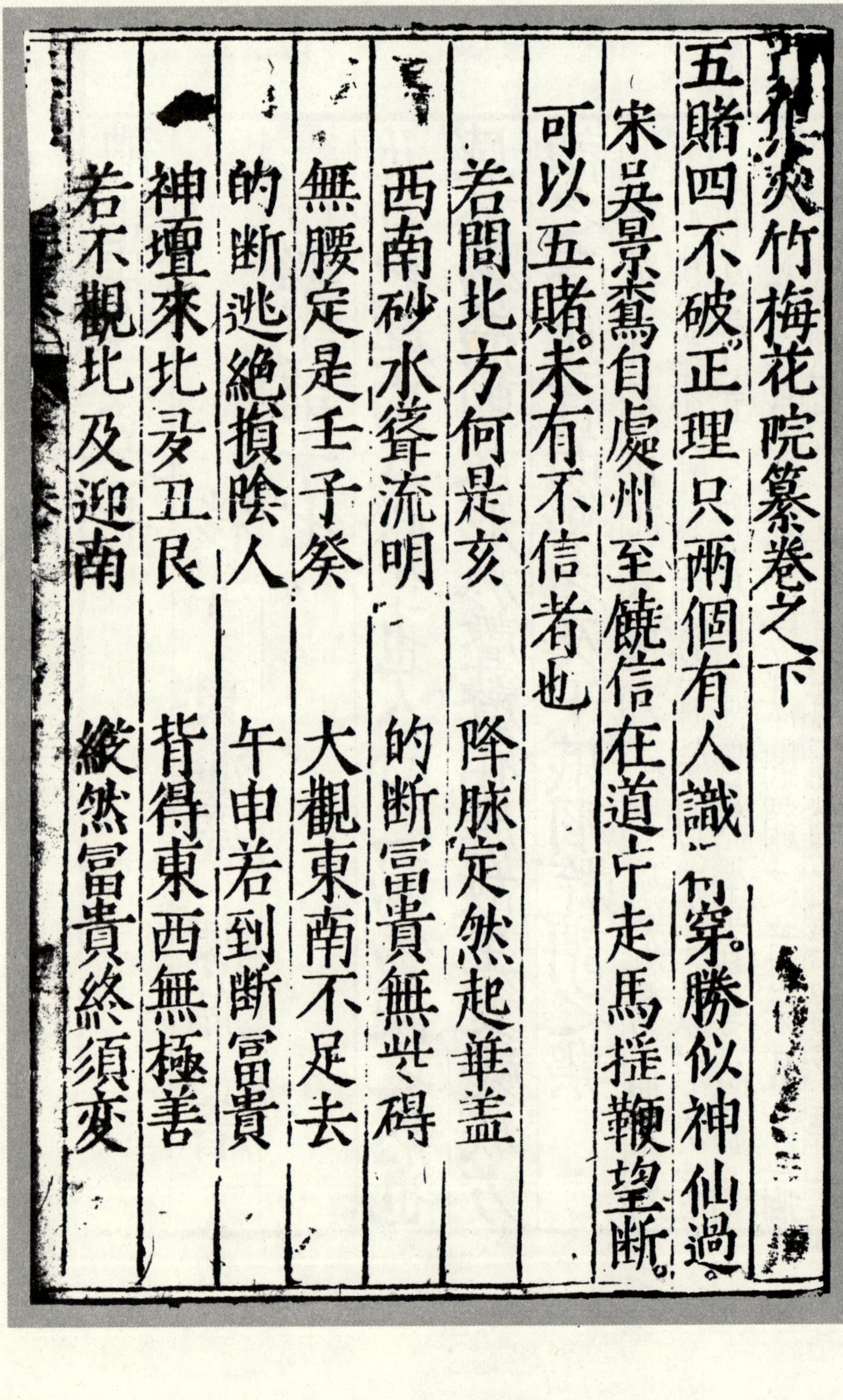
新刊夾竹梅花院纂卷之下
五賭四不破正理只兩個有人識得穿勝似神仙過
宋吳景鸞自處州至饒信在道上走馬提鞭望斷
可以五賭未有不信者也
若問北方何是亥　降脉定然起華盖
西南砂水聳流明　的斷富貴無罣碍
無腰定是壬子癸　大觀東南不足去
的斷逃絶損陰人　午申若到斷富貴
神壇來北癸丑艮　背得東西無極善
若不覩北及迎南　縱然富貴終須変

二三〇　新刊宋國師吳景鸞秘傳夾竹梅花院纂
題宋吳景鸞撰，明萬曆二十六年（1598年）金陵書肆唐謙刻本。

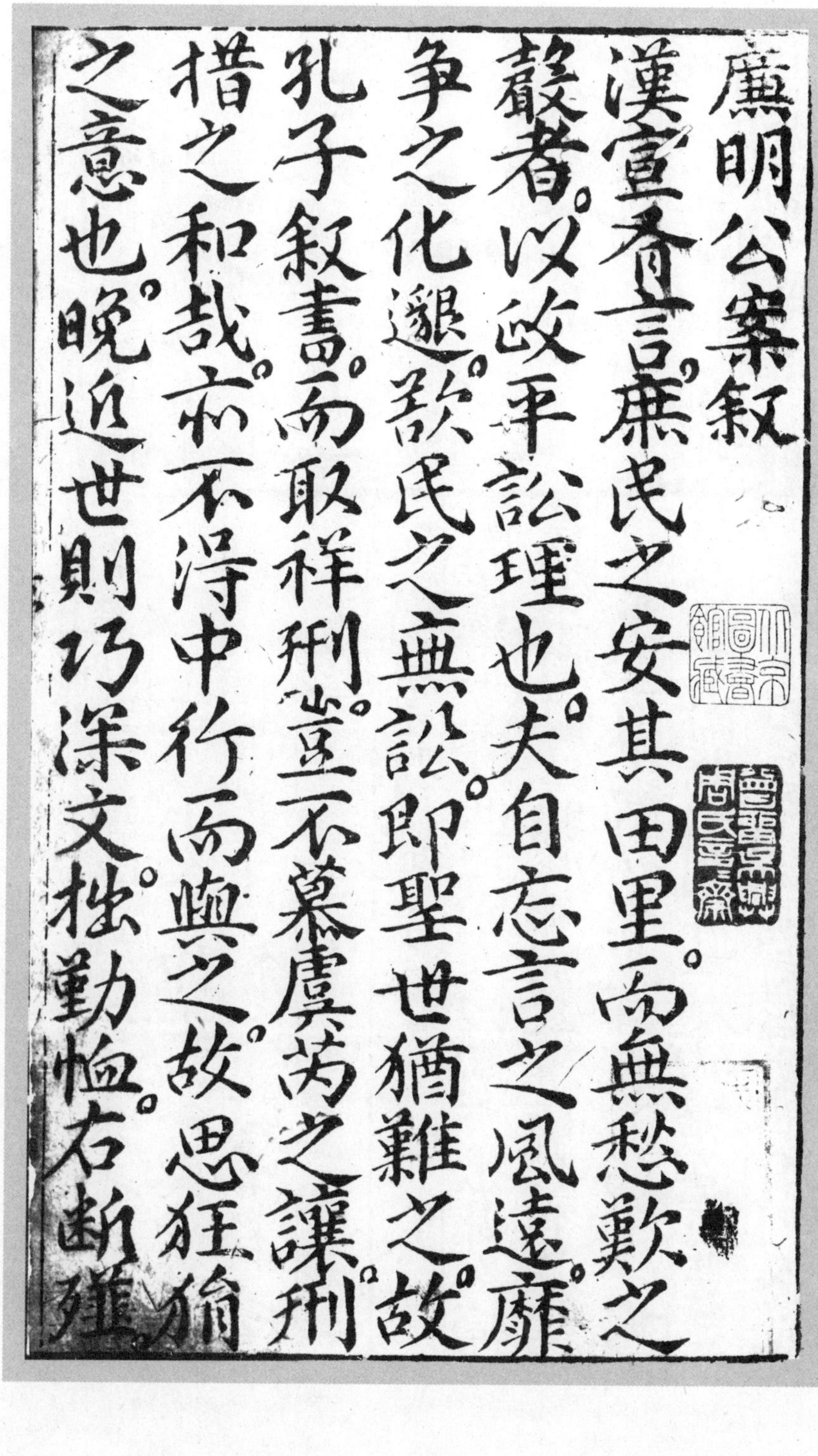
廉明公案叙
漢宣帝言庶民之安其田里而無愁歎之
聲者以政平訟理也夫自忘言之風遠靡
爭之化邈欲民之無訟即聖世猶難之故
孔子叙書而取祥刑豈一不慕虞芮之讓刑
措之和哉亦不得中行而與之故思狂狷
之意也晚近世則巧深文拙勤恤右斷殘

二三二　新刊皇明諸司廉明奇判公案（之一）

明余象斗撰，明萬曆二十六年（1598年）余氏文台堂刻本。

新刊皇明諸司廉明奇判公案卷之二

二台山人　仰止　余象斗　集

建邑書林　余氏　雙峰堂　梓

爭占類

衛縣丞打欑辨爭

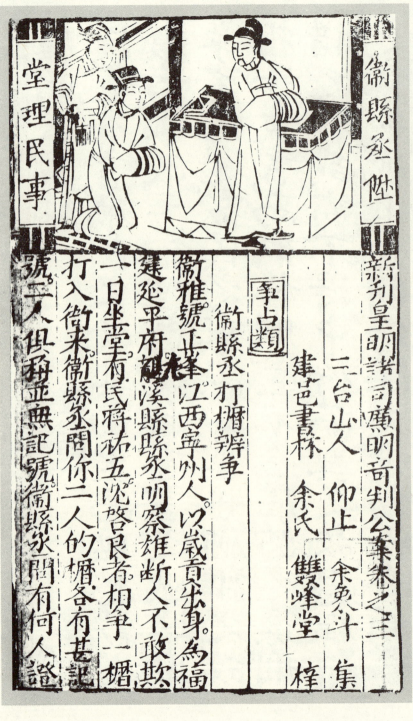

衛稚號正峯。江西寧州人。以歲貢出身。為福建延平府尤溪縣縣丞。明察雄斷。人不敢欺。一日坐堂。有民蔣祐五。沈啓良者。相爭一欑打入衛來。衛縣丞問你二人的欑。各有甚記號。二人俱稱並無記號。衛縣丞問有何人證

五刑無枉濫

四海頌循良

布曰滿腔直孝人皆羨其榮後韓氏生三男皆登科娶三婦皆克盡孝敬人以為仁孝之有報此可以為積善孝親之勸矣

萬曆戊戌歲仲夏
月余氏文台堂梓

新刊皇明諸司廉明奇判公案卷之四尾

此傳紀西漢也而叙周秦者以見興亡之由

新刊京本編集二十四帝通俗演義西漢志傳卷之一

書林　仰止　山人　編集
余氏　文台　重梓

昔文王昌當商之末世紂以昌及九侯鄂侯為三公九侯進女於紂女不喜淫紂殺之而醢九侯鄂侯爭之併殺鄂侯昌聞之嘆息崇侯虎以告紂紂怒而囚昌於羑里文王既繫于獄乃取伏羲氏六十四卦次序而演之作為卦下之辭以垂世立教故能上知天文下識地理料成敗察廢興以為世驗長子伯邑考善琴為父被囚乃求為紂御紂妃妲己愛琴令邑考撫之考見妲己不聽以為有慢己意忽怒於心言奏害忠良其此孽也即以琴打之未及紂怒而烹之為羹使賜於文王文王乃曰聖人當不食其子羹文王食之紂曰誰謂西伯聖者今食子羹尚不知也焉為聖乎文王之臣散宜生求有莘氏之美女驪戎之文馬有熊之九駟及奇怪之珍物進獻於紂紂大喜曰此一物足以釋西伯之美女者也（一物謂有莘氏）况其多乎遂赦之文

項羽章邯於漳水

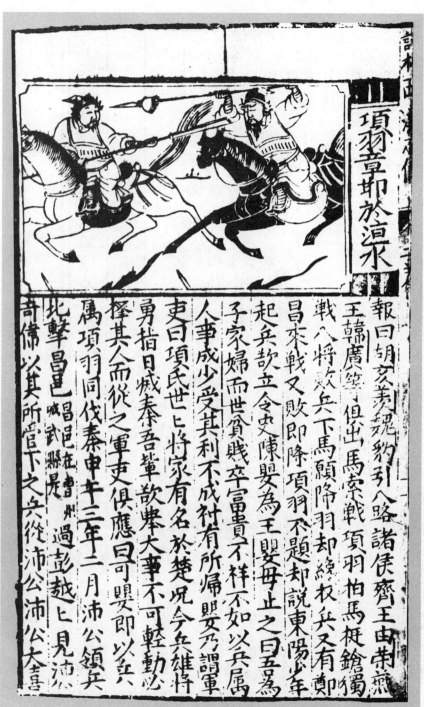

報曰胡亥羨魏豹引八路諸侯齊王由榮燕王韓廣等但出馬索戰項羽怕馬挺鎗獨戰八將殺敗兵下馬願降羽卻繞放兵又有鄭昌來戰又敗即降項羽不題卻說東陽少年起兵欲立令史陳嬰為王嬰母止之曰吾為子家婦而世貧賤卒富貴不祥不如以兵屬人事成少受其利不成禍有所歸嬰乃謂軍吏曰項氏世世將家有名於楚况今兵雄將勇指日滅秦吾輩欲舉大事不可輕動必擇其人而從之軍吏俱應曰可嬰即以兵屬項羽同伐秦申午三年二月沛公領兵北擊昌邑（昌邑在曹州城武縣是）過彭越彭越見沛奇偉以其所管下之兵從沛公沛公大喜

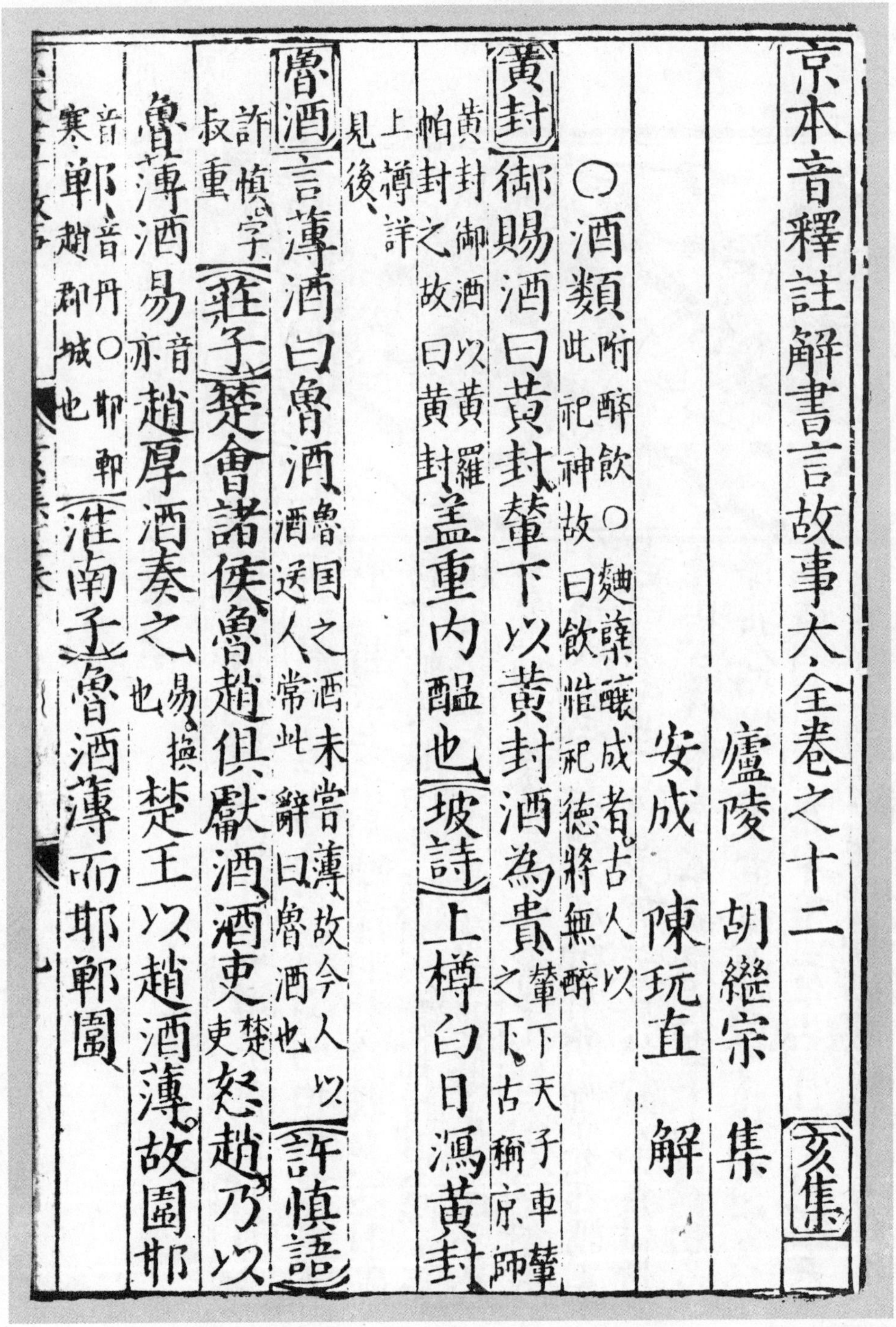
京本音釋註解書言故事大全卷之十二　亥集

廬陵　胡繼宗　集

安成　陳玩直　解

○酒類附醉飲○麯蘗釀成者古人以此祀神故曰飲惟祀德將無醉

【黃封】御賜酒曰黃封輦下以黃封酒為貴輦下天子車輦之下古稱京師黃封御酒以黃羅帕封之故曰黃封蓋重內醞也【坡詩】上樽白日瀉黃封上樽詳見後

【魯酒】言薄酒曰魯酒魯国之酒未嘗薄故今人以酒送人常此辭曰魯酒也【許慎語】許慎字叔重【莊子】楚會諸侯魯趙俱獻酒酒吏楚吏怒趙乃以魯薄酒易音亦趙厚酒奏之易換也楚王以趙酒薄故圍邯音邯、音丹○邯鄲寒、鄲趙郡城也【淮南子】魯酒薄而邯鄲圍

二三三　京本音釋注解書言故事大全

宋胡繼宗輯，明陳玩直注，明萬曆二十八年（1600年）書林鄭世豪宗文書舍刻本。（之一）

萬曆庚子年孟冬月

書林鄭氏雲竹繡梓

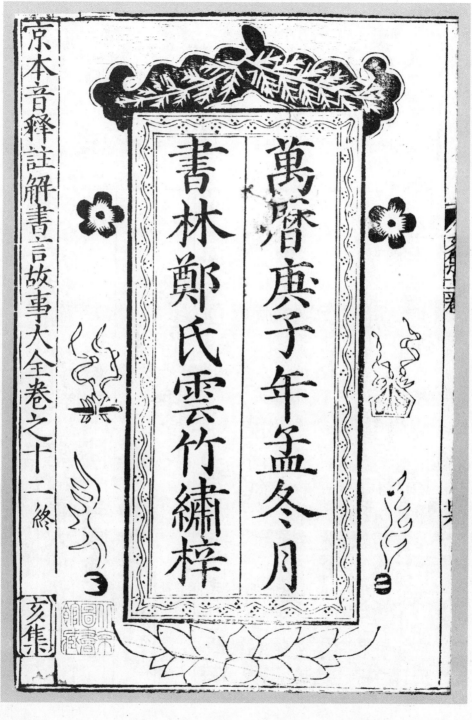

京本音釋註解書言故事大全卷之十二終

亥集

二三二四　新鐫京板圖像音釋金璧故事大成　明吴國倫校釋，明書林鄭世魁刻本。

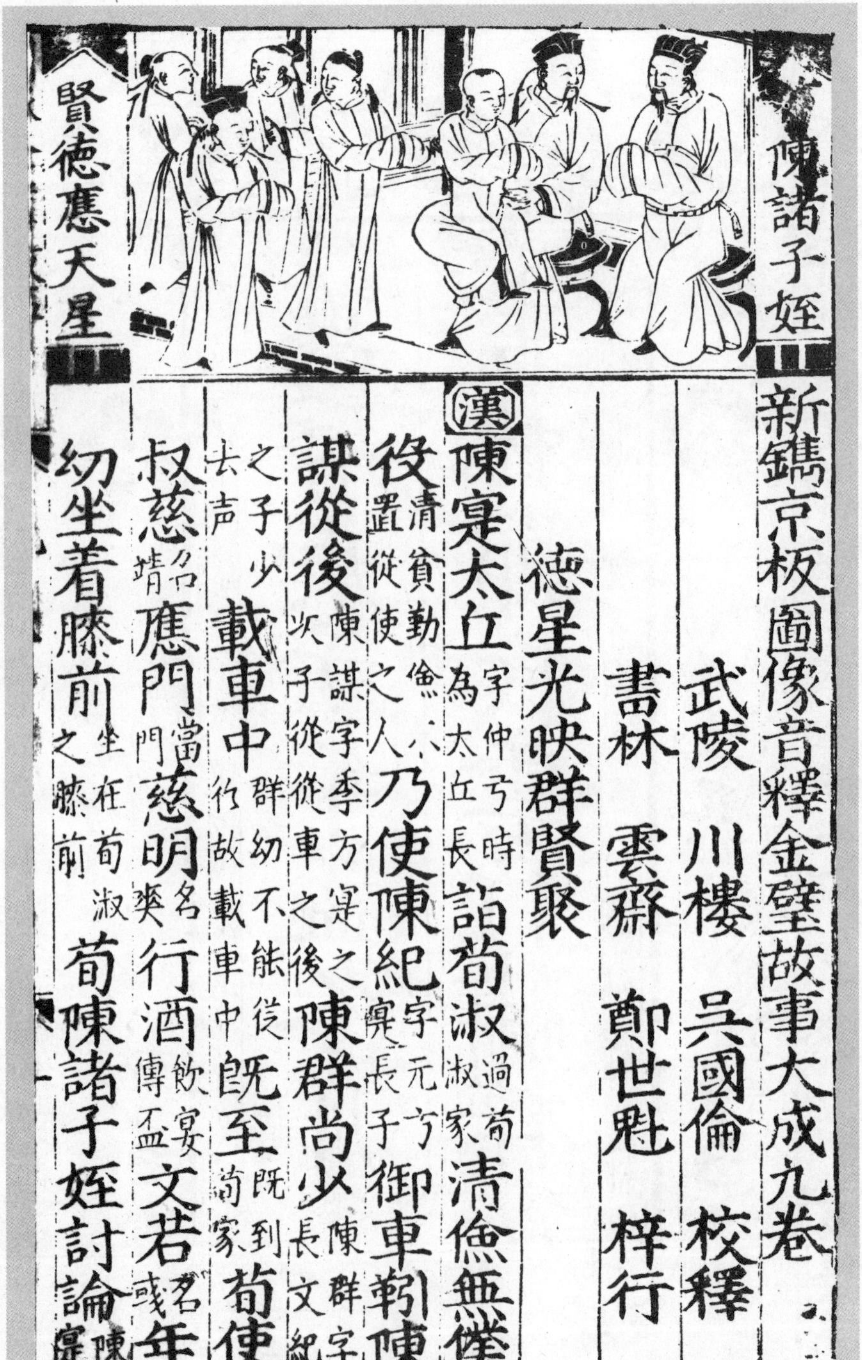

新鐫京板圖像音釋金璧故事大成九卷之二
武陵　川樓　吴國倫　校釋
書林　雲齋　鄭世魁　梓行
德星光映群賢聚
漢 陳寔太丘（字仲弓時為太丘長）詣荀淑（過荀淑家）清貧無僕
役（清貧勤儉無僕從使之人）乃使陳紀（字元方寔長子）御車靷陳
諶從後（陳諶字季方寔之次子從從車之後）陳群尚少（陳群字長文紀
之子少去声）載車中（群幼不能從行故載車中）既至荀使（既到荀家）
叔慈（名靖）應門（當門）慈明（名爽）行酒（飲宴傳盃）文若（名彧）年
幼坐着膝前（坐在荀淑之膝前）荀陳諸子姪討論（陳寔）

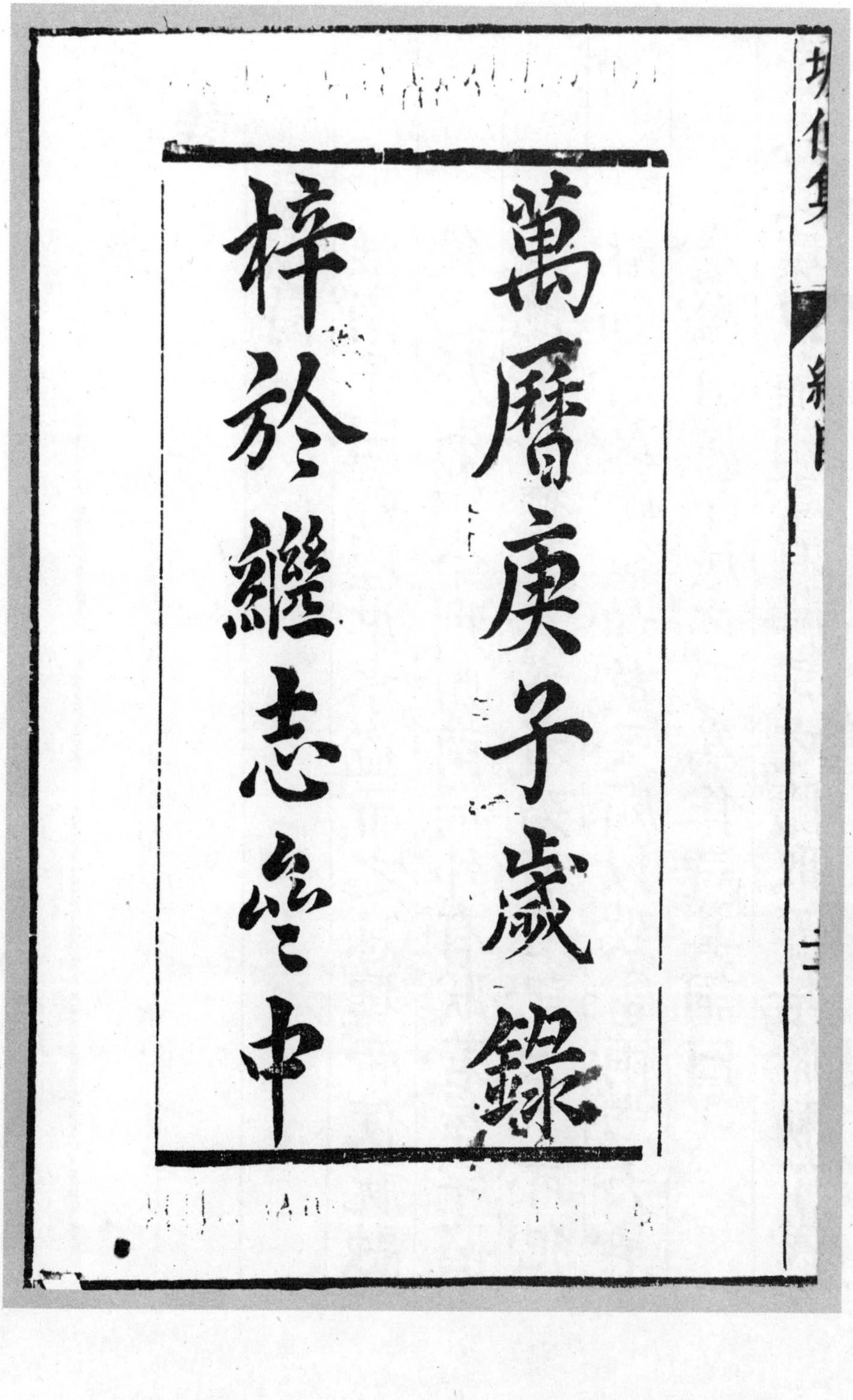

萬曆庚子歲錄

梓於繼志齋中

二三二五　坡仙集　宋蘇軾撰，明李贄評輯，明萬曆二十八年（1600年）陳氏繼志齋刻本。（之一）

坡仙集卷一

詩

息壤詩 并序

淮南子曰。鯀堙洪水。盜帝之息壤。帝使祝融殺之於羽淵。今荆州南門外。有狀若屋宇。陷入地中。而猶見其脊者。旁有石記云。不可犯。畚鍤所及。輒復如故。又頗以致雷雨。歲大旱。屢發有應。予感之。乃爲作詩。其詞曰

帝息此壤。以藩幽臺。有神司之。隨取而培。帝勅下民。

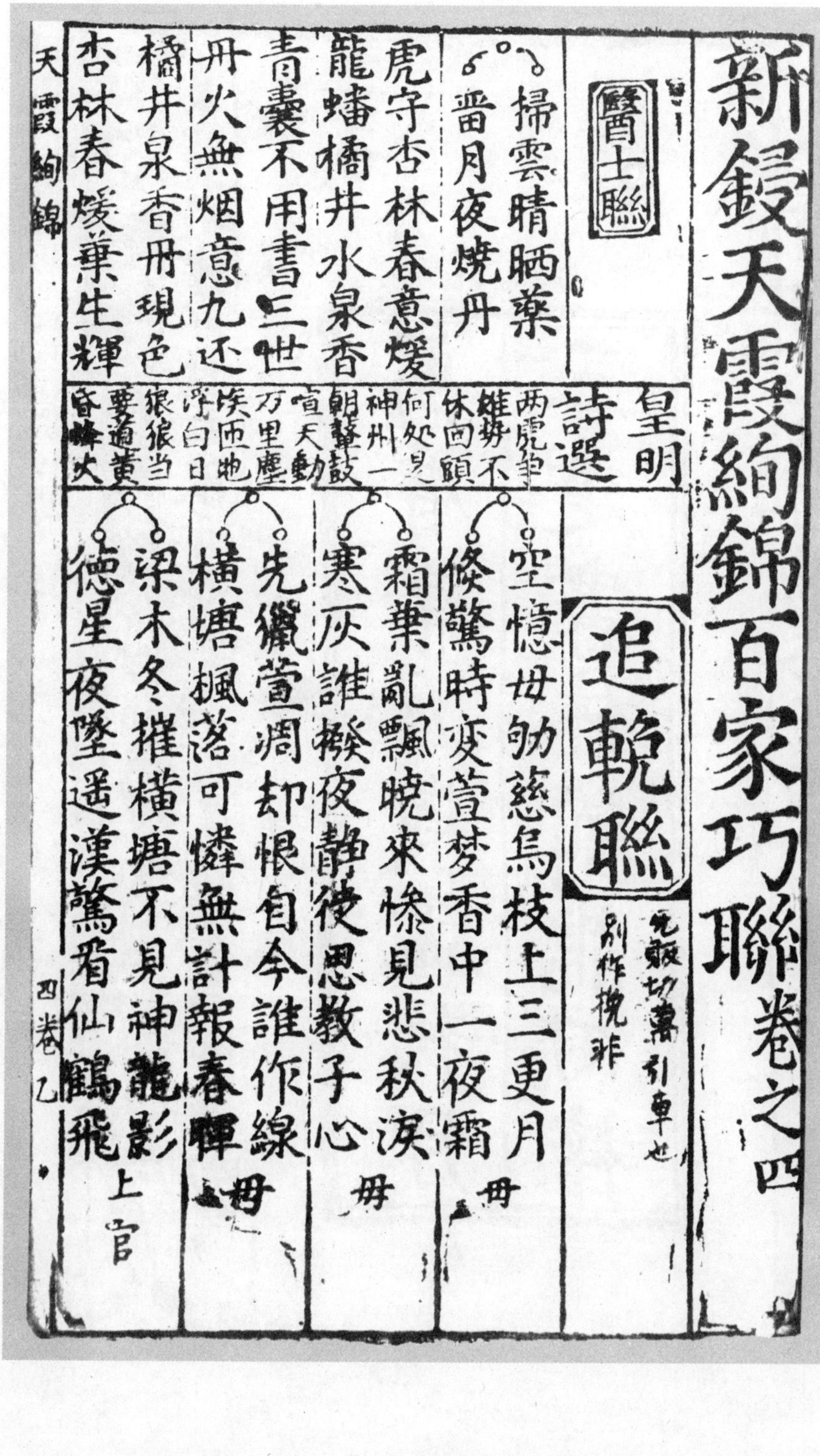
新鍥天霞絢錦百家巧聯卷之四

追輓聯

先叙切嘉引車也
别作挽非

空憶母劬慈烏枝上三更月 母
倏驚時变萱梦香中一夜霜 母
霜葉亂飄曉來悽見悲秋淚 母
寒灰誰撥夜靜徒思教子心
先纜萱凋却恨自今誰作線 母
横塘楓落可憐無計報春暉
梁木冬摧横塘不見神龍影 上
德星夜墜遥漢驚看仙鶴飛 官

醫士聯

掃雲晴晒藥
晉月夜燒丹
虎守杏林春意煖
龍蟠橘井水泉香
青囊不用書三世
丹火無烟意九还
橘井泉香丹現色
杏林春煖藥生輝

皇明詩選

两虎争雄雌不休回顧何処是神州一朗聲鼓宣天動万里塵埃匝地浮白日狼狼当要道黄昏蜂火

天霞絢錦 四卷 乙

二二二六 精刻芸窗天霞絢錦百家巧聯 明劉啓撰，明萬曆二十九年（1601年）劉龍田刻本。（之一）

○桃李萬公門藉春風鼓[illegible]杖點文章名[illegible]

○魚龍遊泮水仗巨浪千[illegible]激揚鱗甲奮南[illegible]

萬曆辛丑歲孟秋月

三建書林劉龍田梓

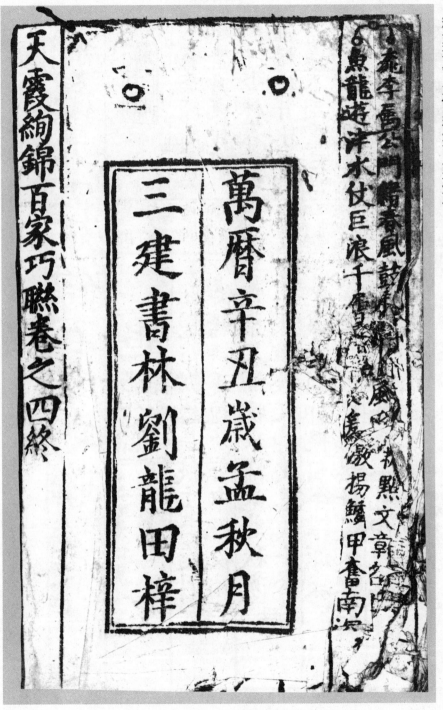

天霞絢錦百家巧聯卷之四終

二二七　新刻楊筠松秘傳開門放水陰陽捷徑　明甘霖輯，明萬曆三十三年（1605年）喬山堂劉龍田刻本。（之一）

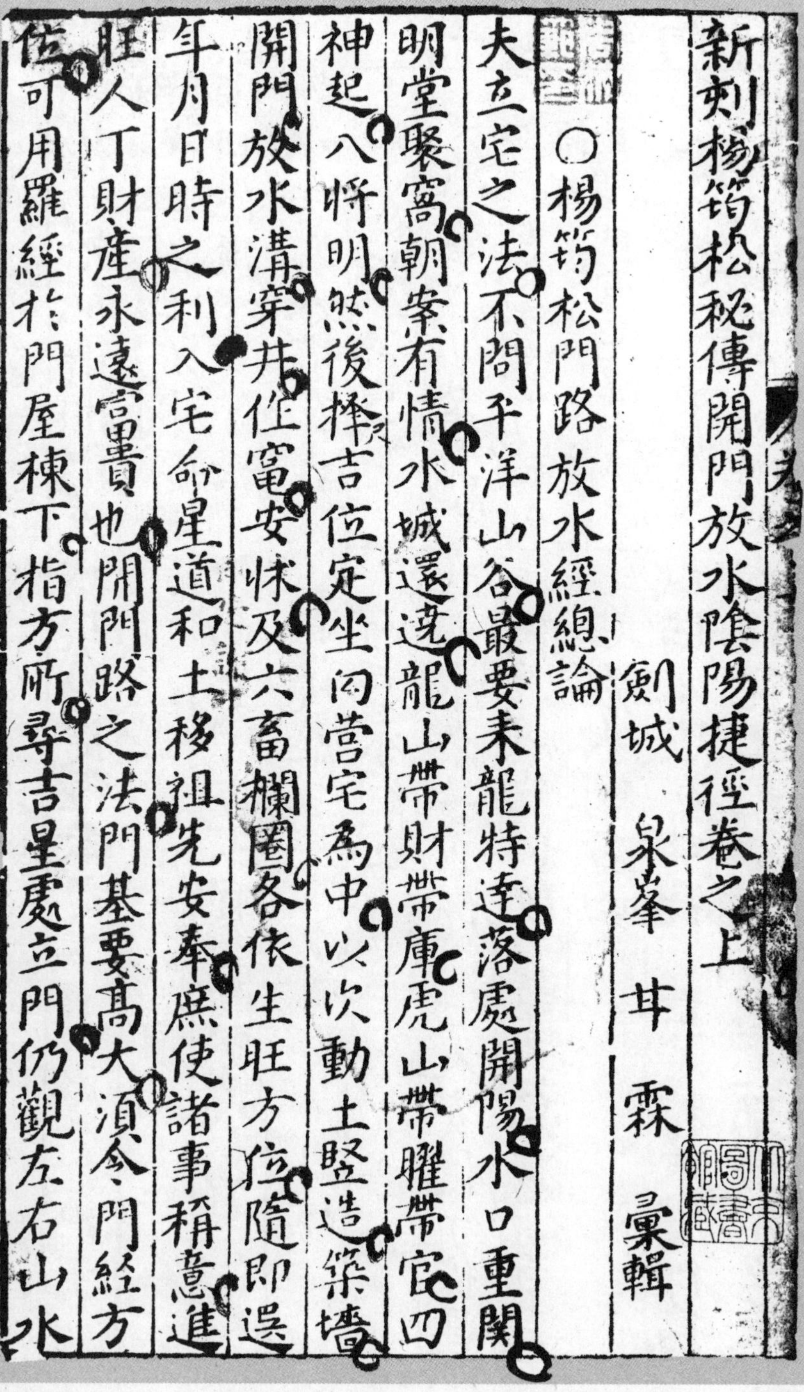

新刻楊筠松秘傳開門放水陰陽捷徑卷之上

劍城　泉峯　甘　霖　彙輯

○楊筠松門路放水經總論

夫立宅之法不問平洋山谷最要来龍特達落處開陽水口重關明堂聚窩朝案有情水城還遶龍山帶財帶庫虎山帶曜帶官四神起八將明然後擇吉位定坐向營宅為中以次動土竪造築墻開門放水溝穿井位竈安牀及六畜欄圈各依生旺方位隨即遷年月日時之利入宅命星道和土移祖先安奉庶使諸事稱意進旺人丁財產永遠富貴也開門路之法門基要高大須令門經方位可用羅經於門屋棟下指方所尋吉星處立門仍觀左右山水

新刻楊筠松秘傳開門放水陰陽捷徑卷之下

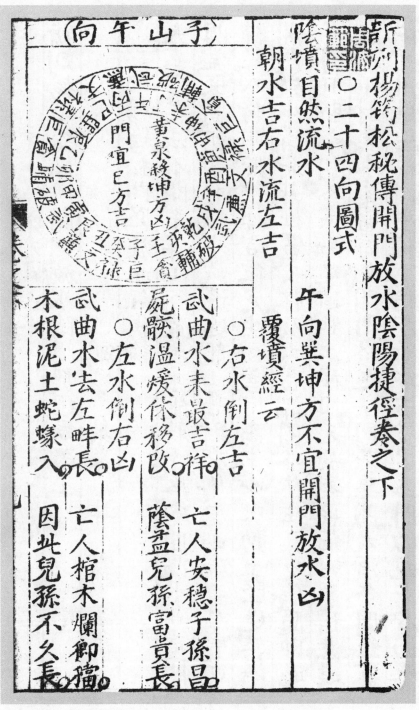

○二十四向圖式

陰墳自然流水

朝水吉右水流左吉

午向巽坤方不宜開門放水凶

覆墳經云

子山午向

○右水倒左吉

武曲水來最吉祥　亡人安穩子孫昌

屍骸溫煖休移改　蔭益兒孫富貴長

○左水倒右凶

武曲水去左畔長　亡人棺木爛卿擋

木根泥土蛇蟻入　因此兒孫不久長

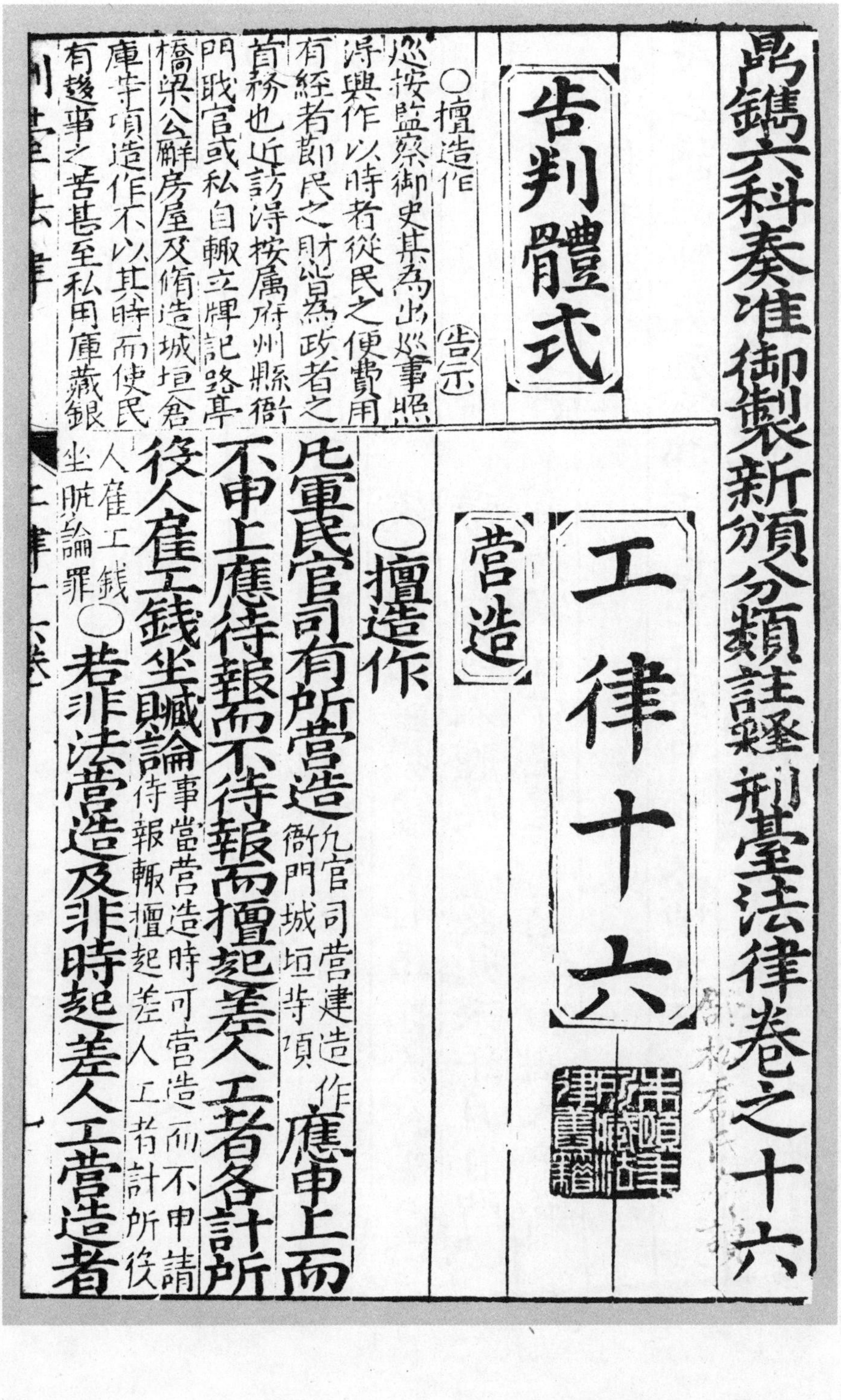
鼎鐫六科奏准御製新頒分類註釋刑臺法律卷之十六

工律十六

營造

告判體式

○擅造作　告示

巡按監察御史某為出巡事照得興作以時者從民之便費用有經者節民之財此當為政者之首務也近訪得按屬府州縣衙門或官或私自輒立牌記路亭橋梁公廨房屋及脩造城垣倉庫等項造作不以其時而使民有趍事之苦甚至私用庫藏銀

○擅造作

凡軍民官司有所營造凡官司營建造作衙門城垣等項應申上而不申上應待報而不待報而擅起差人工者各計所役人雇工錢坐贓論事當營造時可營造而不申請待報輒擅起差人工者計所役人雇工錢坐贓論罪○若非法營造及非時起差人工營造者

二二八　鼎鐫六科奏准御製新頒分類注釋刑臺法律　明萬曆三十七年（1609年）潭陽熊氏種德堂刻本。

二二二九　新刻楊救貧秘傳陰陽二宅便用統宗　明邵礌溪撰，明種德堂熊沖宇刻本。

早歲登科家業[illegible]盡因放水合天機　因[illegible]

富貴芳名四海

凶方

水不宜辰巽坤方亦不宜造門路橋井碓坑並凶

水流辰巽坤申出　災火瘟病主換妻　自吊陰人公事至

月經孕煩失調醫　癆瘵相傳人腫疾　亥卯未年月日時

招郎義子二三姓　鰥夫寡婦守空室　退敗田園人死絕

早依宅水放溝渠

壬山通天竅大利亥卯未巳酉丑年月立安墳大吉

新刻楊救貧秘傳陰陽二宅便用統宗二卷大尾終

宗伯集　明馮琦撰，明萬曆三十九年（1611年）書林余泗泉萃慶堂刻本。

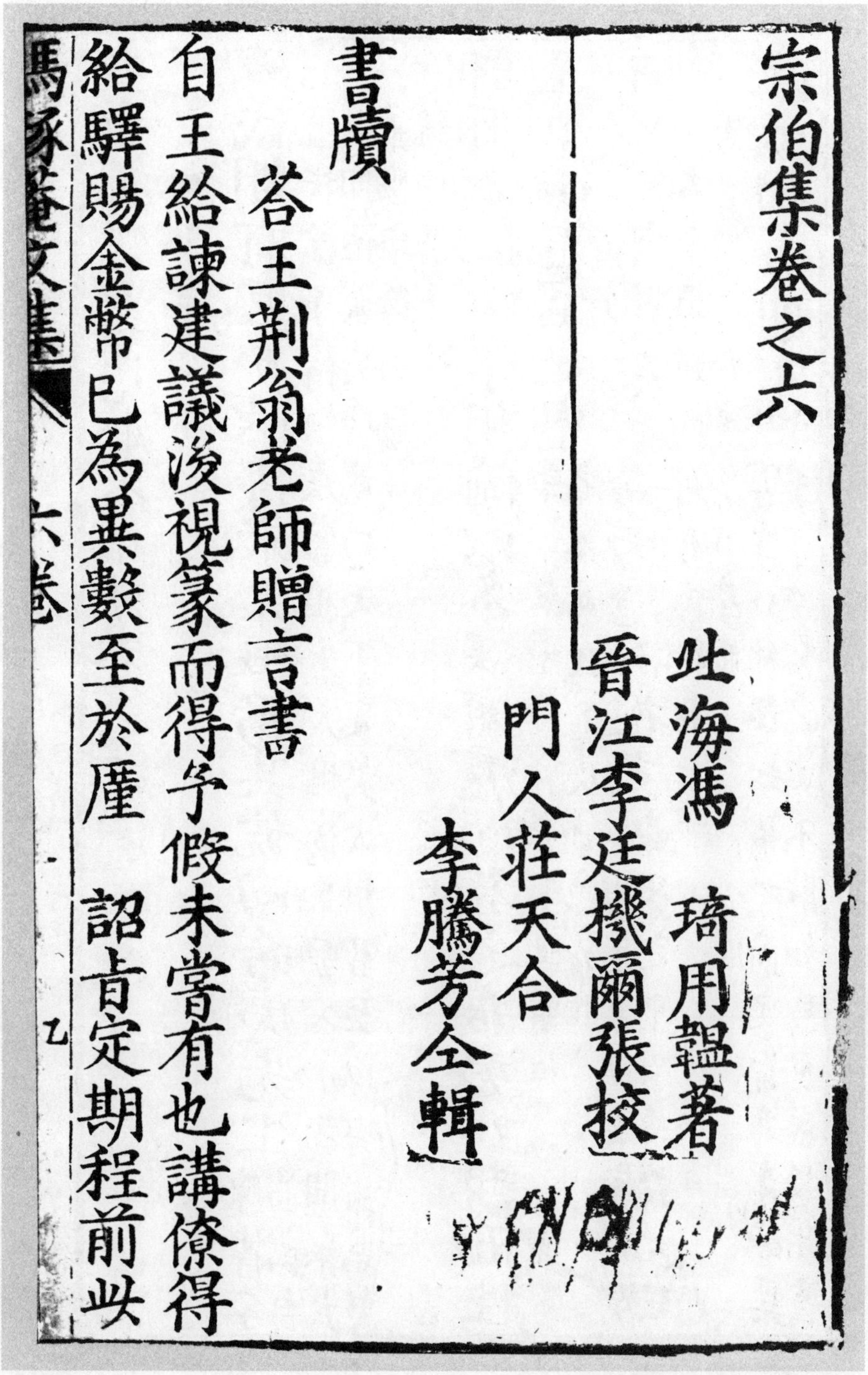
宗伯集卷之六

北海馮　琦用韞著
晉江李廷機爾張校
門人莊天合
李騰芳仝輯

書牘

荅王荊翁老師贈言書

自王給諫建議後視篆而得予假未嘗有也講僚得給驛賜金幣已為異數至於屢　詔旨定期程前此

馮琢菴文集　六卷　乙

二三三一　新刻柳莊麻衣相法　明萬曆四十五年（1617年）書林余雲波刻本。

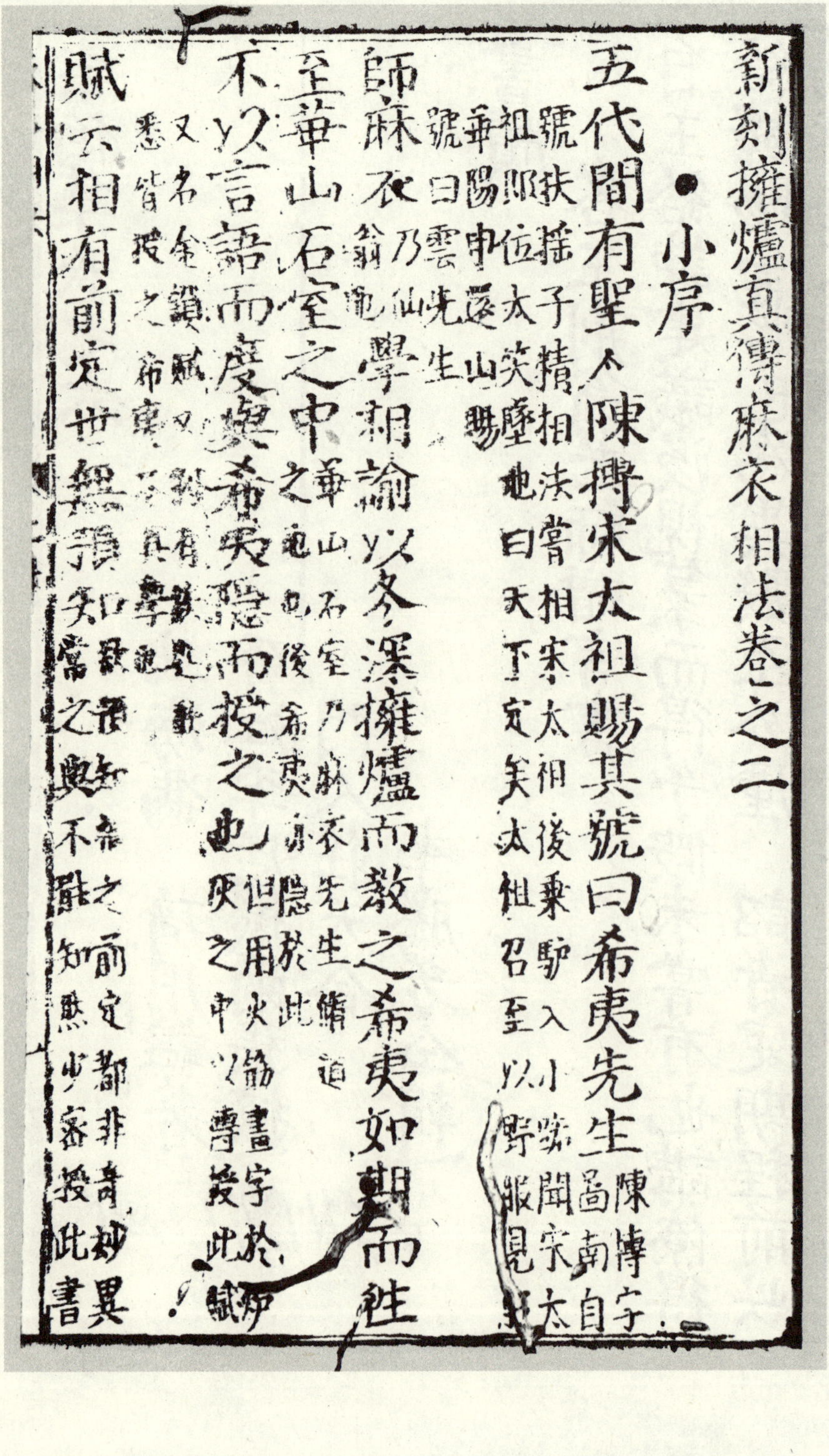

新刻擁爐真傳麻衣相法卷之二

●小序

五代間有聖人陳摶宋太祖賜其號曰希夷先生陳摶字圖南自號扶搖子精相法嘗相宋太祖後乘驢入小亭聞宋太祖即位大笑墜驢地曰天下定矣太祖召至以野服見華陽中遂山隱號白雲先生師麻衣乃仙翁也學相論以冬溪擁爐而教之希夷如期而往至華山石室之中華山石室乃麻衣先生脩道之地也後希夷亦隱於此不以言語而度與希夷隱而授之也但用火筯畫字於爐灰之中以傳授此賦又名金鎖賦又[illegible]者銀匙歌悉皆授之希夷[illegible]其學也賦云相有前定世無預知錄祿知未之前定都非奇妙異當之與不能知然少密授此書

雲間水華居士輯
譴浪
秣陵聚奎樓梓行

二三三一　**譴浪**　明郁履行撰，明萬曆秣陵聚奎樓刻本。（之一）

譃浪一卷

東海閒民水華郁履衍輯

愚公谷

桓公逐鹿入谷見一老問曰是何谷老曰以臣名之爲愚公谷桓曰公儀狀非愚何以公名老曰臣故畜牸牛生子大賣之買駒以年曰牛不能生馬遂持駒去傍鄰以臣爲愚故名愚公谷桓公大笑

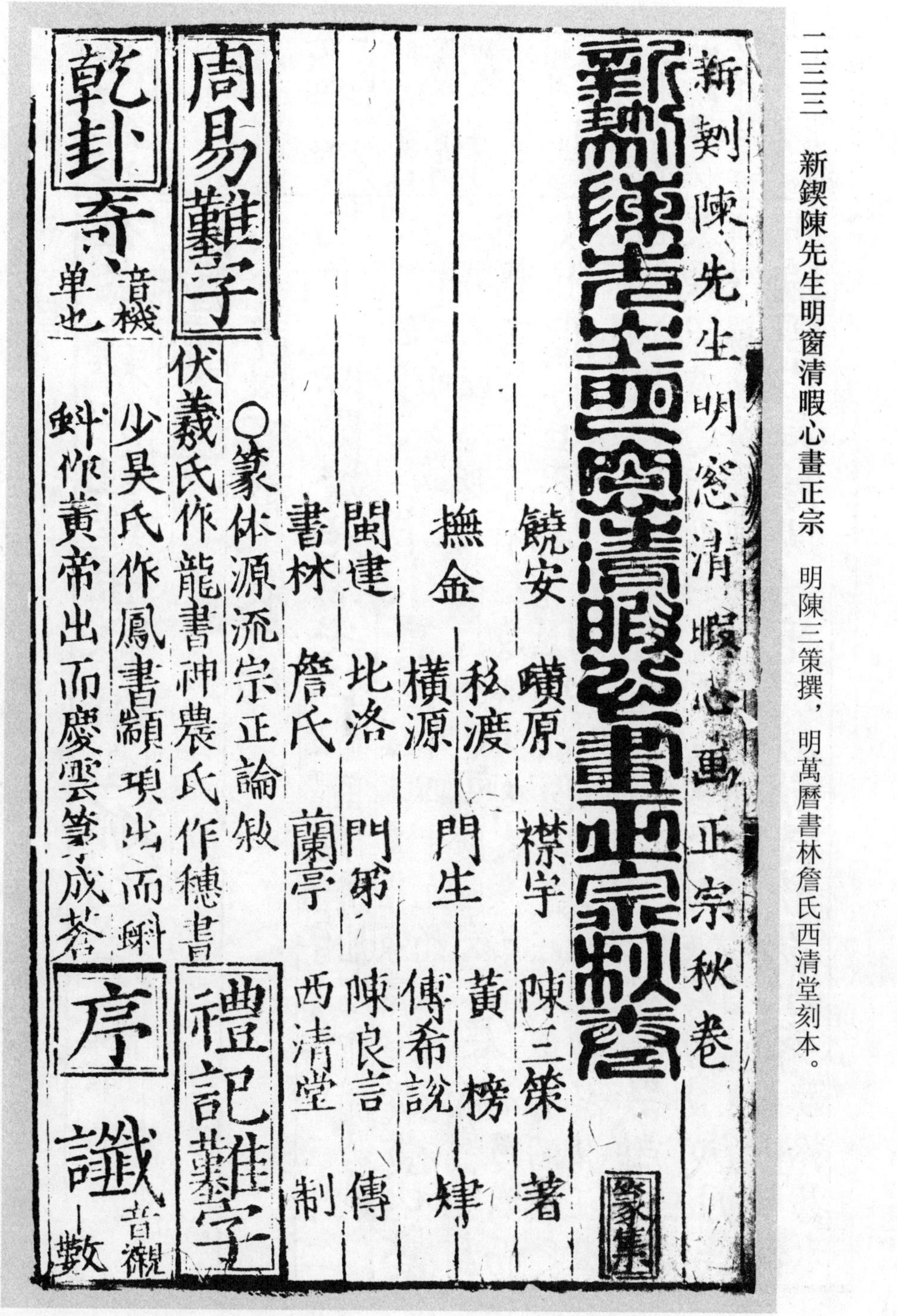

新刻陳先生明窓清暇心畫正宗秋卷
新鍥陳先生明窓清暇心畫正宗叙
篆集序
饒安 曠原 襟宇 陳三策 著
撫金 秘渡 黃榜 肆
横源 門生 傅希說
閩建 北洛 門弟 陳良言 傳
書林 詹氏 蘭亭 西清堂 制
○篆体源流宗正論叙
伏羲氏作龍書神農氏作穗書
少昊氏作鳳書顓頊出而蝌
蚪作黃帝出而慶雲纂成苔
周易雜字
乾卦
奇 音機 単也
禮記雜字
序
讖 音襯 數

二三三三　新鍥陳先生明窗清暇心畫正宗

明陳三策撰，明萬曆書林詹氏西清堂刻本。

九我曰駱公言已若不乘時立功塞外恐歲月易流勳名不立徒居京師為可惜耳此即賓誼請長纓終軍兼繻意脗合彼所謂胸中數萬甲兵者耶故言慨之而弥廣慫利之而弥深

鼎鐫施會元釋評註選唐駱賓王狐白卷之下

五言古詩

詠懷古意上裴侍御

三十二餘罷。鬢是潘安仁。西晉潘岳字安仁年三十二罷官自謂拙宦作閒居賦
四十九仍入。年非朱買臣。漢朱買臣家素貧年四十九始入仕
縱橫愁繫越。戰國莊舄越人被拘於楚為越唫言不忘故鄉
坎壈險阻之意倦遊秦。蘇秦遊秦不遇倦而歸
出籠窮短翮。翮鳥翼上長翅
委轍涸枯鱗。莊子云有涸轍之魚求救於楚王且曰遲則求我枯魚之肆矣
磨鉛不霑用。攜朽磨鈍鉛刀皆能一斷
彈鋏欵誰申。馮諼客孟嘗君之門歌曰彈鋏歸來兮食無魚
天子未驅策。驅策皆言使馬以自喻也
歲月幾沉淪。
輕生長慷慨。
効死獨殷勤。
徒歌易水客。荊軻入秦歌於易水

二三三四　鼎鐫施會元釋評注選唐駱賓王狐白　唐駱賓王撰，明施鳳來評注，明萬曆余文杰自新齋刻本。

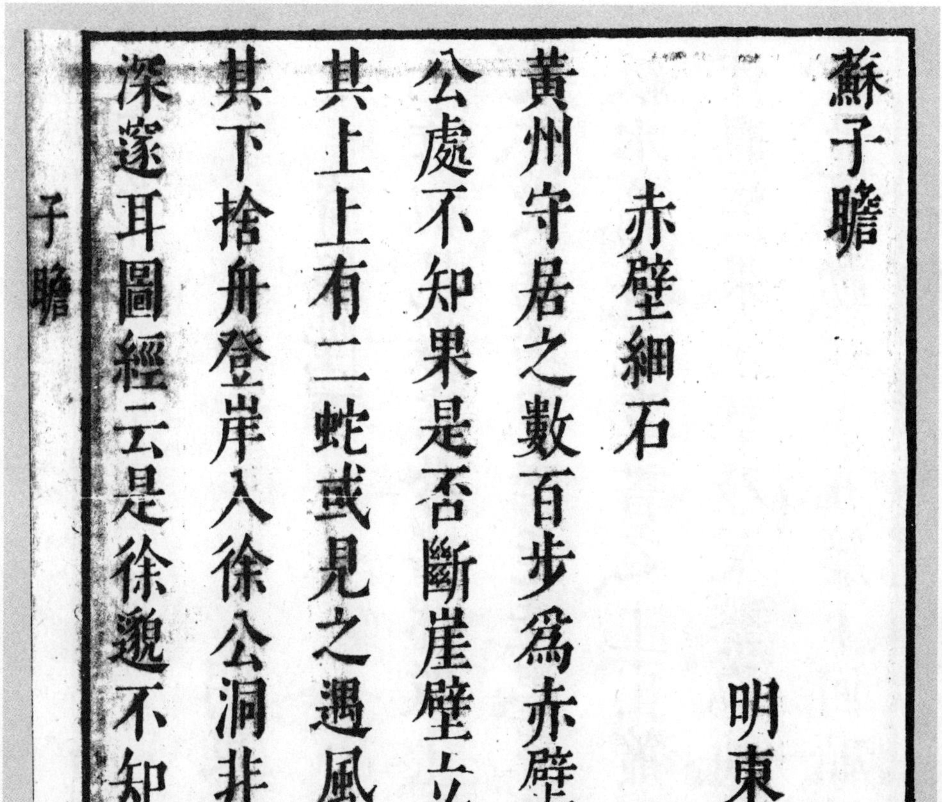
蘇子瞻

明東吳毛晉子晉輯

赤壁細石

黃州守居之數百步爲赤壁或言卽周瑜破曹公處不知果是否斷崖壁立江水深碧二鶻巢其上上有二蛇或見之遇風浪靜輒乘小舟至其下捨舟登岸入徐公洞非有洞穴也但山崦深邃耳圖經云是徐邈不知何時人非魏之徐

子瞻　綠君亭

二三三五　蘇米志林　明毛晉輯，明天啓五年（1625年）毛氏綠君亭刻本。（之一）

米元章

明東吳毛晉子晉輯

奇絕陛下

元章初見徽宗於瑶林殿上命張絹圖方廣二丈許設瑪瑙硯李廷珪墨牙管筆金硯匣玉鎮紙水滴召元章書之上出簾觀看令梁守道相伴賜酒果元章乃反繫袍袖跳躍便捷落筆如雲龍飛動知上在簾下回顧抗聲曰奇絕陛下

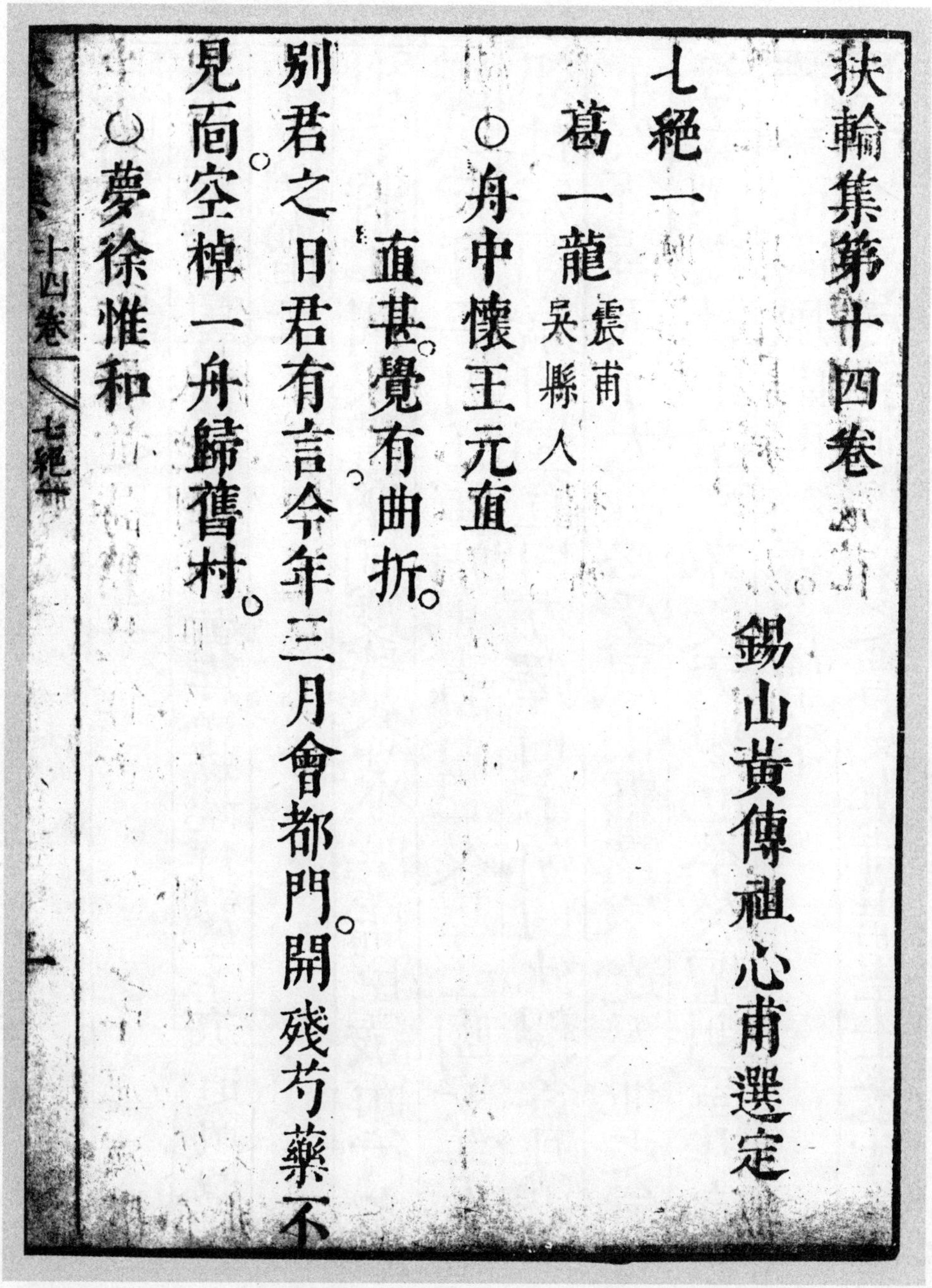
扶輪集第十四卷　錫山黃傳祖心甫選定

七絕一

葛一龍 震甫 吳縣人

舟中懷王元直

直甚覺有曲折。

別君之日君有言今年三月會都門。開殘芍藥不見面空棹一舟歸舊村。

夢徐惟和

扶輪集 十四卷 七絕 一

二三六　扶輪集　清黃傳祖輯，明崇禎十五年（1642年）金閶葉敬池刻本。

二三七　殿閣詞林記　明廖道南撰，明書林詹氏就正齋刻本。

殿閣詞林記卷之二十二

皇明賜進士南京國子監祭酒黄佐　翰林院侍讀學士廖道南同編

議禮上

祖宗時凡國家禮樂制度皆命本院儒臣議而行之

洪武元年二月壬寅朔中書省臣及學士陶安等進郊社宗廟議曰圜丘曰方澤曰宗廟曰社稷各具沿革安等奏天子大社必受風雨霜露以達天地之氣若亡國之社則屋之不受天陽也今於壇創屋非宜若祭而遇風雨則於齋宮望祭

上是之又定宗廟祭享之禮安與侍講學士朱升待

二三八　新鐫徐氏家藏羅經頂門針　明徐之鏌撰，明書林集賢堂唐錦池刻本。

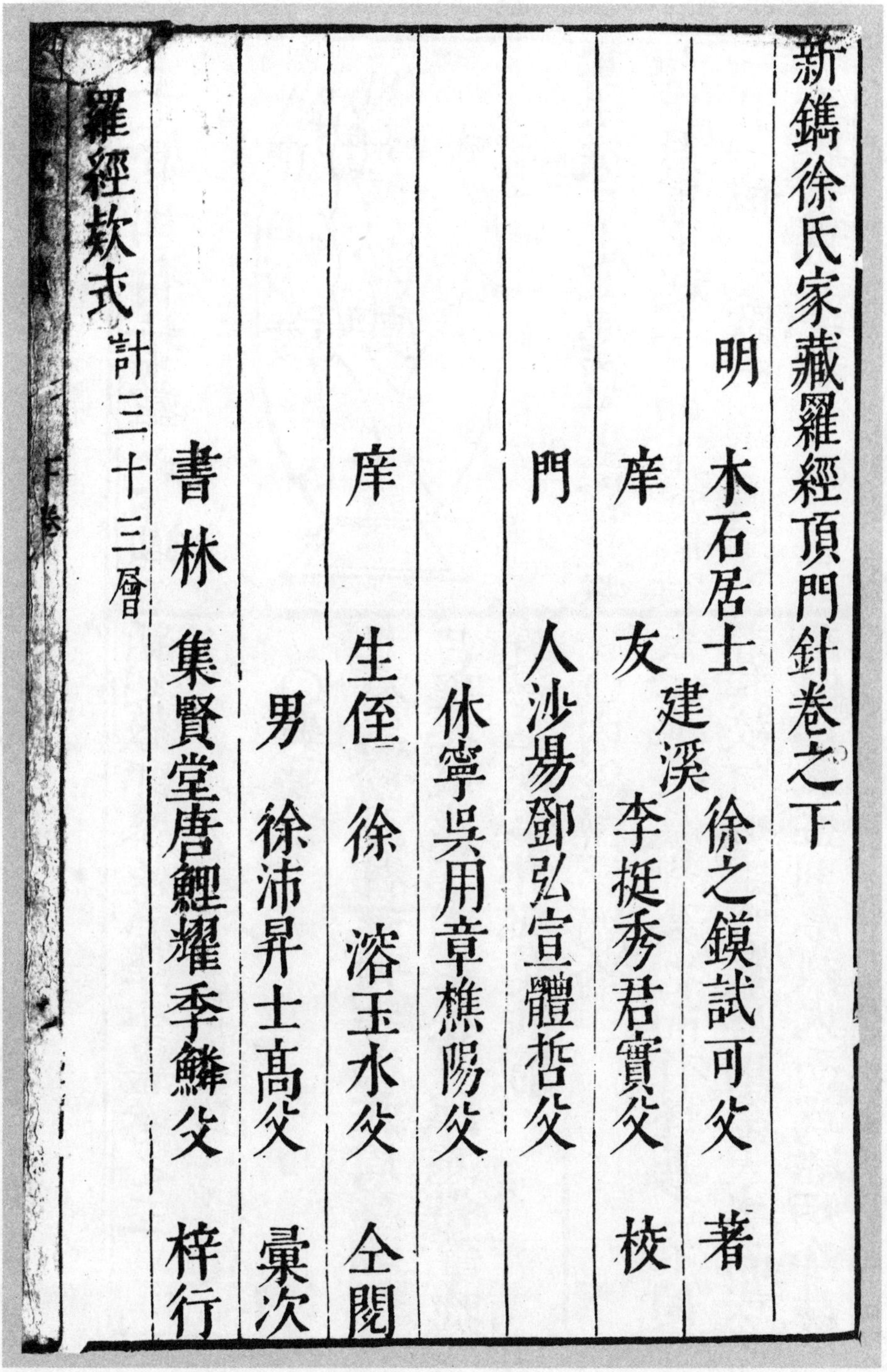
新鐫徐氏家藏羅經頂門針卷之下
明　木石居士　徐之鏌試可父　著
庠　友　建溪　李挺秀君實父　校
門　人　沙昜鄧弘宣體哲父
休寧吳用章樵陽父
庠　生　侄　徐　溶玉水父　仝閲
男　徐沛昇士高父　彙次
書　林　集賢堂唐鯉耀季鱗父　梓行
羅經款式計三十三層

二三九　新刻徽郡原板夢學全書　明書林熊建山刻本。

上官出行指掌之圖

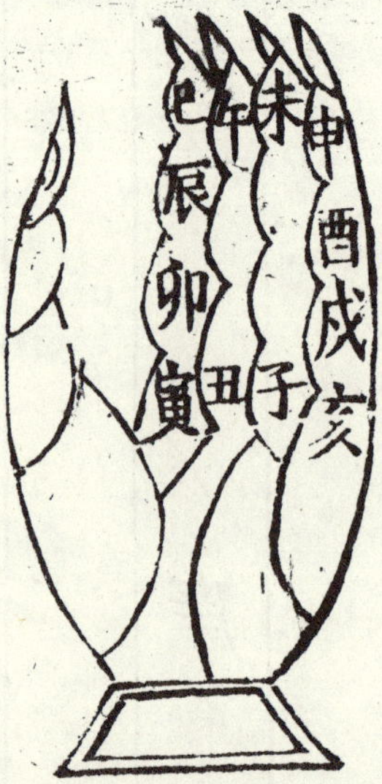

其法從月建上起初一坐官起假如正月寅上起二月卯上起順行一日一位　歌曰

子午黃恩并大赦

新刻徽郡原板夢學全書卷之三

書林　熊建山　梓行

○異夢記

世有紛紛夢神魂預吉凶莊周夢蝴蝶呂望兆飛熊丁固生松貴江淹得筆聰黃粱巫峽事非兆莫能窮

○內經辯夢總論

夫心兆之夢皆夢也而有怪異之不同者其故何也蓋陰氣盛則夢大水而或恐懼陽氣盛則夢烈火而或燔焫陰陽

書經集註卷之六

周官

蔡沈集註

成王訓迪百官史録其言以周官名之亦訓體也今文無古文有接此篇與今周禮不同如三公三孤周禮皆不載或謂公孤兼官無正職故不載然三公論道經邦三孤貳公弘化非職乎職任之大無踰此矣或又謂師氏即太師保氏即太保然以師保之尊而反屬司徒之職亦無是理也又此言六年五服一朝而周禮六服諸侯有一歲一見者二歲一見者三歲一見者亦與此不合是固可疑然周禮非聖人不能作也意周公方條治事之官而未及師保之職所謂未及者鄭重而未及言之也書未成而公亡其間法制有未施用故與此異而冬官亦缺要之周禮首末

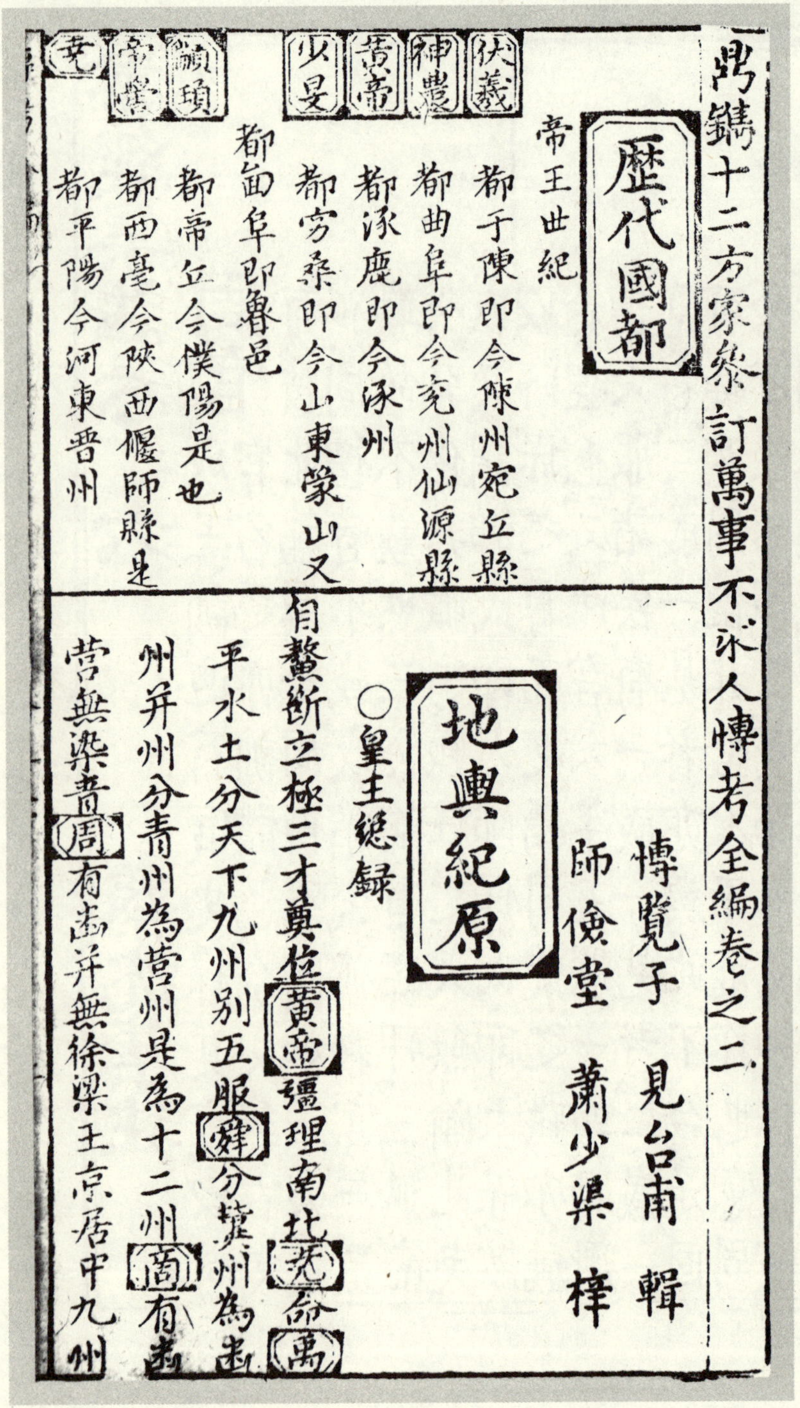
鼎鐫十二方家參訂萬事不求人博考全編卷之二

博覽子 見台甫 輯

師儉堂 蕭少渠 梓

歷代國都

伏羲 神農 黄帝 少昊 顓頊 帝嚳 堯

帝王世紀

都于陳即今陳州宛丘縣

都曲阜即今兖州仙源縣

都涿鹿即今涿州

都窮桑即今山東蒙山又

都曲阜即魯邑

都帝丘今濮陽是也

都西亳今陝西偃師縣是

都平陽今河東晋州

地輿紀原

○皇王總録

自鰲斷立極三才奠位黄帝疆理南北堯命禹平水土分天下九州別五服舜分冀州為幽州并州分青州為營州是為十二州商有幽營無梁青周有幽并無徐梁王京居中九州

二四一　鼎鐫十二方家參訂萬事不求人博考全編

明博覽子輯，明蕭少渠師儉堂刻本。

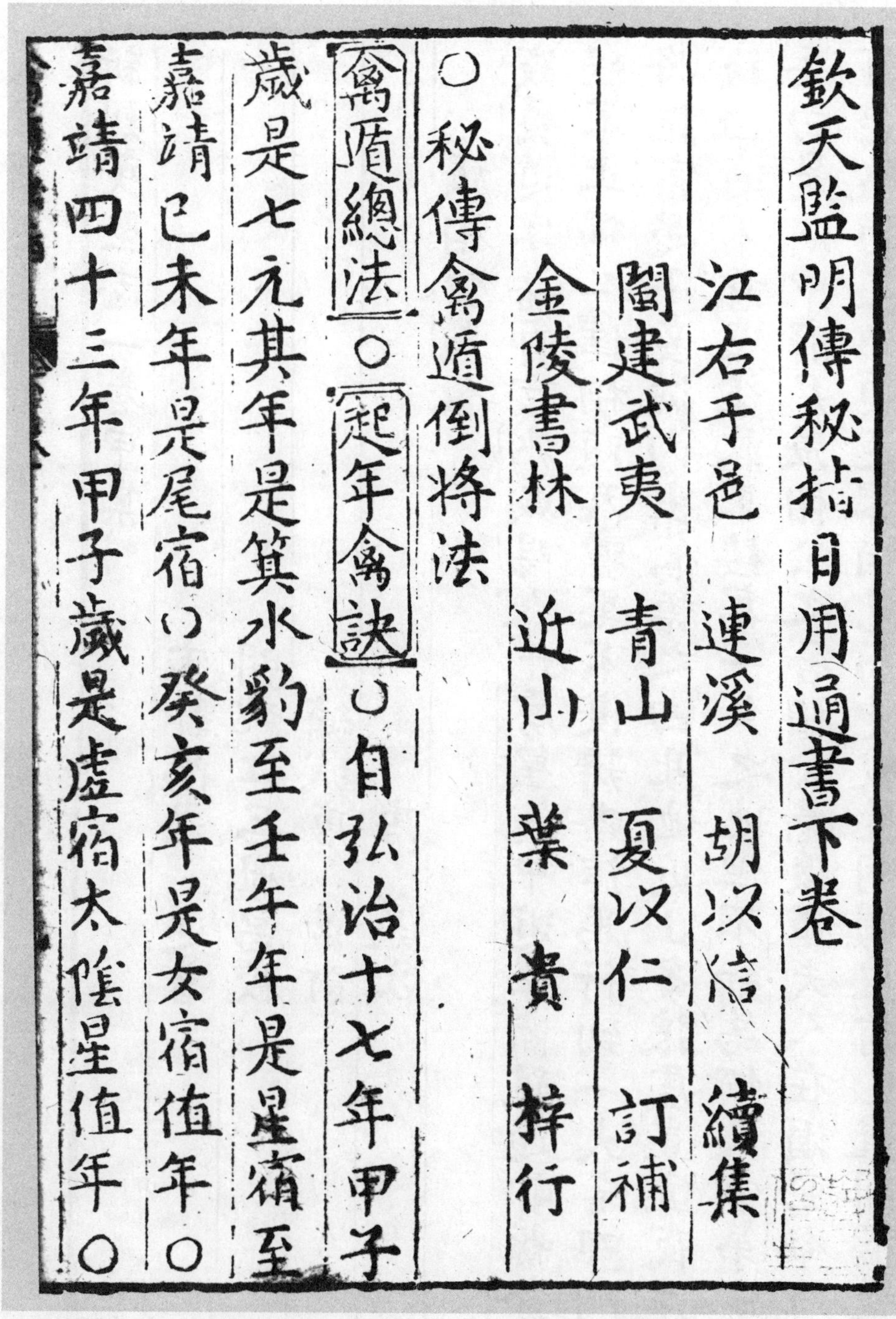

欽天監明傳秘指日用通書下卷
江右手邑　連溪　胡以信　續集
閩建武夷　青山　夏以仁　訂補
金陵書林　近山　葉貴　梓行

○秘傳禽遁倒將法
禽遁總法○起年禽訣○自弘治十七年甲子
歲是七元其年是箕水豹至壬午年是星宿至
嘉靖己未年是尾宿○癸亥年是女宿值年○
嘉靖四十三年甲子歲是虛宿太陰星值年○

二四二　欽天監明傳秘指日用通書　明胡以信輯，明夏以仁訂補，明書林葉貴刻本。

新刻夷堅志一卷甲集

宋　鄱陽洪　邁著
明姚江呂胤昌校
繡城唐　晟訂
唐　杲次

張相公夫人

錢履道字嘉貞京兆咸陽人北虜皇統中遊學商虢過鄜縣貪程不止獨一僕相隨天曛黑不復辨路信馬行到一大宅叩門将託宿遇小妾從内出驚語之曰此地近山多狼虎豈宜夜涉錢曰適不意迷塗敢求棲寓一夕之地但不知為何大官第宅妾曰是河中府尹張相公之居相公薨後惟夫人在須稟命乃可遂入白之少頃延客相見高堂峻屋明燭盈前已羅列盃盤

陸　活字本

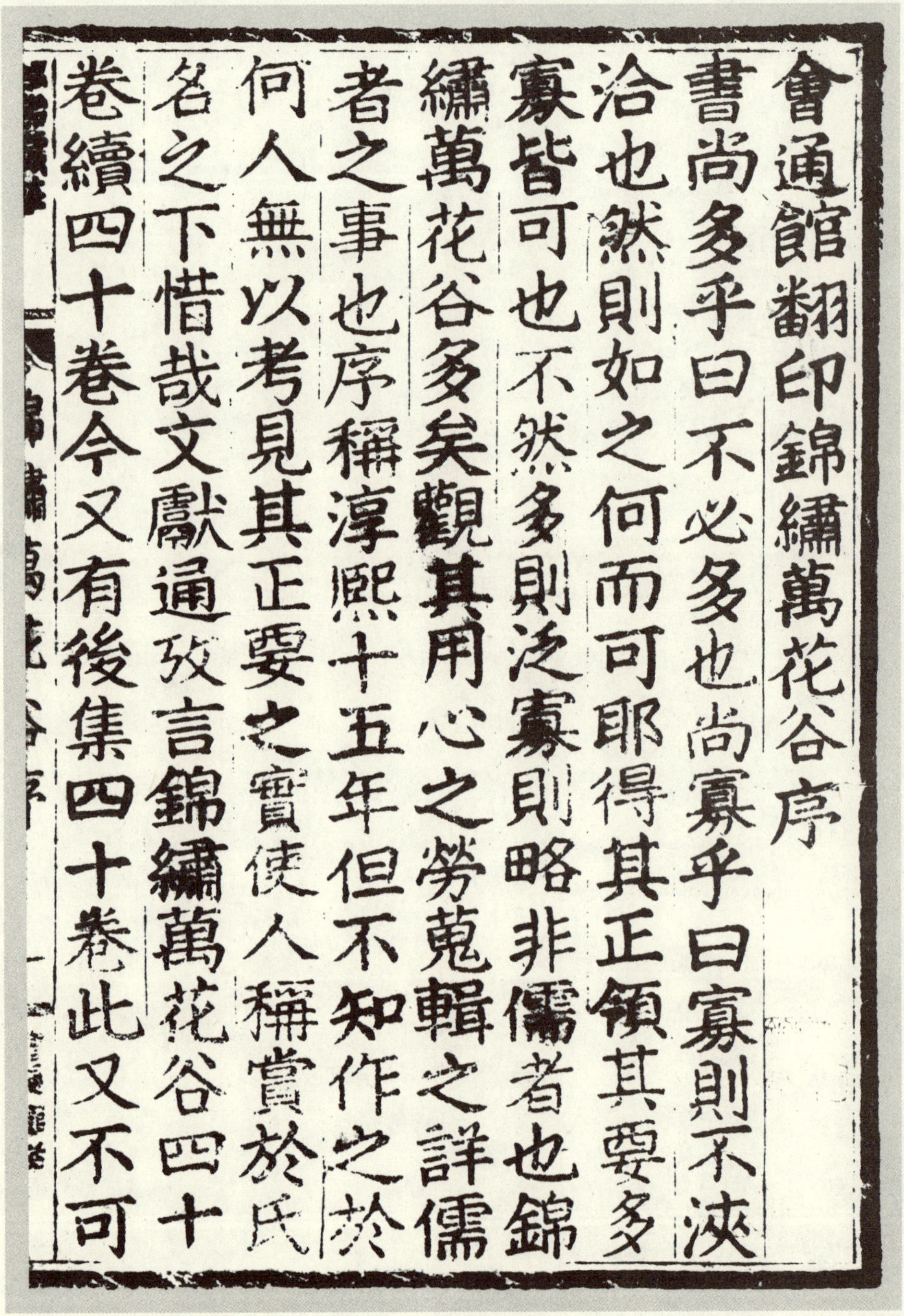
會通館翻印錦繡萬花谷序
書尚多乎曰不必多也尚寡乎曰寡則不浹
洽也然則如之何而可耶得其正領其要多
寡皆可也不然多則泛寡則略非儒者也錦
繡萬花谷多矣觀其用心之勞蒐輯之詳儒
者之事也序稱淳熙十五年但不知作之於
何人無以考見其正要之實使人稱賞於氏
名之下惜哉文獻通攷言錦繡萬花谷四十
卷續四十卷今又有後集四十卷此又不可
錦繡萬花谷序　一

二四四　錦繡萬花谷　明弘治五年（1492年）華燧會通館銅活字印本。

二四五　會通館印正本諸臣奏議　宋趙汝愚輯，明弘治華燧會通館銅活字印本。

會通館印正本諸臣奏議卷第一
龍圖閣直學士開國伯趙汝愚輯
君道門
君道一
論人君之大德有三　司馬光
臣伏蒙　聖恩不以臣無似擢臣爲諫官臣
自幼學先王之道意欲有益於當時是以雖
在外方爲他官猶願竭其愚心陳　國家之
所急況今立　陛下之左右以言事爲
陛下仁聖聰明求諫不倦群臣雖有狂瞽愚
妄觸犯忌諱陛下皆含容寬貸未嘗加罪
誠復臣千載難逢之際苟不以此時傾瀝胸
腹之所有以副陛下延納之意則不可以
自比於人死有餘罪矣臣竊惟人君之大德
有三曰仁曰明曰武仁者非區區姑息之謂
也興教化修政治養百姓利萬物此人君之
仁也明者非煩苛伺察之謂也知道義識安
危別賢愚辨是非此人君之明也武者非彊

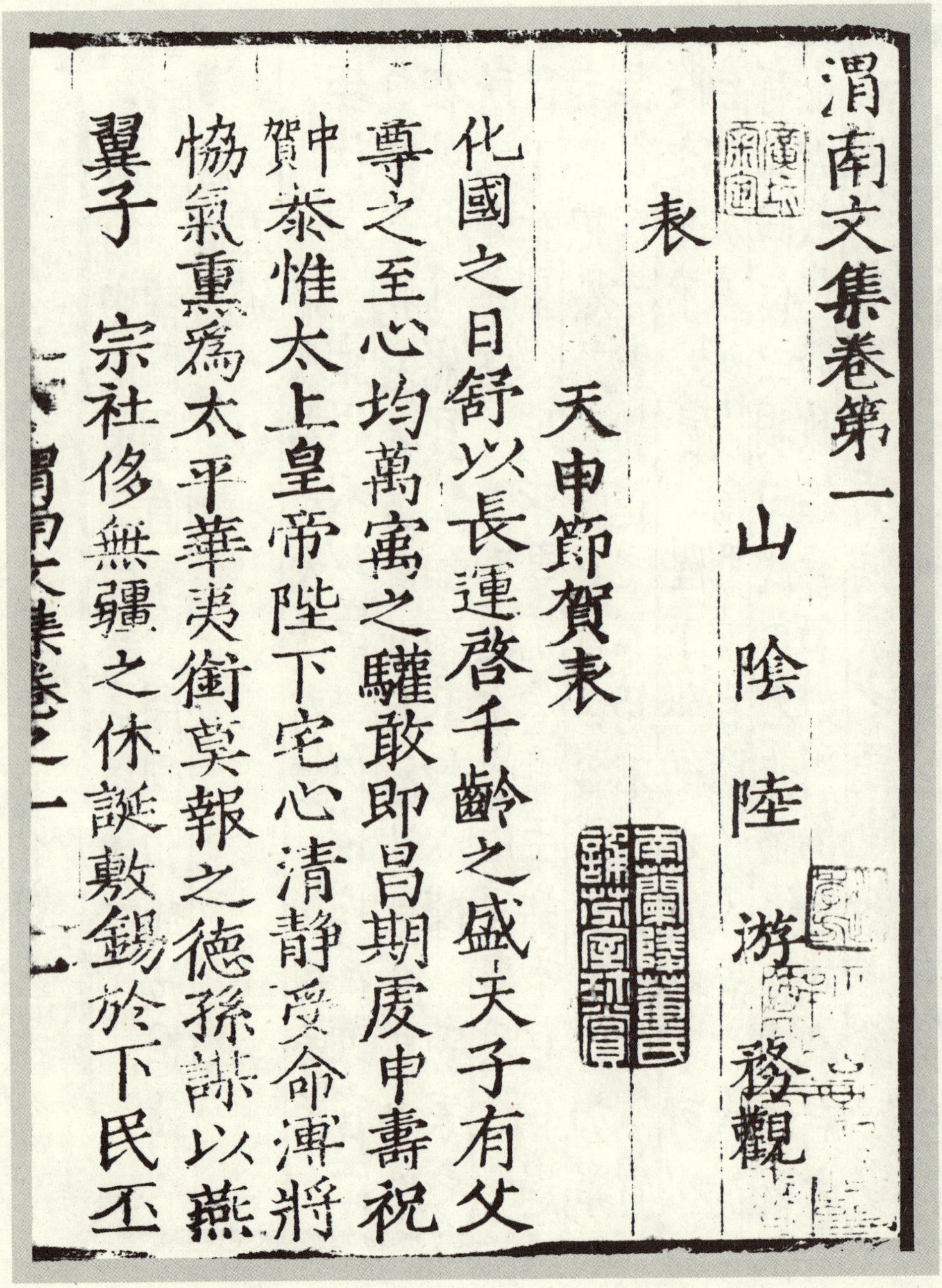
渭南文集卷第一

山陰陸游務觀

表

天申節賀表

化國之日舒以長運啓千齡之盛天子有父

尊之至心均萬寓之驩敢即昌期虔申壽祝

中賀恭惟太上皇帝陛下宅心清靜受命溥將

協氣熏爲太平華夷衛莫報之德孫謀以燕

翼子宗社侈無疆之休誕敷錫於下民丕

渭南文集卷之一

二四六　渭南文集　宋陸游撰，明弘治十五年（1502年）錫山華珵銅活字印本。

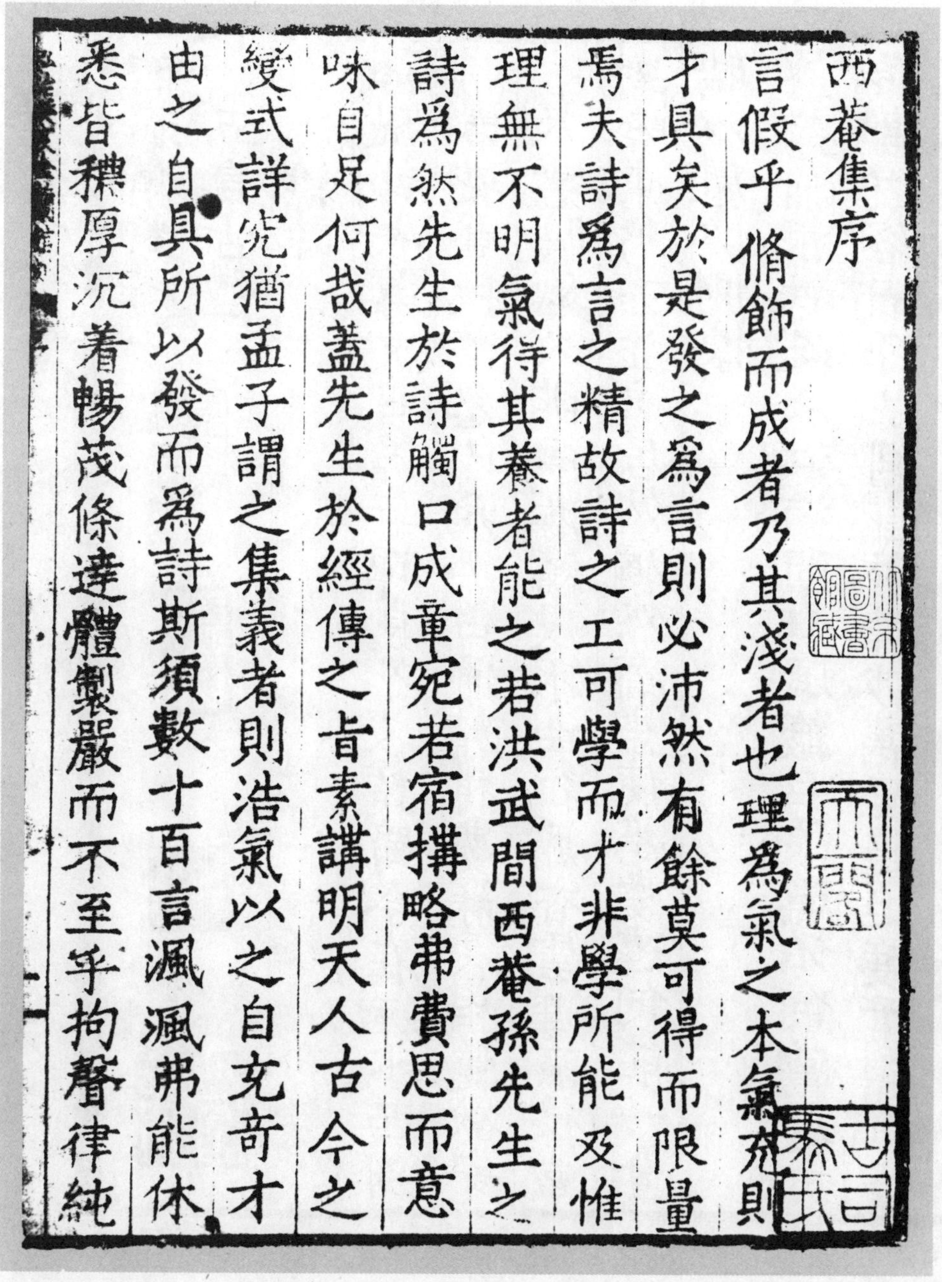
西菴集序
言假乎脩飾而成者乃其淺者也理爲氣之本氣充則
才具矣於是發之爲言則必沛然有餘莫可得而限量
焉夫詩爲言之精故詩之工可學而才非學所能及惟
理無不明氣得其養者能之若洪武間西菴孫先生之
詩爲然先生於詩觸口成章宛若宿搆略弗費思而意
味自足何哉蓋先生於經傳之旨素講明天人古今之
變式詳究猶孟子謂之集義者則浩氣以之自充奇才
由之自具所以發而爲詩斯須數十百言颯颯弗能休
悉皆穠厚沉着暢茂條達體製嚴而不至乎拘聲律純

二四七　西庵集　明孫蕡撰，明弘治十六年（1503年）金蘭館銅活字印本。（之一）

西菴集卷之一

五言古體

雜詩

飄風報長薄夕日澹無輝良人久羇蜀今在沅水西别時春花發秋葉忽已飛無由通精神夢寐長相隨欲寄一尺書臨風久徘徊游鱗没水曲征鴈杳雲涯哀猿常對吟凍鳥亦並栖居然獨処廓坐使恩愛違何能一會晤以慰悽惻懷

浮萍無根株泛泛江海間狂風簸巨浪漂泊何當還亦似離家客長年去鄉關莽莽涉萬里迢迢度千山沉憂

二四八　石湖居士集　宋范成大撰，明弘治十六年（1503年）金蘭館銅活字印本。

石湖居士集卷四

詩

擬古

彎環樓前月揜抑樓上人人月不得語相看兩凝顰西
窗回紋機織徧錦字春聊可自持翫何由將寄君

立春日郊行

竹擁溪橋麥蓋坡土牛行處亦笙歌麴塵欲暗垂垂柳
醅面初明淺淺波日滿縣前春市合潮平浦口暮帆多
春來不飲兼無句柰此金旛綵勝何

次韻漢卿舅即事二絕

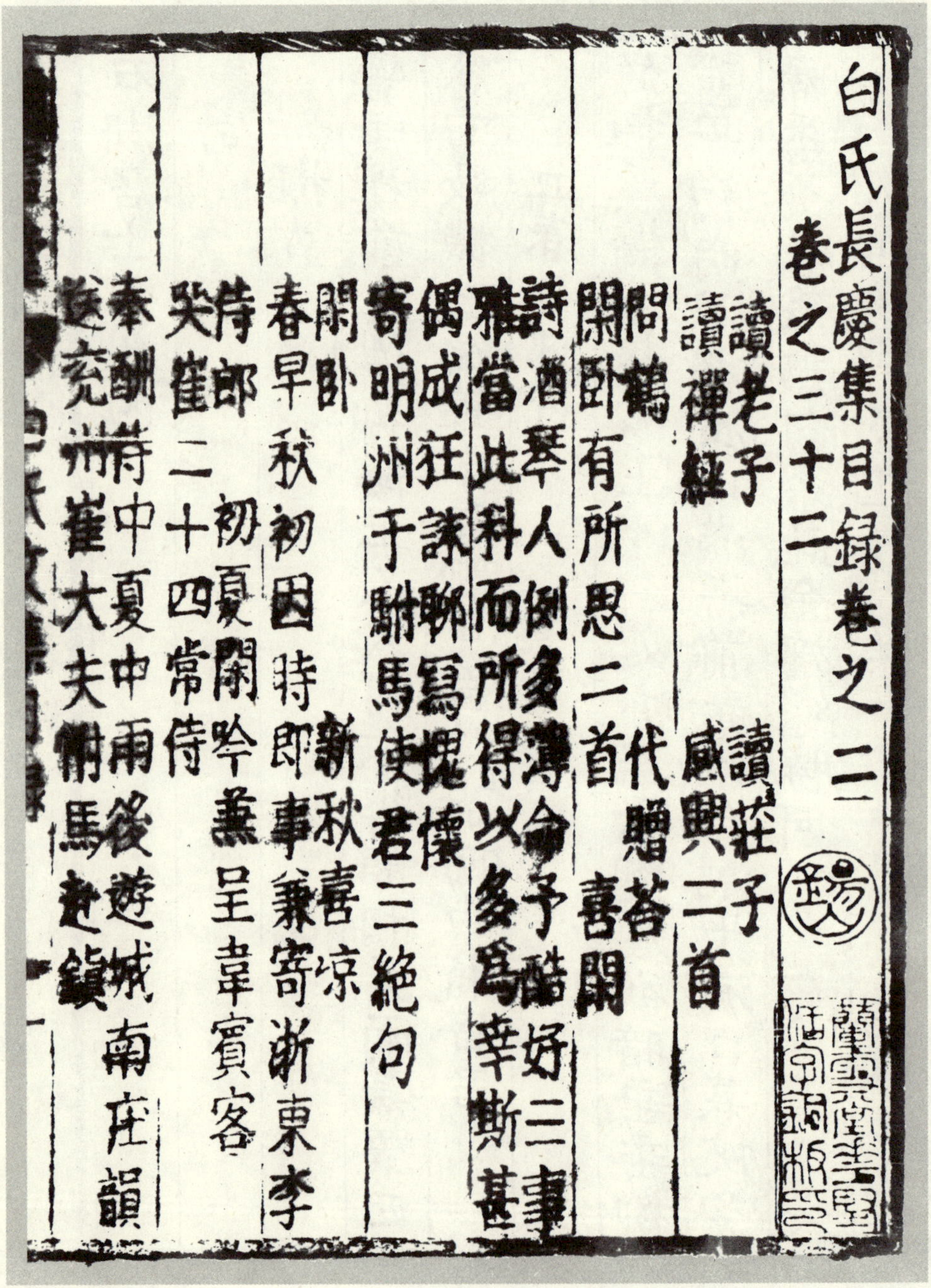
白氏長慶集目録卷之二
卷之三十二
讀老子 讀莊子
讀禪經 感興二首
問鶴 代贈荅
閑臥有所思二首 晝閑
詩酒琴人例多薄命予酷好三事
雅當此科而所得以多爲幸斯甚
偶成狂詠聊寫愧懷
寄明州于駙馬使君三絶句
閑臥 新秋喜凉
春早秋初因特即事兼寄浙東李
侍郎 初夏閑吟兼呈韋賓客
哭崔二十四常侍
奉酬侍中夏中雨後遊城南莊韻
送兖州崔大夫駙馬赴鎮

二四九 白氏長慶集 唐白居易撰，明正德八年（1513年）華堅蘭雪堂銅活字印本。

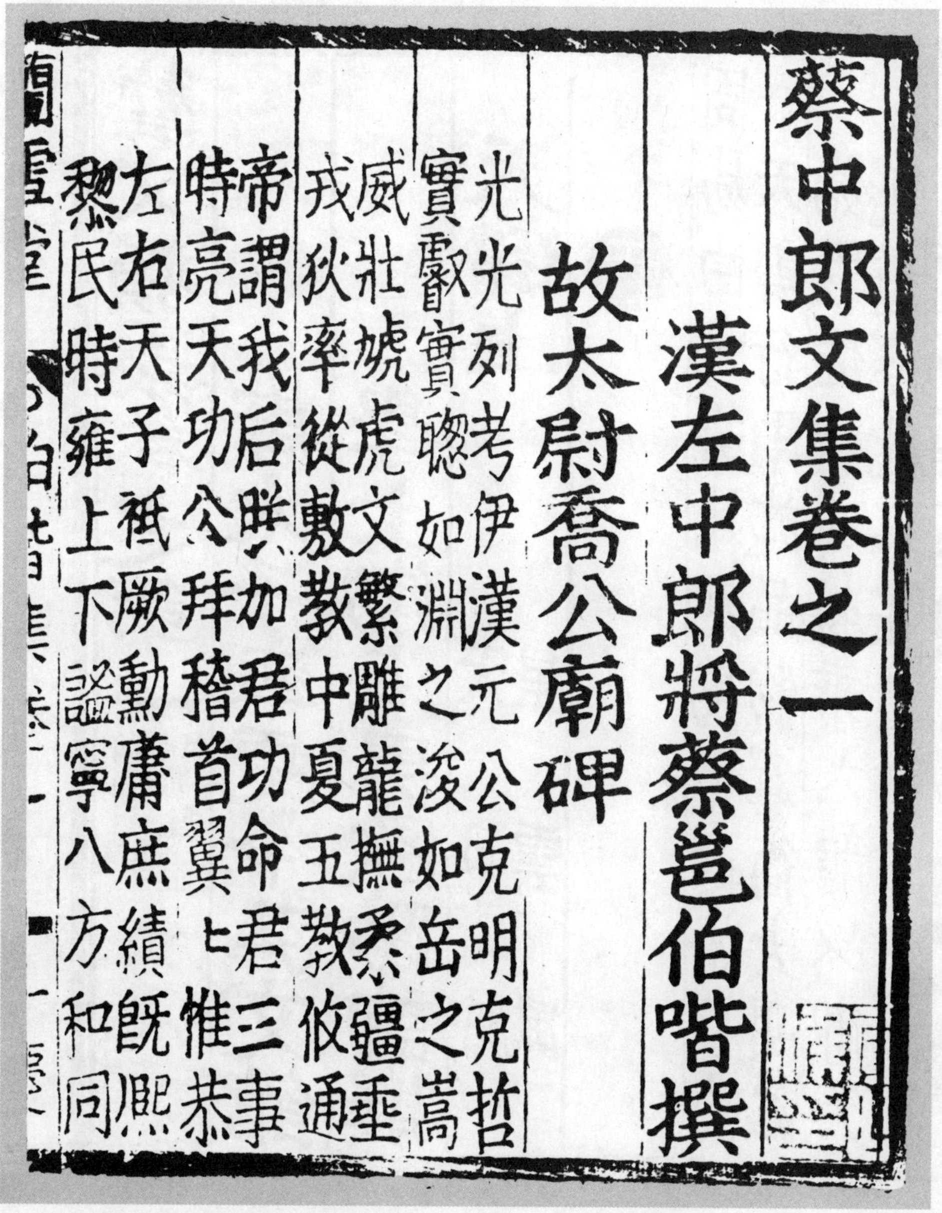
蔡中郎文集卷之一

漢左中郎將蔡邕伯喈撰

故太尉喬公廟碑

光光列考伊漢元公克明克哲
實叡實聰如淵之浚如岳之嵩
威壯虓虎文繁雕龍撫柔疆垂
戎狄率從敷教中夏五教攸通
帝謂我后朕加君功命君三事
時亮天功公拜稽首翼翼惟恭
左右天子祗厥勳庸庶績既熙
黎民時雍上下謐寧八方和同

二五〇 蔡中郎文集 漢蔡邕撰，明正德十年（1515年）華堅蘭雪堂銅活字印本。

二五一　藝文類聚　唐歐陽詢輯，明正德十年（1515年）華堅蘭雪堂銅活字印本。（之一）

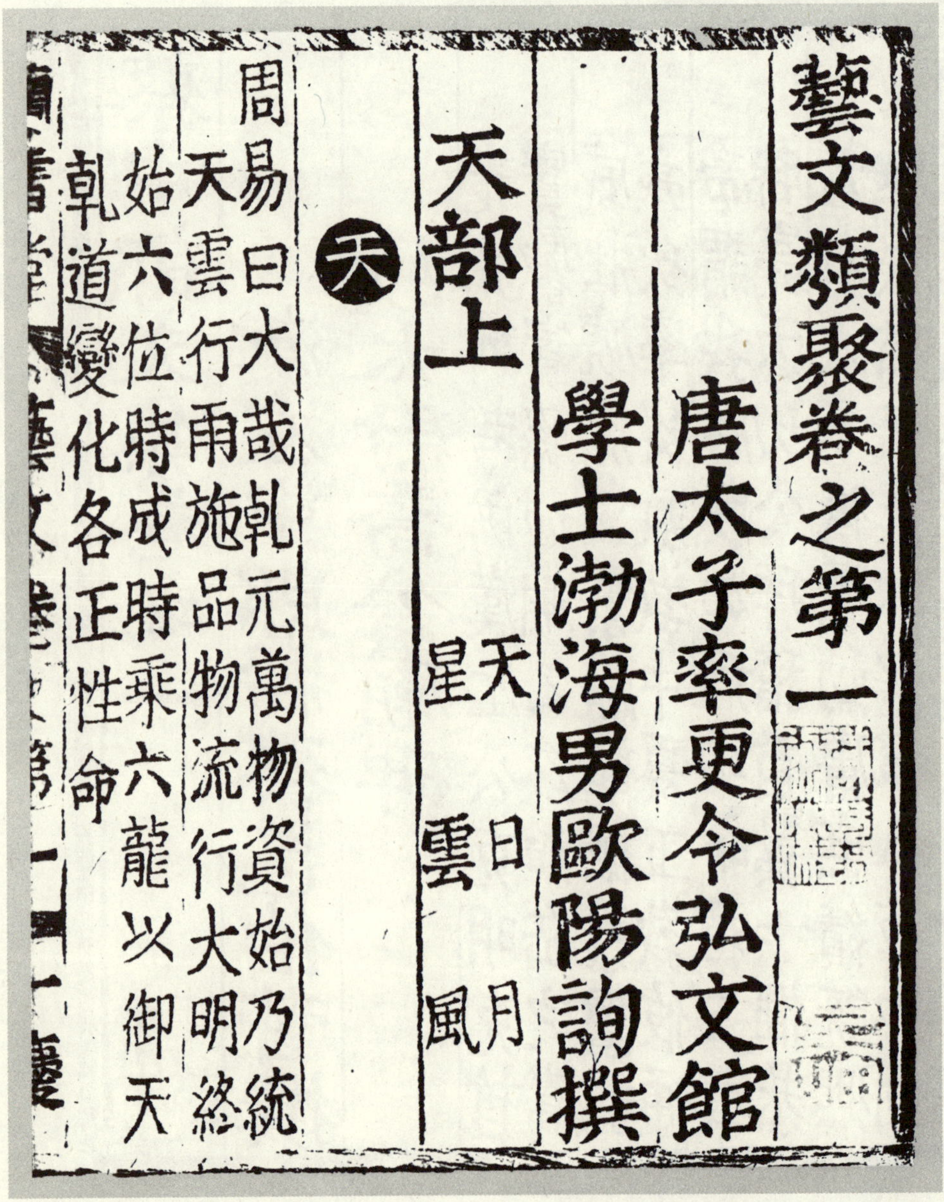
藝文類聚卷之第一
唐太子率更令弘文館
學士渤海男歐陽詢撰
天部上
天　日　月
星　雲　風
天
周易曰大哉乾元萬物資始乃統
天雲行雨施品物流行大明終
始六位時成時乘六龍以御天
乾道變化各正性命

蘭雪堂藝文卷一　十九

在茲東風爲誰惜

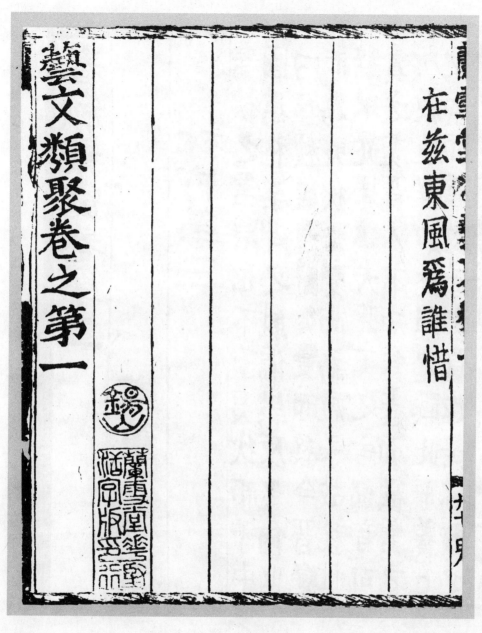

藝文類聚卷之第一

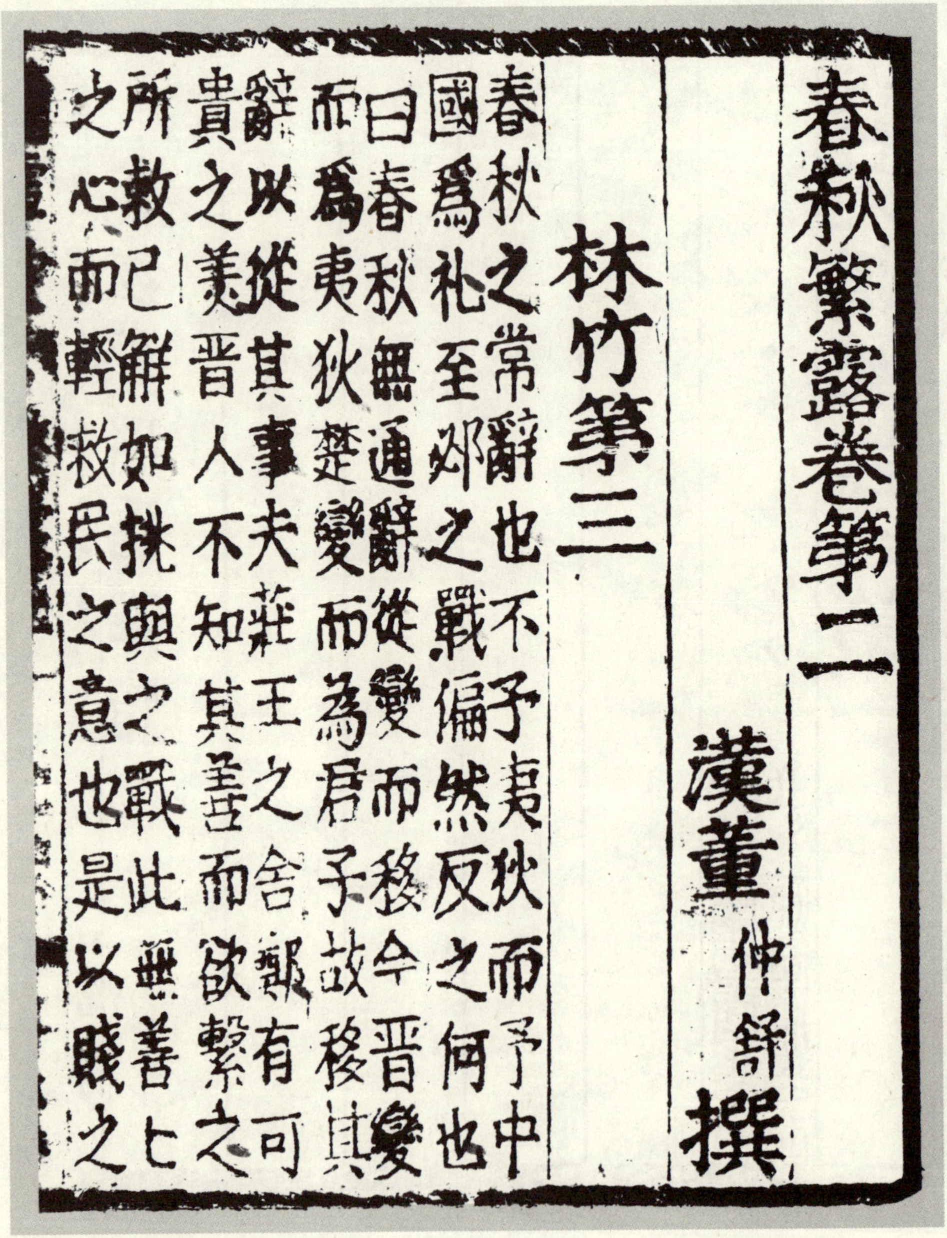
春秋繁露卷第二
漢董仲舒撰
林竹第三
春秋之常辭也不予夷狄而予中國爲禮至邲之戰偏然反之何也曰春秋無通辭從變而移今晉變而爲夷狄楚變而爲君子故移其辭以從其事夫莊王之舍鄭有可貴之美晉人不知其善而欲繫之所救已解如挑與之戰此無善之之心而輕救民之意也是以賤之

二五二　春秋繁露　漢董仲舒撰，明正德十一年（1516年）華堅蘭雪堂銅活字印本。（之一）

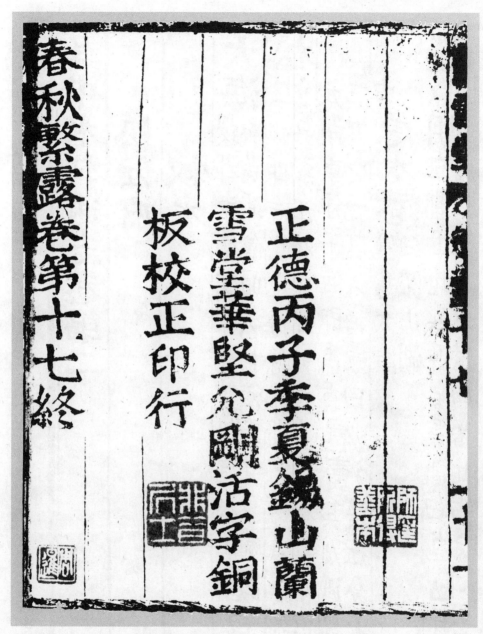

正德丙子季夏錫山蘭
雪堂華堅允剛活字銅
板校正印行

春秋繁露卷第十七終

吳中水利通志卷第二

松江府

敘水

大海環郡東南其東混茫無際松江與黄浦會而入焉海處其會處蹌口

松江在郡治北上海縣界郡因以名舊名吳淞江後以水災去水從松其源出太湖東注于海即禹貢其別派自三江之一其入海處曰滬瀆吳江分流

由急水港鍾爲大澤曰澱山湖

澱山湖在郡西北其源自長洲白蜆江經急水港而來北由趙屯浦

二五三　吳中水利通志　明嘉靖三年（1524年）錫山安國銅活字印本。（之一）

若干兩

已上俱湖州府

嘉靖甲申錫山安國活字銅板刊行

通書類聚尅擇大全卷之十六

安葬要覽

二十四山所屬五行定局傍通圖

	木	火	土	金	水
	艮卯	離壬	丑癸坤	乾亥	甲寅辰
洪範五行	巳	丙乙	庚未	兌丁	巽戌坎
					申辛
	寅甲卯	巳丙	辰戌丑	申庚酉	亥壬
老五行	乙巽	午丁	未坤艮	辛乾	子癸
	巽辛卯	寅午	坤乙	乾甲丁	申子
鈞卦五行	庚亥未	戌壬	艮丙	巳酉丑	辰癸

二五四　通書類聚尅擇大全　明嘉靖三十年（1551年）芝城銅活字印本。（之二）

凡開生墳合壽木宅於總局內子細看得七八分吉不必更去看未入總局的惟有上馬殺日用看若犯之者宜從魘禳法無妨

嘉靖龍飛辛亥春正月穀旦芝城銅板活字印行

通書類聚尅擇大全卷之十六終

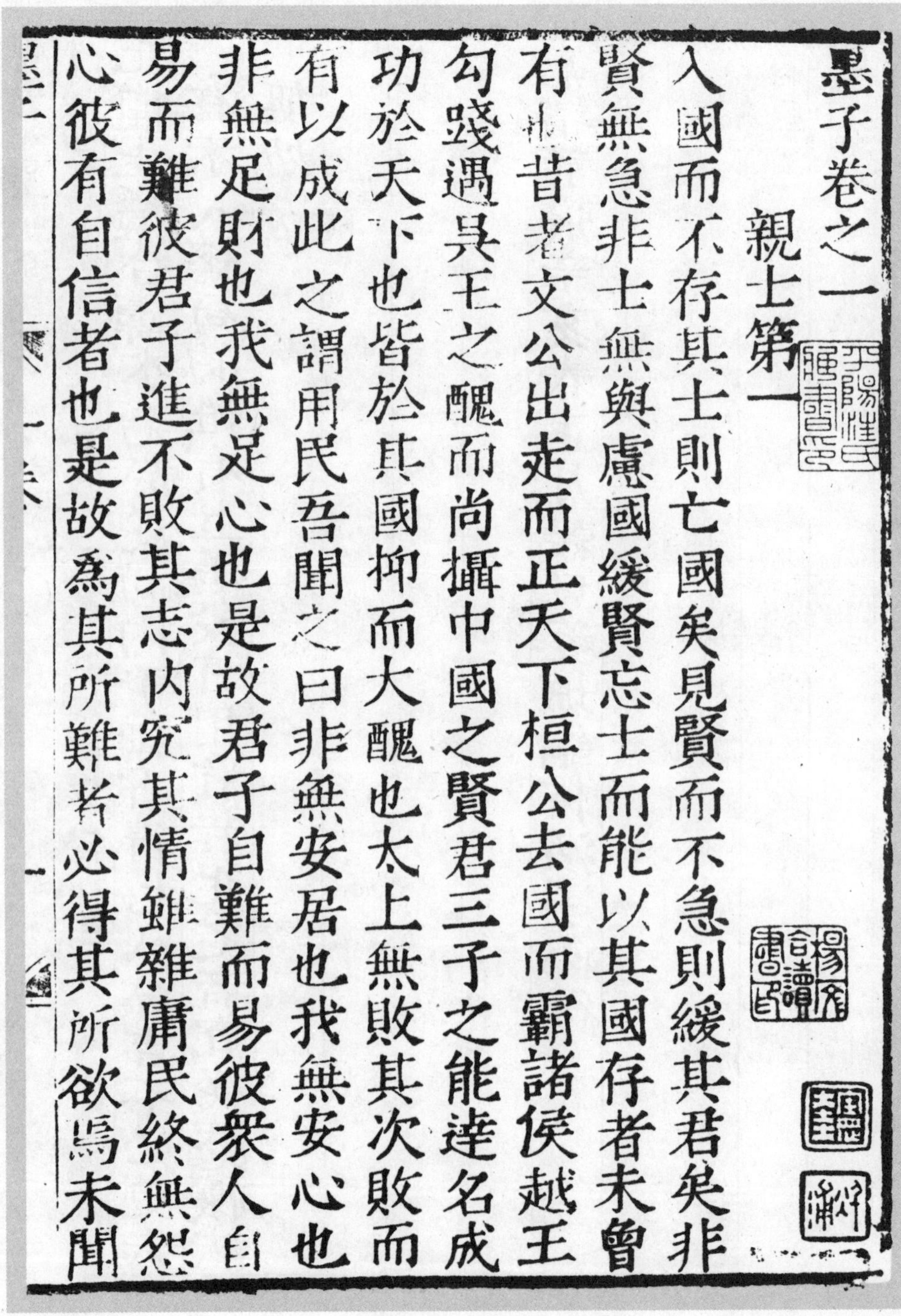

墨子卷之一

親士第一

入國而不存其士則亡國矣見賢而不急則緩其君矣非
賢無急非士無與慮國緩賢忘士而能以其國存者未曾
有也昔者文公出走而正天下桓公去國而霸諸侯越王
勾踐遇吳王之醜而尚攝中國之賢君三子之能達名成
功於天下也皆於其國抑而大醜也太上無敗其次敗而
有以成此之謂用民吾聞之曰非無安居也我無安心也
非無足財也我無足心也是故君子自難而易彼衆人自
易而難彼君子進不敗其志內究其情雖雜庸民終無怨
心彼有自信者也是故爲其所難者必得其所欲焉未聞

二五五　墨子　明嘉靖三十一年（1552年）芝城銅活字印本。（之一）

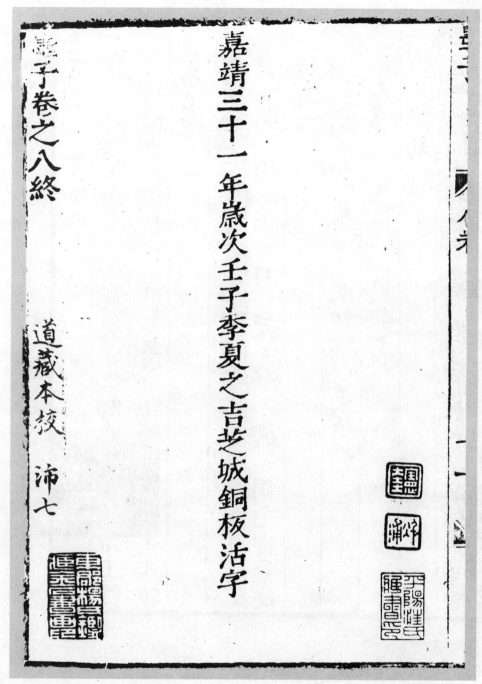

嘉靖三十一年歲次壬子季夏之吉芝城銅板活字

墨子卷之八終

道藏本校　沛七

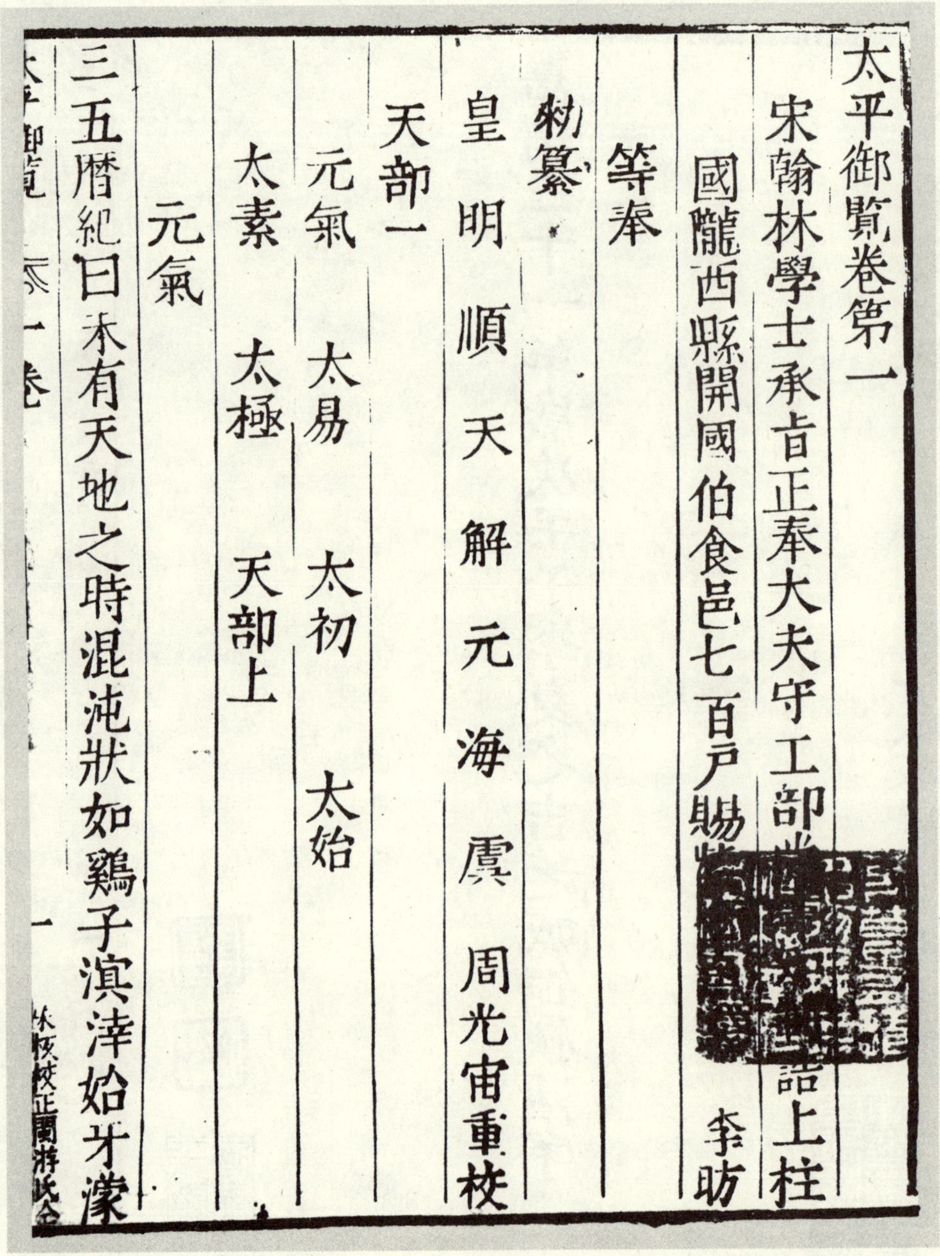
太平御覽卷第一
宋翰林學士承旨正奉大夫守工部尚[illegible]誥上柱
國隴西縣開國伯食邑七百戶賜紫[illegible]李昉
等奉
勅纂
皇明順天解元海虞周光宙重校
天部一
元氣　太易　太初　太始
太素　太極　天部上
元氣
三五曆紀曰未有天地之時混沌狀如鷄子溟涬始牙濛
太平御覽　卷一　一

二五六　太平御覽　宋李昉等輯，明萬曆二年（1574年）周堂銅活字印本。

二五七　玉臺新詠　陳徐陵輯，明五雲溪館銅活字印本。

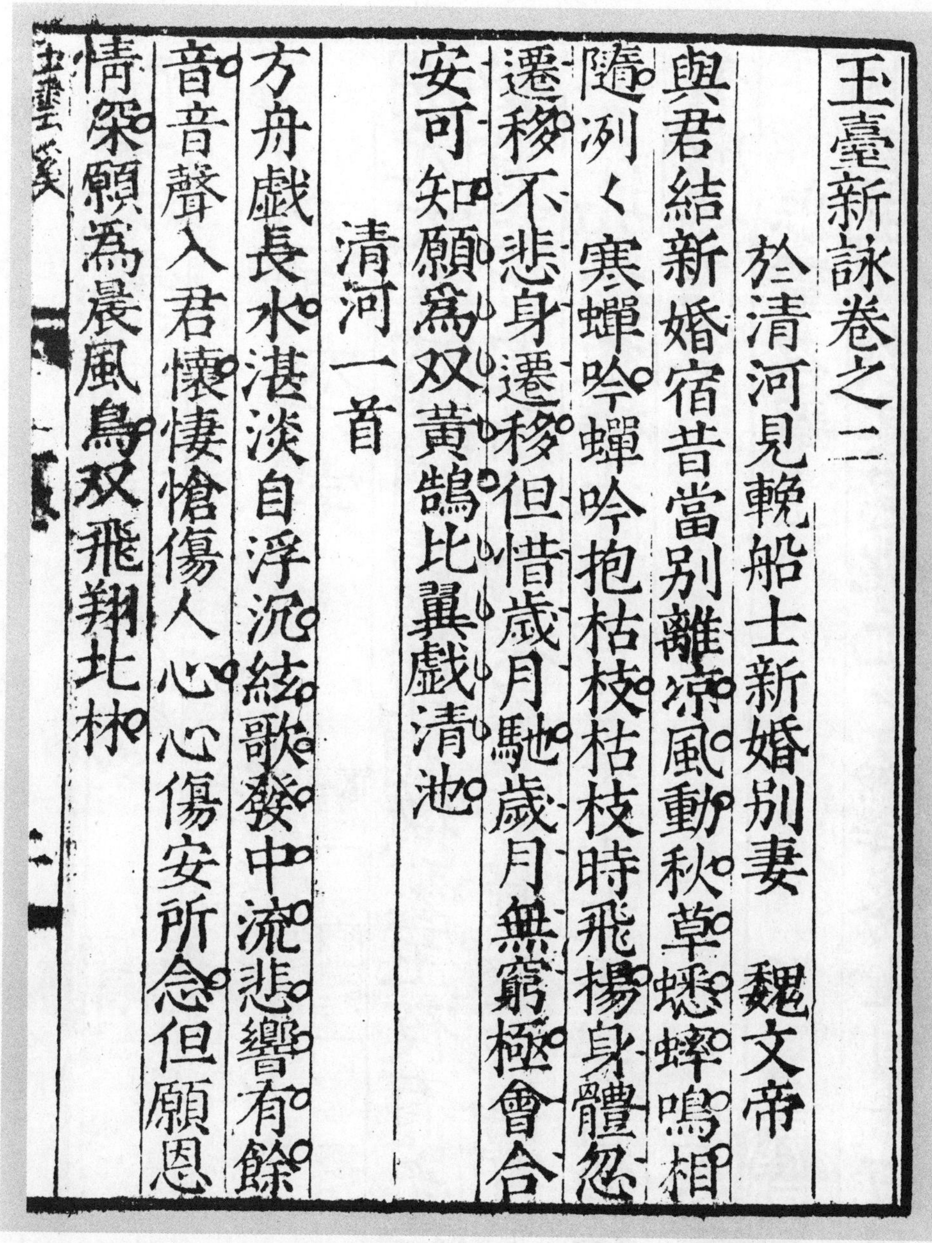
玉臺新詠卷之二
於清河見輓船士新婚別妻　魏文帝
與君結新婚宿昔當別離凉風動秋草蟋蟀鳴相
隨冽〻寒蟬吟蟬吟抱枯枝枯枝時飛揚身體忽
遷移不悲身遷移但惜歲月馳歲月無窮極會合
安可知願爲双黄鵠比翼戲清池
清河一首
方舟戲長水湛淡自浮沉絃歌發中流悲響有餘
音音聲入君懷悽愴傷人心心傷安所念但願恩
情深願爲晨風鳥双飛翔北林

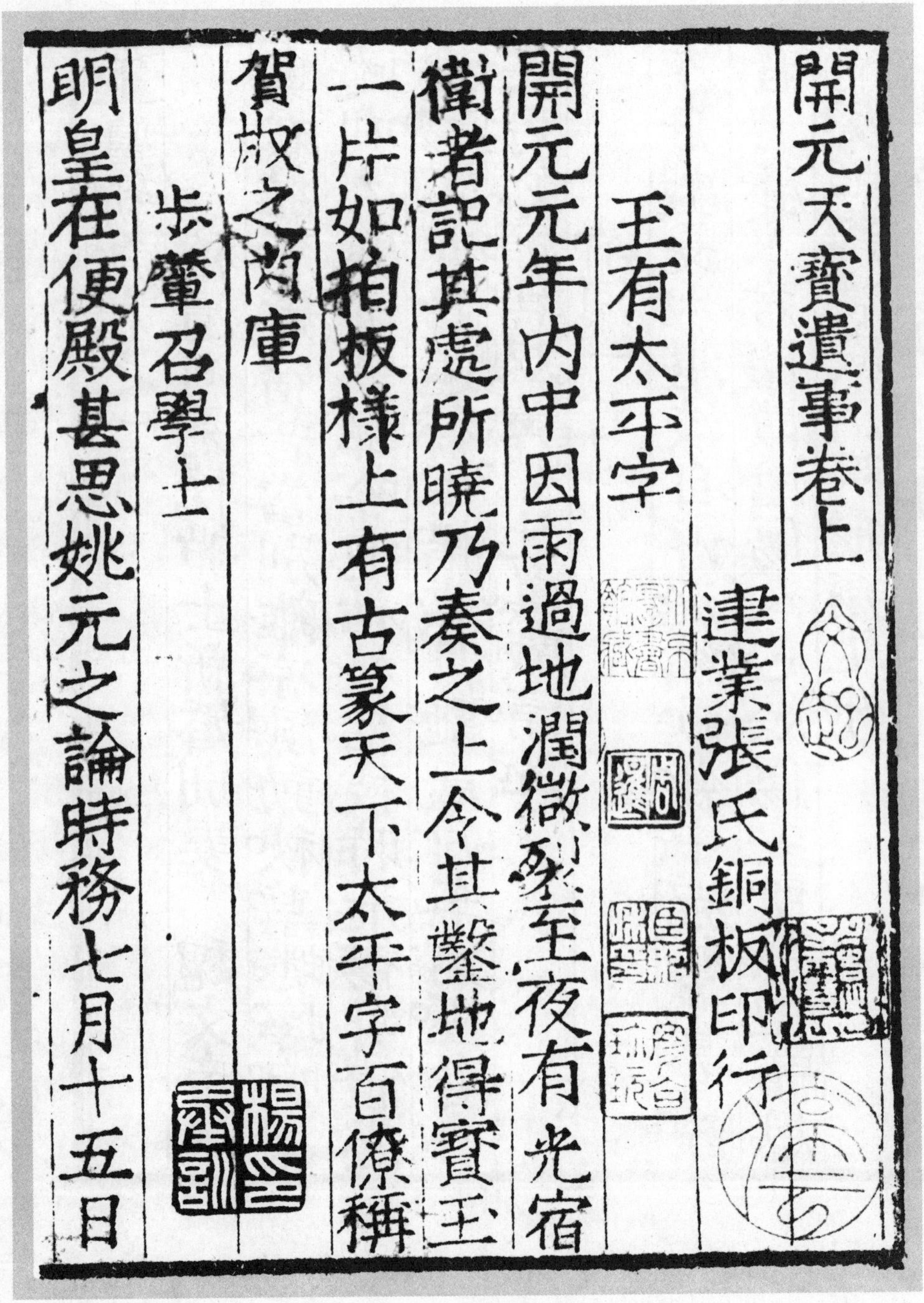
開元天寶遺事卷上

建業張氏銅板印行

王有太平字

開元元年内中因雨過地潤微裂至夜有光宿衛者記其處所曉乃奏之上令其鑿地得寶玉一片如柏板樣上有古篆天下太平字百僚稱賀收之内庫

步輦召學士

明皇在便殿甚思姚元之論時務七月十五日

二五八　開元天寶遺事　五代王仁裕撰，明建業張氏銅活字印本。（之一）

一語言一行事後夫字文間
所引大柢出於此書者多矣
紹定戊子刋之桐江學宮山
陰陸子遹書

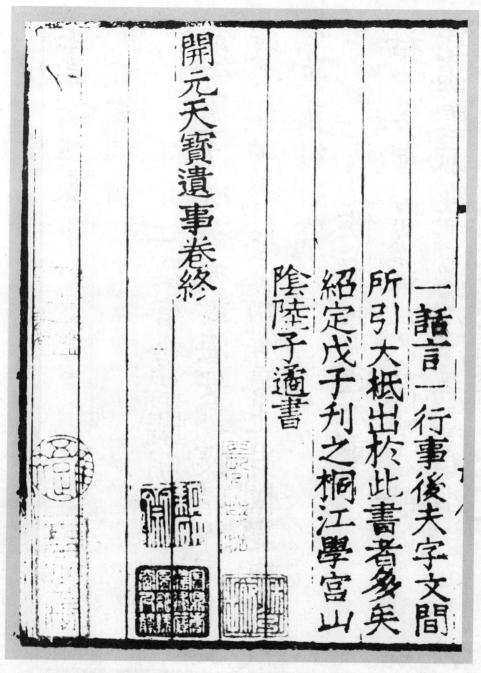

開元天寶遺事卷終

二五九　李嘉祐集　唐李嘉祐撰，明銅活字印本。

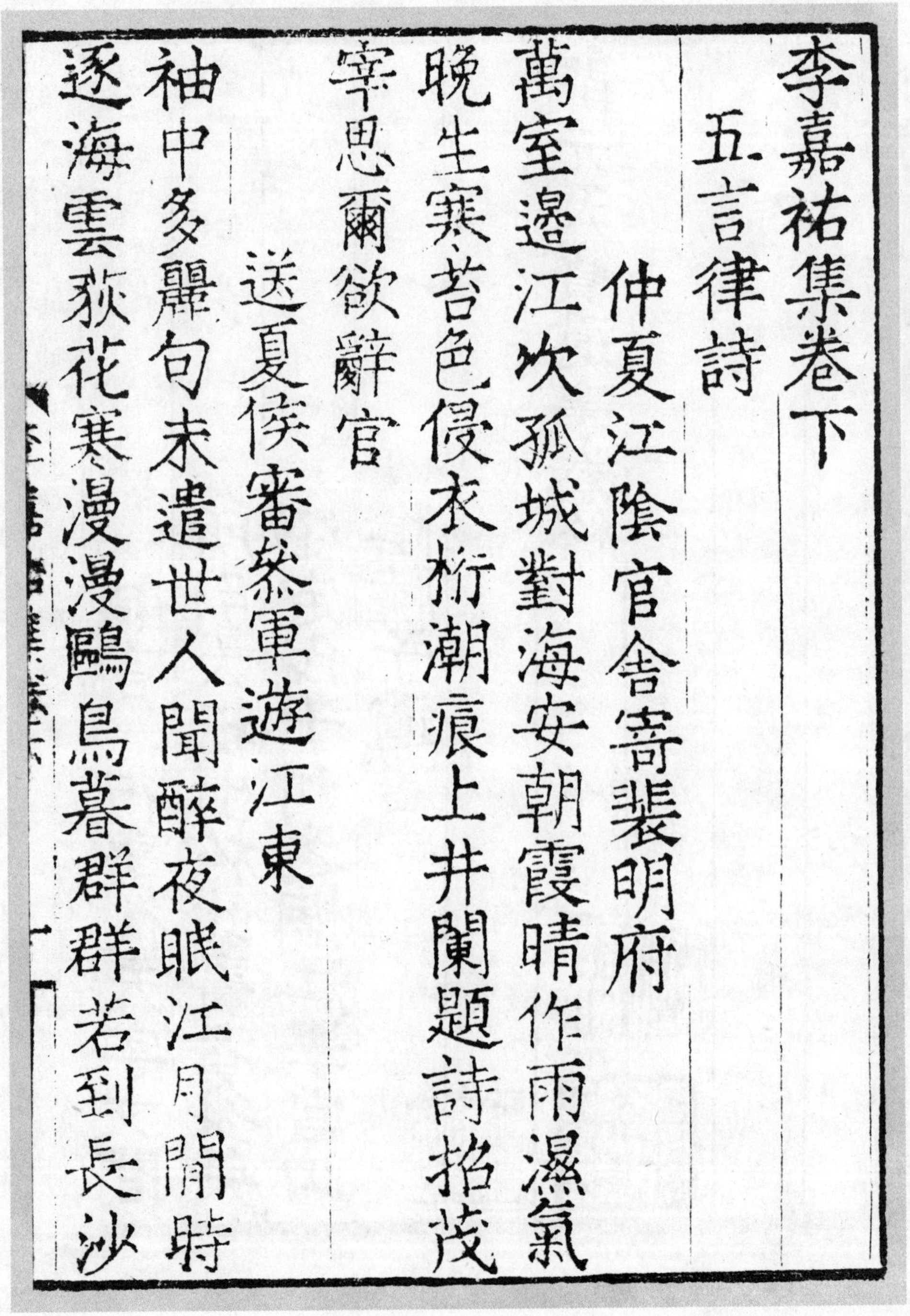
李嘉祐集卷下
五言律詩
仲夏江陰官舍寄裴明府
萬室邊江次孤城對海安朝霞晴作雨濕氣
晚生寒苔色侵衣桁潮痕上井闌題詩招茂
宰思爾欲辭官
送夏侯審參軍遊江東
袖中多麗句未遣世人聞醉夜眠江月閒時
逐海雲荻花寒漫漫鷗鳥暮群群若到長沙

唐許敬宗撰，明銅活字印本。

許敬宗集

賦

麥秋賦應制

臣聞五土異宜四氣分序考宿麥於生類起嚴秋於溽暑翕漸秀於梅風潤岐苗於穀雨于時陽翹總暢陰呂潛生當隆曦之首節韞秋令之初萌雜芸黃於緑野參蕭殺於朱明始自天而下降終因地而斯成疇中氣爽壟際風清引神飈於綺殿指明月於紈扇砌積

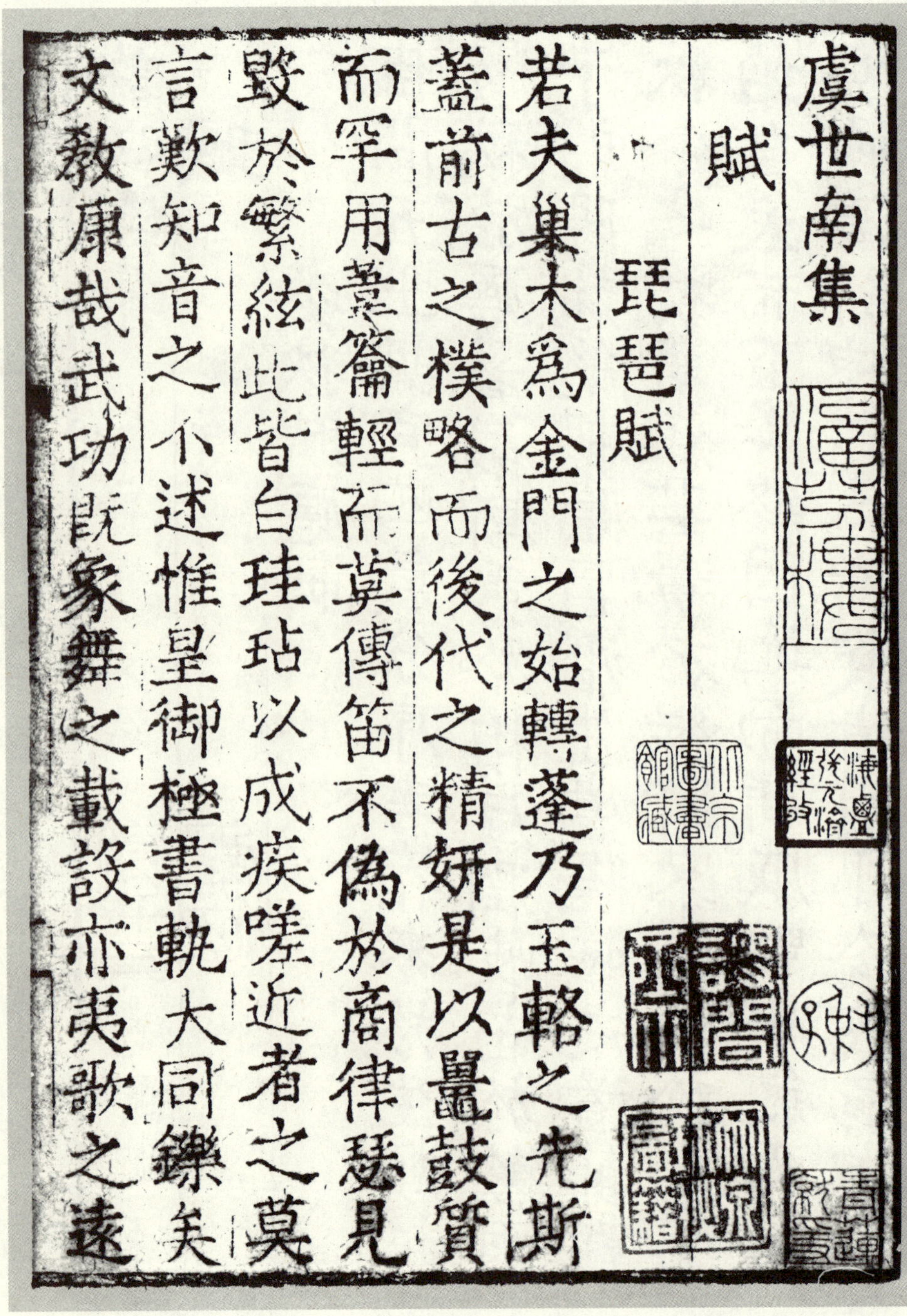
虞世南集

賦

琵琶賦

若夫巢木爲金門之始轉蓬乃玉輅之先斯蓋前古之樸略而後代之精妍是以鼉鼓質而罕用葦籥輕而莫傳笛不僞於商律琴見毀於繁絃此皆白珪玷以成疾嗟近者之莫言歎知音之不述惟皇御極書軌大同鑠矣文教康哉武功既象舞之載設亦夷歌之遠

二六一　虞世南集　唐虞世南撰，明銅活字印本。

李頎集卷下

五言律詩

晚歸東園

荆扉帶郊郭稼穡滿東菑倚杖寒山暮鳴梭秋葉時回雲覆陰谷返景照霜梨澹泊真吾事清風别自兹

送相里造入京

子月過秦正寒雲覆洛城嗟君未得志猶作苦辛行暖酒嫌衣薄瞻風候雨晴春官含笑

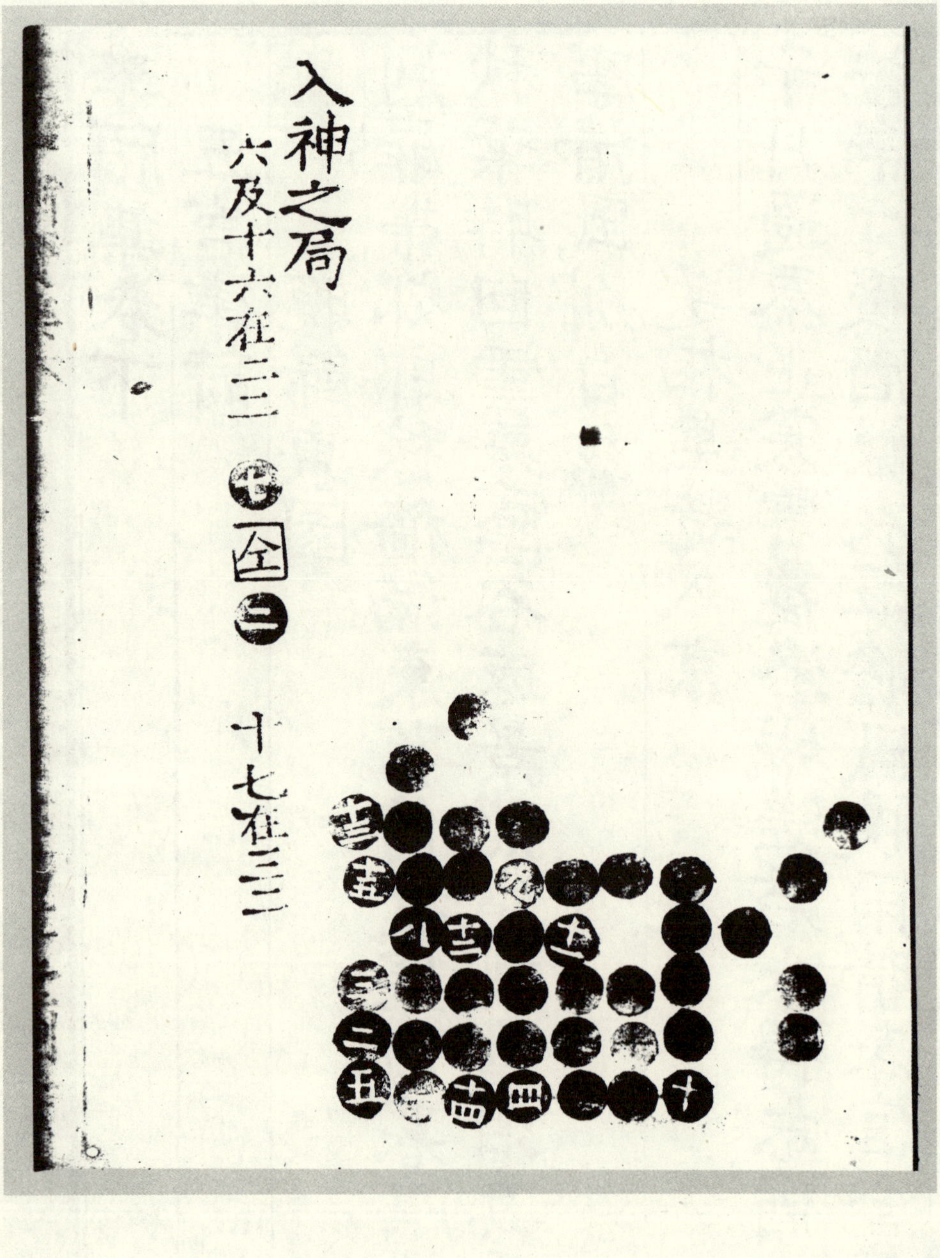

二六三　猶賢集　明汪雲程撰，明嘉靖活字印本。

二六四　黔南類編　明陳善撰，明隆慶五年（1571年）任鏜活字印本。

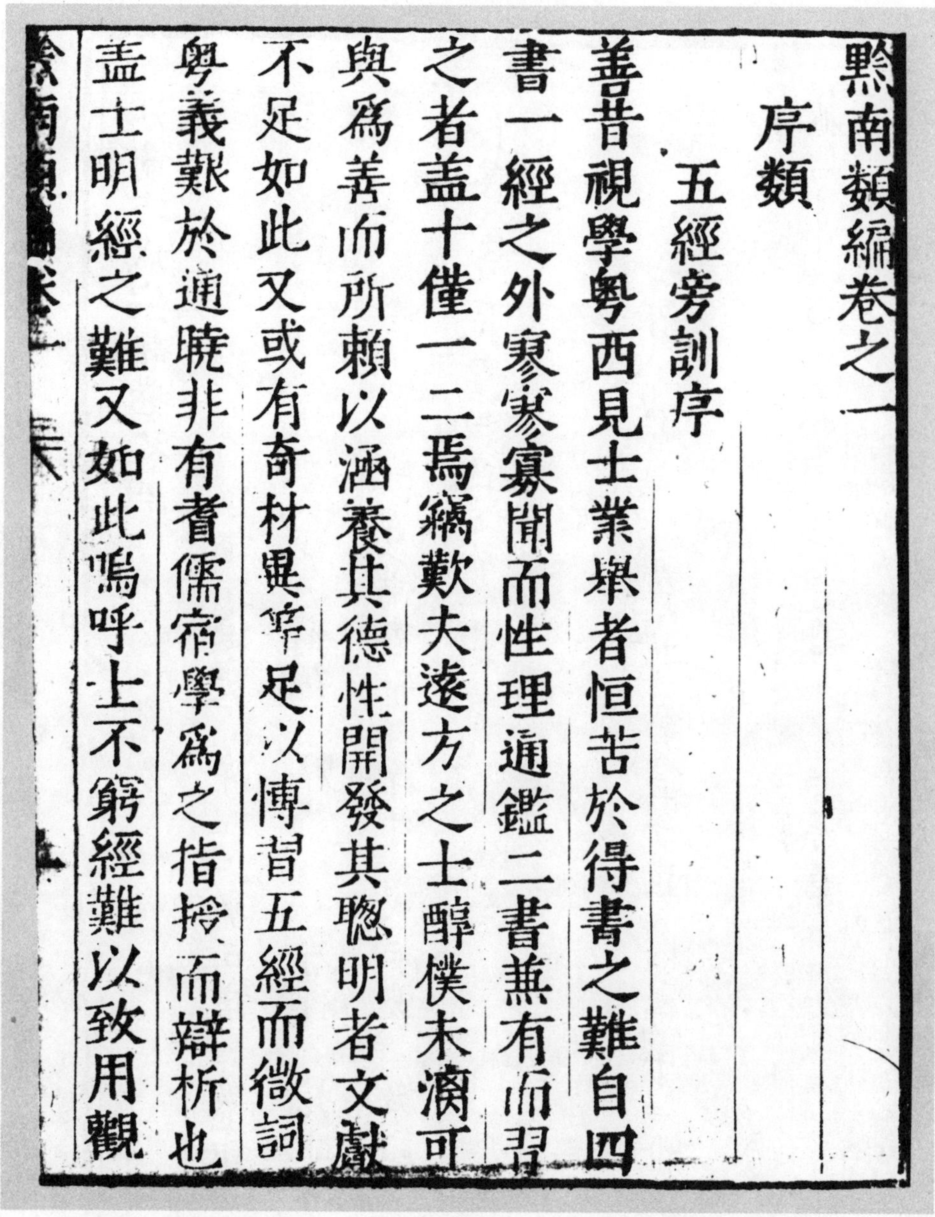
黔南類編卷之一

序類

五經旁訓序

善昔視學粵西見士業舉者恒苦於得書之難自四書一經之外寥寥寡聞而性理通鑑二書兼有而習之者蓋十僅一二焉竊歎夫遠方之士醇樸未漓可與爲善而所賴以涵養其德性開發其聰明者文獻不足如此又或有奇材異質足以博習五經而徵詞奧義艱於通曉非有耆儒宿學爲之指授而辯析也蓋士明經之難又如此嗚呼上不窮經難以致用觀

黔南類編卷一

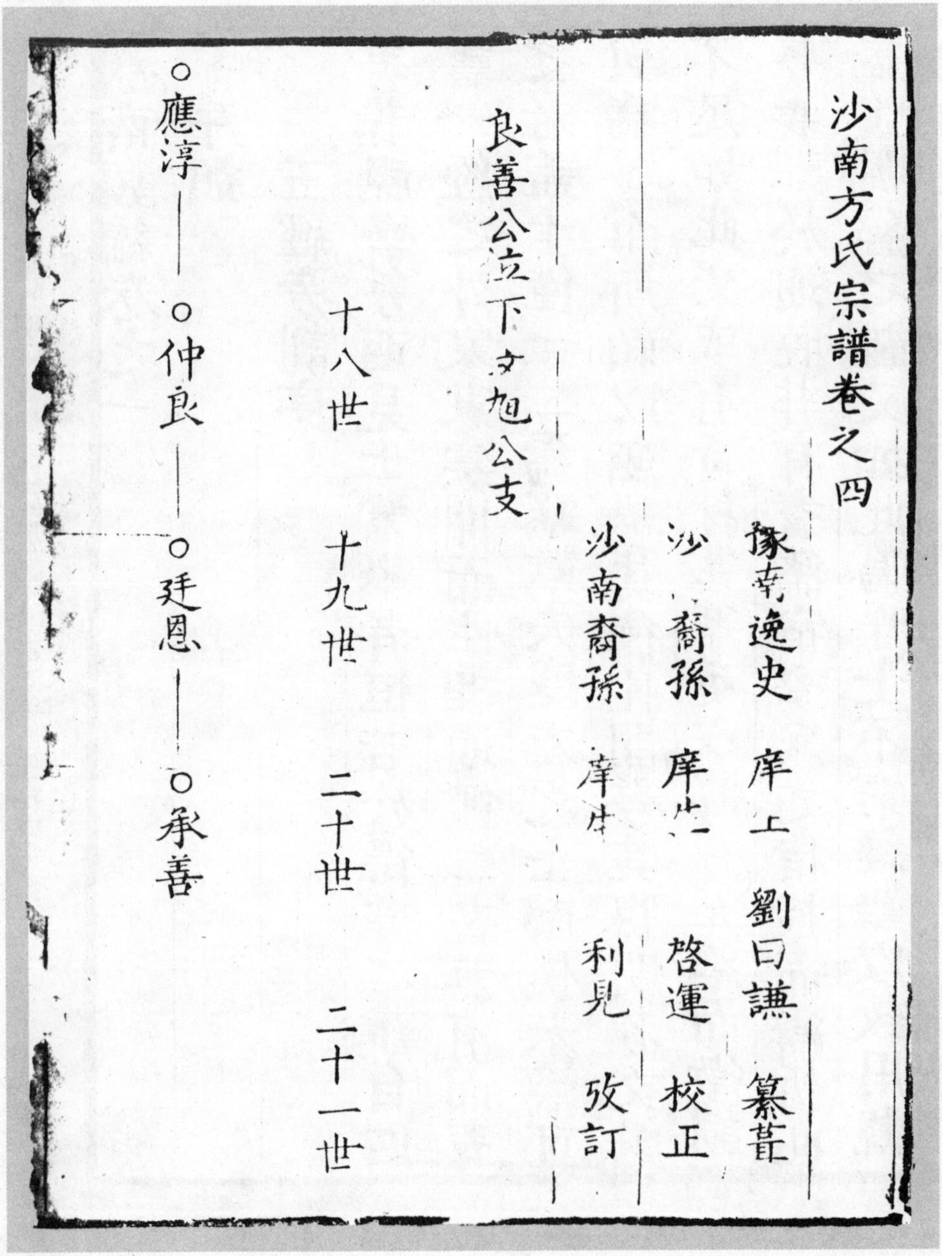
沙南方氏宗譜卷之四

豫章逸史 庠生 劉曰謙 纂葺

沙 裔孫 庠生 啓運 校正

沙南裔孫 庠生 利見 攷訂

良善公立下支旭公支

十八世 十九世 二十世 二十一世

○應淳—○仲良—○廷恩—○承善

二六五 沙南方氏宗譜 明劉曰謙、方啓運纂修，明萬曆三十四年（1606年）活字印本。

二六六　異物彙苑　明閔文振輯，明萬曆活字印本。

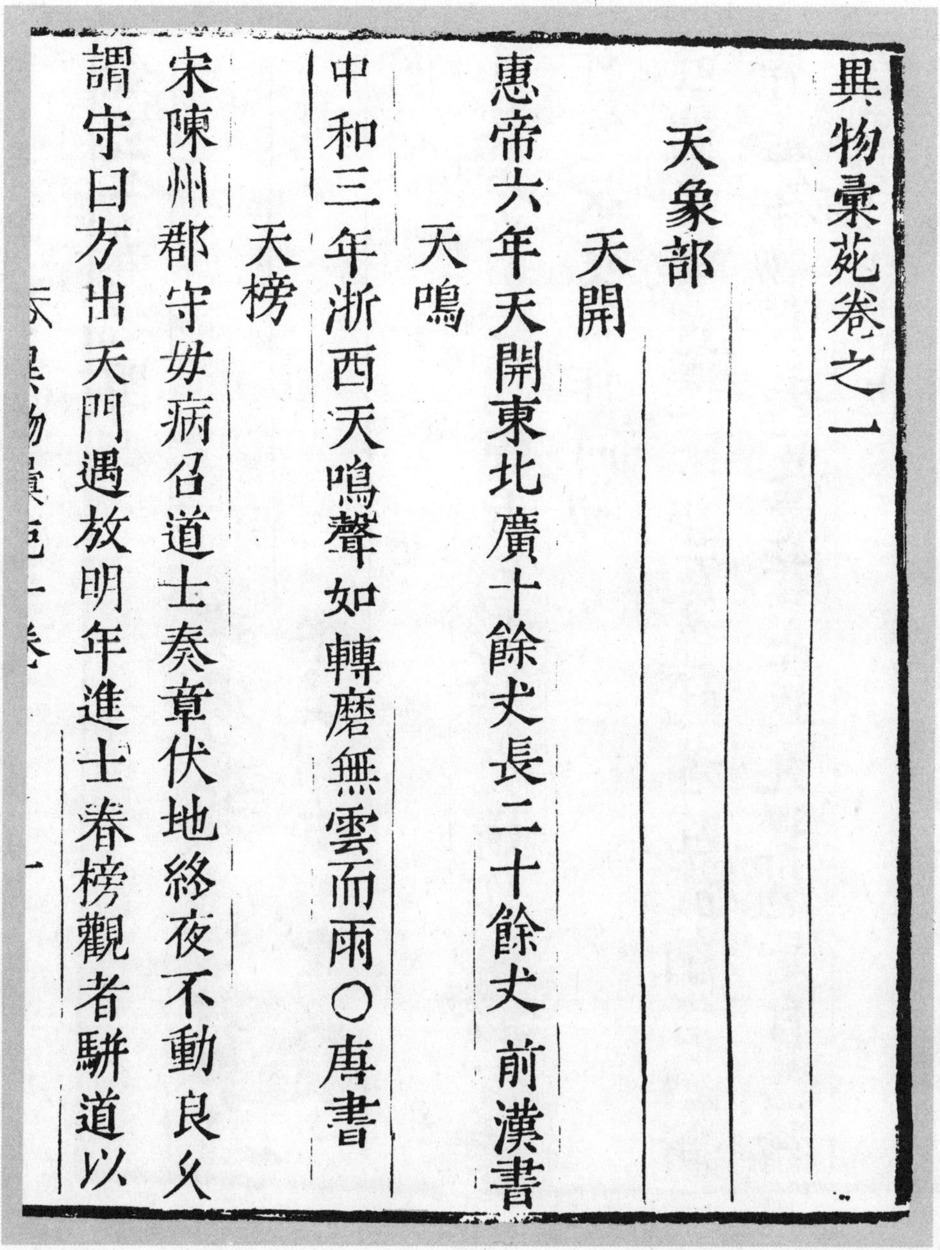
異物彙苑卷之一

天象部

天開

惠帝六年天開東北廣十餘丈長二十餘丈 前漢書

天鳴

中和三年浙西天鳴聲如轉磨無雲而雨○唐書

天榜

宋陳州郡守毋病召道士奏章伏地終夜不動良久

謂守曰方出天門遇放明年進士春榜觀者駢道以

異物彙苑一卷　一

二六七　含玄子　明趙楅生撰，明活字印本。

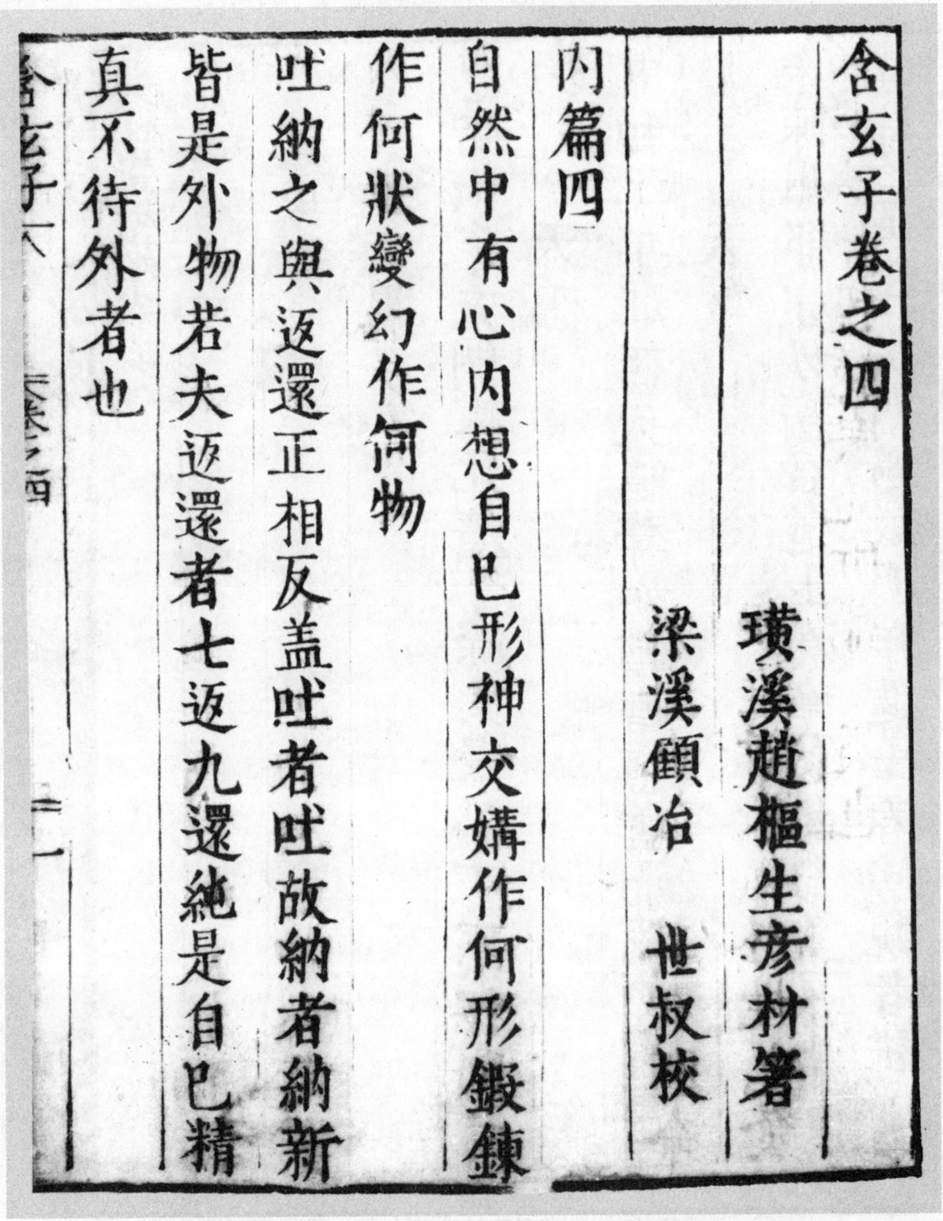

含玄子卷之四

瑻溪趙楅生彥林著

梁溪顧治　世叔校

内篇四

自然中有心内想自巳形神交媾作何形鍛錬作何狀變幻作何物

吐納之與返還正相反盖吐者吐故納者納新皆是外物若夫返還者七返九還絶是自巳精真不待外者也

含玄子　卷之四　一

小字録
成忠郎緝熙殿國史實録院祕書省搜訪陳思纂次
歷代帝王
阿瞞
魏太祖武帝姓曹諱操字孟德漢相國參
之後一名吉利小字阿瞞 魏本紀
寄奴
宋高祖武帝諱裕字德輿小字寄奴姓劉
氏 宋本紀

二六八　小字録　宋陳思輯，明活字印本。

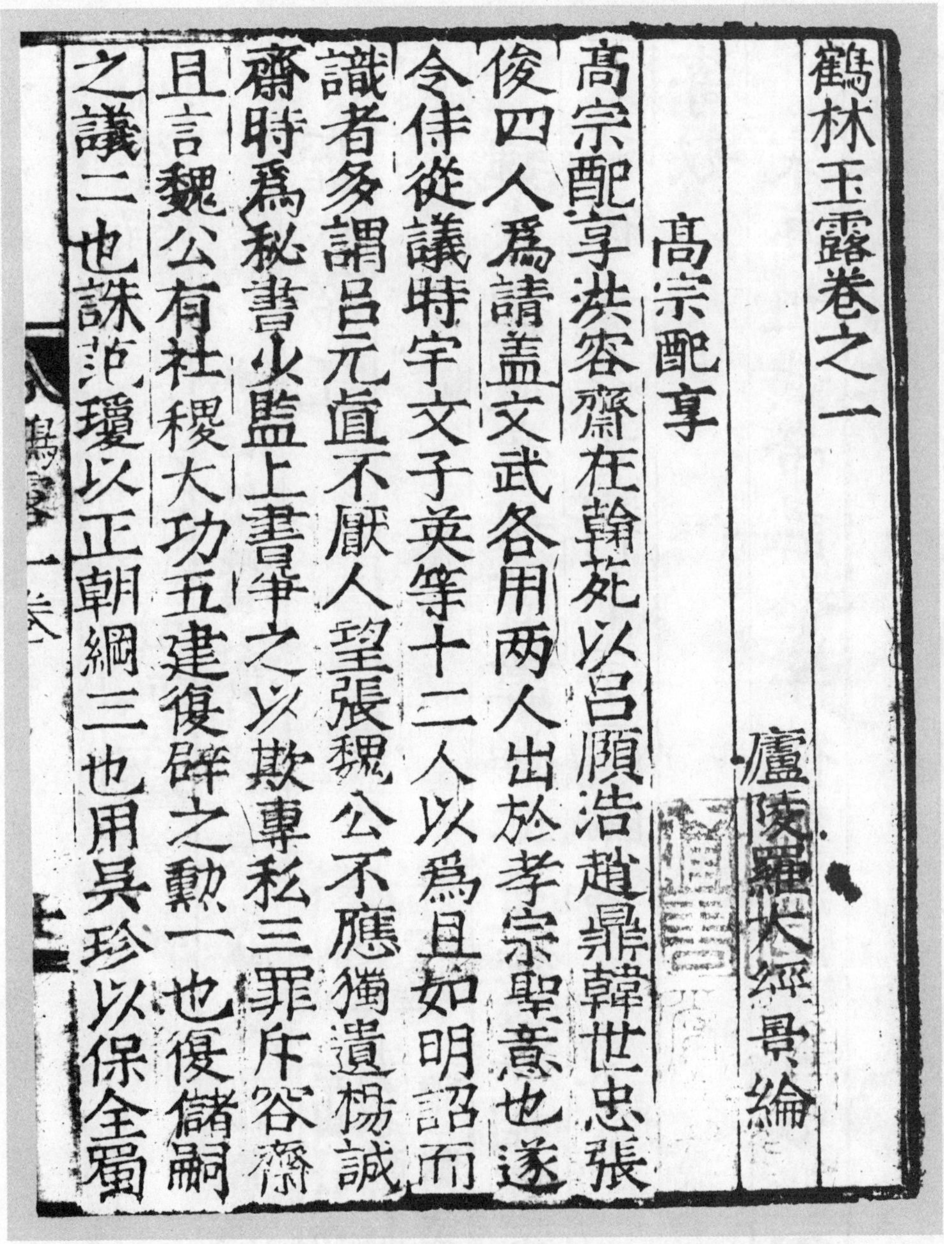
鶴林玉露卷之一
廬陵羅大經景綸
高宗配享
高宗配享洪容齋在翰苑以呂頤浩趙鼎韓世忠張
俊四人為請蓋文武各用兩人出於孝宗聖意也遂
令侍從議時宇文子英等十二人以為且如明詔而
識者多謂呂元直不厭人望張魏公不應獨遺楊誠
齋時為秘書少監上書爭之以欺專私三罪斥容齋
且言魏公有社稷大功五建復辟之勳一也復儲嗣
之議二也誅范瓊以正朝綱三也用吴玠以保全蜀

二六九　鶴林玉露　宋羅大經撰，明活字印本。

柴桑問答卷之十九

藝術部

或曰朱泚眉分九聚相者告以太貴信之卒以逆誅豈相不足恃耶予曰人相書云有心無相相逐心生有相無心相隨心滅斯有味乎言之也裴度以還帶而易其相是矣安禄山足有黑子與張韓公同吳元濟鼻長六寸山首燕頷當時咸謂貴相乃背主而逆謀卒以殺身相隨心滅詎不信夫

二七一　石居士詩刪　明石崑玉撰，明末活字印本。

石居士詩刪上卷

黄梅無着居士石崑玉著

五言古

燈市

燈市百貨叢類聚遝分局櫟沓掩塵埃夸篷象山谷波斯細舉名最下亦珠玉滿城恣意觀履舄時交觸側肩趁友朋轉盼遺儔侶樓上樓下人徙倚自相矚重器與嬌容回環日不足倘非挾厚藏焉用空馳逐惟我獨閑行煇煌聊飽目佻佻白面郎囊裏金如粟訪古并探奇呼來隨手掬買以屭欺愚或將鼠作璞

石居士詩刪　上卷　十

柒　版畫套印本

二七二　歷代古人像贊　明弘治十一年（1498年）刻本。

鍥重訂出像註釋節孝記題評

上卷節部賦歸記

下卷孝部陳情記

唐氏世德堂梓

二七三　鍥重訂出像注釋節孝記　明高濂撰，明唐氏世德堂刻本。（之一）

夫婦問寢

淵明赴任

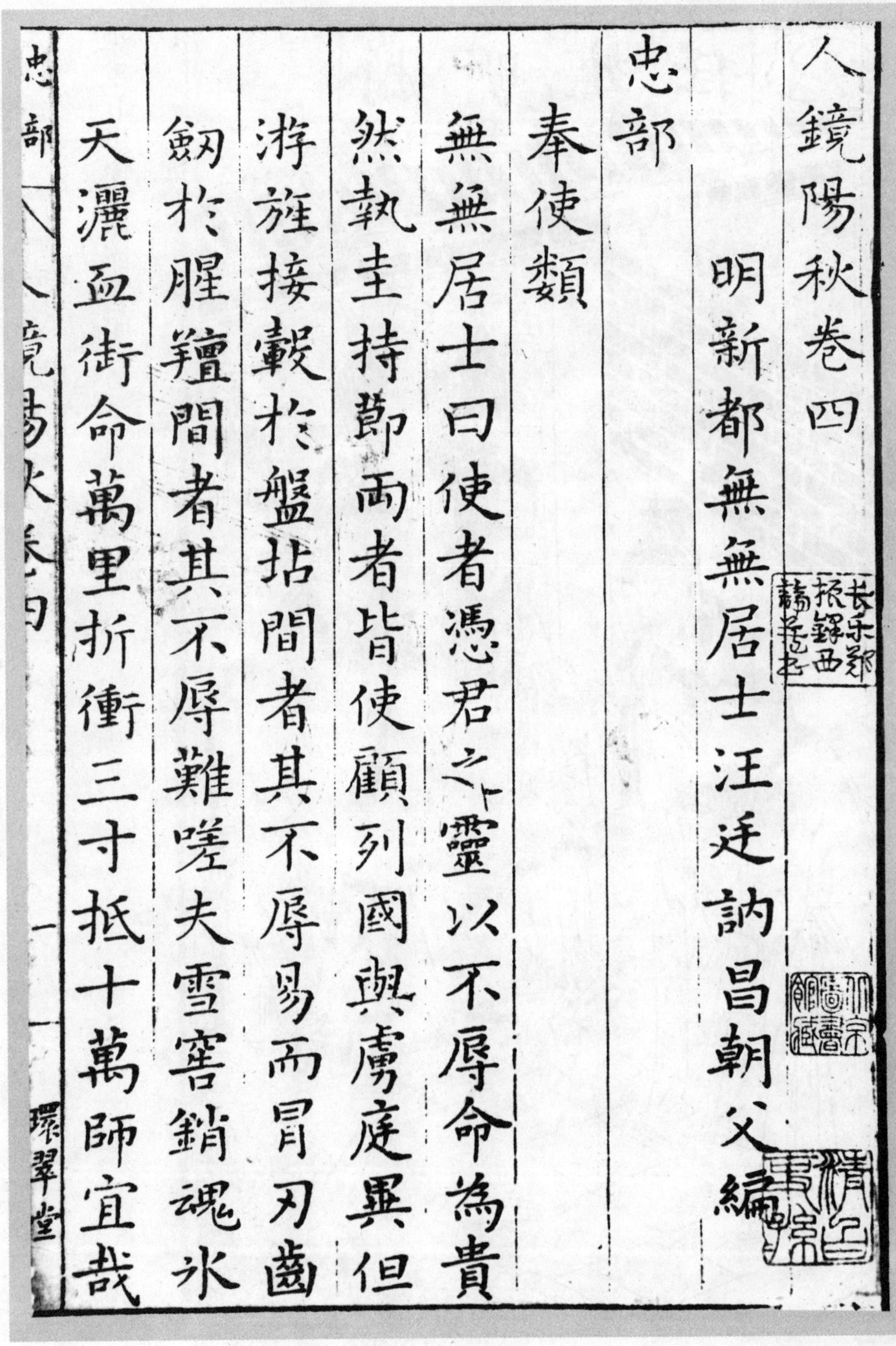
人鏡陽秋卷四
明新都無無居士汪廷訥昌朝父編
忠部
奉使類
無無居士曰使者憑君之靈以不辱命為貴然執圭持節而者皆使顧列國與虜庭異但游旌接轂於盤坫間者其不辱易而冒刃齒劍於腥羶間者其不辱難嗟夫雪窖銷魂氷天灑血銜命萬里折衝三寸抵十萬師宜哉
忠部 人鏡陽秋卷四 一 環翠堂

二七四 人鏡阳秋 明汪廷訥撰，明万曆二十七年（1599年）汪氏環翠堂刻本。（之一）

人鏡阳秋（之二）

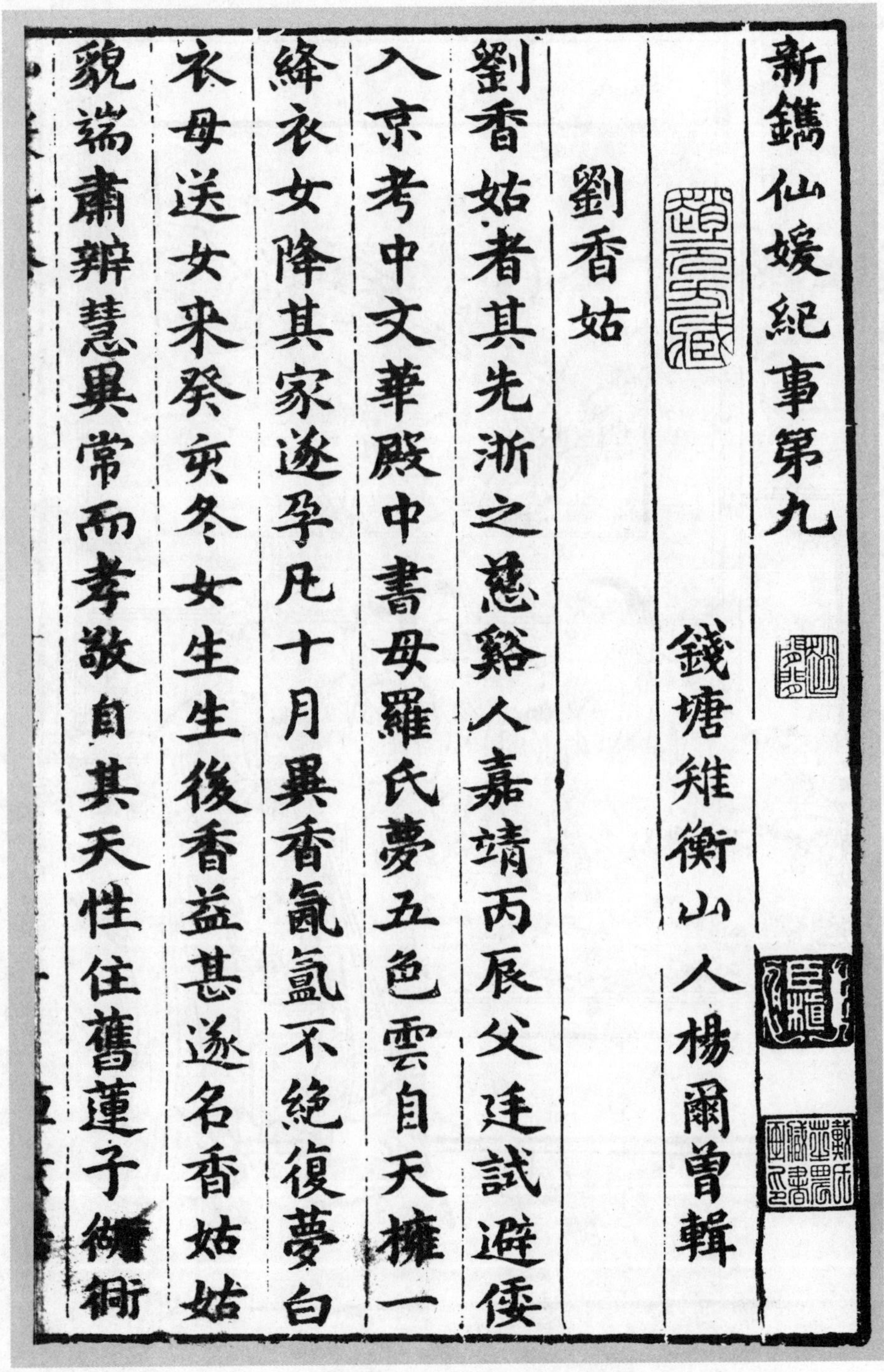
新鐫仙媛紀事第九

錢塘雉衡山人楊爾曾輯

劉香姑

劉香姑者其先浙之慈谿人嘉靖丙辰父廷試避倭入京考中文華殿中書母羅氏夢五色雲自天擁一絳衣女降其家遂孕凡十月異香氤氳不絕復夢白衣母送女来癸亥冬女生生後香益甚遂名香姑姑貌端肅辨慧異常而孝敬自其天性住舊蓮子衚衕

二七五　新鐫仙媛紀事　明楊爾曾撰，明萬曆三十年（1602年）草玄居自刻本。（之一）

新鐫仙媛紀事（之二）

新鐫仙媛紀事（之三）

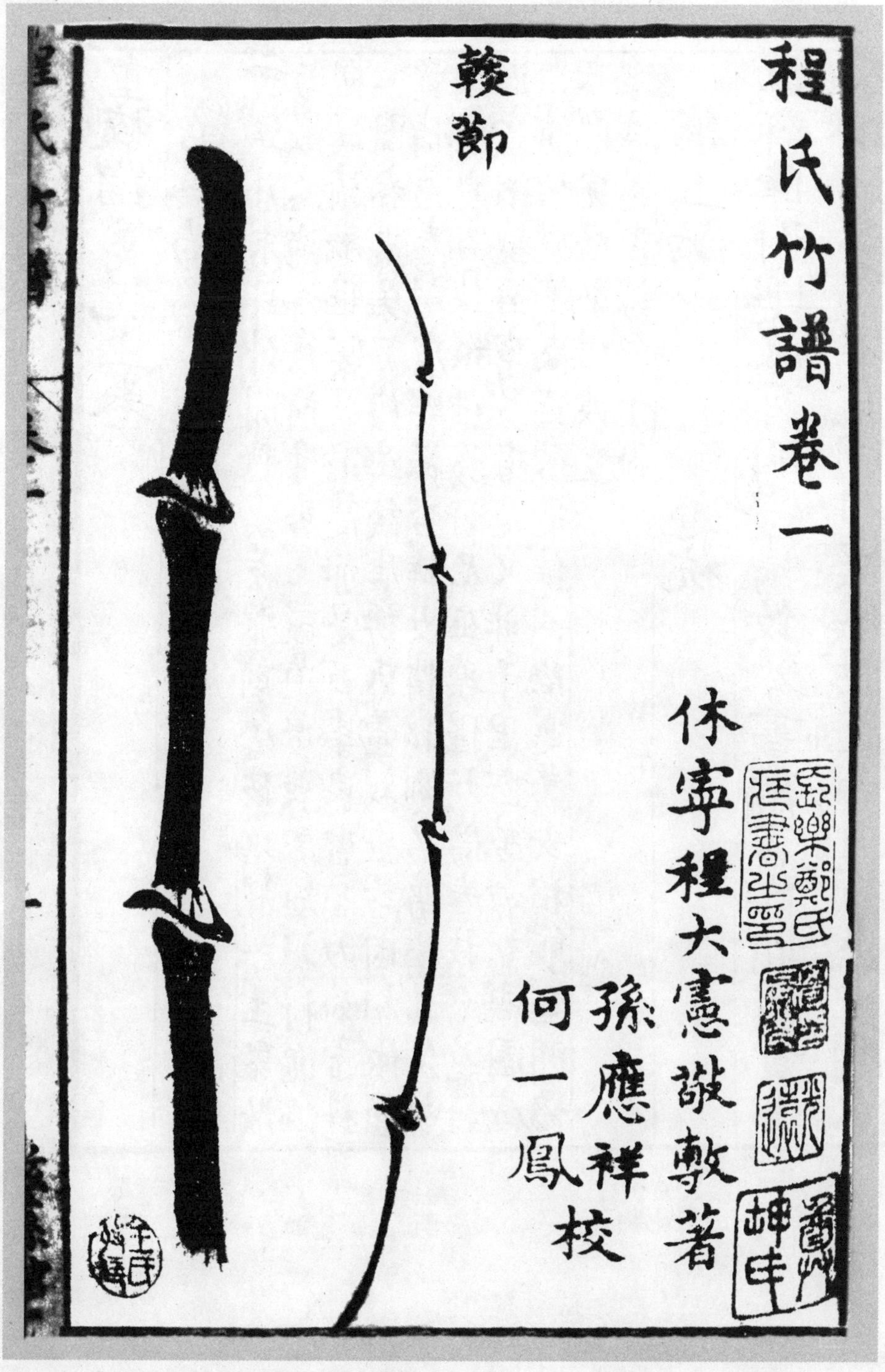

程氏竹譜卷一

休寧程大憲諔敷著

孫應祥

何一鳳校

二七六　程氏竹譜　明程大憲撰，明万曆三十六年（1608年）程氏滋荪馆刻本。

重校錦箋記上卷

第一齣　家門

（西江月）（末）身外閒愁莫惹眼前聲伎堪規一生聚散與歡悲消滑簷前寸晷　謾道夢長夢短總將傀儡搬提清歌雅宴且追隨亦是百年良會（問內如常科）

（沁園春）（末）吳下梅生錢唐柳氏萱親世誼因相依登覽情惹春詞虔婆撮合侍女傳私鄰君靈學日久心期堅貞百伎縱難移奸尼巫藥僅折借春枝遊嬉漏洩微機好事多磨是又非千里空勞命駕杏園感泣趙公戲筆齣錄曾題佳人陷選義女捐軀金門協奏賜完婦歌嘻彼室家咸遂晝錦樂于飛

第二齣　遊杭

（破齊陣引）（生上）風月烟霞情致琴書熏茗襟期富貴雲如功名夢耳畢竟同親螻蟻拈花弄月須乘少問水

錦箋記　上卷一

二七七　重校錦箋記　明周履靖撰，明萬曆三十六年（1608年）陳氏繼志齋刻本。（之一）

重校錦箋記（之二）

二七八　素园石谱　明林有麟撰，明萬曆四十一年（1613年）自刻本。

俠音協

鸚鵡洲卷上

開場

浙汜　任誕軒　編

［滿庭芳］京兆韋郎。漢陽姜俠。樽前立贈紅顏。愆期墜命。爭羨玉簫賢。因理青城獵狩。聞消耗。痛殺詩篇。尋方士。輪迴攝召。缺月再團圓。　勳名當此際。薛濤艷冶。金榼留連。但蒐鎖縹緲。夢逐鸚鵡。六十封王拜相。盧八座薦女賓筵。看指上。玉環隱起。兩世好姻緣。

鸚鵡洲（之二）

鸚鵡洲（之三）

二八〇　方氏墨譜　明方于魯撰，明萬曆方氏美蔭齋刻本。（之一）

方于魯墨譜引

方于魯舍儁而攻墨故以墨擅塲不為
厚利而為名高故舉室務專攻而不貳
價頃丰傾九牧特㒳龐褒賸以此名家
不啻隋侯穌氏族賈與目而鼠腊亦將
稱照乘而冒連城試之不必其中程售

雎鳩

二八一　新刻出像增補搜神記　明萬曆唐氏富春堂刻本。（之一）

新刻出像增補搜神記卷之一

金陵三山對溪唐富春校梓

目録

西王母

二八三　新鍥京本校正按鑒演義全像三國志傳

元羅本撰，明書林熊沖宇種德堂刻本。

靈帝登位青蛇繞殿

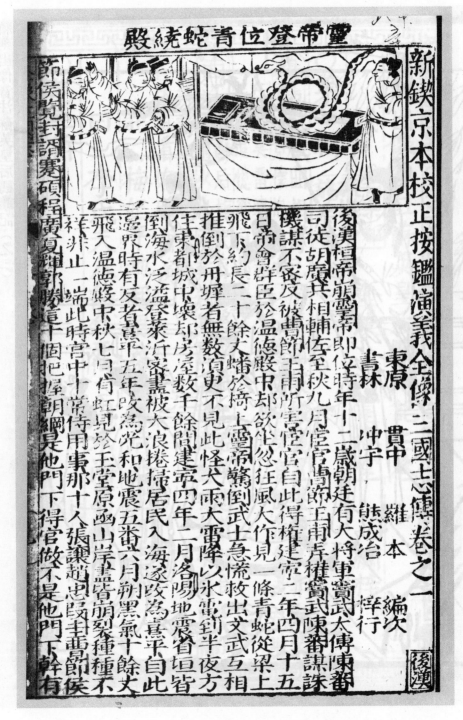

新鍥京本校正按鑑演義全像三國志傳卷之一

東原　貫中　羅本　編次

書林　沖宇　熊成台　梓行

後漢桓帝崩靈帝即位時年十二歲朝廷有大将軍竇武太傅陳蕃司徒胡廣共相輔佐至秋九月宦官曹節王甫弄權竇武陳蕃謀誅機謀不密反被曹節王甫所害宦官自此得權建寧二年四月十五日帝會群臣於温德殿中卻欲升坐忽狂風大作見一條青蛇從梁上飛下約長二十餘丈蟠於椅上靈帝驚倒武士急慌救出文武互相推倒於丹墀者無数須臾不見此怪大雨大雷降以冰雹到半夜方住東都城中壞却房屋数千餘間建寧四年二月洛陽地震省垣皆倒海水泛溢登萊沂密盡被大浪捲掃居民入海遂改為熹平自此邊界時有反者熹平五年改為光和地震五番六月朔黑氣十餘丈飛入温德殿中秋七月有虹見於玉堂原函山岸盡皆崩裂種種不祥非止一端此時宮中十常侍用事那十人張讓趙忠段圭曹節侯節侯覽封諝蹇碩程曠夏惲郭勝這十個把握朝綱是他門下得官做不是他門下幹有

後漢

誕音但

囹音零

圄音余

囑音欲

新刻出相點板八義雙盃記

秦淮墨客　校正

唐振吾　刊行

第一齣　家門始末

〔鷓鴣天〕（末）百歲流光蹟裡馳。等閑青鬢易成絲。尊前助樂頻呼酒。總下怡情謾綴詞。因事跡。費心思。離合悲歡要得宜。謹按傳奇非妄誕。擬同樂府並相推。

〔水調歌頭〕（末）英彥張廷秀。僑寓[illegible]遇凶飢。父子苦無生計。雕刻度艱危。幸遇王公收録。爲子更行招贅。閤室受恩私。趙昂懷不憤。誣盜困囹圄。毋賠贓。囑褚客。

新刻出像點板八義雙杯記（之二）

二八五　新刊校正全相音釋折桂記　題秦淮墨客校正，明唐氏廣慶堂刻本。（之一）

齣音出

灝音浩

新刊校正全相音釋折桂記上卷

秦淮墨客　校正

唐氏振吾　梓行

第一齣　開場統略

〔水調歌頭〕青春能有幾。白髮遞相催。逢時對景行歡咲處是便宜。且把眉頭展放。大抵功名事業。天運不差池。榮枯皆有定。何必苦追隨。（末問内介）且問後房子弟、今日搬演誰家故事、那本傳奇（内應介）梁氏父子傳臚記（末）原来是這一本傳奇、待小子畧道幾句家門、便見戲文始終大意、

〔沁園春〕梁灝書生。王梅淑女。天緣註合。遠隔遐荒。女

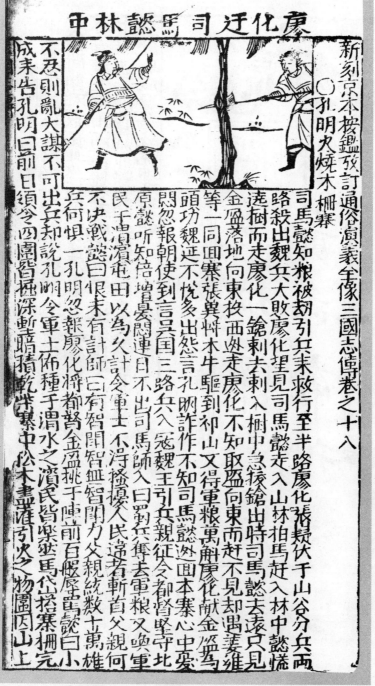

新刻京本按鑑攷訂通俗演義全像三國志傳卷之十八

〇孔明火燒木柵寨

廖化赶司馬懿林中

司馬懿知粮被劫引兵来救行至半路廖化張翼伏于山谷分兵兩路殺出魏兵大敗廖化望見司馬懿走入山林拍馬赶入林中懿慌遶樹而走廖化一鎗刺去刺入樹中急拔鎗出時司馬懿去遠只見金盔落地向東投西迯走廖化不知取盔向東而赶不見却遇姜維等一同迴寨張翼將木牛驅到祁山又得軍粮萬斛廖化獻金盔為頭功魏廷不悦多出怨言孔明詐作不知司馬懿迯回本寨心中憂悶忽報朝使到言呉国三路兵入寇魏王引兵親征令都督堅守北原懿听知倍增憂悶連日不出司馬師入曰蜀兵奪去軍粮又與軍民于渭濵屯田以為久計令軍士不得搔擾人民違者斬首父親何不决戰懿曰恨未有計師曰有智問智無智問力父親統數十萬雄兵何惧一孔明忽報廖化將都督金盔挑于陣前百般辱罵懿曰小不忍則亂大謀不可出兵却說孔明令軍士佈種于渭水之濵民皆樂從馬岱搭寨栅完成来告孔明曰前日須令四圍皆掘深塹暗積乾柴寨中松木盡灌引火之物圍因山上

□霸業西王在天府嗚呼三載道非遐白帝託孤堪痛
天補何期歷數在此終長星半夜落天塢姜維獨憑胆氣高
分兵進漢室山河盡屬曹丕叡芳髦纔及奐司馬又將天下
下與波濤陳晉歸命與安樂王侯公爵從根苗紛紛生
三分已成夢一統乾坤屬晉朝

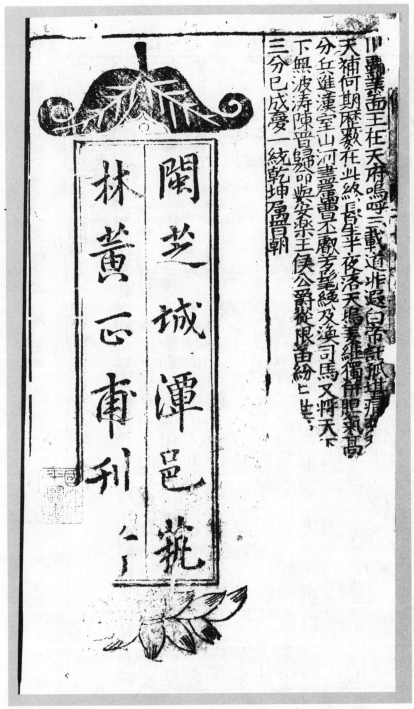

閩芝城潭邑藝
林黃正甫刊行

二八七　酒牌　明刻本。（之一）

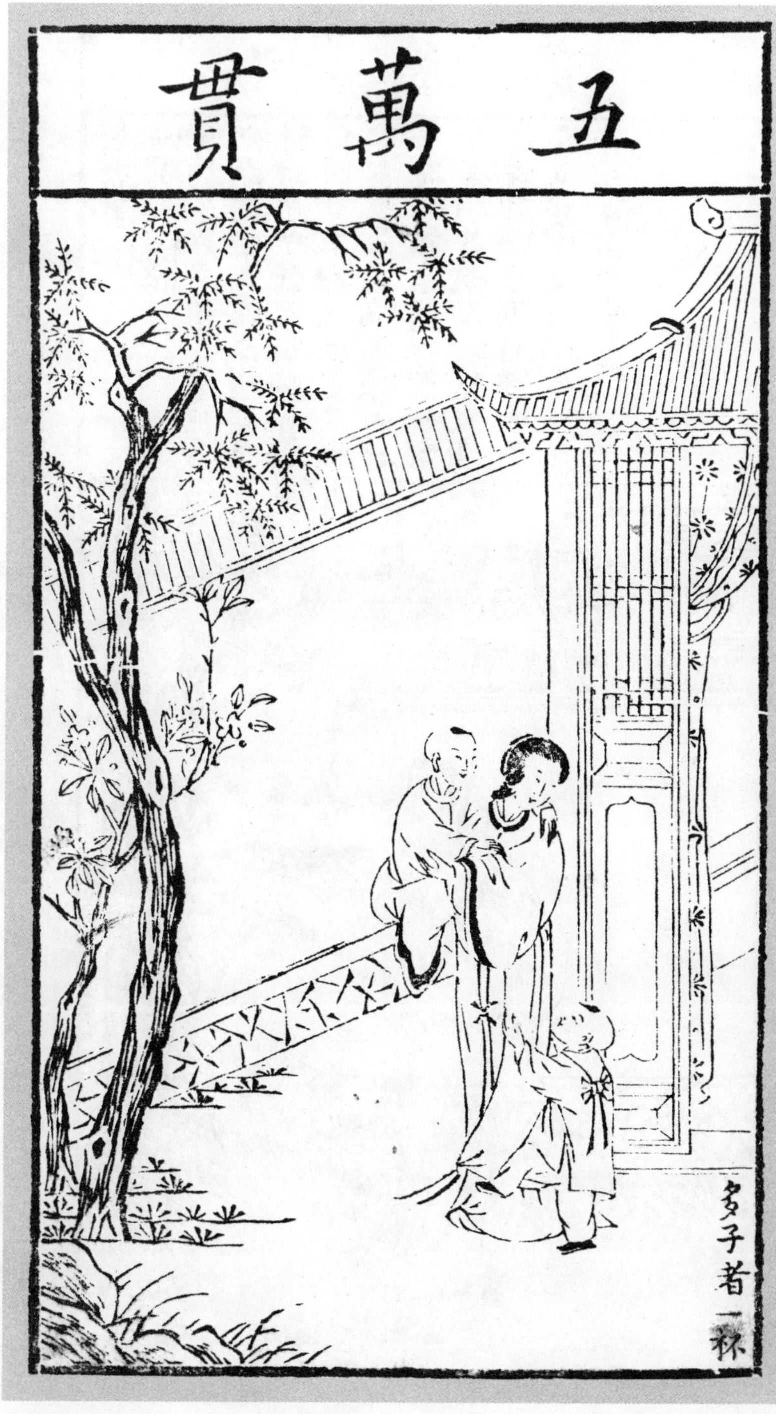

九萬貫
紅拂記
二犯江兒水
重門朱戶早辦了重門朱
戶深關空自鎖正瓊樓罷
舞綺席停歌改新粧尋鸞
侶西日不揮戈三星又散
途窮歎偷過鵲橋銀河攔
兵符怕誰來問取魏姬竊
符分明是魏姬竊符雞鳴
潛渡討得雞鳴潛渡聽更
籌文樓中漏下銅壺
詠窩者飲

二八八　重刻元本題評音釋西廂記（之一）　元王德信、關漢卿撰，余瀘東校正，明書林喬山堂劉龍田刻本。

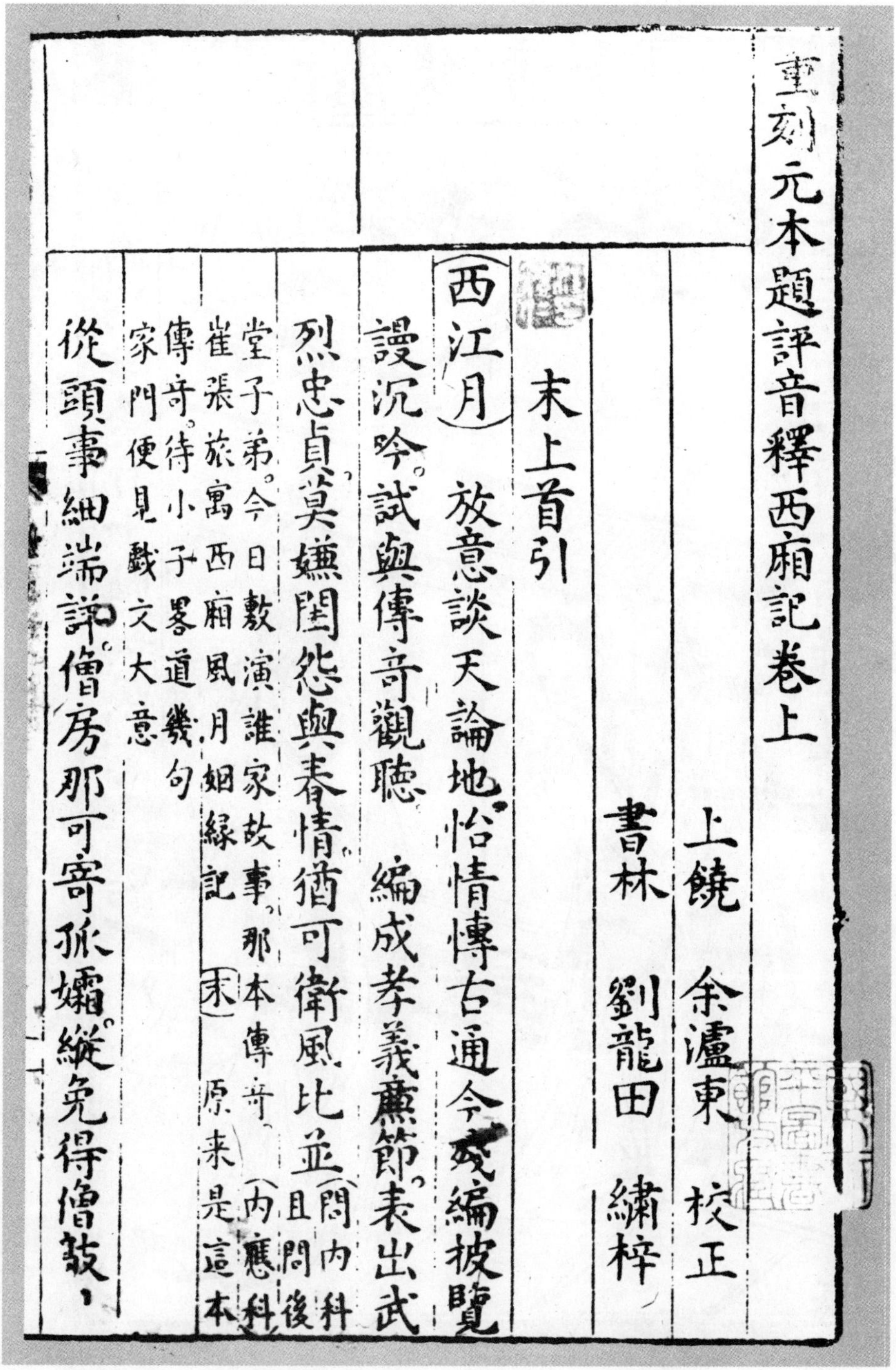
重刻元本題評音釋西廂記卷上
上饒　余瀘東　校正
書林　劉龍田　繡梓
末上首引
（西江月）放意談天論地怡情愽古通今戏編披覽
謾沉吟試與傳奇觀聽編成孝義廉節表出武
烈忠貞莫嫌閨怨與春情猶可衛風比並（問內科）且問後
堂子弟今日敷演誰家故事那本傳奇（內應科）
崔張旅寓西廂風月姻緣記（末）原來是這本
傳奇待小子畧道幾句
家門便見戯文大意
從頭事細端詳僧房那可寄孤孀縱免得僧敲

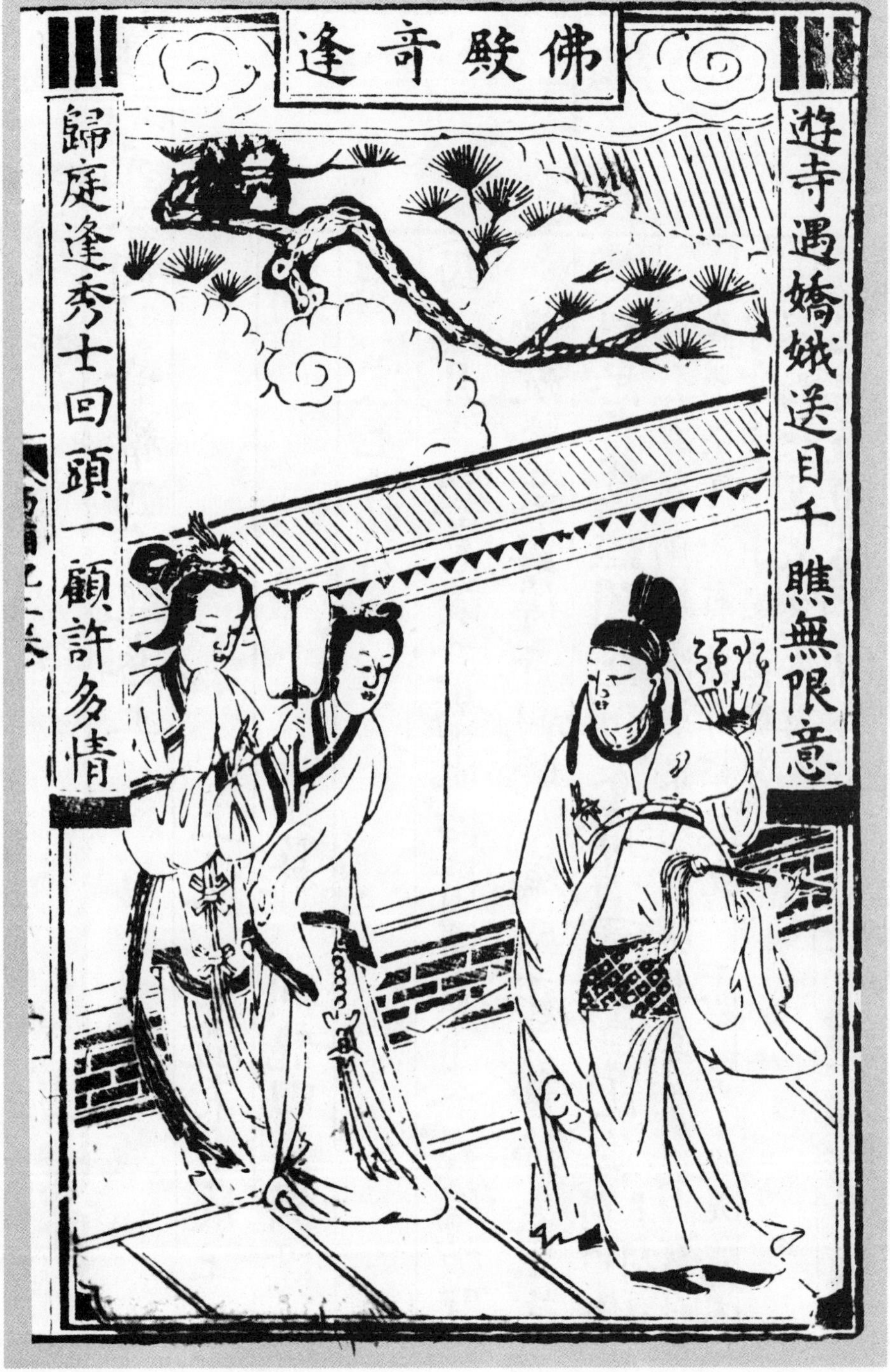
佛殿奇逢
遊寺遇嬌娥送目千瞧無限意
歸庭逢秀士回頭一顧許多情

紅梨花記卷上

書林素卿楊居寀梓

第一齣　末上

【奔春風】春風淡淡影悠悠，一船絲竹載涼州，酒邊舊侶真何遜，雲裏新聲是莫愁，無限世機歇處息，許多身計醉時休，晴中一睇星霜換，昨日少年今白頭。

問答照常科

【滿庭芳】君牧才華，金蓮佳麗，詩名遠播齊芳，梨花寄咏，雨下惹情長，驀地風波拆散，逢良友巧把春藏，名

紅梨花記上　乙

紅梨花記（之二）

紅梨花記上

四十八

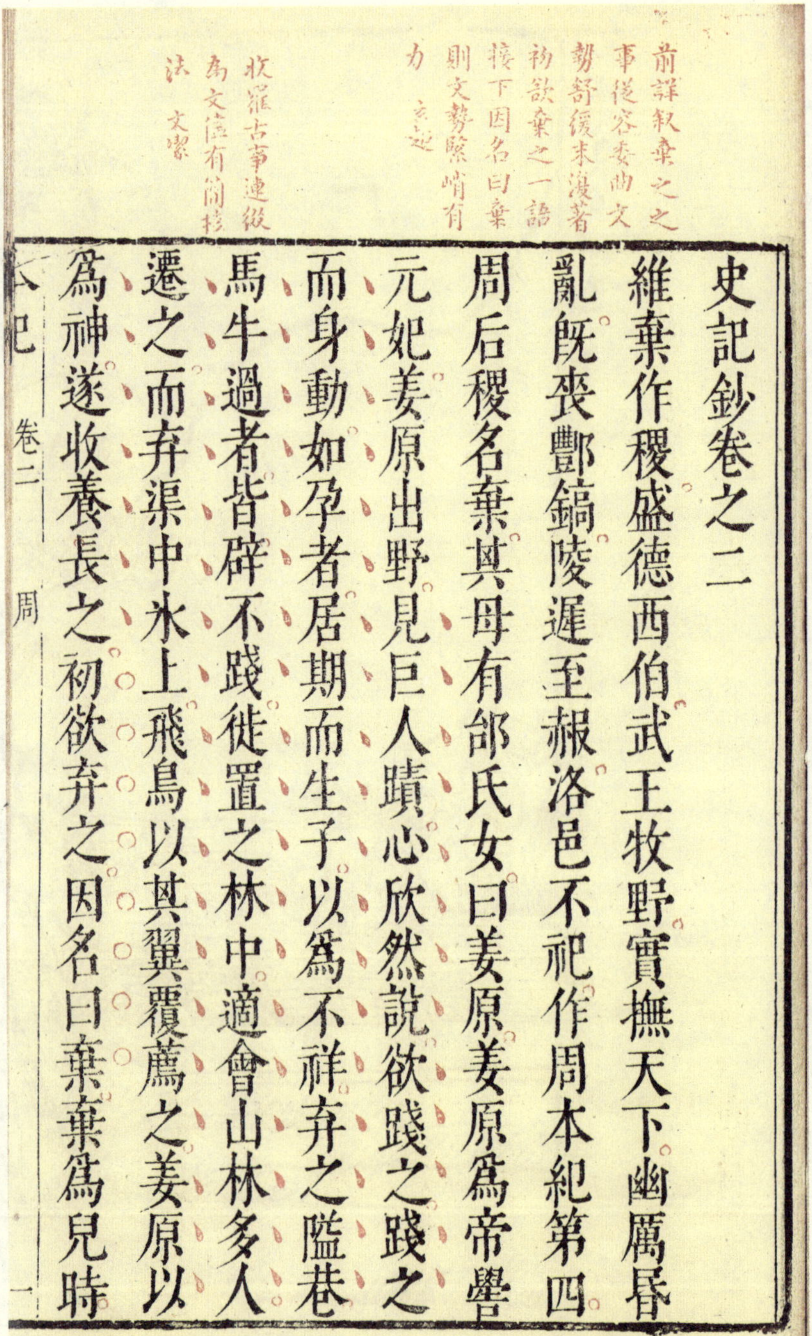

前詳叙棄之之事從容委曲文勢舒緩末復著初欲棄之一語接下因名曰棄則文勢陡峭有力 玄超

收羅古事連綴為文簡有簡接法 文潔

史記鈔卷之二

維棄作稷盛德西伯武王牧野實撫天下幽厲昬
亂旣喪酆鎬陵遲至赧洛邑不祀作周本紀第四
周后稷名棄其母有邰氏女曰姜原姜原爲帝嚳
元妃姜原出野見巨人跡心欣然說欲踐之踐之
而身動如孕者居期而生子以爲不祥弃之隘巷
馬牛過者皆辟不踐徙置之林中適會山林多人
遷之而弃渠中氷上飛鳥以其翼覆薦之姜原以
爲神遂收養長之初欲弃之因名曰棄棄爲兒時

史記 卷二 周 一

二九〇 史記鈔 明茅坤編，閔振業集評，明泰昌元年（1620年）閔振業刻套印本。

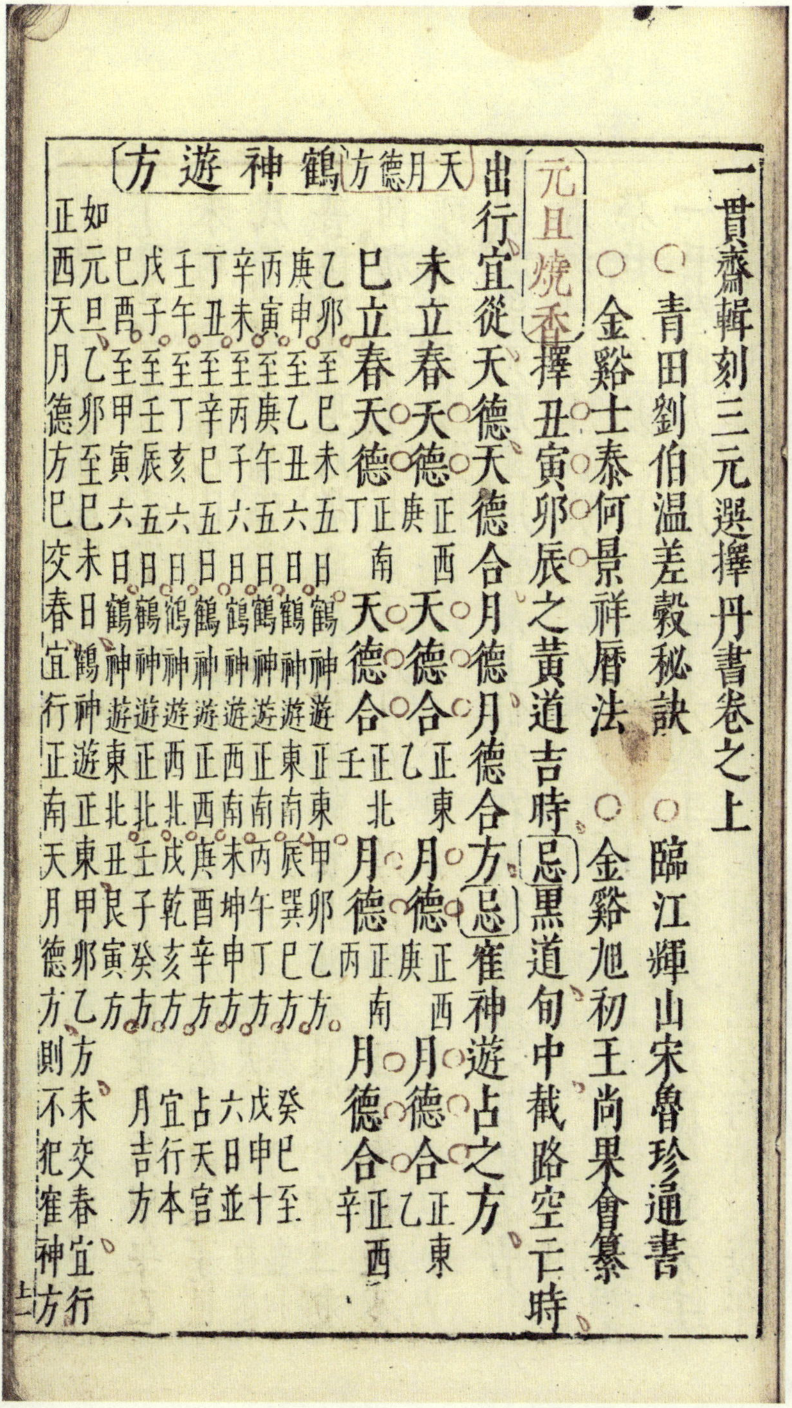

一貫齋輯刻三元選擇丹書卷之上

青田劉伯温差穀秘訣　臨江輝山宋魯珍通書

金谿士泰何景祥曆法　金谿旭初王尚果會纂

元旦燒香　擇丑寅卯辰之黃道吉時　忌黑道旬中截路空亡下時

出行宜從天德天德合月德月德合方　忌雀神遊占之方

未立春天德庚正西　天德合乙正東　月德庚正西　月德合乙正東

已立春天德丁正南　天德合壬正北　月德丙正南　月德合辛正西

天月德方

鶴神遊方

乙卯至巳未五日鶴神遊正東甲卯乙方

庚申至乙丑六日鶴神遊東南辰巽巳方

丙寅至庚午五日鶴神遊正南丙午丁方

辛未至丙子六日鶴神遊西南未坤申方

丁丑至辛巳五日鶴神遊正西庚酉辛方

壬午至丁亥六日鶴神遊西北戌乾亥方

戊子至壬辰五日鶴神遊正北壬子癸方

己酉至甲寅六日鶴神遊東北丑艮寅方

癸巳至戊申十六日並占天宮宜行本月吉方

如元旦乙卯至巳未日鶴神遊正東甲卯乙方未交春宜行正西天月德方巳交春宜行正南天月德方則不犯雀神方

二九一　一貫齋輯刻三元選擇丹書

明王尚杲撰，明天啓元年（1621年）金陵一貫齊刻套印本。

附錄
嵇康詩云翩翩鳳轄逢此網羅

續齊諧記

梁吳均

○金鳳凰

漢宣帝以皁蓋車一乘賜大將軍霍光悉以金鋑具至夜車轄上金鳳凰輒亡去莫知所之至曉乃還如此非一守車人亦嘗見後南郡黃君仲北山羅鳥得鳳凰入手即化成紫金毛羽冠翅宛然具足可長尺餘守車人列上云今月十二日夜車轄

二九三　毛詩振雅

明張元芳、魏浣初撰，明版築居刻套印本。

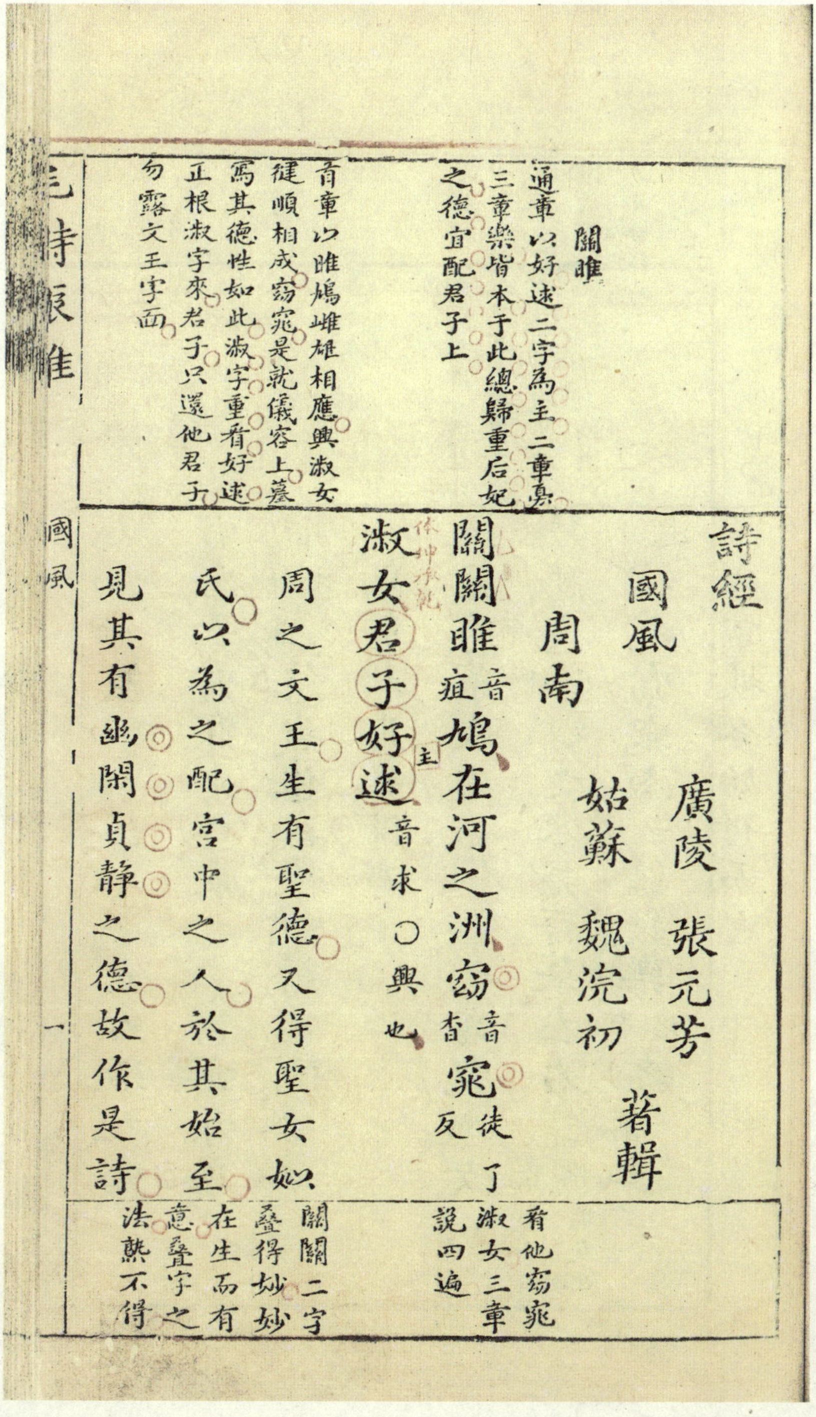

關雎
通章以好逑二字為主二章憂
三章樂皆本于此總歸重后妃
之德宜配君子上
首章以雎鳩雌雄相應興淑女
健順相成窈窕是就儀容上蒸
寫其德性如此淑字重看好逑
正根淑字來君子只還他君子
句露文王字面
詩經
國風
周南
廣陵　張元芳
姑蘇　魏浣初　著輯
關關雎音疽鳩在河之洲窈音杳窕徒了反
淑女君子好逑音求○興也
周之文王生有聖德又得聖女姒
氏以為之配宮中之人於其始至
見其有幽閒貞靜之德故作是詩
看他窈窕
淑女三章
說四遍
關關二字
疊得妙妙
在生而有
意疊字之
法熟不得
毛詩振雅
國風
一

二九四　花史　明刻彩色套印本。（之一）

荷花

爾雅曰荷芙蕖其莖茄其葉荷其本蔤其華菡萏其實蓮其根藕其中的（蓮中子也）的中薏

廣雅曰荷芙蕖江東呼荷華為芙蓉

古今注曰芙蓉一名荷華生池澤中一名澤芝一名水花色有赤白黄紫青黄紅白二色苦多花大有至百葉

十二

萱艸花

格物總論曰萱草花一名宜男一名忘憂頭上出葉四垂春末夏初着花有紅黃紫三種又一種名鳳頭或曰一名鹿葱誤矣神農經中藥養性謂合歡蠲忿萱草忘憂也單葉可食千葉者食之殺人審色者香清葉嫩可充清供

述異記曰吳中謂萱草療愁春可食苗夏

雞冠花

蘇子由詩注矮雞冠即玉䒪後庭花也

遵生八牋曰雞冠有掃箒雞冠有扇面雞

冠有紫白同蒂名二色雞冠扇面者以矮

為佳箒様者以高為最紫白粉紅三色圓

蒂者甚奇

種法

坐種則矮立種則長手種花成穗皺䙡扇

水僊花

楊誠齋詩序世以水仙為金盞銀臺蓋單葉者其中似一酒盞深黃而金色至千葉水仙其花片捲皺密蹙一片之中下輕黃而上淡白如染一截者與酒杯之狀殊不相似安得以舊日之名辱之要之單葉者當命以舊名而千葉者乃真水仙云

種法

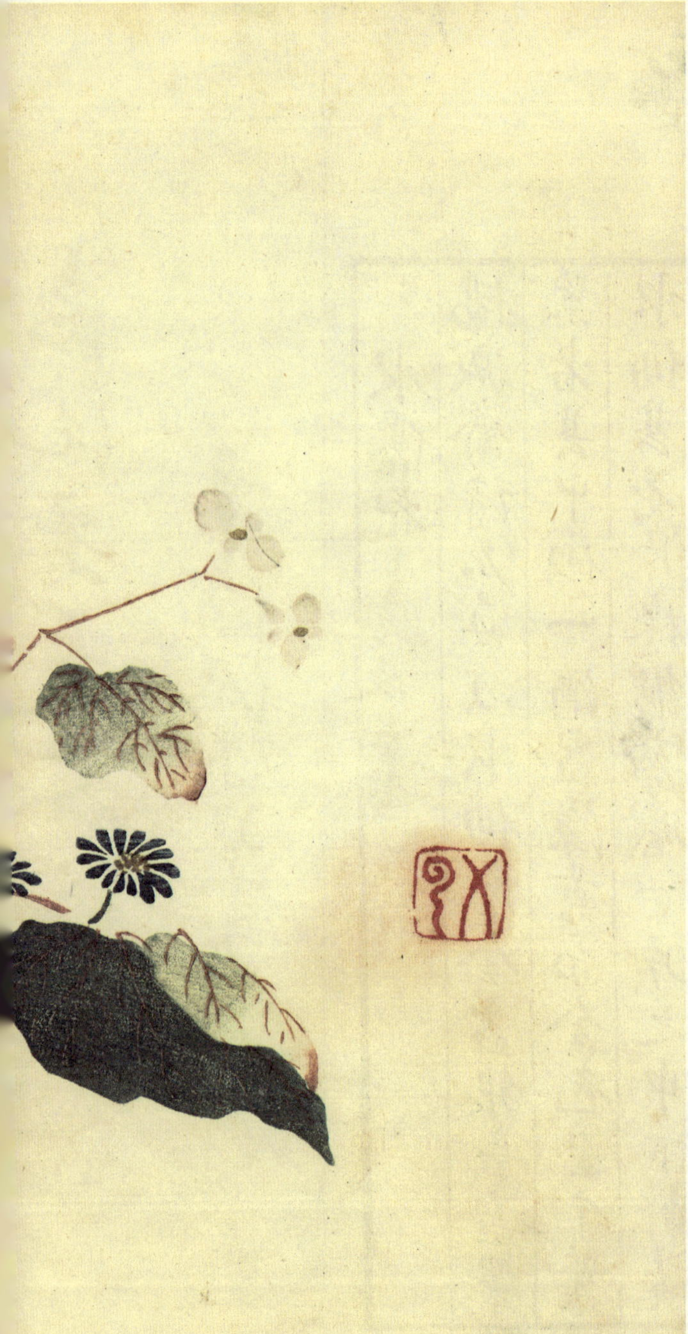

二九五　十竹齋書畫譜　明胡正言輯，明崇禎胡氏十竹齋刻套印本。（之一）

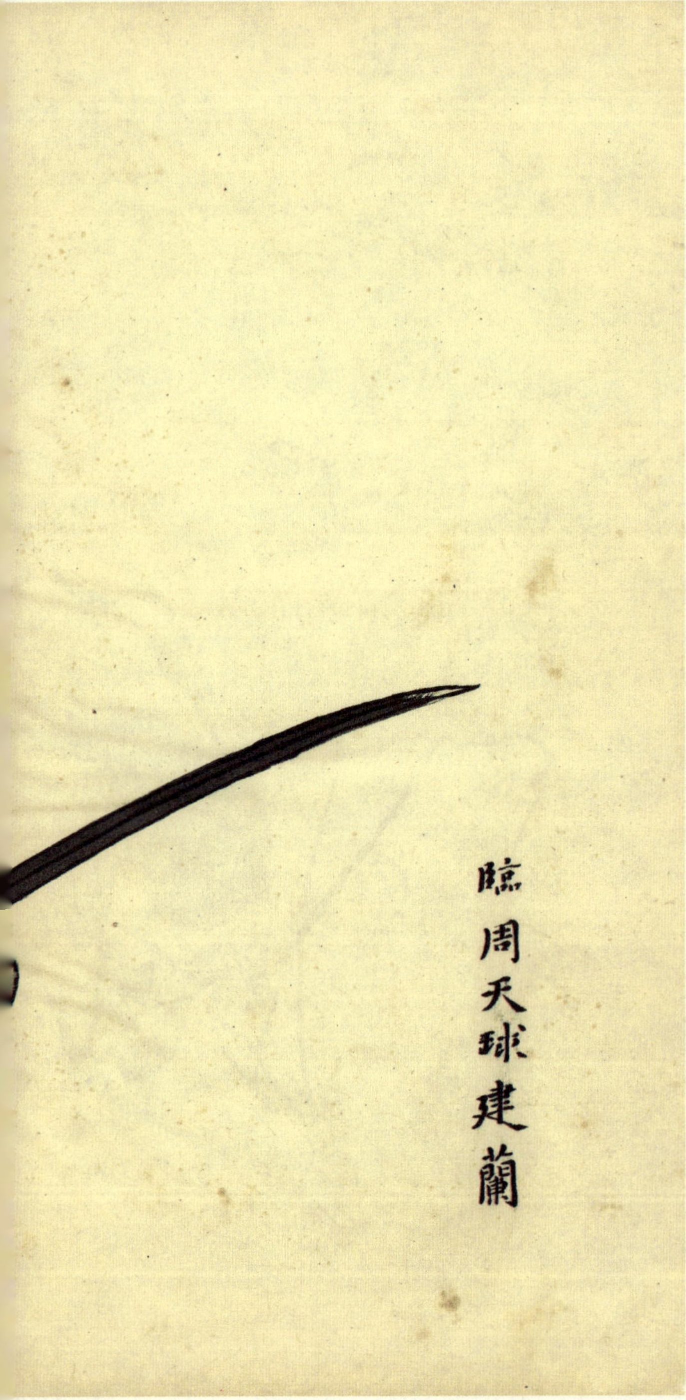
臨周天球建蘭

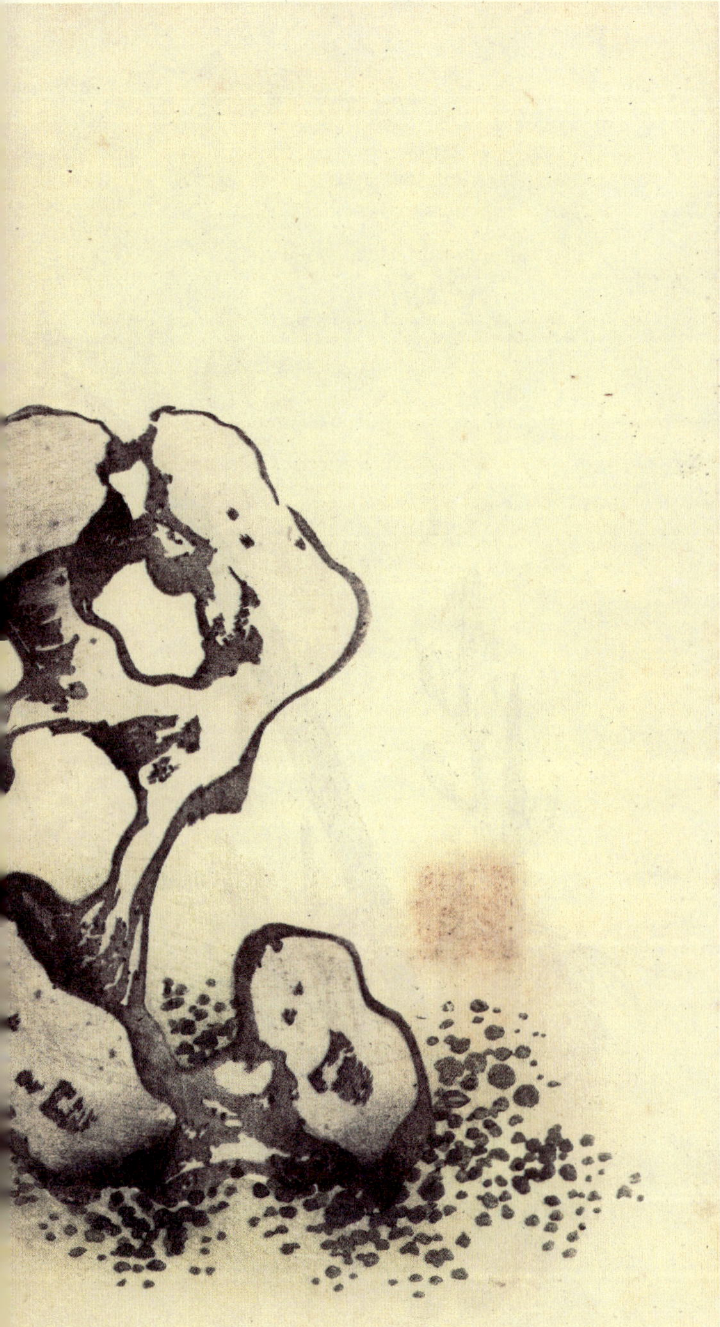

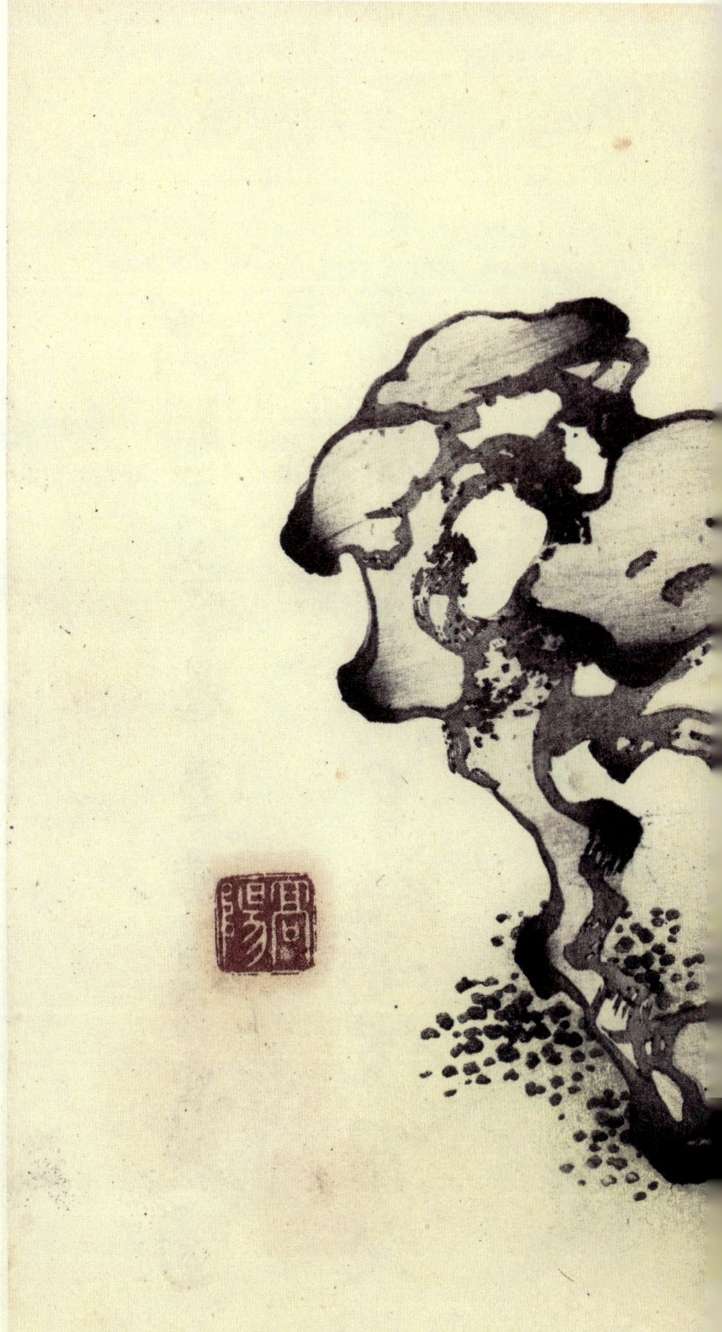

龍江沈頎

高友

十竹齋書畫譜（之八）

十竹齋書畫譜（之一〇）

沈存德

匡影
高友

二九六　十竹齋箋譜初集　明胡正言輯，明崇禎十七年（1644年）胡氏十竹齋刻套印本。（之一）

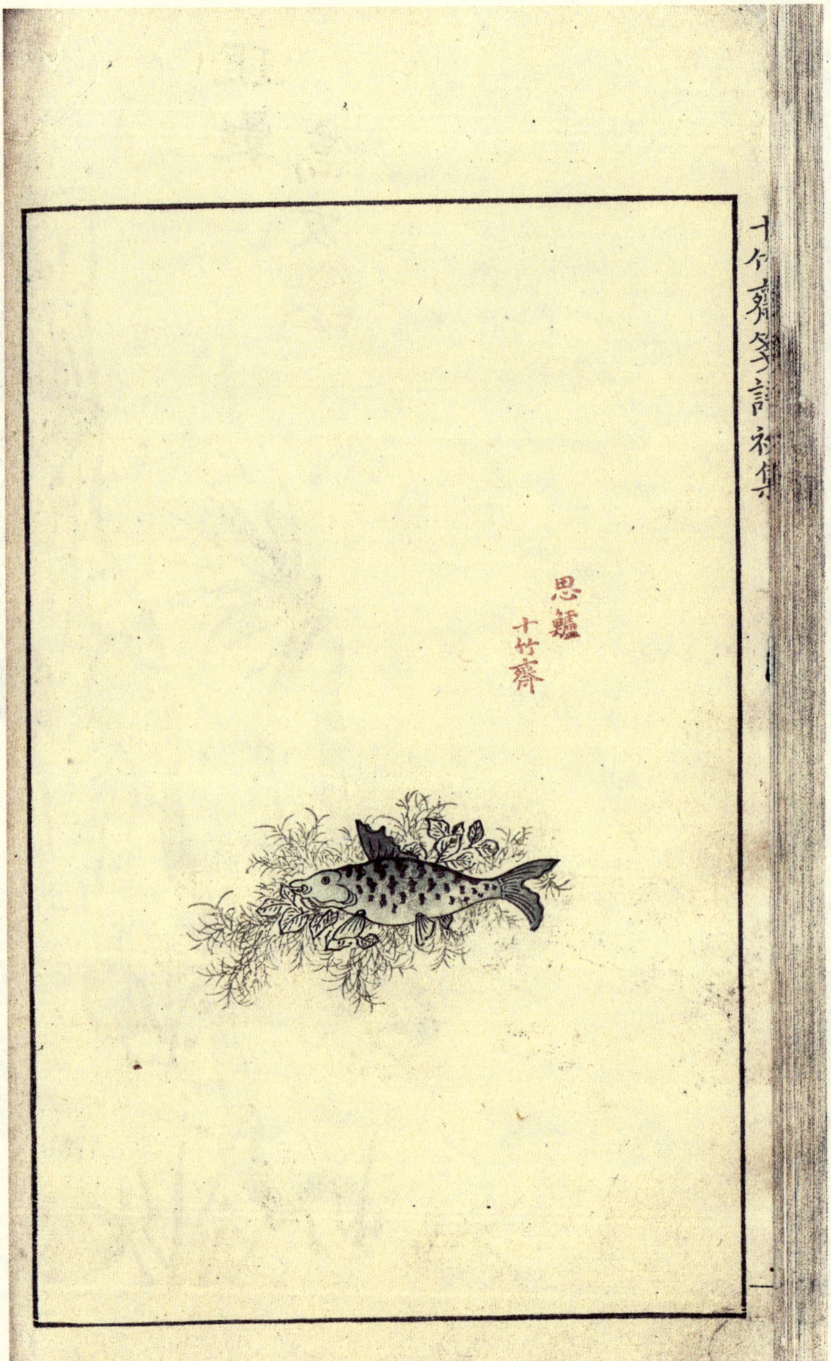

十竹齋箋譜初集

採藥

十竹齋

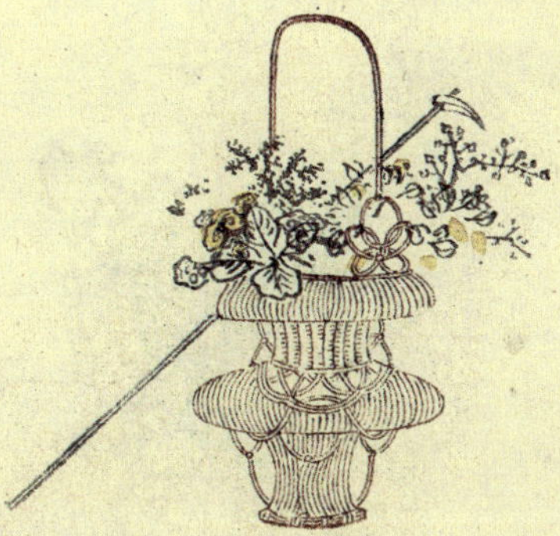

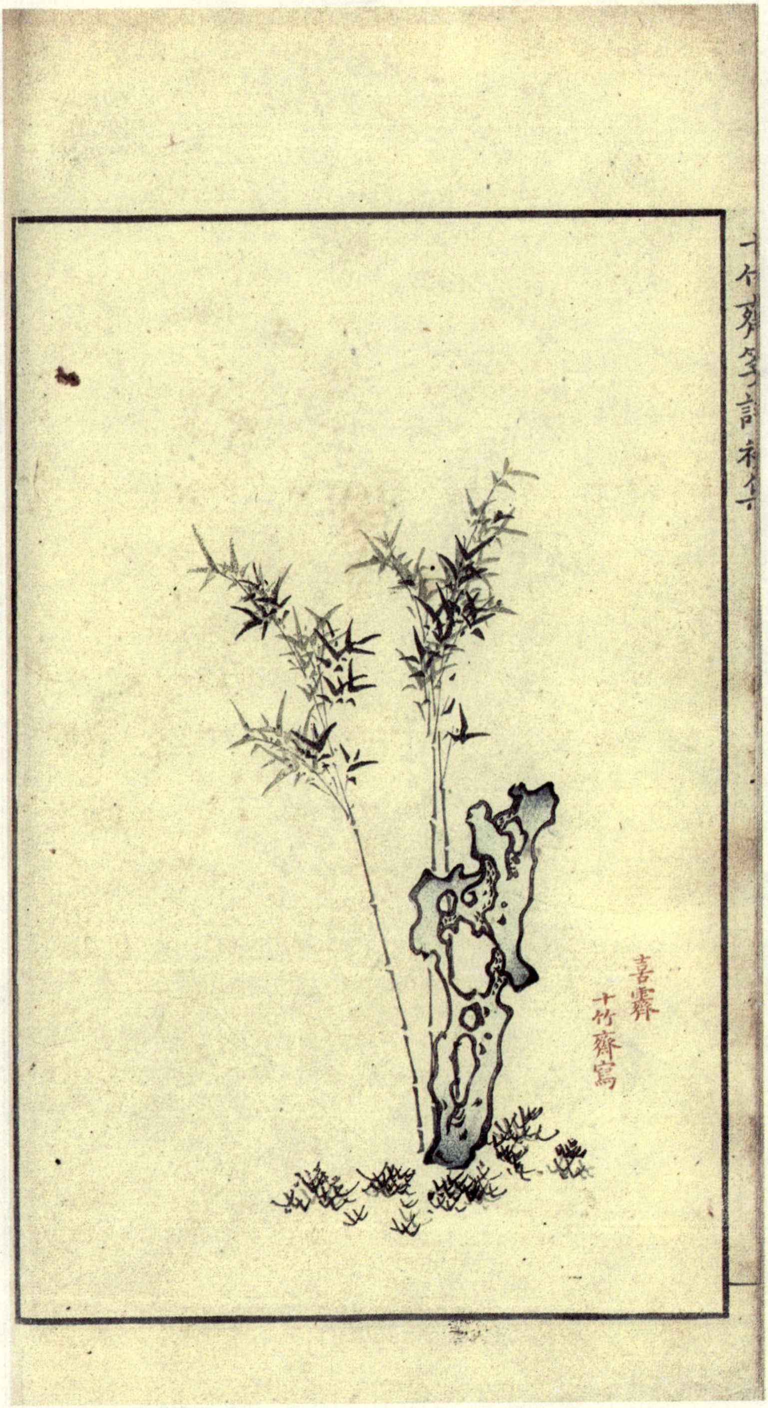
喜霽
十竹齋寫

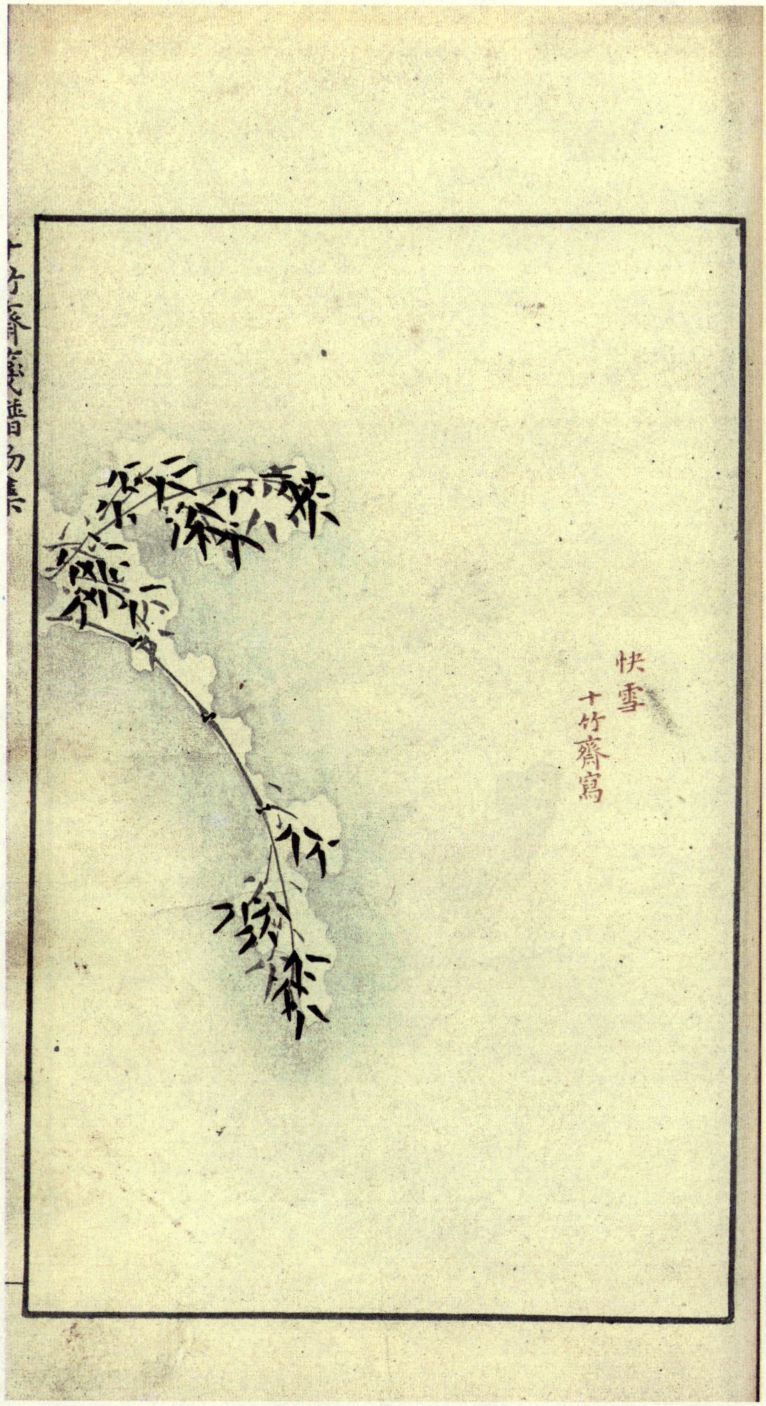
十竹齋箋譜初集
快雪
十竹齋寫

十竹齋珍藏

十竹齋珍藏

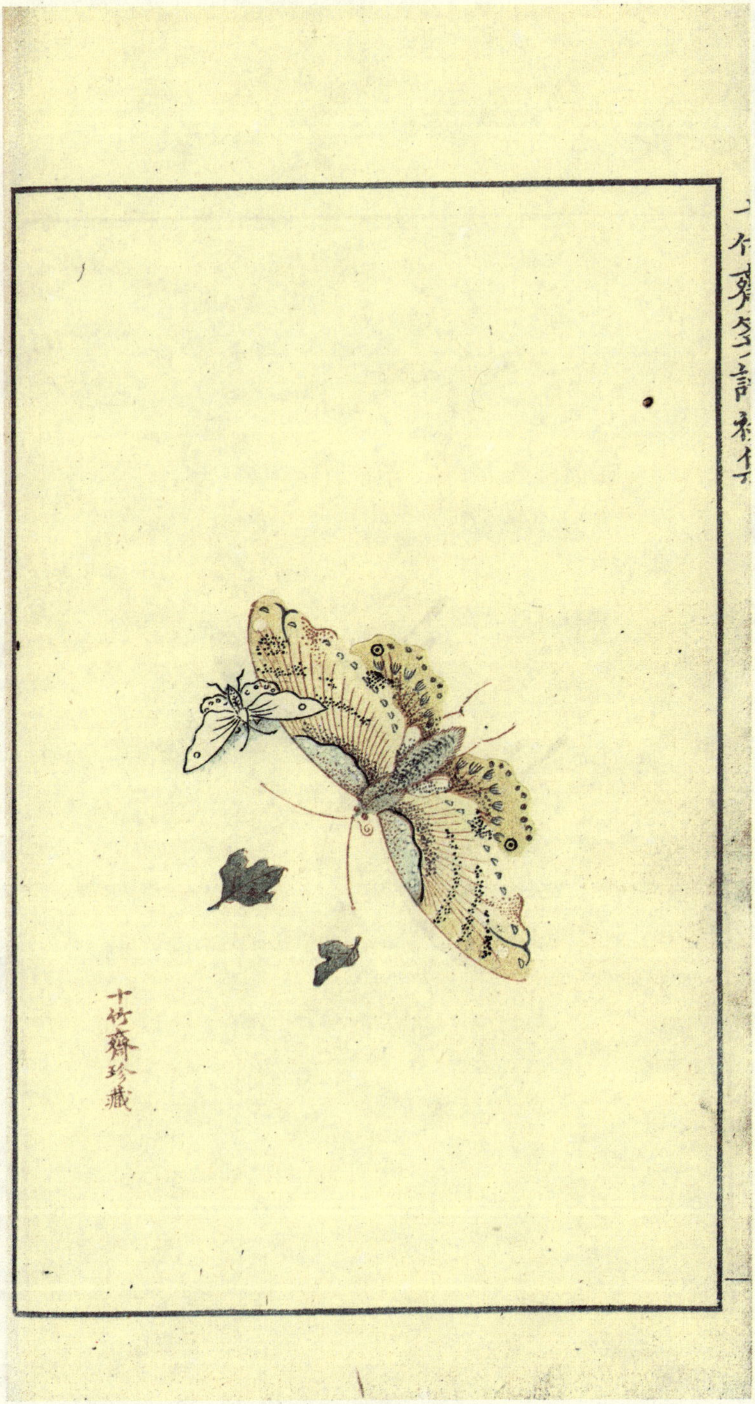
十竹齋珍藏

十竹齋箋譜初集
胡曰從臨于十竹齋

十竹齋箋譜初集

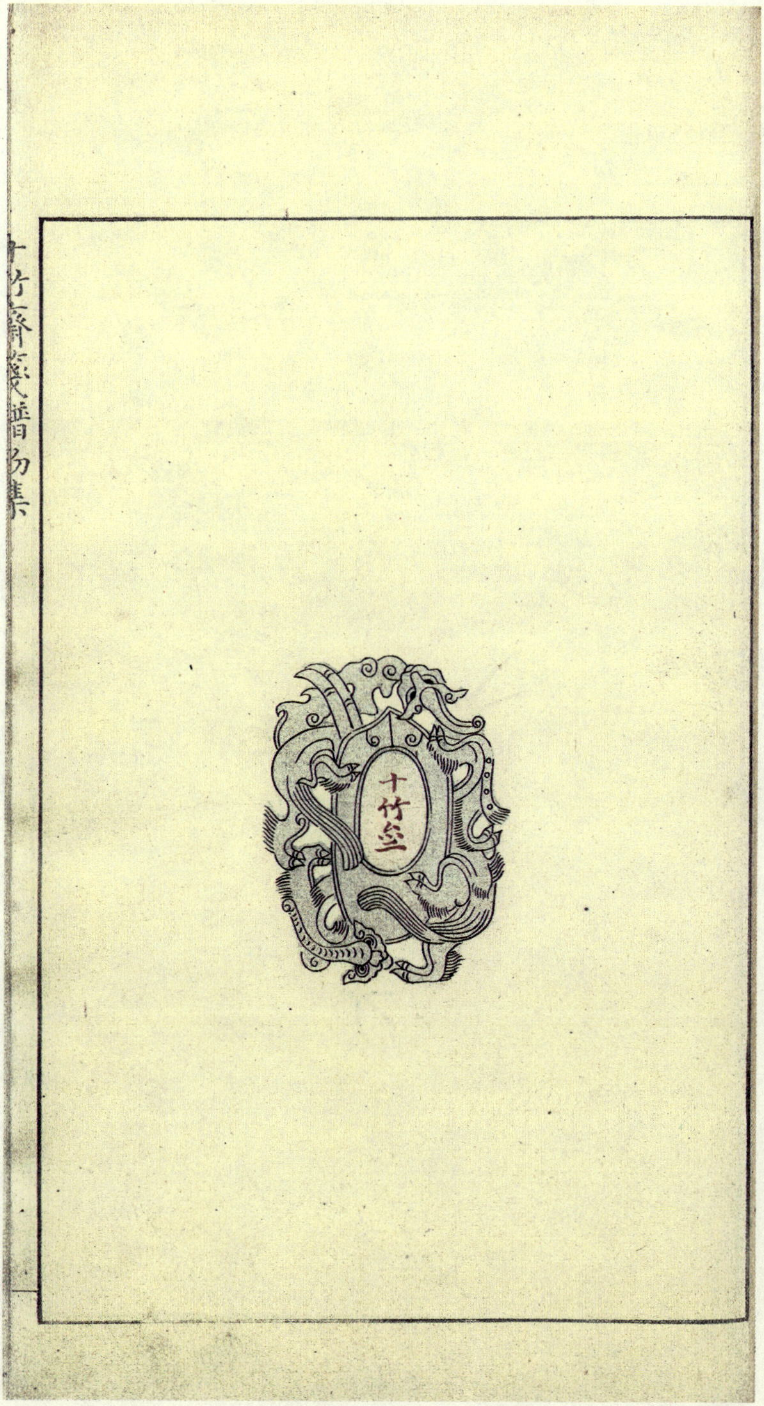
十竹齋箋譜初集
十竹齋

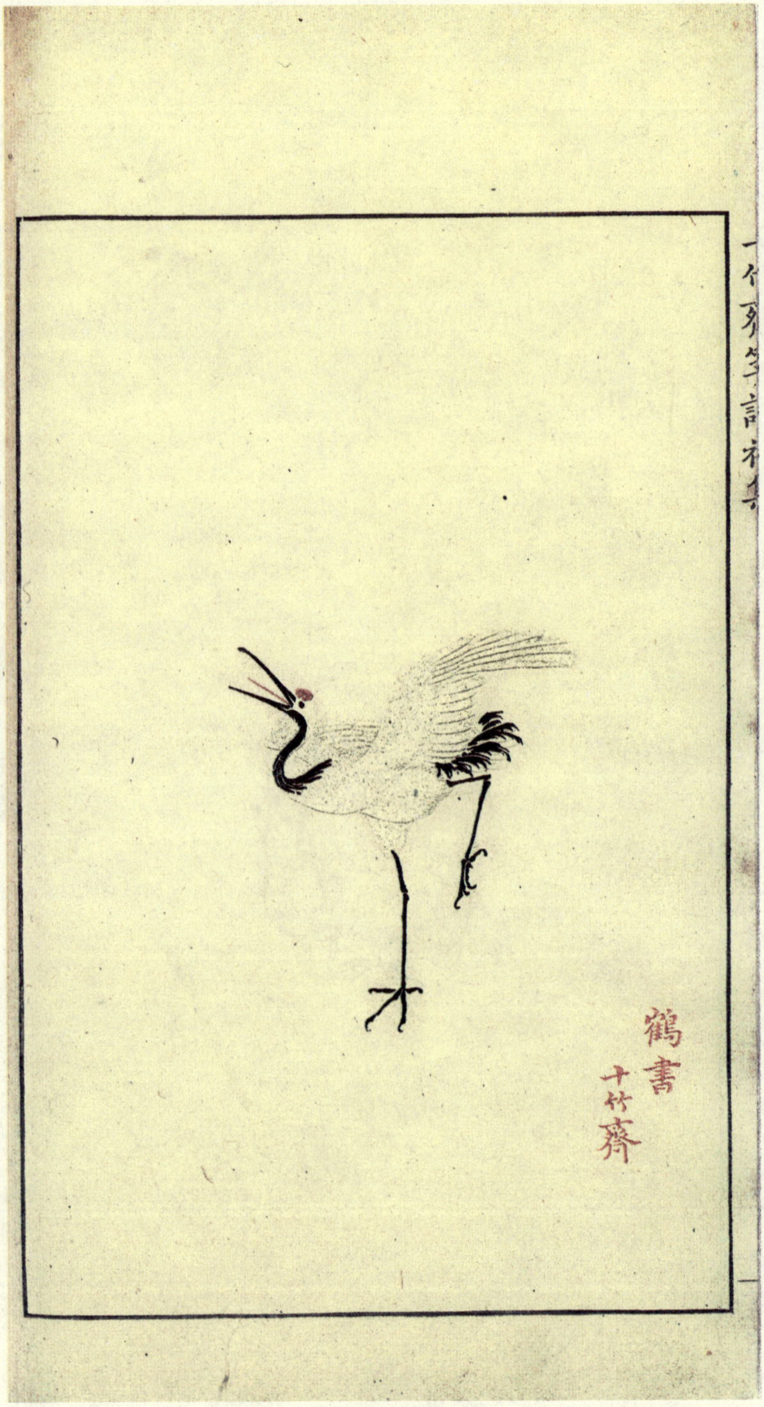
鶴書
十竹齋

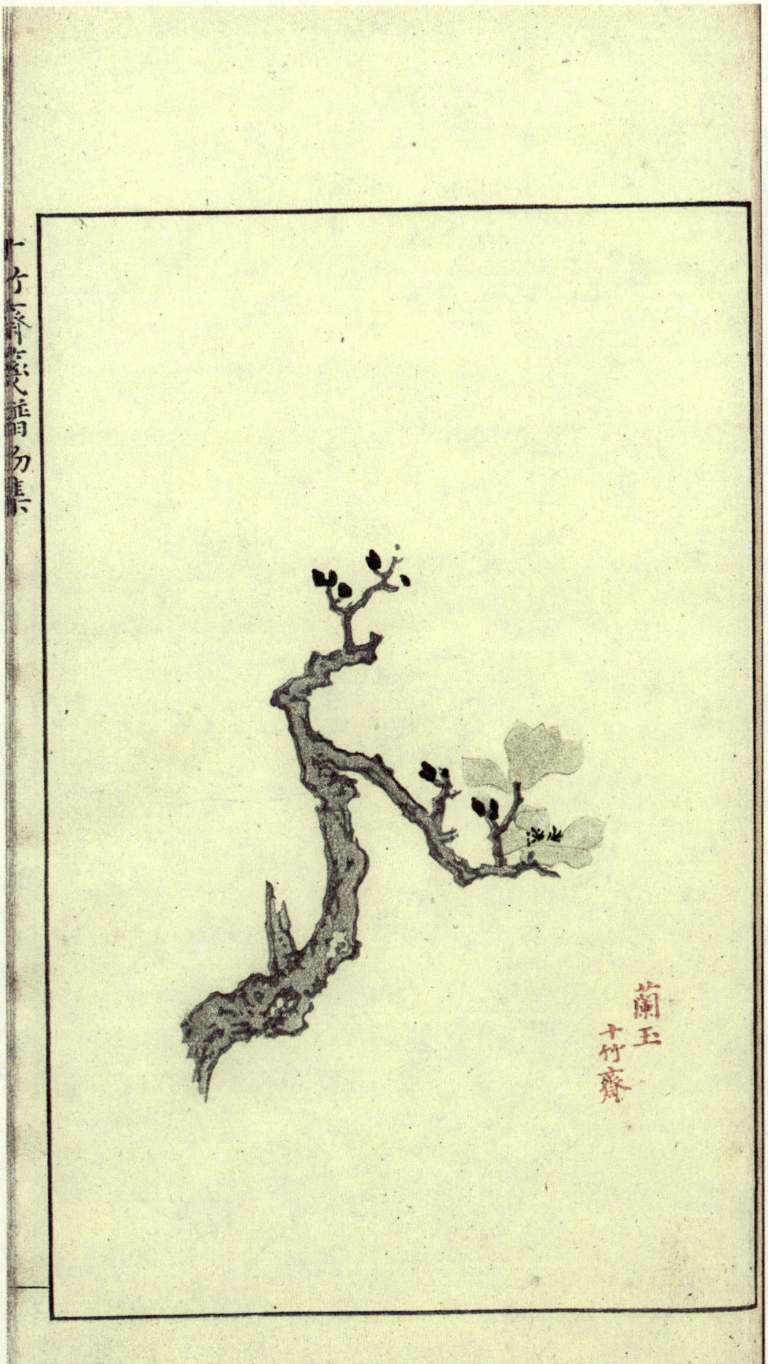
十竹齋箋譜初集
蘭玉
十竹齋

春濤龍起
十竹齋寫

十竹齋箋譜初集
鸞信
十竹齋

胡日從臨

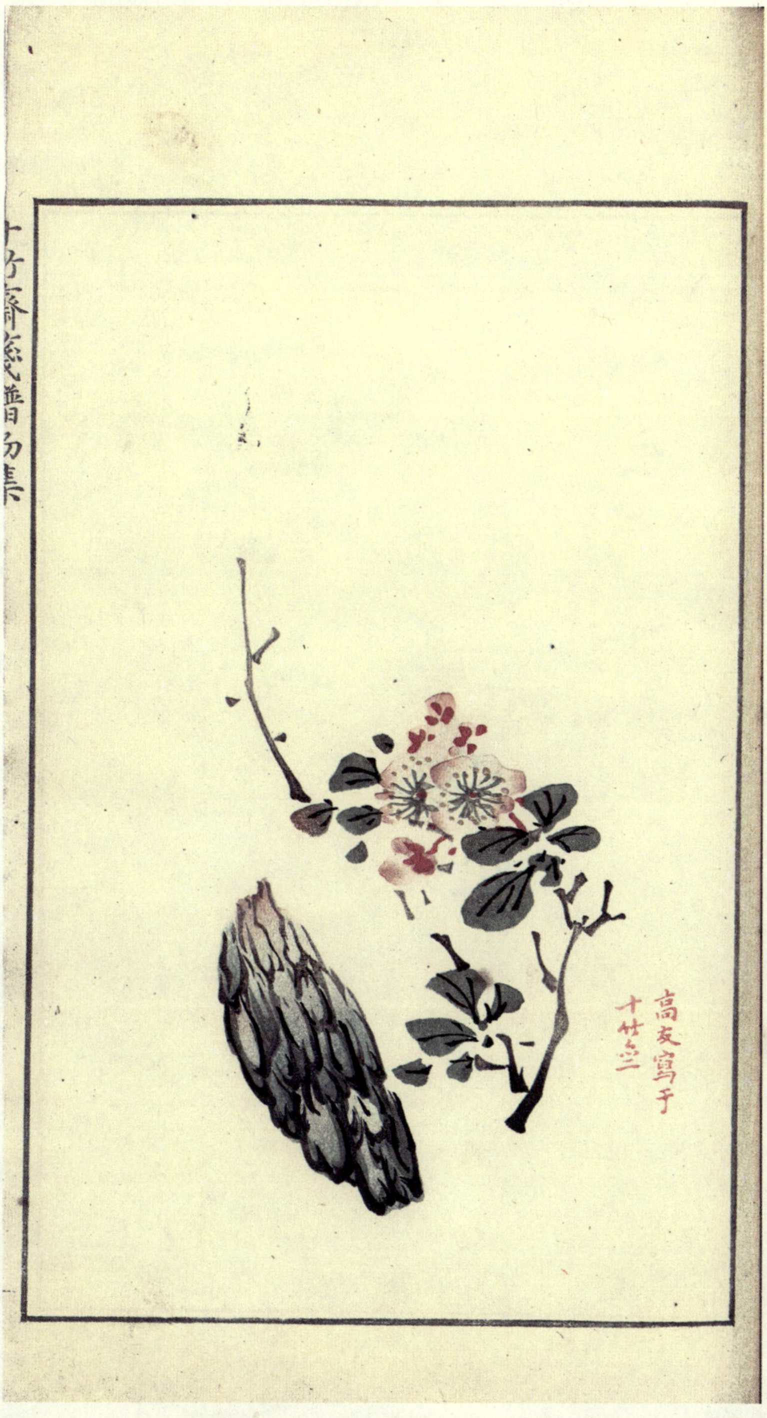
十竹齋箋譜初集
高友寫于

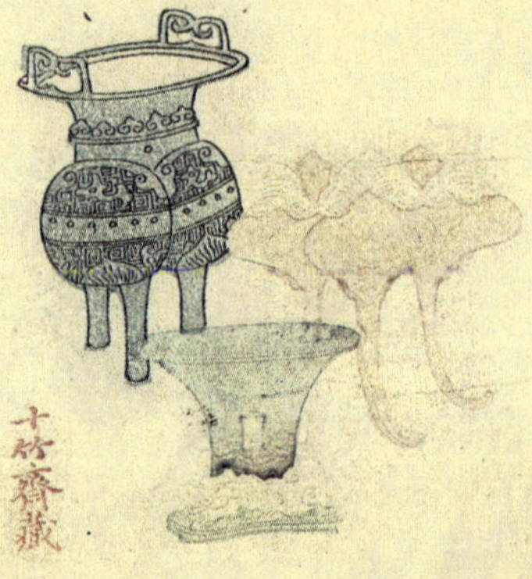
十竹齋藏

十竹齋箋譜初集

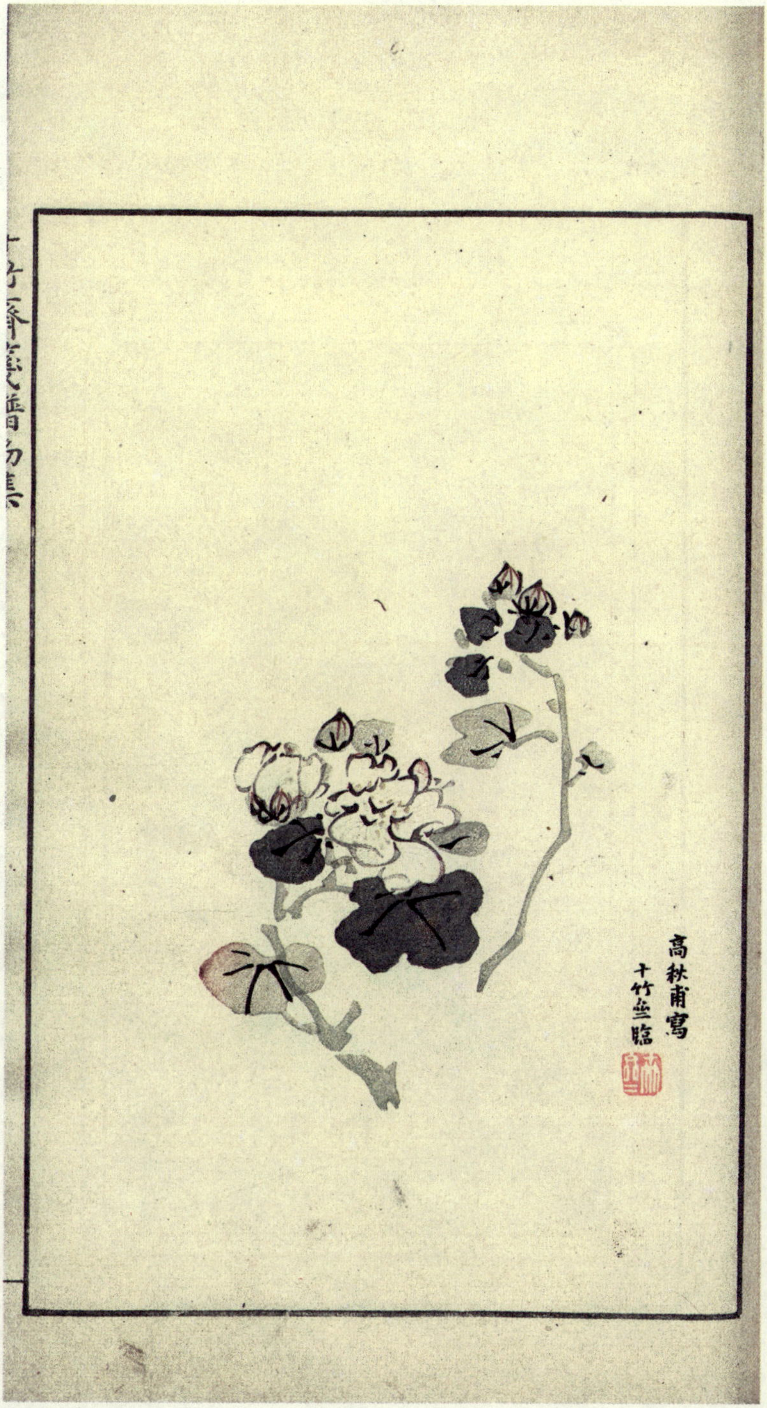
十竹齋箋譜初集
高秋甫寫
十竹齋臨

二九七　程氏墨苑　明程大約撰，明萬曆程氏滋蘭堂刻套印本。（之一）

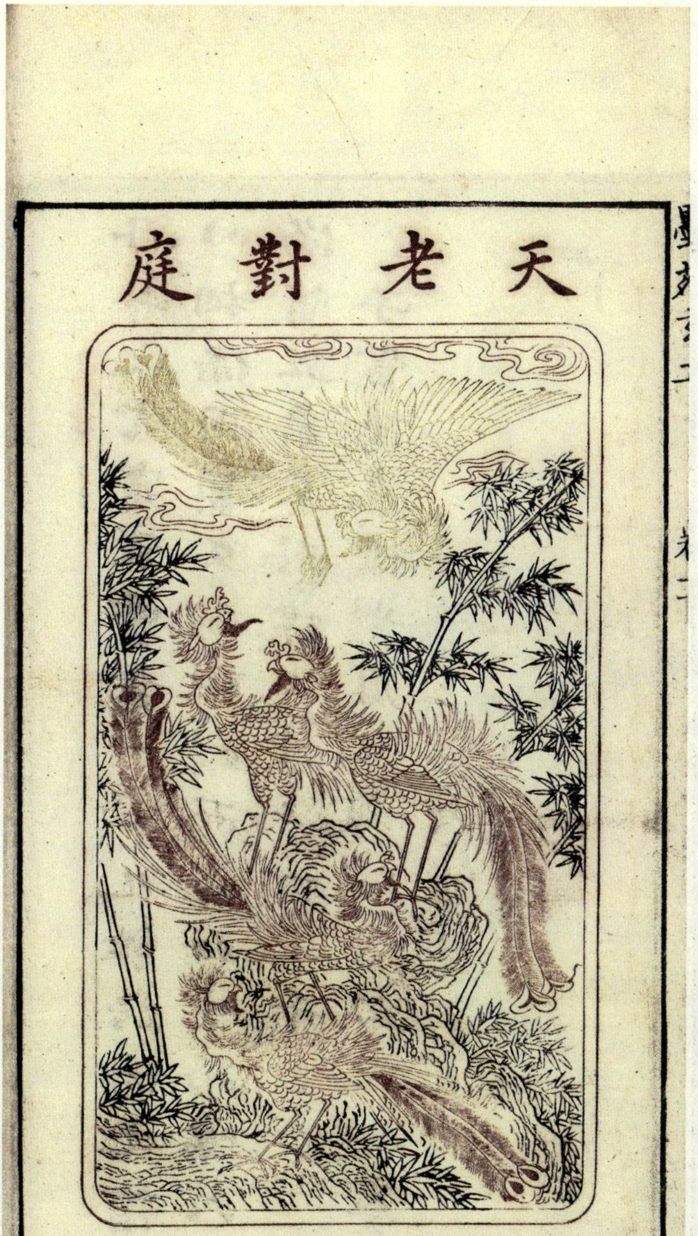
天老對庭

龍门

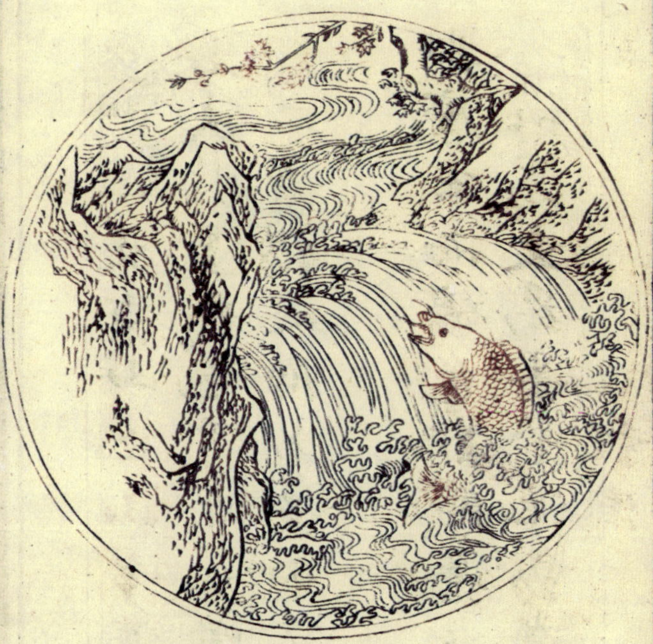

落日放船好輕
風生浪遲竹深
留客處荷淨納
涼時公子調氷
水佳人雪藕絲
片雲頭上黑應
是雨催詩

三生圖

南羽

三生花

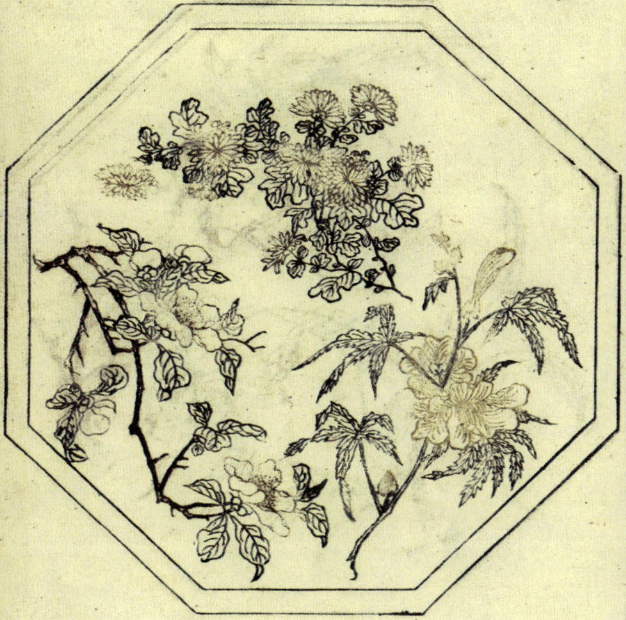

三生藻

墨苑絵賞

卷三十

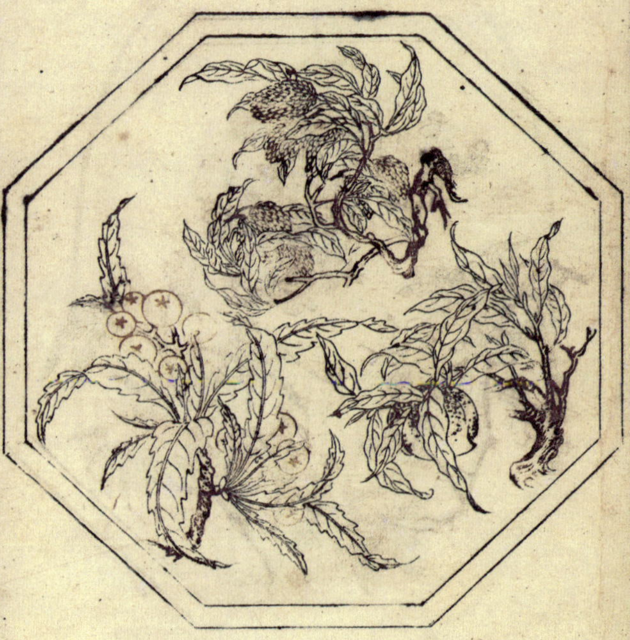

圖版説明

壹　內府刻本

一　天文書……………………………………五九

明海達爾口授，李翀、吳伯宗譯，
明洪武十六年（1383年）內府刻本。
8行18字，細黑口，四周雙邊。
匡高28.3釐米，廣15.6釐米。

二　回回曆法……………………………………六〇

明洪武十六年（1383年）內府刻本。
11行22字，黑口，左右雙邊。
匡高24.5釐米，廣16.7釐米。

三　古今列女傳……………………………………六一

明解縉等撰，明永樂元年（1403年）內府刻本。
12行22字，小字雙行同，黑口，四周單邊。
匡高21釐米，廣14.6釐米。

四　聖學心法……………………………………六二

明成祖朱棣輯，明永樂七年（1409年）內府刻本。
10行22字，小字雙行同，黑口，四周雙邊。
匡高27.3釐米，廣19.2釐米。

五　性理大全書……………………………………六三

明胡廣等撰，明永樂十三年（1415年）內府刻本。
10行22字，小字雙行同，黑口，四周雙邊。
匡高26.4釐米，廣17.9釐米。

六　孝順事實……………………………………六六

明成祖朱棣撰，明永樂十八年（1420年）內府刻本。
10行19字，黑口，四周雙邊。
匡高27.2釐米，廣18.1釐米。

七　歷代臣鑒……………………………………六七

明宣宗朱瞻基敕撰，明宣德元年（1426年）內府刻本。
10行20字，黑口，四周雙邊。
匡高26.8釐米，廣18.2釐米。

八　五倫書……………………………………六八

明宣宗朱瞻基撰，明正統十二年（1447年）內府刻本。

貳　官府刻本

9行18字，白口，四周雙邊。

匡高20.5釐米，廣14.1釐米。

四四　李衛公望江南…………………………一一八

明萬曆十年（1582年）保定府刻本。

9行17字，白口，四周雙邊。

匡高19.7釐米，廣15.6釐米。

四五　刻歷朝捷錄大成…………………………一二〇

明顧充撰，明萬曆十二年（1584年）定海學宮刻本。

7行18字，小字雙行同，白口，左右雙邊。

匡高17.7釐米，廣11.8釐米。

四六　尚書註疏…………………………一二二

題漢孔安國，唐孔穎達撰，唐陸德明釋文，

明萬曆十五年（1587年）北京國子監刻十三經註疏本。

9行21字，白口，左右雙邊。

匡高22釐米，廣15.3釐米。

四七　兩朝憲章錄…………………………一二四

明吴瑞登撰，明萬曆二十二年（1594年）光州儒學刻本。

10行22字，白口，四周雙邊。

匡高20.2釐米，廣13釐米。

四八　詩家全體…………………………一二五

明李之用撰，明萬曆二十六年（1598年）邵武府學刻本。

9行20字，小字雙行同，白口，四周雙邊。

匡高24.2釐米，廣15釐米。

四九　校增救急易方…………………………一二七

明廣西府江兵巡道刻本。

9行20字，白口，四周雙邊。

匡高20.4釐米，廣12.8釐米。

叁　藩府刻本

五〇　文章類選…………………………一三〇

明朱㮵輯，明洪武三十一年（1398年）慶藩朱㮵刻本。

14行20字，黑口，四周雙邊。

匡高25.1釐米，廣19.5釐米。

慶藩由朱㮵於明洪武二十六年（1393年）創藩於韋州。建文三年（1401年）改遷至寧夏。朱㮵還於宣德年間刻印過自纂《寧夏志》、元好問《唐詩鼓吹》。其後人還刻過《文苑英華》、《飲膳正要》等。

五一　海瓊玉蟾先生文集…………………………一三一

宋葛長庚撰，明正統七年（1442年）寧藩朱權刻本。

12行21字，黑口，四周雙邊。
匡高23釐米，廣16釐米。
寧藩於明洪武二十六年（1393年）由朱權建藩，始建於大寧。永樂元年（1403年）遷至南昌府，除刻有《海瓊玉蟾先生文集》外，明初時，還刻有《病機氣宜保命集》。

元劉固撰，明成化十五年（1479 年）蜀藩刻本。
11行20字，黑口，四周雙邊。
匡高23.5釐米，廣16.3釐米。
蜀藩由朱椿於洪武二十三年（1309年）創建，藩邸在成都府。蜀藩刻書很多。

宋朱熹撰，
明成化十六年（1480年）吉府刻本。
8行14字，小字雙行18字或19字，黑口，四周雙邊。
匡高23.4釐米，廣16.5釐米。
吉藩始創于成化十三年（1477年），由朱見浚建藩于長沙府。刻印過《四書集注》及《二十家子書》等。

漢賈誼撰，明正德十年（1515年）吉府刻本。
8行18字，黑口，四周雙邊。
匡高22.5釐米，廣15釐米。

明李伯璵、馮厚輯，明弘治十四年（1501年）淮府刻本。
12行23字，黑口，左右雙邊。
匡高23.2釐米，廣15.5釐米。
淮藩由朱瞻墺宣德四年（1429年）在韶州建藩，正統元年（1436年）遷藩至饒州。

唐陸贄撰，明正德三年（1508年）靖江王府刻本。
12行23字，小字雙行同，黑口，四周雙邊。
匡高23.4釐米，廣16.4釐米。
靖江王朱守謙於洪武三年（1371年）封藩，藩地在桂林，後遷藩雲南。

明宋緒輯，
明正德十四年（1519年）遼藩朱寵涭梅南書屋刻本。
9行18字，黑口，四周雙邊。
匡高22.2釐米，廣14.1釐米。
始由朱植於明洪武二十六年（1393年）建藩邸於廣寧府。

明永樂二年（1404年）遷藩於荊州府。遼藩刻書較多，如《東垣十書》、《小學史斷》、《翰林楊仲弘詩》、《昭明太子文選》等。

五八　后山詩注……………………一四二

宋任淵讓撰，

明嘉靖十年（1531年）遼藩朱寵瀼梅南書屋刻本。

9行20字，小字雙行同，白口，四周雙邊。

匡高18.6釐米，廣13.3釐米。

五九　佛說高王觀世音經……………一四三

明正德十六年（1521年）襄王同妃王氏刻本。

每半頁4行12字。經折裝。

匡高26.2釐米，廣11.2釐米。

襄藩始創於宣德四年（1429年），藩地初在長沙府。正統元年（1436年）遷往襄陽府。襄藩刻書較少，除襄王同王妃所刻《佛說高王觀世音經》外，還曾以貞白書院的名義刻過《宗藩典》。

六〇　直說通略……………………一四五

元鄭鎮孫撰，明成化十六年（1480年）唐藩刻本。

10行18字，小字雙行同，黑口，四周雙邊。

匡高22.7釐米，廣15.6釐米。

唐藩由朱楧於永樂六年（1408年）建藩，藩地在南陽府。唐藩于成化二十三年（1487年）、隆慶五年（1571年）先後兩次刻印《文選注》，另外在嘉靖二十六年（1547年）還刻印了《東萊呂氏兩漢精華》等書。

六一　忠武錄……………………一四六

明沈津輯，明嘉靖十九年（1540年）唐藩刻本。

11行20字，白口，四周雙邊。

匡高21.1釐米，廣14.1釐米。

六二　胡子知言……………………一四八

宋胡宏撰，明嘉靖五年（1526年）楚藩正心書院刻本。

11行21字，黑口，四周雙邊。

匡高19.5釐米，廣13.2釐米。

楚藩還在明嘉靖十四年（1535年）以崇本書院的名義刻印《劉氏二書》；明隆慶五年（1571年）刻印《太玄月令經》；明萬曆六年（1578年）刻《文選》。

六三　太玄月令經……………………一五〇

明朱權輯，明隆慶五年（1571年）楚府刻本。

13行26字或12行22字、13行22字，白口，左右雙邊。

匡高23釐米，廣16.1釐米。

六四　宋文鑑……………………………………一五一

宋吕祖謙輯，明嘉靖五年（1526年）晉藩養德書院刻本。
13行21字，黑口，左右雙邊。
匡高19.5釐米，廣13釐米。
晉藩由朱棡於洪武十一年（1378年）建藩於太原。其藏書刻書處有寶賢堂、志道堂、虛益堂、養德書院等。曾於嘉靖四年（1525年）以養德書院的名義刻印《文選注》，嘉靖十三年（1534年）又以虛益堂的名義刻印了《初學記》。

六五　初學記……………………………………一五二

唐徐堅等輯，明嘉靖十三年（1534年）晉藩虛益堂刻本。
9行18字，小字雙行24字，黑口，左右雙邊。
匡高20.9釐米，廣16.2釐米。

六六　春秋左傳類解……………………………一五三

明劉績撰，明嘉靖七年（1528年）崇藩刻本。
10行20字，黑口，四周雙邊。
匡高22.2釐米，廣16.1釐米。
此藩由朱見澤始建于成化十年（1474年），藩地在汝寧府。崇藩還刻過《貞觀政要》、《春秋經傳類解》等。

六七　孝肅包公奏議集…………………………一五四

宋包拯撰，明嘉靖二十二年（1543年）崇藩刻本。
10行20字，黑口，四周雙邊。
匡高22.3釐米，廣14.3釐米。

六八　史記……………………………………一五五

漢司馬遷撰，劉宋裴駰集解，唐司馬貞索隱，張守節正義，明嘉靖十三年（1534年）秦藩朱惟焯刻二十九年（1550年）重修本。
10行18字，小字雙行23字，白口，左右雙邊。
匡高21釐米，廣13.1釐米。
秦藩於洪武十一年（1378年）在西安建藩，崇禎十六年（1643年）結束。除於嘉靖十三年（1534年）由朱惟焯翻刻黃善夫本《史記集解索隱正義》外，還刻過《天原發微》、《千金寶要》等。

六九　錦繡萬花谷………………………………一五七

明嘉靖十四年（1535年）徽藩崇古書院刻本。
9行，小字雙行17字，白口，四周單邊。
匡高23.2釐米，廣15.5釐米。
明成化十七年（1481年）朱見沛建徽藩於均州。該藩除刻印過《錦繡萬花谷》外，還刻印有《詞林摘豔》等。

七〇　洪武正韻……………………………………………一五九

明樂韶鳳、宋濂等撰，

明嘉靖二十七年（1548年）朱厚燆衡藩刻藍印本。

8行，大小字不等，藍口，四周雙邊。

匡高21.8釐米，廣14.8釐米。

衡藩明弘治十三年（1500年）創藩，由朱祐楎建於青州府。朱厚燆為衡藩莊王，曾刻印《五經》、《攝生眾妙方》、《急救良方》、《四書集注》等。

七一　論語集注……………………………………………一六一

宋朱熹撰，

明嘉靖四十三年（1564年）益藩樂善堂刻四書集注本。

8行14字，小字17字，黑口，四周雙邊。

匡高22.8釐米，廣16.2釐米。

益藩建於明弘治八年（1495年），由朱祐檳創於建昌府。益藩刻書有十六種，明成祖朱棣撰寫的《聖學心法》，宋陳彭年撰、明朱祐檳重編的《重編廣韻》等。

七二　重編廣韻……………………………………………一六二

宋陳彭年撰，明朱祐檳重編，

明嘉靖二十八年（1549年）益藩刻本。

9行，小字雙行30字，黑口，四周雙邊。

匡高23.3釐米，廣15.5釐米。

七三　聖學心法……………………………………………一六三

明成祖朱棣撰，明嘉靖三十八年（1559年）益府刻本。

10行22字，小字雙行同，黑口，四周雙邊。

匡高26.2釐米，廣18.9釐米。

七四　抱朴子內篇外篇……………………………………一六五

晉葛洪撰，明嘉靖四十四年（1565年）魯藩承訓書院刻本。

9行20字，白口，四周雙邊。

匡高19.3釐米，廣14.2釐米。

魯藩明洪武十八年（1385年）由朱檀建藩於山東兗州府，魯藩前後刻書七種。

七五　樂律全書……………………………………………一六六

明朱載堉撰，明萬曆鄭藩刻本。

12行24字至25字，小字雙行同，黑口，四周雙邊。

匡高25.5釐米，廣20釐米。

鄭藩由朱瞻埈於宣德四年（1429年）建藩，藩地在鳳翔，明正統九年（1444年）遷藩於懷慶。

七六　瑟譜…………………………………………………一六七

明朱厚烷撰，明嘉靖四十年（1561年）朱載壐刻本。

8行16字，白口，四周單邊。

匡高17.7釐米，廣13.5釐米。

朱載壐，明宗室，鄭藩恭王朱厚烷的後代。

七七　潞藩新刻述古書法纂……………………一六八

明朱常淓撰，明崇禎九年（1636年）潞藩刻本。

9行18字，白口，四周雙邊。

匡高24.4釐米，廣16.6釐米。

潞藩創藩較晚，朱常淓字仲和，自號敬一道人。潞藩藩王。編撰有《古今宗藩懿行考》《歷代臣議》等。

七八　王氏脉經……………………一六九

晉王叔和撰，宋林億等校定，明趙府居敬堂刻本。

8行17字，細黑口，四周雙邊。

匡高20.2釐米，廣13.9釐米。

洪熙元年（1425年），趙藩由朱高燧始建於彰德府，刻書處有：味經堂、冰玉堂、居敬堂等。除以居敬堂的名義刻過《王氏脉經》、《黄帝内經素問》等醫書外，還以居敬堂名義刻過《資治通鑒綱目》，以冰玉堂名義刻過《溟山人集》。

七九　薛文清公讀書録……………………一七〇

明薛瑄撰，明趙府味經堂刻本。

11行22字，白口，左右雙邊。

匡高20.3釐米，廣14.7釐米。

八〇　前漢書……………………一七一

漢班固撰，明德藩最樂軒刻本。

10行21字，白口，左右雙邊。

匡高20.3釐米，廣14.6釐米。

德藩由朱見潾創藩于成化三年（1467年），藩地在濟南府，刻書有數種，《前漢書》為其中之一。

八一　蘇文忠公表啓……………………一七二

宋蘇軾撰，明朱睦㮮輯，

明嘉靖三十四年（1555年）朱睦㮮刻本。

10行20字，白口，左右雙邊。

匡高19釐米，廣13.8釐米。

朱睦㮮（1517年—1586年），字灌甫，號西亭，別號東陂居士，明皇室，封鎮國中尉。萬曆五年為闓藩宗正。精經學，喜藏書，築有「萬卷堂」，刻書頗多。曾刻《春秋集注》、《周易集解》、《冰川詩式》，等書。

肆　私人刻書

八二　羅鄂州小集……………………一七四

宋羅願撰，明洪武二年（1369年）羅宣明刻本。

11行21字，黑口，四周雙邊。
匡高19.9釐米，廣13.5釐米。
羅宣明，明歙縣人，字傳道。所刻此集當是其先人著作，
此書為所見明朝私人刻書中年代最早者之一。

明陶宗儀撰，明洪武九年（1376年）自刻本。
11行20字，黑口，左右雙邊。
匡高18.7釐米，廣11.6釐米。
陶宗儀，明浙江黃岩人，字九成，號南村。洪武六年（1373年）舉人，著有《輟耕錄》、《說郛》、《南村詩集》、《四書備遺》等。

明宋濂撰，明洪武十年（1377年）鄭濟刻本。
16行27字，黑口，四周雙邊。
匡高19.1釐米，廣13釐米。
鄭濟，明浦江人，字仲辨。宋濂的門生，曾官奉議大夫、左春坊左庶子等，明建文三年（1401年），鄭濟之子鄭柏又刊《續文粹》。

元黃鎮成撰，明洪武十一年（1378年）黃鈞刻本。
12行22字，黑口，四周雙邊。
匡高20.1釐米，廣13.5釐米。
黃鈞，明昭武人。所刻《秋聲集》是其父黃鎮成之著作。

明許中麗輯，明洪武十九年（1385年）自刻遞修本。
11行20字，黑口，四周雙邊。
匡高20釐米，廣13.5釐米。
許中麗，明汝南人，字仲孚。

明劉秩撰，明洪武二十年（1387年）王仲本刻本。
12行21字，黑口，四周單邊。
匡高20.1釐米，廣13.1釐米。
王仲本，明初人。

漢劉向撰，明建文四年（1402年）錢古訓刻本。
10行19字，黑口，四周雙邊。
匡高27.1釐米，廣16.2釐米。
錢古訓，明浙江余姚人，洪武二十七年（1394年）進士，以明代「建文」年號刻書頗罕。

八九　佛說摩利支天菩薩經……一八一

唐釋不空譯，元釋法天譯，

明永樂元年（1403年）鄭和刻本。

每半頁4行13字。

匡高21.7釐米，廣20.6釐米。

鄭和（1371年—1435年），明昆陽人，本姓馬，小字三保，回族。內官監太監。二十八年裏，曾七次奉詔下西洋，為促進中國與東南亞、印度半島、阿拉伯、東非的經濟和文化交流做出了巨大貢獻。還曾刻印過《優婆塞戒經》。

九〇　番陽仲公李先生文集……一八三

元李存撰，明永樂三年（1405年）李光刻本。

13行24字，黑口，四周雙邊。

匡高19.2釐米，廣12.6釐米。

李光，明安仁人。曾知邵武縣，在任期間刻印其祖李存之著作。

九一　宛陵先生文集……一八四

宋梅堯臣撰，明正統四年（1439年）袁旭刻本。

10行19字，黑口，四周雙邊。

匡高19.4釐米，廣14.6釐米。

袁旭，明江西樂安人，明永樂十三年（1380年）進士。

九二　蘇平仲文集……一八五

明蘇伯衡撰，明正統七年（1442年）黎諒刻本。

12行24字，黑口，四周雙邊。

匡高21.3釐米，廣13.7釐米。

黎諒，明章貢人，曾刻宋葉適《水心先生文集》。

九三　九靈山房集……一八六

元戴良撰，明正統十年（1445年）戴統刻本。

14行20字，黑口，四周雙邊。

匡高20.2釐米，廣14.3釐米。

戴統，明浦江人，字彥瞻。

九四　石溪集……一八七

明周敘撰，明景泰元年（1450年）周敘自刻本。

10行21字，黑口，四周雙邊。

匡高20.8釐米，廣13.1釐米。

周敘（1392年—1452年），明吉水人，字公敘，號石溪，曾官侍讀學士，南京翰林院侍講學士。

九五　新編頤光先生詩集……一八八

明陸顒撰，明景泰元年（1450年）陸瑄刻本。

11行20字，黑口，四周雙邊。

匡高22釐米，廣14.3釐米。

陸瑄，明興化人。

九六　疊山集……………………………………一九〇

宋謝枋得撰，明景泰四年（1453年）黃溥、楊撝刻本。

11行21字，黑口，四周雙邊。

匡高21釐米，廣14.2釐米。

黃溥，明江西弋陽人，字澄濟，號山崖居士。正統十三年（1448年）進士，曾任廣東按察使，著有《石崖集》等。

明天順元年（1457年）曾刻《潛溪先生集》、成化五年刻印自輯之《詩學權輿》一書。

九七　文山先生文集……………………………一九二

宋文天祥撰，明景泰六年（1455年）韓雍、陳价刻本。

11行24字，黑口，四周雙邊。

匡高21.4釐米，廣14.2釐米。

韓雍，字永熙，明順天府宛平人，明正統七年（1442年）進士。

陳价，字維藩，明四川銅梁人，明正統四年（1439年）進士。

九八　古廉李先生詩集…………………………一九四

明李時勉撰，明景泰七年（1456年）姚堂刻本。

10行20字，黑口，四周雙邊。

匡高19.1釐米，廣12.8釐米。

姚堂，明浙江慈溪人，字彥容，正統四年（1439年）進士，曾任工部郎中、廣信蘇州鎮江府知府、廣東參政。曾於天順七年刻印《潤州先賢事實錄》。

九九　解學士先生集……………………………一九五

明解縉撰，明天順元年（1457年）黃諫刻本。

12行20字，黑口，四周雙邊。

匡高18.7釐米，廣13.2釐米。

黃諫，明陝西蘭縣人，字廷臣。正統七年（1442年）進士，任侍講學士、尚寶寺卿、廣州府判等。自著有《書經集解》、《使南稿》、《蘭坡集》等。曾刻《亢倉子》等。

一〇〇　讀杜詩愚得……………………………一九六

明單復撰，明天順元年（1457年）朱熊梅月軒刻本。

12行24字，黑口，四周雙邊。

匡高21.8釐米，廣13.8釐米。

朱熊，明江陰人，字維吉。自著有《救荒活民補遺書》。《讀杜詩愚得》又於弘治十四年（1501年）重修過。

一〇一　玄宗內典諸經注………………………一九七

明邵以正輯，明天順四年（1460年）自刻本。

10行20字，黑口，四周雙邊。

匡高20.5釐米，廣13.5釐米。

邵以正，明東吳人。曾奉旨督校《正統道藏》。除刻印自著《玄宗內典諸經注》外，還刻印過《青囊雜俎》一書。

一〇二　蛟峰集……………………………………一九八

宋方逢辰撰，明天順七年（1463年）方中刻本。

10行22字，黑口，四周雙邊。

匡高20.7釐米，廣13釐米。

方中，明浙江淳安人，明天順元年（1457年）進士，明成化二十年（1484年）與陳輝同刻《臨川吳文正公集》、《道學基統》等。

一〇三　史記……………………………………一九九

漢司馬遷撰，

劉宋裴駰集解，唐司馬貞索隱，明天順游明刻本。

14行35字，小字雙行同，黑口，四周雙邊。

匡高20.1釐米，廣13.9釐米。

游明，明江西豐城人，明景泰二年（1451年）進士。

一〇四　東坡奏議……………………………………二〇一

宋蘇軾撰，明成化四年（1468年）程宗刻東坡集本。

10行20字，黑口，四周雙邊。

匡高20.8釐米，廣13.4釐米。

程宗，明直隸常熟人，明景泰二年（1451年）進士。

一〇五　遼海編……………………………………二〇二

明倪謙撰，明成化五年（1469年）倪岳刻本。

10行18字，黑口，四周雙邊。

匡高18.2釐米，廣12.9釐米。

倪岳（1444年—1501年），明應天府上元人，字舜咨。天順八年（1464年）進士，曾官禮部尚書、兵部尚書及吏部尚書。弘治間還刻過其父倪謙的《倪文禧公集》。

一〇六　河汾詩集……………………………………二〇三

明薛瑄撰，明成化五年（1469年）謝庭桂、朱維吉刻本。

9行20字，黑口，四周雙邊。

匡高21.2釐米，廣13.3釐米。

謝庭桂，明蒲州人，字時芳。官至河南知府，還刻印過《官箴》。

一〇七　詩學權輿……………………………………二〇四

明黃溥輯，明成化五年（1469年）自刻本。

10行21字，黑口，四周雙邊。

匡高21.1釐米，廣13.7釐米。

黃溥，明江西弋陽人，字澄濟，號山崖居士。正統十三年（1448年）進士，曾任廣東按察使，著有《石崖集》、《漫興集》等。景泰四年（1453年）刻印《疊山集》，天順元年（1457年）曾刻《潛溪先生集》。

一〇八　趙清獻公文集……二〇六

宋趙抃撰，明成化七年（1471年）閻鐸刻本。

11行20字，黑口，四周雙邊。

匡高20.2釐米，廣13.5釐米。

閻鐸，明陝西興平人。景泰二年（1451年）進士。

一〇九　圭齋文集……二〇七

元歐陽玄撰，明歐陽銘、歐陽鏞編，明成化七年（1471年）劉釪刻本。

11行21字，黑口，四周雙邊。

匡高20.2釐米，廣13.4釐米。

劉釪，明江西安福人，明景泰五年（1454年）進士。

一一〇　晝簾緒論……二〇八

宋胡太初撰，明成化七年（1471年）何鑒刻本。

9行20字，黑口，四周雙邊。

匡高19.3釐米，廣13.5釐米。

何鑒（1442年—1521年），字世光，號五山，明武宗時官至刑部尚書，此書是何鑒任宜興知縣時所刻。

一一一　南村輟耕錄……二一〇

明陶宗儀撰，明成化十年（1474年）戴珊刻本。

10行22字，黑口，四周雙邊。

匡高22釐米，廣13.9釐米。

戴珊，江西浮梁人，明天順八年（1464年）進士。所刻《南村輟耕錄》當為較早版本。

一一二　存復齋文集……二一一

元朱德潤撰，明成化十一年（1475年）項璁刻本。

11行20字，黑口，四周雙邊。

匡高21.9釐米，廣12.9釐米。

項璁，明直隸崑山人，明正統十年（1445年）進士。

一一三　卞郎中詩集……二一二

明卞榮撰，明成化十二年（1476年）吳綎刻本。

11行21字，黑口，四周雙邊。

匡高18釐米，廣12.2釐米。

吳綎，明無錫人，字以榮。《卞郎中詩集》是其師卞榮的著作。

一一四　詳刑要覽……二一三

明吳訥撰，明成化二十二年（1486年）林符刻本。

10行18字，黑口，四周雙邊。

匡高20.7釐米，廣14.2釐米。

林符，明直隸吴縣人，字朝信，明成化二年（1466年）進士，曾官廣西按察使。弘治間還刻過《陸宣公奏議》。

一一五　唐甫里先生文集……………………二一四

唐陸龜蒙撰，明成化二十三年（1487年）嚴春刻本。

10行20字，黑口，四周雙邊。

匡高21.1釐米，廣13.4釐米。

嚴春，字景和，明昆山人。弘治七年（1494年）刊《中吳紀聞》。

一一六　文公感興詩……………………二一六

宋朱熹撰，元胡炳文通釋，

明成化二十三年（1487年）熊繡刻本。

11行20字，小字雙行同，黑口，四周雙邊。

匡高20.1釐米，廣12.5釐米。

熊繡，明湖廣寧遠人，明成化二年（1466年）進士。

一一七　小兒衛生總微論方……………………二一七

明弘治二年（1489年）李延壽刻本。

10行18字，黑口，四周雙邊。

匡高20釐米，廣13.1釐米。

李延壽，字宗仁，明山東新城人，明成化五年（1469年）進士。曾任宣城知縣，此書為在任期間刻印。

一一八　姚文敏公遺稿……………………二一八

明姚夔撰，明弘治三年（1490年）姚璽刻本。

12行22字，白口，左右雙邊。

匡高19.5釐米，廣13釐米。

姚璽，明桐廬人，國子監生。《姚文敏公遺稿》為其父姚夔之著作。

一一九　玉笥集……………………二一九

元張憲撰，吴怡注，楊維楨評，

明弘治五年（1492年）王術刻本。

10行20字，黑口，四周雙邊

匡高21.4釐米，廣12.7釐米。

王術，明浙江慈溪人，明成化二十三年（1487年）進士。

一二〇　馬石田文集……………………二二〇

元馬祖常撰，明弘治六年（1493年）熊翀刻本。

10行21字，黑口，四周雙邊。

匡高22.5釐米，廣14.4釐米。

熊翀，明河南光州人，明成化五年（1469年）進士。

一二一 中州集……………………二一二

金元好問輯，明弘治九年（1496年）李瀚刻本。

11行21字，黑口，四周雙邊。

匡高18.7釐米，廣12.6釐米。

李瀚（1453年—1535年），字叔淵，號石樓先生，山西人。成化十七年（1481年）進士。著有《石樓集》、《奏議》等。弘治正德間刻印有《遺山先生詩集》、《河汾諸老集》、《陵川集》等。

一二二 赤城集……………………二一四

宋林表民撰，明弘治十年（1497年）謝鐸刻本。

8行18字，黑口，四周雙邊。

匡高20.4釐米，廣14.3釐米。

謝鐸（1445年—1510年），字鳴治，號方石，明浙江黃巖人。天順八年（1464年）進士。曾為國子祭酒。纂修《赤城志》、《赤城新志》。自著有《桃溪類稿》等。並輯刻有《赤城後集》。

一二三 楊文懿公文集……………………二一五

明楊守陳撰，明弘治十二年（1499年）楊茂仁刻本。

12行22字，黑口，四周雙邊。

匡高19.2釐米，廣13.8釐米。

楊茂仁，明浙江鄞縣人。成化二十三年（1487年）進士。所刻《楊文懿公文集》為其父楊守陳著作。

一二四 夏忠靖公集……………………二一七

明夏原吉撰，明弘治十三年（1500年）袁經刻本。

9行17字，白口，四周雙邊。

匡高19.9釐米，廣12.9釐米。

袁經，明湖廣寧鄉人，字大綸，弘治三年（1490年）進士，曾任監察御史、山東僉事等，還刻過《吳越春秋》。

一二五 鐵崖文集……………………二一九

元楊維楨撰，明弘治十四年（1501年）馮允中刻本。

10行20字，黑口，四周雙邊。

匡高20.7釐米，廣14.8釐米。

馮允中，明山東茌平人，明成化十一年（1475年）進士。

一二六 吳越春秋……………………二三〇

漢趙曄撰，元徐天祐音注，

明弘治十四年（1501年）鄺璠、馮弋刻本。

9行18字，小字雙行26或27字，白口，左右雙邊。

匡高20釐米，廣12.7釐米。

鄺璠，明直隸任丘人，明弘治六年（1493年）進士。

一二七　史鉞……二三二

明晏璧撰，明弘治十五年（1502年）劉祥刻本。
12行24字，黑口，四周雙邊。
匡高24.4釐米，廣15.5釐米。
劉祥，明安福人，字持慶。

一二八　薩天錫詩集……二三三

元薩都剌撰，明弘治十六年（1503年）李舉刻本。
10行18字，黑口，四周雙邊。
匡高20.4釐米，廣13.3釐米。
李舉，明雁門人，字大聘。此書是其任東昌知府時所刻。

一二九　古賢小字錄……二三四

宋陳思輯，明弘治十七年（1504年）吳大有刻本。
9行17字，細黑口，左右雙邊。
匡高20.6釐米，廣14.4釐米。
吳大有明昆山人，字元亨，弘治九年（1496年）進士。曾官湖廣參議。

一三〇　博物志……二三五

題晉張華撰，周日用等注，
明弘治十八年（1505年）賀泰刻公文紙印本。
11行23字，白口，左右雙邊。
匡高18.8釐米，廣12.6釐米。
賀泰，明吳縣人，字志同，弘治十二年（1499年）進士。曾任衢州府推官、御史，廣東參議等。編有《唐文鑑》。另刻有《續博物志》。公文紙印本，是指用前朝過期或廢止的公文檔案紙背面印成書籍。這種公文檔案紙對研究當時的社會是很珍貴的資料。

一三一　白沙先生全集……二三六

明陳獻章撰，明弘治十八年（1505年）羅僑刻本。
9行18字，黑口，四周雙邊。
匡高22.4釐米，廣14.6釐米。
羅僑（1463年—1534年）明吉水人，字維升，另一字東川，明弘治十二年（1499年）進士。知新會縣。曾刻《匡山新志》。羅僑所刻《白沙先生全集》本為傳世最早刻本。

一三二　震澤編……二三七

明蔡昇撰，王鏊重修，
明弘治十八年（1505年）林世遠刻本。
8行16字，白口，左右雙邊。
匡高18.1釐米，廣14.6釐米。
林世遠，明廣東四會人。曾任蘇州知府。

一一三三　浮溪文粹……二三八

宋汪藻撰，明正德元年（1506年）馬金刻本。

10行22字，白口，四周單邊。

匡高20釐米，廣13.2釐米。

馬金，明四川西統人，明成化二十年（1484年）進士，除正德元年（1506年）刻宋汪藻《浮溪文粹》外，明正德十一年（1516年）還與宋鑒刻有《石屏詩集》，《東臯子詩》。

一一三四　匏翁家藏集……二三九

明吳寬撰，明正德三年（1508年）吳奭刻本。

12行24字，白口，左右雙邊。

匡高19.7釐米，廣14.8釐米。

吳奭，明長洲人，為明代著名畫家吳寬之子。所刻《匏翁家藏集》為其父吳寬之著作。

一一三五　鮑氏集……二四〇

劉宋鮑照撰，明正德五年（1501年）朱應登刻本。

10行17字，白口，左右雙邊。

匡高19.5釐米，廣14.5釐米。

朱應登（1477年—1527年），明寶應人，字昇之，號凌溪，明弘治十二年（1499年）進士。官至陜西提學副使，為江左名士，又與李夢陽、何景明等人稱作「十才子」，著作《凌溪集》。此書為明版中較早刻本。

一一三六　泰定養生主論……二四一

元王珪撰，明正德六年（1511年）冒鸞刻本。

10行20字，白口，左右雙邊。

匡高19.1釐米，廣12.7釐米。

冒鸞，明如臯人，字廷和，弘治六年（1493年）進士。官至兵部武庫司主事。

一一三七　上蔡先生語錄……二四二

宋謝良佐撰，曾恬、胡安國輯，

明正德九年（1514年）許鳳刻遞修本。

10行20字，黑口，四周雙邊。

匡高22釐米，廣13.3釐米。

許鳳，明山西洪洞人。明正德六年（1511年）進士。

一一三八　稼村先生類稿……二四三

元王義山撰，明正德十一年（1516年）王冠刻本。

12行23字，白口，四周單邊。

匡高19.3釐米，廣12.7釐米。

王冠，明陝西鳳翔人。明弘治三年（1490年）進士。王冠為王義山七世從孫。

一三九　唐沈佺期詩集……………………………二四五

唐沈佺期撰，明正德十三年（1518年）王廷相刻本。

10行16字，白口，四周單邊。

匡高16.2釐米，廣12.4釐米。

王廷相（1474年—1544年），明潞州人，字子衡，又號浚川，弘治十五年（1502年）進士。官至兵部尚書，著作頗富。

一四〇　楚辭……………………………………二四六

漢王逸章句，明正德十三年（1518年）黃省曾、高第刻本。

10行18字，白口，左右雙邊。

匡高19.7釐米，廣14.7釐米。

黃省曾，字勉之，自號五嶽山人。與其兄黃魯曾一樣好藏書、刻書。所刻《楚辭》十七卷為明刻中較早本。另刻有《水經》，亦為明代較早刻本。除此之外，黃省曾先後還刻有《山海經》、《申鑒》等。

一四一　皇甫持正文集……………………………二四七

唐皇甫湜撰，明正德十五年（1520年）皇甫錄世業堂刻本。

10行20字，白口，左右雙邊。

匡高16.6釐米，廣13釐米。

皇甫錄（1470年-1540年），明長洲人，字世庸，號近峰，弘治九年（1496年）進士。著作有《明記略》等。明正德五年（1510年）刊《博雅》。

一四二　古直先生文集……………………………二四八

明劉玥撰，明嘉靖三年（1524年）劉銑刻本。

10行20字，白口，左右雙邊。

匡高18.2釐米，廣13.4釐米。

劉銑（1476年-1541年），明壽光人，字汝中，號西橋，八歲時授中書舍人。嘉靖中為太常卿，《古直先生文集》為其父劉玥的著作。

一四三　太玄經解贊……………………………二四九

晉范望撰，明嘉靖三年（1524年）郝梁刻本。

10行18字，白口，左右雙邊。

匡高17.2釐米，廣13釐米。

郝梁，明江都人，字子高，監生。曾刻印《張文潛文集》、《六經正誤》、《詩准》、《詩翼》等書。

一四四　桯史……………………………………二五〇

宋岳珂撰，明嘉靖四年（1525年）錢如京刻公文紙印本。

10行20字，細黑口，四周單邊。

匡高18.9釐米，廣12.7釐米。

錢如京，明直隸桐城人，明弘治十五年（1502年）進士。

一四五　鮑氏國策……二五一

宋鮑彪校注，明嘉靖七年（1528年）龔雷影宋刻本。

11行20字，小字雙行同，白口，左右雙邊。

匡高21.6釐米，廣15.2釐米。

龔雷，明長洲人，字明威，曾刻印《陶淵明集》、《杜工部五七言律詩》等。

一四六　歲寒集……二五二

明孫瑀撰，明嘉靖七年（1528年）孫哻刻本。

12行22字，白口，左右雙邊。

匡高21釐米，廣14.6釐米。

孫哻，明漢陽人，字正甫，曾任雅州知州。

一四七　餘冬序錄……二五四

明何孟春撰，明嘉靖七年（1528年）郴州家塾自刻本。

11行21字，小字雙行同，白口，左右雙邊。

匡高21釐米，廣14釐米。

何孟春，明湖廣郴州人，明弘治六年（1493年）進士。

一四八　事類賦……二五五

宋吳淑撰並注，明嘉靖十一年（1532年）華麟祥崇正書院刻本。

12行20字，小字同，白口，左右雙邊。

匡高20釐米，廣15.5釐米。

華麟祥，明無錫人，字時正。國子監生。《事類賦》嘉靖間還有蔡弼刻本，白玶刻本等。

一四九　王子年拾遺記……二五七

題後秦王嘉撰，梁蕭綺輯，明嘉靖十三年（1534年）顧春世德堂刻本。

10行18字，白口，左右雙邊。

匡高17.6釐米，廣12.7釐米。

顧春，明吳縣人，字元卿，號東滄居士。家有世德堂，富藏書。刻書有《六子全書》等。

一五〇　資治通鑒考異……二五八

宋司馬光撰，明嘉靖二十三年（1544年）至嘉靖二十四年（1545年）孔天胤刻本。

10行20字，白口，左右雙邊。

匡高20.8釐米，廣15.4釐米。

孔天胤（1505—1581年），明汾州人，字汝錫，號文谷子，又號管涔山人。嘉靖十一年（1532年）進士。其祖父為山西晉王女婿。喜藏書和刻書，在浙江任督學時曾刻自著《文谷子文集》、《續集》、《霞海篇》、《西京雜記》等，還刻有《資治通鑒》。

一五一　兩漢紀……………………二五九

明嘉靖二十七年（1548年）黃姬水刻本。

11行20字，白口，左右雙邊。

匡高19.8釐米，廣14.8釐米。

黃姬水（1509年—1574年），明蘇州人，字淳父，號聖長。黃省曾之子。著作有《黃淳父先生全集》。曾刻印《范文正公集》、《范忠宣公文集》、《楚騷協韻》等。

一五二　西溪叢語……………………二六二

宋姚寬撰，明嘉靖二十七年（1548年）俞憲鴸鳴館刻本。

10行21字，白口，四周單邊。

匡高18.5釐米，廣13釐米。

俞憲，明直隸無錫人，字汝成，嘉靖十七年（1538年）進士，官至湖廣按察使。曾刻《皇明進士登科考》、《蔡中郎集》、《盛明百家詩》等。

一五三　六家文選……………………二六三

梁蕭統輯，明嘉靖十三年（1534年）至二十八年（1549年）袁褧嘉趣堂刻本。

11行18字，小字雙行26字，白口，左右雙邊。

袁褧（1495年–1573年）字尚之，號中臬子，自號謝湖居士，縣諸生。《六家文選》依據宋蜀刻本翻雕，耗時十六年完工。在當時就被藏書家視為珍品，故書商以此書充宋本，售以高價，《天露琳琅後編》边將此書題宋本。此外，袁褧還刻過不少典籍如《楚辭禮記注》、《夏小正戴氏傳》以及《四十家小說》、《廣四十家小說》、《後四十家小說》等。

一五四　重廣補注黃帝內經素問……………二六四

唐王冰注，宋林億等校正　孫兆考誤　明嘉靖二十九年（1550年）顧從德影宋刻本。

匡高21.7釐米，廣15.6釐米。

顧從德，明上海縣人。字汝修，別號方壺山人。家有占恒室，藏書頗多。刻有《松籌堂集》、《集古印譜》等。

一五五　晁氏儒言……………………二六六

宋晁說之撰，明嘉靖三十三年（1554年）晁瑮寶文堂刻本。

10行20字，白口，四周單邊。

匡高19.9釐米，廣14.9釐米。

晁瑮，明代開州人，字君石，號春陵。嘉靖二十年（1541年）進士。曾官至國子監司業。「寶文堂」為其藏書處和刻書處。

一五六　涇野先生五經說……二六七

明吕柟撰，明嘉靖三十二年（1553年）謝少南刻本。

10行20字，白口，四周雙邊。

匡高17.8釐米，廣13.2釐米。

謝少南，明上元人，字應午，一字與槐，號玉房山人，明嘉靖十一年（1532年）進士，官至陝西左布政使，著作有《謝與槐集》等。

一五七　丹鉛總錄……二六八

明楊慎撰，明嘉靖三十三年（1554年）梁佐刻藍印本。

11行24字，白口，四周雙邊。

匡高22.2釐米，廣16.6釐米。

梁佐，原籍為明河南蘭陽，後遷雲南大理衛，字應臺。明嘉靖二十六年（1547年）進士。此書為藍印本，較少見。

一五八　書法鈎玄……二六九

元蘇霖撰，明嘉靖三十六年（1557年）嚴嵩刻本。

匡高17.6釐米，廣14.5釐米。

嚴嵩（1480年—1565年），明江西分宜人，字惟中，號介溪。弘治十八年（1505年）進士。官至吏部尚書。工書法，好藏書，著有《鈐山堂集》等。

一五九　漢魏詩紀……二七〇

明馮惟訥輯，明嘉靖三十八年（1559年）馮惟訥自刻本。

9行22字，白口，四周雙邊。

匡高21.7釐米，廣16釐米。

馮惟訥（1508—1565年），明山東臨朐人，字汝言，號少洲，明嘉靖十七年（1538年）進士，曾任江西左布政使。著作有《風雅廣逸》，刻印過《陂門山人集》等書。

一六〇　古今原始……二七二

明趙釴撰，明嘉靖四十一年（1562年）自刻本。

9行18字，白口，左右雙邊。

匡高18.6釐米，廣13.6釐米。

趙釴（1512年—1569年），明直隸桐城人，字子舉，一字鼎卿，別號八柱野人。明嘉靖二十三年（1544年）進士。官至都察院右僉都御史。

一六一　野客叢書……二七四

宋王楙撰，明嘉靖四十一年（1562年）王穀祥刻本。

10行20字，白口，左右雙邊。

匡高18.3釐米，廣13.6釐米。

王穀祥（1501年—1568年），長洲人，字祿之。嘉靖八年（1529年）進士。

一六二　夢澤集……………………………………二七五

明王廷陳撰，明嘉靖四十一年（1562年）王廷瞻刻本。

10行20字，白口，四周單邊。

匡高20釐米，廣14.1釐米。

王廷瞻（1521年—1592年），明湖廣黄岡人，字雲澤，一字稚表，明嘉靖三十八年（1559年）進士。官至戶部尚書。曾任淮安府推官，此書當是在任期間所刻。

一六三　陽明先生年譜……………………………二七七

明錢德洪撰，明嘉靖四十三年（1564年）毛汝麒刻本。

9行18字，白口，左右雙邊。

匡高20.5釐米，廣14.8釐米。

毛汝麒，明浙江龍游人，字伯祥，明嘉靖二十九年（1550年）進士。曾任番禺令，著有《露山漫稿》。還刻印過《龍津原集》。

一六四　古言……………………………………二七八

明鄭曉撰，明嘉靖四十四年（1565年）項篤壽刻本。

8行16字，白口，四周雙邊。

匡高21.3釐米，廣13.8釐米。

項篤壽（1521年—1586年），明秀水人。字子長，號少溪，又號蘭石主人。嘉靖四十一年（1562年）進士。曾官兵部郎中，廣東參議。項元汴兄。著作有《小司馬奏草》、《今獻備遺》等。「萬卷樓」為其藏書處。刻書還有《今言》、《東觀餘論》、《鄭端簡奏議》等。

一六五　諸史將略……………………………………二七九

明劉畿撰，明嘉靖四十五年（1566年）毛鋼刻本。

9行20字，白口，四周雙邊。

匡高21.1釐米，廣13.4釐米。

毛鋼，明順天府薊州人，字伯煉。明嘉靖三十二年（1553年）進士，官至戶部尚書。

一六六　雲仙雜記……………………………………二八〇

題唐馮贄輯，明隆慶五年（1571年）葉氏菉竹堂刻本。

10行18字，白口，四周單邊。

匡高17.3釐米，廣12.6釐米。

「菉竹堂」為葉盛藏書處。葉盛，昆山人，字與中，號蛻庵。正統十年（1445年）進士，明代著名藏書家和出版家。《雲仙雜記》為葉盛之玄孫葉恭煥所刻。葉恭煥，字伯寅，號括蒼山人。明嘉靖二十五年（1546年）舉人。其秉承先祖事業，不斷藏書、刻書。除刻有《雲仙雜記》外，還有《崑山雜詠》、《清異錄》、《水東日記》等。

一六七　尺牘清裁……………………………………二八一

明王世貞輯，明隆慶五年（1571年）自刻本。

9行18字，白口，左右雙邊。

匡高19.2釐米，廣14釐米。

王世貞，明直隸太倉州人，字元美，號鳳洲，又號弇州山人，嘉靖二十六年（1547年）進士，官至刑部尚書。好詩文，與李攀龍，為明「後七子」之首。著作有《弇山堂別集》、《弇州山人四部稿》，刻書較多，有：《世說新語》、《皇明異典述》、《滄溟先生集》、《喬莊簡公集》等。

一六八　孔子家語……………………………………二八三

魏王肅注，明隆慶六年（1572年）徐祚錫刻本。

9行16字，小字雙行同，白口，左右雙邊。

匡高18.9釐米，廣13.5釐米。

徐祚錫，明長洲人。

一六九　史通……………………………………二八四

唐劉知幾撰，明萬曆五年（1577年）張之象刻本。

10行19字，白口，左右雙邊。

匡高19釐米，廣14.7釐米。

張之象（1496年—1577年），明松江華亭人，字月鹿，又字元超，曾任浙江按察司知事。刻書較多，有《鹽鐵論注》，《唐雅》、《唐詩類苑》、《古詩類苑》、《老子注》、《文心雕龍》等。

一七〇　廣輿圖……………………………………二八五

元朱思本撰，明羅洪先、胡松增補，明萬曆七年（1579年）錢岱刻本。

行字不等，白口，四周單邊。

匡高29釐米，廣19.9釐米。

錢岱（1541年—1622年），明直隸常熟人，字汝瞻，號秀峰，隆慶五年（1571年）進士，曾官山東巡撫，編纂並刻印過《兩晉南北史纂》。

一七一　九華山志……………………………………二八六

明孫檖撰，明萬曆七年（1579年）蘇萬民刻本。

10行22字，白口，四周單邊。

匡高21.3釐米，廣13.8釐米。

蘇萬民，明江陵人，曾知青陽縣。

一七二　合刻管子韓非子……………………………………二八七

明萬曆十年（1582年）趙用賢刻本。

9行19字，小字雙行同，白口，四周單邊。

匡高22釐米，廣13釐米。

趙用賢（1535年—1598年），明常熟人，字汝師，號定宇。隆慶五年（1571年）進士。曾任南京國子監祭酒，官至吏部左侍郎。贈太子太保，禮部尚書，謚「文毅」。趙琦美之父，一生刻書頗豐。

一七三　國憲家猷…………………………………二九〇

明王可大撰，明萬曆十年（1582年）自刻本。

9行18字，白口，四周單邊。

匡高17.3釐米，廣13.3釐米。

王可大，明吳江人，字元簡。嘉靖三十二年（1553年）進士，曾官臺州知府。嘉靖四十年（1561年）刻《遜志齋集》等。

一七四　重刻唐荊川精選史記……………………二九一

明唐順之輯，明萬曆十二年（1584年）毛在、鄭旻等刻本。

10行22字，白口，四周雙邊。

匡高22.4釐米，廣14.5釐米。

毛在，明直隸太倉人，字君明，萬曆二年（1574年）進士，曾於萬曆十八年（1590年）刻印耿定向的《先進遺風》。

一七五　古今考…………………………………二九二

宋魏了翁撰，明萬曆十二年（1584年）王圻刻本。

11行24字，白口，四周雙邊。

匡高22.3釐米，廣13.9釐米。

王圻，上海縣人，字元翰，號洪洲。嘉靖四十四年（1565年）進士。著作有《續文獻通考》、《三才圖會》、《稗史彙編》三部大書。曾刻薛瑄的《讀書錄》、《續錄》、《薛文清公事實》及《黃庭內外景經注解》等。

一七六　名義考…………………………………二九三

明周祈撰，明萬曆十二年（1584年）黃中色刻本。

10行23字，白口，四周雙邊。

匡高19.7釐米，廣14.4釐米。

黃中色，山東滕縣人，明萬曆十一年（1583年）進士。

一七七　編注王司馬百首宮詞…………………二九五

唐王建撰，明顧起經注，明萬曆十四年（1586年）顧祖美刻本。

9行19字，細黑口，四周單邊。

匡高20.1釐米，廣13釐米。

顧祖美，明無錫人，字世元。國子監生。

一七八　七雄策纂…………………………………二九六

明穆文熙撰，明萬曆十六年（1588年）陳禹謨刻本。

9行20字，小字雙行同，白口，四周雙邊。

匡高24.1釐米，廣14.6釐米。

陳禹謨（1548年—1618年），明浙江仁和人，字錫玄，號抱沖，明萬曆五年（1577年）進士。官至兵部侍郎。著有《左氏兵略》、《學半齋集》等。還刻印有《北堂書鈔》

等。

一七九　余忠宣公集……………………………………二九七

元余闕撰，明萬曆十六年（1588年）張道明刻本。

8行19字，白口，四周單邊。

匡高21.7釐米，廣14.2釐米。

張道明，明金吾後衛人。明隆慶二年（1568年）進士。

一八〇　靈隱子……………………………………二九八

唐駱賓王撰，明陳魁士注，明萬曆二十四年（1596年）陳大科刻本。

10行20字，白口，四周雙邊。

匡高20.4釐米，廣14.4釐米。

陳大科（1534年—1602年），明通州人，字思進，號如岡。明隆慶五年（1571年）進士。官至右都御史。入仕途後，考慮通州地理位置偏僻，典籍缺少，學子讀書不便，於是陸續雇工刻印了《五經旁訓》、《初學記》、《爾雅》、《說文》等。

一八一　先秦諸子合集……………………………………二九九

明馮夢禎編，明萬曆三十年（1602年）緜眇閣刻本。

10行20字，白口，左右雙邊。

匡高20.6釐米，廣14.5釐米。

緜眇閣，馮夢禎的室名。馮夢禎（1548年—1595年），浙江秀水人，字開之，萬曆五年（1577年）進士。官編修，曾任南京國子監祭酒。著作有《快雪堂集》、《快雪堂漫錄》等，曾刻印《大唐世說新語》、《陶靖節集注》、《由拳集》。

一八二　北雅……………………………………三〇〇

明朱權撰，明萬曆三十年（1602年）張萱黛玉軒刻本。

8行19字，白口，左右雙邊。

匡高21.2釐米，廣14.1釐米。

張萱（1557年—1641年），字孟奇，號九岳，又號西園，官至平越知府。博學識，善書畫。曾刻自著《彙雅》、《疑耀》、《雲笈七籤》、《宋季三朝政要》、《六書故》、《唐摭言》等。

一八三　前唐十二家詩……………………………………三〇一

明許自昌編，明萬曆三十一年（1603年）許氏霏玉軒刻本。

匡高22.2釐米，廣14.6釐米。

許自昌（1578年—1623年），明長洲人。字玄祐，號霖寰，又號去緣居士。著名文學家、戲曲家。著作有：《臥雲稿》等。劇作有：《水滸記》、《橘浦記》、《節俠記》、《種玉記》等。其刻書頗多，有《唐甫里先生集》、《唐皮日休文藪》、《太平廣記》等。

一八四　掌中宇宙……………………………………三〇二

明盧翰撰，明萬曆三十三年（1605年）歐陽東鳳刻本。

9行20字，白口，四周雙邊。

匡高23.1釐米，廣15.1釐米。

歐陽東鳳，明湖廣潛江人。字千仞，號宜諸，又號素鳳居士。明萬曆十七年（1589年）進士。歷任興化縣知縣，潁州兵備副使，常州知府，著有《晉陵先賢傳》。

一八五　異魚圖贊……………………………………三〇三

明楊慎撰，明萬曆三十六年（1608年）范允臨刻本。

8行18字，白口，四周單邊。

匡高23.2釐米，廣14.9釐米。

范允臨，字長倩，吳縣人。萬曆二十三年（1595年）進士，授南京兵部主事，官至福建參議。工書畫，與董其昌齊名。除刻有楊慎的《異魚圖贊》外，還刻印過楊慎的《希姓錄》和徐媛的《絡緯吟》。

一八六　海防纂要……………………………………三〇四

明王在晉撰，明萬曆四十一年（1613年）自刻本。

10行20字，白口，四周單邊。

匡高22.3釐米，廣14.6釐米。

王在晉，明直隸太倉州人，字明初。萬曆二十年（1592年）進士。官至兵部尚書。著作有《三朝遼事實錄》、《歷代山陵考》、《國朝山陵考》等，曾刻印《通漕類編》、《總部疏稿》等。

一八七　汝南圃史……………………………………三〇六

明周文華撰，明萬曆四十八年（1620年）書帶齋刻本。

8行18字，白口，左右雙邊。

匡高20.5釐米，廣13.7釐米。

書帶齋，周文華室名。周文華，明吳郡人，字含章。除刻印《汝南圃史》外，還刻印了《致富通書》。

一八八　西儒耳目資……………………………………三〇七

明泰西金尼閣撰，

明天啓六年（1626年）王徵、張問達刻本。

12行，小字雙行，字不等，白口，四周雙邊。

匡高23.7釐米，廣15.1釐米。

王徵，明陝西涇陽人。明天啟二年（1622年）進士。張問達，與王徵同鄉，亦為陝西涇陽人。明萬曆十一年（1583年）進士。二人合刻此書，可見明末西學東漸之一斑。

一八九　類說……………………………………三〇八

宋曾慥輯，明天啓六年（1626年）岳鍾秀刻本。

9行18字，白口，左右雙邊。
匡高18.2釐米，廣11.8釐米。
岳鍾秀，明山陽人，字元懿。舉人。曾任德化縣、新野縣知縣。

明胡貞波撰，明天啓周之標刻本。
匡高19.1釐米，廣11.7釐米。
周之標（女），長洲人，字君建。曾輯並刊刻《女中七才子蘭咳集》、《新刻出像點板增訂樂府珊瑚集》等書。

明茅瑞徵撰，明天啓浣花居自刻本。
9行19字，白口，四周單邊。
匡高21.2釐米，廣15.8釐米。
茅瑞徵，明浙江歸安人，字伯符，號苕上愚公，又號澹泊居士，明萬曆二十九年（1601年）進士。著作有《澹泊齋集》。刻印有《禹貢彙疏》、《皇明象胥錄》等。

明吳伯與撰，明崇禎五年（1632年）魏光緒刻本。
9行18字，白口，四周單邊。
匡高20.2釐米，廣14.2釐米。
魏光緒，明山西武鄉人，字孟韜，明萬曆四十一年（1613年）進士。

宋朱熹、吕祖謙撰，明崇禎九年（1636年）張雋等刻本。
9行20字，白口，左右雙邊。
匡高20.3釐米，廣14.5釐米。
張雋，明吳江人，一名僧願，字非仲，又字文通。崇禎年間舉人。

明宋應星撰，明崇禎十年（1637年）自刻本。
9行21字，小字雙行同，白口，四周單邊。
匡高21.4釐米，廣14.1釐米。
宋應星（1587年—1666年），明江西奉新人，字長庚。歷任江西分宜教諭，福建汀州府推官，南直隸亳州知州等。所著《天工開物》一書，是我國古代科技名著之一。在世界科技史上佔有重要地位，被譽為「技術百科全書」。此外宋氏還刻過《野議》、《談天》等書。

明周嘉胄輯，明崇禎十四年（1641年）自刻本。
9行17字，白口，四周單邊。

匡高18.3釐米，廣13.8釐米。

周嘉胄，字江左，揚州人，用三十年時間編成此書。

一九六　皇明輔世編……三一八

明唐鶴徵纂，明崇禎十五年（1642年）陳睿謨刻本。

10行25字，白口，四周單邊。

匡高18.7釐米，廣14釐米。

陳睿謨，明直隸武進人，字嘗采，明萬曆三十八年（1610年）進士。曾任建安縣令。

一九七　吾徵錄……三一九

明吳玄輯，明崇禎十六年（1643年）至十七年（1644年）自刻本。

9行19字，白口，四周單邊。

匡高20.5釐米，廣14.4釐米。

吳玄，明直隸宜興人，明萬曆二十六年（1598年）進士。

一九八　甲申紀事……三二〇

明馮夢龍輯，明弘光元年（1644年）自刻本。

8行20字，白口，四周單邊。

匡高20.1釐米，廣12釐米。

馮夢龍（1574年—1646年），明吳縣人，字猶龍。能詩善文，精通經學。著有《智囊》、《古今譚概》等。編輯刻印過《春秋衡庫》、《古今笑》、《警世通言》、《墨憨齋新曲十種》等。「弘光」為南明小朝廷年號，時間頗短，故此年號刻本較少。

一九九　武溪集……三二一

宋余靖撰，明隆武二年（1646年）余超龍刻本。

10行20字，白口，四周雙邊。

匡高19.3釐米，廣13.7釐米。

「隆武」為南明唐王朱聿鍵年號，刻本頗罕。

二〇〇　王文肅公文集……三二二

明王錫爵撰，明王時敏刻本。

9行18字，白口，四周單邊。

匡高24.1釐米，廣15.1釐米。

王時敏（1592年—1680年），明太倉人，字遜之，號煙客，又號西廬老人、西廬主人等。從師董其昌，為明末清初著名畫家，另刻有其祖父王錫爵的《王文肅公牘草》、《王文肅公奏草》等。

二〇一　昌黎先生集……三二三

唐韓愈撰，宋廖瑩中校正，明東吳徐氏東雅堂刻本。

9行17字，白口，四周雙邊。

匡高20.6釐米，廣13.6釐米。

徐時泰，明浙江錢塘人，天啟二年（1622年）進士。為人廉潔剛正。曾以重價購得廖氏刻本，因嫌廖瑩中是賈似道門客，鄙其有學無行，故在影刻時，削去世綵堂牌記，改題東雅堂。

二〇二　十三經……三二五

明吳勉學刻本。

9行18字，白口，左右雙邊。

匡高19.8釐米，廣14.4釐米。

吳勉學，明安徽歙縣人。字肖愚，號師古。喜藏書，好刻書，並精於校勘。著作有《唐樂府》、《河間六書》等。明萬曆刻《事物紺珠》，《楚辭》等。

二〇三　大佛頂如來密因修正了義諸菩薩萬行首楞嚴經……三二六

題唐釋般刺密帝、彌伽釋迦譯，

明湯賓尹、詹應鳳等刻本。

8行17字，白口，四周雙邊。

湯賓尹（1568年—？）明直隸宣城人，字嘉賓，號睡庵，萬曆二十三年（1595年）進士第一名，授編修，仕至南京國子監祭酒。還刻印過《陸宣公全集》等。

伍　書坊刻本

二〇四　貞觀政要……三二九

唐吳兢撰，明洪武三年（1370年）王氏勤有堂刻本。

13行24字，黑口，四周雙邊。

匡高19.2釐米，廣12.7釐米。

勤有堂，明王敬仁的書坊。明洪武三年（1370）王氏勤有堂所刻《貞觀政要》，為現存金陵書坊刊本中最早者。此外，現藏日本的《新刊對相四言雜字》，也是王氏勤有堂於明洪武四年（1371年）刊刻的。

二〇五　朱文公校昌黎先生文集……三三〇

唐韓愈撰，宋朱熹考異，王伯大音釋，明洪武二十一年（1388年）書林王宗玉刻本。

13行23字，小字雙行同，黑口，四周雙邊。

匡高19.9釐米，廣12.7釐米。

此書《涵芬樓藏書書目》題元天曆刻本，當誤。

二〇六　廣韻……三三二

宋陳彭年等撰，明宣德六年（1431年）清江書堂刻本。

12行，大小字不等，黑口，四周雙邊。

匡高21釐米，廣13釐米。

清江書堂為建陽著名書坊。始創於元末，坊主姓楊，但主人名號不詳。清江書堂刻書頗多：弘治五年（1492年）刻《新刊袖珍方》、正德元年（1506年）刊《續資治通鑑綱目》、嘉靖七年（1528年）刻《書經大全》等。

二〇七　新增全相剪燈餘話大全……………………三三三
明李昌祺撰，明正德六年（1511年）楊氏清江堂刻本。上欄圖，下欄文，14行24字，黑口，四周單邊。
匡高21.1釐米，廣12.8釐米。

二〇八　針灸資生經……………………三三四
宋王執中撰，明正統十二年（1447年）葉景逵廣勤書堂刻本。
12行24字，黑口，四周雙邊。
匡高20.7釐米，廣13釐米。
廣勤堂為建陽著名書肆，由葉日增始創於元末。入明後，該書肆由葉日增後人葉景逵、葉景達等人主持。

二〇九　大廣益會玉篇……………………三三六
梁顧野王撰，唐孫強增字，宋陳彭年等重修，明弘治五年（1492年）詹氏進德堂刻本。
12行21字，小字雙行28字，黑口，四周雙邊。
進德堂，為建陽詹氏書坊名，不知坊主名字。此書坊在明正統五年（1440年）還刻印過《重訂四書集釋》一書。

二一〇　新刊金文靖公前北征錄……………………三三七
明金幼孜撰，明弘治十七年（1504年）劉氏安正堂刻本。
12行26字，細黑口，四周單邊。
匡高19.2釐米，廣12.9釐米。
安正堂，明建陽著名書坊，坊主劉宗器、劉任中、劉朝琯等。安正堂刻書極多，如《四明先生續資治通鑑節要》、《新增說文韻府群玉》、《針灸資生經》、《淮南子注》等。

二一一　新刻瓊琯白先生集……………………三三九
宋葛長庚撰，明萬曆二十二年（1594年）安正堂劉雙松刻本。
9行18字，白口，四周單邊。
匡高18.6釐米，廣12.7釐米。

二一二　大明一統志……………………三四〇
明李賢、萬安等纂修，明弘治十八年（1505年）慎獨齋刻本。
10行22字，小字雙行同，黑口，四周雙邊。
匡高19.6釐米，廣12.9釐米。
慎獨齋，明代建陽著名書肆，書肆主劉洪，字宏毅（又作弘毅），號木石山人，刻書極多。明代高濂、清代葉德輝對其刻書都有較高評價。曾刻印《資治通鑒綱目》、《皇明正要》、《璧水群英待問會元選要》、《群書集事纂海》、《宋文鑒》、《文獻通考》等。

二一三　集千家注分類杜工部詩……三四一

唐杜甫撰，宋徐居仁編次，黄鶴補注，明正德十四年（1519年）金臺書院汪諒刻嘉靖元年（1522年）重修本。12行20字，小字雙行26字，白口，四周雙邊。匡高19.8釐米，廣13.2釐米。

金臺書院，明代北京較有名的書坊，設於正陽門内，書肆主人汪諒。所刻書籍不少是據宋元善本翻刻，故倍受藏書家珍愛。曾刻印《史記集解索隱正義》、《梁昭明解注文選》、《千家注蘇詩》等。

二一四　歸先生文集……三四三

明歸有光撰，明萬曆四年（1576年）翁良瑜雨金堂刻本。

10行20字，白口，四周雙邊。

匡高19釐米，廣14.2釐米。

雨金堂，翁良瑜書坊名。翁良瑜，明昆山人，刻印過明王世貞《弇山堂别集》、宋吕祖謙《新刊校選評注東萊吕先生博議》。

二一五　新刊南北直隷十三省府州縣正佐首領全號宦林備覽……三四五

明萬曆十二年（1584年）北京鐵匠胡同刻本。

大字8行小字16行，黑口，四周單邊。

匡高24.1釐米，廣16.2釐米。

該書為北京明代萬曆年間書肆刊本，存世極少。卷末「北京宣武門裏鐵匠胡同刊行」一行。

二一六　新刊真楷大字全號縉紳便覽……三四六

明萬曆十二年（1584年）北京鐵匠胡同葉鋪刻藍印本。

匡高22.5釐米，廣16.2釐米。

此書為北京明代書坊刻本，存世極少。卷末有「北京宣武門裏鐵匠胡同葉鋪刊行麒麟為記」一行。

二一七　焦氏易林……三四七

題漢焦延壽撰，

明萬曆二十一年（1593年）周曰校大業堂刻本。

12行24字，白口，四周單邊。

匡高18.1釐米，廣13.2釐米。

周曰校，字應賢，號對峰，明金陵著名書肆主，曾以「萬卷樓」、「大業堂」、「仁壽堂」等書坊名刻印過大量書籍，經、史、子、集皆有涉及。

二一八　新刻文會堂琴譜……………………………三四八

明胡文焕撰，明萬曆二十五年（1597年）胡氏文會堂刻本。

10行20字，白口，左右雙邊。

匡高19.4釐米，廣13.8釐米。

文會堂，杭州著名刻書坊肆。坊主胡文焕字德甫，號全庵，又號抱琴居士，是明晚期著名的出版家和藏書家。曾編輯刻印《格致叢書》、《壽養叢書》以及《群音類選》等。

二一九　禮記集注……………………………三四九

元陳澔撰，明萬曆二十五年（1597年）唐氏富春堂刻本。

9行18字，小字雙行同，白口，四周單邊。

匡高20.3釐米，廣14.2釐米。

富春堂，金陵著名書坊，書坊主唐對溪，字子和，刻書極多，如《五經大全》、《皇明館課標奇》、《新鐫增補全像評林古今列女傳》、《武經總要》、《琴譜大全》、《脉訣》等。唐氏刻印戲曲小說也很多，如《搜神記》、《牡丹亭還魂記》、《玉簪記》、《西厢記》等，其中一些還配有版畫插圖，受到人們的喜愛。

二二〇　新刊宋國師吳景鸞秘傳夾竹梅花院纂……………………………三五〇

題宋吳景鸞撰，

明萬曆二十六年（1598年）金陵書肆唐謙刻本。

10行20字，白口，四周雙邊。

匡高20釐米，廣12.8釐米。

唐謙，明金陵人，字益軒，書坊主人。曾刻《新刊校正增補圓機活法詩學全書》，《新編評注通玄先生張果星宗大全》。

二二一　新刊皇明諸司廉明奇判公案……………………………三五一

明余象斗撰，

明萬曆二十六年（1598年）余氏文台堂刻本。

10行17字，下黑口，四周單邊。

匡高20.4釐米，廣12.2釐米。

余文台，字象斗。明代建陽余氏書坊主人中最有代表性的人物。他的書肆有雙峰堂、三台館。他不僅刻印了大量書籍，他本人也是編書高手。本書即是余氏自著作品。

二二二　新刊京本編集二十四帝通俗演義東西漢志傳……………………………三五四

明謝詔撰，明書林余文台刻本。

13行28字，白口，四周單邊，間有雙邊。

匡高21釐米，廣12.4釐米。

二二二三　京本音釋注解書言故事大全……三五六

宋胡繼宗輯，明陳玩直注，明萬曆二十八年（1600年）書林鄭世豪宗文書舍刻本。

11行22字，白口，四周雙邊。

匡高19.7釐米，廣13.1釐米。

宗文堂為建陽著名書坊。該書坊由鄭天澤始創於元至順元年（1330年）前後。入明後，仍以宗文堂或宗文書舍為名號繼續刻書。書坊主人有鄭希善、鄭以厚、鄭世魁、鄭世容、鄭世豪等。

二二二四　新鐫京板圖像音釋金璧故事大成……三五八

明吳國倫校釋，明書林鄭世魁刻本。

10行18字，小字雙行同，白口，四周單邊。

匡高22.2釐米，廣13釐米。

二二二五　坡仙集……三五九

宋蘇軾撰，明李贄評輯，明萬曆二十八年（1600年）陳氏繼志齋刻本。

9行20字，白口，四周單邊。

匡高23.4釐米，廣15.1釐米。

繼志齋，明金陵著名書坊。書坊主人陳邦泰，字大來。陳氏繼志齋刻書很多，尤重戲曲。並配有精美版畫插圖，引人入勝。

二二二六　精刻芸窗天霞絢錦百家巧聯……三六一

明劉啓撰，明萬曆二十九年（1601年）劉龍田刻本。

上、中、下三欄

匡高21釐米，廣12.5釐米。

劉大易（1560年—1625年），字龍田，號爌文，明代建陽著名書肆喬山堂主人，因其子劉孔敬官山西布政使司參政，故劉龍田去世後贈戶部廣東清吏司主事。《建陽縣誌》有傳，所刻書甚多，現傳世者多達數十種。

二二二七　新刻楊筠松秘傳開門放水陰陽捷徑……三六三

明甘霖輯，明萬曆三十三年（1605年）喬山堂劉龍田刻本。

10行25字，白口，四周單邊。

匡高20.7釐米，廣12釐米。

二二二八　鼎鐫六科奏准御製新頒分類釋注刑臺法律……三六五

明萬曆三十七年（1609年）潭陽熊氏種德堂刻本。

上、下兩欄，上欄行字不等，下欄10行20字，白口，四周單邊。

匡高21.3釐米，廣12.7釐米。

種德堂，明建陽著名書肆，書肆主人熊成冶，號沖宇，刻書頗多：《周易》、《書經集傳》、《新鐫翰府素翁雲翰精華》、《杜律選注》、《唐詩正聲》、《注解傷寒論》等。

二二二九　新刻楊救貧秘傳陰陽二宅便用統宗……三六六

明邵磻溪撰，明種德堂熊沖宇刻本。

10行25字，白口，四周單邊。

匡高21.3釐米，廣12.2釐米。

二二三〇　宗伯集……三六七

明馮琦撰，明萬曆三十九年（1611年）書林余泗泉萃慶堂刻本。

9行20字，白口，四周單邊。

匡高20釐米，廣12.2釐米。

萃慶堂，明建陽著名書坊。書坊主余泗泉。余泗泉為余彰德之長子。明萬曆年間，父子二人同以萃慶堂名號刻印書籍。余泗泉刻書有《六經三注粹抄》、《秦漢六朝人文選玉》、《彙鍥注釋三蘇文苑》、《飛劍記》、《咒棗記》等。

二二三一　新刻柳莊麻衣相法……三六八

明萬曆四十五年（1617年）書林余雲波刻本。

10行22字，白口，四周單邊或四周雙邊。

匡高20.6釐米，廣12.5釐米。

余雲波，明代建陽書坊主人，刻書流傳甚少。

二二三二　謔浪……三六九

明郁履行撰，明萬曆秣陵聚奎樓刻本。

7行19字，無直格，白口，四周單邊。

匡高20.1釐米，廣12.1釐米。

聚奎樓，明金陵著名書肆，書肆主人李潮，字時舉，號少泉，刻書極多。刻印有《新刻明政統宗》、《皇明三元考》、《書經補注》、《春秋繁露》、《雪庵清史》、《古詩解》等。

二二三三　新鍥陳先生明窗清暇心畫正宗……三七一

明陳三策撰，明萬曆書林詹氏西清堂刻本。

12行24字，白口，四周雙邊。

匡高20.9釐米，廣12.1釐米。

西清堂，明代建陽書坊，書坊主姓詹，現傳世的西清堂刻書有：《增修附注資治通鑑節要續編大全》、《淨明歸一內經》等。其中，《淨明歸一內經》為明萬曆三十二年（1604年）詹諒刻印。

二二三四　鼎鐫施會元釋評注選唐駱賓王狐白……三七二

唐駱賓王撰，明施鳳來評注，明萬曆余文傑自新齋刻本。

10行21字，白口，四周單邊。

匡高20.3釐米，廣12.6釐米。

自新齋，明代建陽著名書坊。余文傑為自新齋書坊主，曾刻《新刻題評名賢詞話草堂詩餘》。另外，以自新齋刻書的還有余允錫、余泰垣、余紹崖等。

二二三五　蘇米志林……………………三七三

明毛晉輯，明天啓五年（1625年）毛氏綠君亭刻本。

8行18字，白口，四周單邊。

匡高20.7釐米，廣14釐米。

綠君亭，明毛晉早期刻書處。毛晉（1599年—1659年），原名鳳苞，字子晉，明代著名藏書家、出版家。以「綠君亭」名義刻書有：《洛陽伽藍記》、《陶靖節集》、《神農本草經疏》、《倪雲林遺事》、《楚辭》、《屈子》、《三家詞》、《二家詞》等。此後，毛晉又以汲古閣名義刻印過大約600多種書籍。

二二三六　扶輪集……………………三七五

清黃傳祖輯，明崇禎十五年（1642年）金閶葉敬池刻本。

9行19字，白口，四周單邊。

匡高19.6釐米，廣14釐米。

葉敬池，明吳縣人，書坊主人。曾刊印《趙文肅公集》、《李卓吾先生讀升庵集》、《醒世恒言》、《石點頭》等書。

二二三七　殿閣詞林記……………………三七六

明廖道南撰，明書林詹氏就正齋刻本。

10行20字，白口，四周單邊或雙邊。

匡高17.1釐米，廣11.8釐米。

就正齋，明代福建建陽著名書坊，坊主詹長卿，曾刊印過《新刊古本少微先生資治通鑒節要》、《宗先生子相文集》、《新刻諸事備用萬家纂要通達便覽》等書。

二二三八　新鐫徐氏家藏羅經頂門針……………………三七七

明徐之鏌撰，明書林集賢堂唐錦池刻本。

9行22字，白口，四周單邊。

匡高23釐米，廣14.6釐米。

唐錦池，字鯉躍，明代金陵著名書坊主，有「文林閣」、「集賢堂」等書肆。刻書極多，經、史、子、集各部均有涉及，尤重戲曲、小說。

二二三九　新刻徽郡原板夢學全書……………………三七八

明書林熊建山刻本。

匡高20釐米，廣12.2釐米。

熊秉宸，字建山，明建陽著名書坊種德堂主人熊成冶（沖宇）的堂侄，也以刻書為業。刻有《鼎刻楊先生注釋孔聖家語》、《新刻古今名公啟劄雲章》等。

二四〇　書經集注……三七九

宋蔡沈撰，明書林余明台克勤齋刻本。

9行17字，小字雙行同，白口，無直格，四周雙邊。

匡高22.4釐米，廣14.9釐米。

克勤齋，明建陽書肆，書肆主人余明台。另外以此書坊名刻書的還有余碧泉、余近泉等。

二四一　鼎鐫十二方家參訂萬事不求人博考全編……三八〇

題明博覽子輯，明蕭少渠師儉堂刻本。

上下二欄，上欄12行13字，下欄10行18字，白口，四周單邊。

匡高21.7釐米，廣12.2釐米。

蕭少渠（1570年—1621年），字佛友，號少衢，又號少渠。建陽著名書坊師儉堂主人。曾刻有《鐫侗初張先生評選左傳雋》、《鐫陳眉公評選秦漢文雋》、《鐫李相國九我先生評選三蘇文彙精》等。

二四二　欽天監明傳秘指日用通書……三八一

明胡以信輯，明夏以仁訂補，明書林葉貴刻本。

9行18字，白口，四周單邊。

匡高20釐米，廣13.1釐米。

葉貴，號近山，祖籍為建陽，其書肆名為「近山堂」，近山堂開設在金陵三山街。該書肆刻書頗多，有《淮南鴻烈解》、《新刊漢諸葛武侯秘演禽書》、《四六雕龍》等。

二四三　新刻夷堅志……三八二

宋洪邁撰，明書林唐晟刻本。

11行24字，白口，四周單邊。

匡高21.5釐米，廣14釐米。

唐晟，字伯晟，明金陵著名書坊世德堂主人。世德堂刻書很多，其中不少是戲曲小說，並配有版畫插圖。

陸　活字本

二四四　錦繡萬花谷……三八四

明弘治五年（1492年）華燧會通館銅活字印本。

9行小字雙行17字，白口，四周雙邊。

匡高23.9釐米，廣16.3釐米。

二四五　會通館印正本諸臣奏議……三八五

宋趙汝愚輯，明弘治華燧會通館銅活字印本。

18行17字，白口，左右雙邊。

匡高20.8釐米，廣15.4釐米。

二六二　李頎集……………………四〇九

唐李頎撰，明銅活字印本。

9行17字，細黑口，左右雙邊。

匡高19.1釐米，廣12.8釐米。

二六三　猶賢集……………………四一〇

明汪雲程撰，明嘉靖活字印本。

8行18字，白口，四周單邊。

匡高22.7釐米，廣17.2釐米。

二六四　黔南類編……………………四一一

明陳善撰，明隆慶五年（1571年）任鏜活字印本。

10行20字，白口，四周單邊。

匡高18.9釐米，廣14.3釐米。

任鏜，明夏縣人，著有《正韻統宗》。

二六五　沙南方氏宗譜……………………四一二

明劉曰謙、方啓運纂修，明萬曆三十四年（1606年）活字印本。

10行25字，白口，左右雙邊。

匡高26.1釐米，廣18.5釐米。

明後期的家譜、族譜、宗譜中活字印本開始增多。究其原因，家譜等一般十五年一小修，三十年一大修。越是大家族，變化越多。因此用活字擺印家譜，靈活性較強，可適應其變化，減少不必要的浪費，深受人們的喜愛。

二六六　異物彙苑……………………四一三

明閔文振輯，明萬曆活字印本。

10行20字，四周單邊。

匡高20.4釐米，廣14.8釐米。

閔文振，明浮梁人，字道充。曾刻過《石堂先生遺集》、《韓氏遺書》、《五經蠡測》等。此書何人擺印待考。

二六七　含玄子……………………四一四

明趙樞生撰，明活字印本。

9行18字，白口，左右雙邊。

匡高19.5釐米，廣14.6釐米。

趙樞生，吳縣人，初名廷梧，後更名為樞生，字彥材，號含玄。曾著有《含玄子》、《含玄子遺編》等書。此書存世極罕。

二六八　小字錄……………………四一五

宋陳思輯，明活字印本。

9行17字，白口，左右雙邊。

匡高20.4釐米，廣14.1釐米。

《小字錄》有明弘治十七年（1504年）刻本、明萬曆四十七年沈弘正刻本，但明活字印本僅見此帙。

二六九　鶴林玉露……四一六

宋羅大經撰，明活字印本。

10行20字，白口，左右雙邊。

匡高18.1釐米，廣13.6釐米。

二七〇　柴桑問答……四一七

明勞堪編，明活字印本。

9行18字，白口，四周單邊。

匡高16.9釐米，廣11.4釐米。

二七一　石居士詩刪……四一八

明石崑玉撰，明末活字印本。

10行20字，小字雙行同，白口，四周雙邊。

匡高18.6釐米，廣13釐米。

柒　版畫套印本

二七二　歷代古人像贊……四二〇

明弘治十一年（1498年）刻本。

行字不等，四周雙邊。

匡高25釐米，廣23.1釐米。

此書版畫古樸、豪放，為明代版畫中早期作品。

二七三　鍥重訂出像注釋節孝記……四二一

明高濂撰，明唐氏世德堂刻本。

8行21字，小字雙行同，白口，四周雙邊。

匡高22.4釐米，廣12.9釐米。

世德堂，明金陵著名書坊，其主人唐晟、唐杲。唐晟字伯晟，唐杲字叔永，二人曾刻印過多種戲曲小說。

二七四　人鏡陽秋……四二四

明汪廷訥撰，明萬曆二十七年（1599年）汪氏環翠堂刻本。

9行18字，白口，四周單邊。

匡高24.6釐米，廣16.7釐米。

環翠堂，汪廷訥室名，汪廷訥，明安徽休寧人，字昌朝，一字無如，曾官鹽運使，著作有《坐隱先生全集》、《環翠堂樂府》等。刻書有《王西樓樂府》、《留垣疏草》、《坐隱先生精訂陳大聲樂府全集》、《環翠堂樂府》等等。此書版畫插圖為汪耕所繪，工致、精美。

二七五　新鐫仙媛紀事……四二六

明楊爾曾撰，明萬曆三十年（1602年）草玄居自刻本。

8行20字，白口，四周單邊。

匡高20.7釐米，廣13.2釐米。

草玄居，是杭州著名書坊。書坊主人楊爾曾，曾刻印過自纂《海內奇觀》、自輯《圖繪宗彝》以及《文子纘義》等多種書。此書版畫，由黃玉林雕刻，是徽派版畫從豪放轉向婉麗的代表作品。

二七六　程氏竹譜……四二九

明程大憲撰，明萬曆三十六年（1608年）程氏滋蓀館刻本。

匡高21.5釐米，廣14.1釐米。

滋蓀館，程大憲室名。程大憲，明休寧人，字敬敷，程大約之弟，善繪竹，還刻印過《寫竹譜訣》、《漢印》等書。

二七七　重校錦箋記……四三〇

明周履靖撰，明萬曆三十六年（1608年）陳氏繼志齋刻本。

10行20字，小字雙行同，白口，四周單邊。

匡高21.4釐米，廣14.3釐米。

繼志齋，明金陵著名書坊，坊主陳邦泰，字大來。陳氏繼志齋刻戲曲類書籍頗多，並配有精美的版畫插圖。

二七八　素園石譜……四三二

明林有麟撰，明萬曆四十一年（1613年）自刻本。

8行18字，白口，四周單邊。

匡高20.6釐米，廣14.4釐米。

林有麟，明華亭人，字仁甫，工畫山水。因父蔭曾任龍安知府，曾刻印其父林景暘撰《玉恩堂集》、自輯《法教佩珠》以及葉子奇的《草木子》、袁凱《袁海叟集》等。

二七九　鸚鵡洲……四三三

明陳與郊撰，明萬曆四十五年（1617年）自刻本。

9行18字，白口，四周單邊。

匡高14.9釐米，廣10.8釐米。

陳與郊（1544年—1611年），浙江海寧人，字廣野，號禺陽，又號玉陽仙史，曾任太常寺少卿，明代戲曲家。

二八〇　方氏墨譜……四三六

明方于魯撰，明萬曆方氏美蔭齋刻本。

匡高24.1釐米，廣15.1釐米。

美蔭齋，明方于魯的室名。方于魯，明安徽歙縣人，字建元。方于魯以制墨著名，以《方氏墨譜》將所制名墨的墨範圖案彙刻一書，版畫極其精美。

明萬曆唐氏富春堂刻本。

11行19字，白口，四周單邊。

匡高19.5釐米，廣12.8釐米。

富春堂，明金陵著名書肆，書肆主人唐對溪，字子和。該書肆刊印書籍頗多，經、史、子、集各部書籍皆有。其中戲曲、小説佔有重要比例，不少戲曲、小説還配有版畫插圖。

明唐氏富春堂刻本。

10行21字，白口，四周雙邊。

匡高19.5釐米，廣13.2釐米。

元羅本撰，明書林熊沖宇種德堂刻本。

上圖下文，下欄15行34字，白口，四周單邊。

匡高20.6釐米，廣12.9釐米。

種德堂，明建陽著名書坊，書坊主人熊成冶，號沖宇，刻書極多，此書上圖下文，反映了早期閩刻版畫插圖本的特點。

明秦淮墨客撰，明萬曆廣慶堂唐振吾刻本。

10行20字，白口，四周單邊。

匡高21.7釐米，廣14.3釐米。

廣慶堂為金陵著名書坊，書坊主人唐振吾、唐國達，除刻過經、史、子、集各部書外，還刻印過多種戲曲、小説，並配有版畫插圖。《新刻出像點板八義雙杯記》、《新編全像點版西厢記》等書，為影印《古本戲曲叢刊》之底本。

題秦淮墨客校正，明唐氏廣慶堂刻本。

10行20字，小字雙行同，白口，四周單邊。

匡高21.4釐米，廣14.2釐米。

元羅本撰，明天啓三年（1623年）黃正甫刻本。

上圖，下文15行34字，白口，四周單邊。

匡高21釐米，廣12.6釐米。

黃正甫，明建陽書坊主人。有些學者認為，此書為三國志演義版本中較早的刊本，有重要文獻價值。

二八七　酒牌……四五一

明刻本。

酒牌是飲酒時的娛樂用品。雖是娛樂用品，但所繪人物逼真傳神。

二八八　重刻元本題評音釋西厢記……四五三

元王德信、關漢卿撰，余瀘東校正，

明書林喬山堂劉龍田刻本。

10行20字，白口，四周單邊。

匡高20.6釐米，廣13釐米。

喬山堂，明代建陽著名書肆，書坊主人《建陽縣誌》有傳。劉大易（1560年—1625年），字龍田，號熿文，刻書極多。此書版畫一改建刻版畫橫長小幅的習慣，改為全頁大幅，被鄭振鐸先生譽為「宋元版畫之革命」。

二八九　紅梨花記……四五五

明田水月編，明書林楊居宷刻本。

9行20字，白口，四周單邊。

匡高19.3釐米，廣13釐米。

楊居宷，字素卿，明建陽人，書坊主，曾刻印過《春秋左傳綱目定注》、《天工開物》等書。

二九〇　史記鈔……四五八

明茅坤編，閔振業集評，明泰昌元年（1620年）閔振業刻套印本。

9行19字，白口，左右雙邊。

匡高21.1釐米，廣15.1釐米。

此書為吳興閔氏刻套印本。「泰昌」為明光宗朱常洛的年號，使用此年號不到一年時間。因此有「泰昌」年號的刻本較少。

二九一　一貫齋輯刻三元選擇丹書……四五九

明王尚杲撰，明天啓元年（1621年）金陵一貫齋刻套印本。

12行24字，白口，四周單邊。

匡高23.2釐米，廣14.5釐米。

一貫齋，明王尚杲室名，曾刻《明便通書》。

二九二　虞初志……四六〇

明袁宏道評，明凌性德刻套印本。

8行19字，白口，四周單邊。

匡高21.1釐米，廣14.4釐米。

吳興凌氏家族多刻套印書籍，此為凌氏刻本之一。

二九三　毛詩振雅……四六一

明張元芳、魏浣初撰，明版築居刻套印本。

8行14字，白口，四周單邊。

匡高22.6釐米，廣14.1釐米。

版築居，傅昌辰的書坊名，傅昌辰，明石城人。刻書較多，其中套印本有數種：《易經扶微》、《毛詩正變指南圖》、《詩經金丹彙考》等。

二九四　花史……四六二

明刻彩色套印本。

8行16字，白口，四周單邊。

框高21釐米，廣14釐米。

此書雖然具體年代不詳，但一些專家、學者認為，當是明代套色版畫中較早的作品。

二九五　十竹齋書畫譜……四七〇

明胡正言輯，明崇禎胡氏十竹齋刻套印本。

十竹齋，是胡正言的書坊名。胡正言，明休寧文昌坊人，字曰從，曾任武英殿中書舍人。胡氏十竹齋書坊刻書很多。此書是十竹齋代表作品之一。印刷上採用了餖版印刷技術，使畫面色彩鮮豔，層次清晰，反映了中國古代印刷技術的最高水平。

二九六　十竹齋箋譜初集……四九二

明胡正言輯，

明崇禎十七年（1644年）胡氏十竹齋刻套印本。

匡高21.1釐米，廣14.4釐米。

此書為胡氏十竹齋最有代表性的作品，在印刷上採用了餖版、拱花二種技術，被譽為開創了世界印刷史的新紀元。

二九七　程氏墨苑……五一二

明程大約撰，明萬曆程氏滋蘭堂刻套印本。

白口，四周單邊。

匡高24.2釐米，廣15.3釐米。

滋蘭堂，程大約室名。程大約，明休寧人，字幼博，程大憲之兄。著作有《程幼博集》。刻印過《園中草》、《國朝名公尺牘》、《犍椎梵贊》、《青黎閣初稿》等。此書版畫由黃鏻雕刻，是徽派版畫中的代表作品。書中彩印版畫，反映了明代早期套印的水平。

附　參考文獻

明代版本圖録初編　潘承弼、顧廷龍編，上海　開明書店，1941
古籍版本淺説　陳國慶編著，遼寧人民出版社，1957.8
版本通義　錢基博著，古籍出版社，1957.1
中國版刻圖録　北京圖書館編著，文物出版社，1960.10
古書版本常談　毛春翔著，中華書局，1962.10
明史（清）張廷玉等著，中華書局，1974.4
版本目録學論叢（一、二輯）　昌彼得著，臺北　學海出版社，1977.8
中國造紙技術史稿　潘吉星著，文物出版社，1979.3
西諦書話　鄭振鐸著，北京　三聯書店，1983.10
徽派版畫史論集　周蕪編，安徽人民出版社，1984.1
中國古代書籍史　李致忠著，文物出版社，1985
中國書史　鄭如斯、肖東發編著，書目文獻出版社，1987.6
中國版刻綜録　楊繩信編著，陝西人民出版社，1987.6
中國古籍印刷史　魏隱儒編著，印刷工業出版社，1988.5
中國版畫史圖録　周蕪編，上海人民美術出版社，1988.10
張秀民印刷史論文集　張秀民著，印刷工業出版社，1988.11
中國印刷史　張秀民著，上海人民出版社，1989.9
簡明古籍辭典　胡道靜主編，齊魯書社，1989.12

版本學概論　戴南海著，巴蜀書社，1989

中國古代圖書事業史　來新夏等著，上海人民出版社，1990.4

歷代刻書考述　李致忠著，巴蜀書社，1990.4

中國科學技術史：紙和印刷　錢存訓著，劉祖慰譯，科學出版社、上海古籍出版社，1990.7

活字印刷源流　上海新四軍歷史研究會印刷印鈔分會編，印刷工業出版社，1990.8

古書版本學概論　李致忠著，書目文獻出版社，1990.8

雕版印刷源流　上海新四軍歷史研究會印刷印鈔分會編，印刷工業出版社，1990.9

明實錄類纂·人物傳記卷　李國祥主編，武漢出版社，1990

中國印刷史簡編　張樹棟、張耀昆編著，上海百家出版社，1991.1

中國歷代藏書家辭典　王河主編，上海同濟大學出版社，1991.4

中國古代書籍史話　李致忠著，商務印書館，1991

明朝十六帝　許大齡、王天有主編，紫禁城出版社，1991

中國古籍版本學　曹之著，武漢大學出版社，1992

明實錄類纂·文教科技卷　李國祥、楊昶主編，武漢出版社，1992

中國古代印刷史　羅樹寶編著，印刷工業出版社，1993.3

天一閣叢談　駱兆平著，中華書局，1993.3

江蘇刻書　江澄波等編著，江蘇人民出版社，1993.12

版本學　姚伯岳著，北京大學出版社，1993.12

中國古文獻學史　孫欽善著，中華書局，1994.2

中國印刷術的起源　曹之著，武漢大學出版社，1994.7

中國歷代圖書著錄文選　袁詠秋、曾季光主編，北京大學出版社，1995.10

江蘇出版人物志　俞洪帆、穆緯銘主編，江蘇人民出版社，1995. 12

江蘇圖書印刷史　張志強撰，江蘇人民出版社，1995. 12

明實錄類纂・宗藩貴戚卷　李國祥、楊昶主編，武漢出版社，1995

中國印刷史學術研討會文集　第二屆中國印刷史學術研討會籌委會編，印刷工業出版社，1996. 5

古書版本鑒定　李致忠著，文物出版社，1997. 2

古籍版本鑒賞　魏隱儒著，北京　燕山出版社，1997. 4

福建古代刻書　謝水順、李珽著，福建人民出版社，1997. 6

江蘇活字印書　江澄波編著，江蘇人民出版社，1997. 7

中國藏書史話　焦樹安著，商務印書館，1997. 9

中國印刷史學術研討會文集　中國印刷博物館編，印刷工業出版社，1997. 10

古刻名抄經眼錄　江澄波著，江蘇人民出版社，1997. 11

中國歷代國家藏書機構及名家藏讀敘傳選　袁詠秋、曾季光主編，北京大學出版社，1997. 12

中國活字印刷史　張秀民、韓琦著，中國書籍出版社，1998. 4

中國古代版刻版畫史論集　周心慧著，學苑出版社，1998. 10

明代版刻圖釋　周心慧著，學苑出版社，1998

明代刊工姓名索引　李國慶編纂，上海古籍出版社，1998. 12

中國古籍版刻辭典　瞿冕良編，齊魯書社，1999. 2

書林清話　（清）葉德輝著，岳麓書社，1999. 4

中國木版浮水印概說　馮鵬生著，北京大學出版社，1999. 9

中國古籍編撰史　曹之著，武漢大學出版社，1999. 11

中國印刷通史　張樹棟等主編，印刷工業出版社，1999

中國古版畫通史　周心慧著，學苑出版社，2000.5
明清江南私人刻書史略　葉樹聲、余敏輝著，安徽大學出版社，2000.5
明代出版史稿　繆詠禾著，江蘇人民出版社，2000.10
古代版印通論　李致忠著，紫禁城出版社，2000.11
中國藏書樓　任繼愈主編，遼寧人民出版社，2001.1
古籍版本知識500問　李致忠著，北京圖書館出版社，2001.3

後記

我編寫《明代版刻圖典》一書始於一九九八年初，二〇〇二年四月完工。歷時近三年半。有此創意是在一次偶檢前輩顧廷龍先生、潘景鄭先生合著的《明代版刻初集》。由於當時客觀條件所限，《明代版刻初集》一書開本較小，書影也不太清晰。使我在受益的同時，也頗感到有些遺憾。當時我想是否可用本館豐富的館藏，編寫一部新的介紹明代版本的圖録。我將這一想法與供職文物出版社的孟憲鈞先生商量，得到他的首肯。他當即擬出書名《中國明代版刻圖典》。並將此書報文物出版社，列入出版計畫。人民大學教授和宏明博士得知我在出書前期資金缺乏之時，慷慨解囊相助。此書在出版之際，承蒙李致忠先生、丁瑜先生慨然作序，為其增添光輝。《明代版刻圖典》能夠順利出版，還得到了文化部周和平副部長的關心，以及原國家圖書館副館長孫蓓欣女士、汪東波先生、黄潤華先生、陳漢玉先生、張志清先生、陳紅彦先生的大力支持；許春芳小姐擔任了本書的圖版攝製；黄建先生協助完成了量版框及核對書影的工作；文物出版社副總編李克能先生親自負責該書的編輯工作，使我非常感動。本書在編寫中使用了大量前人研究成果，在此一併表示衷心的感謝。筆者由於天生愚鈍，加之才疏學淺，敬祈大雅方家不吝賜教。

趙　前　二〇〇五年十一月九日

十六畫

十七畫

十八畫

十九畫

二十一畫

二十二畫

二十四畫

二十八畫

十四畫

十五畫

十畫

十一畫

十二畫

十三畫

八畫

九畫

五畫

六畫

七畫

筆畫索引

一畫

二畫

三畫

四畫